Pengzhangtu Chuzhi Lilun yu Gongcheng Jianzao Xinjishu

膨胀土处治理论与工程建造新技术

杨果林　刘义虎　黄向京　著

人民交通出版社

内 容 提 要

本书系统地总结了膨胀土处治理论,有益地探索了膨胀土地区工程建造新途径,揭示了其相关理论原理,开发了工程建造新技术,探讨了解决问题的实用新方法和手段。主要内容包括:全面地概括了膨胀土的国内外研究现状;深入开展了膨胀土分类方法、试验研究与工程特性研究;膨胀土处治技术理论研究;膨胀土处治技术试验研究;加筋膨胀土路基、挡土结构模拟试验及其承载力、变形、稳定性分析研究;膨胀土地区公路构造物地基与基础设计技术研究;膨胀土路基水损害防治与预测;膨胀土地区公路防排水设计技术研究;膨胀土工程建造新技术应用与工程监测等实用新技术研发工作。本书融理论、试验、工程实践于一体,可操作性强。

本书可供从事岩土工程、道路与铁道工程、水利工程、建筑工程的科技、教学和勘察设计人员参考。

图书在版编目(CIP)数据

膨胀土处治理论与工程建造新技术/杨果林等著,—北京:人民交通出版社,2007.10

ISBN 978-7-114-06769-3

I. 膨… II. 杨… III. 膨胀土地基:公路路基—处理 IV. U416.1

中国版本图书馆 CIP 数据核字(2007)第 129990 号

书　　名:膨胀土处治理论与工程建造新技术
著 作 者:杨果林　刘义虎　黄向京
责任编辑:丁润铎
出版发行:人民交通出版社
地　　址:(100011)北京市朝阳区安定门外外馆斜街 3 号
网　　址:http://www.ccpress.com.cn
销售电话:(010)85285838,85285995
总 经 销:北京中交盛世书刊有限公司
经　　销:各地新华书店
印　　刷:北京凯通印刷厂
开　　本:787×1092　1/16
印　　张:25
字　　数:634 千
版　　次:2008 年 1 月　第 1 版
印　　次:2008 年 1 月　第 1 次印刷
书　　号:ISBN 978-7-114-06769-3
印　　数:0001—3000 册
定　　价:55.00 元

前言

Qianyan

膨胀土及其工程病害问题一直是当今国内外工程地质领域始终没能得到妥善解决的世界性技术难题,有岩土工程界的“癌症”之称。它具有渗透性差、吸水膨胀、失水收缩多裂隙等工程特性,这对膨胀土路堤、路堑、结构构造物的稳定将产生重大影响。全世界每年因此造成的经济损失高达150亿美元以上,其中我国是受灾害最严重的国家之一。

在我国,膨胀土的分布极为广泛,遍布广西、云南、湖南、河南等20多个省、自治区,在工程建设中已造成了极为严重的经济、资源损失和生态环境破坏与水土流失,因此,膨胀土及其工程问题倍受岩土工程界的普遍关注。随着高等级公路向山区、西部地区延伸,公路交通建设面临着各种复杂地质问题的严峻挑战。据统计,西部拟建的21 000km公路中有近3 300km路段穿越膨胀土地区,膨胀土地质灾害已成为西部公路交通建设中最突出的工程病害问题之一。

膨胀土地质灾害在湖南省公路交通建设中的影响也尤为突出。早在1997年,交通部领导视察湖南省在建的莲花冲至易家湾一级汽车专用公路施工现场,看到路基严重干裂,雨后呈现“橡皮、弹簧”状,当即指示要予以高度关注并开展相关研究工作。湖南省交通厅领导高度重视,随即作出了部署和安排。为此,湖南省交通规划勘察设计院、中南大学联合成立膨胀土项目组,在莲易、潭邵、衡枣、常张等多条高速公路的前期工作中开展了相关研究,获得了初步研究成果并得到推广应用。随着人们对膨胀土引起工程问题认识的不断深化,2002年交通部在对常德至张家界高速公路初步设计批复中,专门增加了技术设计阶段并计列了科研经费,解决膨胀土地区公路修筑等相关技术问题,深化处治技术。

本书历时十年多的联合攻关和集成创新,先后依托了多个国家、省自然科学基金项目、湖南省交通科技项目、国家西部交通建设科技项目、中南大学人才基金等科技计划项目,并得到了各实体依托工程:潭邵、常张、南友、石长路等的资助,已在17个工程项目近2 500km高速公路的膨胀土处治中成功推广应用。本书是在完成下面科研课题及实体工程的基础上,为解决膨胀土处治技术理论与工程建设中存在的问题写成的:

1. 湖南省交通厅科技发展基金项目:"潭邵高速公路膨胀土处治技术研究",2004 年获湖南省科学技术进步奖。

2. 西部交通建设科技项目、湖南省交通厅立项项目:"膨胀土地区公路路基与构造物地基处治技术研究",2006 年获湖南省科学技术进步奖。

3. 湖南省交通厅立项项目:"湖南省膨胀土地区公路路基修筑技术研究",2006 获中国公路学术科学技术进步奖。

4. 湖南省自然科学基金项目:"水对膨胀土路基损害作用机理试验研究",2006 年通过湖南省科技厅评审。

5. 西部交通建设科技项目、湖南省交通厅立项项目:"膨胀土地区公路防排水技术研究",2005 年通过湖南省交通厅鉴定。

6. 湖南省交通厅立项项目:"膨胀土处治理论与工程应用新技术研究",2007 年获湖南省科学技术进步奖。

7. 中南大学人才基金项目:"膨胀土路基水损害作用机理研究"。

8. 结合常张高速公路工程,修建了加筋处治膨胀土路段。

9. 结合潭邵高速公路工程,修建了加筋处治膨胀土路段。

10. 在广西南友公路工程,采用土工格栅柔性挡墙进行膨胀土路堑滑坡治理。

另外,本书的研究成果还在湖南省石长铁路,湖南省双峰绕城公路,湖南省耒宜高速公路,湖南省邵永高速公路,湖南省醴潭高速公路等公路、铁路等工程中获得推广应用。

此外,先后还有十多名博士生、硕士生的参与课题并完成与相关的学位论文。历时十年多,通过开展膨胀土处治理论研究、室内大型模型试验及现场实体工程的试验、实践和工程建造处治技术的应用研究,旨在完善基础理论、创新建造处治技术、探索工程应用新途径、节约资源和投资、保护环境与减少水土流失,为工程建设和创建和谐社会服务。通过对膨胀土工程特性与破坏机理、加筋技术、公路路基与构造物地基及其排水技术、工程建造处治新技术与监测等的深入研究和联合攻关与集成创新,构建了一套膨胀土处治理论体系,突破了工程建造处治应用与工程检测评价二项关键技术,获得了三大显著效益:节约土地资源的社会效益、保护自然生态和防止水土流失的环保效益、节省工程投资的经济效益,形成了膨胀土处治理论与工程建造应用成套技术,取得了一批具有工程应用前景的科研成果。主要研究成果如下:

1. 膨胀土的分布特征及国内外研究现状的分析与评价。

2. 膨胀土分类方法研究:膨胀土的分类意义;膨胀土判别分类的现状;膨胀土分类原则和指标选择;现有分类方法的评述;湖南省典型膨胀土新的分类方法;膨胀土的模糊等级评判、灰色聚类法分类、标准吸湿含水率分类、基于粗糙集的膨胀土分类方法研究。

3. 膨胀土的工程特性研究:膨胀土的分布、矿物成分、结构特性、胀缩机理、强

度特性、变形特性和非饱和特性。

4. 膨胀土处治技术理论：膨胀土强度理论；膨胀土处治技术原理；膨胀土路基水损害作用机理研究；膨胀土的化学改良理论。

5. 膨胀土处治技术室内试验研究：潭邵高速公路、常张高速公路、南友高速公路、石长铁路、邵永高速公路、耒宜高速公路、双峰绕城公路膨胀土土工试验；膨胀土的化学改良试验；膨胀土的强度衰减试验。

6. 加筋膨胀土路基、挡土结构物模拟试验：不同气候条件下膨胀土路基水损害模拟试验；加筋膨胀土路堤、挡墙模拟试验；加筋膨胀土挡土结构长期荷载蠕变试验与分析。

7. 加筋膨胀土挡土结构承载力、变形及稳定性分析：加筋膨胀土挡土结构承载力特性分析；加筋膨胀土挡土结构变形特性分析；加筋膨胀土挡土结构稳定性分析；加筋膨胀土挡土结构数值分析。

8. 膨胀土路基水损害防治与预测：水损害作用机理；降雨和干旱对膨胀土路基的影响；降雨和干旱的概率模型；膨胀土路基水损害评价；膨胀土路基水损害的粗糙神经网络预测。

9. 膨胀土地区公路防排水设计技术研究：膨胀土路基水损害现象分析；膨胀土路基水损害破坏类型；膨胀土地区公路路基水损害防治措施研究；膨胀土地区公路路基及防排水系统设计方法研究；中、强膨胀土路堑防排水设计技术。

10.. 膨胀土地区公路构造物地基与基础设计技术研究：膨胀土地区公路构造物地基与基础工作性状研究；膨胀土地基上的构造物；膨胀土地区公路构造物地基与基础的承载和沉降特性研究；膨胀土地区公路构造物土压力分布及整体稳定性研究；膨胀土地区公路构造物设计与施工方法研究；加筋膨胀土地基设计方法研究；膨胀土路堤中涵洞受力分析及计算。

11. 膨胀土工程建新技术应用实体工程试验研究：膨胀土地区公路修筑技术；潭邵高速公路、常张高速公路、南友高速公路膨胀土等依托工程试验研究。

12. 膨胀土路基施工技术研究：膨胀土路堤施工质量检验评定标准；膨胀土路基的施工技术；常张高速公路、潭邵高速公路、南友高速公路依托工程施工工艺及操作指南；膨胀土路堑边坡稳定性分析与工程监测。

本书由杨果林、刘义虎、黄向京共同完成，第八章第 2、3、4 节由丁加明博士完成，引用了刘义虎、杨果林、黄向京、王永和、胡伟、李中等的科研课题部分研究成果，引用了杨果林所指导的研究生张向京、郑波、乔运峰、罗文柯、许岩、张廷柱、汪谷香、陈兴岗、孟庆云的学位论文部分成果，博士生刘晓红、硕士生林宇亮等在专著整理过程中进行了校对、绘图、打印等工作。该书在完成过程中得到了交通部、国家西部交通建设科技项目管理中心、铁道部、湖南省交通厅、湖南省科技厅、湖南省高速公路管理局、湖南省自然科学基金办、湖南省交通规划勘察设计院、中南大学等主管部门、主持和合作单位的悉心指导与大力支持，取得了常张高速公路、潭邵高速公路、南友高速公路等项目公司及施工单位的积极配合，在此一一表示感谢！

随着高速公路建设的跨跃式发展，膨胀土的研究也日新月异，膨胀土问题涉及面广、内容丰富、技术深奥、发展迅速，加之作者水平有限，书中难免有不当之处，热忱期待各界同仁批评指正。

作　者

目 录

Mulu

第一章　膨胀土的国内外研究

1.1　膨胀土的定义

一般来讲,所谓膨胀土指的是一种具有吸水膨胀、失水收缩的黏性土。但是,吸水膨胀、失水收缩是黏性土的共性,亦是其区别于非黏性土的主要特性之一,显然,不能将所有黏性土都说成是膨胀土。1969 年第二次国际膨胀土研究会议上对膨胀土这一名词提出了正式定义。文献[1]定义为:“所谓膨胀土就是一种黏土,其所含的矿物成分对于所处的环境变化,特别是对于湿度状态变化非常敏感,其结果是随着湿度的增加或减少而发生膨胀或收缩,并产生膨胀压力,或收缩裂缝,影响其胀缩性的主要成分,是其所含的蒙脱石黏土矿物”。这个定义是对典型膨胀土而言的。由于黏土矿物伊利石在许多情况下同样具有膨胀性,因此,在我国和世界上许多地方除了有富含蒙脱石黏土矿物的典型膨胀土外,还有含伊利石矿物为主的膨胀土。自 20 世纪 70 年代初期我国有组织地开展膨胀土研究以来,国内一般文献资料中比较普遍的提法是:“膨胀土即是一种吸水膨胀、失水收缩和往复胀缩变形的黏土,它的主要黏土矿物成分是蒙脱石—伊利石,或伊利石—蒙脱石。”

膨胀土是颗粒高分散、成分以黏土矿物为主、对环境的湿热变化敏感的高塑性黏土。膨胀土一般强度高、压缩性低,因此膨胀土地基易被误认为是良好地基。1938 年美国开垦局在俄勒冈州的一例基础工程中首次认识了膨胀土问题[2],自此工程人员才领悟到建筑物或构筑物的损坏,除了由于地基沉降造成损坏外,还有膨胀土造成的结构性损坏。膨胀土胀缩引起工程问题特别是轻型建筑物和道路的破坏,常常具有多次反复性和长期的潜在的危险性,给人类造成巨大的灾害。膨胀土的主要特征是[3][4]:①粒度组成中黏粒小于 2μm 的含量大于 30%;②黏土矿物成分中,伊利石—蒙脱石等强亲水性矿物占主导地位;③土体湿度增高时,体积膨胀并形成膨胀压力;土体干燥时,体积收缩并形成收缩裂缝;④膨胀、收缩变形可随环境变化往复发生,导致土的强度衰减;⑤属液限大于 40% 的高塑性土;⑥属固结性黏土。

由于各国对膨胀土概念的理解不同,膨胀土的命名也就五花八门,各具特色。在我国文献中,广为流行的叫法有膨胀土、胀缩土、高膨胀性土、裂隙黏土、高塑性黏土、膨润土等。有的地方还有形象称呼,如在陕南一带把膨胀土叫“黄胶泥”[5];湖北地区称之为“蒜瓣土”、“狗子油”;南方诸省有“晴天一把刀,雨天一团糟”之说;在国外[6],如印度、中非和东非称之“黑棉土”;日本叫“问题黏土”;澳大利亚和南非称“黑泥”;英国叫“伦敦黏土”;美国喻为“隐藏的灾害”。随着研究的不断深入和发展,国际上,统一的叫法为“膨胀土”,即“Expansive Soils”[2]。

而我国也沿用国际上早已通用的"膨胀土"的称法。

随着对膨胀土研究的不断加深,对其含义的阐述愈来愈准确和精炼。目前能被我国工程界所接受的膨胀土的含义是指,在自然地质过程中形成的一种多裂隙并具有显著胀缩性的地质体,是一种吸水膨胀软化、失水收缩开裂,并能反复胀缩变形的、同时具有超固结性和多裂隙性的高塑性黏土,其矿物成分以强亲水的蒙脱石和伊利石为主,颗粒高度分散,对环境的湿热变化敏感。

1.2 膨胀土的分布

1.2.1 世界范围膨胀土分布

据资料统计,膨胀土分布范围很广,遍及几大洲。在世界范围内有40多个国家发现存在膨胀土。膨胀土在美国、前苏联、中国、澳大利亚、加拿大、印度、以色列、墨西哥、南非、西班牙、委内瑞拉等40多个国家的年蒸发—蒸腾量超过年降雨量的半干旱或半湿润地区,其地理位置在北纬60°到南纬50°之间。在公路、铁路建设和水利水电工程建设及维护中,许多国家和地区都遇到过膨胀土。

1.2.2 我国膨胀土分布概况

我国是世界上膨胀土面积大、分布广的国家之一。膨胀土主要分布于我国广西、云南、四川、陕西、贵州、新疆、内蒙古、山西、湖北、河南、安徽、山东、河北、海南、广东、辽宁、浙江、江苏、黑龙江、湖南等20多个省(区)的180多个市、县,总面积在10万平方千米以上。

1. 长江流域膨胀土的分布[7]

长江流域的长江、嘉陵江、岷江、乌江水系,汉水的干支流水系等地区是我国膨胀土分布比较广泛和集中的地域。该流域膨胀土分布的主要地区有四川的川西平原、川中丘陵、涪江、岷江 、嘉陵江及安宁河等谷阶地区,以及云南 、贵州 、陕西 、湖北 、河南 、湖南 、安徽等地。

2. 黄河流域膨胀土的分布[8]

南水北调中线工程发现:黄河以南地区的膨胀土主要分布在渠首—汝河段,并以南阳盆地最为典型和集中;黄河以北地区的膨胀土主要分布于新乡—淇县、邢台和邯郸一带。

根据已建工程资料查明,我国膨胀土分布概况见表1-1所列。

1.2.3 我国膨胀土分布特征

1. 长江流域膨胀土的分布特征[7]

(1)膨胀土分布地域与区域地质背景相关,特别是地层的空间分布上表现明显。膨胀土多数呈零星分布,厚度不大。

(2)膨胀土分布与地貌密切相关,长江流域绝大多数膨胀土集中分布在Ⅱ级阶地以上 、盆地及平原内部,例如成都平原、南(阳)襄(樊)盆地、汉中盆地、合肥阶地等地区,仅少数残坡积膨胀土分布在低山丘陵剥蚀的地貌单元上。

(3)膨胀土分布与气候有关,长江流域膨胀土主要集中在半干旱温热带气候地区。

2. 黄河流域膨胀土的分布及野外特征

南水北调中线工程[8]发现黄河流域膨胀土分布及野外特征见表1-2。

我国部分省区膨胀土分布概况　　表1-1

省份	膨胀土分布概况
湖南	主要分布在花垣、慈利、吉首、怀化、涟源、冷水江、邵阳、衡阳、长沙、岳阳、汨罗、益阳、耒阳、郴州等地。如潭邵高速邵阳段、耒宜高速耒阳段、常张高速慈利段、长沙—石门铁路沿线、靖藕国防公路靖洲县城郊、国道320双峰县绕城公路、邵永高速公路等均分布膨胀土
广西	主要分布在宁明盆地、百色盆地，如南宁市、贵县、柳州龙船山。公路建设中的南梧路、322国道、宾南路、南坛路、永南路、321国道沿线、南友路等均发现膨胀土
贵州	主要分布在山间盆地和丘陵缓坡地段，如毕节、贵阳、遵义、金沙、息烽、修文、思南、江口、镇远、铜仁、务川、德江等地，主要是岩溶地貌上碳酸盐岩风化残积生成的红色黏土
云南	全省都有分布，砚平、建水为成片分布，东到昭通，西至大理、丽江等，在宾川、楚雄、昆明、蒙自、弥勒、开远等地亦有局部分布
四川	川西平原、川中丘陵、涪江、岷江、嘉陵江及安宁河等谷阶地区，如成都、资中、内江、自贡、隆昌、永川、资阳、简阳、丹棱、彭山、眉山、广汉、德阳、江油、广元、梓潼、阆中、南充、攀枝花、西昌、什邡、新都、名山、大邑、武胜、万州、涪陵、合川等地均分布有膨胀土，其中著名的"成都黏土"就是一个典例
陕西	集中于陕南，沿汉水河谷的汉中盆地和安康盆地，呈带状分布，如勉县、褒城、南郑、汉中、城固、洋县、西乡、石泉、汉阴、紫阳、安康、平利、旬阳、白河等地
新疆	哈密地区的三道岭，阿勒泰地区的布尔津、吉木乃及福海县、伊犁河两岸、克拉玛依矿区，黑孜水库等地
内蒙古	阿尔善—塞汗塔拉输油管道工程的阿巴嘎旗—塞汗塔拉地段
山西	宣化—大同高速公路的山西境内
湖北	江汉平原、鄂东北与鄂西低山丘陵及山间盆地广泛分布膨胀土，如襄樊、枣阳、荆门、郧县、十堰、宜昌、宜都、汉川、武昌、大悟、孝感、阳新、枝江等地
河南	主要分布在南阳盆地，如南阳、邓州、方城、淅川、内乡、唐河、镇平等地；平顶山市[9]、焦枝铁路、南水北调中线引线等沿线
安徽	分布在丘陵的河谷平原，如安庆、枞阳、桐城、和县、来安、合肥、马鞍山、滁州等地。如西部淠史杭灌区、合肥—徐州高速公路K4+630～K112+270段沿线
山东	主要分布在兖州市、连云港市
河北	宣化—大同高速公路的三马坊段和阳原段、西康铁路安康段
广东	主要分布在广州市局部、韶关一带
江苏	分布在六合、江浦、南京、镇江、句容、溧水、宜兴、无锡、江阴等地；如淮江高速公路淮阴段沿线，及枣当、樊魏路沿线等
江西	分布在宜春、宜丰、德安、乐平、景德镇、南丰、广昌、南昌、新余、赣州、泰和、安福、吉安等地

黄河流域膨胀土分布及野外特征 表1-2

流域	成因分类	主要分布	野外特征
黄河以南	残坡积膨胀土	渠首—汝河段	为新生代黏土岩、泥灰岩风化而来的灰白、灰绿和棕红色黏土,土体裂隙发育
	河、湖相沉积膨胀土(晚更新世)		褐黄色夹灰黑色黏性土,部分含铁锰质和风化的钙质结核,土体中裂隙短小,广泛分布在河流的第Ⅰ阶地
	冲、洪积膨胀土(中更新世)		棕黄色黏土,含钙质和铁锰质结核,局部地段夹灰白色黏土透镜体,土体裂隙发育,主要分布在垄岗地区
	洪积膨胀土(早更新世)		红色黏土与钙质结核互层,局部夹灰白色黏土透镜体,红色黏土结构致密,裂隙不发育;灰白色黏土则网纹状裂隙发育,主要分布在南阳盆地边缘
黄河以北	湖积膨胀土(早更新世)	新乡—淇县、邢台和邯郸一带	灰绿和灰白色黏土夹黄褐色斑点,裂隙发育,含铁锰质较多
	冰水沉积膨胀土(早更新世)		棕黄色夹灰绿色泥砾,裂隙发育,土中富含石英颗粒和白色钙质结核,分布于邢台白马河北
	泥灰岩风化膨胀土		为新生代泥灰岩风化而来的灰白、灰绿色黏土,含较多风化碎屑,土体裂隙发育,主要分布在潞王坟、淇河—漳河段
	黏土岩风化膨胀土		为新近纪黏土岩风化的棕红色黏土,含灰白和灰绿色斑块,土体裂隙发育,有铁锰质结核。分布于漳河—输元河段

1.3 膨胀土的国外研究现状

关于膨胀土问题,直到20世纪30年代后期才为土力学工程师们所认识。

1920年以前,美国的轻型荷载建筑物大多为框架式住宅。这类建筑物能够经受相当大的位移。到1930年镶砖住房得到了广泛的使用,随后,发现砖房开裂。当时把损坏归咎于施工不良及基础某一角的下沉,而没有意识到膨胀土的作用。1938年,美国开垦局[10]在俄勒冈州欧维希的一座钢制虹吸管基础工程中首次认识了膨胀土的问题。从那时起,工程人员才领悟到,结构物的损坏除沉降原因外,还有其他方面的原因[11]。由此,随着经济建设的发展,对膨胀土问题的研究引起了岩土工程界越来越多的关注。

1959年,美国在科罗拉多州召开了首次全国性的膨胀性黏土学术会议。

1959~1977年,英国、美国、罗马尼亚、前苏联和日本也相继在正式的土工规范与铁路规范等文件中增列了有关膨胀土的条文内容,这些都充分反映了世界各国对膨胀土问题的重视及对其所采取的科学态度。

在理论研究方面,以加拿大Saskatchewan大学D. C. Fredlund教授等的研究最为突出。D. C. Fredlund教授提出的双应力变量理论获得广泛认同,并在工程实践中用于分析非饱和土的体变和强度问题,他于1993年与H. Rahanljo教授合著出版了《非饱和土土力学》[12]一书,

对膨胀土的性质、理论和试验进行了系统的论述和总结，并通过引入土吸力和负孔隙水压力概念，建立了相应的流动理论、抗剪强度理论、塑性与极限平衡理论、固结理论和体积变化理论，加深了对膨胀土的认识，成为非饱和土研究的里程碑。

膨胀土的矿物学理论研究者（Grimerm，1986[13]；Lounghnam FC，1969[14]；Mitchell JK，1976[15]；Ingless OG，1968[16]）从矿物晶格构造出发，认为膨胀土的膨胀取决于膨胀土的矿物成分及其结构。膨胀土物理化学理论中以渗透理论、双电层理论应用较普遍，此理论认为膨胀土膨胀的主要原因是膨胀土颗粒表面产生了复杂的物理化学反应。膨胀土的膨胀性主要取决于矿物表面结合水层与扩散双电层的厚度。

美国对膨胀土地区的公路修筑问题曾进行了多次研究，提出了换土、湿度控制、化学固化和土工合成材料加固技术。自1959年起，前苏联地基及地下结构物科学研究院进行了大型的野外试验及室内试验，制定了膨胀土地区建筑法规。在这些成果以及建筑物长期沉降观测资料的基础上，前苏联"建筑法规"第一次把膨胀土从黏土中划分出来，作为独立的一类。此后前苏联国家建设委员会批准了《膨胀土上的房屋和构筑物地基与基础设计暂行指示》（CH331—65）[11]。

为了交流研究成果和实践经验，国际性的膨胀土科研和工作会议于1965年和1969年首先在德克萨斯州举行，到目前为止，已经召开了七届膨胀土问题国际会议。

目前，膨胀土问题已受到普遍关注，岩土工程界工作者和工程师们从不同角度、途径和目的进行了探索，采用不同的理论和方法来解释和论证其工程性质，并针对不同的工程问题提出了有效的处理措施。至今为止，非饱和土的研究工作已在加拿大、中国、西班牙、南非、新加坡、香港等国家和地区普遍开展，并已召开了七届国际膨胀土研究与工程会议，在膨胀土的成分、结构、强度、膨胀机理以及变形等方面取得了许多很有价值的研究成果。膨胀土问题的研究已经从一个国家或地区的研究逐渐发展成为世界性的共同课题。

1.4 膨胀土的国内研究现状

我国对膨胀土问题的研究也很重视。我国膨胀土研究始于20世纪50～60年代，已经取得丰硕的科研成果。

20世纪50年代初，我国在修建成渝铁路工程中，首次遇到成都黏土膨胀危害问题，从而拉开了我国膨胀土研究的序幕。

20世纪70年代中期，我国开展了大规模的膨胀土普查工作，建立了科学研究试验基地，开展了卓有成效的研究，取得了一定的科研成果和工作经验。

1978年，我国制定了《膨胀土地区建筑技术规范》[17]（初稿），原国家建委系统先后于1975年和1977年召开了两次全国膨胀土地基设计专题研究学术会议。20世纪80年代后期铁道部重点课题"裂土（膨胀土）的工程性质及其在铁路工程中的应用技术条件的研究"的成果获国家科技进步二等奖[18]。

20世纪80年代，我国制定了《膨胀土地区建筑技术规范》[19]。1994年在武汉召开了"中加非饱和土学术研讨会"，标志着我国非饱和土理论研究已经达到了一个新的高度。

1978年起，南京大学膨胀土课题组，对膨胀土灾害的条件、发育规律和防治措施开展了系统的专题研究。李生林等著《中国膨胀土工程地质研究》[1]一书是该课题组对中国膨胀土工程地质研究的全面、系统的总结。该书重点反映了课题研究中的几项有突破性的成果。

(1)运用土体的概念加强了对膨胀土土体地质成因及其宏观结构方面的研究。

(2)运用X射线衍射、X射线能谱、红外光谱、透射电子显微镜及化学全分析手段,半定量地分析和鉴定了各地区膨胀土矿物成分分析特征,正确评价了矿物成分对土胀缩性的影响,强调指出膨胀土的矿物成分是以蒙脱石为主的模糊认识。土体的胀缩性能的强弱不仅与其矿物成分有关,而且尚受其颗粒的分散程度、结构特征等因素控制。

(3)研究了土体的微观结构特征及其与土的工程地质性质的关系。

(4)研究了膨胀土的交换阳离子与其胀缩性的关系。

(5)利用塑性图判别膨胀土,解决了膨胀土的判别问题。

1980年,水利电力部委托广西大学进行了膨胀土筑坝问题的专门研究。

1987年,建设部正式颁布了《膨胀土地区建筑技术规范》(GBJ 112—87)[19]。

1988年,长江流域规划办公室勘测总队完成了南水北调中线南阳盆地膨胀土渠道第一阶段工程地质研究。

1990年,在成都市召开了全国首届膨胀土科学研讨会,并出版了论文集。会议对我国膨胀土的研究现状、膨胀土的工程性质和膨胀土处理技术及工程应用进行了广泛的研讨,有部分文章涉及膨胀土公路修筑问题,对膨胀土性质的研究、膨胀土边坡稳定性分析、膨胀土改良处理和膨胀土地区支挡结构设计有不少经验可供借鉴。

1991年,湖北省水利学会完成了鄂北岗地区膨胀土及渠道滑坡整治的研究报告。

1996年,《公路路基设计规范》[20]与《公路路基施工技术规程》[21]对膨胀土及处理有相应的规定:对膨胀土的判定,主要根据土的液限、塑性指数和自由膨胀率;规定弱膨胀土可直接使用,中等膨胀土需改良后使用,强膨胀土不允许使用。对膨胀土的处理主要是封闭和石灰加固,对排水和支挡结构也有一些原则性要求。

1997年,刘特洪总结了南水北调工程中膨胀土问题的研究成果,著成《工程建设中的膨胀土问题》[22]一书,对膨胀土土体结构面的成因类型及其特性、膨胀土变形与强度特性、膨胀土渠坡原型监测、求解膨胀土问题的数学模型和数值分析方法以及水利工程中的膨胀土问题处理方法进行了较为深入的研究,取得了十分有价值的理论和经验。

2001年,由交通部第二勘察设计院主编的《路基》[23]和由刘宝兴主编的《路基工程新技术实用全书》[24]对膨胀土的分类与分布、工程特性与路基病害、勘测设计要点与设计原则、稳定膨胀土路基的主要措施、路堑设计及路堤设计做了初步研究。

2002年6月,交通部又专门立项,采取高等院校、科研、设计、施工单位联合攻关的方式,开展"膨胀土地区公路成套技术研究"。

2003年,由顾晓鲁等主编的《地基与基础》[26],对膨胀土的工程特性、设计、施工、工程处理作了有关规定。

2004年12月,在南宁市召开了全国第二届膨胀土科学研讨会,并出版了论文专集。会议对我国膨胀土尤其是公路膨胀土工程处治技术研究的现状、研究热点、发展走势进行了深入的研讨。

中南大学杨果林教授等人,近年来对高速公路、高速铁路膨胀土进行了系列研究,取得了一批具有理论价值和工程实际意义的研究成果,主要研究成果如下。

(1)"潭(湘潭)邵(邵阳)高速公路膨胀土处治技术研究"[2]于2003年6月通过鉴定。该项目对湘潭至邵阳高速公路膨胀土的类型、土体结构、工程特性及分布情况进行了研究。在此基础上,提出并实施了潭邵高速公路膨胀土路堤的防水保湿、土质改良及结构处治等

措施；并对施工工艺、质量控制指标、路堑边坡工程地质病害的处治措施等进行了深入研究。针对潭邵高速公路为高液限、且为中、弱膨胀土的特点，提出了潭邵高速公路膨胀土新的分类方法，是对现行的各行业有关膨胀土的规范、规程的补充和完善，具有创新性。以本分类方法为依据，推荐了路堑、路堤边坡坡度设计建议值，其值符合潭邵高速公路膨胀土工程的实际情况，并经工程实践证明是切实可行的。对类似的膨胀土公路工程具有重要参考作用。该项目是在现有膨胀土处治方法的基础上，进行了特定条件下的创新的推广运用，研究成果达到国内领先水平。

(2)参加西部交通建设科技项目《膨胀土地区公路修筑成套技术研究》，主要研究：①西部地区膨胀土地基加筋土和浅基础设计方法研究；②膨胀土地区公路排水设计研究。

(3)主持的“湖南省典型膨胀土工程特性研究”科研项目，主要研究了湖南省典型膨胀土的类型、结构特征、工程性质及分布情况；提出本地区膨胀土的判别依据和分类标准；对湖南省典型膨胀土的颗粒组成、化学成分、膨胀土性质指标等进行室内研究；根据试验方案，并进行室内验证；对不同膨胀土土质改良处治方案可行性和经济性评价，找出经济合理且施工方法可行的方案；对各种可行的土质改良处治方案，编写相应的施工工艺、施工技术要求和质量控制标准；还编写了湖南省膨胀土工程特性研究报告。

(4)主持的湖南省自然科学基金项目：“水对膨胀土路基的损害作用机理研究”，从研究膨胀土的水损害作用机理入手，开展了水损害作用机理模拟试验，灾害预测与防治的理论研究和工程应用研究。

对于膨胀土课题，武汉大学、中南大学、河海大学、广西大学、南京水科院、南京大学等，先后有多名研究生从事相关的研究，并取得了一批理论性研究成果。

参考文献

[1] 李生林. 中国膨胀土工程地质研究[M]. 南京：江苏科学技术出版社,1992.

[2] 廖世文. 膨胀土与铁路工程. 北京：中国铁道出版社,1984.11.

[3] 杨果林. 潭邵高速公路膨胀土处治技术研究. 研究报告[R],2003.6.

[4] 杨果林. 湖南省典型膨胀土工程特性研究. 研究报告[R],2004.4.

[5] 肖荣久,等. 陕南膨胀土及其灾害地质研究[J]. 陕西科学技术出版社,1992.

[6] 麦杰迪. 膨胀土性能及膨胀土地区道路设计研究[D]. [博士论文]. 长安大学, 2000.7.

[7] 刘特洪. 长江流域膨胀土工程地质特征及工程处理[J]. 人民长江出版社,2005.3.

[8] 蔡耀军 赵曼,等. 南水北调中线工程第四系工程地质[J]. 第四纪研究,2003.3.

[9] 王荣彦. 平顶山市膨胀土工程地质特征及工程措施探讨[J]. 西部探矿工程,2004.7.

[10] Holtz, W. G. and Gibbs, H. J. , “Engineering Properties of Expansive Clay,” Proceedings, ASCE, Vol. 80,1954.

[11] 陈孚华. 膨胀土上的基础[M]. 北京：中国建筑工业出版社,1979.

[12] 龚壁卫,周晓文,包承钢. 南水北调中线工程中的膨胀土研究[J]. 人民长江出版社, 2001,(9):9-11.

[13] Grime R. E. Clay mineralogy [M]. New York :Mcgraw Hill,1986.

[14] Lounghnam F. C. Chemical weathering of the silicate minerals [M]. New York:Eleseviver,1969.

[15] Mitchell J. K . Fundamentals of soil behavior [M]. New York: Eleseviver,1976.

[16] Ingless O. G. Soil chemistry relevant to the engineering behavior of soils [M]. London: Butterwerths, 1968.
[17] 城乡建设环境保护部. 膨胀土地区建筑技术规范(GBJ 112—87). 北京：中国计划出版社,1989.
[18] 索洛昌,E. A.,徐祖森译. 膨胀土上建筑物的设计与施工. 北京：中国建筑工业出版社,1982.
[19] 中华人民共和国城乡建设部. 膨胀土地区建筑技术规范(GBJ 112—87)[M]. 北京:中国计划出版社,1987.
[20] 中华人民共和国交通部. 公路路基设计规范(JTG D30—2004)[M]. 北京：人民交通出版社,1996.
[21] 中华人民共和国交通部. 公路路基施工技术规范(JTJ 033—95)[M]. 北京:人民交通出版社,1996.
[22] 刘特洪. 工程建设中的膨胀土问题[M]. 北京：中国建筑工业出版社,1997.
[23] 交通部第二公路勘察设计院. 路基(第二版)[M]. 人民交通出版社,2001.
[24] 刘宝兴主编. 路基工程新技术实用全书[M]. 海潮出版社.
[25] 中华人民共和国行业标准. 公路路基施工技术规范(JTJ 033—95). 中华人民共和国交通部发布,1996.
[26] 顾晓鲁,钱鸿缙,刘惠珊,等. 地基与基础(第二版). 中国建筑工业出版社.

第二章 膨胀土分类方法研究

2.1 膨胀土的判别

在各类工程建设的勘察、设计和施工中，最先遇到和最迫切需要解决的问题就是对膨胀土的判别问题，首先必须正确识别膨胀土和非膨胀土，判别结果对于正确选定勘察、试验方法以及确定合理的设计、施工方案均有十分重要的意义。工程实践表明，对膨胀土漏判将埋下隐患，给工程活动带来危害，反之，如将普通土误判为膨胀土或对其胀缩等级判别有误，则会造成巨大的经济损失，故对膨胀土胀缩等级的分类研究显得极为重要，一直受到工程界的重视，它也是治理膨胀土的首要任务之一。

建立简单、明了、准确的膨胀土判别方法，是保证膨胀土地区公路修筑质量的关键环节之一。判别问题不仅是一个技术性问题，而且也是一个政策性问题[1]。可以这样认为，无论是将膨胀土误判为非膨胀土，或是将普通土判断为膨胀土，都将造成严重的后果。

2.1.1 膨胀土的初判和详判

1. 膨胀土的初判

膨胀土的初判是一种定性判别，在初步设计阶段用以初步区分膨胀土和非膨胀土[2]。下面就目前常用的膨胀土初判方法归纳如下。

(1) 建筑、水利等系统提出的临界判别值

自由膨胀率：

$$F_s \geqslant 40\%$$

液限：

$$w_L \geqslant 40\%$$

(2) 铁路系统提出的临界判别值

自由膨胀率：

$$F_s \geqslant 30\%$$

液限：

$$w_L \geqslant 40\%$$

(3) 利用塑性图判别膨胀土

在塑性图上膨胀土的集中分布区是

$w_L=40\%$ 以右,A 线[$I_p=0.63(w_L-20)$]以上。

(4)几种常用的膨胀土判别参考指标

①缩性指标

$$I_s=w_L-w_s, I_s\geqslant 20\% \text{ 为膨胀土}$$

②胀缩总率(线总胀缩率)$e_{ps}(\%)$是土在 50kPa 下的膨胀率与可能收缩率之和,$e_{ps}\geqslant 0.7\%$ 为膨胀土。

③活动性指标

$$K_A=\frac{w_L-w_p}{A}, \text{当 } K_A\geqslant 0.8 \text{ 时为膨胀土}$$

式中:A——小于 0.002mm 的黏粒含量百分数。

④膨胀性指标

$$K_e=\frac{e_L-e}{1+e}, \text{当 } K_e\geqslant 0.4 \text{ 为膨胀土}$$

式中:e、e_L——分别为天然状态与液限状态的孔隙比。

⑤蒙脱石含量占总量的比例大于或等于 7% 时为膨胀土。

2. 膨胀土的详判

膨胀土的详判介于定性与半定量判别之间,用于详勘阶段详细区分膨胀土与非膨胀土及对膨胀土进行膨胀程度的分类。目前膨胀土的详判方法主要有以下三种。

(1)综合指标判别

自由膨胀率:

$$F_s\geqslant 30\%$$

黏粒含量:

$$A_{0.005}>8\%$$

胀缩总率(线总胀缩率):

$$e_{ps}\geqslant 0.7\%$$

(2)判别函数

应用多变量数学分析,建立多因子的判别函数式来判别膨胀土,可提高正判率。

(3)专家系统判别

综合专家们的研究成果以及有关的文献资料,建立膨胀土判别的专家系统,可进一步提高正判率。

2.1.2 现有判别方法的评述

尽管国内外判别膨胀土的指标很多,但至今没有统一。目前判别膨胀土的指标大体可归纳为两大类[3]:一类反映土的天然结构与状态;另一类反映土的物质组成成分与水的相互作用。前一类指标要求采用原状土测定,其测定方法受较多的条件限制;后一类指标反映土粒的基本特性,扰动土样即可测得,测定条件简便易行,故多被采用。

国外在膨胀土判别方面有一个特点是判别与分类密切结合,如印度对黑棉土的判别,采用多种指标对膨胀土的膨胀程度和危险程度进行了四级分类。Williams 于 1958 年提出联合使用塑性指数及小于 2μm 颗粒含量的百分含量作图来对膨胀土进行判别分类。

我国第二次全国膨胀土专题会议建议采用野外地貌、地质特征,建筑物破坏变形特征及结

合试验指标的综合判别方法。

判别膨胀土的宏观地质、地貌特征有：

(1)膨胀土的地质成因多以冲积、洪积、湖积和残积为主，地质时代多为 $N_2 \sim Q_3$；

(2)发育有裂隙，而且地表多呈垂直状张开，地表常有地裂出现；

(3)土的颜色多呈灰白、棕、黄、红等色，其中90%以上为黏土，含钙质和铁锰结核；

(4)地貌多为二级以上的河谷阶地与河湖盆地，出现缓坡与低丘，地表被沟谷切割而多呈垄岗地貌，一般无陡坡，常见滑坡、溜塌等不良地质现象成群出现等。

采用《膨胀土地区建筑规范》[4]来判别膨胀土时，应当注意：

(1)关于膨胀土的宏观地质、地貌特征并非膨胀土所特有，只能作为判别中的参考依据；

(2)膨胀土分级所依据的两个试验指标才是主要的判别依据。自由膨胀率指标，受多种因素影响，特别是受介质pH值和介质浓度的影响甚大，它不是一个好的判别膨胀土的指标。自由膨胀率受试验操作方法的影响较大，更为重要的是理论上尚存在许多不足之处。土粒在量筒中的沉淀体积直接决定于颗粒的分散性、形状和它们的势能状态。势能状态本身不仅受其矿物晶体化学特征控制，而且受颗粒在量筒中接受沉积的介质条件控制。影响颗粒在量筒中沉淀的介质条件包括：介质成分、电解质浓度、介质pH值、介质的温度等；蒙脱石含量影响土的胀缩性，但它并不是唯一的因素，有些地区的土，蒙脱石含量很小甚至不含蒙脱石，而多含其他混层矿物，胀缩性也很强。

2.1.3 膨胀土的判别原则和指标的选择

膨胀土的判别应采用现场定性和室内定量测定某些指标相结合的方法。即根据工程地质特征及土的自由膨胀率等指标综合判定。国家建设部《膨胀土地区建筑技术规定》[5]中规定：自由膨胀率≥40%，液限≥40%者为膨胀土。后来在1985年草拟的《膨胀土地区建筑技术规范》中正式提出判别膨胀土的标准如下。

(1)裂隙发育，常有光滑面与擦痕，有的裂痕中充填有灰白、灰绿色黏土，在自然条件下呈硬塑状态；

(2)多出露于二级或二级以上的阶地，山前丘陵和盆地边缘，地形平缓，无明显陡坎；

(3)常见浅层滑坡、地裂，新开挖的坑(槽)壁易于发生坍塌；

(4)房屋裂缝随气候变化张开和闭合；

(5)自由膨胀率大于或等于40%。另外，在特殊情况下，尚可根据蒙脱石含量确定，当蒙脱石含量大于或等于7%时，可判定为膨胀土。具备这些条件的土可判定为膨胀土。

影响膨胀土胀缩的因素很多，总的说来可概括为内因和外因两个方面。内因：如矿物成分、颗粒级配、结构特征等。外因：如气候、降雨量、水文地质工程地质条件等。而在内、外因共同作用下，膨胀土表现为其胀缩性、水理性质及力学性质等指标的变化上。因此，膨胀土胀缩分类时应考虑以下几个指标：液限(w_L)、胀缩总率(e_{ps})、塑性指数(I_P)、天然含水率(w_0)、自由膨胀率(δ_{ef})、气候及水文地质条件(C_W)。这主要是因为：

(1)上述指标较好地代表了影响膨胀土胀缩的内、外两个方面及由此而产生的胀缩程度；

(2)国内外已采用了其中的一个、两个或三个指标对膨胀土进行了分类；

(3)采用上述指标进行综合评判，避免了用单因子判别的缺陷。如用自由膨胀率对膨胀土进行分级，由于自由膨胀率是通过扰动土得来的，因此，它只能反映了土的成分，而不能反映其结构和状态变化对其产生的影响。而采用上述多因子评判可以避免、减少或补偿这些问题。

已有研究表明,反映膨胀土土质与土体特性的指标很多。但哪些是最主要的指标,哪些是次要的指标,各种指标之间的相互性及其相互组合关系怎样,这些都是判别和分类中首先遇到的基本问题。为了合理地选择膨胀土的判别和分类指标,首先必须研究膨胀土各指标间的相关关系及指标间的各种组合规律。一般能反映膨胀土基本性质的指标达10多项,指标间的组合和相关关系非常复杂。有的指标在双变量分析中关系并不太显著,可是,当它与其他多指标组织在一起时,其相关性就会明显地显示出来。有的指标在相关分析中,虽然有一定的相关性,但从工程地质观点分析,这些指标本身都不是独立因子,而是随客观环境变化的变量。例如:有的判别式选用土的天然含水率这一指标,在相关分析中可能与膨胀有一定的相关性。即土的天然含水率低,膨胀性大;天然含水率高,则膨胀性小。然而,土的天然含水率却受地下水位、大气降雨、蒸发及其季节性变化、风化程度等环境因素的影响,并随这些因素与不同深度的变化而变化。因此,合理地选择膨胀土判别与分类指标,首先应从胀缩机理观点出发,选择表征膨胀土特征的独立指标,采用数学手段,以各指标间的相关分析为基础。在具有相同信息的指标中,应尽量剔除相关性较小者,选出相关性最大的特征指标,建立判别与分类函数,即能比较理想地实现膨胀土的判别和分类目的。

综上所述,膨胀土胀缩等级的判别采用单个或少数几个判别指标进行判别的传统方法简便易行,已被工程设计单位广泛采用。但由于影响膨胀土胀缩性的指标较多,且这些指标在获取时具有一定的片面性、随机性和不确定性,因此在进行膨胀土的判定时,经常不能全面地反映膨胀土特性,有时甚至出现误判,且用不同的方法进行判定常得出矛盾的结论。为了弥补以上缺陷,人们引入模糊数学判别法、灰色聚类法、神经网络模型以及拓扑学理论等用于膨胀土的判别,取得了不错的效果。

2.2 膨胀土判别分类的现行标准

对膨胀土性质进行研究并进行准确判别分类[6],是正确采取工程处理措施的前提,只有准确判断膨胀土地区膨胀土的工程性质与特点,才能在工程设计与施工中,结合工程实际情况,采取切实有效的方法进行处理。因此,要对膨胀土进行工程设计与施工技术处理,首先必须对膨胀土进行正确分类[7]。

对于膨胀土的判别分类,不同的学者在各自的研究基础上提出了不同分类方法。迄今为止,国内外提出了如下一些膨胀土胀缩等级评判的指标和相应评判标准。

2.2.1 美国垦务局标准

美国垦务局[8] W·G荷尔兹(Holtz. W. G)提出的分类方法见表2-1。将膨胀土胀缩等级分极强、强、中、弱四级,评判指标为:塑性指数I_p、缩限w_s(%)、膨胀体变δ_p(%)、膨胀程度、胶粒含量(<0.001m)等。

美国膨胀土胀缩等级标准　　表2-1

膨胀程度	指　标			
	<0.001m胶粒含量(%)	塑性指数I_P(%)	缩限w_s(%)	膨胀体变δ_p(%)
极强膨胀土	>28	>35	<11	>30
强膨胀土	20~31	25~41	7~12	20~30
中膨胀土	13~23	15~28	10~16	10~20
弱膨胀土	<15	<28	>15	<10

2.2.2 印度标准

印度[9]对黑棉土分类采用液限、塑性指数、收缩指数、胶粒含量、膨胀势、膨胀率、差分自由膨胀率等多种指标，将膨胀土膨胀程度和危险程度分成了四个等级，即非常高的与非常危险的、高的与危险的、中等的与中等危险的、低的与无问题的。

2.2.3 南非标准

南非威廉姆斯[10]（Williams）于1958年提出联合使用塑性指数及小于2μm颗粒的成分含量作图对膨胀土进行判别分类，即分为极高、高、中等、低等四级。该分类法在第六届非洲膨胀土会议上得到了推广。

2.2.4 膨胀潜势标准

将膨胀土胀缩分为高、中、低三级，评判指标为液限和塑性指数[11]，见表2-2。

膨胀土膨胀潜势标准　　表2-2

级　别	指　标	
	液限（%）	塑性指数（%）
高	>60	>35
中	50～60	25～35
低	<50	<25

2.2.5 柯尊敬标准

柯尊敬教授（1977）[12]认为，一个合理的膨胀土胀缩性评价指标必须全面反映土的粒度成分和矿物化学成分，以及宏观与微观结构特征的影响，同时能消除湿度和密度的影响。而且还能适应胀缩土各向异性的特点，推荐用直接指标，即最大线缩率、最大体缩率和最大膨胀率将膨胀土胀缩等级分为极强、强、中、弱四级，见表2-3。

柯尊敬膨胀土胀缩等级标准　　表2-3

级　别	指　标		
	最大线缩率（%）	最大体缩率（%）	最大膨胀率（%）
极强膨胀土	>11	>30	>10
强膨胀土	8～11	23～30	7～10
中膨胀土	5～8	16～23	4～7
弱膨胀土	2～5	8～16	2～4

2.2.6 杨世基标准

根据液限、塑性指数、膨胀总率、吸力、CBR膨胀量，将膨胀土分为强、中、弱三级，见表2-4[13]。

杨世基膨胀土胀缩等级标准　　表2-4

级别	指标				
	液限 w_L(%)	塑指 I_p(%)	膨胀总率 β_{ps}(%)	吸力 P_s(kPa)	CBR 膨胀量(%)
强	>60	>35	>4	>440	>3
中	50~60	25~35	2~4	160~440	2~3
弱	40~50	18~25	0.7~2	100~160	1~2

2.2.7 建设部标准

建设部标准《膨胀土地区建筑技术规范》(GBJ 112—87)[5]按自由膨胀率与地基变形量分类见表2-5。

《膨胀土地区建筑技术规范》(GBJ 112—87)膨胀土胀缩等级标准　　表2-5

级别	指标	
	自由膨胀率 δ_{ef}(%)	地基变形量 s_e(mm)
强膨胀土	$\delta_{ef} \geqslant 90$	$s_e \geqslant 70$
中膨胀土	$65 \leqslant \delta_{ef} < 90$	$35 \leqslant s_e < 70$
弱膨胀土	$40 \leqslant \delta_{ef} < 65$	$15 \leqslant s_e < 35$

2.2.8 交通部标准

我国交通部《公路路基设计规范》(JTG D30—2004)[14]提出按标准吸湿含水率和塑性指数进行判别与分类,其标准如表2-6所示。

交通部《公路路基设计规范》JTG D30—2004[14]膨胀土潜势的分级　　表2-6

级别 / 分级指标	非膨胀土	弱膨胀土	中膨胀土	强膨胀土
自由膨胀率 F_s(%)	$F_s < 40$	$40 \leqslant F_s < 60$	$60 \leqslant F_s < 90$	$F_s \geqslant 90$
标准吸湿含水率(%)	$\omega_f < 2.5$	$2.5 \leqslant \omega_f < 4.8$	$4.8 \leqslant \omega_f < 6.8$	$\omega_f \geqslant 6.8$
塑性指数	$I_p < 15$	$15 \leqslant I_p < 28$	$28 \leqslant I_p < 40$	$I_p \geqslant 40$

2.2.9 多元线性函数标准

该标准采用数学法进行主因子分析与逐步回归分析,提出了综合指标的分类:

$$Z = 0.29w_L + 0.32w_s + 0.38\delta_{ef} + 0.12d_L - 0.33w_0 + 10.9e_0 \tag{2-1}$$

分类的临界值为:$Z<22$ 为非膨胀土;$Z>22$ 为膨胀土;$22 \leqslant Z < 26$ 属弱膨胀土;$26 \leqslant Z < 36$ 属中膨胀土; $Z \geqslant 36$ 属强膨胀土。

式中:w_L——液限,%;

δ_{ef}——自由膨胀率,%;

w_0——天然含水率,%;

w_s——缩限含量,%;

d_L——土中小于0.002mm颗粒含量百分数;

e_0——天然状态孔隙比。

另外还有等效数值评判标准[16]、李生林标准(1984[2]),以塑性指数为纵轴,以液限为横轴建立了塑性图,运用塑性图结合使用塑性指数与液限来判别膨胀土;随着模糊数学和灰色理论的发展,对膨胀土的判别采用多个指标进行综合判别越来越引起人们的重视,已经出现了灰色关联法(陈新民,1996[17])、灰色聚类法(梁俊勋,1992[18])、模糊数学判别法(黄卫,

1999[19]),采用未确知测度模型对膨胀土进行判别分类(贾东亮,2002[20])。他们均采用多个指标进行判别分类,并用权重描述各指标对膨胀土判别分类的重要性,取得了很好的效果。

2.3 膨胀土分类方法研究

2.3.1 模糊数学在膨胀土分类中的应用

2.3.1.1 模糊数学判别膨胀土的几种方法

1. 李生林教授对膨胀土的模糊数学评判法

(1)分类指标的确定

李生林教授认为,影响膨胀土胀缩的因素很多,概括起来可分内因和外因两个方面。内因如矿物成分、颗粒级配、结构特征等;外因如气候、降雨量、水文工程地质条件等。而内外因的结合所反映的结果表现在土的胀缩性、水理性质及力学性质等的指标上,为此,对膨胀土胀缩分类应考虑以下几个方面的指标:液限(w_L)、胀缩总率(e_{ps})、塑性指数(I_p)、天然含水率(w)、自由膨胀率(δ_{ef})、气候及水文地质条件(C_w)。采用这些指标的理由如下:①所选指标能较好地代表影响膨胀土胀缩的内、外因两个方面及由此而产生的胀缩程度;②国内外已采用了其中的一个、两个或三个指标对膨胀土进行了分类;③用这些因素进行综合评判,避免了用单因子判别的缺陷。如用自由膨胀率对膨胀土进行分级,由于自由膨胀率是通过扰动土得来的,因此,它只能反映土的成分,而不能反映其结构和状态变化对其产生的影响,用上述多因子评判可以避免、减少或补偿这些问题[2]。

综上所述,确定所采用指标的上、下限,并分为四种等级,即极高(Ⅰ)、高(Ⅱ)、中(Ⅲ)和低(Ⅳ),各等级的指标值见表2-7。

李生林教授模糊数学法评判膨胀土的等级指标　　表2-7

分类	等级	液限 w_L	胀缩总率 e_{ps}	塑性指数 I_P	天然含水率 w	自由膨胀率 δ_{ef} (%)	气候及水文地质条件 C_w
		E_1	E_2	E_3	E_4	E_5	E_6
极高	Ⅰ	>55	>6	>35	<15	>85	极差
高	Ⅱ	50~55	4~6	25~35	15~25	70~85	差
中	Ⅲ	45~50	2~4	18~25	25~35	55~70	一般
低	Ⅳ	40~45	0.7~2	<18	>35	40~55	较好

注:表中液限为瓦氏锥式仪液限。

这里需要说明的是:上述个别指标是按线性来划分的,这种划分是合理的,因为从国内外的资料看,膨胀土的胀缩性能基本上与这些因素成线性关系。

气候及水文条件的分级,国内外还没有一个明确的定量指标,因此,表2-7中第六项(C_w)未能作出详细的定义和定量指标,暂时以工程技术人员的经验,定性地作出判断,待有了定量指标时再作进一步的修正。

(2)隶属度 P_i 和权数 g_j 的确定

①隶属度 P_i

应用模糊数学进行评判,隶属函数是一个关键,它是用于反映膨胀土胀缩性的强弱程度。设 N 是评定集合上的一个模糊子集,则隶属函数 $u\,\underset{\sim}{N}(D_i)=P_i$(隶属度),其值可以由专家评判给分的方法来确定。虽然这带有一定的主观性,但却反映了大量的经验积累,可通过多次实践验证,逐步修改而趋于完善。由于等级划分与指标间基本上呈线性关系,而且仅以划分等级为目的,因此选用 $P=[0.90,0.75,0.60,0.45]$。为方便起见,评判隶属度扩大100倍后得,$P_1=90$,$P_2=75$,$P_3=60$,$P_4=45$。

②权数 g_j 的确定

权数 g_j 的分配,是人为给定的。根据判别指标间的相互关系,内因和外因的辩证统一确定权数的大小。液限、胀缩总率是判别膨胀土胀缩等级最常用的指标,应放在第一、二位;塑性指数是前两位的补充,放在第三位;天然含水率反映了膨胀土所处的状态并直接影响土的胀缩性,放在第四位;自由膨胀率,国内外也常用来判别土的胀缩性,但是在自由膨胀率的测定中,由于试料倒入量筒时的不均匀性和浸润一定体积的土需要时间,因此,在土样制备、量筒大小、施加凝结剂、搅拌次数、浸润时间等方面存在一定问题,为此放在第五位;气候及水文工程地质因素反映了膨胀土的胀缩条件,这也是一个很重要的因素,放在第六位。权数分配如下:$g=[1,0.95,0.85,0.8,0.7,0.5]$。这里 g 即为 $E(E_1,E_2,\cdots,E_6)$ 上的模糊子集。按模糊数学的常规记法,即:

$$\underset{\sim}{g}=\frac{g_1}{E_1}+\frac{g_2}{E_2}+\cdots+\frac{g_6}{E_6}=\frac{1}{E_1}+\frac{0.95}{E_2}+\frac{0.85}{E_3}+\frac{0.8}{E_4}+\frac{0.7}{E_5}+\frac{0.5}{E_6} \tag{2-2}$$

式中的加号不是求和,只是一种记法。权数 g_j 要求满足下列两个条件:

①$\sum_{j=1}^{6}g_j=1$,即归一化条件;

②$g_1>g_2>\cdots>g_6$。即:$g=(0.21,0.20,0.18,0.17,0.14,0.10)$。

(3)模糊关系矩阵 U 的确定与修正

根据 $p=(p_1,p_2,p_3,p_4)$ 和 $g=(g_1,g_2,\cdots,g_6)$ 就可以得到在集合 D 上所需的模糊关系矩阵:

$$\boldsymbol{U}=\begin{bmatrix} g_1P_1 & g_2P_1 & \cdots & g_6P_1 \\ g_1P_2 & g_2P_2 & \cdots & g_6P_2 \\ \cdots & \cdots & \cdots & \cdots \\ g_1P_4 & g_2P_4 & \cdots & g_6P_4 \end{bmatrix}=\begin{bmatrix} 18.9 & 18.0 & 16.2 & 15.3 & 12.6 & 9.0 \\ 15.8 & 15.0 & 13.5 & 12.75 & 10.5 & 7.5 \\ 12.6 & 12.0 & 10.8 & 10.2 & 8.4 & 6.0 \\ 9.5 & 9.0 & 8.1 & 7.7 & 6.3 & 4.5 \end{bmatrix}$$

该矩阵称为胀缩分类的指数矩阵。据此,我们可以得到膨胀土胀缩分类的指数见表2-8。

膨胀土胀缩等级指标与指数对照表

表2-8

分类	等级		液限 w_L(%)	胀缩总率 δ_{ps}(%)	塑性指数 I_P	天然含水率 w	自由膨胀率 δ_{ef}(%)	气候及水文地质条件 C_w	评判值 p_i
			E_1	E_2	E_3	E_4	E_5	E_6	
极高	I	指标	>55	>6	>35	<15	>85	极差	90
		指数	18.9	18.0	16.2	15.3	12.6	9.0	
高	II	指标	50~55	4~6	25~35	15~25	70~85	差	75
		指数	15.8	15.0	13.5	12.75	10.5	7.5	
中	III	指标	45~50	2~4	18~25	25~35	55~70	一般	60
		指数	12.6	12.0	10.8	10.2	8.4	6.0	
低	IV	指标	40~45	0.7~2	<18	>35	40~55	较好	45
		指数	9.5	9.0	8.1	7.7	6.3	4.5	

由表2-8可以看出,如果某膨胀土的液限是56,另一个膨胀土的液限为54,二者就液限而言,相差不大,但在表内却分成了两级,赋予不同的指数值,这显然不太合理,所以用线性插值

对矩阵 U 进行了修正,用线性函数近似表示 U_{ij} 隶属函数。即:

$$100\mu U_{ij}(E) \approx aE + b \qquad (E \in U_{ij})$$

例如:$U_{11} > 55$,其对应的指数值为 18.9,$U_{12} = 50 \sim 55$,对应的指数值为 15.8,令:

$$\begin{cases} 55a + b = 18.9 \\ 52.5a + b = 15.8 \end{cases}$$

解得:

$$\begin{cases} a = 1.24 \\ b = -49.3 \end{cases}$$

因此,用 $e_{12} = 1.24E - 49.3$ 代替 15.8,其余依此类推:

$e_{12} = 1.24E - 49.3 \quad (50 \leqslant E < 55)$; $e_{13} = 0.04E - 10.7 \quad (45 \leqslant E < 50)$;

$e_{14} = 0.92E - 29.6 \quad (40 \leqslant E < 45)$; $e_{22} = 3E \quad (4 \leqslant E < 6)$;

$e_{23} = 12 \quad (2 \leqslant E < 4)$; $e_{24} = 4.61E + 2.78 \quad (0.7 \leqslant E < 2)$;

$e_{32} = 0.54E - 2.7 \quad (25 \leqslant E < 35)$; $e_{33} = 10.8 \quad (18 \leqslant E < 25)$;

$e_{34} = 8.1 \quad (E < 18)$; $e_{42} = -0.51E + 22.95 \quad (15 \leqslant E < 25)$;

$e_{43} = 10.2 \quad (25 \leqslant E < 35)$; $e_{44} = 7.7 \quad (35 \leqslant E)$;

$e_{52} = 0.28E - 11.2 \quad (70 \leqslant E < 85)$; $e_{53} = 8.4 \quad (55 \leqslant E < 70)$;

$e_{54} = 6.3 \quad (40 \leqslant E < 55)$。

经修正后,可得到最终的膨胀土胀缩等级评定见表 2-9。

膨胀土胀缩等级评定 表 2-9

分类	等级		液限 w_L (%)	胀缩总率 δ_{ps} (%)	塑性指数 I_P	天然含水率 w	自由膨胀率 δ_{ef} (%)	气候及水文地质条件 C_w	评判值 p_i
			E_1	E_2	E_3	E_4	E_5	E_6	
极高	I	指标	>55	>6	>35	<15	>85	极差	90
		指数	$e_{11} = 18.9$	$e_{21} = 18.0$	$e_{31} = 16.2$	$e_{41} = 15.3$	$e_{51} = 12.6$	9.0	
高	II	指标	50 ~ 55	4 ~ 6	25 ~ 35	15 ~ 25	70 ~ 85	差	75
		指数	$e_{12} = 1.24E - 49.3$	$e_{22} = 3E$	$e_{32} = 0.54E - 2.7$	$e_{42} = -0.51E + 22.95$	$e_{52} = 0.28E - 11.2$	7.5	
中	III	指标	45 ~ 50	2 ~ 4	18 ~ 25	25 ~ 35	55 ~ 70	一般	60
		指数	$e_{13} = 0.04E - 10.7$	$e_{23} = 12$	$e_{33} = 10.8$	$e_{43} = 10.2$	$e_{53} = 8.4$	6.0	
低	IV	指标	40 ~ 45	0.7 ~ 2	<18	>35	40 ~ 55	较好	45
		指数	$e_{14} = 0.92E - 29.6$	$e_{24} = 4.61E + 2.78$	$e_{34} = 8.1$	$e_{44} = 7.7$	$e_{54} = 6.3$	4.5	

2. 刘特洪教授对膨胀土的模糊数学评判法

(1)确定分类指标

影响膨胀土胀缩的因素很多,有些岩土专家认为,对分类有关的主要指标是:自由膨胀率(δ_{ef})、膨胀总率(δ_{ps})、膨胀力(P_e)、塑性指数(I_p)、液限(w_L)、天然含水率(w)。采用这些指标能反映膨胀土的物质成分与结构特征,也能反映气候、地下水位等因素的影响[21]。

现时国内外一般把膨胀土胀缩级别分为三级或四级。国家标准《膨胀土地区建筑技术规范》(GBJ 112—87),按自由膨胀率将膨胀土分为强膨胀土、中等膨胀土或弱膨胀土。美国垦务局把膨胀土分为特强膨胀土、强膨胀土、中等膨胀土和弱性膨胀土。水利工程项目繁多,所遇到膨胀土差异也很大,各项工程建筑物对土质的要求也有区别。因此,利用数学评判的指标既要反映膨胀土特征,又必须与不同类型的工程相结合,使其能适应生产的需要。因此,综合目前水利工程膨胀土分类采用的指标,并考虑水利工程的渠道边坡与大坝的稳定问题,选用六个因素作为模糊评判的尝试,即自由膨胀率 δ_{ef}、膨胀总率 δ_{ps}、膨胀力 P_e、塑性指数 I_p、液限 w_L、残余内摩擦角 Φ_b。确定的各级指标上、下限见表 2-10,应该指出,表中胀缩等级的模糊评判指标是在含水率为 23% 左右的条件下获得的。

膨胀土模糊评判指标

表 2-10

分类	δ_{ef}(%)	δ_{ps}(%)	P_e(kPa)	w_L(%)	I_p(%)	Φ_b(°)
强膨胀土	≥90	≥4	≥120	≥50	≥25	<13
中膨胀土	65 ~ 90	2 ~ 4	40 ~ 120	45 ~ 50	18 ~ 25	13 ~ 16
弱膨胀土	40 ~ 65	<2	<40	40 ~ 15	<18	>16

(2)隶属 P_i 和权数 g_j 的确定

由于等级划分与指标间基本呈线性关系,而且仅以划分等级为目的,因此选用 $P=[0.85, 0.65, 0.45]$。为方便起见,评判隶属度扩大 100 倍后得,$P_1=85$,$P_2=65$,$P_3=45$。权数 g 的分配是人为给定的。根据判别指标间的相互关系确定权数的大小。自由膨胀率、胀缩总率、膨胀力、液限、塑性指数、残余强度等指标的权数分配分别为,$g=[1, 0.95, 0.85, 0.80, 0.70, 0.60]$。这里 g 为 $E=(E_1, E_2, E_3, \cdots, E_6)$上的模糊子集,按模糊数学常规记法:

$$g=\frac{1}{E_1}+\frac{0.95}{E_2}+\frac{0.85}{E_3}+\frac{0.80}{E_4}+\frac{0.70}{E_5}+\frac{0.60}{E_6} \tag{2-3}$$

权数 g_j 要求满足下列条件:

①$\sum_{j=1}^{6} g_j=1$,$\sum_{j=1}^{6} g_j P_i=P$,即归一化条件;

②$g_1>g_2>\cdots>g_6$,$g=[0.21, 0.20, 0.17, 0.16, 0.14, 0.12]$。

(3)模糊关系矩阵 U 的确定

根据 $P=(P_1, P_2, P_3)$,$g=(g_1, g_2, \cdots, g_6)$就可以得到在集合 D 上所需的模糊关系矩阵 U,称为膨胀土分类的指数矩阵。

$$\boldsymbol{U}=\begin{bmatrix} g_1p_1 & g_2p_1 & \cdots & g_6p_1 \\ g_1p_2 & g_2p_2 & \cdots & g_6p_2 \\ g_1p_3 & g_2p_3 & \cdots & g_6p_3 \end{bmatrix}=\begin{bmatrix} 17.9 & 17.0 & 14.5 & 13.6 & 11.9 & 10.2 \\ 13.7 & 13.0 & 11.0 & 10.4 & 9.1 & 7.8 \\ 9.5 & 9.0 & 7.7 & 7.2 & 6.3 & 5.4 \end{bmatrix} \tag{2-4}$$

据此可以得到膨胀土等级分类的指数见表 2-11。

膨胀土胀缩分类指标

表 2-11

分类	等级	自由膨胀率 δ_{ef}	胀缩总率 δ_{ps}	膨胀力 P_e	液限 w_L	塑性指数 I_p	残余强度 Φ_b	评判值
		E_1	E_2	E_3	E_4	E_5	E_6	
强	III	17.9	17.0	14.5	13.6	11.9	10.2	85
中	II	13.7	18.0	11.0	10.4	9.1	7.8	65
弱	I	9.4	9.0	7.7	7.2	6.3	5.4	45

从表 2-11 以取得第 i 个膨胀土级别向量的第 j 个分量 g_jP_i,就是因素 E_i 在 i 级别上的一

个指数，每个级别的各个指数和 P 就是判别膨胀土等级的评判值，它标志着对应膨胀土的胀缩性。从表 2-10、表 2-11 可以发现，如果某膨胀土的自由膨胀率为 91，另一膨胀土为 89，二者的自由膨胀率相差不大，但在表中却分成了两级，赋予了不同的指数值，这显然又不太合理。为此，对表 2-11 要进行修正，由于指标的划分基本呈线性，故可用线性函数来近似表示 U_{ij} 的隶属函数，即：

$$100\mu U_{ij}(E) \approx aE + b \qquad (E \in U_{ij}) \tag{2-5}$$

例如：$U_{11} \geqslant 90$，对应的指数值为 17.8，$U_{12} = 65 \sim 90$，对应的指数值为 13.7，令：

$$\begin{cases} 90a + b = 17.8 \\ 77.5a + b = 13.7 \end{cases} \tag{2-6}$$

解得：

$$\begin{cases} a = 1.78 \\ b = -11.72 \end{cases}$$

因此，用 $e_{12} = 0.33E - 11.72$ 代替 13.7，其余依此类推：

$e_{12} = 0.33E - 11.72$ $(65 \leqslant E < 90)$；$e_{13} = 0.22E - 2.36$ $(40 \leqslant E < 65)$；

$e_{22} = 4.00E + 1.00$ $(2 \leqslant E < 4)$；$e_{23} = 4.00E + 1.00$ $(E < 2)$；

$e_{32} = 0.09E + 3.8$ $(40 \leqslant E < 120)$；$e_{33} = 0.09E + 4.3$ $(E < 40)$；

$e_{42} = 1.28E - 29.07$ $(45 \leqslant E < 50)$；$e_{43} = 0.85E - 29.07$ $(40 \leqslant E < 45)$；

$e_{52} = 0.80E - 8.1$ $(18 \leqslant E < 25)$；$e_{53} = 0.80E - 8.1$ $(E < 18)$；

$e_{62} = -1.6E + 31$ $(13 \leqslant E < 16)$；$e_{63} = -1.6E + 31$ $(16 < E)$。

3. 邓家喜对膨胀土的模糊数学综合评判法

(1)分类指标的确定

邓家喜课题组成员在 1999 年[22]，对广西宾南路膨胀土提出了综合模糊评价判别方法，具体做法如下。

①初判。主要依据膨胀土的定性描述，初步判别天然土是否为膨胀土。

②详判。通过一定的室内试验，对土进行定量判别。判别所选的指标着重强调了土的胀缩性、强度及水稳定性。以 CBR 试验、液塑限试验为主，以土的最大干密度、土的颗粒分析为辅。重点考察 CBR 值、膨胀量 $\delta_{0.9}$、液限 w_L、塑性指数 I_P 这四个指标。课题组遵照简单实用、又符合宾南路膨胀土实际情况的原则，将膨胀土分为三大类，具体归纳见表 2-12。该方法为宾南路路基施工和处理方案的选择提供了明确的特征参数，在常用塑性图的基础上，对 $35 < w_L < 50$ 范围的膨胀土做出补充判别，而部分 $w_L > 50\%$ 的非膨胀土通过比较也能判别出来。提高了正判率，具有较好的指导作用与经济效益。

宾南路膨胀土工程地质分类表 表 2-12

类别	等级	$CBR_{0.9}$(%)	膨胀量 $\delta_{0.9}$(%)	液限 w_L(%)	塑性指数 I_P
强膨胀土	III	<1	>6	>65	≥26
中膨胀土	II	1~2	4~6	55~65	20~26
弱膨胀土	I	2~4	2~4	40~55	<20

注：$CBR_{0.9}$、膨胀量$_{0.9}$指土样在压实度为 90% 的情况下的 CBR 及膨胀量。

(2)隶属度 P_i 和权数 g_j 的确定

课题组采用多因子模糊综合评判法，对膨胀土强弱等级做出划分。在建立模糊数学模型的基础上，选择 $CBR_{0.9}$、膨胀量 $\delta_{0.9}$、液限 w_L 和塑性指数 I_P 四个参数作为分类指标。用隶属度

P_i 来反映膨胀土胀缩性的强弱程度,因等级划分与指标间基本呈线性关系,而且仅以等级划分为目的,因此 P_i 的给值只需考虑线性关系即可。因此,给出 P_i 值为:$P_i=[85,65、45]$。权数 g_j 的分配按指标在评判中的重要性排序,在选定的四个指标中,$CBR_{0.9}$ 和液限 w_L 是主要指标,分别排在第一、二位,I_P 是对液限的补充,排第三位,膨胀量 $\delta_{0.9}$ 反映土吸水胀缩性,列第四位,按此作权数 g_j 的分配,其分配约束条件为:

$$\begin{cases} g_1 \geqslant g_2 \geqslant g_3 \geqslant g_4 \\ g_1+g_2+g_3+g_4=1 \end{cases} \tag{2-7}$$

根据课题组实验资料,权数 g_j 的取值为:$g_j=[0.32,0.28,0.22,0.18]$

(3)模糊关系矩阵 $\boldsymbol{U}$ 的确定

由 $P_i=[85,65,45]$,$g_j=[0.32,0.28,0.22,0.18]$ 代入得 $\boldsymbol{U}$ 到在集合 D 上的模糊关系矩阵:

$$\boldsymbol{U}=\begin{bmatrix} g_1p_1 & g_2p_1 & g_3p_1 & g_4p_1 \\ g_1p_2 & g_2p_2 & g_3p_2 & g_4p_2 \\ g_1p_3 & g_2p_3 & g_3p_3 & g_4p_3 \end{bmatrix}=\begin{bmatrix} 27.2 & 23.8 & 18.7 & 15.3 \\ 20.8 & 18.2 & 14.3 & 11.7 \\ 14.4 & 12.6 & 9.9 & 8.1 \end{bmatrix} \tag{2-8}$$

将有关分类指标区间值对应起来,就可得到膨土胀缩强弱分类等级的指数表,见表 2-13。

膨胀土胀缩等级指标与指数对照表　　表 2-13

分类	等级	$CBR_{0.9}$(%)		液限 w_L(%)	塑性指数 I_P(%)	膨胀量 $\delta_{0.9}$(%)	评判值 P_i
		E_1		E_2	E_3	E_4	
强	III	指标	<1	>65	≥26	>6	85
		指标	27.2	23.8	18.7	15.3	
中	II	指标	1~2	55~65	20~26	4~6	65
		指标	20.8	18.2	14.3	11.7	
弱	I	指标	2~4	40~55	<20	2~4	45
		指标	14.4	12.6	9.9	8.1	

从表 2-13 可发现,如果某膨胀土的,液限为 66%,另一膨胀土液限为 64%,二者差别不大,但在表中却分成了不同的两个等级,赋予了不同的指数值,这显然不合理。为此,还需对表 2-8进行修正,由于指标的划分属线性,故用线性函数来近似表示 U_{ij} 隶属函数,即:

$$\mu U_{ij}(E) \approx aE+b \qquad (E \in U_{ij})$$

例如:U_{11},$E<1$,对应的指数值为 27.2;U_{12},$1<E<2$,对应的指数值为 20.8,令:

$$\begin{cases} a+b=27.2 \\ 1.5a+b=20.8 \end{cases}$$

解得:

$$\begin{cases} a=-12.8 \\ b=40 \end{cases}$$

因此 $e_{12}=-12.8E+40 \quad (1<E<2)$,其余依此类推如下:

$e_{12}=12.8E+40 \quad (1<E<2)$; $\quad e_{13}=-4.3E+27.3 \quad (2<E<4)$;

$e_{22}=1.12E-49 \quad (55 \leqslant E<65)$; $\quad e_{23}=0.45E-8.8 \quad (40<E<55)$;

$e_{32}=1.47E-19.52 \quad (20 \leqslant E<26)$; $\quad e_{33}=1.47E-19.52 \quad (E<20)$;

$e_{42}=3.6E-6.3 \quad (4<E<6)$; $\quad e_{43}=1.8E+2.7 \quad (2<E<4)$。

2.3.1.2　湖南高速公路膨胀土的模糊评判

1. 潭邵高速公路膨胀土的模糊数学评判

(1)李生林标准

按李生林教授的模糊数学评判法,对潭邵高速公路膨胀土试样进行评判见表 2-14。

湖南潭邵高速公路膨胀土的指标值和指数值　表 2-14

试样＼分类因素		w_L(%)	δ_{ps}(%)	I_P(%)	w(%)	δ_{ef}(%)	C_w	指数合计	评判结果
Zk3	指标	33.3	3.13	13.7	14	45	一般	57.3	中等膨胀土
	指数	9.6	12	8.1	15.3	6.3	6		
Zk4	指标	52.7	1.58	29.3	24	46	一般	62.4	中等膨胀土
	指数	16.1	10.1	13.1	10.7	6.3	6		

(2)刘特洪标准

按刘特洪教授的模糊数学评判法,对潭邵高速公路膨胀土试样进行评判见表 2-15。

湖南潭邵高速公路膨胀土的指标值和指数值　表 2-15

试样＼分类因素		自由膨胀率 δ_{ef}	胀缩总率 δ_{ps}	膨胀力 P_e	液限 w_L	塑性指数 I_p	残余内摩擦角 Φ_t	指数合计	评判结果
Zk3	指标	45	3.13	68	33.3	13.7	9.4	51.7	弱~中等膨胀土
	指数	7.5	13.5	9.9	7.2	2.9	10.2		
Zk4	指标	46	1.58	78	52.7	29.3	1.7	61.9	中等膨胀土
	指数	7.8	7.3	10.8	13.6	11.9	10.2		

(3)邓家喜标准

按邓家喜教授的模糊数学评判法,对潭邵高速公路膨胀土试样进行评判见表 2-16。

湖南潭邵高速公路膨胀土的指标值和指数值　表 2-16

试样＼分类因素		$CBR_{0.9}$(%)	液限 w_L(%)	塑性指数 I_p	膨胀量 $\delta_{0.9}$(%)	指数合计	评判结果
Zk3	指标	1.6	33.3	13.7	6.8	57.3	弱~中等膨胀土
	指数	19.5	12.6	9.9	15.3		
Zk4	指标	2.5	52.7	29.3	1.4	54.9	弱~中等膨胀土
	指数	16.6	14.9	18.7	4.7		

2. 常张高速公路膨胀土的模糊数学评判

(1)李生林标准

按李生林教授的模糊数学评判法,对常张高速公路膨胀土试样进行评判见表 2-17。

湖南常张高速公路膨胀土的指标值和指数值　表 2-17

试样＼分类因素		液限 w_L(%)	胀缩总率 δ_{ps}(%)	塑性指数 I_P	天然含水率 w(%)	自由膨胀率 δ_{ef}(%)	气候及水文 C_w	指数合计	评判结果
3651	指标	96.45	5.21	56.18	54.36	85.00	一般	77.03	高膨胀土
	指数	18.90	15.63	16.20	7.70	12.60	6		
3652	指标	92.54	5.68	52.74	52.59	85.00	一般	78.44	高膨胀土
	指数	18.90	17.04	16.20	7.70	12.60	6		
3653	指标	89.88	5.26	49.49	51.54	88.00	一般	77.18	高膨胀土
	指数	18.90	15.78	16.20	7.70	12.60	6		

(2)刘特洪标准

按刘特洪教授的模糊数学评判法,对常张高速公路膨胀土试样进行评判见表2-18。

湖南常张高速公路膨胀土的指标值和指数值 表2-18

试样 \ 分类因素		自由膨胀率 δ_{ef}	胀缩总率 δ_s	膨胀力 P_e	液限 w_L	塑性指数 I_p	残余内摩擦 Φ_t	指数合计	评判结果
3651	指标	85.00	5.21	65.00	96.45	56.18	8.00	78.68	中等膨胀土
	指数	16.33	17.00	9.65	13.60	11.90	10.20		
3652	指标	85.00	5.68	65.00	92.54	52.72	13.20	78.36	中等膨胀土
	指数	16.33	17.00	9.65	13.60	11.90	9.88		
3653	指标	88.00	5.26	65.00	89.88	49.49	19.30	69.59	中等膨胀土
	指数	17.32	17.00	9.65	13.60	11.90	0.12		

(3)邓家喜标准

按邓家喜教授的模糊数学评判法,对常张高速公路膨胀土试样进行评判见表2-19。

湖南常张高速公路膨胀土的指标值和指数值 表2-19

试样 \ 分类因素		$CBR_{0.9}$	液限 w_L	塑性指数 I_p	膨胀量(%)	指数合计	评判结果
3651	指标	1.30	96.54	56.18	0.65	69.73	中等膨胀土
	指数	23.36	23.80	18.70	3.87		
3652	指标	2.06	92.54	52.72	1.38	66.06	中等膨胀土
	指数	18.40	23.80	18.70	5.18		
3653	指标	2.30	89.88	49.49	1.18	64.72	中等膨胀土
	指数	17.40	23.80	18.70	4.82		

2.3.2 灰色聚类法在膨胀土分类中的应用

灰色聚类是将聚类对象对于不同聚类指标所拥有的白化数,按几个灰类进行归纳,以判断该聚类对象属于哪一类。

用 A、B、C……表示聚类对象,用 $\boldsymbol{D}$ 表示分类指标集合,即 $\boldsymbol{D}=[d_1,d_2,\cdots,d_n]$。每个指标因素有 m 个状态集,共有 n 个指标因素,则原始数据的样本矩阵为:

$$\boldsymbol{D}=\begin{bmatrix} d_{11} & d_{12} & \cdots & d_{1n} \\ d_{21} & d_{22} & \cdots & d_{2n} \\ \cdots & \cdots & \cdots & \cdots \\ d_{m1} & d_{m2} & \cdots & d_{mn} \end{bmatrix}$$

其具体的思路和步骤如下[23][24]。

(1)分析影响分类因素,选择几个因素作为分类指标,并确定各指标的极性。所选择的指标既要反映膨胀土特性,又必须与不同类型的工程相结合,使其能适应生产的需要。一般取自由膨胀率(δ_{ep})、胀缩总率(δ_{ps})、膨胀力(P_e)、塑性指数(I_p)、液限(w_L)、天然含水率(w)等作为评判指标。

(2)在现场观察、试验、工程实践等基础上,得出膨胀土胀缩等级指标。

(3)构造各指标的白化权函数及权系数的计算公式。一般白化权函数分为3种基本类

型，其数学模型如下。

假设：高类下限为 H，中类中限为 Z，低类上限为 L，并记为 d_{ij}，i 代表指标分类，j 为指标值。则灰类白化权函数图及类别权系数计算公式如下。

①高类型

$$f_1(ij)=\begin{cases}1, & d_{ij}\geqslant H\\ \dfrac{d_{ij}-Z}{H-Z}, & Z<d_{ij}<H\\ 0, & d_{ij}\leqslant Z\end{cases}$$

②中类型

$$f_1(ij)=\begin{cases}0, & d_{ij}\geqslant H\\ \dfrac{H-d_{ij}}{H-Z}, & Z<d_{ij}<H\\ 1, & d_{ij}=Z\\ \dfrac{d_{ij}-L}{Z-L}, & L<d_{ij}<Z\\ 0, & d_{ij}\leqslant L\end{cases}$$

③低类型

$$f_1(ij)=\begin{cases}1, & d_{ij}\leqslant L\\ \dfrac{Z-d_{ij}}{Z-L}, & L<d_{ij}<Z\\ 0, & d_{ij}\geqslant Z\end{cases}$$

(4)赋予各指标权重并计算权系数矩阵。将自由膨胀率(δ_{ep})、胀缩总率(δ_{ps})、膨胀力(P_e)、塑性指数(I_p)、液限(w_L)、天然含水率(w)等指标的类别界限值代入上述白化权函数及权系数计算公式，并代入各样品指标值，即可得权系数矩阵。

(5)将计算所得的权系数矩阵的对应值进行加权平均，可得综合权系数矩阵。并根据各样品行向量最大值判别各样品所属灰类。

灰色聚类使膨胀土分类数学化、定量化，对解决膨胀土多因子分类中，由于指标交叉而不能归类的问题有其优越性。但是，灰色聚类法需要人为地确定灰数与功效函数，因此这类评判方法也摆脱不了评判专家主观上的不确定性、认识上的模糊性以及评判过程中的随机性。

2.3.3 标准吸湿含水率在膨胀土分类中的应用

中科院武汉岩土力学研究所姚海林、杨洋和中交二院的程平、吴万平等提出了标准吸湿含水率的概念，即膨胀土的标准吸湿含水率为在标准条件下(温度 25℃ ±2℃，相对湿度为 60% ±3%)，膨胀土从天然含水率脱湿至平衡后的含水率。通过试验结果可以发现，土的标准吸湿含水率与膨胀土中的蒙脱石含量、比表面积、阳离子交换量之间是线性关系，反映了膨胀土的本质属性[25][26][27]。其膨胀潜势的分级见表 2-20。

采用标准吸湿含水率对膨胀土分类 表 2-20

分类指标	弱膨胀土	中膨胀土	强膨胀土
标准吸湿含水率(%)	2.5～4.8	4.8～6.8	>6.8

按式(2-9)计算标准吸湿含水率:

$$w_a = \frac{W_2 - W_3}{W_3 - W_0} \tag{2-9}$$

式中:w_a——标准吸湿含水率,%;

W_0——干燥铝盒的质量;

W_2——铝盒与恒定湿土总质量;

W_3——烘干后试样的质量;

$W_2 - W_3$——最大吸湿水量,g;

$W_3 - W_0$——试验干土质量,g。

按标准吸湿含水率进行试验,常张路、南友路膨胀土试验结果见表2-21、表2-22。

常张路试验处理结果

表2-21

编号 W	A66	A19	A59	A45	A92
W_0(g)	6.793	6.773	6.971	7.214	6.857
W_2(g)	10.700	10.665	10.887	11.139	10.755
W_3(g)	10.537	10.506	10.722	10.977	10.589
w(%)	4.35	4.26	4.40	4.31	4.45
w平均值(%)	4.35(据此可以判断土样为弱膨胀土)				

南友路试验处理结果

表2-22

编号 W	A01	A88	A53	A77	A43
W_0(g)	7.046	6.863	6.848	6.458	7.079
W_2(g)	11.000	10.771	10.640	10.309	10.645
W_3(g)	10.780	10.549	10.432	10.094	10.444
w(%)	5.89	6.03	5.80	5.91	5.97
w平均值(%)	5.92(据此可以判断土样为中等膨胀土)				

2.3.4 基于粗糙集的膨胀土分类方法研究[29]

2.3.4.1 膨胀土分类指标的重要性分析

1. 分类指标的重要性

膨胀土的工程性质十分复杂,其胀缩具有中介过渡性或亦此亦彼性,是一个不精确的概念,不具备明确定义或标准,对膨胀土胀缩等级进行准确的分类是非常困难的。由于膨胀土胀缩等级评判指标相互之间关系复杂,相互之间有一定的关联,具有不同的重要性[28],在评判结论上会形成差异。

消除评判结论差异的主要方法之一,在于利用现有原始试验数据提供的信息选择适当的特征指标,进而分析反映膨胀土胀缩性质的理论指标之间的逻辑关联与权重分配,并在重要性分析的基础上去除评判体系中冗余及不重要的参数指标。因此,应用膨胀土分级指标与结果的粗糙依赖度可以确定评价指标的重要性,完善和优化膨胀土膨胀等级的评判体系。

2. 粗糙依赖度

现行的对膨胀土胀缩等级进行评判和分类的指标很多,但从评判结果和评判指标之间的

依赖程度来看,在许多膨胀土分级方法中,评判结果并不完全依赖于某些试验指标。为了补充和完善这类评判体系,现提出粗糙依赖度这个新概念。

给定膨胀土试验数据库 $K=(U,R)$,对于每个试验样本 $X\in U$ 和一个试验指标 $R\in \text{ind}(K)$,其中 $U\neq\phi$ 是所有试样组成的非空有限集合,称为论域。R 是 U 上的一族等价关系,U/R 为 R 的所有等价类族。设 $P,Q\subseteq R$,若 $\text{ind}(P)\subseteq\text{ind}(Q)$,则称试验指标 Q 可由试验指标 P 完全推导出来。显然,在膨胀土分类的过程中,根据某些特定的试验指标并不能准确地对膨胀土的胀缩等级进行分类。因此,不是所有的试验指标都可以完全被推导。为此引入 Q 的 P 正域,记为,$\text{pos}_P(Q)=\bigcup_{x\in U/Q}R_-(X)$,表示论域 U 中所有根据分类 U/P 的信息可以准确地划分到关系 Q 的等价类中去的对象集合。

当某个试验指标 $r\in P$,且 $\text{pos}_P(Q)=\text{pos}_{(P-\{r\})}(Q)$ 时,称 r 为试验指标集 P 中 Q 不必要的,否则 r 为 P 中 Q 必要的。如果 P 中每个 r 都为 Q 必要的,则称 P 为 Q 独立的。设 $S\subseteq P$,S 是 P 的独立子族且 $\text{pos}_S(Q)=\text{pos}_P(Q)$,则称 S 为 P 的 Q 约简。P 中所有 Q 必要的原始关系构成的集合称为 P 的 Q 核。

3. 指标重要性的计算

(1)算法

运用粗糙集方法计算膨胀土指标的重要性可分为以下步骤进行处理:数据预处理、约简;根据预处理及约简后的数据按照数值大小以每个试验指标(属性)进行分类,计算评判结果的相对依赖度;为了计算膨胀土胀缩等级评判指标的重要性,从已知膨胀土试验数据中去掉一个或某些试验指标,再计算此时评判结果对剩余指标的依赖度。若去掉该指标后,剩余指标的依赖度变化不大,则说明该指标的重要性低;反之,说明该指标的重要性高。

(2)实例

根据文献[30]的试验资料和胀缩等级指标标准值,计算基于粗糙集的膨胀土胀缩等级指标的重要性,数据见表2-23。数据离散化预处理时按文献的指标胀缩等级进行处理,这里试验样品的集合 $U=\{1,2,3,4,5,6,7,8,9,10\}$。评判结果 $D=\{$膨胀土胀缩等级$|0,1,2\}$,"0"表示弱胀缩等级,"1"表示中胀缩等级,"2"表示强胀缩等级。按各种不同的评判结果有不同等级的都列出来。例如表2-23中样品(9)评判有三种结论,则在表2-24中第9~11行列出。样品的试验指标集合 $A=\{F_s,P_P,e_{P50},e_{ps}\}$。

试验指标及评判结果　　表2-23

样品序号	试验指标				神经网络方法	"条例"方法	模糊数学方法	灰色聚类方法
	F_s(%)	P_P(kPa)	e_{P50}(%)	e_{ps}(%)				
(1)	43	72	0.26	3.82	中	中	中	中
(2)	117	32	0.12	11.30	中	中	中	强
(3)	64	72	0.40	3.10	中	中	中	中
(4)	71	57	0.78	6.81	强~中	强	强~中	强
(5)	67	95	0.79	6.73	强	强	强	强
(6)	86	99	0.90	8.40	强	强	强	强
(7)	67	56	0.33	3.60	中	中	中	中
(8)	37	62	0.35	2.89	弱~中	中	弱~中	中
(9)	40	128	7.78	4.50	弱~中	强	弱~中	强
(10)	65	38	0.21	4.59	中	中	中	中

按不同试验指标进行分类如下。

$U/\{F_s\} = \{\{1,8,9,10,11\},\{3,4,5,6,12\},\{2,7\}\}$

$U/\{P_P\} = \{\{2,12\},\{1,3,4,5,8\},\{6,7,9,10,11\}\}$

$U/\{e_{P50}\} = \{\{2\},\{1,3,8,12\},\{4,5,6,7,9,10,11\}\}$

$U/\{e_{ps}\} = \{\{1,3,8\},\{2,4,5,6,7,9,10,11,12\}\}$

评判结果的分类 $U/\{D\} = \{\{8,9\},\{1,2,3,4,10,12\},\{5,6,7,11\}\}$

(3)计算

根据表2-24,从而可以得到如下的等价关系。

$U/\{F_s,P_P,e_{p50},e_{ps}\} = \{\{1\},\{2\},\{3\},\{4,5\},\{6\},\{7\},\{8\},\{9,10,11\},\{12\}\}$,

D 的 A 正域为 $pos_A(D) = \{1\}\cup\{2\}\cup\{3\}\cup\{6\}\cup\{7\}\cup\{8\}\cup\{12\} = \{1,2,3,6,7,8,12\}$,

A 的依赖度 $k = \gamma_A(D) = |pos_A(D)|/U = \frac{7}{12}$

可以看出评判结果 D 仅仅部分依赖于试验指标 A。去掉 e_{ps} 后评判结果的分类 $U = \{F_s,P_P,e_{p50}\} = \{\{1,8\},\{2\},\{3\},\{4,5\},\{6\},\{7\},\{9,10,11\},\{12\}\}$

D 的 $A-e_{ps}$ 正域为 $pos_{A-e_{ps}}(D) = \{2\}\cup\{3\}\cup\{6\}\cup\{7\}\cup\{12\} = \{2,3,6,7,12\}$

可得 $A-e_{ps}$ 的依赖度 $k = \gamma_{A-e_{ps}}(D) = |pos_{A-e_{ps}}(D)|/U = \frac{5}{12}$

因此指标 e_{ps} 的重要性为 $\sigma_{AD}(e_{ps}) = \gamma_A(D) - \gamma_{A-e_{ps}}(D) = \frac{7}{12} - \frac{5}{12} = \frac{1}{6}$

同理,指标 e_{p50} 的重要性为 $\sigma_{AD}(e_{p50}) = \frac{1}{6}$,指标 P_P 的重要性为 $\sigma_{AD}(P_P) = \frac{1}{4}$,指标 F_s 的重要性为 $\sigma_{AD}(F_s) = \frac{5}{12}$。从以上计算可知,自由膨胀率在膨胀土胀缩等级的划分中最重要,其次是膨胀力,50kPa 压力下的膨胀率和胀缩总率最不重要。

4. *分类指标重要性的应用*

(1)运用粗糙集理论的重要性原理,在计算评判结果与试验指标的粗糙依赖度的基础上,可以剔除膨胀土胀缩等级评价指标体系中的相互关联甚至无效的指标,并对主要指标进行重要性排序。根据实例分析结果,在自由膨胀率、膨胀力、50kPa 压力下的膨胀率和胀缩总率四个指标中,自由膨胀率是评判膨胀土胀缩等级最重要的指标,膨胀力、50kPa 压力下的膨胀率和胀缩总率的重要性依次降低。

(2)评判结果 D 仅仅部分依赖于试验指标 A,说明这四个指标组合在一起不能准确地划分膨胀土的胀缩等级,还需要引入其他试验指标。通过对文献[30]上的试验数据进行粗糙依赖度计算,其评判结果也仅仅部分依赖于试验指标,这说明许多膨胀土胀缩等级的评判指标体系还不完善。现行的膨胀土胀缩等级评判指标和方法很多,但是从评判结果与试验指标之间的粗糙依赖度来看,在许多膨胀土分级方法中,评判结果并不完全依赖试验指标。因此,还应该适当地补充新的试验指标来完善指标体系,使之更加准确地对膨胀土进行分级。

(3)为解决现有膨胀土等级综合评价指标体系之间存在的结论差异明显的问题,须对反映膨胀土胀缩性质的主要理论指标之间的逻辑关联与权重分配进行深入分析,而其关键在于通过重要性分析去除评判体系中冗余及不重要的参数指标。补充后的试验指标需要再次通过粗糙依赖度计算的检验,因为补充试验指标后,新指标体系中各指标之间的关联性和重要性可能发生变化，此时某些试验指标的重要性可能会被降低甚至被约简。因此，完善膨胀土分级指标体系的过程是一个不断优化的过程，需要反复去做，直到找到一组最少的指标，能够最准确地对膨胀土胀缩等级进行评判[31]。

2.3.4.2 不相容信息情况下膨胀土分类规则的提取

1. 相容规则的提取

决策规则的提取是粗糙集理论的一个重要应用[32]。在大量的原始数据信息中，隐藏着许多包含知识规律等有用的信息，从这些原始数据信息中发现有用的规律信息叫做知识获取。基于粗糙集理论的知识获取主要是借助信息表这样一种有效的知识表达方式，对数据进行分类、约简、知识获取直至形成规则。

设所有膨胀土试验数据 $K=(U,A,V,f)$ 是一个决策表。其中试样 $U\neq\phi$ 为论域；A 为试验指标及分类的非空有限集合，$A=C\cup D, C\cap D=\phi$，C 为试验指标集，D 为膨胀土分类集；$V=\bigcup_{a\in A} V_a$，V_a 是属性 a 的值域；$f:U\times A\rightarrow V$ 是一个信息函数，它为每个对象的每个属性赋予一个信息值，即 $\forall a\in A, x\in U, f(x,a)\in V_a$。令 X_i 和 Y_j 分别代表 U/C 与 U/D 中的各个等价类，$\mathrm{des}(X_i)$ 表示对同一分类 X_i 的描述，即同一分类 X_i 对于各试验指标的特定取值；$\mathrm{des}(Y_j)$ 表示对分类 Y_j 的描述，即胀缩等级 Y_j 对于各试验指标值的特定取值。

决策规则定义如下：$r_{ij}:\mathrm{des}(X_i)\rightarrow\mathrm{des}(Y_j)$，$Y_j\cap X_i=\phi$，规则的可信度 $\mu(X_i,Y_j)=|Y_j\cap X_i|/|X_i|$，$0<\mu(X_i,Y_j)\leqslant 1$。当系统中有一个 $0<\mu(X_i,Y_j)<1$ 时，r_{ij}是不确定的，所有试验数据是不相容系统，否则所有数据为相容系统。

2. 膨胀土分类规则的提取

(1)膨胀土分类规则相容性分析

文献[30]的试验资料和胀缩等级指标标准值是一个经典的算例。其被“条例”、灰色类聚、模糊方法、神经网络方法等多种方法进行过胀缩等级的判定，因此，本文也引用它来提取膨胀土胀缩等价的评判规则。数据见表2-24，表中“＊”个数相同的为不相容数据[33]。

试验指标及评判结果离散化数值 表2-24

U	$F_s(\%)$	$P_P(\mathrm{kPa})$	$e_{p50}(\%)$	$e_{ps}(\%)$	D	备 注
1	0	1	1	1	1	*
2	2	0	0	2	1	
3	1	1	1	1	1	
4	1	1	2	2	1	* *
5	1	1	2	2	2	* *
6	1	2	2	2	2	
7	2	2	2	2	2	
	1	1	1	1	1	(同行3，去掉)
8	0	1	1	1	0	*
	0	1	1	1	1	(同行1，去掉)
9	0	2	2	2	0	* * *
10	0	2	2	2	1	* * *
11	0	2	2	2	2	* * *
12	1	0	1	2	1	

粗糙集理论应用于膨胀土分类试验规则挖掘的一个不足之处是它对噪声反应十分敏感。例如按试验指标等价类 $des(X_i)$ 有两个分类 $des(Y_j)$，$(j=1,2)$，则规则的可信度为0.5。假设决策规则 $des(X_i)\to des(Y_1)$ 包含有99个试样，而 $des(X_i)\to des(Y_2)$ 只有一个试样，尽管这两类规则的可信度均为0.5，但从统计的角度来看，规则 $des(X_i)\to des(Y_2)$ 中的那个"与众不同"的试样很可能是个特例，或许是由操作不当引起的，按上述理论计算的话，规则 $des(X_i)\to des(Y_1)$ 不能被归入下近似集中，从而失去形成确定规则的机会。

为此，我们应该将包含试样数小的规则去掉，减少噪声参数对规则提取的影响。在膨胀土试验中，可能由于一些人为误差，使试验结果出现偏差，那么这些规则应该被去掉。设 $W\subseteq U$，对于分类 U/a，定义 W 的下近似为 $W^{(U/a)^-}=\cup_{V\in U/a,V\subseteq W}V$，也用 $S_a(W)$ 来表示。子集 $S_a(W)$，称为 W 关于属性 a 的支持子集，$spt_a(W)=|S_a(W)|/|U|$ 称为 W 关于属性 a 的支持度。

(2)不相容系统规则的贝叶斯提取

对于不相容系统的规则提取，常用的办法是将不相容的规则删除，只计算相容的规则。显然，这样做会使原始数据和要提取的评判规则失真，使规则提取丧失意义。还有的算法是计算每一个规则的可信度和支持度，设定两个阈值[34]。当这个规则的可信度和支持度均大于其对应的阈值时，规则成立。这对可信度大而支持度小或者可信度小而支持度大的规则而言，有意义规则的丧失是不可避免的。因此这种双阈值的规则提取也是不合适的。

采用贝叶斯[35][36]方法计算条件概率可以解决这个问题。贝叶斯方法是概率论中的一种计算方法。把膨胀土分类规则的不确定性(可信度)看作系统本身具有的先验概率，获得每一条规则的确定性即可信度为 $P(N_j)$，共有 n 种。这种验前概率分布充分表达了膨胀土分类系统本身固有的信息。把支持度看作膨胀土试验过程中样本反映的可信度 $P(N_j)$ 下的后验概率 $P(Z|N_j)$，$j=1,2,\cdots,n$。应用贝叶斯公式和全概率公式[37]，得出规则 r_{ij} 在可信度为 N_j、支持度为 Z_j 的情况下的条件概率 $P(N_j|Z_j)$，如式(2-10)。

$$P(N_j|Z_j)=\frac{P(Z_j|N_j)P(N_j)}{\sum_{j=1}^{n}P(Z_j|N_j)P(N_j)}\qquad j=1,2,\cdots,n \tag{2-10}$$

设定某一阈值，大于这一阈值的规则将会被提取。这既考虑了膨胀土分类决策表的信息，又考虑了试验过程中样本反映的实际情况。并且由于提取规则的阈值在整个系统中是统一的数值，使得膨胀土分类规则的提取更加公平，其实际意义和试验价值十分明显。

3. 不相容规则提取的计算

(1)算法

膨胀土分类规则提取的算法步骤如下。

①数据准备。如上所述，粗糙集只能处理离散的数据，对于连续的数据需要离散化。

②数据约简。膨胀土的试验指标体系很庞杂。许多反映土壤膨胀性的指标可能互相关联，经过数据离散化之后，在同一条规则里许多信息可能是一致的，因此，这些不必要的属性应该被约简，这样更有利于规则的提取。对于一个系统可能存在多个约简的情况，应以能反映膨胀土的本质、指标的测定简单便捷和指标数据可靠、重现性好为原则对几个约简进行选择。

③计算约简后膨胀土每一条规则的可信度和支持度。计算时应计算每一条规则的每一个属性及其与其他属性组合的可信度与支持度。

④用贝叶斯方法计算上述属性组合的条件概率。设定阈值进行规则提取。

⑤逻辑合取与析取计算。被提取的规则还比较凌乱，有些规则互相包含。为此，必须要通

过逻辑合取与析取计算提炼规则。

(2)实例计算

以不相容系统的膨胀土分类评判为例进行规则提取,数值见表2-24。经计算,该表中数据已经不能被约简,因此可以直接进行规则提取。对于每一条规则有四个属性,考虑其属性的组合有 $C_4^1+C_4^2+C_4^3+C_4^4=15$ 个。限于篇幅,本文仅列出规则1的条件概率计算分析过程,见表2-25。

膨胀土分类规则提取计算 表2-25

序号	规则	条件属性等价类	与决策规则等价类	可信度	支持度	条件概率	备注
1	F_s	{1,8,9,10,11}	$\cap D=\{1,10\}$	0.4	0.2	0.053	
2	P_P	{1,3,4,5,8}	$\cap D=\{1,3,4\}$	0.6	0.3	0.120	*
3	e_{P50}	{1,3,8,12}	$\cap D=\{1,3,12\}$	0.75	0.3	0.150	*
4	e_{ps}	{1,3,8}	$\cap D=\{1,3\}$	0.67	0.2	0.089	
5	F_sP_P	{1,8}	$\cap D=\{1\}$	0.5	0.1	0.033	
6	F_se_{P50}	{1,8}	$\cap D=\{1\}$	0.5	0.1	0.033	
7	F_se_{ps}	{1,8}	$\cap D=\{1\}$	0.5	0.1	0.033	
8	P_Pe_{P50}	{1,3,8}	$\cap D=\{1,3\}$	0.67	0.2	0.089	
9	P_Pe_{ps}	{1,3,8}	$\cap D=\{1,3\}$	0.67	0.2	0.089	
10	$e_{P50}e_{ps}$	{1,3,8}	$\cap D=\{1,3\}$	0.67	0.2	0.089	
11	$F_sP_Pe_{P50}$	{1,8}	$\cap D=\{1\}$	0.5	0.1	0.033	
12	$F_sP_Pe_{ps}$	{1,8}	$\cap D=\{1\}$	0.5	0.1	0.033	
13	$F_se_{P50}e_{ps}$	{1,8}	$\cap D=\{1\}$	0.5	0.1	0.033	
14	$P_Pe_{P50}e_{ps}$	{1,3,8}	$\cap D=\{1,3\}$	0.67	0.2	0.089	
15	$F_sP_Pe_{P50}e_{ps}$	{1,8}	$\cap D=\{1\}$	0.5	0.1	0.033	

表2-25中第一条规则的条件属性等价类为 $\mathrm{des}(F_s)=\{1,8,9,10,11\}$,$\mathrm{des}(P_P)=\{1,3,4,5,8\}$,$\mathrm{des}(e_{P50})=\{1,3,8,12\}$,$\mathrm{des}(e_{ps})=\{1,3,8\}$。决策属性的等价类 $\mathrm{des}(D)=\{1,2,3,4,10,12\}$。经计算,满足条件概率大于0.1的规则被提取,即 $P_P\rightarrow D$ 和 $e_{P50}\rightarrow D$。该规则的意义为膨胀力大于45kPa、小于85kPa时,或者50kPa压力下的膨胀率大于0.2小于0.7时,可以推出膨胀土胀缩等级为中等,该规则与实际情况相吻合。该规则最后同表2-25中其他11条规则计算完后一起通过逻辑合取和析取,最终形成膨胀土胀缩等级的评判规则。

4. 不相容规则提取的应用

(1)膨胀土分类试验工作中大量存在的不相容信息给膨胀土分类规则的提取带来困难。针对传统膨胀土分类方法处理不相容信息引起的知识失真等不足,提出了用贝叶斯理论和基于粗糙集的不相容系统决策挖掘相结合来提取膨胀土分类规则。

(2)用膨胀土分类决策系统的可信度为先验概率,膨胀土试验数据的支持度为后验概率,计算膨胀土分类规则的条件概率,提取条件概率大于某一阈值的规则。最后通过逻辑合取与析取归并膨胀土分类规则,避免了对可信度和支持度设定双阈值带来的规则损失,解决了可信度和支持度相矛盾时的规则丢失。

(3)实例计算和应用分析表明,用贝叶斯理论和基于粗糙集的不相容系统决策挖掘相结合的方法不仅完善了基于粗糙集的不相容系统的数据挖掘,而且为膨胀土分类规则的提取提供了一种有效可行的算法。

(4)基于粗糙集理论不相容系统的膨胀土分类规则计算量较大,而本文提到的规则提取计算思路清晰,过程明确,对每一条规则的条件属性提取计算都是遍历的,在计算过程中不需要人为的干涉和判断,易于编制计算机程序。因此,基于粗糙集理论不相容系统的膨胀土分类规则提取容易实现,具有明显的实际工程意义。

2.3.4.3 不完备信息情况下膨胀土分类规则的提取

1. 不完备信息及其常规算法

不完备信息系统[38]广泛地存在于日常实际数据中,如带有缺失值的数据库、集成的数据仓库等。实际上,膨胀土分类试验汇总表就是一个含有缺省数据和不精确数据的决策表,因此也是一个不完备的信息系统。膨胀土分类试验汇总表(DT)是一个不完备信息系统,$DT=(U,AT\cup\{d\})$,其中:U 是试验样本的非空有限集合;AT 是试验指标的非空有限集合;$d(d\notin AT$ 且 $*\notin V_d)$ 称为膨胀土等级判断属性,AT 中的元素称为条件属性。对于 $a\in AT$ 有 $a:U\to V_a$,其中 V_a 称为 a 的值域。每个试验指标 $A\subseteq AT$ 决定了一个不可区分的关系 $\mathrm{ind}(A)$:$\mathrm{ind}(A)=\{(x,y)\in U\times U|\forall a\in A,a(x)=a(y)\}$。关系 $\mathrm{ind}(A)(A\subseteq AT)$ 构成了 U 的划分,用 $U/\mathrm{ind}(A)$ 来表示。对于一个样本,一些试验指标数据可能是缺省的或不精确的。为了表明这种情况,通常给定一个区分值(即空值 null value)给这些属性。如果至少有一个试验指标 $a\in AT$ 使得 V_a 含有空值,则称膨胀土分类试验汇总表(DT)为一个不完备信息系统,否则它是完备的,我们用 * 表示空值。

令 $A\subseteq AT$,定义相似关系如下:$\mathrm{SIM}(A)=\{(x,y)\in U\times U|\forall a\in A,a(x)=a(y)\ \mathrm{or}\ a(x)=*\ \mathrm{or}\ a(y)=*\}$。定义函数 $\partial_A:U\to P(V_d)$,$A\subseteq AT$ 为 $\partial_A(x)=\{i|i=d(y),y\in S_A(x)\}$,称 ∂_A 为 DT 中的广义决策函数,其中 $P(V_d)$ 表示 V_d 的幂集。任何决策表可以看作如下形式的(广义)决策规则集:$\wedge(c,v)\to\vee(d,w)$,其中 $c\in AT,v\in V_c,w\in V_d$。$\wedge(c,v)$ 称为规则的条件部分,$\vee(d,w)$ 称为规则的决策部分。令 X 是具有性质 $\wedge(c,v)(c\in AT,v\in V_c)$ 的对象集,Y 是具有性质 $\vee(d,w)(w\in V_d)$ 的对象集。在 DT 中,决策规则 $\wedge(c,v)\to\vee(d,w)$ 为真,当且仅当 $\overline{C}X\subseteq Y$,其中 C 是出现在规则的条件部分的所有属性构成的集合。在 DT 中,决策规则 $r:\wedge(c,v)\to\vee(d,w)(c\in AT,v\in V_c,w\in V_d)$ 是最优的当且仅当该规则为真,且出现在 r 中的合取与析取的真子集构成的任何规则均为假。

不完备信息系统的通常处理方法是采用某种手段使信息系统完备化。常见的数据完备化的方法[39]有:①删除法。忽略或删除具有不完备性的元组,显然当信息系统中不完备信息的对象数量远远小于完备信息数据时,可以采用这种方法,当信息数据有限、不完备信息对象数量较多时,不能采用这种方法。②补偿法。对于不完备信息系统的补齐途径一般有三种补偿方式:将不完备(例如空缺)作为一种特殊的属性值处理;使用属性的平均值或常见值填充空缺值;空缺的属性值由该属性在其决策相同的实例中所有取值来分别填充空缺值,直到获得满意的结果为止。③根据粗糙集中不可分辨关系进行补齐。包含不完备信息的空缺属性值的对象应与信息系统的其他相似对象的属性值尽可能保持一致,空缺属性值的补齐应使完备化后的信息系统的分类规则产生更多的支持度,使规则应尽量集中。

2. 膨胀土分类系统完备性分析

文献[40]的试验资料来自当宜公路膨胀土土性指标实测值,其胀缩等级标准值分别用模糊数学法和规范分类。本章引用该文献中模糊数学法和规范分类一致的样本进行膨胀土分类规则提取,对于缺少自由膨胀率、无法用规范分类的数据也选用一组,其分类以该文献提出的模糊数学判别值为准。粗糙集只能对离散数据进行处理，如果当输出数据是连续数据时，在应用粗集时必须对数据进行离散化处理。离散化本质上可归结为利用选取的断点来对条件属性构成的空间进行划分的问题。把条件属性划分成有限个区域，使得每个区域中的对象的决策值相同。

本节数据离散化预处理按文献的指标胀缩等级进行处理，自由膨胀率、<0.002mm 胶粒含量、塑性指数、液限、比表面积、阳离子交换量、蒙脱石含量、残余内摩角以及分类的评判都以文献中膨胀土胀缩等级指标的标准值进行评判。膨胀土胀缩等级分 0、1、2、3 四类，其中"0"表示无胀缩，"1"表示弱胀缩，"2"表示中胀缩，"3"表示强胀缩。剔除离散化以后相同的数据行或数据列，进行规则约简和属性约简。得到如表 2-26 所示决策表，表中"*"为该数据缺损。

试验指标及评判结果离散化数值 表 2-26

序号	自由膨胀率	<0.002mm 胶粒含量	塑性指数	液限	比表面积	阳离子交换量	蒙脱石含量	残余内摩角	分类
1	2	1	2	3	1	1	1	1	1
2	2	1	1	2	1	1	0	1	1
3	2	1	2	2	1	1	1	1	2
4	3	1	2	3	*	*	*	3	3
5	3	1	2	2	3	3	3	3	3
6	2	1	2	2	*	*	*	2	2
7	*	*	2	3	2	2	3	2	3

3. 信息不完备膨胀土规则的提取

(1)算法

对于表 2-26 中的数据，不完备信息系统现有的规则提取方法都不同程度地存在主观性，它既没有从具体的膨胀土试验反映的实际情况去考虑问题，也没有考虑在试验中存在的一些偶然误差和突发事件。使获得的知识存在不同程度的失真，甚至使得原有数据系统的规则无法正确提取。

同解决信息不相容的方法一样，采用贝叶斯方法计算条件概率可以解决这个问题。不完备膨胀土分类规则提取的算法步骤同信息不相容差不多，不赘述。

(2)实例计算

以不相容系统的膨胀土分类评判为例，进行规则提取，数值见表 2-26，每一组试验为一个样本。经计算，该表中数据 <0.002mm 胶粒含量这个试验指标可以被约简，可以进行规则提取。但是由于对于每一条规则有七个属性，考虑其属性的组合以及对不完备数据采用数据补齐法，计算量很大。限于篇幅，本章仅列出规则 7 以及自由膨胀率和比表面积两个试验指标的条件概率计算分析过程。表 2-26 中规则 7 的自由膨胀率为空值。因此自由膨胀率分类的取值可以为 0、1、2、3，des(自由膨胀率) = {{7}, {7}, {1,2,3,6,7}, {4,5,7}}; des(比表面积) = {{1,2,3,4,6}, {4,6,7}, {4,5,6}}; des(分类) = {{1,2}, {3,6}, {4,5,7}}; 自由膨胀率胀缩等级为 0 的可信度 $\mu = |Y_j \cap X_i| / |X_i| = 1/1 = 1$，支持度 $spt_a(W) = |S_a(W)| / |U| = 1/9 = 0.111$。计算所有可能的规则并计算其条件概率，见表 2-27。

膨胀土分类规则提取计算 表 2-27

序号	规则 7→分类[3]	条件属性等价类	决策规则等价类	可信度	支持度	条件概率	备注
1	自[0]	{7}	{7}	1	0.111	0.091	
2	自[1]	{7}	{7}	1	0.111	0.091	
3	自[2]	{1,2,3,6,7}	{7}	0.2	0.111	0.091	
4	自[3]	{4,5,7}	{4,5,7}	1	0.333	0.272	*
5	比[2]	{4,6,7}	{4,7}	0.67	0.222	0.121	
6	自[0] 比[2]	{7}	{7}	1	0.111	0.091	
7	自[1] 比[2]	{7}	{7}	1	0.111	0.091	
8	自[2] 比[2]	{6,7}	{7}	0.5	0.111	0.091	
9	自[3] 比[2]	{4,7}	{4,7}	1	0.222	0.181	*

经计算,满足条件概率最大的数为 0.272,远高于其他条件概率。自[3]→分类[3] 将被提取,其包含的意义为“规则:土样自由膨胀率 >70 即可判别为强膨胀土”。尽管在实际操作中有许多其他评判膨胀土胀缩等级的指标,但是根据常识,土样自由膨胀率 >70 即可判别为强膨胀土是正确的,这也证明了应用粗糙集提取膨胀土分类规则是切实可行的。当然,膨胀土分类规则的提取应该最后同表 2-27 中其他所有规则一起计算,最终形成膨胀土胀缩等级的评判规则。

2.3.5 公路系统膨胀土的分类

公路系统根据多年的实践经验和工程地质特征,把自由膨胀率 $F_s \geqslant 40\%$ 和液限 $w_L \geqslant 40\%$ 的黏性土初判为膨胀土,但这不是唯一的,最终的因素还要考虑胀缩总率及胀缩的循环变形特性,以及再与其他指标相结合。它是一种综合判别方法,见表 2-28[1][6]。

公路系统膨胀土工程地质分类 表 2-28

分 类	野外地质特征	主要黏土矿物成分	<0.005mm 黏粒含量(%)	自由膨胀率(%)	胀缩总率(%)
强膨胀土	灰白色、灰绿色,黏土细腻,滑感特强,网裂隙极发育,有蜡面,易风化呈细状、鳞片状	蒙脱石 伊利石	>50	>80	>4
中等膨胀土	以棕、红、灰色为主,黏土含少量粉砂,滑感较强,裂隙发育,易风化呈碎粒状,含钙质结核	蒙脱石 伊利石	35 ~ 50	55 ~ 80	2 ~ 4
弱膨胀土	黄褐色为主,黏粒中含有较多粉砂,有滑感,易风化呈碎粒状,含有较多钙质或铁锰结核	蒙脱石 伊利石 高岭石	<35	30 ~ 55	0.7 ~ 2

注:胀缩总率为土在 50kPa 压力条件下的膨胀率与收缩率之和。

表 2-28 中,胀缩总率按式(2-11)计算:

$$e_{ps} = e_{P50} + c_{s1}(w - w_m) \tag{2-11}$$

式中:w_m——地基土在收缩过程中可能产生的含水率的下限值,%;

w——土的天然含水率,%;

e_{P50}——50kPa 压力下的膨胀率,%;

c_{s1}——收缩系数,通过试验确定。

如式中 e_{p50} 为负值时,按负值考虑,如($w-w_m$)大于8%时,按8%考虑;小于零时,按零考虑。

地表下1~3m深度内土的含水率下限值 w_m 可按下列两种情况分别确定。

(1)当地基土的收缩变形主要受大气降雨和蒸发影响时,w_m 可按式(2-12)计算:

$$w_m = K_c w_p \tag{2-12}$$

式中:w_p——土的塑限含水率,%;

K_c——工作条件系数,可按表2-29选用。

工作条件系数 K_c 表2-29

干燥度 K_c	深　度(m)	地形坡度	
		>8°	≤8°
亚干旱区	1~2 2~3	0.70 0.76	0.77 0.85
亚湿润区 湿润区	1 1~3	0.78 0.85	0.86 0.91

注:干燥度 $K_c=\dfrac{全年蒸发量}{全年降雨量}$。

计算蒸发量及降雨量时,取十年平均值。

$K_c<1.00$ 湿润区

$K_c=1.00\sim1.49$ 亚湿润区

$K_c=1.50\sim3.49$ 亚干旱区

$K_c>3.50$ 干旱区

(2)当常年地下水位比较稳定且位于地表下3m以内时,w_m 可取土的天然含水率值。

2.4 湖南省典型膨胀土新的分类及边坡坡度设计

2.4.1 湖南省典型膨胀土新的分类

2.4.1.1 现行分类标准存在的问题

由于膨胀土的复杂多变性及人们对膨胀土的认识不够,导致许多膨胀土工程事故,最典型的工程实例之一为南昆线膨胀土边坡失稳问题。

同样,湖南省膨胀土具有其独特性,大多为高液限膨胀性黏土,根据双40%标准进行的路堑边坡设计,施工后路堑边坡遭遇到不同程度的破坏。铁路、公路系统大量实践证明,根据现行的各行业有关膨胀土的规范、规程对膨胀土进行分类,所设计的坡度设计、防护措施等存在着不同程度的问题,偏不安全。为了保证湖南省膨胀土路基及路堑边坡的安全性,有必要对湖南省典型膨胀土进行重新分类,确定其判别标准,据此标准重新推荐边坡坡度设计值。根据我们推荐的设计坡度和变更后膨胀土边坡稳定性情况来看,用如下自由膨胀率 F_s 及液限 w_L 等指标判别膨胀土的等级,符合湖南省膨胀土的工程实际情况,并被实践证明是切实可行的,对类似的膨胀土公路工程具有参考作用。

2.4.1.2 湖南省典型膨胀土新的分类标准

湖南省典型膨胀土的分类标准,见表2-30。

湖南省典型膨胀土的分类标准　　表 2-30

分　类	主要黏土矿物成分	<0.005mm 黏粒含量(%)	自由膨胀率(%)	液限含水率(%)	胀缩总率(%)
强膨胀土	蒙脱石、伊利石	>50	>80	>65	>4
中等膨胀土	蒙脱石、伊利石	35~50	55~80	55~65	2~4
弱膨胀土	蒙脱石、伊利石、高岭石	30~35	40~55	40~55	1~2
微膨胀土	蒙脱石、伊利石、高岭石	25~30	30~40	30~40	<1

注:胀缩总率为土在 50kPa 压力条件下的膨胀率与收缩率之和。

2.4.2　湖南省膨胀土边坡设计坡度建议值

2.4.2.1　膨胀土路堤边坡设计坡度建议值

采用中、弱或微膨胀土填筑路堤,边坡坡度确定见表 2-31。

湖南省典型中、弱或微膨胀土填筑路堤边坡边度建议值　　表 2-31

边坡高度(m)	膨胀土等级	边坡坡度
<6m	中膨胀土	1:1.75~1:2.00
	弱膨胀土	1:1.50~1:1.75
	微膨胀土	1:1.25~1:1.50
6~10m	中膨胀土	1:2.00~1:2.25
	弱膨胀土	1:1.75~1:2.00
	微膨胀土	1:1.50~1:1.75

2.4.2.2　膨胀土路堑边坡设计坡度建议值

膨胀土路堑边坡坡度设计建议值,见表 2-32。

湖南省典型膨胀土路堑边坡坡度设计建议值　　表 2-32

膨胀土类别	边坡高度(m)	边坡坡度	边坡平台宽度(m)
微膨胀土	<6m	1:1.50	—
	6~10m	1:1.50~1:1.75	1
	>10m	1:1.75~1:2.00	1
弱膨胀土	<6m	1:1.50~1:1.75	—
	6~10m	1:1.75~1:2.00	1
	>10m	1:1.75~1:2.50	1
中膨胀土	<6m	1:1.75~1:2.00	—
	6~10m	1:1.75~1:2.50	2
	>10m	1:2.00~1:2.50	2
强膨胀土	<6m	1:2.00	—
	6~10m	1:2.00~1:2.50	2~4
	>10m	1:2.25~1:2.75	2~4

2.5　研究结论

通过本部分的研究,主要得出了以下结论:

(1)归纳了国内外膨胀土的分类方法；

(2)提出了湖南省膨胀土新的分类及边坡坡度设计；

(3)采用灰色聚类法对潭邵高速公路、常张高速公路、南友高速公路膨胀土等级进行分类；

(4)采用标准吸湿含水率对潭邵高速公路、常张高速公路、南友高速公路膨胀土等级进行分类；

(5)应用模糊数学对潭邵高速公路、常张高速公路、南友高速公路膨胀土等级进行了分类；

(6)提出了运用粗糙集理论对膨胀土进行分类的新方法:基于粗糙集的理论和方法,运用粗糙集理论的重要性原理,对膨胀土分类指标的重要性进行排序,可以剔除膨胀土胀缩等级评价体系中的相互关联甚至无效的指标。现行的对膨胀土胀缩等级进行评判的指标和方法很多,但是从评判结果与试验指标之间的粗糙依赖度来看,在许多膨胀土分级方法中,评判结果并不完全依赖于某些试验指标。研究表明:通过计算膨胀土胀缩指标的重要性可以补充新的试验指标以完善指标体系,使之更加准确地对膨胀土进行分级。针对膨胀土分类时数据不相容和信息不完备等情况,提出了引入贝叶斯方法计算可信度和支持度的条件概率,以及提取条件概率大于某一阈值的规则。最后通过逻辑合取与析取归并膨胀土的分类规则。该算法解决了粗糙集在处理类似问题时容易出现的数据挖掘规则失真等问题。

参考文献

[1] 肖荣久等. 陕南膨胀土及其灾害地质研究[J]. 西安:陕西科学技术出版社,1992.

[2] 李生林. 中国膨胀土工程地质研究[M]. 南京:江苏科学技术出版社,1992.

[3] 杨果林. 潭邵高速公路膨胀土处治技术研究. 研究报告[R],2003.6.

[4] 杨果林. 湖南省典型膨胀土工程特性研究. 研究报告[R],2004.4.

[5] 中华人民共和国建设部. 膨胀土地区建筑技术规范(GBJ 112—87)[M]. 北京:中国计划出版社,1987.

[6] 麦杰迪. 膨胀土性能及膨胀土地区道路设计研究[D].[博士论文]. 长安大学,2000.07.

[7] 贺洁. 膨胀土分类方法探讨以及抗剪强度的试验研究[S].[硕士学位论文]. 大连:大连理工大学,2001.

[8] Fredlund D. G. & Rahanljo H. Soil Mechanical for unsaturatal soils. John Wikey & Sours INC,1997.

[9] Bjenum,L. Progressive failure in slopes of over consolidated plastic clay. J. soil mechanics and Found Div. ASCE vol. 93,No. sm5,1967.

[10] Van Der Merwe DH. The prediction of heave from the plasticity index and percentage clay fraction of soils [J]. Engineer S Africa Inst Viv Rngrs,1964.6:103-131.

[11] 龚壁卫,周晓文,包承钢. 南水北调中线工程中的膨胀土研究[J]. 人民长江出版社,2001.(9):9-11.

[12] 柯尊敬. 对胀缩性土评定指标的初步探讨[J]. 广西大学学报,1977. 第1期.

[13] 杨世基. 公路路基膨胀土的分类指标[J]. 公路工程地质,1997.15(1):1-6.

[14] 中华人民共和国交通部. 公路路基设计规范(JTJ 013—95)[M]. 北京:人民交通出版

社,1996.
[15] 中华人民共和国交通部. 公路路基设计规范(JTG D30—2004)[M]. 北京:人民交通出版社,2004.
[16] 杨涛,纪桂霞. 路基膨胀土胀缩等级综合评判[J]. 华东公路,2002.6.
[17] 陈新民. 膨胀土判别和分类的灰色关联法[J]. 岩土力学,1996.17(4).
[18] 梁俊勋. 用灰色聚类法判别膨胀土等级的初步尝试[J]. 工程勘察,1992.(2):26-28.
[19] 黄卫. 路基膨胀土胀缩等级的模糊评判[J]. 岩土工程学报,1999.21(4):408-413.
[20] 贾东亮. 未确知测度模型在膨胀土判别分类中的应用[D]. 邯郸:河北建筑科技学院,2002.
[21] 刘特洪. 工程建设中的膨胀土问题[M]. 北京:中国建筑工业出版社,1997.
[22] 邓家喜. 膨胀土路基稳定性研究[R]. 研究报告,1999.12.
[23] 李玉花,冯晓腊,严应征. 灰色聚类法在膨胀土分类中的应用[J]. 岩土力学,2003.24(2):304-306.
[24] 王学萌,张继忠,王荣. 灰色系统分析及实用计算程序[M]. 武汉:华中科技大学出版社,1992.
[25] 姚海林,杨洋,程平,吴万平. 膨胀土壤标准吸湿含水率及其试验方法[J]. 岩土力学,2004.6(6):856-859.
[26] 姚海林,杨洋,程平,吴万平. 膨胀土标准吸湿含水率试验研究[J]. 岩石力学与工程学报. 2004.23(17):3009-3013.
[27] 姚海林,杨洋,程平,吴万平. 标准吸湿含水率对膨胀土进行分类的理论与实践[J]. 中国科学E辑.2005.35(1):43-52.
[28] 曾黄麟,曾谦.基于不确定性问题研究方法评价系统参数的重要性.系统工程理论与实践,2000.11:94-110.
[29] 丁加明.基于粗糙集理论的膨胀土路基气候作用分析及水毁灾害预测.中南大学博士学位论文,2006.6:27-38.
[30] 傅鹤林,范臻辉,刘宝琛.利用人工神经网络模型判定膨胀土等级.中国铁道科学,2002.23(5):118-120.
[31] 彭云,聂承启,万红新等.粗糙集在决策系统中的应用.江西师范大学学报(自然科学版),2002.26(3):229-231.
[32] Pawlak Z. Decisions rules and flow networks. European Journal of Operational Research, 2004.154(1):184-190.
[33] Pawlak Z. An inquiry into anatomy of conflicts. Information Sciences,1998.109:65-78.
[34] 马力,焦李成.一种基于粗集理论的知识发现系统的研究与设计.微电子学与计算机,2003.3:8-12.
[35] Pawlak Z. Rough sets, Decision algorithms and Bayes' theorem. European Journal of Operational Research, 2002.136 (1):181-189.
[36] Salvatore Greco, Z Pawlak, Roman Slowioski. Can Bayesian confirmation measures be useful for rough set decision rules. Engineering Applications of Artificial Intelligence, 2004.17 (4): 345-361.
[37] 刘柏刚,丁加明.贝叶斯决策在确定复合标底报价中的应用.铁路工程造价管理,2002.5:

5-7.
[38] 朱剑英.智能系统非经典数学方法.武汉:华中科技大学出版社,2001.125-130.
[39] 王永茂,刘克勤.粗糙集理论在电力系统燃料管理中的应用.现代电力,2002.19(5):88-93.
[40] 郭昱葵,熊友山,姚海林等.模糊数学在当宜高速公路膨胀土判别和分类中的应用.岩土力学,1999.20(3):61-65.

第三章　膨胀土工程特性与处治技术理论研究

3.1　膨胀土的工程特性

膨胀土的工程性质取决于颗粒大小、形状、表面、应力历史以及矿物成分等。黏土矿物对工程性质的影响十分重要，随着工程建设的加大，含有较多黏土矿物的膨胀土使用越来越多。Mitchell(1976)[1]报道，膨胀土中黏土矿物的含量越多，膨胀土的塑性就越高、膨胀潜势就越大、渗透性就越低、压缩性就越高、其黏聚力就越高并且内摩擦角越小。

3.1.1　膨胀土的结构特性

土的结构是指土在一定地质环境和条件下，由土粒、孔隙、裂隙、胶结物等组成的整体结构特征。膨胀土的物理化学性质和水理性质，主要受组成膨胀土的物质成分所控制，而膨胀土的膨胀与收缩特性、强度特性以及变形性质，则在很大程度上取决于膨胀土的结构特征。

膨胀土的结构特征，随成因类型而变化，它与其物质来源、沉积地质环境、形成条件与演化过程有关。膨胀土的结构包括宏观结构和微观结构。其中宏观结构的主要特征是指膨胀土的多裂隙性。多裂隙所构成的裂隙面及软弱面是宏观结构对膨胀土工程性质影响的最直接原因(卢再华，2001[2])。由于裂隙的存在破坏了土体的完整性，从而使强度评价产生困难。同时由于裂隙具有不均一性和变动性，使膨胀土表现出不同的强度特性(王国强，1999[3])。耿建彬(1998)[4]将裂隙的形成和发育分为原生裂隙和次生裂隙，并研究了影响次生裂隙形成发育的因素。随着分形几何理论的应用，易顺民(1999)[5]从几何变形和膨胀土裂隙结构研究相结合的角度，探讨了膨胀土裂隙研究的定量化模式。

膨胀土的微观结构是膨胀土在一定的地质环境和条件下，由土粒孔隙和胶体结构等组成的整体结构。微观结构反映膨胀土的形成条件，是决定膨胀土物理力学性质及其他性质的重要因素。随着20世纪60年代末期，X射线衍射(XRD)、扫描电镜(SEM)、透射电镜(TEM)等测试技术的发展以及数字化图像处理技术的应用，使人们对土的微观结构的认识更深一步。1973年专门召开过一次微观结构国际会议[6]，表明了人们对膨胀土结构研究的重视程度；20世纪80年代王幼麟(1980)[7]、高国瑞(1981[8]；1984[9])等对黏土矿物叠片体与其工程性质的关系作了较多的研究。20世纪90年代廖世文(1984)[10]、李生林(1992)[11]、施斌(1995)[12]等通过对膨胀土微结构的研究，得出了膨胀土的胀缩性、强度特性以及变形特性在很大程度上取决于膨胀土的结构特性的结论。谭罗荣(1994)[13]提出了一个评价试样定向度的公式。目前,微观结构的研究已经发展到定量研究阶段,现在的问题是定量研究如何向简化测试手段发展,以便为工程所用。

1. 膨胀土结构研究内容

膨胀土微观结构的研究内容为如下几方面。

(1)颗粒:颗粒是组成膨胀土骨架的基本单元,包括颗粒的大小、形状、表面特征及颗粒级配。

(2)颗粒与颗粒之间的相互排列方式。

(3)颗粒与颗粒之间彼此的联结特征。

(4)裂隙和孔隙的大小、形状、数量及其空间分布与充填情况的特征。

2. 膨胀土微结构特征与工程地质性质的关系

(1)膨胀土的微结构是一类具有复杂形式的特殊结构体系。以片状和扁平状黏土颗粒相互集聚形成的微集聚体是组成膨胀土结构的基本单元体,决定着膨胀土的膨胀与收缩性及强度特征。

(2)各种微孔隙的存在,决定了膨胀土的孔隙—裂隙介质体属性,有利于水的渗入与溢出,为集聚体的膨胀与收缩创造了水分迁移变化的必要条件;同时决定了土体的各向异性,产生了复杂的微观结构效应。

(3)各种胶结物质的胶结作用,增强了膨胀土聚集体之间的结构联结,产生了一定的结构强度。但这种结构强度也是属于物理化学联结而形成的一种不可逆性的联结强度。一旦土中溶液介质条件发生变化,改变了胶结物的物理化学性质,结构强度则随之丧失,使膨胀土的总强度降低,导致膨胀性的再次增大。

3.1.2 膨胀土的强度特性

膨胀土的抗剪强度是由颗粒间相互移动和胶结作用而形成摩擦阻力所控制的。由于膨胀土黏粒含量高,多含亲水性的蒙脱石类矿物成分,颗粒结构形式复杂,裂隙分布带有随机性,以及膨胀土与水系相互作用和胶结物质的存在,形成了复杂的物理现象和物理化学现象。强度研究是膨胀土研究所必不可少的,科研人员对膨胀土研究做了大量的工作,得出很多有用的结论和经验公式。多数研究主要是通过室内试验和现场原位试验研究膨胀土的强度与含水率之间的关系(卢再华等,2001[2];卢肇钧等,1997[14])。Drumright(1995)[15]和Rohm(1995)[16]研究得出膨胀土的有效凝聚力和有效内摩擦角与吸力无关,与饱和度也无关;徐永福(1998)[17]用改装的可测吸力的三轴仪,研究了宁夏膨胀土的变形特性、强度特性以及ϕ_b(强度随吸力变化的摩擦角)随吸力变化的规律;徐永福(1999)[18]提出了非饱和膨胀土的结构性凝聚力和结构性内摩擦角的概念,研究了非饱和膨胀土的结构性强度与含水率和吸力的相关公式;易顺民(1999)[5]通过研究裂隙膨胀土裂隙结构的分形特征,对裂隙与强度的关系进行了综合评价;徐永福(2000)[19]根据非饱和膨胀土的分形结构模型,导出了非饱和膨胀土的吸力强度公式,并讨论得出非饱和膨胀土强度公式是非线性的;缪林昌(2000)[20]对南阳膨胀土的强度进行了研究,依据常规三轴试验结果提出了非饱和膨胀土的吸力强度与饱和度之间的非线性关系式。基于强度问题在工程建设中的重要地位,此方面的研究虽多但仍显不足。

3.1.3 膨胀土的变形特性

膨胀土主要由一些亲水矿物(如蒙脱石、伊利石、高岭石)组成,并表现为吸水膨胀软化,失水干缩,即产生强烈的胀缩变形。对于膨胀土的变形可分为两大类:①外加荷载作用下的压缩变形;②外加荷载与入渗或浸水共同作用下的湿胀、湿化变形,或外加荷载与蒸发、风干、水位下降共同作用下的干缩变形。

膨胀土的变形特性是膨胀土的重要研究内容之一,也是相关工程防治的关键,必须依据大量的室内试验和工程实例,分析并建立反映湿胀、湿陷、干缩特性的非饱和膨胀土的新型本构模型,才能较准确地描述膨胀土的变形特性。基于这种思想,黄庚祖(1983)[21]通过膨胀土膨胀变形试验研究了膨胀变形的定性规律;徐永福(1997)根据膨胀土的膨胀变形试验,提出膨胀土膨胀变形的模型,并利用这个模型解释了膨胀土的膨胀变形特征[22],通过统计各地区膨胀土的膨胀变形资料,得到膨胀变形与含水率和压力之间的定量关系[23],用轻便固结仪对宁夏膨胀土进行研究,得出膨胀量是含水率的线性函数,膨胀量的对数和压力的对数呈线性相关的规律[24];孙长龙(1997)[25]利用载荷板试验研究膨胀土地基的变形规律;朱建强(1999)[26]采用自由膨胀加荷研究了水分对膨胀变形与膨胀压力的影响;徐永福(1999)[27]运用速率过程理论研究得出非饱和膨胀土的膨胀变形是时间的函数;王保田、张海霞(2000)[28]通过现场和室内试验对宁夏引黄灌区盐池县境内的膨胀土浸水变形特性进行了研究,并利用室内试验的湿化应力应变关系对现场载荷试验的湿化变形进行了计算;刘祖德(1993)[29]对襄樊膨胀土渠坡在剪切过程中的应力应变关系作了深入的研究,用平面应变试验模拟实际渠坡的应力应变特征,并在真三轴仪中进行了平面试验,得到反映主应力差与轴向应变的关系曲线。

3.2 膨胀土的强度理论及其主要影响因素

3.2.1 膨胀土的强度理论

通常,膨胀土的峰值抗剪强度是相当高的,但从失稳的膨胀土边坡反算出的抗剪强度却往往远低于其峰值。这一现象早就引起了土力学专家们的关注。不同的学者在各自研究的基础上提出了不同的理论和选取强度的办法,对该课题的认识作出了较大的贡献。我国近二、三十年来,在大规模的工程建设中(主要有铁道、建筑及水利等部门)遇到了大量的膨胀土土坡工程问题,有关单位开展了较丰富的有价值的研究成果,加深了对膨胀土特性及其土坡破坏规律的认识。现将已有的强度理论归纳如下[30]~[34]。

1. 渐进性破坏理论

L. Bjerrum 认为,超固结膨胀土的边坡破坏是逐渐的,其抗剪强度并非在整个滑动面上同时发挥。即由于裂隙的存在和开挖边坡所产生的应力释放,造成膨胀土强度的不均匀性和应力差异,当土中某一点的剪切应力增加到等于该点土的抗剪强度时,则该点产生剪切破坏。这种剪切破坏逐渐传布,最后引起坡体的整体滑动。D. W. Skempton 认为,膨胀土边坡滑动时,整个滑动面上的抗剪强度差不多降低到完全软化强度。完全软化强度是在强度降低过程中产生的,通常用重塑土正常固结后进行排水剪求得的峰值强度作为完全软化强度的近似值。

2. 滞后破坏理论

膨胀土边坡破坏往往是在开挖后几个月或若干年,甚至几十年才发生。对此许多学者进行了长期的探索工作。A. W. Bishop 和 Bjerrum 认为膨胀土路堑边坡由于应力集中和吸水等原因会造成土质软化,因而使黏聚力 c'随时间而减小,引起滞后破坏,他们对 London 黏土进行了大量反算。于1960 年由 Bishop 和 Bierrum 首先发表了滞后破坏的模式图,该图表示了开挖时以及开挖后稳定系数和孔隙水压力随时间的变化情况，Skempton 和 Henkel 多年的观测证实了上述结论，并用孔隙压力比来表示坡体内的孔隙水压力状态。据此，R. J. Ghandler 和 Skempton 认为滞后破坏的根本原因，除了由于存在裂隙的关系，使黏聚力 c' 值随时间降低外，更主要的原因是由于孔隙水压力达到平衡的速度非常缓慢所致。

3. 极限平衡——弹性理论

朱梅生认为，膨胀土边坡的首次滑动是因为坡脚附近首先产生剪切区（塑性区），该区由于应变软化而强度降低，从而导致坡体破坏。据此，他建议穿过剪切区的滑弧采用残余强度，剪切区以外的滑弧采用峰值强度。另外在地表拉裂区范围内的强度取为零。这种根据坡内应力分布的具体情况划分不同的抗剪强度区的想法是合理的，这比常规的不计应力对强度变化的影响而沿整个滑动面采用单一强度标准的方法是一大改进。但由于土体内的塑性区（取残余强度的区域）只有在剪应变相当大时才会出现，不易用弹性力学方法较准确地计算。若能在计算中采用能较好符合土的实际特性的非线性或弹塑性的应力—应变关系，将会使计算结果的精度得到提高。另外，塑性区土体强度是否已衰减到残余强度值，弹性区土体强度是否就不会随时间而衰减等问题有待进一步研究。

4. 气候作用层理论

膨胀土路堤表层的抗剪强度的影响深度为 1.0 ~ 1.5m，局部地区可达 2m。表层湿度、温度随气候而急剧变化，胀缩变形变化剧烈，裂隙非常发育，强度衰减非常显著，其深度与大气影响深度有密切的关系。有关资料显示[34]，路堑边坡表层原状膨胀土经过二次或三次干湿循环后，其强度衰减已基本完成。

膨胀土路堤边坡土体的抗剪强度具有变化的特性，既随气候变化，又随深度变化，气候对边坡土体抗剪强度的影响，是由于气候变化使边坡土体的湿度发生变化。干旱时湿度变小，抗剪强度大大提高；潮湿时湿度变大，抗剪强度大大降低，气候条件对边坡土体的影响是随深度而变化的。

潘君牧认为，边坡土体在气候引起的风化作用下，作用层的强度会随时间衰减，从而引起边坡的破坏。他根据边坡土风化程度随深度的变化分为三层。I 层为强风化层，土体破碎，能充分蒸发并迅速吸水，干缩湿胀尤为明显，建议采用残余强度；II 层为过渡层，采用峰值强度与残余强度之平均值；III 层为未风化层，可视为保持原状土的性质，采用峰值强度。潘氏理论无疑具有一定的正确性，但根据不同的部位选取峰值、残余值或峰值与残余值的平均值，这似乎还缺乏理论依据和实验证明。因为残余强度、峰值强度是建立在剪应力（τ）—剪切位移（δ）关系基础上的，而风化程度则是另一范畴，两者间不存在理论关系，风化程度对强度的影响恐怕只反映在峰值强度上。

5. 胀缩效应理论

膨胀土胀缩的基本原因在于土粒与水的相互作用，土中结合水膜厚度的变化引起土粒间联结力的减弱或增强，因而引起土体积的膨胀或缩小[35]。如果引入土体吸力这个概念来分析膨胀性，可认为在非饱和状态下的膨胀土具有吸水膨胀势，吸力对土的体积起约束作用，膨胀力使土体有增大体积的趋势。土体中水分不变的情况下，吸力和膨胀力处于一种平衡状态。当土体环境的水分条件改变时，随含水率的增加，土体中的吸力减小，膨胀力增大，体积膨胀，膨胀势减小；反之土中的含水率减少，吸力增大，膨胀力减少，体积缩小，膨胀势增大。

廖世文等[36]认为，膨胀土边坡的变形演化实际上是土体在风化营力作用下，经往复干缩湿胀效应，其抗剪强度逐渐衰减的过程，并建议采用“模拟”边坡土体干缩湿胀效应的方法测试膨胀土的抗剪强度。廖世文等人抓住了影响强度衰减的主要因素之一,干缩湿胀效应,但对裂隙和超固结性对强度的综合影响考虑不多。另外,由于土体在大气作用下的风化是一个较复杂的变化过程,如何用室内试验来合理地模拟还值得进一步探讨。

6. 分期分带理论

廖济川认为,确定膨胀土的抗剪强度应考虑以下三个方面:①强度分带的界限。为使界限明确,按地下水位上下分别取强度值。②强度使用期限。按短期及长期稳定分别取不排水及排水强度值。③膨胀土的工程特性。对胀缩性考虑长期浸水或干湿效应,对超固结为渐进性破坏,对裂隙性为裂隙状态。

该理论概念清晰,方法简单,便于应用。

7. 强度衰减和残余强度

膨胀土边坡在开挖过程中及运用的初期普遍发生较显著的变形,有些边坡甚至在开挖过程中就发生滑坡,有些边坡土体变形不断发展,持续多年后导致失稳,这些都是边坡土体强度逐步衰减的明显表现。

在工程中,新开挖的路堑或渠道边坡膨胀土体,在天然含水率时的原始结构状态,其抗剪强度是很高的,可以看成是高峰强度。随着时间的推移产生强度衰减的机理,实际上是边坡土体暴露于大气后,一方面由于原来的超固结特性使土体产生卸载膨胀;另一方面因为在风化营力(主要是温度和水)作用下,土体经过往复干缩湿胀效应,使原始结构遭受破坏,原生微裂隙张开扩大,新的胀缩裂隙与风化裂隙又不断产生,土中应力集中现象愈来愈发展,甚至形成局部破坏区,土体强度显著降低。此外,在土—水体系作用中,随着土中水分的增加,膨胀发生,固体颗粒被推开,土颗粒周围的结合水膜厚度增大,颗粒与颗粒之间由固体接触变为水膜接触,此时抗剪强度显然减小。

残余强度,是指试样在一定垂直有效应力作用下,进行排水剪切试验,当抗剪强度超过峰值强度 τ_{fp} 以后,将随剪切位移的增加而逐渐降低,最后达到某一稳定强度,这一稳定强度即残余抗剪强度 τ_r,简称残余强度。

已有的研究表明,残余强度与黏土原始强度无关,也与起始含水率和密度没有关系,而是只取决于黏土颗粒的形态、大小、含量和矿物成分等因素。根据残余强度试验结果,黏聚力 c_r 大多很小或等于零,因而,上述因素一般只是对残余内摩擦角 φ_r 的影响最显著。

由于膨胀土富含有较多蒙脱石与伊利石等亲水性黏土矿物成分,黏土颗粒不仅含量高,且多为细小鳞片状、板状等扁平颗粒形态。在剪切过程中,一方面剪切面上扁平黏土颗粒(主要是集聚体)容易随剪切方向产生高度定向排列,另一方面剪切面上黏土产生剪胀,使颗粒之间距离增大,出现负孔隙水压力。而且裂隙张开与吸附电位增加都将引起水分转移,使剪切面上的含水率增大,而导致强度降至充分软化程度。所以一般非膨胀性黏土的残余强度仅比峰值强度略小,而超固结膨胀土的残余强度,则远远低于峰值强度,两值相差较大。

3.2.2 影响膨胀土抗剪强度的主要因素

1. 膨胀土的物质成分

研究表明,膨胀土中的黏土矿物质成分类型及其含量,不仅决定着膨胀土的亲水性、塑性和膨胀性等,而且明显地影响膨胀土的抗剪强度特性。

根据大量的潭邵路膨胀土土样试验研究表明,由于矿物类型及其含量的不同,无论峰值强度和残余强度均表现出明显的规律性。抗剪强度相应表现为高岭土最高,伊利土次之,蒙脱土较低。充分反映了颗粒蒙脱石矿物对强度的降低作用。

因为自然界的膨胀土并非是单一矿物组成，而是由多种矿物组成的复合体。因此膨胀土体的强度往往是多种矿物成分及其含量的不同组合的综合表现。据对蒙脱土和伊利土以及蒙脱土和高岭土的不同比例混合土进行试验研究，结果表明，无论蒙脱土与伊利土，或蒙脱土与高岭土相混合，其混合土的抗剪强度黏聚力 c 没有明显的规律，但内摩擦角 φ 却随着混合土中蒙脱土含量的增加而逐渐降低。特别是当混合土中蒙脱土的含量从零开始掺和到百分之几时，混合土的抗剪强度大大降低，衰减十分显著；蒙脱土的含量掺和到 20% 时，则抗剪强度将降低到无蒙脱土样强度的 2/3。由此可见，蒙脱土含量明显地影响膨胀土的抗剪强度。

据此，在实际工程中为了提高膨胀土的抗剪强度，通常采用在膨胀土中掺和非膨胀土（如砂土、黏砂土等）的办法，即可降低混合土中亲水性黏土矿物成分含量的比例，增加粗颗粒成分的比例，从而达到提高抗剪强度的目的。

2. 结构与构造

实践证明，天然状态膨胀土的抗剪强度特性，在许多方面都与土的结构和构造有关。

裂隙对坚实黏土强度的重要影响，自太沙基（Terzaghi，1936 年）首先予以注意以来，已被大量室内和野外大型原位剪切试验所证实。

据研究，无论是收缩裂隙，还是风化裂隙或卸荷裂隙，都破坏了土的均一性和连续性，易产生应力集中，从而影响膨胀土的抗剪强度。试验发现，膨胀土的抗剪强度表现出明显的各向异性，当土中裂隙倾斜面与施加的剪切应力方向一致时，试样最易破坏，测得的抗剪强度也最低；但当土中裂隙面与剪切应力方向垂直，或试样无明显张开裂隙时，则试样不易被剪损，此时土的抗剪强度较高；若裂隙不规则或剪切方向与裂隙面斜交时，破坏情况较复杂，抗剪强度值可能介于两者之间。此外，裂隙面的起伏和粗糙程度对膨胀土抗剪强度也有明显影响，一般平坦而光滑裂隙面要比起伏而粗糙裂隙面的强度要低得多。

铁道科学院西北研究所李妥德、赵中秀用直剪仪分别对无裂隙的土块进行慢剪试验和有裂隙的土块裂隙面的慢剪试验结果表明，裂隙面的内摩擦角 φ_1 近似等于非裂隙面的内摩擦角 φ_a，即：

$$\varphi_1 \approx \varphi_a \tag{3-1}$$

而非裂隙面的黏聚力 c_i 近似等于零，即：

$$c_i \approx 0 \tag{3-2}$$

由此可见，裂隙存在与否对内摩擦角无影响，但对黏聚力产生较大的影响。

因此，从宏观上看，无论是膨胀土中的裂隙，或是层理、构造节理等，都将对土体的抗剪强度产生重要影响。

3. 含水率

试验证明，凡是黏土的抗剪强度都与土的含水率变化有关。但膨胀土因富含亲水性黏土矿物成分，其抗剪强度与土的含水率变化的关系尤为密切，即膨胀土的抗剪强度受含水率的影响特别敏感。

天然干燥状态膨胀土试样的抗剪强度，黏聚力 c 可以高达 200kPa 以上，内摩擦角 φ 大到 40°～60°。但是，一旦试样充分浸水达到胀限含水率时，抗剪强度则将大为降低，c 可以低到 1kPa，甚至 $c=0$，φ 小到 1°～3°。充分反映了水对于膨胀土强度的高度软化作用，这是膨胀土与一般黏土不同的重要特性之一。

很显然，随着土中含水率的变化，膨胀土的干密度也将随之变化。通常，含水率增大，土体吸水膨胀，干密度减小，土的抗剪度降低；反之，含水率减小，干密度增大，土的抗剪强度提高。土中含水率的变化，也反映了土的结构联结的变化。

所以，生产实践中为了提高膨胀土的抗剪强度，往往采用控制土的低含水率，增大干密度来实现这一目的。

4. 上覆压力

实际研究表明，膨胀土的抗剪强度有随土层深度加大而增高的规律。一方面表明土体风化程度与抗剪强度的关系；另一方面反映出，从地表向下随着深度增加，土的自重压力增大，抗剪强度提高。

因此，无论是利用膨胀土筑坝或填筑路堤，均可以充分利用增大上覆压力以提高膨胀土抗剪强度的特性规律。一般认为，随着压力的增大，强度逐渐提高。当压力达到0.1～0.2MPa时，强度成倍地增加，但在这以后，强度增长的速度减缓。目前已在一些工程中得到应用或部分应用。

5. 击实条件和干湿循环次数对强度有影响

图3-1为两个试验结果曲线。图3-1a）为用击实膨胀土所做的三轴无侧限压缩试验的结果；图3-1b）为用原状膨胀土所做的三轴无侧限压缩试验的结果。其中A为未加水前的结果；B为加水后的结果。

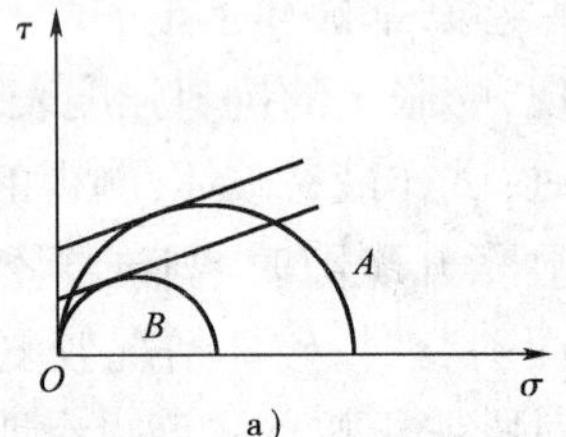

a）

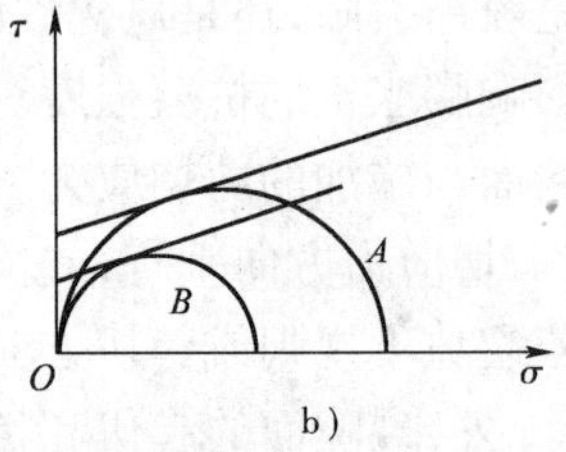

b）

图3-1　三轴无限侧压缩试验结果

a）用击实膨胀土所做的三轴无侧限压缩试验结果；b）用原状膨胀土所做的三轴无侧限压缩试验结果

由图3-1可见，无论是击实土还是原状土，经加水后，黏聚力c均有较大降低。如果再经过几次干湿循环，则黏聚力就会一再降低。

而对于内摩阻角φ来说，曾得出如图3-2所示的试验结果。

由图3-2可见，随着干湿循环次数的增加，内摩阻角有所增加。但当干湿循环次数达到一定次数后，内摩阻角达到恒定值。

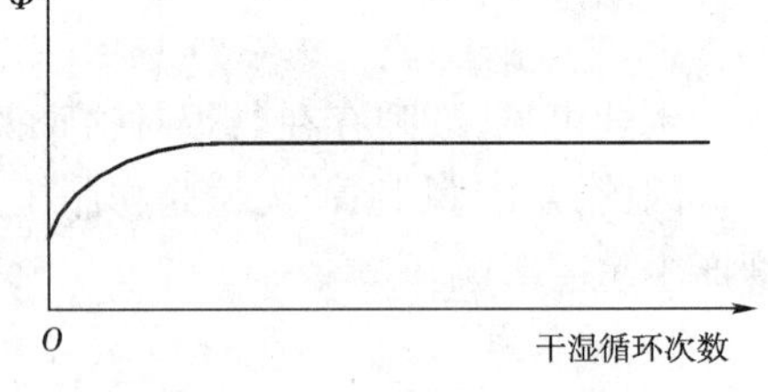

图3-2　内摩擦角与干湿循环次数关系图

6. 不同试验方法

试验方法不同，一方面标志着试样的大小、起始条件和均一性等的差别，另一方面表明试样在剪切过程中受力条件、变形状态也不一样，因此同一类膨胀土不同的剪切试验结果相差较大。

目前，常采用的剪切试验有：应变式模拟直剪、应变式原状试样直剪、应变式饱和直剪、三轴模拟剪切、垂直加压法原位直剪等。据研究，在这些剪切方法中，三轴模拟剪切，由于试样的受力条件较好，剪切过程中易沿裂隙软弱结构面剪损，故抗剪强度最低，反映了结构面强度的因素；应变式直剪仪模拟剪切，由于试样受到剪切盒的限制，剪损面只能沿人为剪切面破坏，故抗剪强度比三轴模拟剪切强度要高，反映了土棱块强度和结构面强度的综合强度性质。

对比室内小试样剪切与野外大面积原位剪切试验结果，原位剪切强度黏聚力 c 高于三轴剪切 c 值。低于其他方法剪切 c 值，而内摩擦角 φ 却高于其他方法剪的 φ 值。这可能是因为原位试验土条面积较大，试样制备过程中原始结构未受到扰动，超固结应力未能全部解除，所以保持了高强度特性。而模拟剪切试样的原始结构已经受到破坏，结构和含水性都发生了变化，因而强度较低。

此外，在膨胀土中混合一定比例的非膨胀土，也可以提高其强度。

3.2.3 小结

通过以上对膨胀土强度特性的研究，归纳起来可以得到以下几点认识。

(1)膨胀土抗剪强度与一般黏土抗剪强度具有显著区别，这是膨胀土的土质特性和土体结构的综合表现。

(2)膨胀土的抗剪强度是一种“变动强度”，呈显著的衰减特征，其特性规律主要取决于膨胀土的土质特性、土体结构及其起始湿度和密度状态及环境条件。

(3)膨胀土属于多裂隙土，抗剪强度可分为：土棱块强度、结构面强度和土体强度。土棱块强度一般以试验室测试强度近似表示，用作设计强度偏高；结构面强度以测试裂隙面、滑坡面和层在等强度的综合反映，比较符合实际。

(4)膨胀土的强度特性，普遍表现出状态峰值强度极高，残余强度极低的特点。

3.3 膨胀土的加筋理论

加筋处治膨胀土主要体现在以下几个方面。

(1)利用加筋材料与土体应变的协调一致，减少或约束某一正应变，来限制土体的侧向变形，从而提高土体的承载能力达到加固的目的。

(2)利用加筋材料和土体的摩擦限制减小因含水率的变化引起的胀缩变形。

土体具有一定的抗压强度，但抗剪强度较低，当土体的侧向变形受到限制时，土体的抗压强度可以得到明显的提高。所以土体受压时，其破坏与否与土的侧向变形有关，侧向变形越小，它所承受的压力将越高。因此，加筋处治膨胀土正是利用这一点，从减小土的侧向变形入手。当在土体中的一定部位铺设水平方向的加筋材料，将土压实后，土就与加筋材料密切结合成一复合土体即加筋土。当对加筋土体施加荷载，由于加筋材料与其包裹土体之间存在摩擦力，限制了土的侧向变形，从而相当于在土体侧向上施加了约束力，提高了土体的承受能力，达到加固的目的。

其次，加筋层的扩散作用可以均化填土荷载的压力，从而减少了不均匀沉降。所以，只要充分发挥加筋材料的抗拉作用，就能有效地减少加筋土体的不均匀沉降和总沉降量。

3.3.1 加筋土的加固机理

砂性土在自重或外力作用下易产生严重的变形或倒塌，若在土中沿应变方向埋置具有挠性的筋带材料形成加筋土，则土与筋带材料产生摩擦，使加筋土犹如具有了某种程度的黏着性，从而改良了土的力学特性。当前解释和分析加筋土的强度主要有两种观点，一种把加筋土视为组合材料，即认为加筋土是复合体结构，用摩擦原理来解释与分析；另一种把加筋土视为均质的各向异性材料，即认为加筋土是复合材料结构，用莫尔—库仑理论来解释与分析，称为准黏聚力原理。下面介绍加筋土的加固机理。

1. 摩擦加筋原理

在加筋土结构中,填土自重和荷载等其他外力产生的侧压力作用于面板,通过面板上的筋带连接件将此侧压力传递给筋带,企图将筋带从土中拉出。而筋带材料又被土压住,于是填土与筋带之间的摩擦力阻止筋带被拔出。因此,只要筋带材料具有足够的强度,并与土产生足够的摩阻力,则加筋的土体就可保持稳定。

怎样才能使土与筋带互相产生摩擦力而不滑移呢?图 3-3 表示两个与筋带相接触的土颗粒,在摩擦力和垂直于筋带平面的法向压力作用下,其合力与筋带的法向平面成 α 角。显然,当 α 比土颗粒与筋带之间的摩擦角 δ 小或 $\tan\alpha$ 比颗粒与筋带间的摩擦系数 f 小时,土颗粒与筋带之间不滑移。这时颗粒与筋带之间好像直接相连接似的进行着作用,如图 3-4 所示。如果每一层加筋均能满足上面的要求,则整个加筋土结构的内部抗拔稳定性就能得到保证。

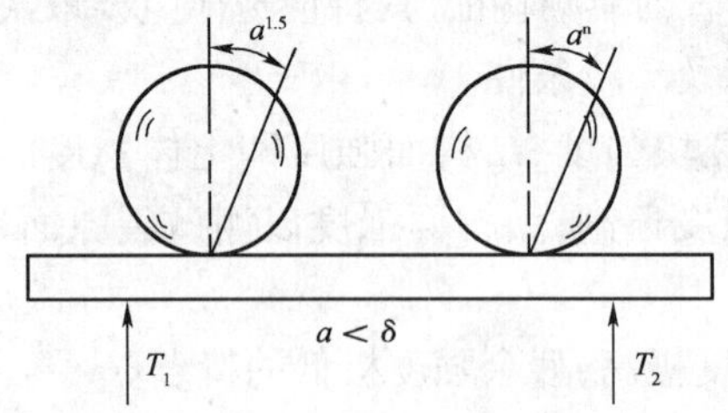

图 3-3　土颗粒和筋带间的摩擦

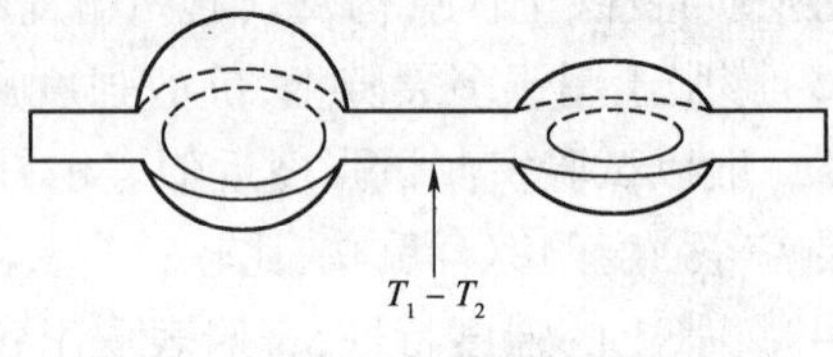

图 3-4　土颗粒和筋带间的连接状态

由于加筋土结构物中的拉筋通常呈水平状,相间、成层的铺设在需要加固的土体中。如果土体密实,拉筋布置的竖向间距较小,那么上下拉筋间的土体由于拉筋对土的法向反力和摩擦阻力在土颗粒中传递(即由拉筋直接接触的土颗粒传递给没有直接接触的土颗粒)而形成与土压力相平衡的承压拱,如图 3-5 所示。这样,筋带之间的土层相当于在两条筋带间填满袋状的土,如图 3-6 所示。此时袋中颗粒的受力可以认为与直接同筋带接触的颗粒受力一样。

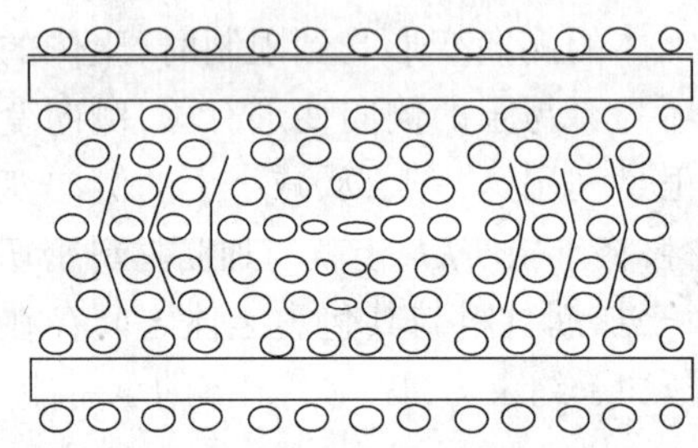

图 3-5　筋带之间土拱作用

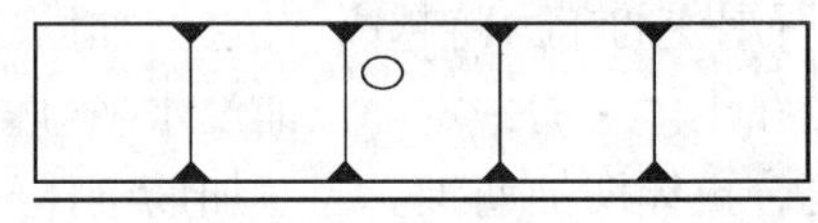

图 3-6　筋带间土体的稳定

因此,在满足上述只产生摩擦力而不产生滑移的条件下,筋带改良和提高了砂的力学特性,成为能够支承外力和自重的结构体。

2. 准黏聚力理论

加筋土结构可以看作是各向异性的复合材料,通常采用的拉筋,其弹性模量远大于填土。在这种情况下,拉筋与填土的共同作用,包括填土的抗剪力、填土与拉筋的摩擦阻力及拉筋的抗拉力,使得带有拉筋的填土的强度明显提高。加筋土的基本应力状态如图 3-7a)所示。在没有拉筋的土体中,在竖向应力 σ_1 的作用下,土体产生竖向压缩变形。随着竖向应力的加大,压缩变形和侧向变形也随之加大,直到破坏。如果在土体中设置了水平方向的拉筋,则在同样

的竖向应力 σ_1 作用下，其侧向变形则会大大减小，如图 3-7b) 所示。这是由于水平拉筋与土体之间产生了摩擦作用，将引起侧向膨胀的拉力传递给拉筋，使土体侧向变形受到约束。拉筋的约束力 σ_n 相当于在土体侧向施加了一个侧压力 $\Delta\sigma_3$，其关系可用莫尔圆表示，如图 3-8a) 所示。莫尔圆 I 为土体未破坏时的弹性应力状态；圆 II 则是未加筋的土体极限应力状态；圆 III 是加筋土体的应力状态，土体中加入高模量的拉筋后，拉筋对土体提供了一个约束力 σ_n，即水平应力增量 $\Delta\sigma_3(=\sigma_n)$，使得侧向压力减小，亦即在相同的轴向变形条件下，加筋土能承受较大的主应力差。

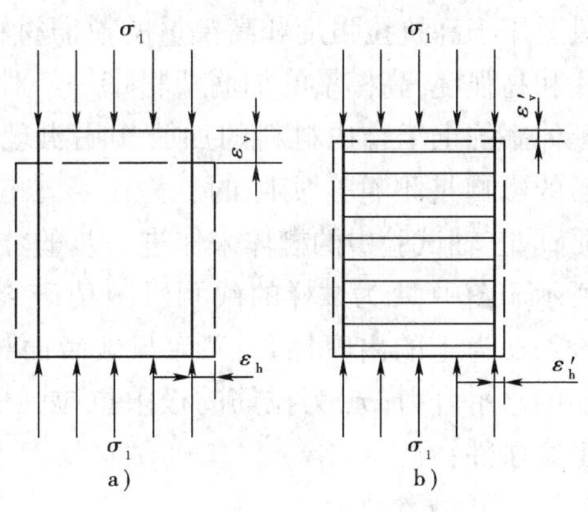

图 3-7　加筋土的基本应力状态

这还可以通过常规三轴试验中的应力变化情况来表示，如图 3-8b) 所示，图中圆 IV 为无筋土极限状态时的莫尔圆，圆 VI 为加筋土的莫尔圆，圆 VI 的 σ_3 与圆 IV 的相等，而能承受的压力则增加了 σ_1，圆 V 为加筋土中填土的极限莫尔圆，其最大主应力 σ_1 与圆 VI 的相等，而最小主应力却减少了 $\Delta\sigma_3$，上述分析说明，加筋土体的强度有了增加，应有一条新的抗剪强度线来反映这种关系，如图 3-8c) 所示。

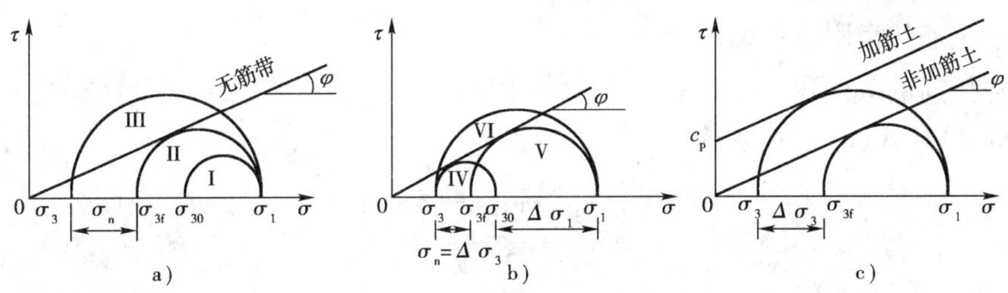

图 3-8　莫尔—库仑理论

这已被试验所证实，如图 3-9 所示。图中加筋砂与未加筋砂的强度曲线几乎完全平行，说明 φ 值在加筋后基本不变，加筋砂的力学性能的改善是由于新的复合土体（即加筋砂）具有“黏聚力”的缘故，“黏聚力”不是砂土固有，而是加筋的结果，所以称为“准黏聚力”。

准黏聚力可根据莫尔—库仑定律求得，由图 3-8c) 可知：

$$\sigma_1=(\sigma_3+\Delta\sigma_3)\tan^2\left(45°+\frac{\varphi}{2}\right) \tag{3-3}$$

加筋后，土体处于新的极限平衡状态，即：

$$\sigma_1=\sigma_3\tan^2\left(45°+\frac{\varphi}{2}\right)+2c_p\tan\left(45°+\frac{\varphi}{2}\right) \tag{3-4}$$

对照式(3-3)与式(3-4)得出：

$$\Delta\sigma_3\tan^2\left(45°+\frac{\varphi}{2}\right)=2c_p\tan\left(45°+\frac{\varphi}{2}\right) \tag{3-5}$$

这样，由于筋带作用产生的“黏聚力”是：

$$c_p=\frac{1}{2}\Delta\sigma_3\tan\left(45°+\frac{\varphi}{2}\right) \tag{3-6}$$

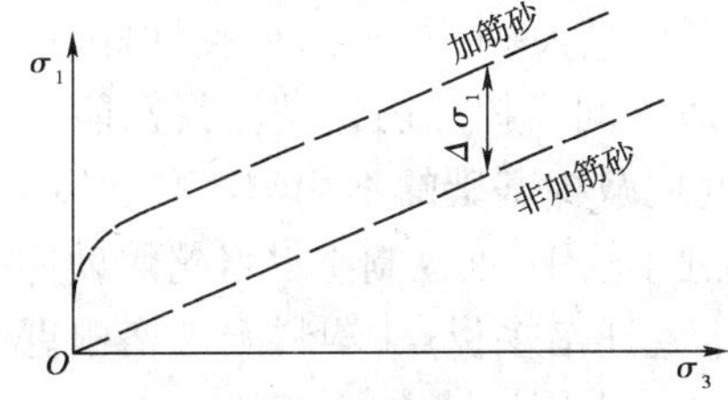

图 3-9　加筋砂与未加筋砂的强度曲线

式 3-6 是建立在拉筋不出现断裂或滑动，同时也不考虑拉筋受力作用后产生拉伸变形的条件下得出的。显然这只适用于高抗拉强度和高模量的拉筋材料，如钢带、钢片和高强度、高模量的加筋塑料带等。对于低模量、大延伸率的土工合成材料的加筋作用机理，不考虑其变形的影响是不符合实际的。为了考虑拉筋的变形性质，取三轴试验中的楔体来作进一步的分析，如图 3-10 所示。图中，A 为试样的截面积；θ 为破裂角，$\theta=45^\circ+\varphi/2$；$\varphi$ 为土的内摩擦角；T 为与破裂面相交的各拉筋层的水平合力，σ_3 为拉筋的极限抗拉强度。极限静力平衡条件：

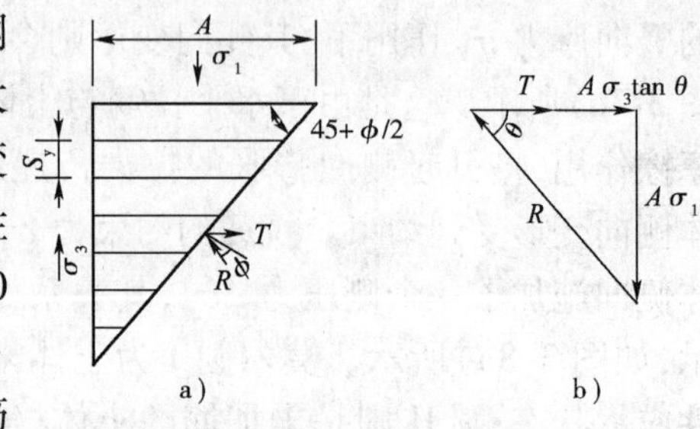

图 3-10　加筋土楔体力系平衡图

$$T+\sigma_3 A\tan\left(45^\circ+\frac{\varphi}{2}\right)=\sigma_1 A/\tan\left(45^\circ+\frac{\varphi}{2}\right) \tag{3-7}$$

而拉筋所能承受的水平合力为：

$$T=\frac{\sigma_3 A_s\tan\left(45^\circ+\frac{\varphi}{2}\right)}{S_x S_y} \tag{3-8}$$

式中：S_x——加筋土体中拉筋层垂直间距，m；

S_y——加筋土体中拉筋层水平间距，m；

σ_3——拉筋的极限抗拉强度，kPa；

A_s——拉筋的截面积，m^2。

将式(3-4)和式(3-8)代入式(3-7)中，可得：

$$c_p=\frac{\sigma_S A_S\tan\left(45^\circ+\frac{\varphi}{2}\right)}{2S_x S_y} \tag{3-9}$$

式(3-9)求得的 c_p，便是拉筋作用产生的"准黏聚力"。

3.3.2　土工格栅加筋土的加固机理

土工格栅与土体共同承受内、外荷载作用。利用格栅与土接触面的摩擦作用、土对土工格栅的被动阻抗作用、土工格栅孔眼对土的锁定作用以及加筋补强作用，使土中的垂直应力和水平应力经土工格网面层水平扩散，转化为土工格网与土界面的剪应力，从而相应降低了土体受力，起到固结边坡土体、加筋补强和防止边坡浅层溜塌、塌滑的作用，有效地阻止土体的位移、下沉、滑坍，提高路基的稳定性。加筋土路堤的稳定性取决于荷载强度、填料性质、填方边坡率、土工格栅加筋材料的抗拉强度、间距、层距和长度等方面。

塑料土工格栅是一种新兴的土工合成材料，是用高强度聚丙烯或高密度聚乙烯组成的高分子聚合物片材，在一定的温度下，经过挤板压延、冲孔、纵向拉伸、冷却定型等工艺过程制作而成的片网状结构物。土工格栅的主要特点是受力均匀、变形模量大、抗拉强度高、韧性好、重量轻、耐腐蚀、抗老化、与土颗粒之间的相互作用强、能在较短时间发挥加筋作用。其性能优异、结构特殊、格栅纵横相连、能防止填料局部下陷，最大程度地减少基础的不均匀沉降，从而增强土体的整体性能。实验表明，土工格栅的抗拉强度已接近于软钢，如控制土工格栅的设计应变(延伸率)在 10% 以下，土工格栅几乎不产生蠕变。由于上述诸多优点，塑料土工格栅近些年来发展很快，被广泛应用于公路、铁路、港口的边坡加固和挡土墙设计上。

在土中放置了塑料土工格栅，构成了土—筋的复合体，土工格栅与土体之间相互作用

的基本原理也可归纳为两种解释：一是摩擦加筋理论；二是黏聚力理论。只是，土与土工格栅表面的相互作用所形成的摩擦剪力可分为两部分，如图3-11所示：①土颗粒与土工格栅之间的摩擦剪力；②土颗粒与土工格栅之间的咬合力（包括土颗粒与土工格栅的横向格栅之间的承端力和土工格栅孔内的土颗粒与土工格栅孔外的土颗粒之间的摩擦剪力）。其中①是土工格栅加筋材与其他加筋材相同的地方，而②是土工格栅区别于其他加筋材的地方，也是土工格栅优越的表现。

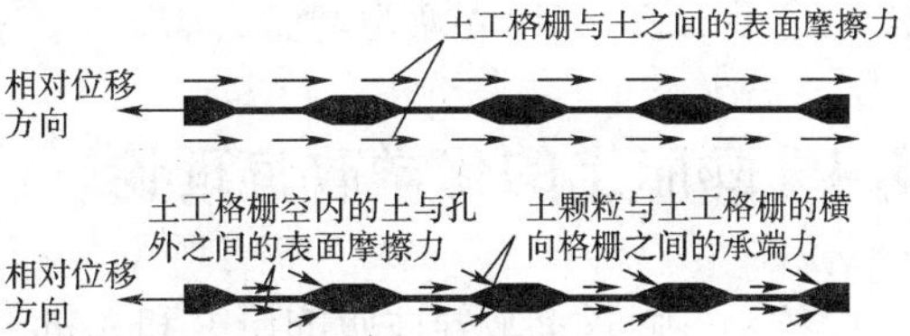

图 3-11　塑料土工格栅与土之间的相互作用

以上土与土工格栅之间的相互作用能充分约束土颗粒的侧向位移，从而大大增加了土体的自身稳定性。土工格栅的抗拉强度已接近于软钢，利用土工格栅结构体在相对稳定（低变形）之下的材料强度与砂石垫层的共同作用，可将上部的静载与活载均匀地分配到较大的范围，减少不均匀下沉。

3.3.3　土工布的作用机理

土工布是一种具有半个世纪历史的工程材料，20 世纪 70 年代在澳大利亚迅速发展起来，1977 年，法国巴黎召开了织物在土工方面应用的第一届国际会议，并提供了海外国家应用良好的研究和进展方面的资料。近年来，在铁路等土建工程中应用非常广泛。它的作用表现为以下四个方面。

（1）渗滤作用

土工布利用土工纤维的毛细作用和吸水性，可将较低处的水吸上来，经过疏导使之流出以改善地基排水条件，缩短排水距离，增强地表水的排出。而土工布中层薄膜具有抗渗作用，可防止雨水进入路基中心，从而避免了水对路基的危害，保证了路基承载力不致降低。

（2）隔离作用

把两种以上的土或其他材料隔离开来以避免相互混杂而产生的不良效果，利用它良好的三维排水性能，进行表面排水和深层排水。在软土地基施工中，可与其他材料配合作竖向排水井，以取代砂井。

（3）防水作用

不透水的土工膜可以防止水侵入土体或土工结构物，避免土体中的含水率发生大的变化。

（4）加固补强软土地基作用

利用土工布较高的抗拉强度和较好的韧性，加筋改善土体，提高其承载力，并利用整体性能好的特点减少土体不均匀沉降。当荷载作用时，地基土产生压缩变形，土层中因压缩挤出的水分（孔隙水）由土工布渗出排走，土体发生排水固结，抗压强度和稳定性相应提高。由于土工布的覆盖作用，防止了因加载过大和过快造成的土体被挤出现象。当荷载差异较大时，软土地基压缩程度不同，出现不均匀沉降，这时土工布内产生的拉力分担了荷载，并将其分散传递给土工布紧密贴合的地基周围土层，增大了地基持力层面积，减少了单位面积所承受的压力，提高了地基承载力。同时土工布分担的未全部传入地基下层的剩余荷载将通过土工布传给因荷载较小引起沉降较小的地基，与该处荷载共同作用于地基土层，相对增大了该处荷载，使地基范围内的荷载差异相对减小。由于土工布弹性好，整个过程连续不断，使软土地基压缩变形程度趋于一致,沉降逐渐均匀。

3.4 膨胀土的化学改良理论

基于对膨胀土工程性质的研究和大量工程实践经验的总结,国内外膨胀土路基加固技术也在逐步发展,主要有以下方法:换土法、预湿法、压实控制法、全封闭法、化学处理法(改性处理)、土工格栅加固法、采用防水土工布等方法。

3.4.1 膨胀土的化学组成

膨胀土的化学成分,总的情况是大同小异的,参考印度各地膨胀土的化学成分表及南阳膨胀土的化学成分表[36],可以看出:

(1)膨胀土的化学成分含量虽有差异,但主要的 SiO_2、Al_2O_3、Fe_2O_3 三种氧化物总量为81%~86%。对比胶粒与全黏土的化学成分,在全部土粒中 SiO_2 的含量提高,Al_2O_3 和 Fe_2O_3 则相对减少。这一现象表明,在粗颗粒中石英矿物相对富集,而细小的黏土颗粒中铝硅酸盐土矿物相对富集。

(2)在膨胀土的化学成分中,较活泼元素 K、Na、Ca、Mg 等碱金属和碱土金属含量普遍较高,表明它的风化淋滤程度有限,化学风化程度较低,只要气候、水介质与氧化—还原等环境条件发生改变时,还将进一步风化。例如伊利石脱钾转变为蛭石或蒙脱石,使膨胀土的亲水性增强,从而有可能使土体工程性质进一步恶化。

膨胀土中除以上化学成分外,还存在以下矿物成分。

①可溶盐与胶结物

膨胀土中的可溶盐包括易溶盐、中溶盐、难溶盐,主要成分为难溶盐。膨胀土中的主要胶结物质为碳酸盐,而游离氧化硅及氧化铝的含量很低。膨胀土中胶结物质的存在能增强膨胀土颗粒间的结构连接,形成一定的结构强度。

②膨胀土的结核

无论何种成因类型的膨胀土或多或少含有一定数量的结核。这些结核组成膨胀土的粒状物质,一部分富集成层为土中骨架,提高土体强度,因此,研究膨胀土中的结核及其含量具有重要的工程意义。

膨胀土中的结核最常见的为钙质结核,其次为铁锰质结核。它们是膨胀土中钙、铁、锰、碳酸盐富集的一种特殊形式,其生成是膨胀土在成土过程中地球化学作用的结果。它与地形、气候和地下水活动等条件有关系。

3.4.2 膨胀土的黏土矿物特性

1. 黏土矿物的基本特征

现代研究成果证实,黏粒部分的矿物具有完全独特的性质,故称其为黏土矿物,它是控制黏土工程性质的主要因素之一。黏土中极细的胶粒部分有原生矿物经物理破碎而残留下来的矿物颗粒很少见,而主要是由各类岩石、矿物经化学分解后的产物组成。其中包括在原地生成的,也包括搬运而来的。

在黏土的黏粒部分(小于0.002mm)中主要是由黏土矿物组成。黏土矿物是一组含水的铝、铁、镁、硅酸盐矿物。此外,黏粒中尚含有硅、铁、镁、铝的氧化物和氢氧化物。

黏土和黏土类土是多矿物组合物。其中最常见的矿物是:①沉积成因的新矿物——黏土矿物,这是主要组成部分;②硅、铁和铝的氧化物和氢氧化物;③残留的(粗碎屑的)未分解的,但被粉碎了的原生矿物,仅具从属意义;④单盐类矿物,多以混杂物、包裹物形式出现;⑤有机残渣及有机质物质。

黏土矿物是一切黏土类土的主要物质组成成分,它是决定黏土工程性质和指示其形成条件的主要物质依据。黏土矿物的共同特点:晶体非常细小(小于0.002mm),具特殊的化学成分和片状或鳞片状的形状。黏土矿物的特殊形状是受其结晶结构控制的。现对黏土矿物的结晶结构简述如下。

黏土矿物属层状和层—链状硅酸盐。黏土矿物结晶结构的基础是硅氧四面体和铝氧八面体。硅氧四面体由一个硅原子和四个等距离的氧原子组成,其中三个氧原子构成四面体的底面(基底氧),而第四个氧原子则是四面体的顶点(顶端氧)。在四面体中,氧原子 O—O 之间距为 2.61×10^{-10}m,而 Si—O 之间距为 1.61×10^{-10}m;可供四面体配位阳离子使用的空间为 0.55×10^{-10}m。单个四面体彼此相互联结在一起,构成一连续平面的四面体晶格网。其中,所有基底氧排列在同一平面上,而顶端氧排列在另一平面上。四面体晶格中相邻四面体的底面相互联结,在基底平面上的投影形成近六角形的格架。

八面体由六个氧原子或氢氧根组成。位于其中心的是八面体配位原子铝、铁或镁。

八面体中的氧原子和氢氧根结合,组成了八面体的底面。正八面体中 O—O 的间距为 2.60×10^{-10}m,OH—OH 之间距为 2.94×10^{-10}m;可供配位阳离子使用的空间为 0.61×10^{-10}m。单个八面体联结成二度空间的八面体晶格,其中相邻八面体有共用的晶棱。八面体晶格中,其顶部氧原子在底平面上的投影也形成正六角形的环,其边长与四面体晶格的边长近似。

由于单元晶格的大小相近似,四面体和八面体晶格极易沿底平面的垂轴相互重合,形成统一的结构层。黏土矿物的结构层可以由两层(一层四面体和一层八面体);三层(两层四面体和一层八面体);四层(两层四面体和两层八面体)组成。根据单元层的结构可划分出若干类型的黏土矿物。它们是:具1∶1结构的高岭石、2∶1结构的伊利石和蒙脱石以及2∶1∶1结构的绿泥石。此外,自然界广泛分布有所谓的混层矿物,其结构系由两个或几个结构层类型有规则或无规则地相间排列组成。

黏土类土中广为分布的黏土矿物有:高岭石组、蒙脱石组、伊利石组、绿泥石、蛭石与混层矿物。

高岭石组,由高岭石、多水高岭石、迪凯石和珍珠陶土等组成,它们的化学成分大体上是相同的,但在结构和物理性质上有所差异。

高岭石的晶包结构是由一个四面体层和一个八面体层上下叠置而成的1∶1的两层结构。此种结构的最大特点是晶包之间通过 O^{2-} 与 OH^{1-}(氢键)相互联结,其联结力很强,致使晶格不能自由活动,吸水能力比较弱。

高岭石矿物的晶体相对比较大,单个粒子无色,集合体为白色,硬度为2~2.5,手触之有滑感。当含有不纯的原子或分子时,具膨胀性。在盐分影响下其液限及强度均将降低。

高岭石可在不同的气候条件下,但必须是潮湿的气候条件下形成。厚层的高岭土堆积只有在热带、亚热带或是湿热的温带气候条件下才有可能。

蒙脱石组,包括蒙脱石、绿高岭石、锂皂石、皂石等一些结构复杂和成分多样的矿物。

蒙脱石晶体结构是由两层四面体层中间夹一层八面体层构成,是2∶1的三层结构。蒙脱石矿物晶体结构的特点是晶包之间联结的是 O^{2-},联结力微弱,晶体架格具有较大的活动性,遇水很不稳定。水分子可不定量地进入晶格之间，而产生膨胀。晶格吸水时极易分裂，致使其矿物晶体很小，一般为0.001mm以下，故具有巨大的比表面积。

同晶置换是蒙脱石组矿物晶体结构的另一特点。蒙脱石组的矿物晶格内部的高价离子有被低价离子取代的能力。例如：八面体中的 Al^{3+} 可被 Fe^{2+} 或 Mg^{2+} 置换，四面体中的 Si^{4+} 可部分地被 Al^{3+} 置换。此种置换促使晶格中出现补充的自由电价，从而增大其吸收能力。蒙脱石组矿物晶格的这一特点是促使其具有高亲水性的内在原因。

在碱性条件下（pH = 7 ~ 8.5）、干燥或半干燥的温热气候条件下，最有利于蒙脱石组矿物的生成。当碱性条件被酸性条件所取代时，蒙脱石组矿物将遭受破坏而转变成高岭石或其他黏土矿物。

伊利石组：这是一个与云母类似、比较庞大的组，它是由云母矿物经过不同程度水解之后的产物。水白云母、伊利石、海缘石、绿鳞石（铁海绿石）、水墨云母等皆属此组。此类矿物是介于云母与蒙脱石的矿物。它们与云母的区别是，水的含量多，钾的含量少些；而与蒙脱石的差别是钾的含量多些，经水作用后层间膨胀能力弱或是表现很微弱。

伊利石组与蒙脱石组一样，其晶体结构亦是2∶1的三层结构，只是其四面体层中的Si原子约有20%左右被Al原子所置换。与蒙脱石在结构上的差别是，伊利石晶包之间的结合不是水而是由 K^{+} 或 Na^{+} 离子所联结。

伊利石与蒙脱石的又一本质区别是：伊利石的游离原子价较多，且多集中于距晶格表面较远的八面体之中，因此，替换离子在伊利石中的吸附力极为牢固。

伊利石强烈而牢固地吸引钾离子，是因为钾离子的作用半径与伊利石的电场作用力恰恰相当所致。钾离子多是联结在晶格的中间，故使其联结十分牢固。这便是伊利石遇水膨胀、失水收缩等性能都不及蒙脱石的根本原因。这也是伊利石通常多形成比蒙脱石颗粒更大的颗粒的原因。伊利石遇水所表现的亲水性介于蒙脱石和高岭石之间。

伊利石是稳定性较差的矿物，是风化作用的中间产物。随着层间钾含量的逐渐减少，其性质将逐步向蒙脱石转化。伊利石中的钾离子含量愈少，颗粒愈细，亲水性愈大，其性质也就愈接近于蒙脱石。

绿泥石：为四层型2∶1∶1的结晶结构。绿泥石的物理—化学活性与伊利石颇相近似。

除此之外，在自然黏土中多见的还有蛭石与混层矿物。蛭石的性质与蒙脱石相似，具有吸水膨胀的特征。不过，蛭石的层间膨胀是有限度的。混层矿物的物理化学特性及其他性质介于各组合矿物的中间。黏土矿物不仅是黏土形成介质条件的指标，而且也是其物理—力学性质的决定因素。特别是膨胀黏土的膨胀与收缩等特性更是黏土矿物与水相互作用的直接后果。

2. 膨胀土中黏土矿物的化学特性[39][40]

黏土矿物具有吸收阳离子和阴离子并使它们保持可交换状态的特性。交换性离子被吸附在硅铝黏土矿物结构单元的外围，但交换反应并不影响硅—铝片堆的结构。黏土矿物中最普遍的交换性阳离子是 Ca^{2+}、Mg^{2+}、H^{+}、K^{+}、NH_4^{+}、Na^{+}。黏土从溶液中吸收离子的能力，就是存在电荷的表征，而阳离子比阴离子更易被吸收，所以，在黏土颗粒表面，负电荷必占优势。一个阳离子，例如 Na^{+}，很容易自盐溶液中为黏土表面所吸附。但是，被吸收的 Na^{+} 离子也不是永远附着在黏土颗粒表面的，如果把黏土放入KCl溶液中，它就能够被 K^{+} 离子所置换。阳离子交换量就是每单位重量的阳离子的电荷或带电引力（以每100g ± mg当量计，即me/100g）。各种黏土矿物的阳离子交换量的一般范围见表3-1。

各种黏土矿物的阳离子交换量变化范围 表 3-1

颗粒特征	高岭石	伊利石	蒙脱石
颗粒厚度	0.5 ~ 2μm	0.005 ~ 0.1μm	<9.5Å
粒径(μm)	0.5 ~ 4	0.5 ~ 10	0.05 ~ 10
比表面($m^2 \cdot g^{-1}$)	10 ~ 20	65 ~ 180	50 ~ 840
阳离子交换量(me/100g)	3 ~ 15	10 ~ 40	70 ~ 150

我国大部分地区膨胀土的阳离子交换量都在 20.38 ~ 43.79me/100g 之间,交换的盐基成分 Ca^{2+} 一般为 13.44 ~ 36.72me/100g,Mg^{2+} 一般为 1.28 ~ 10.56me/100g。比表面积在 142 ~ 459m^2/g 之间。

膨胀土的膨胀与收缩是受多种因素控制的复杂过程。已有的研究成果表明离子交换是其重要因素之一。

从有关广西宁明膨胀土交换阳离子的测定结果发现:交换盐基离子总量与交换容量的差别较大,土的饱和度只有 16% ~49%,为非饱和土。这是由于广西宁明地区特有的自然条件所致。土经过长时间的淋滤,盐基离子随淋滤而涌入下层。在淋滤过程中,溶液中的氢离子逐渐取代金属离子而被土所吸附。水的解离系数虽很小,但由于氢离子的被吸附而使其解离平衡受到破坏,所以不断地有新的氢离子解离出来,结果土的交换阳离子综合体中不断有氢离子出现,从而非饱和土的 pH 值在 4 ~ 5 形成之间,土是处于明显的酸性环境之中。

宁明膨胀土交换阳离子成分的突出特点是:大部分膨胀土是以交换镁离子为主。故可认为:高数量的交换性镁离子的存在是宁明膨胀土强烈膨胀的原因之一。Mg^{2+} 虽为二价离子,但与 Ca^{2+} 相比,Mg^{2+} 的半径较小,只有 0.8×10^{-10}m(Ca^{2+} 为 1.08×10^{-10}m),所以其水化能力明显比 Ca^{2+} 强。

土中交换阳离子成分影响土的物理力学性质,含不同交换阳离子的土具有不同的物理力学性质。土中离子交换能引起双电层中离子成分的变化,因而也就能引起扩散层厚度的变化,改变土的分散程度和结构特征,从而改变土的物理力学性质。此种表现最明显的是那些具有交换容量大的土如蒙脱黏土。了解这个特点,一方面可以利用离子交换改变土的物理力学性质,满足建筑工程的需要。另一方面,了解离子交换本质,就能预测由于工程建筑影响使自然条件改变而引起土的物理力学性质的改变,从而在建筑工程中提出适当的措施以防不良的后果。

3. 膨胀土矿物成分的特点

膨胀土的特殊工程地质性质是受其特殊的矿物—化学成分控制的。研究膨胀土的矿物成分不仅对了解控制膨胀土工程性质的内在因素、探讨其膨胀机理所必须;而且对膨胀土性质的改良与加固,以及探讨对膨胀土处治的新方法、新技术亦是必不可少。

膨胀土的矿物成分包括黏土矿物和碎屑矿物。现代研究结果证实,后者为膨胀土粗粒部分的主要组成物质,其中大部分为石英石、斜长石和云母(主要是水云母),其次是方解石和石膏等轻矿物。重矿物含量较少。由于粗粒在膨胀土中含量有限,故对其膨胀收缩性质的影响不大。影响膨胀土工程性质的主要是细粒部分的黏土矿物,特别是蒙脱石类矿物,此类矿物由于它的膨胀晶格结构和细度以及它的盐基交换特性,对活性影响很大,因而遇水膨胀。不过也有不含活性黏土矿物的土会发生膨胀,其膨胀机理则与上述不同。如挪威的奥斯陆等地有一种黄铁矿页岩,氧化后就会膨胀,这是特殊情况。

参考我国各地膨胀土主要矿物成分表和世界部分地区膨胀土的主要矿物成分表[41],可以看出，各地区的膨胀土，不同类型黏土矿物所占比例及其组合形式各有差异，这是由于各地区膨胀土在成土过程中母岩的堆积环境及风化改造程度等的差异所造成的。

国外膨胀土的矿物成分多以蒙脱石为主。

我国膨胀土主要是以伊利石（水云母）为主，含有一定数量的蒙脱石矿物。含有一定数量的蒙脱石，这一点不容忽视。膨胀土都是黏粒含量很高的土，只要在其黏粒总含量中占百分之几，蒙脱石的亲水作用就足以显示其胀缩威力；伊利石是不稳定的矿物，其结构中的钾离子在适宜的条件下可以失去而变成似蒙脱石，它在伊利石中一定占有相当的比例；另外，伊利石的亲水性略小于蒙脱石。

3.4.3 膨胀土中的物理—化学活动

膨胀土中的物理—化学活动与其物理力学特性密切相关，土中的物理反应与化学反应往往是伴随发生的。反应过程十分复杂，其主要的可概括为如下几种类型。

1. 黏土颗粒的水化水解作用

自然界的膨胀土一般处于非饱和状态，土体被浸湿后，水分渗入黏土矿物晶格内，土粒表面的水膜加厚。同时，由于层间溶液具有较高的已溶解的电解质浓度，靠近黏土颗粒表面的高浓度阳离子可产生斥力，从而使土颗粒分离，导致土体水解。

在膨胀土的黏土矿物中，蒙脱石矿物具有高度的膨胀性，这是与它的粒径小、比表面大、阳离子交换量大、晶层间没有氢键的联结力、其间距离视吸收水分的多少而伸展、晶格结构非常活动以及非常亲水的性质有关。应用电子显微镜和 X 射线衍射的分析结果证明，蒙脱石是原子排列为三层的矿物，具有单一的八面体层，在两个四面体层之间形成 2∶1型晶格结构。

此外，蒙脱石具有波状的蜂窝形结构，此种结构其强度较其他黏土矿物稍高，虽然有拱部效应，但却易渗入水。粒间的水化膜增厚和分子之间的结合力降低，导致土体体积和物理力学性质变化，有的膨胀土膨胀后会进一步崩解和泥化；有的则随湿度的循环变化，其物理力学特性也会有所改变。

2. 膨胀土中的阳离子交换

在前面曾对阳离子交换做了介绍，这里再叙述一下交换性阳离子对膨胀的影响。印度 S. N. 葛卜塔等曾以浓缩的相应的氯化物经过过滤，并用水、最后用纯酒精洗掉游离盐制备了同离子土进行试验，试验结果表明交换性阳离子按如下次序影响膨胀。

单价阳离子　　$Na^+ > K^+ > H^+$

两价阳离子　　$Ca^{2+} > Mg^{2+} > Sr^{2+} > Ba^{2+}$

三价阳离子　　$Al^{3+} > Cr^{3+} > Fe^{3+}$

可见，如系同价离子，土体就会依离子水化的次序和鲍林[40]（Pauling，1927）所编制的离子晶格半径一览表的序列而发生膨胀，即晶格半径愈大，价数愈高，膨胀量就愈小。另外用钠质土以适当浓度的各种氯化物加以处理制成不同比例的离子混合样品所做的试验也表明，膨胀土主要受一价离子控制，其作用仅仅在另外的较大晶格半径和较高价离子参与时才受到抑制。

蒙脱石矿物比高岭石矿物吸收阳离子的能力强 10 倍，因为蒙脱石颗粒带有大量的净负电荷，其比表面积比高岭石矿物和伊利石矿物的比表面积也要大些。黏土的阳离子交换量与黏土矿物的流限和塑性指数有着明确的相关关系，黏土的阳离子交换量越大，更换吸附阳离子的效果越大。

阳离子交换活动在岩土工程化学领域中应用很多，膨胀土的化学稳定法涉及的最主要的

基本原理之一就是在自由水中增加离子浓度和盐基交换的现象。

3. 外部作用力产生的弹性效应

带电的黏土颗粒的表面性能(导致盐机交换和水分子由于偶极而吸附)和其中保持着水分子的层间空隙,对膨胀都有重要的作用,而由于外部力的作用,土颗粒靠得近些,因为孔隙水被固结排出而逐渐消除了,直到它们的间隙缩小到几乎近于20Å 为止。这时颗粒之间牢牢保持着的全部水分要进一步由颗粒间的压力将其驱除掉是不可能的,而且层间水分也不能用机械方法完全排除,它对膨胀也是大有影响的,这是存在残余膨胀的原因。

由上述可见,复杂的膨胀土理论应考虑由于黏土颗粒水化所引起的物理化学作用和离子交换作用以及土的吸力和受到外部作用力所产生的弹力这三个影响因素。

4. 特殊情况的膨胀效应

除了上述常见的膨胀土膨胀机理外。还有一些特殊情况的膨胀效应,例如:

(1)有的膨胀土并不含有活性黏土矿物但在一定的条件下也会膨胀,如挪威的奥斯陆等地有一种黄铁矿页岩在氧化后就会膨胀。

(2)有一类化学转化膨胀岩,例如硬石膏、无水芒硝等是由吸水变相和结晶引起的。硬石膏吸水的化学反应为:

$$\underset{(46\text{cm}^3)}{CaSO_4} + \underset{(36\text{cm}^3)}{2H_2O} \rightarrow \underset{(74\text{cm}^3)}{CaSO_4 \cdot 2H_2O} \tag{3-10}$$

其体积变化为+61%。

(3)瑞士曾研究和讨论了土的冻胀机理,包括不同温度梯度下的矿物颗粒的运动情况。此外,前苏联曾报道关于"解冻土"的研究,提出研究冻土沉降的方法等。

(4)美国曾报道过关于土的"盐胀"问题,提到含氯化钠的土周围的温度下降是由于水分向上转移的影响。在温度变化时溶解的盐类结晶化和结晶水化即会引起土的构造膨胀。

(5)加拿大曾报道发现"土的生物风化膨胀"现象,即在一种黑色页岩中发现物理化学蚀变深达0.7~1.0m,主要蚀变产物为铁矾石和石膏,该种蚀变是造成地基隆起的原因。

此种产物存在于页岩层次间和蚀变带的裂隙中,是属于硫铁杆菌类的自养生物,以致产生生物风化作用。报道提及:在发生此种作用情况下,某处工程的地基在两年零八个月的时间内隆起5.2cm,每月隆起约为0.18 cm,使得该处厂房设备大部分机座移位。前苏联亦曾报道,在西伯利亚有一种奥陶纪的粉砂岩类,含有机质碳化物及其他胶结物,在大气作用下极易风化。发展结果就会导致地基的不均匀隆起。

(6)还有一类由物理作用引起的膨胀效应,它发生于节理裂隙特别发育的破碎岩层中,岩层并不包含有膨胀性岩石成分,但由于水、气灌入密集的裂隙中(界面吸附),产生"楔劈"作用,易风化破碎成带有棱角的岩石碎块,使岩体体积增大,但这种"碎胀"引起的体积增大是有限的。主要岩(土)的体积碎胀率见表3-2。

主要岩(土)的体积碎胀率 表3-2

序　　号	软岩(土)名称	体积碎胀率(%)
1	黏土	3~20
2	多裂隙煤	5~30
3	黏土页岩	10~40
4	砂质页岩	15~80

(7)土的“碎胀膨胀”,其本质在于结构胶结强度的变化,扩容的膨胀效应不明显,膨胀以物化作用为主。但若在扩容前后结构发生发展于力学和物理化学的联合作用下,原始结构疏松且胶结弱的软岩将会发生较大的扩容碎胀,特别是在卸荷的情况下。

3.4.4 膨胀土化学加固的原理

一般用离子交换理论进行解释。

离子吸附和负吸附是土壤固液相之间的重要物理化学现象,由于电中性的原理,在土壤形成过程中产生电荷的同时,即有等当量的反号离子吸附于土粒表面。但是一般所观察到的离子吸附现象,则是通过离子交换作用表现出来的。如以下的反应:

$$\begin{matrix}Na\\Na\end{matrix}\boxed{+} + Ca^{2+} = Ca\ \boxed{+} + 2Na^{+} \tag{3-11}$$

在这个离子交换反应中,由于必须满足胶体与离子间的电中性,在一个离子吸附到胶体上去时,必须有两个被吸附的钠离子转入溶液。对钙离子由溶液转移到胶体上去而言,是离子的吸附过程,而对胶体原来所吸附的钠离子转入溶液而言,则为解吸过程。吸附和解吸的结果,使钙、钠离子相互换位,这就是离子交换。离子交换是离子间的相互作用,表现为离子的交换能[42]。

近几十年来,各国学者应用离子交换理论研究出多种加固土体的化学浆液。黏土多是由小于2μm的各种黏土颗粒组成,土的细粒带有电荷,它对液相中的阳离子和阴离子起吸附作用。已有的研究证明,黏土颗粒表面吸附阳离子的种类明显影响黏土的电性质和力学强度。利用吸附阳离子的交换性能可使黏土颗粒的界面动电位发生变化。当电位高时,黏土颗粒相互不吸引;当电位低时,黏土颗粒则相互凝聚。维迪(Veder)认为,在黏土中加入含铝和含铁的溶液会使黏土颗粒呈现出强烈的凝聚现象,从而提高了黏土的力学强度。日本学者嘉门雅夫博士指出,由于黏土颗粒是相当微小的,即使在很小一块黏土中就含有相当数量的黏土颗粒,因此,黏土颗粒吸附水膜的微小变化对土体就将产生很大影响,特别是吸水性强的蒙脱石。故而吸附水膜的厚度与所吸附的阳离子有着密切联系。

国外一些学者应用离子交换理论对滑坡土体的破坏做了深入细致的研究,主要研究成果[41]如下。

(1)黏土滑坡的滑带土所含有的钠离子如能人为地转变为钙离子,则会减小吸附水膜厚度,增加滑带土的强度,对滑坡的破坏将会起到稳定作用。

(2)将滑带土用各种化学溶液($NaCl$,KCl,$CaCl_2$,$MgCl_2$)予以处理并发现,在同样含水率的情况下,钙离子处理过的滑带土黏聚力比未处理前提高了一倍;从而得出滑带土钙离子被地下水长期溶滤是滑坡产生的原因之一。

(3)类似的研究结果证明:黏性土用钙离子人工饱和后的抗剪强度比天然状态要高得多。

(4)美国学者舍瑞德(Sherad)和戴克(Decker)认为滑坡破坏应该归因于黏土所具有的分散作用;但是黏土的分散作用直接受可交换的钠离子在饱和提取物中的百分数控制,同时钠离子的百分数与自由孔隙水中钠离子吸附成比例关系。黏土的分散性可以用分散敏感系数来衡量。当分散敏感系数小于0.3时,黏土不易破坏;在0.3~0.5之间时,黏土将处于极限平衡状态;而大于0.5时,土层呈现破坏状态。

此外,有学者认为:某些阳离子可以对黏土颗粒的晶格结构起到固定作用;高价阳离子会使黏土颗粒的吸附水膜变薄,从而改善了颗粒间的内摩擦性能,加强了水膜的边锁作用。还有学者认为高价可交换性阳离子含量增加将会加速土的排水固结速度，改善土的渗透性能。

（5）凡是那些能够增加土中化学物质的胶结作用、减小吸附水膜厚度、加速土的固结速度和固定黏土矿物晶格的化学溶液或几种化学物质的混合液都有助于提高滑带土的力学强度。

（6）滑带土的阳离子交换容量高，这种土的活性高，工程性质很差。

结合滑带土矿物组成特点，采用含有钾离子的化学溶液注入滑带，以稳定滑坡。由于钾离子降低了微晶高岭土的晶格间的电势，削弱了黏土矿物的活性，起到了固定晶格的作用。这种方法在日本被称为"钾离子稳定法"。

（7）国外的许多滑坡，都曾应用过离子交换型化学溶液，使用的化学溶液有氯化钙、氯化铝、硫酸铜和正磷酸钙等。

应用离子交换理论稳定黏土滑坡的方法，其理论依据就是离子交换理论，离子交换作用比渗透快得多。

我国多年来曾试用化学添加剂诸如水泥和石灰等材料来进行膨胀土的化学固化，不过采用的是将石灰等掺入膨胀土中作为填土的方式，而不是使用灌浆方法来实现阳离子交换。王小军等研究了以石灰掺入膨胀岩中以解决铁路的膨胀岩基床病害（翻浆冒泥、路基下沉、道渣陷槽等）问题。在膨胀岩中掺入一定量的石灰以后，石灰中的 Ca^{2+} 便与黏土颗粒表面的阳离子发生交换反应，使岩土中产生的 Ca^{2+} 置换岩土颗粒表面的部分金属阳离子 K^{+}，Fe^{2+} 等。其结果是膨胀岩颗粒表面的带电状态被改变，这种改变又会使膨胀岩颗粒很快凝聚起来，从而提高了石灰岩土的初期强度[43]。

3.4.5 用石灰改良膨胀土（岩）的原理

在膨胀土（岩）中掺入少量石灰以改良膨胀土的工程性质是国内外工程界较常用的方法。石灰加入膨胀土中后，石灰与土之间发生一系列复杂的物理化学作用，使土的工程性质发生根本变化，这就是石灰效应。石灰改良膨胀土包括：①改变黏土颗粒周围和内部的物理化学环境；②改变水流入和流出孔隙的自然状态；③影响整个土体的特性变化。Thompson（1966）[44]认为石灰稳定的一般过程为：阳离子的交换、凝聚与结块、碳化作用与凝聚反应作用，前两个作用使土的可塑性增大，因而改变了黏土矿物的电荷，后两个作用过程是黏结反应过程，使土的承载力提高。因此，石灰稳定为两个阶段：第一阶段包括黏土表面阳离子交换与凝聚过程；第二阶段是从黏土矿物晶格分离二氧化硅和少量的氧化铝。初期的离子交换与化学反应引起钙质硅酸盐的凝胶，使颗粒发生胶结，进而包裹成黏土团块并堵塞土孔隙，钙质硅酸盐凝胶逐渐结晶，形成一种连锁结构。另外还有吸水放热反应和火山灰反应。

1. 阳离子交换作用和絮凝作用

以伊利石、蒙脱石为主组成的膨胀土中掺入石灰（CaO）后，Ca^{2+} 和 OH^{-} 含量急剧增大。在这种碱性环境下，膨胀土颗粒表面的部分金属阳离子如 K^{+}、Fe^{2+} 等（Mg^{2+} 除外），能够被 Ca^{2+} 所置换。其结果是膨胀土颗粒双电层厚度变薄，颗粒表面的带电状态被改变，土中胶粒间相互吸引使膨胀土颗粒很快地凝聚起来，产生絮凝作用。土中原有颗粒组成改变后"粗化"，抗水性能及强度便有所提高。离子交换和絮凝作用是石灰土快速反应的主要作用之一。石灰一经加入土中，石灰与土立即发生作用，土的性质迅速发生剧烈变化。这个反应大致在一天内就基本结束，继而进入长期反应的阶段，强度逐渐提高。

经过物理作用和化学作用，石灰土发生团聚，随之有凝胶物生成，构成了凝胶团聚结构。随着龄期的增长，棒状及纤维结晶体生成，并不断生长，构成了结晶体的网架结构。随着龄期的继续增长，胶凝结构层加厚，结晶体的网架加密，形成了胶凝—结晶的网状混合结构。离子交换反应使黏土胶体凝聚，土的湿坍性得到改善，使石灰获得初期的水稳性。

2. 碳酸化反应和凝聚反应作用

碳酸化反应与火山灰反应对提高石灰土的强度与稳定性，降低土的膨胀性起决定性的作用。石灰吸收空气的 CO_2 形成了 $CaCO_3$ 晶体，使黏胶颗粒、矿物单粒及集粒等发生钙质胶结，而 $CaCO_3$ 晶体坚固，水稳性好，从而提高了土的强度，达到加固的目的。

当它们的生成物处于胶凝状态时，石灰土结构属凝聚结构，随着结晶网架的生成，逐渐向结晶缩合结构转化，其强度不断增大，胀缩性下降。因此可以断定，掺生石灰后，经测定已判别为非膨胀土的改良土已成为永久性的非膨胀土，在路基设计中可以将上述改良土作为非膨胀土来考虑。

3. 吸水放热反应

生石灰 CaO 水解后生成 $Ca(OH)_2$ 并放出热量。具体化学反应式为：

$$CaO + H_2O \rightarrow Ca(OH)_2 + 15.6(\text{kcal/mol}) \tag{3-12}$$

反应结果，一是 CaO 的消化过程降低了膨胀岩土的含水率；二是生成的 $Ca(OH)_2$ 体积增大了近一倍，从而进一步凝固了岩（土）体，这两种结果都能增强膨胀岩（土）的强度。它可在初期加快凝硬反应，更重要的是使土中的相当一部分 SiO_2 形成水溶性 SiO_2 胶体粒子，此外，氧化铝等也形成一些胶体粒子。这些生成物聚凝后也会改善膨胀土的工程性质，它们的主要作用是提高石灰土的后期强度及耐久性。以上物质的生成过程类似于水泥的水化反应过程。

因此，要使石灰和膨胀岩（土）之间能够发生反应从而达到改变膨胀岩（土）工程性质的目的，就需要具备两个条件，一是强碱环境，二是一定量的石灰（CaO）。

3.4.6 膨胀土的其他化学加固法

除向膨胀土中掺入石灰以达到加固的目的外，还可以考虑采用灌浆或喷射灌浆的工艺对膨胀土进行加固。灌浆材料可考虑采用石灰、水泥或化学浆材。化学加固法只是近十多年来才被广泛应用于加固膨胀土边坡或地基的。当使用石灰浆液时，石灰浆在高压下从灌浆孔侧向和纵向进入土中，沿土体裂隙或灌浆引起的新断裂面沉淀形成许多石灰浆脉或石灰薄层。裂隙间的大块土体均被石灰浆包裹，而沿着这些介于石灰和土之间的夹缝不断地起化学反应，浆脉起着阻水作用，从而防止含水率的变化，提高土体的整体强度。利用旋喷、定喷或摆喷可使用高压下的浆液除形成上述的浆脉结构外，还能在土体中形成一定结构的浆液凝结或形成适应较大变形的板墙土桩组合的抗滑体。在膨胀土灌浆中利用阳离子交换以提高膨胀土体强度是化学加固所依据的最重要的一条原理，简单地说，在高压泵的压力下把石灰浆灌入膨胀土内，石灰浆即与土颗粒出现离子交换可凝聚—絮凝作用等反应，使土的可塑性和膨胀性减小，而和易性提高，因而使土的膨胀势急剧降低。

3.5 非饱和土力学理论基本问题研究

在工程中遇到的膨胀土大多数处于非饱和状态，表现为非饱和土的特性，由于土中吸力的作用，使其抗剪强度相对很高，但当膨胀土一旦浸水后吸力减小，其强度明显降低。从失稳的膨胀土坡反算出的抗剪强度远低于其峰值强度可知，这主要是由于吸力的变化引起的，因而可以采用非饱和土理论来研究膨胀土问题。

非饱和土是一种由固相、液相和气相组成的三相土。它包括孔隙流体系统和土粒骨架系统两个基本系统。孔隙流体系统由液相和气相两种流体组成。气相的存在是非饱和土性质复杂化的根本原因。在液相与气相之间还存在着一个水和气的交界面,交界面两侧出现一个压力差,孔隙水的压力 u_w 为负,孔隙气的压力 u_a 为正,压力差 $u_s=(u_a-u_w)$ 称为吸力或毛细压力,也称为张力,表示土的基质对土中水分的吸持作用。在交界面上进行着复杂的物理化学现象。因此,交界面的性质既不同于液相,也不同于气相。Frediund(1977)把它称为非饱和土的第四相——收缩膜。土粒骨架系统由固相和收缩膜(气液交界面)组成。收缩膜的作用是非饱和土特性研究考虑的重要对象。

3.5.1 非饱和土的研究途径

非饱和土研究中最活跃的为吸力特性。非饱和土的研究内容包括建立土体渗流理论,解决渗透稳定问题;建立土体极限平衡理论,解决强度稳定问题;建立土体固结理论,解决变形稳定问题。

非饱和土的合理研究途径应为:首先研究非饱和土的基本特性,尤其是水和气在土孔隙中的迁移规律,在基本弄清其力学性状的基础上,联系非饱和土和工程中各种可能的相关特性,如体变特性、强度特性、水气运动特性等建立符合非饱和土本来面目的本构模型和其他关系,建立数值分析方法和实用计算方法,并在工程中应用、验证和进一步完善。

研究应在宏观、细观和微观三个层面上同时进行,才能对非饱和土的特性有较为全面的认识,所谓微观就是应当研究它的矿物组成和结构,胶结物质的特性,以及土中的各种孔隙及其分布等。细观研究包括水、气、土粒交界面上的表面张力现象及水—土相互作用,水、气界面的存在所引起的吸力(即孔隙气压力和孔隙水压力之差)是影响非饱和土性质和性状的最重要的因素,是非饱和土研究中的核心问题。宏观方面研究与饱和土中的研究大体相似,即土体在外力和吸力作用下的宏观表现,包括体变、抗剪强度、渗透及扩散特性等。

对于高饱和度非饱和土(即对应于气土封闭阶段),气相有部分溶于水中,有部分被压缩成小气泡悬浮于水相中,随着液相一起运动。该阶段的非饱和土可看作两相土,与饱和土的不同点主要在于孔隙中的液相为夹气水,具有可压缩性。因此,饱和土的许多理论可以推广应用,但必须考虑液相的压缩性。

对于低饱和度非饱和土(即对应于气孔完全连通阶段),气相占据大部分孔隙,且与外界大气直接相通,水分仅占据了孔隙中很细的孔道(狭颈)。这时,吸力虽然很大,但由于土体截面上水气界面的占有比例很小,所以吸力对其力学特性(抗剪强度和刚度)的影响不大,从这个意义上讲,也可以将该阶段的非饱和土当作两相土,即由土颗粒和气相组成。由于其中的水分互不连通,水分的运移主要通过水蒸气形式进行,是一个非常缓慢过程,此时达西定律可能不适用。在此阶段,室内试验宜采用相对湿度控制技术来控制试样中的吸力,而常用的轴平移技术不适合。

对于中饱和度非饱和土,即对应于气部分连通和内部连通阶段,其中水、气运移规律比较复杂,吸力的力学作用也比较大,因此它是非饱和土研究的重点阶段。在这个阶段,饱和土理论或两相介质理论不能随便推广应用。由于其中的水、气相相互连通,所以室内试验时可以利用轴平移技术和渗透吸力控制技术来控制试样中的吸力。包承纲通过试验发现[45]:在气部分连通和内部连通两个阶段,非饱和压实土的固结排水特性仍有明显的差别,因此应区别对待。

3.5.2 非饱和土的吸力

吸力分为基质吸力和溶质吸力两种[35]。前者由土颗粒表面的吸附力和土体中的毛细管力组成，是影响土工程性质的主要因素；后者是由于土中溶液的离子浓度和外界水的离子浓度的差异而产生的渗透压力，取决于土颗粒制约离子运动的能力以及水中盐离子的类型和浓度。现有的研究表明，一般土类溶质吸力在量值上和对土的工程性质的影响均小于基质吸力，所以工程意义上考虑土的吸力仅指基质吸力。影响土吸力的因素很多，主要有土颗粒的矿物组成，颗粒的排列形式，含水率状态，应力历史和上覆压力等。在某种特定的情况下，吸力是土体含水率的唯一函数。这种含水率和吸力之间的相关性是非饱和土的基本特性。土中含水率从干到湿或从湿到干吸力的变化关系称为"吸力—水分特征曲线"，是土吸力特性的基本反映。

从工程观点来看，土的吸力则是土中含水率的函数，是土中液相上各种压力的补偿。影响膨胀土吸力大小的因素主要是土的物质成分与结构特征，同时还与土的孔隙介质性质、含水状态、上覆压力和应力路径等有密切关系。吸力的改变能从更深层次揭示土的体变和强度改变的物理本质。土体吸力不但表示土中水的能态高低，揭示土中水运动的方向，还表示土中水和土颗粒相互作用的强烈程度以及非饱和土中气界面的曲率状态，凡涉及非饱和土的变形与强度问题，吸力这一参数都有着广泛的应用前景。

由加拿大国际发展中心(IDRC)资助的中国—加拿大膨胀土合作研究项目，对中国膨胀土进行研究，引进和推广土体吸力的室内外测试成套技术。并由广西大学柯尊敬、黄绍铿教授负责在南宁设立了包括现场监测吸力变化内容的综合观测站。在观测站中设计了直径1.0m、深5.0m的两个观测井，并在井壁不同高程深入土20cm处埋设吸力传感器，同时相应地设置含水率探头，以及多个沉降测点和水平位移测点。以取得现场观测吸力变化的数据，探求吸力变化与不同的土层深度、变形、强度、环境和气候变化的依存关系。

在研究非饱和土的强度与变形特性、地下水运动规律对非饱和土工程性质的影响等方面，土吸力理论有很大的发展，如：应用吸力势进行膨胀土判别、研究土吸力与膨胀力的关系、吸力与土中水分变化规律及其吸水膨胀、失水收缩特性，以及预测膨胀土的膨胀与收缩量等。

1. 非饱和土吸力与含水率问题

非饱和土研究中，吸力被提到十分重要的地位，其主要优点是具有明晰的力学概念，便于统筹力学分析，但它在量测上的困难一直困扰着非饱和土力学的研究与实际应用。近年来，因含水率的测定已经不会遇到任何困难，人们又反过来重新考虑在非饱和土力学研究中直接应用含水率作为非饱和土性质表征的可能性。很多研究从吸力的两个作用(即通过改变流体压力使骨架压力发生改变，和在土颗粒的接触点处提供一个附加的结合力)出发，要求对非饱土既考虑吸力，又考虑饱和度。而且饱和度还要区别减湿过程与增湿过程的差异。这种反思和观点应该受到重视。人们很早就提出了视含水率为一种广义力的观点，将其影响引入到引发变形强度变化的力学作用范畴。人们已经开始对含水率的应力等效性进行理论分析与定量的实验研究，并发现对应于正应力与剪应力有不同的等效性。

由于基质吸力对土骨架的影响是通过收缩膜张力来实现的，收缩膜张力的大小虽然决定于基质吸力的大小，而收缩膜的作用点在收缩膜与土骨架各个颗粒的接触点处，收缩膜张力的方向决定于水与土骨架的接触角。这就是说，基质吸力对土骨架的作用应该是有方向性的，在研究土的变形和强度时，基质吸力不应该简单地被视为一种静水压力型的应力来对待。

吸力与含水率(饱和度)之间的关系曲线定义为土水特征曲线，又称持水曲线，它反映了

土体的持水能力。土水特征曲线对认识表层非饱和土的性状有重要作用,因此它广泛应用于土壤科学、土质学及非饱和土力学中。在非饱和土力学中,土水特征曲线是土体中孔隙液相本构关系的一部分,它常常被用来预测土的导水系数曲线及吸力对抗剪强度的贡献。有些学者认为土水特征曲线在非饱和土力学中的地位相当于饱和土力学中的压缩曲线。

一条典型的土水特征曲线,它包含五个典型的特征指标,即饱和含水率、进气值、残余含水率、脱水斜率及脱湿曲线之间的滞回圈。土水特征曲线存在滞回现象,它表明土体中吸力与含水率的关系与吸力的路径及历史有关。我们可以从土水特征曲线获得土的渗透函数、抗剪强度等有关参数。

文献[46]进行了非饱和土的土水特征曲线的试验研究。研究结论如下。

(1)随非饱和土含水率的增大,基质吸力连续减小,非饱和土的工程性质向弱性变化。

(2)在高含水率下,基质吸力随含水率的变化幅度很小,在低含水率(天然含水率)下,基质吸力随含水率的增大而迅速减小。由此可见,在天然含水率下非饱和土的工程性质受含水率的影响很大。

(3)非饱和土地基的承载力明显高于对应的饱和土状态,承载力随着吸力的增加而增大,并趋于极限值(干土情形)。

对于给定土体,含水率(或饱和度)降低时,土中的弯液面将收缩,即半径减少,土体的基质吸力增加。

2. 吸力及其力学作用

吸力的力学作用与外荷引起的外应力作用是不同的,作用在土单元边界上的外应力(包括等向压力)对土颗粒接触点处既产生法向应力,又产生切向应力。当外应力足够大时,颗粒接触点处的切向力可能引起粒间滑动和塑性变形,这就是当土体承受的荷载大于预固结压力,则会产生塑性体变的原因。然而,在土颗粒、水和气三者交界面处的表面张力仅使颗粒接触点的法向应力增加,并因此增大了土体的抗剪强度和刚度。随着吸力的增大,土颗粒之间滑动的可能性降低了,土体产生塑性应变的机会减少了。

3. 非饱和土基质吸力的量测问题[47]

非饱和土力学理论,非饱和土的渗流分析、抗剪强度、体变和沉降计算都和基质吸力有关。因此,正确测量和预测基质吸力随外界条件的变化对判别膨胀土边坡稳定性具有重要意义。

文献[48]用张力计、热传导探头和滤纸法进行了为期三个月的现场基质吸力量测。设置了吸力观测站,观测站的任务主要是测量坡面下不同深度处土的含水率、密度和基质吸力,揭示其变化规律。

天然土坡观测面的深度为3.5m,张力计探头(TS)布置在深度0.2m、0.4m、0.7m、1.0m、1.3m、1.6m、2.0m、2.5m、3.0m处,并在0.4m、1.0m、2.0m深度平行埋设热传导探头(TC),热传导探头编号为705、b01和C01,其中C01探头在建填方坡观测站时,移至填方观测面。填方土坡观测面深度为2.5m,张力计探头布置在深度为0.4m、0.7m、1.0m、1.6m、2.0m处并在0.4m、1.0m、2.0m深度平行埋设热传导探头,探头编号为C01、D01、D02。张力计和热传导探头均深入观测面30cm。

张力计由武汉水利电力大学农田水利实验室制作,负压的测读用水银玻璃管压力计。热传导探头由清华大学水利系制作,配合QS—1型土吸力测读仪测读。

在观测站开挖和观测结束封填时,还分别用滤纸法测量不同深度的吸力作为比较。滤纸法操作过程如下,在张力计探头附近取原状土样,剖开后置入一组三张直径为7cm的风干滤纸，随即将剖开土样合上，用三层塑料袋和胶纸密封缠紧，运回实验室保持(20±1)℃静置10d后，解开密封层，取出中间一层滤纸，用万分之一克精度的天平测滤纸含水率 w，再用率定方程求基质吸力。试验用的滤纸为杭州新华造纸厂生产的双圈牌 No. 203 慢速定量分析滤纸，用压力板法率定得吸力和含水率间的率定方程如下：

$$\lg s=\begin{cases}5.4928-0.07674w & w<46\\ 2.4701-0.01204w & w\geqslant 46\end{cases}\tag{3-13}$$

土坡吸力的测量结果，天然土坡和填方土坡不同深度处基质吸力，随时间变化的规律如下。

(1)在土坡表面吸力值较大，吸力随深度而减少。

(2)张力计测吸力较难，但当超过一定值，如70～80kPa，在探头连接管中会出现气泡，甚至在探头上出现微裂纹，其读数值会迅速下降到零，即使仔细排除气泡也不能再应用，例如0.2m、0.4m、0.7m三支测头。

(3)张力计测读吸力也需一个平衡时间。埋深1.3m及以下的探头读数逐渐升高，达最大值约10多小时。

(4)张力计测基质吸力能给出直接的量值，精度高，还可用于其他测量方法现场率定的依据，但张力计探头易损，当吸力超过80kPa时，因气泡产生致使读数迅速下降，此外，张力计不能在冰点下运行，读数滞后时间约10多小时。

(5)热传导探头具有迅速反应的优点，但当率定条件和现场不一致时，精度较低，其探头亦易受损。热传导探头有必要在测试现场再次进行率定，以提高测读精度。

(6)滤纸作为测量元件价格低，不需反复率定，但操作十分复杂。

(7)填方土坡因地势高，土较干燥，故基质吸力大，如表面排水条件好，则植被和降雨对基质吸力的影响不大，而天然土坡(含挖方土坡)中土的含水率一般较高，基质吸力较低，且易受坡内渗流的影响。

(8)用坑道端面观测土坡内吸力仍改变了环境，且监测时间不能太长(不超过3个月)，否则须对土壁进行衬砌。较理想的现场测量方法是钻孔安装测量元件。

(9)基质吸力作为非饱和土力学的独立变量却不易准确测量，这严重制约了相关理论的应用和发展。可以从两个方面开展研究：一是改进基质吸力的测量技术，研制更有效的测量仪器；二是用易于测量的土性指标代替基质吸力。前者已进行的工作有英国研制的新型测量元件，在陶瓷头和高精度压力传感器之间的缝隙中仅有 $3mm^3$ 的脱气水，水体积减小加快了反应时间，只需几分钟，更重要的是阻止了气泡的产生，可测量高达成1 500kPa的吸力。

3.5.3 非饱和土的变形和强度问题及其影响因素

1. 非饱和膨胀土的变形问题和强度问题

变形问题和强度问题仍然是非饱和土力学特性研究的核心。它所关心的问题是荷载变化，尤其是含水率变化导致的土结构损伤在变形、强度上的反应以及它们对工程可能造成的危害性。一般，低含水率的非饱和土，因其强度较大、变形较小，荷载作用下的固结主要由气相的体积压缩所致，固结过程也很短，常有较好的稳定性。它一旦因受到增湿而使其含水率增大时，人们所最担心的问题，有时是强度问题(对土坡)，有时是变形问题(对地基)。非饱和土力学的研究，既需要面对荷载作用下由变形增长到强度破坏的全过程，又需要面对增湿条件下由增湿变形发展到增湿强度破坏的全过程。本构模型的研究可以通过对荷载增减与湿度增减过程中变形的发展变化特征将变形问题与强度问题统一起来。本来，变形问题在发展到土濒于破坏的特定阶段时就变成了强度问题，强度问题是特定变形阶段的变形问题。文献[49]关于非饱和土力学理论的研究。严格地讲，迄今为止的土力学只能称之为饱和土力学。

由于饱和土的有效抗剪强度参数是从极限状态下的莫尔—库仑应力的包络线上得到的，对于非饱和土，可以将莫尔—库仑方程扩展到非饱和土的抗剪强度[50]：

$$\tau_f = c' + (\sigma_n - u_a)\tan\varphi + u_s\tan\varphi^b \tag{3-14}$$

式中：σ_n——总正应力；

u_a——孔隙气压；

$u_s = (u_a - u_w)$——吸力；

u_w——孔隙水压力；

φ^b——相对于吸力的内摩擦角。

2. 饱和度对抗剪强度的影响[51]

土体的结构、密度、饱和度等因素都与抗剪强度指标有很大的联系，对于某一土体工程来说，土体的结构与密度在局部范围内变化不会太大，相对而言，饱和度的变化对强度参数的影响可能要大于其他因素，尤其对非饱和土体来说，饱和度的变化直接影响了非饱和土的一个重要指标——基质吸力。很多学者研究表明，基质吸力与非饱和土体的表观凝聚力有关，而表观凝聚力是土体总凝聚力的一部分，因此，饱和度的变化对非饱和土体的强度参数有很大的影响，进而对非饱和土体的工程性质有明显的影响。

文献[47]进行了饱和度的变化对非饱和土抗剪强度参数影响试验研究，得出的试验结论：随着饱和度的变化，非饱和土的黏聚力将有较大变化，而其内摩擦角基本保持不变。

(1)非饱和黏质粉土饱和度的改变对黏聚力 c 值有很大的影响，对内摩擦角 φ 基本没有影响。

(2)总体来说，非饱和黏质粉土黏聚力 c 值随饱和度的增大而减小，但饱和度41.3%(含水率13%)是黏聚力变化的一个界限点。

(3)当黏质粉土的饱和度大于41.3%以后，在50.8%~70%(含水率在16%~22%)范围内时，黏聚力随饱和度增大而减小的速度最快，当饱和度达到89%(含水率28%)以后，黏聚力的变化速度越来越小，饱和度的增大对黏聚力 c 值基本没有影响。

(4)当土体的饱和度较高时，土体颗粒间的水分主要为外层结合水，土颗粒之间的分子引力很弱，土体处于可塑状态，随着土体饱和度的减小，土体的可塑性逐渐减弱，当饱和度为31.8%时，土体硬如固体，颗粒之间的水分主要是强结合水，土体颗粒之间的引力很大，要使土体破坏，必须克服很大的水分子引力，此时土体破坏是结构的破坏，因此，剪切时会出现峰值，土体破坏后，强度明显下降。

文献[52]进行了非饱和红黏土强度特性的三轴试验研究：

①非饱和红黏土强度指标与含水率、饱和度的关系，见表3-3。

非饱和红黏土强度指标与含水率、饱和度的关系　　表3-3

含水率(%)	饱和度(%)	c_{total}(kPa)	φ(°)
10	33.9	72.9	19.9
13	44.2	55.6	12.4
16	54.4	45.0	12.0
19	64.6	37.0	11.8
22	74.7	31.6	11.7
25	84.9	27.4	11.5

②非饱和红黏土吸力强度与饱和度的关系,见表3-4。

非饱和红黏土吸力强度与饱和度的关系 表3-4

饱和度 S_r(%)	33.9	44.2	54.4	64.6	74.7	84.9
τ_{cu}(kPa)	64.1	46.8	36.2	28.2	22.8	18.6

得到拟合曲线:

$$\tau_{us}=23.31/S_r-11.21 \tag{3-15}$$

③总抗剪强度与含水率的关系:

$$C_{total}=131.59e^{-0.061w} \tag{3-16}$$

3. 非饱和土本构关系及变形计算问题[53]

土体中水分的变化对变形的影响包含两层意思:①由于水分变化直接引起的变形。如水分蒸发导致土体变干,体积收缩;相反,土体吸水后膨胀,引起体积增加。②水分的变化引起土体强度的变化和硬软的差异,从而影响变形,即含水率很高的软黏土晒干后也会很硬,施加相同荷载所产生的变形就会减小。因此非饱和土本构模型要能反映应力和水分变化对变形的影响;而关于水分的影响又要能反映这两方面的变形性状。

应力引起的变形与由吸力引起的变形之间存在耦合关系。

在本构模型中用什么物理量反映水分变化对变形的影响,有两种选择:一是饱和度或含水率;二是吸力。

用饱和度(或含水率)的变化计算变形是非饱和土本构模型的一种形式,但目前主要是限于两个特定的饱和度之间的浸水变形,要将饱和度(或含水率)作为连续变量加入到非饱和土本构模型中,难度有二:一是试验时只能控制试样的初始饱和度,三轴试验包在橡皮膜中,试验中无法测出加荷变形过程中饱和度的变化,又无法控制饱和度为常量,因此难以建立相应的经验公式;二是对二、三维问题,计算饱和度变化引起的各应变分量没有恰当的理论,须作近似的补充假定,这些假定理论上不严密。

吸力是一种应力,与荷载一样是可以直接引起变形,吸力与应变的关系也是一种应力应变关系。将吸力作为物理量引入本构模型可以利用弹性模型或弹塑性模型中的现成假定,如加载与卸载时变形差异、应变增量的方向等,不需要补充其他假定,因此更直接,更严格。吸力为变量的一个重要优点是试验过程中可以任意控制吸力的变化,并通过量测水压和气压,掌握吸力在加荷过程中的变化。应用吸力为一变量是非饱和土本构模型的主要发展方向。

应用非饱和土本构模型计算土体的应力和变形,一个重要问题是确定吸力。因为吸力是变量之一,不管用有效应力原理还是双应力变量方法,都须知道吸力。吸力的确定有三种方法:实测、渗流计算、固结计算。

非饱和土的本构模型理论应该既建立土骨架的本构模型,即骨架的应力与应变关系方程,称为变形模型;又建立流体本构模型,即流体的梯度与流量关系方程,称为流动模型。这两种本构关系都含有孔隙水压力和孔隙气压力,两者之间用吸力状态方程来协调。可见,正确反映吸力在变形中的贡献是问题的关键。

3.5.4 非饱和土的水气运动规律问题

文献[54]研究了非饱和土的水气运动规律及其工程性质研究。在试验的密度范围(γ_d = 14 ~ 17kN/m^3)、湿度范围(饱和度 S = 28% ~ 83%)和压力梯度范围(i = 0 ~ 12.5)内,非饱和

压实土的渗气规律完全可用达西定律描述；土的密度对渗气性的影响显著，而湿度对渗气性的影响不大，同一干密度试样在不同含水率下的渗气系数最大相差不超过5倍，在实用上可采用不同含水率下的平均值。平均渗气系数 k_a 与孔隙率 n 的关系：$\lg \bar{k}_a = 3.2234 + 15.3755\lg n$。

非饱和土的孔压包括孔隙水压力 u_w 和孔隙气压力 u_a。一般情况下，$u_a > 0$（高于大气压），而 $u_w < 0$（低于大气压）。超过水—气界面存在压力差 $p_c = u_a - u_w$ 称为毛细压力，也称为吸力或张力。毛细压力取决于孔隙空间的几何形状、土的含泥量、密度及饱和度等。对某一特定的土而言，通常只考虑饱和度 S_r 的影响，并把由试验测定的 $P_c - S_r$ 曲线称为土的水分特征曲线，也称为毛细压力函数。土从干到湿逐渐饱和称为吸吮过程，而土从饱和逐渐失水变干称为排泄过程。

张力仪做试验只能量测低于80kPa的吸力。当负孔隙水压力超过80kPa时，量测系统内的水要汽化，气压将抵消负压。由于负孔隙水压力是相对于大气压而言的，故只要人为地提高试样的孔隙气压力，就可以使孔隙水压力的绝对值减小，而保持吸力不变。当气压超过吸力时，孔隙水压力便上升为正值，从而避免了汽化，便于量测。这就是所谓的“轴平移技术”。

研究表明：

(1)当土样的含水率低于最优含水率时，非饱和土中的气体流动可用达西定律描述，且密度是影响非饱和土的渗气性的主要因素，湿度的影响不大。

(2)密度与饱和度对吸力都有重要影响；土的吸力的测定，用离心机法对土样扰动大，结果失真，且只能模拟脱湿过程；张力仪法和传感器法既可模拟吸湿过程，也可模拟脱湿过程，还能模拟不存在明显的吸湿或脱湿过程的工程实际；张力仪法操作简便，而传感器法量测精度高，但这两种方法都只能正确量测绝对值小于80kPa的吸力；轴平移技术是对用传感器法和高进气陶土板测吸力方法的改进，能够测出高于80kPa但不大于陶土板进气值的吸力。

(3)非饱和土的孔隙水压力和孔隙气压力在三轴不排水不排气剪切过程中呈现规律性的变化；剪缩则升高，剪胀则降低；在土样饱和度较高时，孔隙气压力和孔隙水压力的变化都比较大，且随着试样在剪切过程中饱和度的增加，二者的差值越来越小。

3.6 非饱和膨胀土的研究

非饱和膨胀土是一种特殊的非饱和土，土体中的孔隙流体除了孔隙水外还有孔隙气，孔隙气的存在使得膨胀土的渗透成为非饱和渗流问题，也即是非饱和的水气运动问题。

非饱和膨胀土除了存在固体（矿物颗粒）、气体、溶液三相状态以外，在土中水分与气体的分界面上，还存在更为复杂的水—气混合体—第四相（收缩膜）。第四相的性质既不同于水，也不同于气，且由于收缩膜的存在，土中的水相和气相可以有不同的孔隙压力值。非饱和土的抗剪强度主要由真凝聚力、摩擦强度和吸附强度三部分组成。

非饱和膨胀土的实际研究主要集中在膨胀土工程特性与工程问题的研究上。

1. 非饱和膨胀土裂隙性

非饱和膨胀土具有裂隙发育的特点，主要由以下几个原因导致非饱和膨胀土裂隙的产生。

膨胀土黏土矿物含量较高，且以蒙脱石为主，容易吸水膨胀失水收缩。在大气营力作用下，膨胀土体内发生失水—吸水—再失水这样的周期性变化，这是膨胀土中裂隙发生、发育、发展的主要和最常见的原因；开挖过程的卸荷作用或土坡失稳滑动在膨胀土体中可能产生卸荷张拉裂隙；由于地面塌陷、不均匀膨胀或其他原因引起地面沉降变形中产生的裂隙；膨胀土体在地表水或地下水的冲刷等作用下矿物成分被溶解或部分黏土颗粒随水流失形成裂隙等。

非饱和膨胀土中裂隙的存在和发展一方面直接削弱了土体的整体性，降低了抗剪强度；另一方面，增加了土体的渗透通道，加快和加剧了膨胀土体内的渗流作用，促使吸力降低，加快土体结构湿化变形，大大降低了土体的强度，从而降低了膨胀土边坡的稳定性。非饱和膨胀土中裂隙的存在使其渗流特性与一般黏性土有很大的不同，主要表现在：渗流初始时，裂隙渗透系数较大且由于土体具有较高吸力，土体以裂隙渗流为主，总体渗透性较好。随着时间的发展，土体中裂隙逐渐愈合，含水率升高，吸力下降，从而，总体渗透性降低。达到稳定状态时，土体中裂隙完全闭合，且土体饱和度较高，已相当于完整膨胀土体饱和时的渗流状态。

非饱和膨胀土边坡裂隙网络入渗的数值模拟结果表明[55]：包含裂隙的非饱和膨胀土入渗深度随时间发展而变化，入渗过程呈反“S”形，可分为3个阶段：初始阶段、缓慢入渗阶段、稳定入渗阶段。裂隙所处位置影响边坡入渗，坡上位置的裂隙对边坡入渗影响较大。随裂隙开展深度的增大，裂隙对边坡入渗影响也越大，但超过一定的开展深度后，这种影响将达到一个最大程度。裂隙是膨胀土入渗时的主要通道，沿裂隙方向的渗透系数是决定入渗速率的主要因素。随浸水入渗的发展，土体中裂隙逐渐愈合，裂隙对土体渗流的影响逐渐减弱。入渗达到平衡的时间与土体膨胀时的特性参数有关，土体越快膨胀，膨胀量越大，达到的时间也越长。较大埋深处的土体吸力一般相对稳定，只有长期的、区域性的干旱气候才能使较大埋深处的土体处于较高吸力状态；降雨入渗过程中，裂隙处入渗速率较高，相近的两裂隙间会相互影响，使裂隙处的孔隙水压偏高。

2. 非饱和膨胀土强度特性

非饱和膨胀土具有一般非饱和黏性土的强度特性，其强度指标的影响因素十分复杂。孔官瑞[56]认为影响膨胀土抗剪强度的主要因素为：膨胀土的矿物成分、结构与构造、干密度、含水率、上覆压力及试验方法。膨胀土直剪试验[57]表明：非饱和击实膨胀土的总应力强度随土体的初始含水率、饱和度的增大而减少，随土体的初始干密度增大而增大；而吸力对其总应力强度的影响主要表现为凝聚力上，对内摩擦角影响很小。徐永福[58]认为非饱和膨胀土的强度由凝聚力、土粒间摩擦力、溶质吸力及基质吸力的贡献组成。其中溶质吸力与基质吸力对强度的贡献总和为非饱和土结构性强度。即使同一地区的膨胀土也可能因结构不同而具有不同的结构性强度，从而表现出不同的凝聚力和内摩擦角。因此，必须充分了解膨胀土强度特性的各个影响因素，使得试验条件与土体现场情况相符合，才能得到真实、可靠的强度指标。

非饱和膨胀土还具有特殊的强度特性。发育的裂隙和软弱层面的存在，使膨胀土的强度特性更具复杂化。在长期受荷或反复剪切后会逐渐降低，这是膨胀土强度除受裂隙性影响外另一特性。在膨胀土开挖工程中，土体的强度会随开挖完成后时间的延续而降低，这个过程有的可以持续十几年以至几十年。这种时间因素对膨胀土强度影响与土体中黏土矿物成分与含量关系很大。

进行膨胀土边坡的设计与施工时必须充分考虑到土体的非饱和特性及裂隙性，袁俊平[55]采用有厚度的裂隙单元，建立了考虑裂隙的非饱和膨胀土边坡稳定分析模型，编制了三维有限元程序，进行了以现场试验为实例的模拟计算分析，结果表明：裂隙加剧了水分入侵，裂隙周围土体的吸力在降雨入渗过程中迅速衰减，裂隙对边坡稳定的影响不容忽视；降雨入渗过程中，浅层土体吸力明显下降，而较大埋深处吸力变化量不太大，采用常规饱和黏土边坡的稳定分析方法和强度指标进行非饱和膨胀土边坡的设计时，会导致设计方案对下部土层过于保守，而对上层土体可能不够安全。

3. 非饱和膨胀土边坡的稳定问题

研究表明，膨胀土边坡的滑动破坏有共同的特点：浅层性、平缓性和渐进性。按设计完成的膨胀土边坡在施工初期往往是稳定的，以后随各种条件的变化逐渐发生失稳滑动。其主要原因是土层的抗剪强度随时间逐渐衰减造成的，这一点为许多研究者所共识。

气候的交替变化，导致膨胀土反复膨胀与收缩，形成膨胀土体松散，大量次生裂隙生成与原生的裂隙进一步扩大使得土体中裂隙极为发育。裂隙的发育与土体松散为膨胀土的进一步风化创造了条件，雨水入侵与水分蒸发的反复使得裂隙开展到更深处的土体，形成风化层。有的顺坡向或水平向的裂隙在剪应力作用下逐渐连通，形成顺坡向或水平向的破裂带，该破裂在长期风化与淋漓等作用下，和与之垂直的张裂隙的底部形成顺坡向的软弱夹层，并具有良好的积水条件，成为潜在的滑动面。

地下水位的上升与下降的交替变化，使得在水位附近的土体在浸水与脱水的反复中逐渐软化。当地下水位上升到裂隙发育的较浅层或较深层的水平破裂带时，破裂带中的充填物被淋漓而逐渐减少，形成滑动面。当地下水位持续较高时，土体充分浸水而膨胀软化，强度大幅度降低，加上外来荷载或地下水的渗透压力作用，边坡稳定性下降并可能滑坡。

膨胀土开挖时对土体产生卸荷作用。卸荷作用下膨胀土产生微裂隙的张开与扩展。同时膨胀土的超固结性使开挖卸荷形成的水平应力远大于垂直应力，形成较高的应力水平，并且从坡肩到坡脚递增。坡脚处的剪应力集中区使之可能最早进入塑性极限状态而破坏，并且抗剪强度从峰值降为残余值，这样边坡往往从坡脚开始失稳，然后应力集中区向上转移，造成边坡的牵引式与叠瓦式滑动。

膨胀土边坡失稳的机理可概述如下。

膨胀土边坡在内外因素的共同作用下使得其抗剪强度随时间而下降，从而逐渐发生失稳滑动。其中内因是指膨胀土的胀缩性、裂隙性与超固结性，三者相互联系，相互促进的。外因是气候变化、地下水位变动、开挖卸荷等，它们引起土体含水率的变化，从而降低吸力、使土体软化并削弱固结作用，为外部诱发条件与主导因素。

以往对膨胀土边坡，一般均按饱和黏性土设计，忽视了土体内部结构、裂隙面、胀缩性等因素对抗剪强度的影响，设计的边坡往往很缓，工程量很大，造成浪费，还不能从根本上解决膨胀土边坡的稳定问题。因此，膨胀土强度参数的选取，应当区分地下水位以上、地下水位以下和水位变动区域以及挖、填方等，分别选择饱和土和非饱和土的抗剪强度、残余强度或强度平均值等。膨胀土边坡的水位变动区，是膨胀土强度变动最为显著的区域，对该区域土体的工程特性的研究，必须按非饱和土来进行。

(1)膨胀土边坡中的吸力随深度呈指数函数分布，深度相同时，填方边坡中的吸力比挖方边坡中的吸力大1~2倍。

(2)膨胀土边坡沿深度方向存在一个环境影响的“临界深度”，在此深度以下，土中吸力稳定，土的工程性质一般不受环境影响；在此深度以上，膨胀土的变形、强度等受到降雨、裂隙分布、气温等影响较大。填方段的“临界深度”比挖方段的大得多，这也许正是天然膨胀土边坡多发生浅层滑动的原因。

(3)比较张力计、热传导探头和滤纸法3种测量方法以后发现：张力计读数直观，性能基本稳定，操作比较简单，能用于吸力较低的现场测量，但张力计长期观测中的失效问题有待解决；与张力计相比，热传导探头使用寿命长，能重复使用，读数基本准确，但探头稳定性不够好，灵敏度较低；滤纸法则操作极其复杂，精度要求高，不便于现场使用。

参考文献

[1] K. Mitchell(1976). Fundamentals of soil behavior. New York. J. Wiley and sons.

[2] 卢再华,等. 原状膨胀土的强度变形特征及其本构特征研究[J]. 岩土力学, 2001,22(3):339-342.

[3] 王国强. 安徽省江淮地区膨胀土的工程性质研究[J]. 岩土工程学报, 1999,21(1):119-121.

[4] 耿建彬. 膨胀土地区地裂的形成发育及其危害防治[J]. 岩土工程技术,1998(1):21-23.

[5] 易顺民. 膨胀土裂隙结构的分形特征及其意义[J]. 岩土工程学报, 1999,21(3):294-298.

[6] 刘宝兴. 路基工程新技术实用全书[M]. 海潮出版社.

[7] 王幼麟,等. 电子显微镜在岩土结构力学性质研究中的应用[A]. 全国第一界电子显微镜学术会议集[C], 1980.

[8] 高国瑞. 膨胀土微结构特征的研究[J]. 工程勘察, 1981,(5):39-42.

[9] 高国瑞. 膨胀土微结构和膨胀势. 岩土工程学报[J], 1984,6(2):40-48.

[10] 王晓钧,等. 河北唐县赤城土的研究[J]. 中国陶瓷, 1998,32(2):30-31.

[11] 李生林. 中国膨胀土工程地质研究[M]. 南京:江苏科学技术出版社,1992.1~3.

[12] 施斌. 黏性土微观结构的定量技术与微观力学模型[D]. 南京: 南京大学, 1995.

[13] 谭罗荣. 灾害性膨胀土的微结构特征及其工程性质[J]. 岩土工程学报, 1994,16(2):48-57.

[14] 卢肇钧,等. 膨胀力在非饱和土强度理论中的应用[J]. 岩土工程学报, 1997,19(5):20-27.

[15] Drumright E. E, Nelson J. D. The shear strength of unsaturated tailings sand [J]. In the 1st International Conference on Unsaturated Soils. 1995, 45-50.

[16] Rohm S. A, Vilar O. M. Shear strength of unsaturated sandy soil[J]. In the 1st International Conference on Unsaturated Soils. 1995,189-195.

[17] 徐永福. 非饱和膨胀土的三轴试验研究[J]. 岩土工程学报, 1998,20(3).

[18] 徐永福. 非饱和膨胀土结构性强度的研究[J]. 河海大学学报, 1999,27(2).

[19] 徐永福. 膨胀土地基承载力研究[J]. 岩土力学与工程学报, 2000, 19(3):387-390.

[20] 缪林昌. 非饱和膨胀土强度特性的常规三轴试验研究[J]. 东南大学学报, 2000,30(1):121-125.

[21] 黄庚祖. 膨胀黏土填筑条件的控制[J]. 岩土工程学报, 1983,5(1):157-166.

[22] 徐永福. 宁夏膨胀土的膨胀变形模型的初步研究[J]. 1997,5(2):161-166.

[23] 徐永福. 膨胀土的击实条件与膨胀变形的相关性研究[J]. 河海大学学报, 1997,25(3):57-60.

[24] 徐永福,等. 宁夏膨胀土膨胀变形特征的试验研究[J]. 水利学报, 1997,(9): 27~30.

[25] 孙长龙,等. 宁夏膨胀土地基浸水变形规律的试验研究[J]. 河海大学学报, 1997,25(2): 82-85.

[26] 朱建强. 水分对膨胀土膨胀变形与膨胀压力的影响研究[J]. 湖北农学院学报, 1999,19

(1)：59-61.
[27] 徐永福. 宁夏膨胀土膨胀变形的速率过程参数的确定[J]. 河海大学学报,1999,27(5)：100-103.
[28] 王保田,张海霞. 宁夏引黄灌区膨胀土特性研究[J]. 人民黄河, 2000,22(4):37-39.
[29] 刘祖德. 平面应变条件下膨胀土卸荷变形试验研究[J]. 岩土工程学报, 1993,15(2)：68-73.
[30] 孔官瑞. 膨胀土边坡稳定性试验研究与数值分析. 武汉水利电力大学博士学位论文. 1993.
[31] 缪林昌. 非饱和膨胀土的变形与强度特性研究. 河海大学博古通士学位论文. 1999.
[32] 中华人民共和国行业标准. 公路路基设计规程(JTJ 013—95). 北京:人民交通出版社,1995.
[33] 徐永福. 非饱和膨胀土的结构模型和力学性质的研究. 河海大学博士学位论文. 1997.
[34] 孙长龙. 膨胀土变形理论、试验研究及数值模拟. 河海大学博士学位论文. 1995.
[35] 刘国楠,吴肖茗. 膨胀土吸力特性的研究第七届土力学及基础工程学术会议论文集》. 中国建筑工业出版社,1994.
[36] 廖世文. 膨胀土与铁路工程. 中国铁道出版社,1984.
[37] 刘汉东,路新景,霍瑞科. 岩土力学(理论与工程实践)[J]. 郑州:黄河水利出版社,1997. 405-407.
[38] 史慧珍. 土工布加固膨胀土地基施工技术[J]. 水利与建筑工程学报,2003,1(2)：44-46.
[39] 李生林,等. 中国膨胀土工程地质研究. 南京:江苏科学技术出版社,1992.
[40] 熊厚金,等. 岩土工程化学. 北京:科学出版社,2001. 450 ~ 471.
[41] Skempton, A. W. First-time slides in over-consolidated clays. Geotechnique, 20(3), 1970. 320 ~ 324.
[42] 于天龙,等. 土壤的电化学性质及其研究法. 北京:科学出版社,1965.
[43] 王小军,赵中秀. 用石灰改良膨胀岩基床的试验研究.
[44] F. G. Bell. lime stabilization of clay minerals and soils. Engineering Geology, Vol. 42, No, 4, 1996.
[45] 包承纲,詹良通. 非饱和土性状及其工程应用问题的联系//第二届全国非饱和土学术研讨会论文集. 2005. 4. 杭州,浙江大学,P47-76.
[46] 刘翠然,李红帅,贺鹏程. 非饱和土的土—水特征曲线的试验研究及应用//云南水力发电. 2005, Vol. 21, No 1, P11-15.
[47] 王钊,袭壁卫,包承纲. 鄂北膨胀土坡基质吸力的量测//岩土工程学报. 2001, Vol. 23, No 1, P64-67.
[48] 龚壁卫. 非饱和击实膨胀土总应力强度探讨//长江科学研究院学报. 1998, Vol. 15, No. 3, P40-42.
[49] 龚壁卫,刘艳华,詹良通. 非饱和土力学理论的研究意义及其工程应用//人民长江. 1999, Vol. 30, No 7, P20-22.
[50] Fredlund D. G, Vanapalli S K, Xing A. Predicting the shear strength function for unsaturated soils using the soil-water characteristic curve. Unsaturated Soils. Alonso E. E(eds), 1995.

[51] 涂平晖,赵慧丽,张弥漫.饱和度的变化对非饱和土抗剪强度参数影响的试验研究//工程力学.2001,P115-118.
[52] 刘春,吴绪春. 非饱和红黏土强度特性的三轴试验研究//四川建筑科学研究.2003,Vol.29.No.2,P65-73.
[53] 殷宗泽,周建,赵仲辉,等.非饱和本构关系及变形计算//第二届全国非饱和土学术研讨会论文集.2005.4.杭州,浙江大学,P33-46.
[54] 陈正汉.非饱和土的水气运动规律及其工程性质研究//岩土工程学报.1993,Vol.15,No.3,P9-20.
[55] 袁俊平. 非饱和膨胀土的裂隙概化模型与边坡稳定分析. 河海大学博士论文,2003,47-48.
[56] 孔官瑞. 膨胀土边坡稳定性试验研究与数值分析.武汉水利电力大学,1993,21-25.
[57] 龚壁卫.非饱和击实膨胀土总应力强度探讨.长江科学院院报,1998,40-42.
[58] 徐永福.非饱和膨胀土结构性强度的研究.河海大学学报,1999,86-89.

第四章　膨胀土处治技术试验研究

4.1　不同工点膨胀土的土工试验

4.1.1　潭邵高速公路膨胀土土工试验

本路段土样室内试验进行了自由膨胀试验和界限含水率试验。自由膨胀率是指松散、干燥的土样在纯水中膨胀稳定后的体积增量与原体积之比。该指标虽然不能反映膨胀土的原结构，也不存在附加荷载与侧限条件，是一个在工程上没有太大实际意义的指标，但它在一定程度上同样能反映组成土的黏土矿物成分、粒度成分、化学成分和交换阳离子成分等基本特性。故国内外仍用这一指标来粗略地判别土的一般膨胀趋势，并且作为膨胀土的初步定性判别指标。

界限含水率的测定：膨胀土的液限和塑性指数，不仅反映了土的矿物组成、粒度成分、交换阳离子成分等综合特征，而且也反映了土粒与水相互作用的程度。因此，塑性性质与土的膨胀性质之间，一般存在着比较密切的关系。土的液限越高，膨胀性越强，塑性指数越大，膨胀性也越强。这是因为膨胀土主要由亲水性黏土矿物组成，含有较多的细小黏粒成分，具有比表面积大、扩散双电层较厚的特点，一般表现出高液限、低塑限的特点。由此可见，通过对土样的液塑限的测定也能对膨胀土的膨胀性能强弱进行定性判断。

本路段土样室内试验分为两个步骤。第一步是对第一批13个土样进行初步判定，判定哪些土样最可能是膨胀土，或者是高液限不良土，从而为下一步的试验确定工作重心和方向，减小试验的盲目性。

对所取第一批13个土样、第二批5个土样都做了自由膨胀率试验（试验结果见表4-1）和界限含水率试验（试验结果见表4-2）。从表中可以看出：所取18个土样都有膨胀性，自由膨胀率最小的是12%，最大的可达到66%，大部分土样的自由膨胀率是在20～50之间，自由膨胀率接近或大于30%的土样有13个。

从18个土样界限含水率的试验结果看出：每种土样的液限都大于30%，多数土样的液限大于40%，16号土样的液限高达103.8%；而18个种土样的塑限都是在20%～40%，塑性指数则差别较大，最小的是11%，最大的是16号土样，高达63.0%。

因此，结合自由膨胀率试验和界限含水率的测定结果，第一批土样选择1号、2号、3号、10号四个和第二批土样五个作为第二步膨胀土试验的重点研究对象。

自由膨胀率 F_s 试验结果 表 4-1

样品号	1	2	3	4	5	6	7	8	9
F_s(%)	66	38	45	29	21	22	29	20	28
样品号	10	11	12	13	14	15	16	17	18
F_s(%)	50	28	12	29	44	38	42	33	26

界限含水率试验结果 表 4-2

土样号	1	2	3	4	5	6	7	8	9
w_L(%)	66	36.5	51.0	49.0	49.4	46.0	52.0	38.4	44.0
w_P(%)	25.5	20.8	24.0	25.0	25.5	25.0	26.5	20.5	21.5
I_P(%)	40.5	15.7	27.0	24.4	23.5	21.0	25.5	17.9	22.5
土样号	10	11	12	13	14	15	16	17	18
w_L(%)	48.0	51.0	33.5	36.5	96.2	54.3	103.8	88.4	75.8
w_P(%)	21.4	24.0	22.4	22.5	37.3	22.7	40.8	34.1	32.6
I_P(%)	27.6	27.0	11.1	14.0	58.9	31.6	63.0	54.3	43.2

4.1.2 常张高速公路膨胀土土工试验

对常张高速公路慈利互通 K85 +374.6km 左 15.8m 位置所取膨胀土原状土样,经中国科学院地质与地球物理研究所试验鉴定,该处膨胀土成因为碳酸盐岩残积膨胀土,其工程地质性质综合测试结果见表 4-3。

常张路慈利县膨胀土综合测试结果 表 4-3

分析号	取样深度(m)	密度(kN/m^3)	含水率(%)	干密度(kN/m^3)	比　重	孔隙比
3651	3.10~3.30	16.75	54.36	10.85	2.79	1.57
3652	3.80~3.95	17.04	52.59	11.17	2.79	1.5
3653	4.20~4.40	17.08	51.54	11.27	2.78	1.47

分析号	饱和度(%)	液限(%)	塑限(%)	塑性指数	液性指数	线缩(%)
3651	96.6	96.45	40.36	56.18	0.25	10.24
3652	97.82	92.54	39.82	52.72	0.24	12
3653	97.47	89.88	40.39	49.49	0.23	14.3

分析号	体缩(%)	自由膨胀率(%)	膨胀量(%)	膨胀力(kPa)	颗粒组成(%)				
					>0.075mm	0.075~0.010mm	0.010~0.005mm	<0.005mm	<0.002mm
3651	29.78	85	0.65		1.49	18.32	0.76	79.44	78.28
3652	35.89	85	1.38	65	0.72	18.8	0.92	79.56	78
3653	36.89	88	1.18	65	1.33	17.71	0.48	80.48	77.04

分析号	活性指标(A)	pH 值	膨胀势判别结果		有效蒙脱石含量(%)
			国标法	国标法	
3651	0.72	5.85	中等膨胀	High expansion	28.55
3652	0.68	6.42	中等膨胀	High expansion	27.81
3653	0.64	6.38	中等膨胀	High expansion	27.08

注:①此膨胀量系原状样在 11.8kPa 荷载下测定结果。

②颗粒分析为全分散法样品处理移液管法测定。

③有效蒙脱石含量系指蒙脱石占天然干土重的百分比。液限为 76g 锥下沉 17mm 测定结果。

4.1.2.1 常张路室内土工试验结果

1. 液塑限试验

膨胀土及改良土的液塑限值见表4-4。

膨胀土及改良土的液塑限值 表4-4

指标 \ 土样	膨胀土	改良土（掺石灰4%）	改良土（掺石灰6%）	改良土（掺石灰8%）
液限(%)	60.1	55.6	50.5	54.6
塑限(%)	36.4	35.5	32.4	33

2. 自由膨胀率试验

将该路段三处取样点的土分别进行了自由膨胀率试验,试验结果见表4-5。

自由膨胀率 表4-5

取样地点	自由膨胀率(%)
K85+420右侧边坡处	36.5
K85+420中部靠近岩石侧	41.7
K85+420山坡顶部	28.6
K85+700取样深2.5m处	65.0
K86+440左17m取样深2.5m处	20.0
K85+383.90左10.00m	50.0
K85+416.10右10.00m取样深1.95~2.15	50.0
K85+416.10右10.00m取样深2.90~3.10	55.0

3. 最大干密度与最优含水率试验(表4-6)

最大干密度与最优含水率结果 表4-6

土样 \ 指标	最大干密度(g/cm^3)	最优含水率(%)
膨胀土	1.64	21.7
改良土(掺石灰4%)	1.63	23.3
改良土(掺石灰6%)	1.61	24.7
改良土(掺石灰8%)	1.63	18.5

4. 50kPa有荷膨胀量试验

50kPa有荷膨胀量试验结果见表4-7。

50kPa有荷膨胀量试验结果 表4-7

土样	50kPa有荷膨胀量(%)
膨胀土90%压实度	1.58
膨胀土93%压实度	3.13
改良土(掺石灰4%)90%压实度	0.51
改良土(掺石灰4%)93%压实度	1.04
改良土(掺石灰6%)90%压实度	-0.10
改良土(掺石灰6%)93%压实度	0.11
改良土(掺石灰8%)90%压实度	-0.39
改良土(掺石灰8%)93%压实度	-0.25

5. 收缩试验

收缩试验结果见表4-8。

收缩试验结果　表4-8

土　样	体缩(%)	缩限(%)	收缩系数
膨胀土90%压实度	15.37	15.4	0.31
膨胀土93%压实度			
改良土(掺石灰4%)90%压实度	13.1	15.8	0.2
改良土(掺石灰4%)93%压实度			

6. 胀缩总率试验

胀缩总率试验结果见表4-9。

胀缩总率试验结果　表4-9

土　样	50kPa膨胀量 e_{p50}(%)	收缩系数 c_{s1}	最优含水率 w_{opt}	工作条件系数 K	塑限 w_p	收缩含水率 w_m	胀缩总率 e_{ps}
膨胀土90%压实度	1.58	0.31	21.7	0.78	36.4	28.4	1.58
膨胀土93%压实度	3.13		21.7	0.78	36.4	28.4	3.13
改良土(掺石灰4%)90%压实度	0.51	0.20	23.3	0.78	35.5	27.7	0.51
改良土(掺石灰4%)93%压实度	1.04		23.3	0.78	35.5	27.7	1.04
改良土(掺石灰6%)90%压实度	-0.10		24.7	0.78	32.4	25.3	-0.10
改良土(掺石灰6%)93%压实度	0.11		24.7	0.78	32.4	25.3	0.11
改良土(掺石灰8%)90%压实度	-0.39		18.5	0.78	33.0	25.7	-0.39
改良土(掺石灰8%)93%压实度	-0.25		18.5	0.78	33.0	25.7	-0.25

注:胀缩总率 $e_{ps}=e_{p50}+c_{s1}(w-w_m)$;当$(w-w_m)<0$时,取$(w-w_m)=0$;$w_m=Kw_p$。

7. 承载比(CBR)试验

膨胀土承载比(CBR)试验结果见表4-10~表4-13。

膨胀土承载比(CBR)试验结果　表4-10

取样位置	液限(%)	塑限(%)	塑性指数	自由膨胀率(%)	最佳含水率(%)	最大干密度(g/cm^3)
K85+700取样深2.5m处	61.6	27,9	33.7	65.0	21.8	1.58
K85+400取样深0.5m处	53.9	27.3	26.6	55.0	22.5	1.66

膨胀土承载比(CBR)试验结果　表4-11

对应的压实度(%)	100	98	95	93	90	平均膨胀量4.18%
K85+450处CBR值	8.1	6.7	5.2	4.1	3.05	4.28%

膨胀土承载比(CBR)试验结果 表4-12

取样位置	CBR试验					
	击实数 n	含水率(%)	干密度(g/cm^3)	膨胀量(%)	承载比(%)	
					2.5mm	5.0mm
K85+700取样深2.5m处	30	21.8	1.40	0.90	0.9	0.8
	50	21.8	1.49	0.50	1.2	1.2
	98	21.8	1.58	0.10	1.3	1.3
K85+400取样深0.5m处	30	22.5	1.50	4.45	3.0	3.0
	50	22.5	1.58	3.98	4.2	4.2
	98	22.5	1.65	4.10	5.0	5.0

膨胀土承载比(CBR)试验结果 表4-13

土样	锤击次数	CBR
膨胀土	30	1.6
	50	3.9
	98	5.6
改良土(掺石灰4%)	30	5.3
	50	8.6
	98	10.0
改良土(掺石灰6%)	30	11.7
	50	15.7
	98	25.9

8. 颗粒分析试验

颗粒分析试验结果见表4-14,试验结果为:细粒土。

颗粒分析试验结果 表4-14

筛孔径mm		20	10	5	2	0.5	0.25	0.074
通过百分率%	K85+420样	100	98.6	98.0	97.1	94.6	95.4	92.7
	K85+700取样深2.5m处				100	97.2	94.7	87.7
	K86+440左17m取样深2.5m处	100	98.0	63.5	43.0	36.3	35.4	33.3
	K85+383.90左10m取样深2.10~2.30m				100	95.6	94.3	92.9
	K85+416.10右10m取样深1.95~2.15m				100	96.2	95.0	93.6
	K85+416.10右10m取样深2.90~3.10m							100

9. 压缩与抗剪强度试验

压缩与抗剪强度试验结果见表4-15。

压缩与抗剪强度试验结果 表4-15

取样位置	含水率（%）	湿密度（g/cm^3）	干密度（g/cm^3）	孔隙比	饱和度	比重	液限（%）	塑限（%）
K85 +383.90 左10.00m 取样深2.10 ~2.30m	42.6	1.74	1.22	1.269	92.2	2.77	69.2	36.7
K85 +416.10 右10.00m 取样深1.95 ~2.15m	40.3	1.72	1.22	1.222	89.6	2.72	59.6	39.1
K85 +416.10 右10.00m 取样深2.90 ~3.10m	38.7	1.68	1.21	1.261	84.0	2.74	59.7	34.8
取样位置	塑性指数	液性指数	天然稠度	自由膨胀率（%）	压缩系数（MPa）	压缩模量（MPa）	凝聚力（kPa）	内摩擦角（°）
K85 +383.90 左10.00m 取样深2.10 ~2.30m	32.9	0.18	0.82	50.0	0.41	5.53	24.4	8
K85 +416.10 右10.00m 取样深1.95 ~2.15m	20.5	0.06	0.94	50.0	0.67	3.20	37.5	13.2
K85 +416.10 右10.00m 取样深2.90 ~3.10m	24.9	0.16	0.84	55.0	0.36	5.96	26.0	19.3

4.1.2.2 常张路膨胀土及改良土的室内试验结论

(1)掺不掺石灰、掺石灰量大小对最大干密度影响较小,最大干密度一般为1.61 ~1.66 g/cm^3。

(2)最佳含水率随掺石灰量的增加而增大,但超过6%后,随掺灰量的增加,最佳含水率反而降低;这是因为当石灰掺量较小时,石灰吸收膨胀土中的水分与其发生化学反应,形成较密实的结构,随着石灰掺量的增加,土中的水分不能满足石灰化学反应的需要,多余的、没有参加化学反应石灰,直接充填于膨胀土颗粒之间,反而使含过量石灰膨胀土的密实度降低。

(3)《公路路基设计规范》(JTG D30—2004)第7.8.2条要求,掺石灰的最佳配比以其掺灰后胀缩总率不超过0.7为宜。当压实度为90%时,采取掺4%的石灰进行处理,其胀缩总率为0.51,小于0.7,满足规范要求;当压实度为93%时,采取掺6%的石灰进行处理,其胀缩总率为0.11,小于0.7,满足规范要求。

(4)《公路路基施工技术规范》(JTJ 033—95)第5.1.5条要求,路基填方材料最小强度(CBR)值,对应于本工程90区、93区分别为3、4,而本次试验结果表明,没有经过改良的膨胀土在压实度分别为90%、93%时的CBR值分别为3.05、4.10,基本满足路基填方材料的最小强度要求,经改良后,CBR值会增大,更能满足工程的要求。

4.1.3 南友高速公路膨胀土土工试验

4.1.3.1 南友高速公路膨胀土土工试验结果(表4-16 ~表4-18)

膨胀土比重试验(比重瓶法) 表4-16

试验日期					2003.10.9				
土样	瓶号	温度(℃)	液体比重(查表)	比重瓶质量(g)	干土质量(g)	瓶加液体质量(g)	瓶加液体加干土质量(g)	干土同体积液体质量(g)	相对密度	平均值
		1	2	3	4	5	6	7=4+5-6	8=4/7	9
南友路膨胀土	25	22.5	0.997 685	36.48	14.35	135.46	144.62	5.19	2.758	2.76
	26			35.87	14.36	134.38	143.56	5.18	2.766	

广西南友路宁明境内原状膨胀土室内试验(一) 表4-17

序号	试验编号	取样位置	取样深度(m)	粒度(mm)成分(%)					天然状态下物理性质指标					
				2~0.5	0.5~0.25	0.25~0.074	0.074~0.005	小于0.005	含水率 w (%)	湿密度 (g/cm³)	干密度 (g/cm³)	孔隙比 e	饱和度 S_r	土粒比重 G_s
1	yt-001	K138+550左	0.6	0.3	0.6	1.4	24.4	73.3	33.7	2.00	1.50	0.807	100	2.71
2	yt-002	K138+550左	0.6	0.2	0.4	0.8	24.6	74.0	33.8	2.00	1.49	0.819	100	2.71
3	yt-003	K138+550左	0.6	0.2	0.5	0.9	26.0	72.4	33.6	1.97	1.47	0.844	100	2.71
4	yt-004	K138+550左	0.6	0.7	0.5	1.8	31.2	65.8	28.1	1.91	1.49	0.839	91.8	2.74
5	yt-005	K138+550左	0.6	0.8	0.6	2.2	30.6	65.8	28.6	1.96	1.52	0.783	99.0	2.71
6	yt-006	K138+550左	0.6	0.8	0.5	2.1	50.0	46.6	28.2	2.03	1.58	0.728	100	2.73

广西南友路宁明境内原状膨胀土室内试验(二) 表4-18

序号	试验编号	液限 w_L-10 (%)	塑限 w_p (%)	塑性指数 I_p (%)	液性指数 I_L —	天然稠度 w_c —	自由膨胀率 (%)	无荷膨胀率 (%)	50kPa下的膨胀量	线缩率 (%)	体缩率 (%)	收缩系数	缩限 (%)	渗透系数 K_{20}℃ (cm/s)
1	yt-001	58.4	31.9	26.5	0.07	0.93	48	5.30	-1.91	12.50	24.79	0.71	11.5	3.78×10^{-6}
2	yt-002	56.7	30.4	26.3	0.13	0.87	60	4.10	-2.84	14.70	28.61	0.79	12.0	7.14×10^{-7}
3	yt-003	56.4	31.4	25.0	0.09	0.91	50	4.75	-2.22	13.50	27.50	0.76	11.8	1.01×10^{-6}
4	yt-004	50.9	28.8	22.1	<0	1.03	50	4.80	-2.53	12.25	16.19	0.98	13.0	2.1×10^{-7}
5	yt-005	51.4	30.3	21.1	<0	1.08	60	4.75	-3.80	9.25	15.32	0.90	13.8	7.52×10^{-8}
6	yt-006	50.2	28.9	21.3	<0	1.03	50	4.65	-3.53	12.15	15.85	0.92	13.5	9.43×10^{-8}

4.1.3.2 南友高速公路膨胀土土工试验结论

(1)小于0.005mm黏粒含量在46%~74%之间。

(2)为高液限(50.2%~75.2%),塑性指数(21.1%~41.2%),自由膨胀率为50%~67%。

(3)土的膨胀力和膨胀率随着含水率增加而减小。

(4)击实膨胀土的抗剪强度指标:$c=26.2\text{kPa}$,$\varphi=31.4°$。

(5)击实膨胀土的平均无荷膨胀量为19.52%;有荷膨胀量:50kPa时为7.98%,100kPa时为6.22%。

(6)击实试验:最佳含水率=15.2%,最大干密度=1.81g/cm³。

(7)击实膨胀土平均体缩5.45%，平均缩限8.575%。

(8)土的自由膨胀率的值与试验条件有关。试验所用的量筒大小与土样所含的吸着水多少直接影响自由膨胀率值。在100mL量筒试验所得的土的自由膨胀率比50mL量筒下测得的要大。这主要与土在量筒中的高度有关。土样的高度大能增加自重压密。因而影响土的膨胀。另外，土的自由膨胀率与所含的吸着水有关，绝对干燥下的土样(在105℃烘干，此时吸着水为零)的自由膨胀率最大，随着吸着水的增加，自由膨胀率相应地降低，这是因为土内的吸着水使土粒体积已得到某些增加。

(9)天然状态膨胀土的平均含水率31%；无荷膨胀量为4.7%；有荷膨胀量:50kPa时为-2.8%；线缩率为12.4%；体缩率为21.4%。膨胀土暴露在大气中后，以收缩开裂变形为主。

(10)渗透系数在$1.01\times10^{-6}\sim9.43\times10^{-8}$，属于黏性土的渗透系数范围，为非渗水性土。

4.1.4 双峰县绕城公路膨胀土土工试验

在国道320双峰县绕城公路K5+000~K5+400地段[1]，地表面2~3m为黏土，下层主要为膨胀土，该土具有吸水膨胀，失水收缩，并重复变形的性质，对路基的破坏作用不可低估，并且构成的破坏是不易修复的。针对该地段膨胀土的物理力学性质，根据地质勘测及土工实验，结合有关处理膨胀土的施工经验，采取了如下措施进行处理。

(1)路基填土高度不足1.0m的路堤，没有使用膨胀土填筑。切方路基是膨胀土的地段，采用换填0.8~1.0m的非膨胀土。

(2)使用膨胀土作填料的地段，为增加其稳定性，采用石灰处理，石灰剂量范围8%~10%。

(3)路堤两边边坡部分及路堤顶面用非膨胀土作封层，在封层部位加铺一层土工布，形成包心填方。

(4)路堑边坡坡脚处增设1.5~2.0 m高的挡土墙，上部采用浆砌片石护面墙。

(5)施工时避开雨季作业，加强现场排水，路基开挖后各道工序紧密衔接，连接施工。

为了全面地了解膨胀土的物理力学特征，对双峰县绕城公路膨胀土的试样进行了一系列土工试验，其试验结果见表4-19、表4-20。

320国道湖南双峰县绕城公路膨胀土的物理力学指标 表4-19

试验编号	土样编号	取样深度 (m)	含水率 w (%)	天然密度 r (kN/m³)	干密度 r_0 (kN/m³)	孔隙比 e	孔隙率 n (%)	塑指 I_P (%)	液指 I_1	压缩系数 (MPa)	压缩模量 E (MPa)
015	I-1	1.0	25.7	19.4	15.5	0.739	42.5	17.7	0.04	0.15	11.8
016	I-2	2.0	29.0	18.1	14.0	0.921	47.9	17.5	0.25	0.43	4.5
017	I-3	3.0	23.8	19.0	15.4	0.746	42.8	17.5	<0	0.20	8.9
018	I-4	4.5	26.1	18.6	14.8	0.818	45.0	18.1	0.03	0.13	14.3
019	I-5	6.0	25.6	19.1	15.2	0.765	43.3	18.1	0.01	0.26	6.9
020	I-6	8.0	21.5	20.4	16.8	0.601	37.5	16.9	<0	0.09	17.4

320 国道双峰县绕城公路膨胀土的物理力学指标 表 4-20

试验编号	土地编号	取样深度 (m)	各级压力下的膨胀(%)				自由膨胀率 δ_{et}	膨胀力 P_e (kPa)	收缩系数 λ_n
			δ_{EO}	δ_{e50}	δ_{e100}	δ_{e200}			
015	I-1	1.0	-0.78	-0.09	0.57	1.54	64	56	0.48
016	I-2	2.0	-0.27	1.27	2.05	3.33	56	8	0.46
017	I-3	3.0	-2.96	0.00	0.58	1.00	46	50	0.35
018	I-4	4.5	-10.8	-5.80	-3.01	-0.42	70	218	0.37
019	I-5	6.0	-2.15	0.67	1.25	1.78	69	31	0.47
020	I-6	8.0	-3.90	-0.67	0.10	0.60	63	94	0.49

4.1.5 石门长沙铁路膨胀土土工试验(表 4-21、表 4-22)

膨胀土分布情况 表 4-21

挖孔桩位置	DK48 +012	DK48 +028	DK48 +020	DK48 +052	DK48 +060
膨胀土高程位置(m)	80.20 ~ 74.98	81.15 ~ 74.04	81.50 ~ 75.02	—	—
膨胀土在原地面以下(m)	1.78	0.92	0.52	7.8	7.6
膨胀土厚(m)	5.22	7.11	6.48	—	—
膨胀土颜色	白色	白色	白色	白色	白色

膨胀土的土性参数 表 4-22

项目 / 取样位置	含水率 (%)	湿密度 (g/cm^3)	土粒相对密度	液限 (%)	塑限 (%)	塑性指数	自由膨胀率 (%)	无侧限抗压强度 (kPa)	压缩系数 (MPa)	黏聚力 (kPa)	内摩擦角 (°)
K47 +400 ~ 550	32.3	1.90	2.68	55.2	26.2	29.0	87.0	33.6	0.59	22	2.0
K52 +680 ~ 900	30.4	1.93	2.70	41.5	22.0	19.5	49.5	39.1	0.51	26	2.3

4.1.6 邵永高速公路膨胀土土工试验

对邵永高速公路所取膨胀土原状土样,经试验鉴定,该处膨胀土成因为碳酸盐岩残积膨胀土,其工程地质性质综合测试结果见表 4-23、表 4-24。

土综合测试结果 表 4-23

分析号	取样深 (m)	重度 (kN/m^3)	含水率 (%)	干密度 (kN/m^3)	相对密度	孔隙比	饱和度 (%)	液限 (%)
T1001	12.60 ~ 12.80	17.90	43.00	12.50	2.71	1.17	99.8	48.6
T1004	27.40 ~ 27.60	18.20	37.20	13.30	2.70	1.03	97.5	46.6
T1003	23.90 ~ 24.10	18.00	32.90	13.50	2.73	1.02	87.9	53.6
分析号	**塑限 (%)**	**塑性指数**	**液性指数**	**线缩 (%)**	**体缩 (%)**	**自由膨胀率 (%)**	**膨胀量 (%)**	**膨胀力 (kPa)**
T1001	27.90	20.70	0.73	8.45	28.23	45	-1.2	
T1004	23.80	22.80	0.59	6.90	19.63	45	-1.8	
T1003	29.40	24.20	0.14	3.30	16.33	35	-1.7	

终点红黏土(膨胀土)特征 表4-24

分布范围	埋深	厚度	试验结果			备注
			孔隙比 e	液限 w_L(%)	自由膨胀率(%)	
K77 +300 ~ K77 +800	0.5 ~ 1.0	5 ~ 7	0.681 ~ 1.202	47.3 ~ 61.8	40 ~ 50	填方段
K77 +800 ~ K78 +000	0.5 ~ 1.0	7 ~ 10	0.910 ~ 1.037	51.5 ~ 66.4	35 ~ 40	切方段
K78 +000 ~ K78 +500	0.5 ~ 1.0	2 ~ 3	0.646 ~ 1.037	45.5 ~ 67.3	45 ~ 55	填方段
K78 +500 ~ K78 +700	0 ~ 0.5	4 ~ 6	0.993	56.1	45	切方段
K78 +700 ~ K79 +000	0 ~ 0.5	3 ~ 5	0.6 ~ 0.8	40 ~ 55	40 ~ 45	填方段
K79 +380 ~ K80 +400	0 ~ 0.5	2 ~ 3	0.6 ~ 0.85	40 ~ 55	40 ~ 45	填方段
K80 +700 ~ K80 +920	0 ~ 0.5	1 ~ 3	0.7 ~ 0.9	45 ~ 55	40 ~ 45	填方段
K80 +920 ~ K81 +090	0 ~ 0.8	3 ~ 8	0.755 ~ 0.804	50.3 ~ 54.6	50 ~ 55	切方段
K81 +090 ~ K81 +850	0 ~ 0.5	2 ~ 4	0.6 ~ 0.8	45 ~ 55	50 ~ 60	填方段
K81 +850 ~ K82 +000	0.5	0 ~ 5	0.571	52	60	切方段
K82 +000 ~ K82 +780	0 ~ 0.5	2 ~ 5	0.7 ~ 1.1	50 ~ 65	40 ~ 60	填方段
K83 +130 ~ K84 +890	0 ~ 0.5	3 ~ 4	0.792 ~ 1.213	49.7 ~ 75.0	40 ~ 60	填方段
K84 +890 ~ K85 +080	0 ~ 0.5	10 ~ 12	0.827 ~ 0.856	39.4 ~ 49.3	40 ~ 50	切方段
K85 +080 ~ K86 +680	0 ~ 0.5	5 ~ 7	0.803 ~ 0.903	45.6 ~ 64.8	40 ~ 70	填方为主 局部小切方
K86 +950 ~ K87 +060	0.2 ~ 1.4	1.5 ~ 5.5	0.677	51.2	55	切方段
K87 +400 ~ K89 +180	0.2 ~ 1.0	1 ~ 3	0.7 ~ 1.0	45 ~ 55	40 ~ 55	填方段
K89 +180 ~ K89 +500	0.2 ~ 0.8	8 ~ 15	0.7 ~ 1.0	45 ~ 55	40 ~ 50	切方段
K89 +600 ~ K90 +170	0.2 ~ 0.5	10 ~ 20	0.7 ~ 1.0	45 ~ 50	40 ~ 50	填方段
K90 +170 ~ K90 +920	0.2 ~ 0.8	10 ~ 20	0.8 ~ 1.05	45 ~ 50	40 ~ 55	切方段
K90 +920 ~ K91 +130	0.5 ~ 1.0	25 ~ 30	1.000 ~ 1.066	46.2 ~ 46.3	30 ~ 55	切方段
K91 +130 ~ K91 +340	0	10 ~ 39.5	0.556 ~ 1.154	47.9 ~ 53.5	40 ~ 65	填方段
K93 +500 ~ K94 +080	0	10 ~ 25	0.862 ~ 1.066	42.6 ~ 54.2	40 ~ 50	切方段
K94 +080 ~ K95 +700	1 ~ 2	5 ~ 10	0.862 ~ 1.068	41.7 ~ 65.9	40 ~ 65	填方段
K95 +900 ~ K96 +600	1.5 ~ 2	1 ~ 5	0.65 ~ 1.05	42 ~ 65	40 ~ 60	填方段
K96 +600 ~ K97 +260	1 ~ 2.5	5 ~ 6	0.595 ~ 0.849	49.9 ~ 59.5	40 ~ 55	切方段
K97 +260 ~ K97 +430	0.2 ~ 0.5	5 ~ 7	0.6 ~ 0.9	50 ~ 60	40 ~ 55	填方段
K97 +560 ~ K97 +700	0.5 ~ 0.8	2 ~ 4	0.8 ~ 1.1	40 ~ 50	40 ~ 50	填方段
K98 +100 ~ K98 +250	0.3 ~ 0.8	2 ~ 5	0.8 ~ 1.2	40 ~ 45	40 ~ 50	填方段
K98 +450 ~ K99 +200	0.4 ~ 0.8	3 ~ 5	1.156 ~ 1.871	40.6 ~ 42.6	30 ~ 40	切方段
K99 +400 ~ K100 +170	0.3 ~ 0.8	1 ~ 3	0.612 ~ 0.887	41.2 ~ 49.6	40 ~ 55	填方段
K107 +100 ~ K107 +220	0.3 ~ 0.8	1 ~ 3	0.825	48.0	45	填方段

4.1.7 耒宜高速公路膨胀土土工试验

耒宜高速公路共完成5组土样实验,其试验结果见表4-25。

末宜高速公路膨胀土的物理力学指标　表 4-25

编号	试验桩号、位置	液限（%）	塑限（%）	塑性指数	最大干密度（g/cm^3）	最佳含水率（%）	天然含水率（%）	0.05mm 以下细粒含量（%）	CBR 试验值
1	K260 +520 深 8m	60	30	30	1.60	23.9	38.0	76	0.2
2	K260 +520 深 2.5m	59	29	30	1.60	24.2	29.5	—	—
3	K260 +210 深 2.0m	54	29	25	1.64	20.8	27.2	65.3	0.7
4	K262 +450 深 6m	67	35	32	1.54	27.8	32	89.8	无法试验
5	K262 +550 深 10m	62	33	29	1.56	26.9	41	—	—

4.2　膨胀土的化学改良试验研究

试验所用南友路膨胀土取自宁明盆地。宁明膨胀土交换阳离子成分的突出特点是：大部分膨胀土是以交换镁离子为主。故可认为：高数量的交换性镁离子的存在是宁明膨胀土强烈膨胀的原因之一。

用聚丙烯酰胺、甲基丙烯酸甲脂、环氧树脂 E401 三种有机化学试剂与分析纯氢氧化钙、分析纯 NaCl、分析纯硅酸钠、分析纯硝酸、分析纯无水氯化钙五种无机化学试剂和化工原料生石灰、水泥等总共 10 种化学材料对南友路宁明膨胀土进行化学改良，通过大量的试验，重点研究了改性材料的选择及掺入的最佳百分比。

将原状土风干、碾碎，过 0.5mm 筛；用四分法取土、烘干；掺化学试剂或化工原料，配水；闷料 3d，又烘干、碾碎，过 0.5mm 筛；然后进行自由膨胀率试验。

掺无机化学试剂或化工原料时，采用掺入量为干土质量的 0%、1%、2%、3%、4%、5%、6%、7%、8%、9% 等；掺有机化学试剂（聚丙烯酰胺除外）时，采用掺入量为干土质量的 0%、0.1%、0.2%、0.3%、0.4%、0.5%、0.6%、0.7%、0.8%、0.9%、1% 等[2]。

4.2.1　膨胀土掺生石灰试验

膨胀土掺生石灰自由膨胀率试验结果见表 4-26。

自由膨胀率试验结果（掺生石灰）　表 4-26

土样编号，掺料（%），掺料质量（g）	干土质量（g）	量筒编号	不同时间（h）体积读数（cm^3）				自由膨胀率（%）	
			2.5	8.5	20.5	22.0	F_s	平均值
（0），0%，0.0g	8.91	15	16.9	16.9	16.9	16.9	69	67
	8.97	13	16.5	16.5	16.5	16.5	65	
（1），1%，0.5g	8.70	1	15.5	15.5	15.4	15.4	54	56
	8.76	2	15.9	15.9	15.8	15.8	58	
（2），2%，1.0g	8.59	3	15.4	15.3	15.3	15.3	53	55
	8.60	4	15.8	15.7	15.7	15.7	57	
（3），3%，1.5g	8.46	5	15.8	15.7	15.7	15.7	57	58
	8.51	6	16.0	15.8	15.8	15.8	58	

续上表

土样编号,掺料(%),掺料质量(g)	干土质量(g)	量筒编号	不同时间(h)体积读数(cm^3)				自由膨胀率(%)	
			2.5	8.5	20.5	22.0	F_s	平均值
(4),4%,2.0g	8.75	7	16.2	15.8	15.8	15.8	58	58
	8.77	8	15.9	15.7	15.7	15.7	57	
(5),5%,2.5g	8.63	9	15.0	15.0	15.0	15.0	50	51
	8.71	10	15.1	15.1	15.1	15.1	51	
(6),6%,3.0g	8.84	11	15.5	15.5	15.5	15.5	55	56
	8.88	12	15.5	15.5	15.6	15.6	56	
(7),7%,3.5g	8.73	13	15.6	15.6	15.6	15.6	56	57
	8.74	14	15.6	15.6	15.6	15.7	57	
(8),8%,4.0g	8.53	15	14.8	14.8	14.8	14.8	48	50
	8.58	16	15.2	15.1	15.1	15.2	52	

分析:

(1)改良前的自由膨胀率为67%,掺生石灰改良后,自由膨胀率随掺入量的不同在50%~58%之间波动,使南友路的中等膨胀土改良为弱膨胀土或接近弱膨胀土,可用作路堤的填料;对于南友路宁明膨胀土,生石灰的最佳掺入量为5%。

(2)掺生石灰后,生石灰和土中的水分发生化学反应,形成熟石灰。在这一反应中,有相当生石灰重量32%的水分被吸收。

$$CaO + H_2O \rightarrow Ca(OH)_2 + 15.6(kcal/mol) \tag{4-1}$$

形成熟石灰时,每一摩尔产生15.6千卡(kcal)的热量,通过1kg的CaO的水化作用,发出280 kcal热量。这种热量又促进了水分的蒸发,从而使相当生石灰重量47%的水分被蒸发掉。也就是说,形成熟石灰时,土中总共减少了相当生石灰重量79%的水分。另外,由生石灰变成熟石灰的过程中,石灰体积膨胀1~2倍,促进了周围土的固结。

刚变成熟石灰时,它处于绝对干燥状态,有很强的吸水能力。这种吸水作用持续到与周围土平衡为止,进一步降低了周围土的含水率。在这种状态下,化学反应式如下:

$$Ca(OH)_2 \rightarrow Ca^{2+} + 2(OH)^- \tag{4-2}$$

反应中产生的二价钙离子(Ca^{2+})与扩散层中的一价钠、钾离子(Na^+、K^+)发生离子交换作用,使双电层中的扩散层减薄,结合水减少,因此使黏土粒间的结合力增强,而呈团粒化现象,从而改变了土的性质。

以上两种反应在2d龄期时就完成了。

4.2.2 膨胀土掺水泥试验

膨胀土掺水泥自由膨胀率试验结果见表4-27。

自由膨胀率试验结果(掺水泥) 表 4-27

土样编号,掺料(%),掺料质量(g)	干土质量(g)	量筒编号	不同时间(h)体积读数(cm^3)				自由膨胀率(%)	
			2	4	8	28	F_s	平均值
(0),0%,0.0g	8.91	17	16.9	16.9	16.9	16.9	69	67
	8.97	18	16.5	16.5	16.5	16.5	65	
(1),1%,0.5g	8.35	1	15.1	15.1	15.1	15.1	51	51
	8.38	2	15.0	15.0	15.0	15.0	50	
(2),2%,1.0g	8.47	3	14.9	14.9	14.9	14.9	49	53
	8.39	4	14.7	15.7	15.7	15.7	57	
(3),3%,1.5g	8.54	5	15.0	15.7	15.7	15.7	57	58
	8.50	6	14.9	15.8	15.8	15.8	58	
(4),4%,2.0g	8.13	7	14.6	14.6	14.6	14.6	46	44
	8.11	8	14.2	14.2	14.2	14.2	42	
(5),5%,2.5g	8.51	9	15.0	15.0	15.0	15.0	50	50
	8.53	10	15.0	15.0	15.0	15.0	50	
(6),6%,3.0g	8.57	11	14.6	14.6	14.6	14.6	46	48
	8.64	12	14.9	14.9	14.9	14.9	49	
(7),7%,3.5g	8.94	13	14.7	14.7	14.7	14.7	47	48
	8.02	14	14.8	14.8	14.8	14.8	48	

分析:

(1)改良前的自由膨胀率为67%,掺水泥改良后,除掺量3%外,自由膨胀率随掺入量的不同在44%~53%之间波动,使南友路的中等膨胀土改良为弱膨胀土,可用作路堤的填料;对于南友路宁明膨胀土,水泥的最佳掺入量为4%。

(2)水泥的主要矿物组成硅酸二钙($2CaO \cdot SiO_2$)、硅酸三钙($3CaO \cdot SiO_2$)、铝酸钙($3CaO \cdot Al_2O_3$)和铁铝四钙($4CaO \cdot Al_2O_3 \cdot Fe_2O_3$),遇水后,它们发生如下水化反应:

$$2CaO \cdot SiO_2 + nH_2O = 2CaO \cdot SiO_2 \cdot nH_2O \tag{4-3}$$

$$3CaO \cdot Al_2O_3 + nH_2O = 2CaO \cdot Al_2O_3 \cdot (n-1)H_2O + Ca(OH)_2 \tag{4-4}$$

$$3CaO \cdot Al_2O_3 + 6H_2O = 3CaO \cdot Al_2O_3 \cdot 6H_2O \tag{4-5}$$

$$4CaO \cdot Al_2O_3 \cdot Fe_2O_3 + 7H_2O = 3CaO \cdot Al_2O_3 \cdot 6H_2O + CaO + Fe_2O_3 \cdot nH_2O \tag{4-6}$$

水泥与水拌和后,首先产生的是铝酸三钙水化物和氢氧化钙,它们可溶于水中,但溶解度不高,很快就达到饱和,这种化学反应连续不断地进行,就分析出一种胶质物体。这种胶质物体有一部分混在水中悬浮,后来就包围在水泥微粒的表面,形成一层胶凝薄膜。所生成的铝酸二钙水化物几乎不溶于水,只能以无定形的胶质包围在水泥微粒的表层,一部分渗入水中。

由水泥各种成分所生成的胶凝薄层,逐渐发展连接起来成为胶凝体,此时表现为水泥的初凝状态,开始有胶黏的性质。此后,水泥各成分在缺水不干涸的情况下,继续不断地照水化程序发展、增强和扩大,就产生下列现象:

①胶凝体增大并吸收水分,使凝固加快,结合更密;

②由于微晶(结晶核)的产生进而生成结晶体,结晶体与胶凝体相互包围渗透并达到一种稳定状态,这就是硬化的开始;

③水分作用继续深入到水泥微粒内部，使未水化部分再来参加以上的化学反应，直到水分完全没有以及胶质凝固和结晶充盈为止。

但无论水化时间持续多久，很难将水泥微粒内核全部水化完了，所以水化过程是一个长久的过程。

土和水泥水化物间的物理化学反应是以物理吸附和化学附着的相互作用形式产生的，并且不可逆地吸收水泥水解作用的个别产物。首先是水泥熟料矿物水解时所分解出的氢氧化钙发生物理—化学反应。其化学反应式如下[3]：

$$Ca(OH)_2 + SiO_2 + nH_2O \rightarrow CaO \cdot SiO_2 \cdot (n+1)H_2O \tag{4-7}$$

$$Ca(OH)_2 + Al_2O_3 + nH_2O \rightarrow CaO \cdot Al_2O_3 \cdot (n+1)H_2O \tag{4-8}$$

$$Ca(OH)_2 + Fe_2O_3 + nH_2O \rightarrow CaO \cdot Fe_2O_3 \cdot (n+1)H_2O \tag{4-9}$$

当水泥与膨胀土混合后，除了发生水泥的水化外，当由水泥中硅酸三钙水化产生的 $Ca(OH)_2$ 过饱和形成强碱时，膨胀土中一部分硅酸铝等活性元素被激发，生成水硬性水化硅酸钙、水化铝酸钙等矿物呈针状、棒状结晶体互相连接，穿插在土粒之间，它在一定程度上加强了土体的强度、抑制了土的膨胀性。同时，膨胀土中的蒙脱石、伊利石等，与 Ca^{2+}、OH^- 发生离子交换，使膨胀土的胀缩性下降，这一效应随着时间的延长和水分的迁移，效果将更佳。

4.2.3 膨胀土掺分析纯 $Ca(OH)_2$ 试验

膨胀土掺分析纯 $Ca(OH)_2$ 自由膨胀率试验结果见表 4-28。

自由膨胀率试验结果（掺分析纯 $Ca(OH)_2$） 表 4-28

土样编号，掺料（%），掺料质量（g）	干土质量（g）	量筒编号	不同时间（h）体积读数（cm^3）				自由膨胀率（%）	
			2	4	9	21	F_s	平均值
(0)，0%，0.0g	8.91	17	16.9	16.9	16.9	16.9	69	67
	8.97	18	16.5	16.5	16.5	16.5	65	
(1)，1%，0.5g	8.23	1	15.5	15.4	15.4	15.4	54	56
	8.31	2	15.8	15.7	15.7	15.7	57	
(2)，2%，1.0g	8.44	3	14.3	14.4	14.4	14.5	45	44
	8.39	4	14.2	14.3	14.3	14.3	43	
(3)，3%，1.5g	7.94	5	12.6	12.6	12.6	12.7	27	25
	7.93	6	12.2	12.2	12.2	12.2	22	
(4)，4%，2.0g	7.89	7	11.7	11.8	11.8	11.8	18	19
	7.97	8	11.7	11.8	11.8	11.9	19	
(5)，5%，2.5g	8.07	9	11.7	11.7	11.7	11.8	18	17
	8.11	10	11.6	11.6	11.6	11.6	16	
(6)，6%，3.0g	7.70	11	11.7	11.7	11.7	11.7	17	17
	7.73	12	11.6	11.6	11.6	11.6	16	
(7)，7%，3.5g	7.35	13	11.8	11.8	11.9	11.9	19	21
	7.44	14	12.3	12.3	12.3	12.3	23	
(8)，8%，4.0g	7.72	15	12.2	12.3	12.3	12.3	23	27
	7.76	16	13.0	13.0	13.0	13.0	30	

分析：

(1)改良前的自由膨胀率为67%，掺分析纯 $Ca(OH)_2$ 改良后，除掺量1%外，自由膨胀率随掺入量的不同在17% ~44%之间波动；对于南友路宁明膨胀土，当分析纯 $Ca(OH)_2$ 掺入量在3% ~8%时，自由膨胀率可降低到17% ~27%，大大消除了膨胀土的膨胀性，使由原来的中等膨胀土改良为非膨胀土。

(2)加入纯化学试剂 $Ca(OH)_2$ 后，效果更佳。如上所述，分析纯 $Ca(OH)_2$ 溶于水后，膨胀土中的蒙脱石、伊利石等，与 Ca^{2+}、OH^- 发生离子交换，主要有以下的离子交换反应：

$$Mg\boxed{+} + Ca^{2+} = Ca\boxed{+} + Mg^{2+} \tag{4-10}$$

即 Ca^{2+} 离子将 Mg^{2+} 离子置换出来。Mg^{2+}、Ca^{2+} 虽同为二价离子，但 Mg^{2+} 的半径较小，只有 0.8×10^{-10} m，Ca^{2+} 的半径为 1.08×10^{-10} m，Mg^{2+} 的水化能力明显比 Ca^{2+} 强；所以 Mg^{2+}、Ca^{2+} 互换后，膨胀土中的黏土矿物的晶格半径变大，膨胀量变小，从而使膨胀土的胀缩性下降。

4.2.4 膨胀土掺分析纯氯化钠试验

膨胀土掺分析纯氯化钠自由膨胀率试验结果见表4-29。

自由膨胀率试验结果(掺分析纯氯化钠)　　表4-29

土样编号，掺料(%)，掺料质量(g)	干土质量(g)	量筒编号	不同时间(h)体积读数(cm^3)				自由膨胀率(%)	
			2	16	18	21	F_s	平均值
(0)，0%，0.0g	8.91	19	16.9	16.9	16.9	16.9	69	67
	8.97	20	16.5	16.5	16.5	16.5	65	
(1)，1%，0.5g	8.43	1	14.8	14.7	14.7	14.7	47	48
	8.46	2	15.0	14.8	14.8	14.8	48	
(2)，2%，1.0g	8.80	3	14.9	14.8	14.8	14.8	48	49
	8.88	4	14.9	14.9	14.9	14.9	49	
(3)，3%，1.5g	8.86	5	15.0	15.0	15.0	15.0	50	49
	8.84	6	14.8	14.8	14.8	14.8	48	
(4)，4%，2.0g	8.62	7	14.5	14.4	14.3	14.3	43	44
	8.61	8	14.5	14.4	14.4	14.4	44	
(5)，5%，2.5g	8.98	9	14.8	14.8	14.8	14.8	48	48
	8.98	10	14.7	14.7	14.7	14.7	47	
(6)，6%，3.0g	8.90	11	15.1	15.0	15.0	15.0	50	50
	8.86	12	14.9	14.9	14.9	14.9	49	

分析：

(1)改良前的自由膨胀率为67%，掺分析纯氯化钠改良后，自由膨胀率随掺入量的不同在44% ~50%之间波动，使由原来的中等膨胀土改良为弱膨胀土。对于南友路宁明膨胀土，分析纯 NaCl 的最佳掺入量为4%；从经济角度考虑，掺1%较为理想。

(2)分析纯氯化钠溶于水后，Na^+ 离子很容易自盐溶液中为黏土表面所吸附，使膨胀土的胀缩性略有下降。即：膨胀土中的蒙脱石、伊利石等，与 Na^+，Cl^- 发生离子交换，其反应式主要有：

$$H\boxed{+} + Na^{+} = Na\boxed{+} + H^{+} \tag{4-11}$$

也就是 Na^{+} 离子将 H^{+} 离子置换出来。H^{+}、Na^{+} 虽同为一价离子，但 H^{+} 的半径较小，Na^{+} 的半径较大，所以 H^{+}、Na^{+} 互换后，膨胀土中的黏土矿物的晶格半径变大，膨胀量变小，从而使膨胀土的胀缩性略有下降。

4.2.5 膨胀土掺分析纯硅酸钠试验

膨胀土掺分析纯硅酸钠试验自由膨胀率试验结果见表 4-30。

自由膨胀率试验结果（掺分析纯硅酸钠） 表 4-30

土样编号，掺料（%），掺料质量（g）	干土质量（g）	量筒编号	不同时间（h）体积读数（cm^3）				自由膨胀率（%）	
			4	6	21	49	F_s	平均值
（0），0%，0.0g	8.91	19	16.9	16.9	16.9	16.9	69	67
	8.97	20	16.5	16.5	16.5	16.5	65	
（1），1%，0.5g	8.09	1	14.9	14.9	14.9	14.9	47	51
	8.13	2	15.4	15.4	15.4	15.4	54	
（2），2%，1.0g	7.74	3	15.5	15.5	15.5	15.5	55	56
	7.81	4	15.6	15.6	15.6	15.6	56	
（3），3%，1.5g	8.00	5	15.7	15.7	15.8	15.8	58	58
	7.94	6	15.5	15.5	15.7	15.7	57	
（4），4%，2.0g	7.87	7	14.7	14.8	14.9	14.9	49	45
	7.85	8	14.6	14.7	14.9	14.0	40	
（5），5%，2.5g	7.88	9	13.9	14.0	14.2	14.3	43	41
	7.94	10	13.5	13.5	13.7	13.8	38	
（6），6%，3.0g	7.89	11	14.0	14.1	14.4	14.4	44	42
	7.82	12	13.7	13.9	13.9	14.0	40	
（7），7%，3.5g	8.05	13	14.2	14.5	14.5	14.7	47	49
	7.97	14	14.8	15.0	15.0	15.0	50	
（8），8%，4.0g	8.06	15	14.2	14.5	14.5	14.5	45	47
	8.14	16	14.8	14.9	14.9	14.9	49	
（9），9%，4.5g	8.15	17	14.4	14.6	14.7	14.7	47	49
	8.13	18	15.0	15.0	15.0	15.1	51	

分析：

（1）改良前的自由膨胀率为 67%，掺分析纯硅酸钠改良后，除掺量 2%、3% 外，自由膨胀率随掺入量的不同在 41%～51% 之间波动，使由原来的中等膨胀土改良为弱膨胀土；对于南友路宁明膨胀土，分析纯硅酸钠的最佳掺入量为 5%。

（2）分析纯硅酸钠溶于水后，膨胀土中的蒙脱石、伊利石等，与 Na^{+}、SiO_3^{2-} 发生离子交换，使膨胀土的胀缩性略有下降。其反应式主要有：

$$H\boxed{+} + Na^{+} = Na\boxed{+} + H^{+} \tag{4-12}$$

4.2.6 膨胀土掺分析纯硝酸试验

膨胀土掺分析纯硝酸自由膨胀率试验结果见表4-31。

自由膨胀率试验结果(掺分析纯硝酸)　　表4-31

土样编号,掺料(%),掺料质量(g)	干土质量(g)	量筒编号	不同时间(h)体积读数(cm^3)				自由膨胀率(%)	
			3	5	15	23	F_s	平均值
(0),0%,0.0g	8.91	19	16.9	16.9	16.9	16.9	69	67
	8.97	20	16.5	16.5	16.5	16.5	65	
(1),1%,0.5g	8.80	1	14.3	14.3	14.3	14.3	45	47
	8.71	2	14.9	14.9	14.9	14.9	49	
(2),2%,1.0g	8.08	3	14.4	14.3	14.3	14.3	43	42
	8.98	4	14.1	14.1	14.1	14.1	41	
(3),3%,1.5g	9.04	5	14.0	14.0	14.0	14.0	40	39
	8.97	6	13.8	13.8	13.8	13.8	38	
(4),4%,2.0g	9.03	7	13.7	13.7	13.7	13.7	37	37
	9.03	8	13.7	13.7	13.7	13.7	37	
(5),5%,2.5g	8.94	9	13.6	13.6	13.6	13.6	36	35
	8.94	10	13.3	13.3	13.3	13.3	33	
(6),6%,3.0g	9.20	11	14.1	14.1	14.1	14.1	41	41
	9.15	12	14.0	14.0	14.0	14.0	40	
(7),7%,3.5g	9.15	13	14.2	14.2	14.2	14.2	42	42
	9.11	14	14.2	14.2	14.2	14.2	42	
(8),8%,4.0g	8.96	15	13.8	13.8	13.8	13.8	38	40
	9.02	16	14.2	14.1	14.1	14.1	41	
(9),9%,4.5g	9.25	17	14.5	14.5	14.5	14.5	45	45
	9.15	18	14.5	14.5	14.5	14.5	45	

分析:

(1)改良前的自由膨胀率为67%,掺分析纯硝酸改良后,自由膨胀率随掺入量的不同在35%~47%之间波动,使由原来的中等膨胀土改良为弱膨胀土。对于南友路宁明膨胀土,分析纯硝酸的最佳掺入量为5%。

(2)分析纯硝酸溶于水后,在自由水中增加了离子浓度,膨胀土中的蒙脱石、伊利石颗粒吸附阳离子,使膨胀土的胀缩性有所下降。

4.2.7 膨胀土掺环氧树脂 E401 试验

膨胀土掺环氧树脂 E401 自由膨胀率试验结果见表 4-32。

自由膨胀率试验结果(掺环氧树脂 E401)　　表 4-32

土样编号,掺料(%),掺料质量(g)	干土质量(g)	量筒编号	不同时间(h)体积读数(cm^3)				自由膨胀率(%)	
			4	6	21	23	F_s	平均值
(0),0%,0.0g	8.91	19	16.9	16.9	16.9	16.9	69	67
	8.97	20	16.5	16.5	16.5	16.5	65	
(1),0.1%,0.05g	8.07	1	13.5	13.5	13.5	13.5	22	29
	8.04	2	13.6	13.6	13.6	13.6	36	
(2),0.2%,0.1g	7.85	3	13.6	13.6	13.6	13.6	36	35
	7.84	4	13.5	13.5	13.4	13.4	34	
(3),0.3%,0.15g	8.01	5	13.4	13.4	13.3	13.3	33	35
	7.95	6	13.7	13.7	13.7	13.7	37	
(4),0.4%,0.2g	7.63	7	13.2	13.1	13.1	13.1	31	34
	7.69	8	13.7	13.7	13.7	13.7	37	
(5),0.5%,0.25g	8.26	9	13.9	13.9	13.9	13.9	39	39
	8.23	10	13.8	13.8	13.8	13.8	38	
(6),0.6%,0.3g	8.11	11	12.0	12.0	12.0	12.0	20	24
	8.14	12	12.8	12.8	12.8	12.8	28	
(7),0.7%,0.35g	7.84	13	11.9	11.9	11.9	11.9	19	19
	7.89	14	11.9	11.9	11.9	11.9	19	
(8),0.8%,0.4g	8.18	15	12.8	12.8	12.8	12.8	28	27
	8.15	16	12.5	12.5	12.5	12.5	25	
(9),0.9%,0.45g	8.22	17	12.2	12.2	12.2	12.2	22	22
	8.30	18	12.3	12.3	12.2	12.2	22	
(10),1%,0.5g	8.05	19	11.8	11.8	11.8	11.8	18	19
	8.12	20	12.0	12.0	12.0	12.0	20	

分析:

(1)改良前的自由膨胀率为67%,掺环氧树脂 E401 改良后,自由膨胀率随掺入量的不同在19%~39%之间波动,使由原来的中等膨胀土改良为非膨胀土;对于南友路宁明膨胀土,环氧树脂 E401 的最佳掺入量为0.7%,最佳经济掺入量为0.1%。当环氧树脂 E401 掺入量在0.1%~1%时,自由膨胀率可降低到19%~39%,基本上消除了土的膨胀性,但是用环氧树脂 E401 处治膨胀土施工困难。

(2)环氧树脂 E401 不溶于水,置于水中与膨胀土混合后,包裹在膨胀土中的蒙脱石、伊利石颗粒表面并使之固化,这样一来膨胀土的胀缩性大大下降。

4.2.8 膨胀土掺甲基丙烯酸甲酯试验

膨胀土掺甲基丙烯酸甲酯自由膨胀率试验结果见表 4-33。

自由膨胀率试验结果(掺甲基丙烯酸甲酯)　　表4-33

土样编号,掺料(%),掺料质量(g)	干土质量(g)	量筒编号	不同时间(h)体积读数(cm^3)				自由膨胀率(%)	
			5	7	22	24	F_s	平均值
(0),0%,0.0g	8.91	19	16.9	16.9	16.9	16.9	69	67
	8.97	20	16.5	16.5	16.5	16.5	65	
(1),0.1%,0.05g	7.90	1	13.4	13.4	13.4	13.4	36	37
	7.87	2	13.7	13.7	13.7	13.7	37	
(2),0.2%,0.1g	7.92	3	13.5	13.5	13.5	13.5	35	35
	7.90	4	13.4	13.4	13.4	13.4	34	
(3),0.3%,0.15g	7.56	5	13.5	13.5	13.4	13.4	34	35
	7.59	6	13.5	13.5	13.5	13.5	35	
(4),0.4%,0.2g	7.77	7	13.5	13.5	13.5	13.5	35	34
	7.70	8	13.2	13.2	13.2	13.2	32	
(5),0.5%,0.25g	7.71	9	13.4	13.4	13.4	13.4	34	33
	7.74	10	13.2	13.2	13.2	13.2	32	
(6),0.6%,0.3g	7.67	11	13.6	13.6	13.6	13.6	36	36
	7.62	12	13.6	13.6	13.6	13.6	36	
(7),0.7%,0.35g	7.87	13	13.9	13.9	13.9	13.9	39	40
	7.88	14	14.0	14.0	14.0	14.0	40	
(8),0.8%,0.4g	8.20	15	14.0	14.0	14.0	14.0	40	41
	8.21	16	14.2	14.2	14.2	14.2	42	
(9),0.9%,0.45g	8.16	17	13.6	13.6	13.6	13.6	36	38
	8.13	18	14.0	14.0	14.0	14.0	40	
(10),1%,0.5g	8.04	19	13.8	13.8	13.8	13.8	38	36
	8.03	20	13.4	13.4	13.4	13.4	34	

分析:

(1)改良前的自由膨胀率为67%,掺甲基丙烯酸甲酯改良后,自由膨胀率随掺入量的不同在33%~41%之间波动,使由原来的中等膨胀土改良为非膨胀土。对于南友路宁明膨胀土,甲基丙烯酸甲酯的最佳掺入量为0.5%。

(2)甲基丙烯酸甲酯微溶于水,甲基丙烯酸甲酯置于水中与膨胀土混合后,包裹在膨胀土中的蒙脱石、伊利石颗粒表面,使膨胀土的胀缩性下降。

4.2.9 膨胀土掺分析纯无水氯化钙试验

膨胀土掺分析纯无水氯化钙自由膨胀率试验结果见表4-34。

自由膨胀率试验结果(掺分析纯无水氯化钙) 表 4-34

土样编号,掺料(%),掺料质量(g)	干土质量(g)	量筒编号	不同时间(h)体积读数(cm^3)				自由膨胀率(%)	
			15	17	63	65	F_s	平均值
(0),0%,0.0g	8.91	19	16.9	16.9	16.9	16.9	69	67
	8.97	20	16.5	16.5	16.5	16.5	65	
(1),1%,0.5g	8.78	1	14.8	14.8	14.8	14.8	60	56
	8.83	2	15.2	15.2	15.2	15.2	52	
(2),2%,1.0g	8.52	3	14.2	14.2	14.2	14.2	42	41
	8.50	4	14.0	14.0	14.0	14.0	40	
(3),3%,1.5g	8.72	5	15.0	15.0	15.0	15.0	50	49
	8.73	6	14.8	14.8	14.8	14.8	48	
(4),4%,2.0g	8.76	7	14.9	14.9	14.9	14.9	49	48
	8.76	8	14.7	14.7	14.7	14.7	47	
(5),5%,2.5g	8.69	9	14.8	14.8	14.8	14.8	48	48
	8.61	10	14.7	14.7	14.7	14.7	47	
(6),6%,3.0g	8.93	11	15.7	15.7	15.7	15.7	57	56
	8.94	12	15.6	15.6	15.5	15.5	55	

分析:

(1)改良前的自由膨胀率为67%,掺分析纯无水氯化钙改良后,除掺量1%、6%外,自由膨胀率随掺入量的不同在41%~49%之间波动,使由原来的中等膨胀土改良为弱膨胀土。对于南友路宁明膨胀土,分析纯无水氯化钙的最佳掺入量为2%。

(2)分析纯无水氯化钙溶于水后,膨胀土中的蒙脱石、伊利石等,与 Ca^{2+},Cl^{2-} 发生离子交换,使膨胀土的胀缩性略有下降。主要有以下的离子交换反应:

$$\begin{matrix}H\\H\end{matrix}\boxed{+} + Ca^{2+} = Ca\ \boxed{+} + 2H^{+} \tag{4-13}$$

即 Ca^{2+} 离子将 H^{+} 离子置换出来。H^{+}、Ca^{2+} 互换后,膨胀土中的黏土矿物的晶格半径变大,价数变高,膨胀量变小,从而使膨胀土的胀缩性下降。

4.2.10 膨胀土掺聚丙烯酰胺试验

膨胀土掺聚丙烯酰胺自由膨胀率试验结果见表4-35。

自由膨胀率试验结果(掺聚丙烯酰胺) 表 4-35

土样编号,掺料(%),掺料质量(g)	干土质量(g)	量筒编号	不同时间(h)体积读数(cm^3)				自由膨胀率(%)	
			4	6	21	45	F_s	平均值
(0),0%,0.0g	8.91	19	16.9	16.9	16.9	16.9	69	67
	8.97	20	16.5	16.5	16.5	16.5	65	
(1),0.1%,0.05g	8.58	1	15.4	15.4	15.4	15.4	64	61
	8.49	2	15.8	15.8	15.8	15.8	58	
(2),0.2%,0.1g	8.50	3	15.5	15.5	15.5	15.5	55	56
	8.52	4	15.6	15.6	15.6	15.6	56	

续上表

土样编号,掺料(%),掺料质量(g)	干土质量(g)	量筒编号	不同时间(h)体积读数(cm^3)				自由膨胀率(%)	
			4	6	21	45	F_s	平均值
(3),0.3%,0.15g	8.27	5	15.3	15.3	15.3	15.3	53	53
	8.24	6	15.2	15.2	15.2	15.2	52	
(4),0.4%,0.2g	8.72	7	15.6	15.6	15.6	15.6	56	55
	8.69	8	15.3	15.3	15.3	15.3	53	
(5),0.5%,0.25g	8.70	9	15.8	15.8	15.8	15.8	58	58
	8.70	10	15.8	15.8	15.8	15.8	58	
(6),0.6%,0.3g	8.69	11	15.8	15.8	15.8	15.8	58	56
	8.78	12	15.3	15.3	15.3	15.3	53	
(7),0.7%,0.35g	8.72	13	16.1	16.1	16.1	16.1	61	60
	8.66	14	15.9	15.9	15.9	15.9	59	
(8),0.8%,0.4g	8.32	15	15.4	15.4	15.4	15.4	54	59
	8.39	16	16.4	16.4	16.4	16.4	64	
(9),0.9%,0.45g	8.36	17	16.4	16.4	16.4	16.4	64	64
	8.35	18	16.4	16.4	16.4	16.4	64	
(10),1%,0.5g	8.32	19	15.7	15.7	15.7	15.7	57	55
	8.45	20	15.3	15.3	15.3	15.3	53	
(11),2%,1.0g	8.21	21	15.0	15.0	14.9	14.9	49	49
	8.25	22	15.0	15.0	14.9	14.9	49	
(12),3%,1.5g	8.74	23	16.1	16.1	16.1	16.1	61	60
	8.73	24	15.8	15.8	15.8	15.8	58	
(13),4%,2.0g	8.60	25	15.4	15.4	15.4	15.4	54	57
	8.57	26	16.0	16.0	16.0	16.0	60	
(14),5%,2.5g	8.47	27	15.4	15.4	15.4	15.4	54	55
	8.51	28	15.6	15.6	15.6	15.6	56	
(15),6%,3.0g	8.30	29	15.7	15.7	15.7	15.7	57	57
	8.33	30	15.6	15.6	15.6	15.6	56	
(16),7%,3.5g	8.47	31	15.6	15.6	15.6	15.6	56	57
	8.39	32	15.7	15.7	15.7	15.7	57	
(17),8%,4.0g	8.43	33	15.7	15.7	15.7	15.7	57	53
	8.40	34	14.9	14.9	14.8	14.8	48	
(18),9%,4.5g	8.38	35	15.2	15.1	15.1	15.1	51	54
	8.44	36	15.7	15.7	15.6	15.6	56	

分析:

(1)由改良前的自由膨胀率为67%,掺聚丙烯酰胺改良后,自由膨胀率随掺入量的不同在49%~64%之间波动;对于南友路宁明膨胀土,用聚丙烯酰胺进行化学改良,效果不佳,不宜用于南友路宁明地段的膨胀土的化学改良。

（2）聚丙烯酰胺，其化学分子式：$[Al_2(OH)_nCl_{6-n}]m$（其中 $n=1\sim5, m\leq10$），属阳离子型的无机盐类离子分子化合物；溶于水后，在自由水中增加了离子浓度，膨胀土中的蒙脱石、伊利石颗粒吸附阳离子，使膨胀土的胀缩性有所下降，但效果不佳，不宜用于处治膨胀土。

4.2.11 试验结论

十种化学改良材料的最佳掺入量、改良后的自由膨胀率以及改良后土的性质见表4-36。

10种化学改良材料的最佳掺入量及改良后土的性质 表4-36

序号	掺 料 名	掺入量（%）	最佳掺入量（%）	改良后的自由膨胀率（%）	改良后土的性质
1	生石灰	1~8	5	50~58	弱膨胀土
2	水泥	1~7	4	44~58	弱膨胀土
3	分析纯氢氧化钙	1~8	6	17~56	非膨胀土
4	分析纯氯化钠	1~6	4	44~50	弱膨胀土
5	分析纯硅酸钠	1~9	5	41~58	弱膨胀土
6	分析纯硝酸	1~9	5	35~47	弱膨胀土
7	聚丙烯酰胺	0.1~9	2	49~64	（改良效果不佳）
8	分析纯无水氯化钙	1~6	2	41~56	弱膨胀土
9	甲基丙烯酸甲酯	0.1~1	0.5	33~41	非膨胀土
10	环氧树脂E401	0.1~1	0.7	19~39	非膨胀土

对于南友路膨胀土，从表中可以看出：

（1）生石灰的最佳掺入量为5%，水泥的最佳掺入量为4%，分析纯氯化钠的最佳掺入量为4%，分析纯硅酸钠的最佳掺入量为5%，分析纯硝酸的最佳掺入量为5%，分析纯无水氯化钙的最佳掺入量为2%，改良后原来的中等膨胀土就成为了弱膨胀土。

（2）分析纯氢氧化钙的最佳掺入量为6%、甲基丙烯酸甲酯的最佳掺入量为0.5、环氧树脂E401的最佳掺入量为0.7%，改良后原来的中等膨胀土就成为了非膨胀土。

（3）聚丙烯酰胺的最佳掺入量为2%，用2%的聚丙烯酰胺改良后原来的中等膨胀土就成为了弱膨胀土；当掺入量为0.1%~9%时，总的说来，改良效果不佳。

另外，考虑到环保和经济方面的要求，甲基丙烯酸甲酯与环氧树脂E401用于现场施工还很困难。

4.3 膨胀土的强度衰减试验

在实际工程问题中，往往碰到这种情况，土的外荷重加荷速率大大超过土中孔隙压力消散的速率，形成了不排水的剪切作用，因而土的变形和强度就和排水条件下的不一样。黏性土的渗透性很差，孔隙压力的消散颇为缓慢，因而不排水剪切的结果就比无黏性土的重要得多。故对于测定膨胀土的抗剪强度，本次采用不排水方法；另外，因为膨胀土三轴试样饱和后非常难脱模，故本次采用非饱和土，即通过用非饱和土做直接快剪试验、无侧限抗压强度试验、三轴不固结不排水试验来测定膨胀土的抗剪强度。

从广西南友路宁明地段取来膨胀土，做了30次干湿循环。每一个循环，先在烘箱中将土

烘干;然后把土放入盆中,加水,土淹没于水中,保湿3d。

先后取0次干湿循环的土(即未做干湿循环的土)、5次干湿循环的土、10次干湿循环的土、20次干湿循环的土、30次干湿循环的土做直接剪切试验、无侧限抗压强度试验、三轴不固结不排水试验。

4.3.1 直接剪切试验

取n(n=0、10、20、30)次干湿循环后的湿土,置于设置温度为80℃的烘箱中,烘干、碾碎,过2mm筛;配水,保湿3d;按最大干密度($\rho_{dmax}=1.81g/cm^3$)的90%击环刀样。然后,在应变控制式直接剪切仪上做直接快剪试验,转速为12r/min,量力环系数为$k=1.923kPa$。

快剪试验中,在对试样施加法向压力和剪力时,都不允许试样产生排水固结。快剪试验剪切速率较快。快剪试验得到的土体剪切强度表达式为:

$$\tau_q=c_q+\sigma\tan\varphi_q \tag{4-14}$$

式中:c_q,φ_q——土体快剪强度指标。

试验时,记录的是在各级垂直压力下试样破坏时量力环百分表的读数,记录在量力环变形(单位:0.01mm)栏;至于试样破坏时的剪应力(即剪切强度,又称抗剪强度,此为快剪强度)按式(4-15)计算:

$$\tau_q=k(R_m-R_0) \tag{4-15}$$

式中:τ_q——剪应力(即快剪强度);

k——量力环系数(此处$k=1.923kPa$);

R_m——量力环最大的读数(0.01mm);

R_0——百分表初读数或等于0(0.01mm),此处$R_0=0$。

然后根据垂直压力及剪应力(抗剪强度)τ_q绘图,由图上直线即可定出抗剪强度参数内摩擦角ϕ_q和黏聚力c_q。

4.3.1.1 直接剪切试验结果与分析

1. 0次干湿循环的膨胀土试验

0次干湿循环的膨胀土试验,制剪切试样时含水率$\omega=15.3\%$(最佳含水率$\omega_{op}=15.2\%$),剪切试验(数据)结果见表4-37与图4-1。

结论:0次土土样的直接剪切试验数据回归分析得到强度方程为:

$$\tau_q=221.33+\sigma\tan30.3° \tag{4-16}$$

从而得到τ_q与σ为线性关系,其相关系数为:

$$R^2=0.9994$$

根据图上各点所绘直线的倾角为土的内摩擦角φ_q,$\varphi_q=30.3°$;直线在纵坐标上的截距为土的黏聚力c_q,$c_q=221kPa$。

剪切试验记录(12r/min,$k=1.923kPa/0.01mm$)　　表4-37

100kPa		200kPa		300kPa		400kPa(舍)	
量力环变形(0.01mm)	剪应力(kPa)	量力环变形(0.01mm)	剪应力(kPa)	量力环变形(0.01mm)	剪应力(kPa)	量力环变形(0.01mm)	剪应力(kPa)
145	279	177	340	206	396	212	408

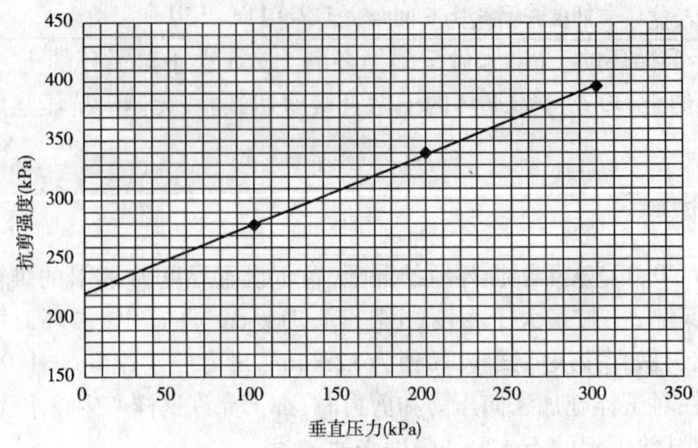

图 4-1　抗剪强度与垂直压力的关系

2. 10 次干湿循环的膨胀土试验

10 次干湿循环的膨胀土试验，制剪切试样时含水率 $\omega = 15.5\%$，剪切试验数据见表 4-38 与图 4-2。

剪切试验记录（12r/min，$k = 1.923$ kPa /0.01mm）　　表 4-38

50 kPa		100 kPa		200 kPa		400 kPa	
量力环变形（0.01mm）	剪应力（kPa）	量力环变形（0.01mm）	剪应力（kPa）	量力环变形（0.01mm）	剪应力（kPa）	量力环变形（0.01mm）	剪应力（kPa）
128	246	140	269	168	323	221	425

结论：10 次土土样的直接剪切试验数据回归分析得到强度方程为：

$$\tau_q = 219.26 + \sigma \tan 27.2° \tag{4-17}$$

从而得到 τ_q 与 σ 为线性关系，其相关系数为：$R^2 = 0.999\ 8$。

根据图上各点所绘直线的倾角为土的内摩擦角 φ_q，$\varphi_q = 27.2°$；直线在纵坐标上的截距为土的黏聚力 c_q，$c_q = 219$kPa。

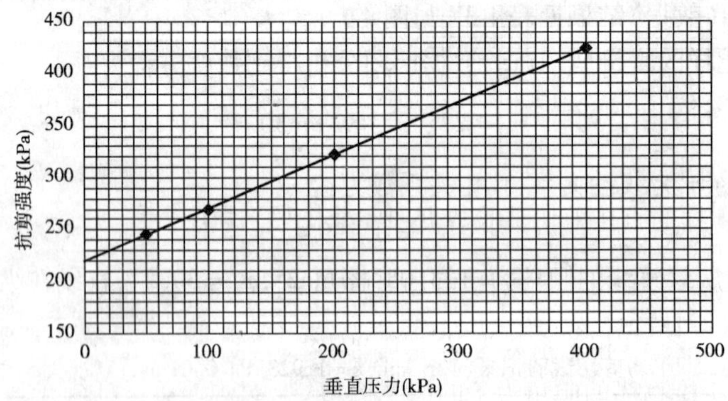

图 4-2　抗剪强度与垂直压力的关系

3. 20 次干湿循环的膨胀土试验

20 次干湿循环的膨胀土试验，制剪切试样时含水率 $\omega = 15.6\%$，剪切试验数据见表 4-39 与图 4-3。

剪切试验记录(12r/min, $k = 1.923$ kPa/0.01mm)　　表 4-39

50 kPa		100 kPa		300 kPa		400 kPa	
量力环变形(0.01mm)	剪应力(kPa)	量力环变形(0.01mm)	剪应力(kPa)	量力环变形(0.01mm)	剪应力(kPa)	量力环变形(0.01mm)	剪应力(kPa)
110	212	126	241	163	313	198	381

结论:20 次土土样的直接剪切试验数据回归分析得到强度方程为:

$$\tau_q = 190.04 + \sigma \tan 24.5° \tag{4-18}$$

τ_q 与 σ 为线性关系,其相关系数为:$R^2 = 0.983$。

根据图上各点所绘直线的倾角为土的内摩擦角 φ_q,$\varphi_q = 24.5°$;直线在纵坐标上的截距为土的黏聚力 c_q,$c_q = 190$ kPa。

4. 30 次干湿循环的膨胀土试验

30 次干湿循环的膨胀土试验,制剪切试样时含水率 $w = 15.6\%$,剪切试验数据见表 4-40 与图 4-4。

剪切试验记录(12r/min, $k = 1.923$ kPa/0.01mm)　　表 4-40

50 kPa		100 kPa		300 kPa		400 kPa（舍）	
量力环变形(0.01mm)	剪应力(kPa)	量力环变形(0.01mm)	剪应力(kPa)	量力环变形(0.01mm)	剪应力(kPa)	量力环变形(0.01mm)	剪应力(kPa)
101	194	116	223	163	313	210	404

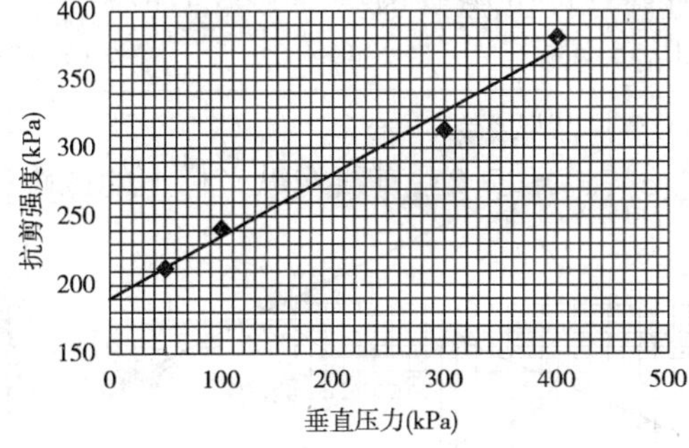

图 4-3　抗剪强度与垂直压力的关系

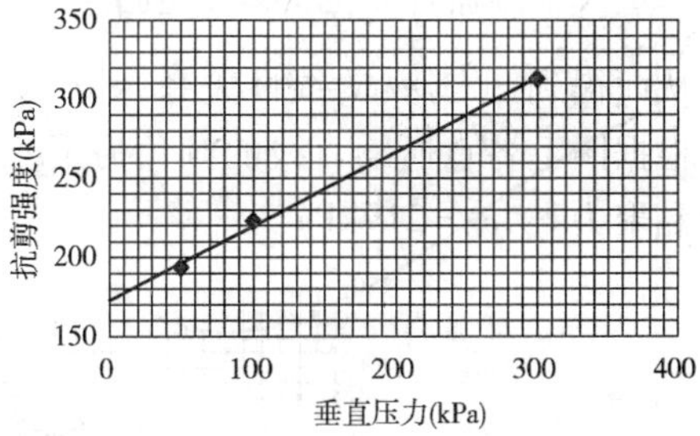

图 4-4　抗剪强度与垂直压力的关系

结论:30 次土土样的直接剪切试验数据回归分析得到强度方程为:

$$\tau_q = 173.05 + \sigma \tan 25.1° \tag{4-19}$$

τ_q 与 σ 为线性关系,其相关系数为:$R^2 = 0.997\,9$。

根据图上各点所绘直线的倾角为土的内摩擦角 φ_q,$\varphi_q = 25.1°$;直线在纵坐标上的截距为土的黏聚力 c_q,$c_q = 173$ kPa。

4.3.1.2　直接剪切试验结论

n($n = 0, 10, 20, 30$)次干湿循环后的土,根据直接快剪试验,得其抗剪强度($\tau_q = c + \sigma \tan\varphi_q$,$\sigma$——剪切面上的法向应力,kPa)的变化,见表 4-41 与图4-5、图 4-6。

土的干湿循环次数 n 与内摩擦角 φ_q 和黏聚力 c_q 的关系　　表 4-41

土的干湿循环次数 n(次)	内摩擦角 φ_q(°)	黏聚力 c_q(kPa)
0	30.3	221
10	27.2	219
20	24.2	190
30	25.1	173

1. 膨胀土干湿循环次数 n 与内摩擦角 ϕ_q 的关系

由图 4-5 土的干湿循环次数与内摩擦角的关系可见,膨胀土的内摩擦角值在 10 次干湿循环后下降了 10.2%,在 20 次干湿循环后下降了 20.1%,在 30 次干湿循环后下降了 17.2%;在 30 次干湿循环后的内摩擦角值比在 20 次干湿循环后的内摩擦角值反而增大了 3.7%;由此可以得出以下结论。

(1)0 次干湿循环至 20 次干湿循环,内摩擦角值随着土的干湿循环次数的增多呈线性下降趋势;

(2)20 次干湿循环至 30 次干湿循环,内摩擦角值随着土的干湿循环次数的增多呈略有上升趋势;

(3)0 次至干湿循环至 30 次干湿循环,内摩擦角值与土的干湿循环次数的拟合关系式为:

$$\phi = 0.0006n^3 - 0.0185n^2 - 0.1883n + 30.3 \tag{4-20}$$

相关系数为:$R^2 = 1$

2. 膨胀土干湿循环次数 n 与黏聚力 c_q 的关系

由图 4-6 土的干湿循环次数与黏聚力的关系可见,膨胀土的黏聚力值在 10 次干湿循环后下降了 0.9%,在 20 次干湿循环后下降了 9.5%,在 30 次干湿循环后下降了 21.7%;在 10 次干湿循环后的黏聚力值比在未做干湿循环时的黏聚力值只下降了 0.9%,在 20 次干湿循环后的黏聚力值比在 10 次干湿循环后的黏聚力值下降了 8.7%,在 30 次干湿循环后的黏聚力值比在 20 次干湿循环后的黏聚力值下降了 13.5%,由此可知:

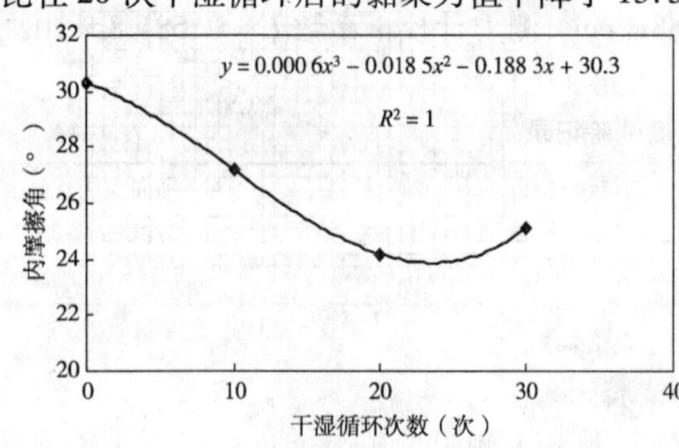

图 4-5　土的干湿循环次数与内摩擦角的关系

y = −1.73x + 226.7
R² = 0.918 8
黏聚力(kPa)
干湿循环次数(次)

图 4-6　土的干湿循环次数与黏聚力的关系

(1)黏聚力值随着土的干湿循环次数的增多总的趋势是下降的;

(2)当土的干湿循环次数小于 10 时,黏聚力降低较少;但当大于 10 次后,黏聚力下降幅度较大;

(3)0 次至干湿循环至 30 次干湿循环,黏聚力与土的干湿循环次数呈线性关系,其拟合关系式为:

$$\tau_q = -1.73n + 226.7 \tag{4-21}$$

相关系数为:

$$R^2 = 0.9188$$

总的来说，根据直接快剪试验，膨胀土的剪切强度指标中的黏聚力随着土的干湿循环次数的增多而衰减，呈线性关系；但内摩擦角随着土的干湿循环次数的增多而衰减到某一极值后反而略有增大，呈开口向上的三次多项式关系。

4.3.2 无侧限抗压强度试验

取 $n(n=0,5,10,20,30)$ 次干湿循环后的湿土，置于设置温度为80℃的烘箱中，烘干、碾碎，过2mm筛；配水，保湿3d；按最大干密度的90%制样，试样直径为3.91cm，高度为8.0cm。然后，在应变控制式三轴剪切仪上做无侧限抗压强度试验，剪速为0.828mm/min，量力环校正系数为 $C=0.681\,8$kgf/0.01mm。研究膨胀土在干湿循环作用下的无侧限抗压强度。

4.3.2.1 无侧限抗压强度试验结果

1. 0次干湿循环的膨胀土的无侧限抗压强度试验

0次干湿循环的膨胀土的无侧限抗压强度试验，制备无侧限抗压强度试样时含水率 $\omega=15.3\%$，试验前试件高度 $h_0=8$cm，试验前试件直径 $D_0=3.91$cm，试验前试件面积 $A_0=12$cm，试件质量 $m=179.73$g，试件密度 $\rho=m/96=1.87$g/cm^3，测力计校正系数 $C=0.681\,8\times10$N/0.01mm，试件破坏时无侧限抗压强度试验数据见表4-42。

无侧限抗压强度试验记录 表4-42

测力计百分表读数 R(0.01mm)	轴向变形 Δh(cm)	轴向应变 ε_1(%)	校正后面积 A_a(cm^2)	轴向荷载 P(N)	轴向应力 σ(kPa)
170	0.146	1.825	12.223 071 05	1 159.06	948.3

试验结果：无侧限抗压强度 $q_u=948.3$kPa。

2. 5次干湿循环的膨胀土无侧限抗压强度试验

5次干湿循环的膨胀土的无侧限抗压强度试验，制备无侧限抗压强度试样时含水率 $w=15.7\%$，试验前试件高度 $h_0=8$cm，试验前试件直径 $D_0=3.91$cm，试验前试件面积 $A_0=12$cm，试件质量 $m=180.53$g，试件密度 $\rho=m/96=1.88$g/cm^3，测力计校正系数 $C=0.681\,8\times10$N/0.01mm，试件破坏时无侧限抗压强度试验数据见表4-43。

无侧限抗压强度试验记录 表4-43

测力计百分表读数 R(0.01mm)	轴向变形 Δh(cm)	轴向应变 ε_1(%)	校正后面积 A_a(cm^2)	轴向荷载 P(N)	轴向应力 σ(kPa)
140.5	0.11	1.375	12.167 300 38	957.929	787.3

试验结果：无侧限抗压强度 $q_u=787.3$kPa。

3. 10次干湿循环的膨胀土无侧限抗压强度试验

10次干湿循环的膨胀土无侧限抗压强度试验，制备无侧限抗压强度试样时含水率 $w=15.1\%$，试验前试件高度 $h_0=8$cm，试验前试件直径 $D_0=3.91$cm，试验前试件面积 $A_0=12$cm，试件质量 $m=179.44$g，试件密度 $\rho=m/96=1.87$g/cm^3，测力计校正系数 $C=0.681\,8\times10$N/0.01mm，试件破坏时无侧限抗压强度试验数据见表4-44。

无侧限抗压强度试验记录 表4-44

测力计百分表读数 R(0.01mm)	轴向变形 Δh(cm)	轴向应变 ε_1(%)	校正后面积 A_a(cm^2)	轴向荷载 P(N)	轴向应力 σ(kPa)
139	0.131	1.637 5	12.199 771 25	947.702	776.8

试验结果：无侧限抗压强度 $q_u=776.8$kPa。

4. 20 次干湿循环的膨胀土无侧限抗压强度试验

20 次干湿循环的膨胀土无侧限抗压强度试验，制备无侧限抗压强度试样时含水率 $w=15.6\%$，试验前试件高度 $h_0=8\text{cm}$，试验前试件直径 $D_0=3.91\text{cm}$，试验前试件面积 $A_0=12\text{cm}$，试件质量 $m=180.33\text{g}$，试件密度 $\rho=m/96=1.88\text{g/cm}^3$，测力计校正系数 $C=0.681\ 8\times10\text{N}/0.01\text{mm}$，试件破坏时无侧限抗压强度试验数据见表 4-45。

无侧限抗压强度试验记录　　表 4-45

测力计百分表读数 $R(0.01\text{mm})$	轴向变形 $\Delta h(\text{cm})$	轴向应变 $\varepsilon_1(\%)$	校正后面积 $A_a(\text{cm}^2)$	轴向荷载 $P(\text{N})$	轴向应力 $\sigma(\text{kPa})$
136	0.14	1.75	12.213 740 46	927.248	759.2

试验结果：无侧限抗压强度 $q_u=759.2\text{kPa}$。

5. 30 次干湿循环的膨胀土无侧限抗压强度试验

30 次干湿循环的膨胀土无侧限抗压强度试验见表 4-46。

无侧限抗压强度试验记录　　表 4-46

测力计百分表读数 $R(0.01\text{mm})$	轴向变形 $\Delta h(\text{cm})$	轴向应变 $\varepsilon_1(\%)$	校正后面积 $A_a(\text{cm}^2)$	轴向荷载 $P(\text{N})$	轴向应力 $\sigma(\text{kPa})$
134	0.15	1.875	12.229 299 36	913.612	747.1

30 次干湿循环的膨胀土无侧限抗压强度试验，制备无侧限抗压强度试样时含水率 $w=15.6\%$，试验前试件高度 $h_0=8\text{cm}$，试验前试件直径 $D_0=3.91\text{cm}$，试验前试件面积 $A_0=12\text{cm}$，试件质量 $m=180.22\text{g}$，试件密度 $\rho=m/96=1.88\text{g/cm}^3$，测力计校正系数 $C=0.681\ 8\times10\text{N}/0.01\text{mm}$。试件破坏时无侧限抗压强度试验数据见表 4-46。

试验结果：无侧限抗压强度 $q_u=747.1\text{kPa}$。

4.3.2.2　无侧限抗压强度试验结论与分析

$n(n=0、10、20、30)$ 次干湿循环后的土，根据无侧限抗压强度试验，得其无侧限抗压强度的变化，见表 4-47 与图 4-7。

土的干湿循环次数与无侧限抗压强度的关系　　表 4-47

土的干湿循环次数(次)	无侧限抗压强度(kPa)	土的干湿循环次数(次)	无侧限抗压强度(kPa)
0	948.3	20	759.2
5	787.3	30	747.1
10	776.8		

由图 4-7 土的干湿循环次数与无侧限抗压强度的关系可见，膨胀土的无侧限抗压强度值在 5 次干湿循环后下降了 17.0%，在 10 次干湿循环后下降了 18.1%，在 20 次干湿循环后下降了 19.9%，在 30 次干湿循环后下降了 21.5%；在 10 次干湿循环后的无侧限抗压强度值比在 5 次干湿循环后的无侧限抗压强度值下降了 1.1%，在 20 次干湿循环后的无侧限抗压强度值比在 10 次干湿循环后的无侧限抗压强度值下降了 1.8%，在 30 次干湿循环后的无侧限抗压强度值比在 20 次干湿循环后的无侧限抗压强度值下降了 1.6%；由此可以得出以下结论。

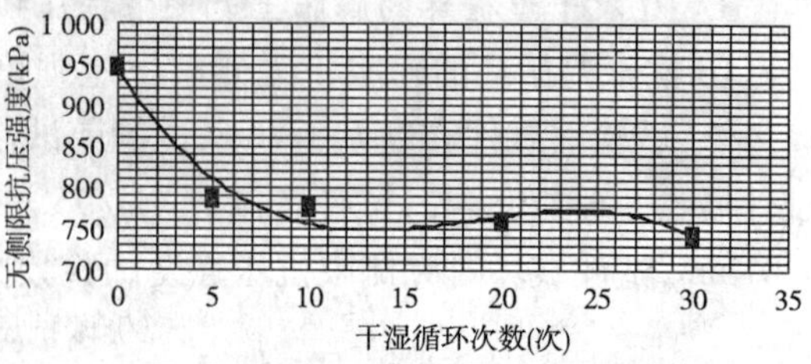

图 4-7　土的干湿循环次数与无侧限抗压强度的关系

（1）无侧限抗压强度值随着土的干湿循环次数的增多总的趋势是下降的；

（2）无侧限抗压强度值随着土的干湿循环次数的增多下降的幅度先大后小，即无侧限抗压强度值随着土的干湿循环次数的增多先急剧衰减，然后缓慢减小；

（3）无侧限抗压强度 q_u 与干湿循环次数 n 的三次曲线回归方程为：

$$q_u = -0.0383n^3 + 2.1289n^2 - 36.008n + 941.3 \tag{4-22}$$

其相关系数为：$R^2 = 0.962$。

4.3.3 三轴不固结不排水剪切试验

取 n（n=0,5、10、20、30）次干湿循环后的湿土，置于设置温度为80℃的烘箱中，烘干、碾碎，过2mm筛；配水，保湿3d；按最大干密度的90%制样，试样直径为3.91cm，高度为8.0cm。然后，在应变控制式三轴剪切仪上做三轴不固结不排水剪切试验，剪速为0.3680mm/min，量力环校正系数为 C=0.6818kgf/0.01mm。

4.3.3.1 三轴不固结不排水剪切试验结果

1. 0次干湿循环的膨胀土试验结果

0次干湿循环的膨胀土试验，制三轴试样时含水率 w=14.7%，三轴不固结不排水剪切试验数据见表4-48和图4-8～图4-10。

三轴剪切试验 表4-48

周围压力 (kPa)	轴向变形读数 Δh (1/100mm)	轴向应变 ε_1 (%)	试样校正后面积 $A_a = A_0/(1-0.01\varepsilon_1)$ (cm²)	量力环量表读数 (1/100mm)	主应力差 $(\sigma_1-\sigma_3)$ (kPa)	大主应力 $\sigma_1=(\sigma_1-\sigma_3)+\sigma_3$ (kPa)
100	250	3.13	12.39	163.4	899	999
150	300	3.75	12.47	174.9	956	1 106
200	400	5.00	12.63	188.5	1 017	1 217
300	750	9.38	13.24	227.2	1 170	1 470
350	500	6.25	12.80	238.0	1 268	1 618
400	1 200	15.00	14.12	272.0	1 314	1 714

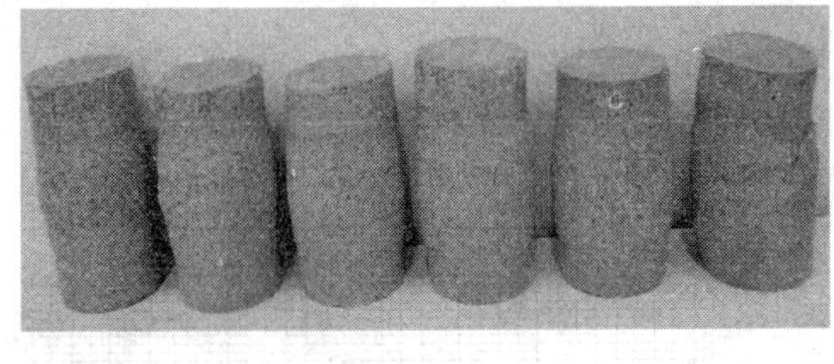

图4-8 （0次干湿循环的土）不固结不排水剪剪坏试样正面

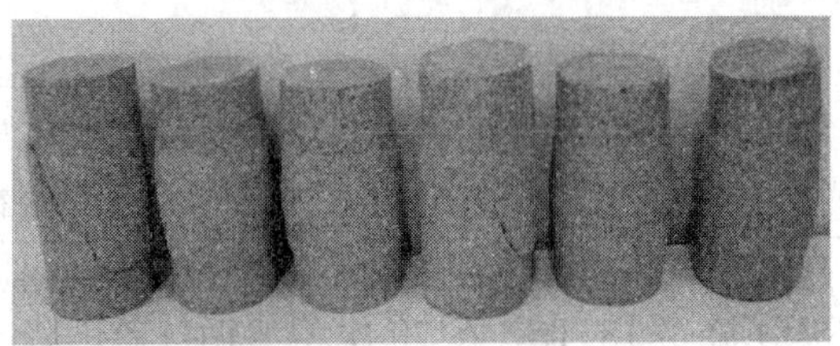

图4-9 （0次干湿循环的土）不固结不排水剪剪坏试样反面

试验结果：c=252kPa，φ=23.4°。

2. 5次干湿循环的膨胀土试验结果

5次干湿循环的膨胀土试验，制三轴试样时含水率 w=15.7%，三轴不固结不排水剪切试验数据见表4-49和图4-11～图4-13。

试验结果：c=278kPa，φ=21.7°。

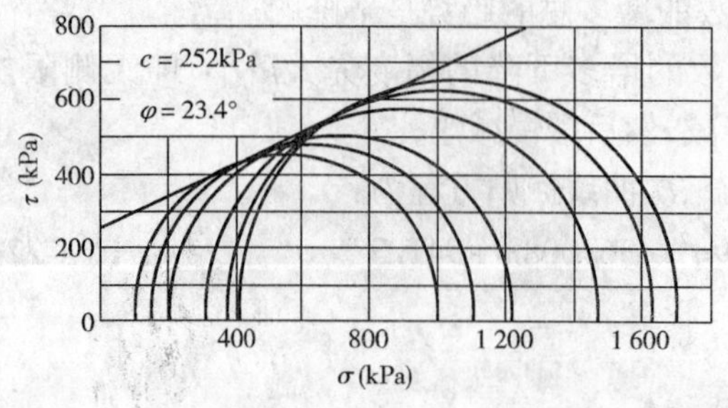

图 4-10　不固结不排水剪强度包线

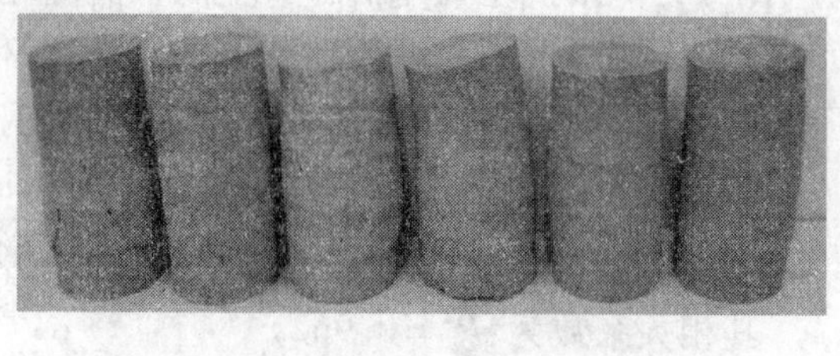

图 4-11　(5 次干湿循环的土)不固结不排水剪切试样正面

三轴剪切试验

表 4-49

周围压力 (kPa)	轴向变形读数 Δh (1/100mm)	轴向应变 ε_1 (%)	试样校正后面积 $A_a = A_0/(1-0.01\varepsilon_1)$ (cm^2)	量力环量表读数 (1/100mm)	主应力差 $(\sigma_1-\sigma_3)$ (kPa)	大主应力 $\sigma_1=(\sigma_1-\sigma_3)+\sigma_3$ (kPa)
100	225	2.81	12.35	172.0	950	1 050
200	350	4.38	12.55	198.2	1 077	1 277
300	600	7.50	12.97	215.3	1 132	1 432
400	700	8.75	13.15	221.9	1 150	1 550
500	1 200	15.00	14.12	293.0	1 415	1 915
600	1 050	13.13	13.81	301.0	1 486	2 086

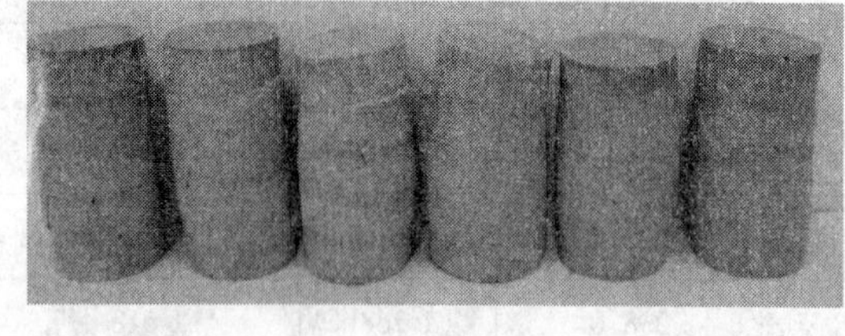

图 4-12　(5 次干湿循环的土)不固结不排水剪切试样反面

图 4-13　不固结不排水剪强度包线

3. 10 次干湿循环的膨胀土试验结果

10 次干湿循环的膨胀土试验结果见表 4-50。

三轴剪切试验

表 4-50

周围压力 (kPa)	轴向变形读数 Δh (1/100mm)	轴向应变 ε_1 (%)	试样校正后面积 $A_a = A_0/(1-0.01\varepsilon_1)$ (cm^2)	量力环量表读数 (1/100mm)	主应力差 $(\sigma_1-\sigma_3)$ (kPa)	大主应力 $\sigma_1=(\sigma_1-\sigma_3)+\sigma_3$ (kPa)
100	250	3.13	12.39	161.0	886	986
200	350	4.38	12.55	184.4	1 002	1 202
300	500	6.25	12.80	208.2	1 109	1 409
400	900	11.25	13.52	262.5	1 324	1 724

10 次干湿循环的膨胀土试验，制三轴试样时含水率 $w=15.3\%$，三轴不固结不排水剪切试验数据见表 4-50 和图 4-14 ~ 图 4-16。

图 4-14 （10 次干湿循环的土）不固结不排水剪切试样正面

图 4-15 （10 次干湿循环的土）不固结不排水剪切试样反面

试验结果：$c=248\text{kPa}$，$\varphi=23.0°$。

4. 20 次干湿循环的膨胀土试验结果

20 次干湿循环的膨胀土试验，制三轴试样时含水率 $w=15.8\%$，三轴不固结不排水剪切试验数据见表 4-51 和图 4-17 ~ 图 4-19。

三轴剪切试验　　表 4-51

周围压力 (kPa)	轴向变形读数 Δh (1/100mm)	轴向应变 ε_1 (%)	试样校正后面积 $A_a=A_0/(1-0.01\varepsilon_1)$ (cm^2)	量力环量表读数 (1/100mm)	主应力差 $(\sigma_1-\sigma_3)$ (kPa)	大主应力 $\sigma_1=(\sigma_1-\sigma_3)+\sigma_3$ (kPa)
100	200	2.50	12.31	147.5	817	917
200	400	5.00	12.63	176.1	951	1 151
300	600	7.50	12.97	199.3	1 047	1 347
400	800	10.00	13.33	223.4	1 142	1 542

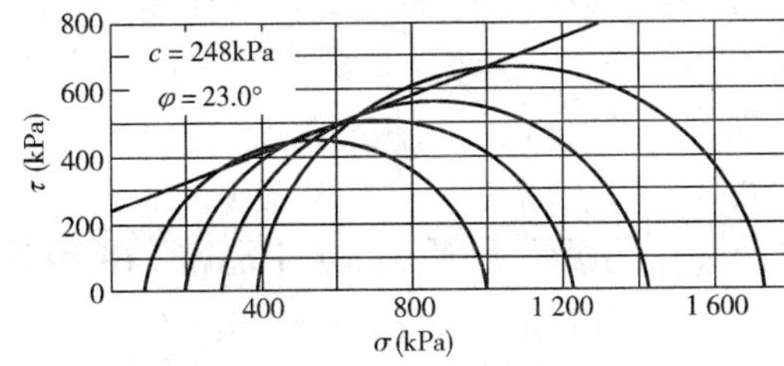

图 4-16　不固结不排水剪强度包线

图 4-17 （20 次干湿循环的土）不固结不排水剪切试样正面

图 4-18 （20 次干湿循环的土）不固结不排水剪切试样反面

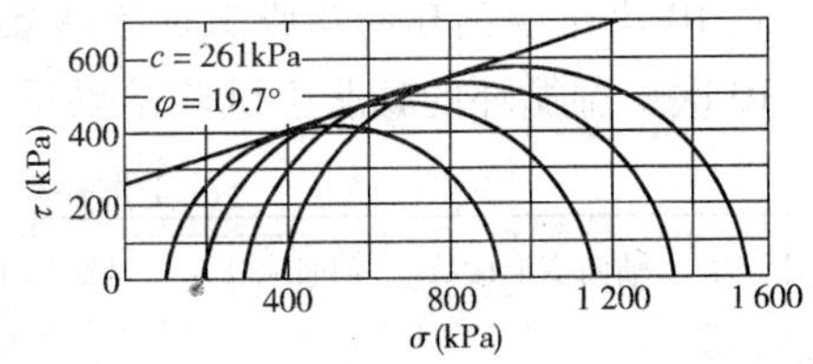

图 4-19　不固结不排水剪强度包线

试验结果：$c=261\text{kPa}$，$\varphi=19.7°$。

5. 30 次干湿循环的膨胀土试验结果

30 次干湿循环的膨胀土试验，制三轴试样时含水率 $w=15.3\%$，三轴不固结不排水剪切试验数据见表 4-52 和图 4-20 ~ 图 4-22。

试验结果：$c=305\text{kPa}$，$\varphi=16.2°$。

三轴剪切试验 表4-52

周围压力 (kPa)	轴向变形读数 Δh (1/100mm)	轴向应变 ε_1 (%)	试样校正后面积 $A_a=A_0/(1-0.01\varepsilon_1)$ (cm^2)	量力环量表读数 (1/100mm)	主应力差 $(\sigma_1-\sigma_3)$ (kPa)	大主应力 $\sigma_1=(\sigma_1-\sigma_3)+\sigma_3$ (kPa)
100	250	3.13	12.39	158.8	874	974
150	250	3.13	12.39	164.0	903	1 053
200	450	5.63	12.72	185.5	995	1 195
300	650	8.13	13.06	196.3	1 025	1 325
350	725	9.06	13.20	211.0	1 090	1 440
400	800	10.00	13.33	217.4	1 112	1 512

图4-20 （30次干湿循环的土）不固结不排水剪切试样正面

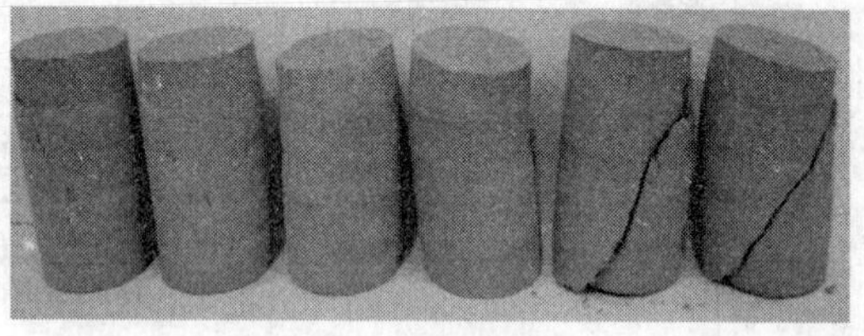

图4-21 （30次干湿循环的土）不固结不排水剪切试样反面

4.3.3.2 三轴不固结不排水剪切试验结果分析

$n(n=5、10、20、30)$次干湿循环后的土，根据三轴不固结不排水剪切试验，得其抗剪强度的变化，见表4-53与图4-23、图4-24。

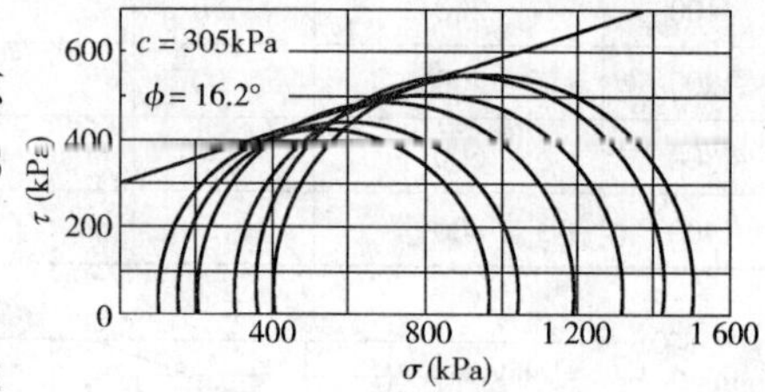

图4-22 不固结不排水剪强度包线

1. 膨胀土干湿循环次数 n 与黏聚力 c 的关系

由图4-23土的干湿循环次数 n 与黏聚力 c 的关系可见，膨胀土的三轴不固结不排水剪切试验得出的黏聚力值与土的干湿循环次数呈开口向上的二次抛物线关系。在10次干湿循环后的黏聚力值比在5次干湿循环后的黏聚力值下降了10.8%，在20次干湿循环后的黏聚力值比在10次干湿循环后的黏聚力值上升了5.2%，在30次干湿循环后的黏聚力值比在20次干湿循环后的黏聚力值上升了16.8%。黏聚力 c 与干湿循环次数 n 的二次曲线回归方程为：

$$c=0.25n^2-7.45n+305 \tag{4-23}$$

其相关系数为：$R^2=0.945\ 3$。

土的干湿循环次数与三轴抗剪强度的关系 表4-53

土干湿循环次数（次）	黏聚力 c(kPa)	内摩擦角 φ(°)
0（舍）	252	23.4
5	278	21.7
10	248	23.0
20	261	19.7
30	305	16.2

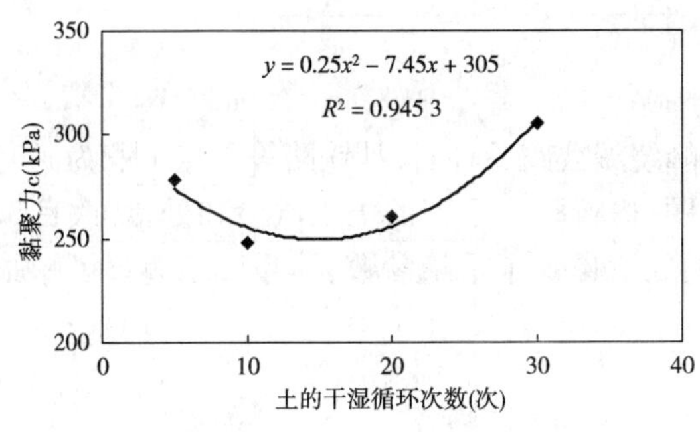

图 4-23　土的干湿循环次数与黏聚力的关系

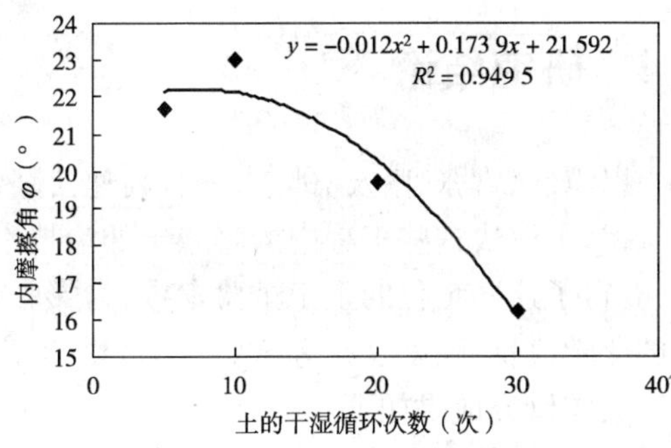

图 4-24　土的干湿循环次数与内摩擦角的关系

2. 膨胀土干湿循环次数 n 与内摩擦角 φ 的关系

由图 4-24 土的干湿循环次数 n 与内摩擦角 φ 的关系可见，膨胀土的三轴不固结不排水剪切试验得出的内摩擦角值与土的干湿循环次数呈开口向下的三次多项式关系。在 10 次干湿循环后的内摩擦角值比在 5 次干湿循环后的内摩擦角值上升了 6.0%，在 20 次干湿循环后的内摩擦角值比在 10 次干湿循环后的内摩擦角值下降了 14.3%，在 30 次干湿循环后的内摩擦角值比在 20 次干湿循环后的内摩擦角值下降了17.8%。内摩擦角 φ 与干湿循环次数 n 的二次曲线回归方程为：

$$\varphi = -0.012n^2 + 0.173\ 9n + 21.592 \quad (4\text{-}24)$$

其相关系数为：$R^2 = 0.945\ 9$。

3. 膨胀土干湿循环次数 n 与剪切强度 τ 的关系

当法向总应力为某一数值时，例如取 σ = 100kPa 时，抗剪强度 $\tau(c + \sigma\tan\varphi)$ 的变化规律见表 4-54、图 4-25。从图 4-25 可以看出，膨胀土的三轴不固结不排水剪切强度 τ 值与干湿循环次数 n 呈开口向上的二次抛物线关系，其二次曲线回归方程为：

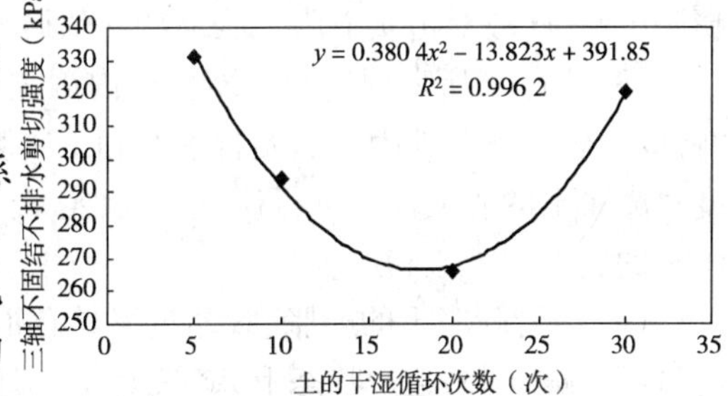

图 4-25　土的干湿循环次数与三轴不固结不排水剪切强度的关系

$$\tau = 0.380\ 4n^2 - 13.823n + 391.85 \quad (4\text{-}25)$$

其相关系数为：$R^2 = 0.996\ 2$。

土的干湿循环次数与三轴抗剪强度的关系(数例)　　表 4-54

土干湿循环次数（次）	黏聚力 c(kPa)	内摩擦角 φ(°)	抗剪强度 τ(kPa)（σ = 100kPa 时）
0(舍)	256	23.2	299
5	295	19.6	331
10	252	22.6	294
20	222	23.6	266
30	289	17.2	320

4.4 研究结论

以潭邵、常张、南友、邵永、耒宜高速公路，双峰绕城公路、石门长沙铁路等重点工程为研究背景，为了解决这些工程中的膨胀土处治技术问题，进行了一系列的土工试验和处治、改良试验，获得了这些工程的土工试验参数，为膨胀土的处治提供了重量参数。同时，还进行了膨胀土的化学改良、强度衰减等试验。

具体研究成果如下。

1. 潭邵高速公路膨胀土试验成果

(1)潭邵高速公路膨胀土胀缩特性：相同类型的膨胀土的胀缩性能取决于其起始含水率和起始干密度；膨胀土的起始湿度越小干密度越大，则其膨胀力和膨胀量越大。因此，若允许土体产生有限膨胀变形，则膨胀力将显著降低，故在工程建设中可以利用膨胀力与膨胀变形的特性关系来确定其设计。

(2)击实膨胀土和原状土的膨胀试验、收缩试验结果是有差异的。击实膨胀土，由于叠聚体排列更紧密和原有结构连接部分被破坏，因而使其胀缩趋势增强，击实膨胀土的膨胀量比原状土有时大几倍甚至会更多也是可能的；击实膨胀土的收缩量比原状土的收缩量要大一些，这也是不争的事实。但是在路堤的填筑条件设计、路堤边坡设计等工程实践中，往往涉及到扰动膨胀土问题，故对击实膨胀土胀缩特性的研究有着十分重要的意义。

(3)膨胀土所表现出的胀缩特性内因主要决定于组成膨胀土的黏土矿物成分、物理化学特性和结构类型；外因受起始含水率和干密度以及气候等外部条件的影响。因此从不同的角度对膨胀土的胀缩性能进行研究，是决定采用物理方法或化学方法来防治、加固、改良、处理膨胀土的关键。

(4)尽管膨胀土的膨胀、收缩过程具有很多的相似特征，但两个过程并不是一个完全可逆的过程，在相同的起始状态下，膨胀土吸水膨胀速度远大于其失水收缩速度，所发生的膨胀量也远大于收缩量；胀缩曲线回归方程具有比较直观的物理意义。

(5)对击实膨胀土胀缩速度变化规律的研究，为膨胀土渠道堤坝边坡工程设计及其施工程序和施工方式、膨胀土地基加固及路基病害的防治提供了重要的基础，所得到的胀缩曲线回归方程对预测和估算膨胀土地基的差异隆起与沉降、土体强度变化大小及其膨胀潜势的大小提供了依据。

2. 常张高速公路膨胀土试验成果

(1)试验结果表明，是否掺石灰、掺石灰量大小对最大干密度影响较小，最大干密度一般为1.61~1.66g/cm^3。

(2)最佳含水率随掺石灰量的增加而增大，但超过6%后，随掺灰量的增加，最佳含水率反而降低；这是因为当石灰掺量较小时，石灰吸收膨胀土中的水分与其发生化学反应，形成较密实的结构，随着石灰掺量的增加，土中的水分不能满足石灰化学反应的需要，多余的、没有参加化学反应石灰，直接充填于膨胀土颗粒之间，反而使含过量石灰膨胀土的密实度降低。

(3)《公路路基设计规范》(JTG D30—2004)第7.8.2条要求，掺石灰的最佳配比以其掺灰后胀缩总率不超过0.7为宜。从试验可以看出，当压实度为90%时，采取掺4%的石灰进行处理，其胀缩总率为0.51，小于0.7，满足规范要求；当压实度为93%时，采取掺6%的石灰进行处理，其胀缩总率为0.11，小于0.7，满足规范要求。所以，膨胀土改良方案：90区，掺石灰量选 4% ;93 区,掺石灰量选 6% 。

(4)《公路路基施工技术规范》(JTJ 033—95)第 5.1.5 条要求,路基填方材料最小强度(CBR)值,对应于本工程 90 区、93 区分别为 3、4,而本次试验结果表明,没有经过改良的膨胀土在压实度分别为 90% 、93% 时的 CBR 值分别为 3.05 、4.10,基本满足路基填方材料的最小强度要求,经改良后,CBR 值会增大,更能满足工程的要求。

3. 南友高速公路膨胀土

黏粒含量较高,为高液限黏土;土的膨胀力和膨胀率随着含水率增加而减小;土样只有在膨胀土超过其上部荷载才能发生膨胀,并且膨胀率随着压力的减小而显著增加;收缩变形随着含水率的增加而增加;膨胀土暴露在大气中后,以收缩开裂变形为主;该膨胀土为非透水性土。

4. 石长铁路膨胀土试验成果

膨胀土地段的地层为第四系更新统冲积层,土质为棕黄色黏土,呈硬塑—半干硬状态。开挖到 3 ~7m 时,夹有灰白色和黄褐色网纹状夹层的“网纹红土”普遍出现;挖至距离 7 ~11m 时,土中的灰白色成分增多,其他段距离路肩 1 ~5m 范围灰白色土成为主要成分,再往下基本都是灰白色土层。

5. 邵永高速公路膨胀土试验成果

在 K4 +300 ~K66 +800、K77 +300 ~K107 +220 段可见大面积膨胀土,对邵永高速公路所取膨胀土原状土样,经试验鉴定,该处膨胀土成因为碳酸盐岩残积膨胀土,属弱 ~中等膨胀土。

6. 耒宜高速公路膨胀土试验成果

在 K260 +400 ~K262 +600 段内 80% 以上为高液限土,段内切方土全为花岗岩全风化土及残坡积土,外观呈褐黄色多,少量褐色,局部偶有未全风化花岗岩块,微敲崩解,其土质及土力学特征具有高液限膨胀土的共性。

7. 国道 320 线双峰县绕城公路膨胀土

K5 +000 ~K5 +400 地段,地表面 2 ~3m 为黏土,下层主要为膨胀土,该土物理力学指标,塑性指数 I_P 为 16.9 ~18.1;自由膨胀率为 46% ~70% 。

8. 膨胀土的化学改良试验研究成果

用 7 种无机化工原料或化学试剂、3 种有机材料,对南友路膨胀土进行了化学改良试验,以自由膨胀率作为化学改良指标,试验得出了每种材料的最佳掺入量。对于南友路宁明膨胀土,当分析纯 $Ca(OH)_2$ 掺入量在 3% ~8% 时,自由膨胀率可降低 40% ~50% ;当环氧树脂 E401 掺入量在 0.1% ~1% 时,自由膨胀率可降低 28% ~48% ;此时基本上消除了土的膨胀性。分析纯 $Ca(OH)_2$ 的最佳掺入量为 6% ;环氧树脂 E401 的最佳掺入量为 0.7% 。

通过对南友路宁明地段中等膨胀土掺 10 种不同化学材料改良后,自由膨胀率均有一定幅度的降低,使原来的中等膨胀土改良为弱膨胀土或非膨胀土,减弱或消除了土的膨胀性,可用作路堤的填料。若单纯从改良效果来看,分析纯氢氧化钙、环氧树脂 E401、甲基丙烯酸甲酯的改良效果很好,将中等膨胀土改良成了非膨胀土;若综合环保方面的要求,则分析纯氢氧化钙为首选材料;若综合经济指标,则选生石灰或水泥比较适宜。

对于南友路膨胀土,从表 4-33 中可以看出:

(1)生石灰的最佳掺入量为 5% ;水泥的最佳掺入量为 4% ;分析纯氯化钠的最佳掺入量为 4% ;分析纯硅酸钠的最佳掺入量为 5% ;分析纯硝酸的最佳掺入量为 5% ;分析纯无水氯化钙的最佳掺入量为 2% ;改良后原来的中等膨胀土就成为了弱膨胀土。

(2)分析纯氢氧化钙的最佳掺入量为 6% ;甲基丙烯酸甲酯的最佳掺入量为 0.5;环氧树

脂 E401 的最佳掺入量为 0.7%;改良后原来的中等膨胀土就成为了非膨胀土。

(3)聚丙烯酰胺的最佳掺入量为 2%,用 2% 的聚丙烯酰胺改良后原来的中等膨胀土就成为了弱膨胀土;当掺入量为 0.1% ~9% 时,总的来说,改良效果不佳。

另外,考虑到环保和经济方面的要求,甲基丙烯酸甲酯与环氧树脂 E401 用于现场施工还很困难。

9. 膨胀土的强度衰减试验研究

对南友路膨胀土干湿循环 0、5、10、20、30 次,从三个方面试验研究了南友路膨胀土的强度随干湿循环次数的增加而变化的规律。在试验的基础上建立了膨胀土的直剪强度、无侧限抗压强度、三轴不固结不排水剪切强度三者各自与干湿循环次数的定量关系如下。

(1)膨胀土的直剪试验得出:内摩擦角值与土的干湿循环次数呈开口向上的三次多项式线性关系,经验公式见式(4-21);黏聚力值与土的干湿循环次数呈递减的线性关系,经验公式见式(4-20)。

(2)膨胀土的无侧限抗压强度试验得出:无侧限抗压强度与土的干湿循环次数呈开口向上的三次多项式线性关系,经验公式见式(4-22)。

(3)膨胀土的三轴不固结不排水剪切试验得出:黏聚力值与土的干湿循环次数呈开口向上的二次抛物线形关系,经验公式见式(4-23);内摩擦角值与土的干湿循环次数呈开口向下的二次抛物线形关系,经验公式见式(4-24),剪切强度 τ 值与土的干湿循环次数 n 呈开口向上的二次抛物线形关系,经验公式见式(4-25)。

参考文献

[1] 胡永斌. 膨胀土地区路基施工处理[J]. 企业技术开发. 2004.4.

[2] 廖济川. 膨胀土抗剪强度研究概况. 全国首届膨胀土科学研讨会论文集. 西安:西安交通大学出版社,1990.

[3] 于天龙,等. 土壤的电化学性质及其研究法. 北京:科学出版社,1965.

第五章　膨胀土路基及加筋膨胀土挡墙模拟试验

5.1　膨胀土路基模拟试验

5.1.1　膨胀土路基模拟试验概述

1. 模型箱制作及仪器准备

2003 年 7 月份,完成了模型试验所用模型箱的设计、加工和制作工作。模型箱尺寸为 3m(长)×3m(高)×1m(宽)。如图 5-1 所示,模型箱三面为混凝土;一个 3m(长)×3m(高)的有机玻璃观测面;两个临空面:一个顶面,一个 3m(高)×1m(宽)的临空面为路堤边坡临空面。观测面下部 0.6m(高)×3m(宽)采用 1cm 厚竹胶板,上部为 2.4m(高)×3m(宽)×1cm 厚有机玻璃,竖向每隔 30cm 用钢管作侧横向支挡,以保证有机玻璃不发生侧向的变形。

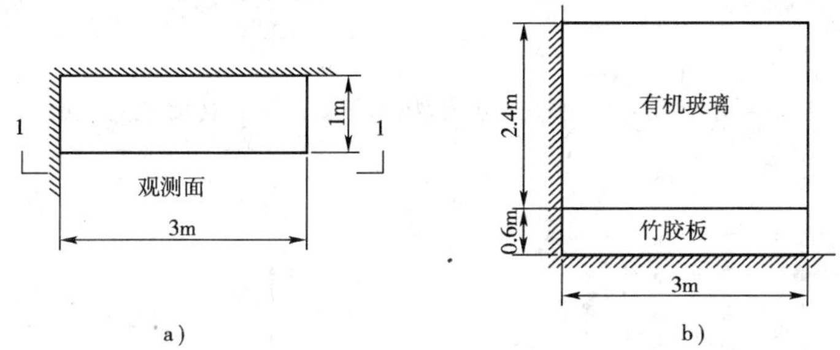

图 5-1　模型箱示意图

试验采用江苏南通中天精密仪器有限公司的 MG—2 型高精度测埼仪、MS—2 型 FDR 土壤水分探测器、长沙金码高科技公司 JMZX—300 监测仪以及 ZX—506 带记忆温度型土压力盒,如图 5-2、图 5-3 所示。

2. 试验方案的制定及质量保证措施

分别用南友路宁明段"中膨胀土"、常张路慈利段"弱膨胀土"作为模型试验用填料。模拟膨胀土路堤压实度 90% 时,路堤边坡坡度分别为 1∶0.75、1∶1、1∶1.5 和 1∶2.0 四种不同坡度情形下,分别模拟坡顶积水、阴天、日照、降雨四种不同气候条件,每种气候条件历时 7 ~ 25d 左右。研究膨胀土路堤在干湿循环作用下水的入渗、蒸发,土中含水率、温度、胀缩变形、土压力的变化规律等。第一组试验到第五组试验,在模型箱底部铺了一层沙,为模拟透水边界条件,第6组到第9组试验在模型箱底部都铺了一层两布一膜土工膜，为模拟不透水边界条件。各元器件的布置如图5-4～图5-8所示。

图5-2　测试土压力及温度的仪器

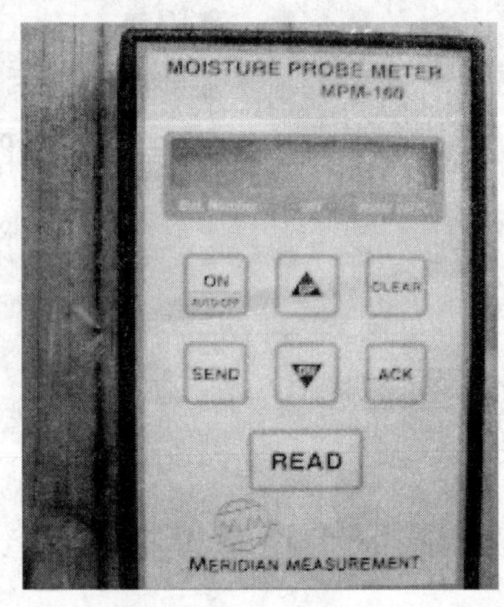

图5-3　土壤水分测试仪

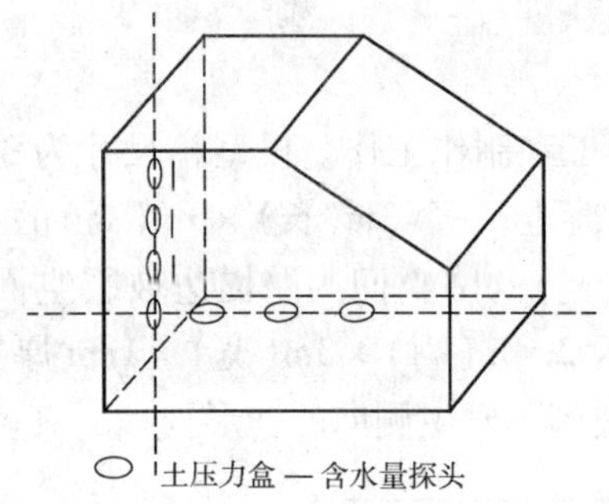

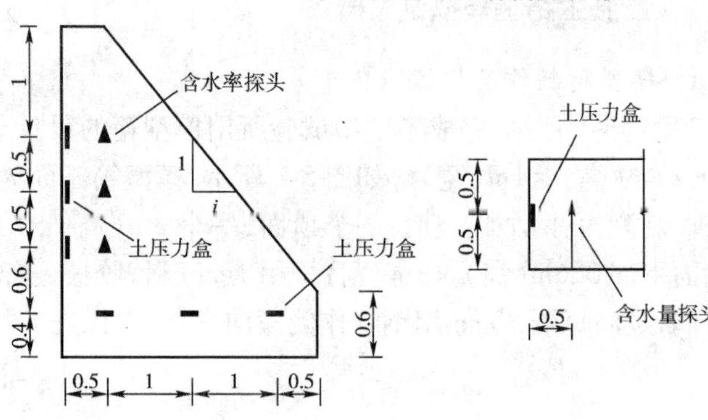

图5-4　模型箱立体图及第一组模型试验元器件布置图（尺寸单位：m）

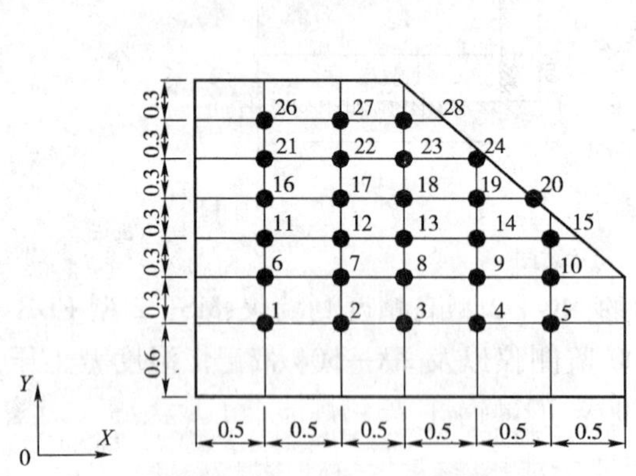

图5-5　第二组～第五组模型试验有机玻璃上测点布置（尺寸单位：m）

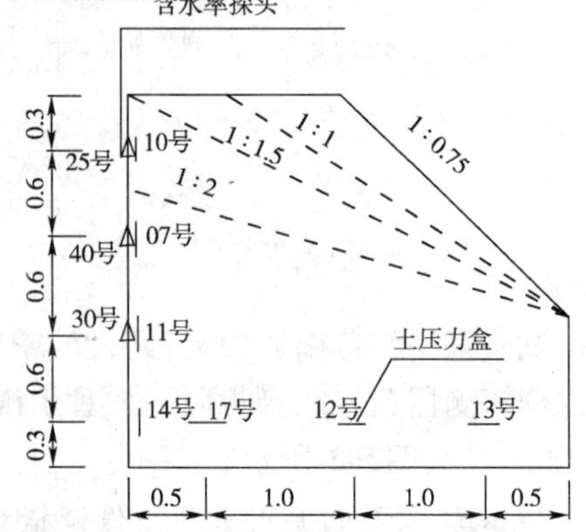

图5-6　第二组～第五组模型试验元器件的布置（尺寸单位：m）

质量控制：

第二组到第九组模型试验中加强了密实度的控制，具体从以下几点来控制模型试验土体的密实度。

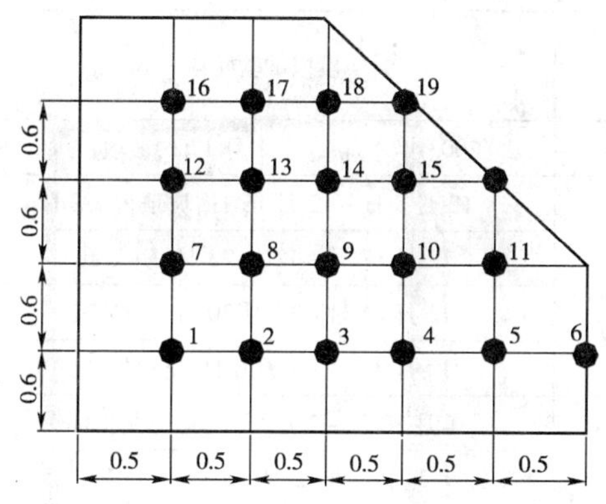

图 5-7　第六组～第九组模型试验测点布置图（尺寸单位：m）

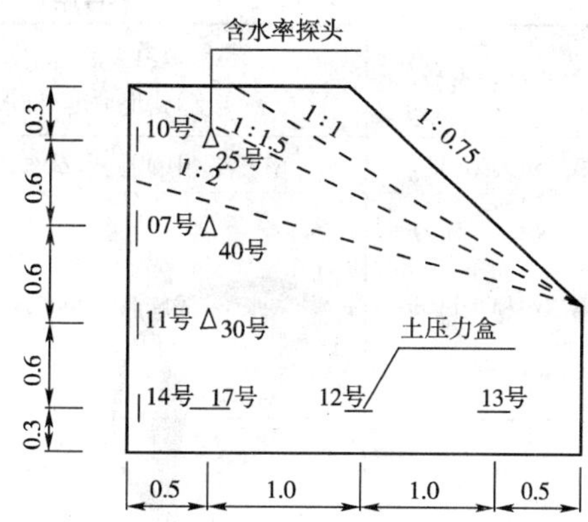

图 5-8　第六组～第九组模型试验元器件的布置（尺寸单位：m）

（1）控制膨胀土填料的单位体积质量

根据击实试验确定的最大干密度（第二组为常张路弱膨胀土）为 1.56g/cm^3，最优含水率为 26%，模拟压实度为 90% 的路堤。在 3m（长）×1m（宽）的模型槽内每 10cm 厚填土 420kg 重。考虑到填入模型槽内的土含水率超过最优含水率，则每 10cm 填土大约 450kg。称量胶皮桶装土 15kg。因此，每次填土是采用打"正"字标记装土的桶数，从填土的单位体积的重量上控制密实度。

（2）振动及锤击遍数

风干、碾碎，过 5mm 筛的土样，按重量比掺入最佳含水率的水后，拌和、闷料 1～2d，使其含水率均匀，然后倒入模型槽后，用钉齿耙耙匀后用木板趟平，之后用功率为 1.5kW 的平板式振动器压实第一遍，再用 4 磅的铁锤满锤 3 遍，确保填土的密实度达到要求。

（3）密度控制

为了控制、跟踪、检测填土的密实度是否达到要求，每填高 10～20cm 用环刀取五个土样测量填土的密实度。

3．试验内容及进展

第一组模型试验用南友路宁明地段"中膨胀土"作为试验材料，路堤边坡坡度为 1:0.5，土样含水率为 5%～7%，密实度仅为 60%～70%，带有摸索试验和验证模型箱强度的作用，同时测试地表水在土中的入渗速度及浸润线的变化规律。

第二组到第五组模型试验用的是常张路弱膨胀土，第六组到第九组用的是南友路中膨胀土。

第二组到第九组试验模拟路堤的密实度都达到 90%，每组试验中的第一阶段是模拟积水的过程；第二阶段是模拟无降雨无日照的阴天气候条件；第三阶段是模拟日照气候条件，每天在坡顶用 4 支、坡面用 6 支，共 10 支，每支为 1 000W 的碘钨灯，碘钨灯能上下左右移动，保证照射均匀，照射的高度以保持土表面温度 40℃ 为准；第四阶段是模拟降雨气候条件，用 10 个淋喷头在路堤顶面、坡面降雨，每日降雨量约为 0.5m^3，历时 1h 左右，安装淋喷头的架子可沿 X、Y 方向移动，淋喷头本身可作 360°旋转，以保证洒水均匀。研究路基在干湿循环作用下水的入渗、蒸发，土中含水率、温度、胀缩变形、土压力沿不同深度的变化规律等。研究膨胀土路堤的破坏类型及破坏过程。

各组试验时间安排、测试内容见表 5-1；部分试验图片如图 5-9～图 5-10 所示。

各组试验时间安排、测试内容 表 5-1

模型试验组数	路堤填料来源/膨胀土性质/密实度/路堤坡度/排水边界条件	模拟试验阶段
第一组模型试验	南友路/中膨胀土/60%/1:0.5/排水	2003 年 9 月 13 ~ 11 月 1 日,坡项积水
第二组模型试验	常张路/弱膨胀土/90%/1:0.75/排水	12 月 8 日 ~ 12 月 16 日,坡顶积水 9d
		12 月 17 日 ~ 12 月 23 日,阴天 7d
		12 月 24 日 ~ 12 月 30 日,日照 7d
		12 月 31 日 ~ 1 月 6 日,降雨期 7d
第三组模型试验	常张路/弱膨胀土/90%/1:1/排水	1 月 30 日 ~ 2 月 5 日,坡顶积水 7d
		2 月 6 日 ~ 2 月 12 日,阴天 7d
		2 月 13 日 ~ 2 月 19 日,日照 7d
		2 月 20 日 ~ 2 月 26 日,降雨 7d
第四组模型试验	常张路/弱膨胀土/90%/1:1.5/排水	2 月 29 日 ~ 3 月 7 日,降雨 7d
第五组模型试验	常张路/弱膨胀土/90%/1:2.0/排水	3 月 8 日 ~ 3 月 15 日,降雨 7d
第六组模型试验	南友路/中等膨胀性土/90%/1:0.75/不排水	4 月 5 日 ~ 4 月 22 日,坡顶积水 18d
		4 月 23 日 ~ 4 月 27 日,阴天 5d
第七组模型试验	南友路/中等膨胀土/90%/1:1/不排水	4 月 28 日 ~ 5 月 26 日,坡顶积水 29d
		5 月 27 日 ~ 5 月 30 日,阴天 4d
第八组模型试验	南友路/中等膨胀土/90%/1:1.5/不排水	5 月 31 日 ~ 6 月 6 日,阴天 7d
		6 月 7 日 ~ 6 月 16 日,日照 10d
		6 月 17 日 ~ 6 月 23 日,降雨 7d
第九组模型试验	南友路/中等膨胀土/90%/1:2.0/不排水	6 月 24 日 ~ 6 月 30 日,阴天 7d
		7 月 1 日 ~ 7 月 7 日,降雨 7d

图 5-9 日照之后降雨冲刷图

5.1.2 不同气候条件下膨胀土路基中含水率变化规律模拟试验

5.1.2.1 第一组模型试验含水率试验结果分析及小结

a)

b)

图 5-10 试验图片

a)降雨冲刷后的坡面图;b)日照之后的裂缝图

1. 第一组模型试验含水率试验结果分析

第一组模型试验含水率随时间变化曲线如图 5-11。

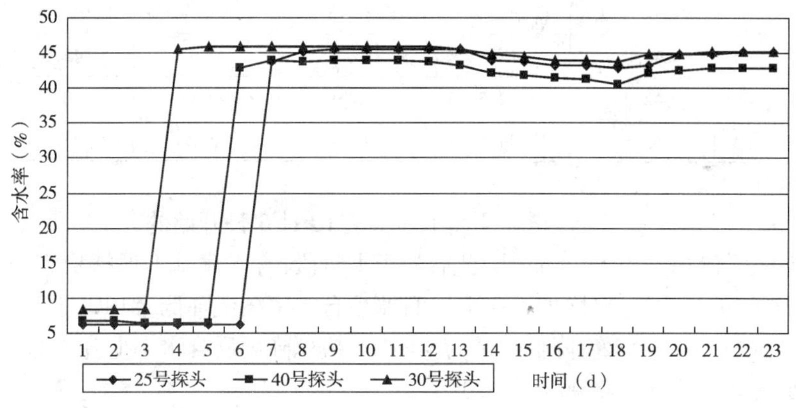

图 5-11 第一组室内模型试验含水率随时间的总的变化曲线

从图 5-11、表 5-2 可见:土样的含水率从起始 6% 左右,到积水后 7d 达到 45% ~46%,随后基本保持稳定;日照后含水率缓慢降低;降雨后含水率又缓慢上升。

表 5-2 可见:最底层的 25 号含水率探头,距路堤顶面的距离为 2m,从 10 月 6 日开始的6.3% 到积水后 6d,即历时 144h 后,含水率增大到 43.7%,入渗速度为 13.9mm/h。随后含水率略有上升,到 10 月 18 日开始日照前的含水率 45.5%,增大了 1.8%;日照后含水率缓慢降低,到 10 月 25 日,即日照 7d 后含水率降低到 43.3%,含水率降低总量为 2.2%。模拟降雨后含水率上升了 2.3%。

距路堤顶面 1.5m 的中间层 40 号含水率探头,从 10 月 6 日开始积水前的 6.7% 到积水 4.5d,即历时 108h 后,含水率增大到 42.9%,水的入渗速度为 13.9mm/h,此后的积水阶段,含水率略有上升,到 10 月 18 日开始日照前的含水率 43.3%,上升了 0.4%,基本保持稳定;日照后含水率缓慢降低,到 10 月 25 日,即日照 6d 后含水率降低到 40.6%,日照阶段,含水率降低总量为2.7%。此后为模拟降雨阶段,模拟降雨时间为5d,含水率由降水前的40.6%增大到42.9%,增大了2.3%。

第一组模型试验含水率试验结果与分析　　表5-2

测试日期与阶段 / 元器件	2003.10.6 积水第1天	2003.10.7 积水第2天	2003.10.8 积水第3天	2003.10.9 积水第4天	2003.10.10 积水第5天	2003.10.11 积水第6天
探头30号含水率(%)	8.4	8.4	8.4	45.5	45.9	45.9
探头40号含水率(%)	6.7	6.7	6.5	6.5	6.5	42.9
探头25号含水率(%)	6.3	6.3	6.3	6.3	6.3	6.3
测试日期与阶段 / 元器件	2003.10.12 积水第7天	2003.10.13 积水第8天	2003.10.14 积水第9天	2003.10.15 积水第10天	2003.10.16 积水第11天	2003.10.17 积水第12天
探头30号含水率(%)	45.9	45.9	45.9	45.9	45.9	45.9
探头40号含水率(%)	44.0	43.7	44.0	44.0	44.4	43.7
探头25号含水率(%)	43.7	45.2	45.5	45.5	45.5	45.5
测试日期与阶段 / 元器件	2003.10.18 日照第1天	2003.10.20 日照第2天	2003.10.21 日照第3天	2003.10.22 日照第4天	2003.10.23 日照第5天	2003.10.24 日照第6天
探头30号含水率(%)	45.5	44.8	44.4	44.0	44.0	43.7
探头40号含水率(%)	43.3	42.2	41.8	41.4	41.3	40.6
探头25号含水率(%)	45.5	44.0	43.7	43.3	43.3	43.7
测试日期与阶段 / 元器件	2003.10.25 降雨第1天	2003.10.26 降雨第2天	2003.10.27 降雨第3天	2003.10.28 降雨第4天	2003.10.29 降雨第5天	2003.10.30 降雨第6天
探头30号含水率(%)	44.8	44.8	45.2	45.2	45.2	45.2
探头40号含水率(%)	42.2	42.5	42.9	42.9	42.9	42.9
探头25号含水率(%)	43.3	44.8	44.8	45.2	45.2	45.2

注:表中所测数据为当天开始试验前的测试数据。

最顶层的30号含水率探头,距路堤顶面1.0m,从10月6日开始的8.4%到积水3d后,即历时72h的45.5%,入渗速度为13.9mm/h,此后的积水阶段,含水率基本保持稳定,到10月18日开始日照前的含水率45.9%,仅增加了0.4%;日照后含水率缓慢降低,到10月25日,即日照7d后,含水率降低到44.8%,含水率降低总量为1.1%。模拟降雨后含水率上升了1.5%。

2. 第一组模型试验含水率试验结果小结

根据第一组室内模型试验,可以得出以下几点结论。

(1)水在膨胀土路堤中的入渗、蒸发与路堤密实度、排水边界条件关系密切。

(2)密实度为60%~70%,模拟排水边界条件下,在以南友路宁明地段膨胀土为填料的路堤模型中,水的入渗速度为13.9mm/h。

(3)起始含水率6%~7%的干膨胀土,积水1周后含水率达到45%~46%,随后含水率基本保持稳定;日照后含水率缓慢降低;降雨后含水率又缓慢上升。

5.1.2.2　第二组模型试验含水率试验结果分析及小结

采用常张路弱膨胀土,坡度为1:0.75,进行了四个阶段的模拟试验。

1. 第二组模型试验含水率试验结果分析

第二组模型试验含水率随时间变化曲线见图5-12。

从图5-12和表5-3可以看出,土样起始含水率为10%~13%左右,到积水3~4d后达到

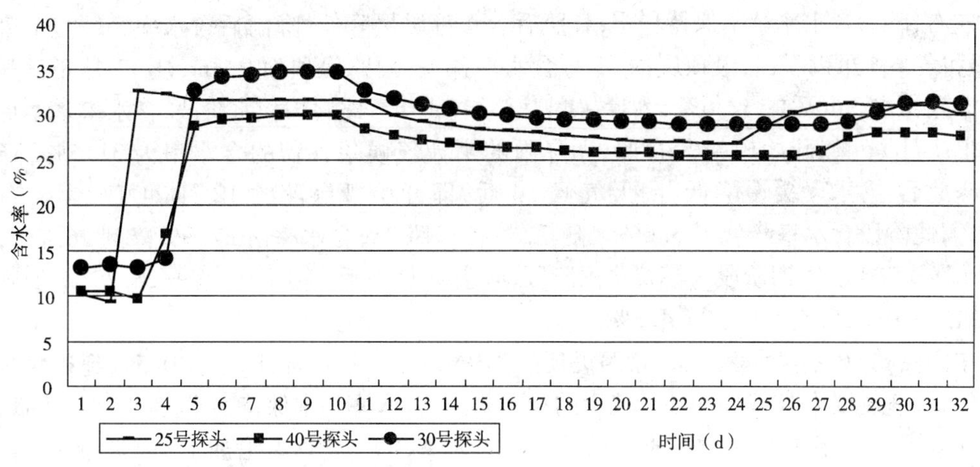

图 5-12　第二组室内模型试验含水率随时间的总的变化曲线

第二组模型试验含水率试验结果与分析

表 5-3

测试日期与阶段 / 元器件	2003.12.8 积水第 1 天	2003.12.9 积水第 2 天	2003.12.10 积水第 3 天	2003.12.11 积水第 4 天	2003.12.12 积水第 5 天	2003.12.13 积水第 6 天
探头 25 号含水率（%）	10.1	9.3	32.6	32.2	31.5	31.5
探头 40 号含水率（%）	10.5	10.5	9.6	16.7	28.6	29.3
探头 30 号含水率（%）	13.1	13.4	13.1	14.1	32.6	34.0
测试日期与阶段 / 元器件	2003.12.14 积水第 7 天	2003.12.15 积水第 8 天	2003.12.16 积水第 9 天	2003.12.17 阴天第 1 天	2003.12.18 阴天第 2 天	2003.12.19 阴天第 3 天
探头 25 号含水率（%）	31.5	31.5	31.5	31.5	31.4	29.8
探头 40 号含水率（%）	29.5	29.8	29.8	29.8	28.3	27.6
探头 30 号含水率（%）	34.3	34.5	34.5	34.5	32.6	31.7
测试日期与阶段 / 元器件	2003.12.20 阴天第 4 天	2003.12.21 阴天第 5 天	2003.12.22 阴天第 6 天	2003.12.23 阴天第 7 天	2003.12.24 日照第 1 天	2003.12.25 日照第 2 天
探头 25 号含水率（%）	29.1	28.8	28.3	28.1	27.9	27.6
探头 40 号含水率（%）	27.2	26.7	26.4	26.2	26.2	26.0
探头 30 号含水率（%）	31.0	30.5	30.0	29.8	29.5	29.3
测试日期与阶段 / 元器件	2003.12.26 日照第 3 天	2003.12.27 日照第 4 天	2003.12.28 日照第 5 天	2003.12.29 日照第 6 天	2003.12.30 日照第 7 天	2003.12.31 降雨第 1 天
探头 25 号含水率（%）	27.4	27.2	26.9	26.9	26.7	26.7
探头 40 号含水率（%）	25.7	25.7	25.7	25.5	25.5	25.5
探头 30 号含水率（%）	29.3	29.1	29.1	28.8	28.8	28.8
测试日期与阶段 / 元器件	2004.1.1 降雨第 2 天	2004.1.2 降雨第 3 天	2004.1.3 降雨第 4 天	2004.1.4 降雨第 5 天	2004.1.5 降雨第 6 天	2004.1.6 降雨第 7 天
探头 25 号含水率（%）	28.6	30.2	31.0	31.2	31.0	31.0
探头 40 号含水率（%）	25.5	25.5	26.0	27.4	27.9	27.9
探头 30 号含水率（%）	28.8	28.8	28.8	29.1	30.2	31.2

注:表中所测数据为当天开始试验前测试数据。

30%左右，随后含水率基本保持稳定；日照后含水率缓慢降低；降雨后含水率又缓慢上升。从表5-3和表5-4可以看出，最顶层的25号含水率探头，距路堤顶面0.3m，从12月8日开始的10.1%到积水36h后的32.6%，入渗速度为8.33mm/h。此后的积水阶段，含水率基本保持稳定，到12月17日，开始模拟无日照、无降雨的阴天气候条件前的含水率为31.5%，降低了1.1%；此后，含水率缓慢降低，阴天气候7d后，即开始日照前的12月24日，含水率降到27.9%，此阶段含水率降低了3.6%。随后，模拟日照7d，含水率由27.9%降到26.7%，含水率降低了1.2%。第四阶段为模拟降雨阶段，含水率上升，由模拟降雨前的26.7%增加到降雨8d后的31.0%，含水率增加了4.3%。

中间层的40号含水率探头，距路堤顶面0.9m，从12月8日开始的10.5%到积水84h的28.6%，入渗速度为10.71mm/h。此后的积水阶段，含水率基本保持稳定，到12月17日，开始模拟无日照、无降雨的阴天气候条件前的含水率为29.8%，含水率增加了1.2%；此后，含水率缓慢降低，阴天气候7d后，即开始日照前，含水率降到26.2%，此阶段含水率降低了3.6%。随后，模拟日照7d，含水率由26.2%降到25.5%，含水率降低了0.7%。第四阶段为模拟降雨阶段，含水率上升，由模拟降雨前的25.5%增加到降雨8d后的27.9%，含水率增加了2.4%。

最底层的30号含水率探头，距路堤顶面1.5m，从12月8日开始的13.1%到积水4d后，即12月12日，历时96h的32.6%，入渗速度为15.63mm/h。此后的积水阶段，含水率基本保持稳定，到12月17日开始模拟无日照、无降雨的阴天气候条件前的含水率34.5%，含水率增加了1.9%；此后，含水率缓慢降低，阴天气候7d后，含水率降到29.5%，此阶段含水率降低了5.0%。随后，模拟日照7d，含水率由29.5%降到28.8%，含水率降低了0.7%。第四阶段为模拟降雨阶段，含水率上升，由模拟降雨前的28.8%增加到降雨7d后的31.4%，含水率增加了2.4%。

可以看出随着水的向下入渗，其入渗的速度是在逐渐加快的，分析认为可能是由于随着时间的增长，水柱形成的压力在不断增大，加快了入渗速度。

在数据处理时，采用了数理统计的方法，试验的每个阶段中，每天的含水率视为样本，计算出样本均值和样本方差，用来反映数据的离散程度。

样本均值：

$$\overline{w} = \frac{1}{n}\sum_{\mathrm{i}=1}^{\mathrm{n}} w_{\mathrm{i}}$$

样本方差：

$$S^2 = \frac{1}{n-1}\sum_{\mathrm{i}=1}^{\mathrm{n}} (w_{\mathrm{i}} - \overline{w})^2$$

其中$\overline{w}$为试验中某个阶段的平均含水率，指某阶段某天的含水率，n指某阶段试验持续的天数。

2. 第二组模型试验含水率试验结果小结

根据第二组室内模型试验，可以得出以下几点结论(表5-4)：

(1)在不同的阶段，含水率变化不同，历时36~96h后，含水率从10.1%~13.1%，增大到29.8%~34.5%，增大了20%左右。

(2)第一阶段后，即积水阶段后，膨胀土中的含水率较高，尽管在第二阶段为阴天的气候条件下，但含水率降低较快，降幅为3.6%~5.0%。

(3)在第三阶段，起始含水率接近最佳含水率，尽管有10支1 000W的碘钨灯照射7d，每天照

射 6h,保持土表面温度为 40℃左右,但含水率降低的速率较第二阶段小,降幅仅为 0.7% ~1.2%。

第二组试验含水率试验结果对比分析 表 5-4

含水率探头		25 号探头		40 号探头		30 号探头	
测试阶段 \ 探头坐标		X	Y	X	Y	X	Y
		0.0	2.1	0.0	1.5	0.0	0.9
第一阶段,模拟积水阶段 9d,前后含水率差	模拟积水开始时	10.1		10.5		13.1	
	水入渗到探头位置	31.5		29.8		34.5	
	前后含水率差	+21.4		+19.3		+21.4	
	历时(h)	36		84		96	
	入渗速度 mm/h	8.33		10.71		15.63	
第二阶段,模拟阴天阶段 7d,前后含水率差	模拟阴天开始时	31.5		29.8		34.5	
	模拟阴天结束时	27.9		26.2		29.5	
	前后含水率差	-3.6		-3.6		-5.0	
	所测含水率均值	29.6		27.5		31.4	
	含水率方差	1.953		1.595		2.772	
第三阶段,模拟日照阶段 7d,前后含水率差	模拟日照开始时	27.9		26.2		29.5	
	模拟日照结束时	26.7		25.5		28.8	
	前后含水率差	-1.2		-0.7		-0.7	
	所测含水率均值	27.2		25.8		29.1	
	含水率方差	0.187		0.068		0.070	
第四阶段,模拟降雨阶段 7d,前后含水率差	模拟降雨开始时	26.7		25.5		28.8	
	模拟降雨结束时	31.0		27.9		31.2	
	前后含水率差	+4.3		+2.4		+2.4	
	所测含水率均值	30.1		26.8		29.8	
	含水率方差	2.285		1.293		1.391	

(4)第四阶段,为模拟降雨阶段,每天降雨 0.5h,含水率增大了 2.4% ~4.3%。

(5)相对而言,路基中含水率越高,受气候条件影响越明显,水分越容易降低;在最优含水率时水分变化较慢。

(6)在模拟阴天和模拟降雨阶段的含水率的离散性最大,说明此阶段对含水率的变化影响较大。

5.1.2.3 第三组模型试验含水率试验结果分析及小结

第二组模型试验完毕后,对路堤边坡进行削坡,削坡成坡度为 1:1的模拟路堤。测点位置和元器件的埋设与第二组相同。共进行了四个阶段的模拟试验。时间从 2004 年 1 月 30 日开始于 2004 年 2 月 26 日结束。

1. 第三组模型试验含水率试验结果分析

第三组模型试验含水率随时间变化曲线如图 5-13 所示。

从图 5-13 和表 5-5 可见:最顶层的 25 号含水率探头,距路堤顶面 0.3m,从 2004 年 1 月 30

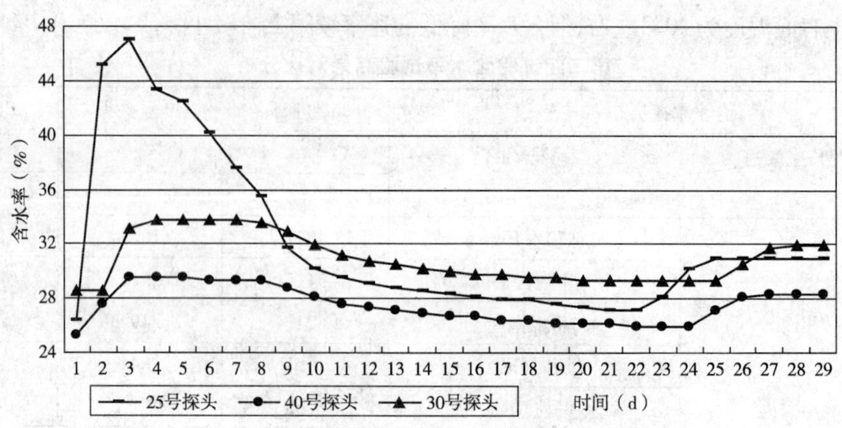

图 5-13　第三组模型试验含水率随时间变化曲线

第三组试验含水率试验结果对比分析　　表 5-5

含水率探头		25 号探头		40 号探头		30 号探头	
测试阶段	探头坐标	*X*	*Y*	*X*	*Y*	*X*	*Y*
		0.0	2.1	0.0	1.5	0.0	0.9
路堤削坡完成后到积水入渗到含水率探头位置时含水率的变化率(%)	路堤削坡后	26.4		25.3		28.6	
	水入渗到探头位置	45.2		29.5		33.1	
	含水率差	+18.8		+4.2		+4.5	
	历时(h)	24		36		48	
	入渗速度 mm/h	12.50		18.73		20.83	
第一阶段,模拟积水阶段7d,前后含水率差	模拟积水开始时	45.2		29.5		33.1	
	模拟积水结束时	35.5		29.3		33.6	
	前后含水率差	−9.7		−0.2		+0.5	
	所测含水率均值	40.3		29.4		33.4	
	含水率方差	1.963		0.183		0.176	
第二阶段,模拟阴天阶段7d,前后含水率差	模拟阴天开始时	35.5		29.3		33.6	
	模拟阴天结束时	28.3		26.7		30.0	
	前后含水率差	−7.2		−2.6		−3.6	
	所测含水率均值	31.4		28.1		31.2	
	含水率方差	1.345		0.824		0.789	
第三阶段,模拟日照阶段7d,前后含水率差	模拟日照开始时	28.3		26.7		30.0	
	模拟日照结束时	27.2		26.0		29.3	
	前后含水率差	−1.2		−0.7		−0.7	
	所测含水率均值	27.8		26.4		29.6	
	含水率方差	0.635		0.424		0.453	
第四阶段,模拟降雨阶段7d,前后含水率差	模拟降雨开始时	27.2		26.0		29.3	
	模拟降雨结束时	31.0		28.3		31.9	
	前后含水率差	+3.8		+2.3		+2.6	
	所测含水率均值	29.4		27.1		30.6	
	含水率方差	1.842		0.964		0.825	

日开始的26.4%到积水1d后，即1月30日，历时24h的45.2%，入渗速度为12.5mm/h。此后的积水阶段，含水率稳定下降，到2月6日开始模拟无日照、无降雨的阴天气候条件前的含水率35.5%，降低了9.7%，这与25号含水率探头距坡顶距离较小，水分易蒸发有关；此后，第二阶段，含水率缓慢降低，阴天气候7d后，即开始日照前的2月13日含水率降到28.3%，第二阶段含水率降低了7.2%。随后，模拟日照7d的第三阶段，含水率由28.3%降到日照7d后的27.2%，含水率降低了1.1%。第四阶段为模拟降雨阶段，含水率上升，由模拟降雨前的27.2%增加到降雨7d后的31.0%，含水率增加了3.8%。

中间层的40号含水率探头，距路堤顶面0.9m，从2004年1月30日开始的25.3%到积水2d后，即2月1日，历时48h的29.5%，入渗速度为18.75mm/h，含水率增幅为4.2%。此后的积水阶段，含水率基本保持稳定，到2月6日，开始模拟无日照、无降雨的阴天气候条件前的含水率为29.3%，含水率降低了0.2%；此后的第二阶段，含水率缓慢降低，阴天气候7d后，即开始日照前的2月13日，含水率降到26.7%，此阶段含水率降低了2.7%。随后的第三阶段，模拟日照7d，含水率降到了26.0%，含水率降低了0.7%。第四阶段为模拟降雨阶段，含水率上升，由模拟降雨前的26.0%增加到降雨7d后的28.3%，含水率增加了2.3%。

最底层的30号含水率探头，距路堤顶面1.5m，从2004年1月30日开始的28.6%到积水2d后，即2月1日，历时48h的33.1%，入渗速度为20.83mm/h。积水阶段，含水率基本保持稳定，到2月6日，开始模拟无日照、无降雨的阴天气候条件时的含水率为33.6%，含水率增加了0.5%；第二阶段，即模拟阴天气候条件，含水率缓慢降低，阴天气候7d后，即开始日照前的2月13日，含水率降到30.0%，第二阶段阶段含水率降低了3.6%。第三阶段，模拟日照7d，含水率由日照前的30.0%降到日照7d后的29.3%，含水率降低了0.7%。第四阶段为模拟降雨阶段，含水率上升，由模拟降雨前的29.3%增加到降雨7d后的31.9%，含水率增加了2.6%。

2. 第三组模型试验含水率试验结果小结

根据第三组室内模型试验，可以得出以下几点结论。

(1)上部的土体的含水率受外部条件变化的影响较大；

(2)膨胀土含水率越高，失水速率越快；含水率的变化受深度的影响较大；

(3)第三组试验是在第二组试验路路堤的基础上进行削坡，含水率探头距坡面较近，埋藏较浅，所以含水率的变化幅度第三组较第二组大。

5.1.2.4 第四组和第五组模型试验含水率试验结果分析

第四组模型试验是在第三组试验的基础上，进行削坡，使其坡度由第三组的1∶1变成1∶1.5；第五组试验是在第四组试验基础上，坡度由1∶1.5削成1∶2。第四组和第五组试验都只是模拟了降雨阶段的试验。

含水率测试结果见表5-6。

从表5-6可以看出这两组模型试验，在经过2d的模拟降雨冲刷，当雨水渗透到含水率探头所埋设的位置时，含水率有个稍微明显的增大(最大1%)；随后，含水率基本趋于稳定了，最大变化量为0.3%，最小变化量为0.2%。

5.1.2.5 第六组和第七组模型试验含水率试验结果分析及小结

此两组模型试验采用南友路中膨胀土，模拟路基边坡坡度分别为1∶0.75和1∶1，且都只进行了模拟积水和降雨阶段的模型试验，模拟不透水边界条件。在此两组试验过程中都发生了滑坡。

第四组和第五组试验含水率测试结果　　表 5-6

	探头号	25 号	40 号	30 号		探头号	25 号	40 号	30 号
第四组	冲刷第 1 天	29.3	27.4	31.2	第五组	冲刷第 1 天		27.6	31.4
	冲刷第 2 天	31.2	28.3	31.2		冲刷第 2 天		27.9	31.7
	冲刷第 3 天	31.2	28.6	32.4		冲刷第 3 天		28.1	31.7
	冲刷第 4 天	31.0	28.6	32.4		冲刷第 4 天		28.1	31.7
	冲刷第 5 天	30.7	28.3	32.1		冲刷第 5 天		28.1	31.9
	冲刷第 6 天	31.0	28.3	32.1		冲刷第 6 天		27.9	28.1
	冲刷第 7 天	31.0	28.6	31.2		冲刷第 7 天		28.1	31.7
	冲刷停止	30.7	28.3	31.2		冲刷停止		28.1	31.7

1. 第六组和第七组模型试验含水率试验结果分析

第六组模型试验含水率随时间变化曲线如图 5-14。

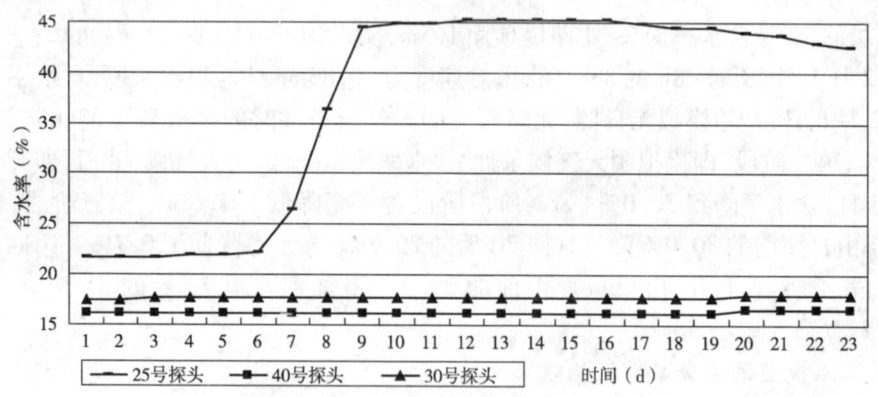

图 5-14　第六组模型试验含水率随时间变化曲线

由图 5-14、表 5-7 所示，距基顶 30cm 处的 25 号含水率探头，从积水起始含水率的21.7%，第 2 天后增大到 21.9%，在积水后的第 8d，历时 192h，25 号含水率探头所测的含水率才达到相对稳定的阶段为 44.4%，水的入渗速度为 1.56mm/h。而 40 号和 30 号含水率探头所测含水率基本上保持一条直线，含水率没有变化。25 号所测含水率在积水后含水率曲线是呈逐渐

第六组试验含水率测试结果对比分析　　表 5-7

含水率探头		25 号探头		40 号探头		30 号探头	
测试阶段 \ 探头坐标		X	Y	X	Y	X	Y
		0.5	2.1	0.5	1.5	0.5	0.9
第一阶段，模拟积水阶段，历时 18d，前后含水率差（%）	模拟积水开始时的含水率（%）	21.7		无变化		无变化	
	水入渗到探头位置时含水率（%）	21.9					
	前后含水率差（%）	+0.2					
	历时（h）	192					
	水的入渗速度（mm/h）	1.56					
第二阶段，模拟阴天阶段，历时 5d，前后含水率差	模拟阴天开始时的含水率（%）	44.4		无变化		无变化	
	模拟阴天结束时的含水率（%）	42.5					
	前后含水率差（%）	-1.9					

上升趋势的，在积水后的第 6 天含水率发生突变，直到第 8 天含水率上升的趋势很快，随后缓慢的上升到积水后的第 12 天的 45.2%，随后保持在 45.2% 的一段直线上。停止降雨后，含水率逐渐下降，到第六组试验结束时，即停止降雨的第 5 天，含水率降到了 42.5%。

比较第六组与第二组试验，不同的是第二组试验在积水后的第 2 天水就渗透到最顶层的含水率探头的位置，而第六组试验用了 8d 的时间；第二组试验在积水后的第 2 天含水率发生突变，随后在模拟积水的过程中基本保持不变，而第六组试验在积水后的第 8 天含水率发生突变，3d 后含水率才趋于稳定。

第七组模型试验含水率随时间变化曲线见图 5-15。

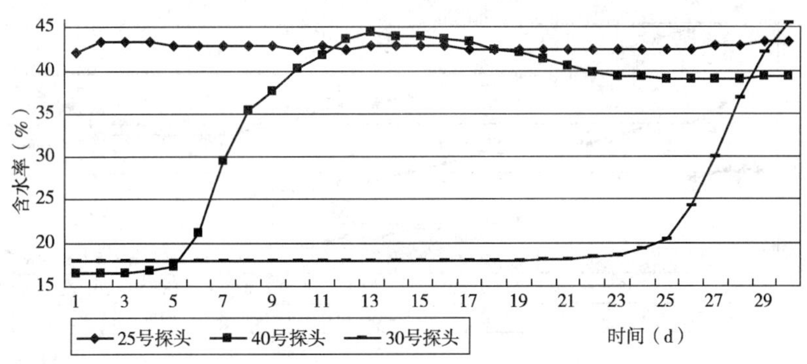

图 5-15 第七组模型试验含水率随时间变化曲线

由图 5-15、表 5-8 所示，在积水后的第 3 天，即 5 月 1 日，距坡顶 0.9m 的 40 号含水率探头所测的含水率从 16.5% 增大到 16.9%，说明水已经开始下渗到这一位置，此后，从 5 月 1 日到 5 月 7 日，含水率由 16.9% 突增到 40.2%，水的入渗速度为 900/(18+10)/24=1.34mm/h，含水率曲线发生突变，说明水已经完全渗透到 40 号含水率探头的埋设位置，此后含水率变化不大；由第四组模型试验结果知道，25 号探头埋设在距路堤顶面 0.3m 的位置，水渗透 25 号含水率探头时的平均速度是 1.56mm/h，与第二组模型试验渗透到此位置的平均速度 8.33mm/h 相比，相差很大。这与土的类型、探头的埋深、排水边界条件等有关。

第七组模型试验含水率试验结果对比分析 表 5-8

含水率探头		25 号探头		40 号探头		30 号探头	
测试阶段 \ 探头坐标		*X*	*Y*	*X*	*Y*	*X*	*Y*
		0.5	2.1	0.5	1.5	0.5	0.9
第一阶段，从起始含水率到积水入渗到含水率探头位置时含水率的变化	起始含水率(%)	变化不大		16.5		17.9	
	水完全入渗到探头位置			40.2		45.5	
	含水率差			0.7		0.7	
	历时(天×24)h			(18+10)×24		(18+21)×24	
	入渗速度 mm/h			1.34		1.33	
第二阶段，模拟积水阶段，前后含水率差(%)	阴天开始时含水率(%)	变化不大		40.2		45.5	
	阴天结束时含水率(%)			39.4		45.2	
	前后含水率差			-0.8		-0.3	

积水的第 19 天后，距基顶 1.5m 的含水率探头 30 号所测的含水率发生突变，从 17.9% 增大到 18.1%，说明水已经渗透到 30 号探头所埋设的位置(距路基顶面 1.5m)，到积水 29d 后含水率达到 45.5%，水从坡顶完全渗透到距坡顶 1.5m 所用时间为(18+29)×24=1 128h，其

入渗速度为:1 500/1 128 = 1.33 mm/h。

2. 第六组、第七组模型试验含水率试验结果小结

根据第六组和第七组室内模型试验,可以得出以下几点结论。

(1)模拟不透水边界条件下,路堤积水阶段的渗透速率远小于模拟透水边界路堤。

(2)与模拟透水边界条件所填筑的路堤不同的是,在模拟不透水边界条件下,积水的渗透速率是在不断减小的。之所以出现这种情况,一方面与边界条件有关;另一方面与两种土体的性质有关。

5.1.2.6 第八组模型试验含水率试验结果分析

第八组模型试验含水率探头所测含水率随时间变化曲线,如图5-16所示。

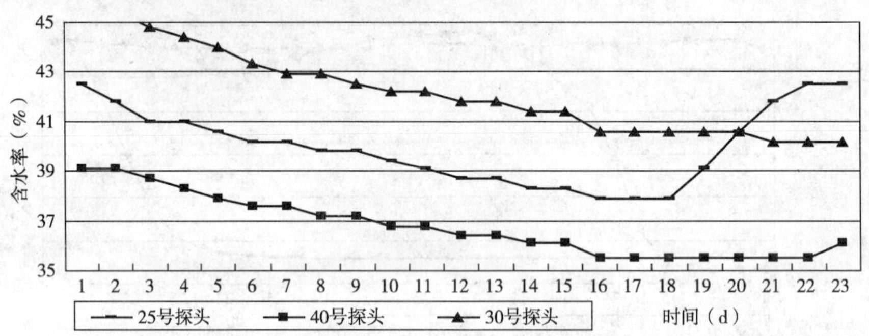

图5-16 第八组模型试验含水率探头所测含水率随时间变化曲线

第八组模型试验是在第七组试验的基础上,把边坡的垮落的部分除去并削坡,使其边坡坡度达到1∶1.5。试验为三个试验阶段:模拟阴天,日照和降雨三阶段。

从图5-16、表5-9可以看出,埋设于土体最上层的25号含水率探头所测含水率变化曲线

第八组试验含水率试验结果对比分析 表5-9

含水率探头		25号探头		40号探头		30号探头	
测试阶段 \ 探头坐标		X	Y	X	Y	X	Y
		0.0	2.1	0.0	1.5	0.0	0.9
第二阶段,模拟阴天阶段7d,前后含水率差	模拟阴天开始时	42.5		39.1		45.5	
	模拟阴天结束时	39.8		37.2		42.9	
	前后含水率差	-2.7		-1.9		-2.6	
	所测含水率均值	41.1		38.2		44.1	
	含水率方差	1.012		0.863		0.754	
第三阶段,模拟日照阶段10d,前后含水率差	模拟日照开始时	39.8		37.2		42.9	
	模拟日照结束时	37.9		35.5		40.6	
	前后含水率差	-1.9		-1.7		-2.3	
	所测含水率均值	38.4		36.3		41.5	
	含水率方差	0.865		0.842		0.749	
第四阶段,模拟降雨阶段7d,前后含水率差	模拟降雨开始时	37.9		35.5		40.6	
	模拟降雨结束时	42.5		36.1		40.2	
	前后含水率差	+4.6		+0.6		-0.4	
	所测含水率均值	40.5		35.8		40.4	
	含水率方差	1.265		0.453		0.243	

在前两个阶段逐渐减小，在模拟降雨阶段又逐渐上升；埋设于中间层的40号探头，所测含水率曲线，大体上呈下降的趋势，只是在最后一天有所上升，根据40号探头的含水率变化曲线，可以推断，之所以出现这种情况，是因为在试验最后阶段，雨水才开始渗透到40号探头的位置；30号探头的含水率变化曲线大致上是下降的，因为到本组试验结束，雨水也没有渗透到30号探头的埋设位置。

5.1.2.7　第九组模型试验含水率试验结果分析

在完成第八组模型试验后，进行削坡，使其坡度成为1:2，本组模型试验只进行了模拟阴天和模拟降雨两个阶段，为期14d。在整个过程中含水率变化较小，最大只达到0.8%，见表5-10。

第九组模型试验含水率试验数据　　表5-10

	探头号	25 号	40 号	30 号		探头号	25 号	40 号	30 号
第九组阴天阶段	阴天第 1 天	已露出土体	36.5	40.2	第九组降雨阶段	冲刷第 1 天	已露出土体	36.4	41.0
	阴天第 2 天		37.0	40.6		冲刷第 2 天		36.4	40.6
	阴天第 3 天		36.8	40.8		冲刷第 3 天		36.4	40.4
	阴天第 4 天		36.8	41.0		冲刷第 4 天		36.4	40.6
	阴天第 5 天		36.8	41.0		冲刷第 5 天		36.4	40.8
	阴天第 6 天		36.6	41.0		冲刷第 6 天		36.8	41.0
	阴天第 7 天		36.4	41.0		冲刷第 7 天		36.8	41.0
	变化量		-0.1	+0.8		冲刷停止		36.8	41.0
						变化量		+0.4	0.4

5.1.2.8　研究小结

通过水对膨胀土路堤作用的九组模型试验分析，可以得出如下结论。

(1)在膨胀土路堤中，含水率受气候的影响与路堤土的类型、土的密实、排水边界条件关系密切。

(2)广西南友路宁明地段中等膨胀土：密实度为60%～70%，模拟排水边界条件下，水在路堤中的入渗速度为13.9mm/h；在90%压实条件，模拟不排水边界条件下，水在路堤中的入渗速度为1.33 mm/h～1.56mm/h。

(3)湖南常张路慈利地段弱膨胀土：在模拟排水边界条件下，在较低含水率(10.1%～13.1%)路堤中，水的入渗速度为8.33mm/h～15.63mm/h；而在较高含水率(25.3%～28.6%)路堤中，水的入渗速度为12.50mm/h～20.83mm/h。

(4)土体中含水率的变化受土体埋深的影响较大，土体埋藏较浅，含水率的变化受大气影响越大。

(5)在不排水边界条件下，水在膨胀土路基中的入渗速度随路基深度的增大而减小。

(6)相比较而言，膨胀土路堤中含水率越高，受气候条件影响越明显。

5.1.3　不同气候条件下膨胀土路堤土压力变化规律试验研究

5.1.3.1　第二组模型试验土应力试验结果分析及小结

采用了常张路弱膨胀土，坡度为1:0.75，进行了四个阶段的试验。

1. 第二组模型试验土应力试验结果分析

沿着模型箱竖向埋设的010号、014号、007号及011号土压力盒所测得的水平土应力，我们称为侧壁土应力，沿着横向埋设的017号、013号及012号土压力盒所测得的竖向土应力，我们称为底层土应力。

第二组模型试验侧壁土应力随时间的变化曲线如图5-17。

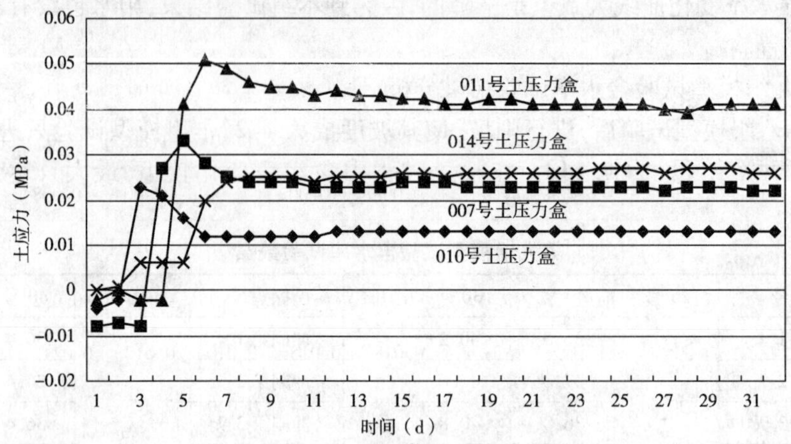

图5-17　第二组模型试验侧壁土应力随时间的变化曲线

如图5-17侧壁的土应力曲线、表5-11土应力变化表：在填筑完路堤后，在积水阶段，由于坡顶积水向膨胀土体中渗透，土应力增大，膨胀土产生侧向膨胀，与侧壁产生了向内的水平摩擦力，从而使侧壁的土应力增大。从下向上分别增大了0.016MPa、0.032MPa、0.045MPa、0.007MPa。侧壁土应力变化最大值发生在距基底1/3H处。当坡顶积水完全入渗到整个膨胀土体后，在随后的第二、三、四阶段，含水率变化相对较小，土体自重变化不大，此时，由于膨胀土已完成了膨胀，膨胀力变化很小，侧向土应力变化不大，膨胀土自重及侧壁水平摩阻力变化很小，所以在第二、三、四阶段土应力变化很小，大多变化范围在±0.001MPa。

第二组模型试验底层土应力随时间的变化曲线如图5-18。

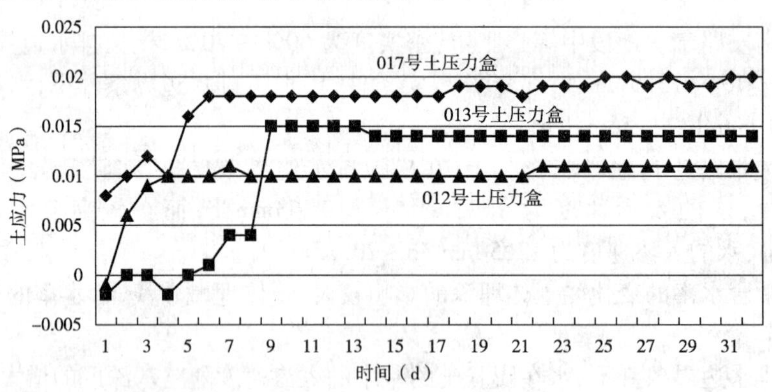

图5-18　第二组模型试验底层土应力随时间的变化曲线

如图5-18底层的土应力曲线，表5-11土应力变化表：填筑完路堤后，在积水阶段，由于坡顶积水向膨胀土体中入渗，随着水的入渗由于自重增大和膨胀土向上膨胀，与侧壁产生了向下的摩擦力，从而使底层的土应力增大。从坡脚向路基中心分别增大了0.011MPa、0.017MPa、0.010MPa。坡顶积水完全入渗到整个膨胀土体后，在随后的第二、三、四阶段，由于含水率变化相对较小，膨胀土已完成了膨胀，膨胀力，自重及侧壁的摩阻力变化很小，所以在第二、三、四阶段土应力变化很小,变化范围在 ±0.001MPa。

第二组模型试验土应力变化统计表 表 5-11

土压力盒			底层土压力盒			侧壁土压力盒			
			017 号	012 号	013 号	010 号	007 号	011 号	014 号
测试阶段 \ 土压力盒坐标		X(m)	0.50	1.50	2.50	0.00	0.00	0.00	0.00
		Y(m)	0.30	0.30	0.30	1.80	1.30	0.80	0.30
第一阶段,模拟积水阶段9d,前后土应力差(MPa)	路堤筑完后		0.008	-0.002	-0.001	-0.004	-0.008	-0.002	0.018
	模拟积水结束时		0.018	0.015	0.010	0.012	0.024	0.045	0.025
	前后土应力差		+0.010	+0.017	+0.011	+0.016	+0.032	+0.047	0.007
第二阶段,模拟阴天阶段7d,前后土应力差(MPa)	模拟阴天开始时		0.018	0.015	0.010	0.012	0.024	0.045	0.025
	模拟阴天结束时		0.018	0.014	0.010	0.013	0.024	0.042	0.026
	前后土应力差		0.000	-0.001	0.000	+0.001	0.000	-0.003	0.001
第三阶段,模拟日照阶段7d,前后土应力差(MPa)	模拟日照开始时		0.018	0.014	0.010	0.013	0.024	0.042	0.026
	模拟日照结束时		0.019	0.013	0.011	0.013	0.023	0.042	0.026
	前后土应力差		+0.001	-0.001	+0.001	0.000	-0.001	0.000	0.000
第四阶段,模拟降雨阶段7d,前后土应力差(MPa)	模拟降雨开始时		0.019	0.013	0.011	0.013	0.023	0.042	0.026
	模拟降雨结束时		0.020	0.014	0.011	0.013	0.022	0.041	0.026
	前后土应力差		+0.001	+0.001	0.000	0.000	-0.001	-0.001	0.000

如图 5-17,侧壁土应力在开始阶段保持不变,当积水渗透到侧壁土压力盒的埋设位置的时候,此位置的土应力才开始突然增大。分析认为:当水渗透到土压力盒埋设位置的时候,与土压力盒在同一高度的土体产生侧向膨胀,土体与侧壁的摩阻力正好对土压力盒产生较大压力,此压力远大于土水自重产生的侧压力。

底层土应力变化与侧壁土应力在这点上是不同的,如图 5-18,底层的土应力从第一天开始就逐渐增大的,当增大到一个较大数值后,最后趋于稳定。

对底层土压力盒 017 号、012 号和 013 号土压力盒所测得的土应力曲线进行拟合后可得土应力随时间的关系式:

017 号土应力变化曲线 $y=-0.1548x^2+2.9643x+4.8571$ $x\leqslant 8$

012 号土应力变化曲线 $y=0.3712x^2-2.2288x+1.8333$ $x\leqslant 9$

013 号土应力变化曲线 $y=-0.5595x^2+6.0119x-4.8571$ $x\leqslant 7$

2. 第二组模型试验土应力试验结果小结

根据第二组室内模型试验,可以得出以下几点结论。

(1)积水阶段,由于坡顶积水向膨胀土体中入渗,土自重增大,而且膨胀土向上膨胀,土体与侧壁产生了向下的摩擦力,从而使底层的土应力增大。

(2)侧向土应力变化最大值发生在距坡顶 $2/3H$ 处,底层土应力变化的最大值发生在距膨胀土路堤中心 1.5m 的位置处。

(3)当积水渗透到侧壁土压力盒的埋设位置的时候,此位置的土应力开始突然增大。这是因为,当水渗透到土压力盒埋设位置的时候,在同一高度的土体产生侧向膨胀,土体与侧壁的摩阻力正好对土压力盒产生较大压力。

5.1.3.2　第三组模型试验土应力试验结果分析

从侧壁的土应力变化曲线5-22可以看出,011号土应力曲线的变化最大。其他的底层和侧壁土应力在第三组模型试验的四个阶段中土应力变化都很小。这是因为本组试验是在第二组试验的基础上进行的,此时含水率变化相对较小,所以自重变化不大,同时,由于土体已完成了膨胀,膨胀基本稳定,膨胀力不再发生大的变化,所以膨胀土自重及侧壁水平摩阻力不再发生明显变化,侧向土应力变化不大。除了侧壁的011号土压力盒的土应力变化相对较大一些(-0.004MPa)外,在第二、三阶段,其他土压力盒的土应力变化幅度较小,土应力的变化范围±0.001MPa。在第四阶段,即模拟降雨阶段,由于降雨增加了土体自重,从而增大了土应力,除坡脚的013号外,其他的增大值为0.001~0.002MPa。

第三组模型试验侧壁土应力随时间变化曲线,如图5-19。

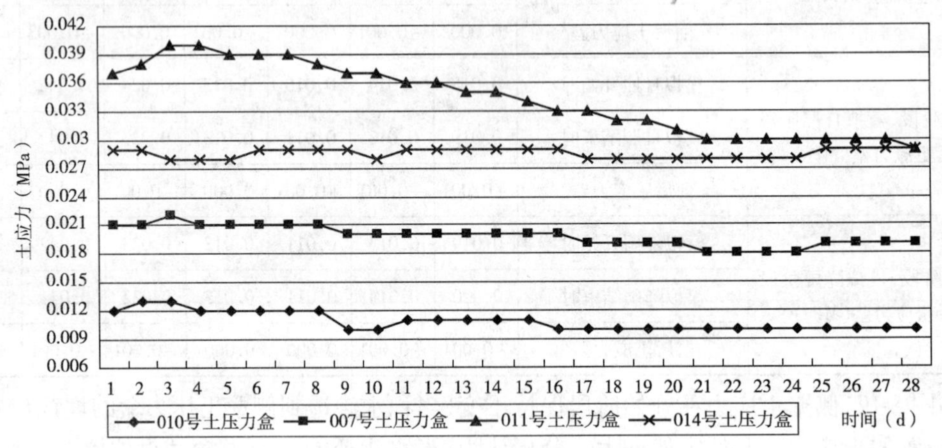

图5-19　第三组模型试验侧壁土应力随时间变化曲线

第三组模型试验底层土应力随时间变化曲线,如图5-20,统计表见表5-12。

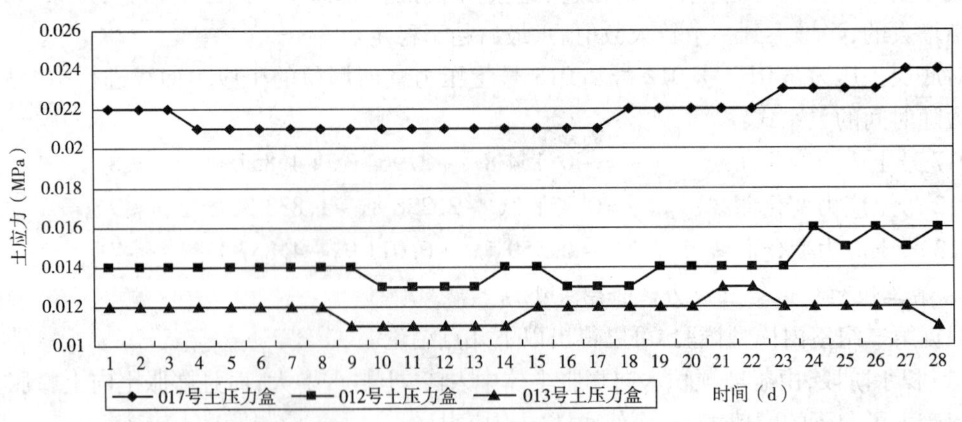

图5-20　第三组模型试验底层土应力随时间变化曲线

第三组模型试验土应力变化统计表 表5-12

土压力盒			底层土压力盒			侧壁土压力盒			
			017号	012号	013号	010号	007号	011号	014号
测试阶段 \ 土压力盒坐标		X(m)	0.50	1.50	2.50	0.00	0.00	0.00	0.00
		Y(m)	0.30	0.30	0.30	1.80	1.30	0.80	0.30
第一阶段，模拟积水阶段7d，前后土应力差(MPa)	模拟积水开始时		0.022	0.014	0.012	0.012	0.021	0.037	0.029
	模拟积水结束时		0.021	0.014	0.012	0.012	0.021	0.038	0.029
	前后土应力差		-0.001	0.000	0.000	0.000	0.000	+0.001	0.000
第二阶段，模拟阴天阶段7d，前后土应力差(MPa)	模拟阴天开始时		0.021	0.014	0.012	0.012	0.021	0.038	0.029
	模拟阴天结束时		0.021	0.014	0.012	0.011	0.020	0.034	0.029
	前后土应力差		0.000	0.000	0.000	-0.001	-0.001	-0.004	0.000
第三阶段，模拟日照阶段7d，前后土应力差(MPa)	模拟日照开始时		0.021	0.014	0.012	0.011	0.020	0.034	0.029
	模拟日照结束时		0.022	0.014	0.013	0.010	0.018	0.030	0.028
	前后土应力差		+0.001	0.000	+0.001	-0.001	-0.002	-0.004	-0.001
第四阶段，模拟降雨阶段7d，前后土应力差(MPa)	模拟降雨开始时		0.022	0.014	0.013	0.010	0.018	0.030	0.028
	模拟降雨结束时		0.024	0.016	0.011	0.010	0.019	0.029	0.029
	前后土应力差		+0.002	+0.002	-0.002	0.000	+0.001	-0.001	+0.001

5.1.3.3 第四组和第五组模型试验土应力试验结果分析

第四组和第五组模型试验土应力试验结果见表5-13、表5-14。

第四组模型试验土应力试验结果对比分析 表5-13

号码		010	007	011	014	017	012	013
所在位置	X(m)	0.0	0.0	0.0	0.0	0.5	1.5	2.5
	Y(m)	1.8	1.3	0.8	0.3	0.3	0.3	0.3
模拟降雨第一天(MPa)		0.008	0.017	0.027	0.028	0.023	0.014	0.010
模拟降雨第二天(MPa)		0.008	0.017	0.028	0.028	0.023	0.014	0.010
模拟降雨第三天(MPa)		0.007	0.017	0.028	0.028	0.024	0.015	0.010
模拟降雨第四天(MPa)		0.007	0.016	0.029	0.028	0.023	0.015	0.010
模拟降雨第五天(MPa)		0.007	0.016	0.028	0.028	0.023	0.015	0.009
模拟降雨第六天(MPa)		0.007	0.016	0.028	0.028	0.022	0.015	0.008
模拟降雨第七天(MPa)		0.007	0.016	0.029	0.028	0.023	0.015	0.010
模拟降雨结束(MPa)		0.007	0.016	0.029	0.028	0.023	0.015	0.010
模拟降雨开始时(MPa)		0.008	0.017	0.027	0.028	0.023	0.014	0.010
模拟降雨结束时(MPa)		0.007	0.016	0.029	0.028	0.023	0.015	0.010
前后土应力变化(MPa)		-0.001	-0.001	+0.002	0.000	0.000	+0.001	0.000
土应力变化最值(MPa)		0.001	0.001	0.002	0.000	0.001	0.001	0.002

这两组模型试验中，由于含水率变化相对较小，所以自重变化不大；同时，由于土体已完成

了膨胀，膨胀基本稳定，膨胀力不再发生大的变化；因此，在这两组模型试验中，土应力变化很小，最大值为0.003MPa。

第五组模型试验土应力试验结果对比分析 表5-14

号　码		010	007	011	014	017	012	013
所在位置	X(m)	0.0	0.0	0.0	0.0	0.5	1.5	2.5
	Y(m)	1.8	1.3	0.8	0.3	0.3	0.3	0.3
模拟降雨第一天(MPa)		0.003	0.012	0.027	0.027	0.021	0.012	0.008
模拟降雨第二天(MPa)		0.003	0.011	0.025	0.027	0.021	0.010	0.007
模拟降雨第三天(MPa)		0.004	0.012	0.024	0.027	0.021	0.010	0.007
模拟降雨第四天(MPa)		0.005	0.011	0.024	0.027	0.021	0.011	0.008
模拟降雨第五天(MPa)		0.004	0.012	0.025	0.027	0.021	0.012	0.009
模拟降雨第六天(MPa)		0.004	0.012	0.025	0.027	0.021	0.012	0.008
模拟降雨第七天(MPa)		0.004	0.011	0.024	0.026	0.021	0.012	0.008
模拟降雨结束(MPa)		0.005	0.012	0.024	0.027	0.021	0.012	0.008
模拟降雨开始时(MPa)		0.003	0.012	0.027	0.027	0.021	0.012	0.008
模拟降雨结束时(MPa)		0.005	0.012	0.024	0.027	0.021	0.012	0.008
前后土应力变化(MPa)		+0.002	0.000	-0.003	0.000	0.000	0.000	0.000
土应力变化最值(MPa)		0.002	0.001	0.003	0.001	0.000	0.002	0.002

5.1.3.4　第六组和第七组模型试验土应力试验结果分析及小结

1. 第六组和第七组模型试验土应力试验结果分析(表5-15)

第六组和第七组模型试验都是模拟积水阶段的试验，由于用的是南友路的土料，模拟的是不透水的边界条件，所以本次试验积水入渗非常缓慢，因此第七组模型试验实际上是第六组模型试验的模拟积水阶段的延续。

第六组模型试验土应力试验结果对比分析表 表5-15

土压力盒号码		底层土压力盒			侧壁土压力盒			
		017	012	013	010	007	011	014
土压力盒所在位置	X(m)	0.5	1.5	2.5	0.0	0.0	0.0	0.0
	Y(m)	0.3	0.3	0.3	2.1	1.5	0.9	0.3
模拟降雨开始时(MPa)		0.005	0.015	0.011	0.000	-0.007	-0.013	0.000
模拟降雨结束时(MPa)		0.017	0.046	0.027	0.005	0.014	-0.013	0.006
前后土应力变化(MPa)		+0.012	+0.031	+0.016	+0.005	+0.021	0.000	+0.006
土应力变化极值(MPa)		0.012	0.031	0.029	0.005	0.021	0.002	0.008

由图5-21可以看出：最顶层的土压力盒010号，当路堤模型顶面积水经过4d到达该位置后，由于自重和膨胀土的膨胀，与侧壁产生摩擦力，土应力增大较快，由0.000MPa增大到0.018MPa，随后土应力逐步下降，由0.018MPa减小到试验结束时的0.005MPa。

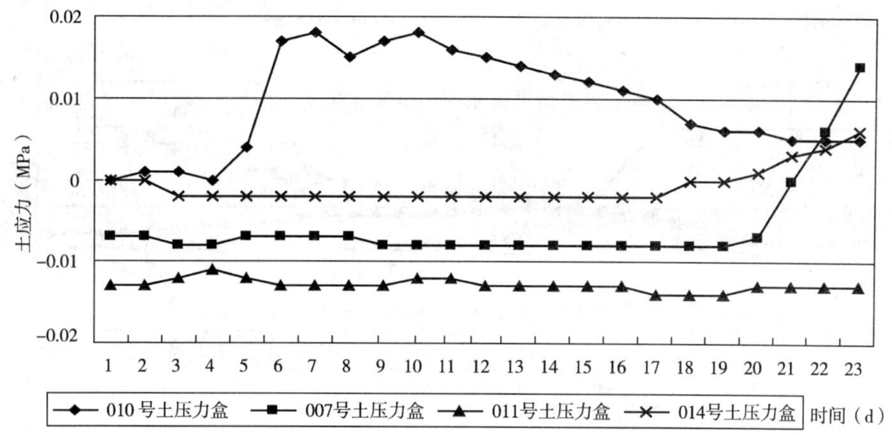

图 5-21 第六组模型试验侧壁土应力随时间变化曲线

处于第二层的土压力盒 007 号，当路堤模型顶面积水经过 20d 到达该位置后，由于自重和膨胀土的膨胀，与侧壁产生水平向内摩擦力，使侧壁土应力增大较快，007 号土应力由试验开始时的 -0.007MPa 增大到试验结束时的 0.014MPa，增大了 0.021MPa。

014 号土压力盒所测的土应力，由于路堤模型顶面积水尚未入渗到该位置，在整个试验过程中土应力变化很小，014 号土应力开始一段时间内几乎没有变化，直到加水后的第 17 天，土应力才逐步上升，014 号由试验开始时的 0MPa 增大到试验结束时的 0.006MPa。011 号土应力在整个试验期间变化不明显。

由图 5-22 可以看出：底层水平放置的土压力盒 017 号、012 号和 013 号土压力盒，所测土应力在整个试验过程中除靠近坡脚的 013 号有些波动外，三个土压力盒的土应力总的趋势都是稳步上升的。017 号由试验开始的 0.005MPa 增大到结束时的 0.017MPa，增大了 0.012MPa；012 号由试验开始时的 0.015MPa 增大到结束时的 0.046MPa，增大了 0.031MPa；而 013 号土压力盒，由试验开始时的 0.011MPa 增大到结束时的 0.027MPa，增大了 0.016MPa。

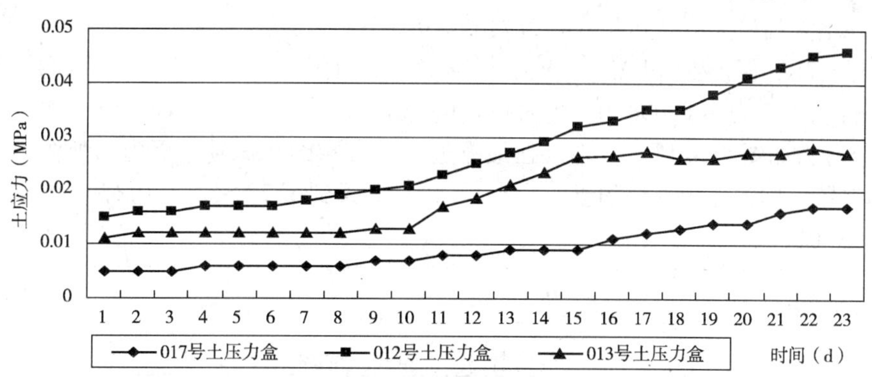

图 5-22 第六组模型试验底层土应力随时间变化曲线

由于在整个试验过程中，随着水向膨胀土中入渗，自重增加，膨胀土从上向下逐渐膨胀，产生的膨胀力逐步增大，因此底层土应力逐渐增大。

如图 5-23、表 5-16 所示：埋设在土体最上部的侧壁土压力盒 010 号所测的土应力，由于在第六组试验中，已经完成了胀缩变形，在第七组试验中土应力很稳定，变化很小。

侧壁土压力盒第二层 007 号，土应力由开始时的 0.023MPa 快速上升到 0.046MPa 随后快

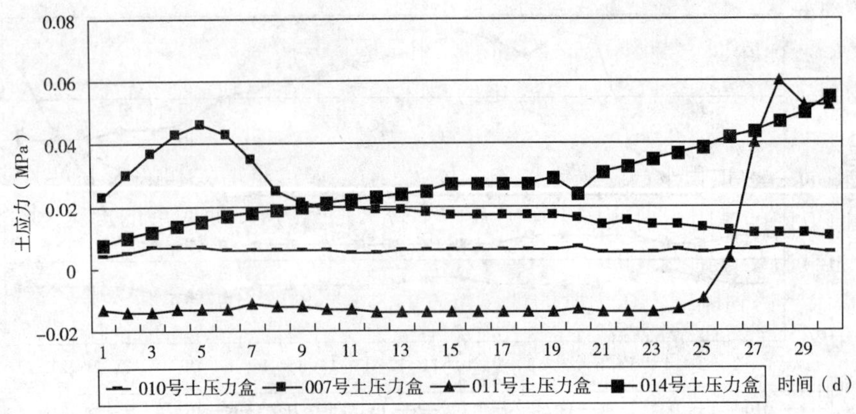

图 5-23　第七组模型试验侧壁土应力随时间变化曲线

速减小到 0.021MPa,最后缓慢减少。

第七组模型试验土应力试验结果对比分析表　　表 5-16

土压力盒号码		底层土压力盒			侧壁土压力盒			
		017	012	013	010	007	011	014
土压力盒所在位置	X(m)	0.5	1.5	2.5	0.0	0.0	0.0	0.0
	Y(m)	0.3	0.3	0.3	2.1	1.5	0.9	0.3
模拟降雨开始时(MPa)		0.017	0.045	0.024	0.004	0.023	-0.013	0.008
模拟降雨结束时(MPa)		0.033	0.038	0.025	0.005	0.010	0.052	0.055
前后土应力变化(MPa)		+0.016	-0.007	+0.001	+0.001	-0.013	0.065	+0.047
土应力变化最值(MPa)		0.016	0.012	0.002	0.003	0.033	0.071	0.047

侧壁土压力盒第三层 011 号,在第六组及第七组开始一段时间内其土应力都是很稳定的,直到第七组试验的第 25 天,由于水已经入渗到这一位置,土应力急剧增大,由开始时的 -0.013MPa增大到最大值 0.060MPa,增大了 0.073MPa。

侧壁土压力盒最下层 014 号,土应力从第六组试验的第 17 天开始,一直到第七组试验均是稳步上升的,土应力由 0.008MPa 增大到 0.055MPa,增大了 0.047MPa。

底层土应力如图 5-24 所示。埋设在最靠近路堤坡脚的 013 号土压力盒所测的土应力相对稳定;017 号和 012 号所测得的土应力在积水第 17 天到第 28 天左右均有一个增大期,并且 012 号增大比 017 号增大更明显。

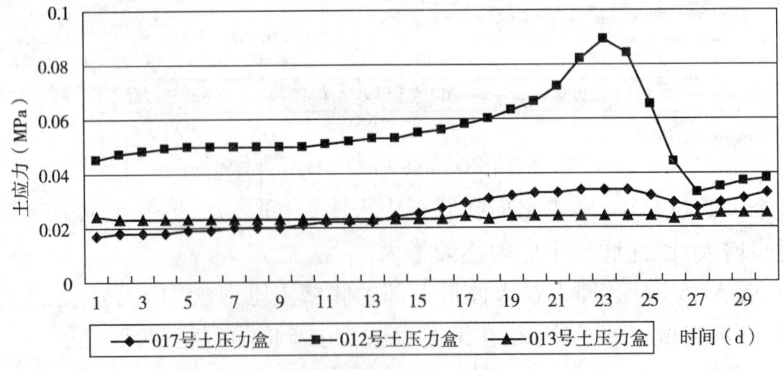

图 5-24　第七组模型试验底层土应力随时间变化曲线

2. 第六组和第七组模型试验土应力试验小结

(1)在整个模拟积水的两组试验中,同前几组试验一样得到结论:侧向土应力变化最大值发生在距坡顶 2/3H 处,底层土应力变化的最大值发生在距膨胀土路堤中心 1.5m 的位置处。

(2)积水阶段,坡顶积水向膨胀土体中入渗,由于土水自重增大和膨胀土向上膨胀,与侧壁产生的竖直方向的摩阻力对底层土压力盒产生较大压力,从而使底层的土应力增大。而且总体上底层土应力是逐渐上升的。

(3)当积水渗透到侧壁土压力盒的埋设位置的时候,此位置的土应力才开始突然增大(此前土应力是基本保持不变的)。这是因为当水渗透到土压力盒埋设位置的时候,在同一高度的土体产生侧向膨胀,土体与侧壁的摩阻力对土压力盒产生较大压力。

5.1.3.5 第八组模型试验土应力试验结果分析

侧壁土应力及底层土应力随时间变化曲线分别如图 5-25、图 5-26 所示。

由图 5-25、表 5-17 可以看出,侧壁最底层的 014 号土压力盒所测的土应力是稳步上升的,而且其变化量也最大;其他三个土压力盒所测的土应力变化不大。

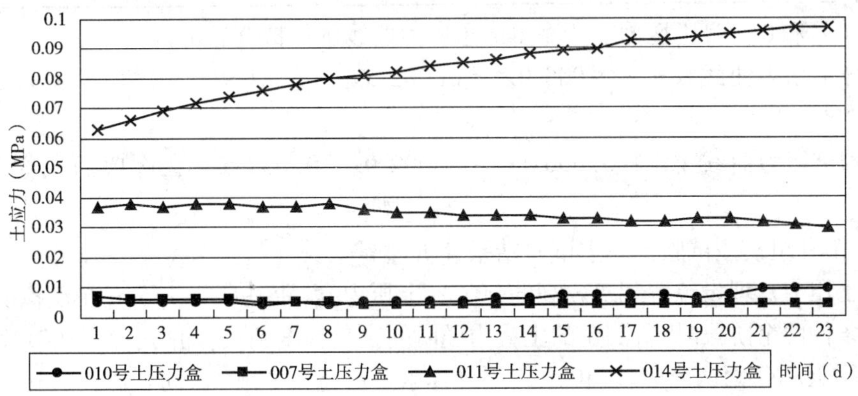

图 5-25 侧壁土应力随时间变化曲线

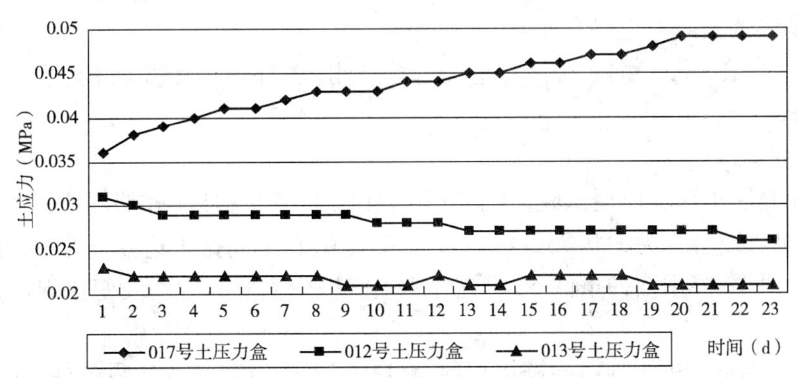

图 5-26 底层土应力随时间变化曲线

由图 5-26 可以看出,017 号土压力盒所测定的土应力随时间是逐渐上升的,其变化量也是最大的;012 号土压力是呈下降的趋势的;013 号土压力盒埋设在最靠近坡面的位置,其土应力值最小,而且在这一组试验中,其土应力不稳定,但变化不大。

第八组模型试验土应力变化统计表 表5-17

土压力盒		底层土压力盒			侧壁土压力盒			
		017号	012号	013号	010号	007号	011号	014号
土压力盒坐标 / 测试阶段	X(m)	0.5	1.5	2.5	0.0	0.0	0.0	0.0
	Y(m)	0.3	0.3	0.3	2.1	1.5	0.9	0.3
第二阶段，模拟阴天阶段7d，前后土压力差(MPa)	模拟阴天开始	0.036	0.031	0.023	0.005	0.007	0.037	0.063
	模拟阴天结束	0.043	0.029	0.022	0.004	0.005	0.038	0.080
	前后土压力差	+0.007	-0.002	-0.001	-0.001	-0.002	+0.001	+0.017
第三阶段，模拟日照阶段10d，前后土压力差(MPa)	模拟日照开始	0.043	0.029	0.022	0.004	0.005	0.038	0.080
	模拟日照结束	0.047	0.027	0.022	0.007	0.004	0.032	0.093
	前后土压力差	+0.004	-0.002	0.000	+0.003	-0.001	-0.006	+0.007
第四阶段，模拟降雨阶段7d，前后土压力差(MPa)	模拟降雨开始	0.047	0.027	0.022	0.007	0.004	0.032	0.093
	模拟降雨结束	0.049	0.026	0.021	0.009	0.004	0.030	0.097
	前后土压力差	+0.002	-0.001	-0.001	+0.002	0.000	-0.002	+0.004

对014号和017号土压力盒所测得的土应力曲线进行拟合后可得：

014号土压力曲线 $y = -0.000\,0x^2 + 0.002\,5x + 0.061\,9$ 二次项的系数为零，是线性的；

017号土压力曲线 $y = -0.000\,1x^2 + 0.002\,0x + 0.032\,5$ 二次项的系数很小，接近线性。

5.1.3.6 第九组模型试验土应力试验结果分析

侧壁土压力盒埋设位置相对较高的007号土压力盒，距基底为1.5m，在模拟阴天气候条件和降雨条件两个阶段时，所测定的土应力随时间变化幅度不大，均减小了0.001MPa，主要的原因是在阴天和降雨两个阶段，由于该位置含水率已基本饱和，水向下渗，其自重减小所致。而位置相对较低的011号和014号土压力盒，位置分别距基底0.9m和0.3m，在模拟阴天气候条件下，土应力是增加的；在模拟降雨阶段007号和011号土压力盒的土压力略有减小，但014号土压力盒所测的土应力值略有增加。

底层土压力在阴天和降雨两个阶段，除个别之外，绝大多数的土应力变化值均在±0.001MPa。

5.1.3.7 研究小结

通过九组膨胀土路堤模型试验，分别用中等膨胀土和弱膨胀土作路堤填料，路堤压实度为90%，路堤边坡坡度分别为1:0.75，1:1，1:1.5，1:2.0，在不同排水边界条件下，分别模拟路堤在积水、阴天、日照、降雨四种条件下，研究膨胀土路堤中土应力大小及变化规律，可以得出以下几点结论。

(1)膨胀土路堤中的土应力与路堤填料、路堤土的压实度、排水边界条件和路堤土中的含水率等密切相关。

(2)膨胀土路堤基顶积水时，当路堤中的含水率从最佳含水率增大到饱和含水率左右时，路堤中土应力增大0.006~0.073MPa不等。

(3)较高含水率(接近饱和)的膨胀土路堤，在阴天、日照气候条件下，由于膨胀土路基中含水率的减小使膨胀土路堤中土应力减小0.001MPa，减小一般不会超过0.002MPa；在降雨气

候条件下,由于路堤中含水率的增加使土应力增加 0.001MPa,一般不会超过 0.002MPa;在阴天、日照和降雨气候条件下膨胀土路堤中的土应力变化在 ±0.001MPa,一般不会超过 ±0.002MPa。

(4)大气影响深度范围内(2.5~3.0m),越靠近膨胀土路堤表面,土应力变化越大。

(5)膨胀土路堤中的土应力变化,一方面由于膨胀土路堤中含水率变化所引起的土体自重的变化,另一方面由于含水率变化而引起膨胀土应力变化。

(6)在模拟积水阶段时,侧壁土应力发生最大变化的位置在距路基顶面 $2/3H$ 处;而底层土应力变化最大值发生在距路堤中心 1.5m 处。

(7)模拟积水开始时,侧壁土应力基本保持不变,当积水渗透到侧壁土压力盒的埋设位置的时候,侧壁土应力突然增大,而从试验一开始,底层土应力就开始逐渐增大。

5.1.4 不同气候条件下膨胀土路堤中温度变化规律试验研究

5.1.4.1 第二组模型试验温度试验结果分析及小结

温度试验结果见表 5-18。

1. 第二组模型试验温度试验结果分析

对于侧壁土压力盒所测温度,变化趋势在模拟试验的四个阶段中都比较明显,在模拟积水和模拟阴天这两个阶段中,温度持续降低,在模拟日照的时候,温度又有所上升,最后在模拟降雨的阶段,温度又有所降低;同时我们也能够从 011 号和 014 号所测温度的数据看出来,在模拟试验的几个阶段,温度变化并不大,这可能是因为他们埋设在路堤模型较深的位置,这也说明,外界气候条件的变化对较深的土体温度影响较小。每天的测试数据基本都有一种规律:上部土体较下部土体温度偏低些。

对于底层土压力盒所测温度,越是接近路堤模型边坡的位置,其温度越低,其变化规律和侧壁土体温度变化规律是一致的。就是在模拟积水和模拟阴天这两个阶段中,温度不断降低,在模拟日照的时候,温度又有所上升,最后在模拟降雨的阶段,温度有所减小。

在四个不同的试验阶段,温度变化量不尽相同,在积水阶段,膨胀土中温度降低最大值为 2.5℃;在阴天气候件下,温度变化较小,最大降温 1.0℃;在模拟日照的第三阶段,温度升高最大值为 2.5℃;而在降雨的第四阶段,温度最大降温为 2.0℃。在路堤模型中 1~2m 深度范围内,土中温度受外部气候条件的影响较大,温度变化幅度在 ±2.5℃以内。而且随着土体埋深的不同,土体中存在着明显的温度梯度。

从表 5-19 中能够看出:上部土体温度相对下部土体温度较低。为找出温度随深度的分布规律,以第二组模型试验积水阶段的温度随土体深度变化数据,用 MATLAB 程序处理结果如下。

$x=[0.3\ 0.9\ 1.5\ 2.1]$; (深度)

$y=[13.9\ 14.45\ 15.25\ 16.45]$; (温度)

$p=\text{polyfit}(x,y,2)$ (二次项系数)

$p=0.4514\quad 0.3250\quad 13.7694$

$y=0.4514x^2+0.3250x+13.7694$ (温度随土体深度变化方程)

$x_1=0:0.2:3$; (深度选取 3m 以内)

$y_1=\text{polyval}(p,x_1)$; (按拟合的二次项系数生成另变量 y_1)

$\text{plot}(x,y',k\text{-}',\ x_1,y_1',k^*')$ (作图)

第二组模型试验温度试验结果　　表 5-18

坐标(m)	010 号	007 号	011 号	014 号	017 号	012 号	013 号
X	0.0	0.0	0.0	0.0	0.5	1.5	2.5
Y	1.8	1.3	0.8	0.3	0.3	0.3	0.3
	侧壁土压力盒所测温度				底层土压力盒所测温度		
模拟积水(9d)	15.0	15.5	16.0	17.5	17.0	16.5	15.0
	15.0	15.5	16.0	17.0	17.0	16.5	14.5
	14.5	15.0	16.0	17.0	17.0	16.0	13.5
	14.0	15.0	15.5	16.5	16.5	16.0	13.5
	14.0	14.5	15.5	16.5	16.5	15.5	13.5
	13.5	14.0	15.0	16.5	16.0	15.5	13.0
	13.5	14.0	15.0	16.0	16.0	15.5	13.0
	13.5	14.0	14.5	16.0	15.5	15.5	13.0
	13.0	13.5	14.5	16.0	15.5	15.0	13.0
	13.0	13.5	14.5	15.5	15.5	15.0	13.0
模拟阴天(7d)	13.0	13.0	14.0	15.5	15.0	14.5	12.5
	12.5	13.0	14.0	15.5	15.0	14.5	12.5
	12.5	13.0	14.0	15.5	15.0	14.5	12.5
	12.5	13.0	14.0	15.5	15.0	14.5	12.0
	12.5	13.0	14.0	15.0	14.5	14.0	12.0
	12.5	13.0	14.0	15.0	14.5	14.0	12.0
	13.0	13.0	14.0	15.0	14.5	14.0	12.0
模拟日照(7d)	13.0	13.0	14.0	15.0	14.5	14.0	12.5
	13.5	13.0	14.0	15.0	15.0	14.0	13.0
	14.0	13.0	14.0	15.0	15.0	14.0	13.0
	14.0	13.5	14.0	15.0	15.0	14.0	13.5
	14.0	13.5	14.0	15.0	14.5	14.5	14.0
	14.5	13.5	14.0	15.5	15.0	14.5	14.0
	14.5	14.0	14.5	15.5	15.0	14.5	14.0
模拟降雨(7d)	14.5	14.0	14.5	15.5	15.0	14.5	14.0
	14.5	14.0	14.5	15.5	15.0	14.5	14.0
	14.0	14.0	14.5	15.5	15.0	14.5	13.0
	13.5	14.0	14.5	15.5	15.0	14.5	13.0
	13.5	13.5	14.5	15.5	15.0	14.5	13.0
	13.5	13.5	14.5	15.5	15.0	14.5	12.5
	13.0	13.5	14.0	15.5	15.0	14.5	12.5
	13.0	12.5	14.0	15.5	14.5	14.5	12.5

第二组模型试验温度试验结果对比分析　　表5-19

号码	所在位置		模拟积水9d温度变化（℃）			模拟阴天7d温度变化（℃）			模拟日照7d温度变化（℃）			模拟降雨7d温度变化（℃）		
	X	Y	前	后	差	前	后	差	前	后	差	前	后	差
010	0.0	1.8	15.0	13.0	-2.0	13.0	13.0	-0.0	13.0	14.5	+0.5	14.5	13.0	-1.5
007	0.0	1.3	15.5	13.5	-2.0	13.5	13.0	-0.5	13.0	14.0	+1.0	14.0	13.5	-0.5
011	0.0	0.8	16.0	14.5	-1.5	14.5	14.0	-0.5	14.0	14.5	+0.5	14.5	14.0	-0.5
014	0.0	0.3	17.5	15.5	-2.0	15.5	15.0	-0.5	15.0	15.5	+0.5	15.5	15.5	0.0
017	0.5	0.3	17.0	15.5	-1.5	15.5	14.5	-1.0	14.5	15.0	+0.5	15.0	15.0	0.0
012	1.5	0.3	16.5	15.0	-1.5	15.0	14.0	-1.0	14.0	14.5	+0.5	14.5	14.5	0.0
013	2.5	0.3	15.0	12.5	-2.5	12.5	12.0	-0.5	12.0	14.5	+2.5	14.0	12.5	-1.5

二次曲线与纵坐标的交点，就是当 $x=0$ 时候的值，实际上是土体的表面，也是土体表面温度，应和我们做试验时的室内室温相当。同时，这样一条经过拟合的二次曲线，在积水阶段和阴天阶段都能够和试验所测得的数据很好地吻合，如图5-27所示。但是在日照阶段时，相差很大，日照时深度1.5m以内的土体，温度升高很大，而下部的土体温度基本保持不变。

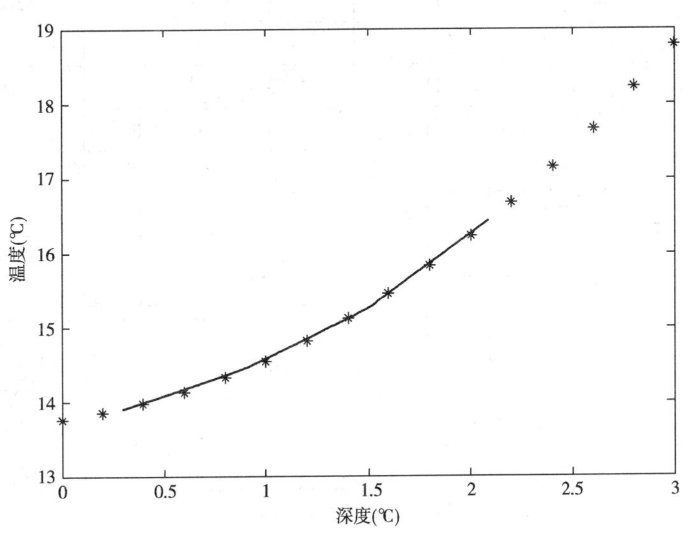

图5-27　MATLAB拟合后的温度随土体深度变化曲线

2. 第二组模型试验温度试验结果小结

(1)在膨胀土路堤1~2m深度范围内，土中温度受外部气候条件的影响较大，温度变化幅度在±2.5℃以内。

(2)随着土体埋深的不同，土体的温度存在明显的梯度。越是上部的土体受外界环境变化的影响越大。

(3)模拟降雨阶段和模拟日照阶段对土体的温度影响最大。

5.1.4.2　第三组模型试验温度试验结果分析及小结

在四个不同的阶段，温度变化不尽相同，在积水阶段，膨胀土体温度降低最大值为-0.5℃

~ -1.0℃;在阴天气候条件下,温度变化较小;在模拟日照的阶段,距路堤上表面最近的010号、013号温度变化最大,温度分别升高+3.5℃和+4.5℃,而埋深相对较深的011号、014号和012号温度升高0.5℃ ~1.0℃;在模拟降雨的第四阶段,温度变化-0.5℃ ~ +1.0℃。说明在路堤中1 ~2m深度范围内,土体温度受外部气候条件的影响较大。当然,并不能排除室内温度的总体上升所带来的影响,见表5-20、表5-21。

第三组模型试验温度试验结果 表5-20

坐标(m)	010号	007号	011号	014号	017号	012号	013号
X	0.0	0.0	0.0	0.0	0.5	1.5	2.5
Y	1.8	1.3	0.8	0.3	0.3	0.3	0.3
	侧壁土压力盒所测温度				底层土压力盒所测温度		
模拟积水(7d)	11.0	11.0	12.0	13.0	13.0	12.0	11.5
	11.0	11.0	12.0	13.0	13.0	12.0	10.5
	11.0	11.0	12.0	13.0	13.0	12.0	11.0
	10.5	11.0	11.5	13.0	13.0	12.0	11.0
	10.5	11.0	11.5	13.0	12.5	12.0	11.0
	10.5	10.5	11.5	13.0	12.5	12.0	10.5
	10.5	10.5	11.5	12.5	12.0	12.0	10.5
	10.5	10.5	11.5	12.5	12.0	12.0	10.5
模拟阴天(7d)	10.5	10.5	11.5	12.5	12.0	11.5	10.5
	10.5	10.5	11.5	12.5	12.0	12.0	10.5
	10.5	10.5	11.5	12.5	12.0	11.5	10.5
	10.5	10.5	11.5	12.5	12.0	11.5	10.0
	10.5	10.5	11.5	12.5	12.0	11.5	10.5
	11.0	10.5	11.5	12.5	12.0	11.5	10.5
	11.0	10.5	11.5	12.5	12.0	12.0	10.5
模拟日照(7d)	11.0	11.0	11.5	12.5	12.0	12.0	11.0
	12.0	11.0	11.5	12.5	12.5	12.0	12.0
	12.5	11.0	11.5	12.5	12.5	12.0	13.0
	13.0	11.5	11.5	12.5	12.5	12.5	13.5
	13.5	12.0	12.0	13.0	12.5	12.5	14.5
	14.0	12.0	12.0	13.0	13.0	13.0	15.0
	14.5	12.5	12.0	13.0	13.0	13.0	15.5
模拟降雨(7d)	14.5	12.5	12.5	13.0	13.0	13.5	15.5
	14.5	13.0	12.5	13.0	13.0	14.0	15.0
	14.5	13.0	12.5	13.0	13.5	14.0	14.5
	14.5	13.0	13.0	13.5	13.5	14.0	14.5
	14.5	13.0	13.0	13.5	13.5	14.0	14.0
	14.0	13.0	13.0	13.5	13.5	14.0	14.0
	14.0	13.0	13.0	13.5	13.5	14.0	13.5

第三组模型试验温度试验结果对比分析　　表 5-21

号码	所在位置		模拟积水 7d 温度变化（℃）			模拟阴天 7d 温度变化（℃）			模拟日照 7d 温度变化（℃）			模拟降雨 7d 温度变化（℃）		
	X	Y	前	后	差	前	后	差	前	后	差	前	后	差
010 号	0.0	1.8	11.0	10.5	−0.5	10.5	11.0	+0.5	11.0	14.5	+3.5	14.5	14.0	−0.5
007 号	0.0	1.3	11.0	10.5	−0.5	10.5	10.5	0.0	11.0	12.5	+1.5	12.5	13.0	+0.5
011 号	0.0	0.8	12.0	11.5	−0.5	11.5	11.5	0.0	11.5	12.0	+0.5	12.5	13.0	+0.5
014 号	0.0	0.3	13.0	12.5	−0.5	12.5	12.5	0.0	12.5	13.0	+0.5	13.0	13.5	+0.5
017 号	0.5	0.3	13.0	12.0	−1.0	12.0	12.0	0.0	12.0	13.0	+1.0	13.0	13.5	+0.5
012 号	1.5	0.3	12.0	12.0	0.0	11.5	12.0	+0.5	12.0	13.0	+1.0	13.5	14.0	+0.5
013 号	2.5	0.3	11.5	10.5	−1.0	10.5	10.5	0.0	11.0	15.5	+4.5	15.5	13.5	−2.0

5.1.4.3 第四组和第五组模型试验温度试验结果分析

对于第四组模型试验，由表 5-22 可以看出，7 个土压力盒所测的温度在第四组模拟降雨的过程中，温度都是首先降低，然后再趋向于稳定的；上部土体温度降低先于下部土体。土压力盒埋设越靠近边坡表面的位置，受大气影响越大，在模拟降雨后温度很快就下降了。由于 013 号和 010 号埋设位置距坡面、坡顶较浅，其变化幅度较其他的大，分别降低了 2℃ 和 1℃，而距坡面、坡顶大于 1m 深的土体的温度变化幅度只有 0.5℃。

对于第五组模型试验，见表 5-23。从元器件的埋设可以看出 017 号盒和 014 号盒埋设于土体的最深处，在第五组试验的全部过程中，温度一直保持不变。埋设于上部土体的土压力盒 010 号及距坡面距离较近的土压力盒 013 号，所测的温度变化量分别为 0.5℃ 和 1℃，总体说来，温度的变化量不大，大多数是在起始温度基础上有 0.5℃ 的变化量。

第四组模型试验温度试验结果　　表 5-22

坐标（m）	010 号	007 号	011 号	014 号	017 号	012 号	013 号
X	0.0	0.0	0.0	0.0	0.5	1.5	2.5
Y	1.8	1.3	0.8	0.3	0.3	0.3	0.3
侧壁土压力盒所测温度					底层土压力盒所测温度		
模拟降雨（7d）	14.0	13.0	13.0	13.5	14.0	14.0	14.0
	14.0	13.0	13.0	13.5	14.0	14.0	13.5
	14.0	13.0	13.0	13.5	14.0	14.0	13.0
	13.5	13.0	13.0	13.5	13.5	14.0	13.0
	13.0	12.5	13.0	13.0	13.5	14.0	12.5
	13.0	12.5	12.5	13.0	13.5	13.5	12.5
	13.0	12.5	12.5	13.0	13.5	13.5	12.0
	13.0	12.5	12.5	13.0	13.5	13.5	12.0
变化量	−1.0	−0.5	−0.5	−0.5	−0.5	−0.5	−2.0

第五组模型试验温度试验结果　　表 5-23

坐标(m)	010 号	007 号	011 号	014 号	017 号	012 号	013 号
X	0.0	0.0	0.0	0.0	0.5	1.5	2.5
Y	1.8	1.3	0.8	0.3	0.3	0.3	0.3
	侧壁土压力盒所测温度				底层土压力盒所测温度		
模拟降雨(7d)	13.0	12.5	12.5	13.5	13.5	13.5	12.0
	13.0	12.5	12.5	13.5	13.5	13.5	12.0
	13.0	12.5	12.5	13.5	13.5	13.0	12.5
	13.5	12.5	12.5	13.5	13.5	13.5	13.0
	13.5	12.5	13.0	13.5	13.5	13.5	13.0
	13.5	13.0	13.0	13.5	13.5	13.5	13.0
	13.5	12.5	13.0	13.5	13.5	13.5	13.0
	13.5	12.5	13.0	13.5	13.5	13.5	13.0
变化量	+0.5	0.0	+0.5	0.0	0.0	0.0	+1.0

5.1.4.4　第六组和第七组模型试验温度试验结果分析及小结

1. 第六组和第七组模型试验温度试验结果分析

由表 5-24 和表 5-25 可以看出：土压力盒所测的温度都是逐渐上升的，对于侧壁土压力盒 010 号、007 号、011 号及 014 号所测的温度分别由试验开始时的 15.5℃、14.0℃、13.5℃和 14.0℃分别增大到试验结束时的 19.0℃、17.0℃、16.0℃和16.0℃，变化量分别为 3.5℃、3.0℃、2.5℃和 2.0℃。这 4 个土压力盒是由浅到深埋设的，所以可以看出随着埋设深度的增加，其温度变化量减小。

第六组模型试验温度试验结果对比分析　　表 5-24

号　码		010 号	007 号	011 号	014 号	017 号	012 号	013 号
所在位置	*X*	0.5	0.5	0.5	0.5	0.5	1.5	2.5
	Y	1.8	1.3	0.8	0.3	0.3	0.3	0.3
模拟积水开始时(℃)		15.5	14.0	13.5	14.0	14.0	14.0	14.0
模拟积水结束时(℃)		19.0	17.0	16.0	16.0	16.0	16.5	16.5
前后温度变化(℃)		+3.5	+3.0	+2.5	+2.0	+2.0	+2.5	+2.5
温度变化最值(℃)		4.0	3.0	2.5	2.0	2.0	2.5	3.0

埋设在底层的土压力盒所测的温度也是逐渐上升的,017 号、012 号和 013 号土压力盒所测温度由试验开始时的 14.0℃、14.0℃和 14.0℃分别增大到试验结束时的 16℃、16.5℃和 16.5℃,温度的变化量分别为 2.0℃、2.5℃和 3℃。

第六组模型试验温度试验结果 表 5-25

坐标(m)	010 号	007 号	011 号	014 号	017 号	012 号	013 号
X	0.0	0.0	0.0	0.0	0.5	1.5	2.5
Y	1.8	1.3	0.8	0.3	0.3	0.3	0.3
	侧壁土压力盒所测温度				底层土压力盒所测温度		
模拟积水	15.5	14.0	13.5	14.0	14.0	14.0	14.0
	16.0	14.0	13.5	14.0	14.0	14.5	14.0
	16.0	14.0	14.0	14.0	14.0	14.5	14.5
	16.0	14.0	14.0	14.0	14.5	14.5	14.5
	15.5	14.5	14.0	14.0	14.5	14.5	14.5
	15.5	14.5	14.0	14.5	14.5	14.5	14.5
	16.0	14.5	14.0	14.5	14.5	14.5	14.5
	16.5	14.5	14.0	14.5	14.5	15.0	14.5
	16.5	14.5	14.0	14.5	14.5	15.0	15.0
	16.5	15.0	14.5	14.5	14.5	15.0	15.0
	16.5	15.0	14.5	14.5	15.0	15.0	15.0
	17.0	15.0	14.5	14.5	15.0	15.0	15.5
	17.0	15.5	14.5	15.0	15.0	15.5	15.5
	17.5	15.5	14.5	15.0	15.5	15.5	15.5
	17.5	15.5	15.0	15.0	15.0	15.5	15.5
	17.5	15.5	15.0	15.0	15.5	15.5	16.0
	18.0	16.0	15.0	15.5	15.5	15.5	16.0
	18.5	16.0	15.5	15.5	15.5	16.0	16.0
	19.5	16.5	15.5	15.5	15.5	16.0	16.5
	19.5	16.5	16.0	15.5	16.0	16.5	16.5
	19.5	17.0	16.0	16.0	16.0	16.5	17.0
	19.0	17.0	16.0	16.0	16.0	16.5	16.5
	19.0	17.0	16.0	16.0	16.0	16.5	16.5

由表 5-26 和表 5-27 可以看出,除了 010 号土压力盒测得的温度随时间有些变化以外,其他位置点的温度随时间变化曲线的变化趋势是一致的,都是温度上升到一个阶段,维持几天以后,温度继续上升,温度总的变化趋势是在不断增大的(这可能与室温逐渐升高有关)。对于 010 号,在浸水后的第 7 天,温度出现了一段时间的下降,随后又开始上升,总的变化趋势是上升的,010 号曲线温度从试验开始时的 19.0℃增大到试验结束时的 22.0℃,温度增大了 3.0℃。从图中可以看出随着土压力盒埋设深度增大,温度的变化量变小。但总的变化趋势是随着测点埋深加大,温度变化越小;测点距坡面越近,温度变化越大。

第七组模型试验温度试验结果　　表 5-26

号　码	010 号	007 号	011 号	014 号	017 号	012 号	013 号
模拟积水	19.0	17.0	16.0	16.0	16.0	16.5	16.5
	19.0	17.0	16.5	16.0	16.5	16.5	17.0
	19.5	17.5	16.5	16.0	16.5	17.0	17.0
	19.5	17.5	16.5	16.5	16.5	17.0	17.0
	19.5	17.5	16.5	16.5	16.5	17.0	17.0
	19.5	17.5	16.5	16.5	16.5	17.0	17.0
	19.5	17.5	16.5	16.5	16.5	17.0	17.0
	19.0	17.5	16.5	16.5	16.5	17.0	17.0
	18.5	17.5	16.5	16.5	16.5	17.0	16.5
	19.0	17.5	16.5	16.5	17.0	17.0	17.0
	19.0	17.5	17.0	16.5	17.0	17.0	17.0
	19.0	17.5	17.0	16.5	17.0	17.0	17.0
	19.0	17.5	17.0	17.0	17.0	17.5	17.0
	19.5	17.5	17.0	17.0	17.0	17.5	17.0
	19.5	17.5	17.0	17.0	17.0	17.5	17.5
	20.0	18.0	17.0	17.0	17.0	17.5	17.5
	20.0	18.0	17.0	17.0	17.0	17.5	17.5
	20.0	18.0	17.5	17.0	17.5	17.5	17.5
	20.0	18.0	17.5	17.5	17.5	17.5	17.5
	20.0	18.5	17.5	17.5	17.5	18.0	17.5
	20.0	18.5	17.5	17.5	17.5	18.0	18.0
	20.0	18.5	17.5	17.5	17.5	18.0	18.0
	20.0	18.5	17.5	17.5	17.5	18.0	18.0
	20.0	18.5	17.5	17.5	17.5	18.0	18.0
	20.0	18.5	17.5	17.5	17.5	18.0	18.0
	20.5	18.5	18.0	17.5	17.5	18.0	18.0
	21.0	18.5	18.0	17.5	18.0	18.0	18.0
	21.0	19.0	18.0	18.0	18.0	18.5	18.5
	22.0	19.5	18.5	18.0	18.0	18.5	18.5

第七组模型试验温度试验结果对比分析　　表 5-27

号　码		010 号	007 号	011 号	014 号	017 号	012 号	013 号
所在位置	*X*	0.5	0.5	0.5	0.5	0.5	1.5	2.5
	Y	1.8	1.3	0.8	0.3	0.3	0.3	0.3
模拟积水开始时(℃)		19.0	17.0	16.0	16.0	16.0	16.5	16.5
模拟积水结束时(℃)		22.0	19.5	18.5	18.0	18.0	18.5	19.0
前后温度变化(℃)		+3.0	+2.5	+2.5	+2.0	+2.0	+2.0	+2.5
温度变化最值(℃)		3.5	2.5	2.5	2.0	2.0	2.0	2.5

2. 第六组和第七组模型试验温度试验小结

第六组和第七组模型试验都是模拟积水过程的试验，这两组试验持续了很长时间，综合表5-24~表5-27，可以看出：010号所测温度在上升的时候有些波动，但总体趋势是上升的，其他的压力盒所测温度都是稳步上升的，到积水试验结束时，温度都上升了6℃左右。其中010号和013号变化最大分别达到6.5℃和5.0℃，之所以产生这么大的变化，与天气气候变化有关，因为这两组试验始于2004年4月5日，于2004年5月27日结束，室内温度上升了很多。

5.1.4.5 第八组模型试验温度试验结果分析

由表5-28和表5-29可以得出结论：越是靠近坡顶或坡面的土体，即靠近土—大气界面，如

第八组模型试验温度试验结果 表5-28

坐标(m)	010号	007号	011号	014号	017号	012号	013号
X	0.0	0.0	0.0	0.0	0.5	1.5	2.5
Y	1.8	1.3	0.8	0.3	0.3	0.3	0.3
模拟阴天(7d)	22.5	20.0	19.0	18.5	19.0	19.0	19.5
	22.5	20.0	19.0	18.5	19.0	19.5	19.5
	22.0	20.0	19.5	19.0	19.0	19.5	19.5
	22.0	20.0	19.5	19.0	19.0	19.5	19.5
	22.0	20.0	19.5	19.0	19.0	19.0	19.5
	22.5	20.0	19.5	19.0	19.0	19.5	19.5
	22.0	20.5	19.5	19.0	19.5	19.5	19.5
模拟日照(7d)	22.0	20.5	19.5	19.0	19.5	19.5	19.5
	22.5	20.0	19.5	19.0	19.0	19.5	20.0
	23.5	20.5	19.5	19.0	19.5	19.5	21.0
	24.0	20.5	19.5	19.5	19.5	20.0	21.0
	25.0	21.0	19.5	19.5	19.5	20.0	21.5
	26.0	21.5	20.0	19.5	19.5	20.5	22.0
	26.5	22.0	20.0	19.5	19.5	20.5	22.0
	27.0	22.0	20.5	19.5	20.0	21.0	22.5
	27.5	22.5	20.5	20.0	20.0	21.0	22.5
	27.5	23.0	21.0	20.0	20.0	21.5	23.0
模拟降雨(7d)	27.5	23.0	21.0	20.0	20.5	21.5	23.5
	26.0	23.0	21.0	20.0	20.5	21.5	22.5
	25.0	23.0	21.0	20.5	20.5	21.5	22.0
	24.5	22.5	21.5	20.5	20.5	21.5	21.5
	24.0	22.5	21.5	20.5	21.0	21.5	21.5
	24.0	22.5	21.5	20.5	21.0	21.5	21.5
	24.0	22.5	21.5	20.5	21.0	21.5	21.5

第八组模型试验温度试验结果对比分析(单位:℃) 表 5-29

号码	埋设位置		模拟阴天 7d			模拟日照 10d			模拟降雨 7d		
	X(m)	Y(m)	前	后	差	前	后	差	前	后	差
010 号	0.0	1.8	22.5	22.0	-0.5	22.0	27.5	+5.5	27.5	24.0	-3.5
007 号	0.0	1.3	20.0	20.5	+0.5	20.5	23.0	+2.5	23.0	22.5	-0.5
011 号	0.0	0.8	19.0	19.5	+0.5	19.5	21.0	+1.5	21.0	21.5	+0.5
014 号	0.0	0.3	18.5	19.0	+0.5	19.0	20.0	+1.0	20.0	20.5	+0.5
017 号	0.5	0.3	19.0	19.5	+0.5	19.5	20.0	+0.5	20.5	21.0	+0.5
012 号	1.5	0.3	19.0	19.5	+0.5	19.5	21.5	+2.0	21.5	21.5	0.0
013 号	2.5	0.3	19.5	19.5	0.0	19.5	23.0	+3.5	23.5	21.5	-2.0

010 号和 013 号所在的位置,其温度受外部气候条件的变化影响最大。本组试验的三个阶段中,日照阶段对路基中温度的变化影响为最大。在路堤模型中,距基顶分别为 0.3m、0.9m、1.5m、2.1m 的 010 号、007 号、011 号及 014 号土压力盒,其所测温度,在日照的 10d 中,温度分别升高了 5.5℃、2.5℃、1.5℃、1.0℃;距坡脚分别为 0.5m、1.5m、2.5m 的 013 号、012 号及 017 号土压力盒,其所测温度,在日照的 10d 中,温度分别升高了 3.0℃、2.0℃、1.0℃。

模拟降雨阶段的 7d 中,距基顶 0.3m 的位置点的温度降低了 3.5℃;距坡脚 0.5m 的位置点的温度降低了 2.0℃;其他位置点的温度变化较小,在 0.5℃范围内变化。

模拟阴天阶段 7d,温度变化最小,在 ±0.5℃范围内。

5.1.4.6 第九组模型试验温度试验结果分析

本组试验的两个阶段中,由于削坡后,探头距土—大气交界面较近,在模拟阴天与模拟降雨两阶段温度均略有上升,在 0.0℃ ~1.0℃之间,这主要受室内气温升高的影响。

各土压力盒所测的温度都有所上升,最大的增加了 1.5℃,最小的也有 1.0℃,之所以在膨胀基本稳定后,在模拟阴天和降雨阶段时温度还有所增加,这主要是由于气候条件所致,因为这段时间室内温度在逐渐升高。

5.1.4.7 研究小结

(1)膨胀土路堤中土体的温度变化与路堤填料、路堤土的压实度、排水边界条件和路堤土中的含水率等密切相关。

(2)在积水、阴天、日照、降雨四个阶段中,日照阶段对路堤土温度的变化影响最大,其次是降雨,阴天影响最小。在膨胀土路堤中,如第八组模型试验,距路堤顶分别为 0.3m、0.9m、1.5m、2.1m 的点,在模拟日照的 10d 中,温度分别升高了 5.5℃、2.5℃、1.5℃、1.0℃;距坡脚分别为 0.5m、1.5m、2.5m 的点,在日照的 10d 中,温度分别升高了 3.0℃、2.0℃、1.0℃。模拟降雨阶段的 7d 中,距路堤顶 0.3m 的位置点的温度降低了 3.5℃;距坡脚 0.5m 的位置点的温度降低了 2.0℃;其他位置点的温度变化较小,在 0.5℃范围内变化。模拟阴天阶段 7d,温度变化最小,变化幅度在 ±0.5℃范围内。在积水阶段,膨胀土路堤中温度降低最大值达 2℃。

(3)路堤中土体温度的变化与含水率的变化相对应的,当含水率增大时,温度相对降低;当含水率降低时,温度相对升高。

(4)大气影响深度范围内(2.5 ~3.0m),越靠近膨胀土路堤表面,温度变化幅度越大。

(5)土体内的温度梯度的存在,将促使土体中水分的迁移更加活跃。

(6)在积水时，由于土颗粒与水分子的相互作用，引起水分子定向排列并受到束缚，从而在土颗粒表面形成结合水的吸附水膜，在水分子被吸附过程中，水分子从相对自由的状态变为束缚状态，原来自身所具有的动能伴随着水分子被颗粒表面吸附以湿润热放出；同时，土体中的物质可能与水作用时也会放出相当的热量。

5.1.5 不同气候条件下膨胀土路基胀缩变形规律试验研究

5.1.5.1 第二组模型试验竖向胀缩变形试验结果及分析

第二组模型试验，竖向胀缩变形结果是以不同高度位置观测点 2、9、12、18、22、27、32 为代表，将胀缩变形测试结果整理而成，见表 5-30。

第二组模型试验不同位置测点的竖向胀缩变形测试结果表　　表 5-30

竖向胀缩变形观测点			2 点	9 点	12 点	18 点	22 点	27 点	32 点
测试阶段 \ 观测点坐标		X(cm)	101.5	204.0	101.5	150.3	101.5	101.5	101.5
		Y(cm)	74.0	102.8	133.5	163.0	194.0	223.5	254.0
第一阶段，模拟积水阶段 9d，前后竖向胀缩变形差(cm)	路堤筑完后		14.1	42.3	73.8	103.1	134.2	163.7	194.1
	模拟积水结束时		13.0	41.5	72.8	102.3	134.0	164.2	194.9
	前后竖向胀缩变形差		-0.9	-0.8	-1.0	-0.9	-0.2	0.5	+0.8
第二阶段，模拟阴天阶段 7d，前后竖向胀缩变形差(cm)	模拟阴天开始时		13.0	41.3	72.8	102.4	134.0	164.3	194.9
	模拟阴天结束时		13.0	41.2	72.8	102.4	133.9	164.0	194.9
	前后竖向胀缩变形差		0.0	-0.1	0.0	0.0	-0.1	-0.3	0.0
第三阶段，模拟日照阶段 7d，前后竖向胀缩变形差(cm)	模拟日照开始时		13.0	41.3	72.8	102.4	133.9	164.0	194.9
	模拟日照结束时		13.0	41.3	73.0	102.3	134.0	164.0	194.9
	前后竖向胀缩变形差		0.0	0.0	+0.2	-0.1	+0.1	0.0	0.0
第四阶段，模拟降雨阶段 7d，前后竖向胀缩变形差(cm)	模拟降雨开始时		13.0	41.3	73.0	102.3	134.0	164.1	194.9
	模拟降雨结束时		13.0	41.2	73.0	102.4	134.0	164.0	194.9
	前后竖向胀缩变形差		0.0	-0.1	0.0	0.1	0.0	-0.1	0.0

注：胀为正，缩为负。

从表 5-30 可知，竖向胀缩变形主要发生在第一阶段，即路堤坡顶积水阶段。以竖向位置 200cm 为界，此处膨胀土不发生胀缩变形。200cm 以上，在 223.5cm 的位置，向上膨胀量为 0.5cm；254.0cm 处，向上膨胀量 0.8cm；200cm 以下，因土体上部含水率的增加自重增加，使土体下部产生压缩。在 194.0cm 位置，向下压缩量为 0.2cm；位于 163.0～74.0cm 各位置点，向下压缩量为 0.8～1.0cm。在第二阶段，即模拟阴天阶段，发生 -0.1～-0.3cm 的收缩量。第三、四阶段胀缩变形不明显。

5.1.5.2 第三组模型试验竖向胀缩变形试验结果及分析

各不同位置测点的竖向胀缩变形见表 5-31，由于填料为弱膨胀土，在第二组试验中，膨胀变形已基本完成，所以第三组试验中，胀缩变形不明显，各点的竖向胀缩变形均在 ±0.2cm 范围内。

第三组模型试验不同位置测点的竖向胀缩变形测试结果表　　表 5-31

竖向胀缩变形观测点			2 点	9 点	12 点	18 点	22 点	27 点	32 点
测试阶段 \ 观测点坐标		X(cm)	101.5	204.0	101.5	150.3	101.5	101.5	101.5
		Y(cm)	74.0	102.8	133.5	163.0	194.0	223.5	254.0
第一阶段，模拟积水阶段 7d，前后竖向胀缩变形差（cm）	模拟积水开始时		12.8	41.3	72.9	102.5	134.0	164.1	194.9
	模拟积水结束时		13.0	41.2	72.8	102.4	134.0	164.0	195.0
	前后竖向胀缩变形差		0.2	-0.1	-0.1	-0.1	0.0	-0.1	0.1
第二阶段，模拟阴天阶段 7d，前后竖向胀缩变形差（cm）	模拟阴天开始时		13.0	41.2	72.8	102.5	134.0	164.2	195.0
	模拟阴天结束时		12.8	41.3	72.6	102.4	134.0	164.2	195.0
	前后竖向胀缩变形差		-0.2	0.1	-0.2	-0.1	0.0	0.0	0.0
第三阶段，模拟日照阶段 7d，前后竖向胀缩变形差（cm）	模拟日照开始时		12.8	41.2	72.8	102.4	134.0	164.1	195.0
	模拟日照结束时		12.8	41.1	72.8	102.4	134.0	164.1	195.0
	前后竖向胀缩变形差		0.0	-0.1	0.0	0.0	0.0	0.0	0.0
第四阶段，模拟降雨阶段 7d，前后竖向胀缩变形差（cm）	模拟降雨开始时		12.7	41.1	72.7	102.4	133.9	164.2	195.0
	模拟降雨结束时		12.6	41.2	72.8	102.5	134.0	164.3	195.0
	前后竖向胀缩变形差		-0.1	0.1	0.1	0.1	0.1	0.1	0.0

5.1.5.3　第四组模型试验竖向胀缩变形试验结果及分析

由于填料为弱膨胀土，在第二、三组试验中，膨胀变形已基本完成，所以第四组试验中，胀缩变形不明显。说明膨胀土路堤模型在水充分入渗发生湿胀干缩后，其后的干湿循环特性减弱，见表 5-32。

第四组模型试验不同位置测点的胀缩变形测试结果表　　表 5-32

竖向胀缩变形观测点			2 点	9 点	12 点	18 点	22 点	26 点
测试阶段 \ 观测点坐标		X(cm)	101.5	204.0	101.5	150.3	101.5	49.5
		Y(cm)	74.0	102.8	133.5	163.0	194.0	224.5
模拟积水阶段 7d，前后竖向变形差（cm）	模拟积水开始时		12.8	41.2	72.8	102.5	134.0	164.8
	模拟积水结束时		12.8	41.2	72.8	102.2	134.0	164.9
	前后竖向变形差		0.0	0.0	0.0	-0.3	0.0	0.1

5.1.5.4　第六组模型试验竖向胀缩变形试验结果及分析

沿着不同的高度位置，我们选择一个点作为代表，如图 5-28 所示的 3、8、13、17 点。在路堤下部的点如 3 点和 8 点，由于在本组试验中，水还没有渗透到 3 点和 8 点所在的位置，所以其胀缩变化并不明显。

竖向胀缩变形如图 5-28 所示，13 号点曲线开始时在 X 轴的下方，为负值，说明 13 号点在试验开始后发生少许下沉，随即就发生膨胀其膨胀量到试验结束时达到 0.6cm；17 点是位于上部的点，则从一开始就发生膨胀，到本组试验结束时其膨胀量达到 5.2cm，上部土体的膨胀量是下部土体的胀缩变形的累积结果。

5.1.5.5　第七组模型试验竖向胀缩变形试验结果及分析

如图 5-29 所示，模拟试验路堤的最下部分土体的观测点 3 点的胀缩变形不明显。在积水阶段：17 号观测点在试验进行到第 19 天时发生滑动，8 点、13 点的膨胀量分别为 1.3cm、

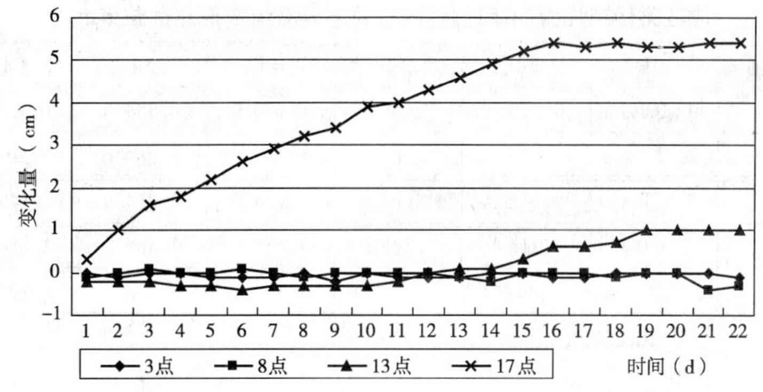

图 5-28　第六组模型试验观测点竖向胀缩变形随时间变化曲线

1.5cm;在阴天阶段,竖向胀缩变形在 ±0.1cm 范围内变动。总的来说,路堤上部竖向胀缩变形量大于下部。

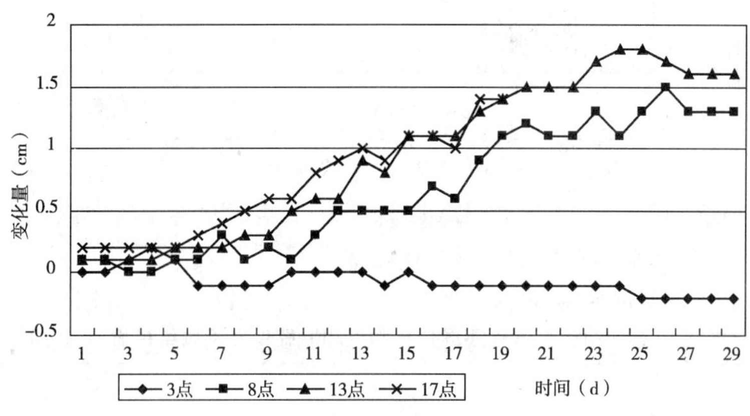

图 5-29　第七组模型试验观测点竖向胀缩随时间变化曲线

5.1.5.6　室内模型试验侧向位移分析

以第六组模型试验为例,此组试验开始于 2004 年 4 月 5 日,模拟积水,到 2004 年 4 月 27 日结束,4 月 21 日发生滑坡,试验数据见表 5-33、图 5-30。

降雨量与滑坡体位移具有一定相关性。可设:

$$y = a\mathrm{e}^{bx}$$

式中:y——坡面的侧移;

x——入渗量;

a,b——系数,通过回归分析即可得到 a,b 的值。

因此:

(1)降雨入渗引起边坡位移的机制是,降雨使得膨胀土边坡非饱和带物料的含水率增加,基质吸力下降(或基本完全丧失),导致边坡非饱和带物料产生与基质吸力变化有关的应变,并最终产生边坡位移。

(2)降雨入渗引起的边坡位移与降雨入渗的饱和—非饱和渗流有关,主要表现在位移滞后于降雨入渗,并且存在降雨入渗的累计效应。降雨入渗引起的边坡位移与降雨入渗量之间存在着指数关系。

边坡侧移随降雨入渗变化表(入渗量单位 m^3,侧移单位 mm)　　表 5-33

时间	开始前	1d	2d	3d	4d	5d	6d	7d
入渗量	0	0.162 4	0.316 2	0.468 4	0.680 8	0.853 7	0.923 8	0.987 9
侧移量	0	1	5	7	45	57	63	68
时间	8d	9d	10d	11d	12d	13d	14d	15d
入渗量	1.034 3	1.130 1	1.216 4	1.375 1	1.485 1	1.566 1	1.656 4	1.754 3
侧移量	75	75	80	85	95	100	105	105

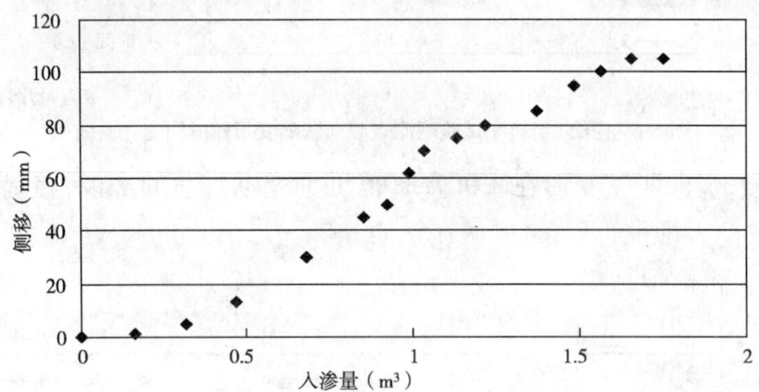

图 5-30　变形与降雨入渗量关系图

5.1.5.7　研究小结

1. 常张路弱膨胀土的竖向胀缩变形规律总结

(1)膨胀土路堤的竖向胀缩变形主要发生于路堤基顶积水。在竖向存在一临界深度,此处膨胀土不发生竖向胀缩变形。在临界深度以上的膨胀土层向上发生膨胀,最大膨胀量达 0.8cm。

(2)在阴天气候条件下,膨胀土路堤竖向可发生 -0.1 ~ -0.3cm 收缩量。

(3)当膨胀土已充分胀缩变形以后,其后的干湿循环胀缩变形量均在 ±0.2cm 范围内。

2. 南友路中等膨胀土的竖向胀缩变形及水平侧向变形规律总结

(1)对于南友路中等膨胀土,当膨胀土路堤基顶积水时,竖向胀缩变形最大可达 5.2cm,路堤上部土体的膨胀量是下部土体的膨胀变形的累积的结果;土体水平侧向变形从路堤上部边缘到下部边缘,其侧向变形量逐渐减小,从坡顶到坡脚的 4 个点侧移的变形量分别为 11cm、7cm、6cm 和 4cm。

(2)在阴天阶段,竖向胀缩变形在 ±0.1cm 范围内变动;水平侧向变形量均很小,在 ±0.1cm 范围内变动。总的来说,路堤上部水平侧向变形量大于下部。

(3)模拟日照阶段有 0.3 ~0.5cm 的变形量。

(4)膨胀土路堤的竖向胀缩变形和水平侧向变形与路基填土的性质、含水率、压实度、气候条件、排水边界条件等密切相关。

5.1.6　不同气候条件下膨胀土路基的破坏形式试验研究

在干湿循环作用下水对膨胀土路基表层土体会产生破坏作用,研究表明,只要膨胀土土体内部含水率发生 1% 的变化,将会引起膨胀土工程性质的显著变化,发生路基滑坍、胀缩变形及失稳等工程事故。膨胀土以及土体中杂乱分布的裂隙,在干湿循环作用下,水对路基、路堑

边坡等都具有严重的破坏作用,为此,研究干湿循环作用下水对膨胀土路基的破坏作用,进而提出避免水损害路基的有效防治措施等[1]~[7],这将对公路、铁道、房建等具有重要而深远的意义。

通过八组膨胀土路基模型试验,对广西南友路宁明地段中等膨胀土和湖南常张路慈利地段弱膨胀土,在90%压实条件和不同排水边界条件下,分别模拟路基在积水、阴天、日照、降雨干湿循环作用下,研究膨胀土路基的破坏形式、水对膨胀土路基破坏作用机理等,这对膨胀土路基的设计和施工,保护路基、路面和构造物等具有重要的理论和工程实际意义。

5.1.6.1 第一组模型试验

1. 第一组模型试验概况

在干湿循环作用下膨胀土路基的破坏作用机理的第一组模型试验,填料为常德—张家界高速公路慈利东互通段弱膨胀土,模拟路堤边坡坡度为1:0.75,在控制含水率、分层填筑好模型槽内的路堤,压实度为90%。通过有机玻璃面、坡面和坡顶面观察膨胀土路基的破坏形式。模型箱底的边界条件为排水边界条件,即在箱底先铺一层10cm的砂垫层,再在其上铺一层土工布,土工布上再填筑模拟路堤。

第一阶段为期9d(2003年12月8日~12月16日),模拟在路基坡顶浸水。

第二阶段为期7d(2003年12月17日~12月23日),模拟阴天气候条件。

第三阶段为期7d(2003年12月24日~12月30日),模拟日照。

第四阶段为期7d(2003年12月31日~2004年1月6日),模拟自然降雨。

分别观测四个阶段中,膨胀土路基坡面、顶面的破坏情况。

2. 第一组模型试验膨胀土路基破坏现象描述

第一阶段,模拟路基坡顶积水9d。12月9日17:00左右,由于支承坡面面板的钢管松动,在膨胀力的作用下使路基坡面靠箱壁一侧土体崩落。12月10日,松开坡面支挡板。从有机玻璃板上可观测到:在$x=2.20$m,$y=1.65$m处,出现一条长为7cm、宽为3cm的垂直裂缝,在$x=2.15$m,$y=1.75$m处出现一条长为8cm,宽为3cm的垂直裂缝。

第二阶段,模拟无降雨、无日照的阴天气候条件7d。12月19日,距坡边缘20cm的坡面出现一横向通长裂缝,坡顶面即出现网裂,坡面水平向外侧膨胀2cm。

第三阶段,模拟日照7d,保持土表面温度为36℃~42℃。12月24日开始日照时,有大量水蒸气蒸发,坡面、坡顶均出现了细裂缝。12月28日出现宽度为8mm的网裂缝,坡顶裂缝为网裂,坡面裂缝为不规则方形网裂。

第四阶段,模拟自然降水7d,用淋喷头喷出的水模拟降雨。12月31日模拟日照完毕,开始加水前,从有机玻璃上可观测到裂缝深2~3cm,沿坡面共有3条。加水后,坡顶面的水沿裂缝向坡面冲刷,在雨滴溅到处出现局部冲刷情况。坡面已开裂块体表面脱落,顶面有细小土颗粒被水冲刷带走。12月31日9:20坡面降雨30min后,坡面水流呈波浪形,水流冲刷表面颗粒土,使其沿坡面向下滚落。12月31日11:00坡面出现水流沟,通过原有裂缝向下冲刷坡面,形成宽约15cm、深约10cm的坡面沟槽。11:00停止降雨,坡面原有2~3cm深的裂缝消失。坡面沟槽深处为压实时密实度较小的每一层的下部,在坡面上出现从上到下的锯齿形沟槽。2004年1月1日,坡顶膨胀土细颗粒被水带走,中等颗粒土被冲松散,表面径流形成弯曲路径,宽约3~5cm,深约2~3cm,水流沿沟径流。坡面在水滴垂直落下处,局部出现崩落。1月2日8:30~9:30降雨,坡顶边缘冲刷破坏,雨滴首先将膨胀土细颗粒带走→松动→崩落→垮塌→中等颗粒被水带走→出现局部冲刷坑。

5.1.6.2　第二组模型试验

1. 第二组模型试验概况

第二组模型试验是在第一组模型试验完成后,对路堤边坡刷坡,刷坡成坡度为1∶1的模拟路堤。测点位置与第一组相同。

第一阶段(2004 年 1 月 30 日 ~2 月 5 日),模拟在坡顶积水 7d;

第二阶段(2004 年 2 月 6 日 ~2 月 12 日),模拟阴天气候条件 7d;

第三阶段(2004 年 2 月 13 日 ~2 月 19 日),模拟日照气候条件 7d;

第四阶段(2004 年 2 月 20 日 ~2 月 26 日),模拟降雨气候条件 7d。

观测四个阶段中,膨胀土路基中坡顶、坡面的破坏情况。

2. 第二组模型试验膨胀土路基破坏现象描述

第一阶段,坡顶面积水 7d。

第二阶段,模拟无降雨、无日照的阴天气候条件 7d。

第三阶段,模拟日照 7d,保持土表面温度为 36℃ ~42℃。2 月 14 日,即日照的第二天,水蒸气进一步蒸发,顶面裂缝加大,坡面出现细微的裂缝。2 月 15 日,即日照的第三天,已无明显的水蒸气蒸发现象,顶面裂缝最大宽度达 10mm 左右,深20 ~ 30mm,坡面裂缝宽 5mm,深20 ~30mm。2 月 16 日,被灯直接照射到的坡面出现较大裂缝,未直接照射到的地方出现细微裂缝,将坡面的六盏灯上下移动,使照射均匀。2 月 17 日下午,坡面最大裂缝宽达 5 ~6mm,坡顶面最大裂缝宽达 10 ~12mm。到 2 月 19 日下午 5:00 时,坡面最大裂缝 7 ~8mm,最大裂缝间距 60 ~90mm,最大裂缝块间有分布不均匀的中、小块,能拔出长 × 宽 × 厚 =(9 ~6)×(6 ~9)×(3 ~4)mm 的膨胀土块。裂缝深度达到 66 ~90mm,坡面壳层厚约 30 ~40mm,深部裂缝间距较大。坡顶面最大裂缝宽 10 ~12mm,最大裂缝间距 90 ~120mm,大裂缝块间有分布不均匀的细裂缝,顶面壳层厚约 8 ~10mm。

第四阶段,模拟自然降雨 7d。坡面水流呈波浪形,水流冲刷表面颗粒沿坡面向下滚落。坡面出现水流沟,水通过原有裂缝向下冲刷坡面,坡面沟槽深处为压实时较松的每一层的下部,出现从上到下的锯齿形沟槽。坡顶膨胀土细颗粒被水带走,中等颗粒土被冲松散,水流沿沟径流。坡面在水滴垂直落下处,局部出现崩落。

2 月 27 日第二组试验完毕,坡面被冲刷成台阶状,台阶宽最小值为 8cm,共有 20 级台阶,台阶为填筑层高 10cm。

5.1.6.3　第三组模型试验

1. 第三组模型试验概况

在第二组模型试验完成后,对路堤边坡进行刷坡,刷坡后的坡度为 1∶1.5。仍采用常张路弱膨胀土,时间从 2004 年 2 月 29 日开始 ~3 月 7 日结束,降雨历时 7d,每天降雨半小时,降雨量约为 $0.5m^3$。

2. 第三组模型试验膨胀土路基破坏现象描述

从 2 月 29 日 8:30 开始降雨,在 0.25m 宽的坡顶先铺一层土工布,用淋喷头向侧端墙壁上洒水,水经土工布后向坡面冲刷,由于喷头可左右、来回移动且能旋转 360°,保持水向坡面冲刷均匀。2 月 29 日 9:15 时,冲刷 45min 后形成四条宽约 3 ~8cm、深约 1 ~2cm 的冲沟。冲沟较第二组弯曲,冲沟位置和形状与冲刷时开始形成的冲沟的位置与坡面起伏有关。到 3 月 1 日,与 1∶1坡面相比,水流冲刷坡面的破坏明显减小,水流速较小,冲刷带走细小颗粒,冲沟宽、深加大,深度扩大不如 1∶1坡度时明显。

在每一分层夯实层的上部,因受夯实的功较大,夯实较密实,具有较强的抗冲刷能力;而分层夯实的下部,因夯实时的影响不如上部大,夯实不如上部密实,抗冲刷能力较弱,所以,冲刷大多从每层的下部开始。在坡面从上到下形成锯齿状的冲刷沟。

3 月 2 日,降雨改用淋喷头均匀洒在坡面上,降雨量较大,冲刷宽度加大、冲松、带走土颗粒,但沟深度增大不明显。

3 月 3 日 8:15 时,沟与沟之间的土基本上冲刷完毕,形成台阶状的冲刷面。

3 月 6 日 8:10 时,坡面 2/3 长度已形成台阶形,台阶宽度 10 ~ 20cm,高 8 ~ 12cm。下部 1/3仍为锯齿形,尚未冲刷成台阶形,这可能与降雨不到位有关。

5.1.6.4 第四组模型试验

1. 第四组模型试验概况

第四组膨胀土室内模型试验是在第三组室内模型试验的基础上,将原来的 1:1.5 的坡度刷成 1:2,而且本组试验只进行了模拟降雨的这一试验过程,共进行了 7d 的降雨试验,从 2004 年 3 月 8 日开始至 3 月 15 日结束,降雨历时 7d,每天降雨半小时,降雨量 $0.5m^3$。

2. 第四组模型试验膨胀土路基破坏现象描述

第四组试验从 3 月 8 日开始,由于坡度比为 1:2,比第一、二、三组缓,第一天降雨后发现,明显与前几组不同的是:冲刷沟宽而浅。

3 月 9 日,除滴水位置处外,冲刷沟没有前几组明显,且冲沟的台阶没有前几组明显,锯齿之间的土体冲刷没有前几组严重。

3 月 10 日,锯齿形台阶较宽,齿间土颗粒冲刷没有前几组明显,沟数少且宽。

3 月 11 日,水滴下落高度从 1.5 ~ 3.0m,坡面上部的冲刷较下部明显,上部的水在向下流动过程中汇聚集中在下部雨水冲刷沟中向下流,上部台阶与下部台阶之间的齿间土尚有一小部分没有被冲走。

3 月 15 日,第四组试验结束,能见到明显的 15 级台阶形,这是由于装料时分层装料导致的。

3. 第一至第四组模型试验(常张路弱膨胀土)路基破坏作用小结

(1)当膨胀土路基处于基顶积水期,水向路基渗入,路基含水率增加而产生竖向胀缩变形裂缝或水平侧向变形裂缝。在阴天气候条件下,由于膨胀土路基失水,使坡面、坡顶出现网裂。在日照阶段,有大量水蒸气蒸发,坡面、坡顶均出现裂缝,随着日照时间的增加,裂缝宽度加大。在自然降雨期间,雨水沿裂缝向坡面冲刷,在雨滴溅到处,出现局部蚀穴被冲刷情况;坡面已开裂块体表面脱落,顶面有细小土颗粒被水冲刷带走;坡面水流呈波浪形,水流冲刷表面颗粒土,使其沿坡面向下滚落。坡面出现水流沟,坡面沟槽深处为压实时密实度较小的每一层的下部位,在坡面上出现从上到下的锯齿形沟槽。冲刷过程是:雨滴首先将膨胀土细颗粒带走→松动→崩落→垮塌→中等颗粒被水带走→出现局部冲刷坑。

(2)膨胀土路基坡度越缓,冲沟越浅、越宽、越弯曲;水流速较小,冲刷作用越小。

(3)冲沟位置和形状与冲刷时开始形成的冲沟的位置与坡面起伏有关。

(4)在每一分层夯实层的上部,因受夯实的功较大,夯实较密实,具有较强的抗冲刷能力;而分层夯实的下部,因夯实时的影响不如上部大,夯实不如上部密实,抗冲刷能力较弱,所以,冲刷大多从每层的下部开始。在坡面从上到下形成锯齿状的冲刷沟。说明冲刷与路基的压实度关系密切。

5.1.6.5 第五组模型试验

1. 第五组模型试验概况

第五组膨胀土路基模型试验，填料为南宁—友谊关高速公路中等膨胀土，模拟路堤边坡坡度为1∶0.75，路堤压实度为90%。模型箱底部先铺上一层砂，再铺上一层两布一膜的土工膜，然后在上面填筑路堤，模拟的是不排水边界条件（第五组～第八组模型试验均为不排水边界条件，均为南友路中等膨胀土作路基填料）。

2004年3月19日开始装料，严格按照90%的密实度要求填筑路堤，边坡坡度是1∶0.75，到2004年4月3日模拟路堤修筑完毕。从2004年4月5日开始试验，到2004年4月27日第五组试验结束，历时23d，其中4月21日发生了一次小型滑坡，位于边坡顶。

由于本组试验模拟的是不排水边界条件，胀胀土的物理力学性质也不同，此次试验中，水的入渗速度非常缓慢，所以本组试验从第1天到第18天都只是模拟坡顶积水的情况，随后5d是模拟阴天气候条件情况。

2. 第五组模型试验路基破坏现象描述

同前面的第一组到第四组试验相比，由于本次试验的膨胀土填料的物理力学性质的不同和模拟的是不排水边界条件，所以水入渗速度非常缓慢，加水后的第6天水浸到第一个含水率探头的位置。4月21日上午8:00拆坡面挡板时发现，沿坡面向内延伸大约30cm处有向下垮落的滑痕。

5.1.6.6　第六组模拟试验

1. 第六组模型试验概况

第六组模型试验是在第五组试验完成后，把边坡垮落的部分除去并刷坡，使边坡坡度为1∶1。各测点的布置同第五组，同时每个测点的竖向胀缩和侧向变形的量测都与第五组试验相同，由于在第五组试验结束时，水还没有渗透到模拟路堤的底部，所以此次试验从刷坡后，一开始仍然是模拟坡顶积水，直到积水下渗到基底为止。由于在雨水下渗的过程中，尽管坡面有侧向护坡，但仍发生滑坡，所以没有进行模拟阴天、日照、降雨三个阶段，到积水下渗到坡底后，沿滑坡面削坡后，直接进行第七组模型试验。

第一阶段：2004年4月28日～5月26日，为期29d，坡顶积水，直到雨水下渗到坡底。

第二阶段：2004年5月27日～5月30日，为期4d，模拟无日照、无降雨气候条件。

2. 第六组模型试验膨胀土路基破坏现象描述

2004年4月28日开始第六组模型试验，模拟坡顶积水，从4月28日到5月30日，为期33d。5月17日在坡顶面距坡顶边缘向下30cm处出现数条竖向裂缝，裂缝宽度最大者达到10mm，距斜坡面向里25cm和50cm处有裂缝出现，并且基本上形成两条连接起来的滑动面，土体已经有很明显的向下滑动的趋势。

5.1.6.7　第七组模型试验

1. 第七组模型试验概况

第七组模型试验是在第六组试验的基础上，把边坡的垮落的部分除去并刷坡，使其边坡坡度达到1∶1.5。测点的布置同第六组试验；同时每个测点的竖向胀缩和水平侧向变形的量测都与第五、六组试验相同，由于在第五组和第六组试验结束后，水已经渗透到模拟路堤的底部，所以此次试验开始仍然是模拟阴天、日照和降雨水冲刷坡面的三种情况。

从2004年5月31日～6月6日为期7d，为模拟阴天气候条件；

从2004年6月7日～6月16日为期10d，为模拟日照气候条件；

从2004年6月17日～6月23日为期7d，为模拟降雨气候条件。

2. 第七组模型试验膨胀土路基破坏现象描述

6 月 11 日下午，即日照第 5 天，坡面裂缝最大宽度达到 20mm，坡面被明显的网裂纹分割成块状。

6 月 17 日开始模拟降雨，降雨前，坡面经过日照后最大裂缝宽度达 20mm，呈网裂状，裂缝间距多为 10 ~ 15cm，在较大的裂缝形成的块体上有缝宽为 5 ~ 8mm 的中小裂缝。

6 月 17 日，8:10 被雨水冲走的土颗粒顺裂缝向下流，同时裂缝也不断地被冲蚀，坡面的块体多呈棱柱状被慢慢地冲蚀，棱角不明显。裂缝由于雨水的冲蚀逐渐加深、加宽。

8:20 裂缝下部宽度达到 30 ~ 40mm，深度达到 20 ~ 30mm，裂缝间的块体逐渐变小。被雨水淋蚀的坡面，土颗粒呈松散状，裂缝间的土体逐渐垮落。

6 月 19 日降雨第 3 天，模拟降雨前，土体表面有少量的微裂缝，由于雨水的冲蚀淋滤作用，原先裂缝间的土体多被冲蚀成上部大下部小的锥体，坡面上形成了两条明显的蚀沟。

6 月 20 日，原裂缝间的锥体继续被冲蚀，随后逐渐塌落；雨滴的击溅作用，土体颗粒非常松散，松散颗粒冲入蚀沟，由雨水带走。

6 月 21 日，早晨降雨前，坡面被冲刷成弯曲状的冲刷沟，沟深约 20 ~ 25cm，最上面的含水率探头被淋出，与降雨前相比，冲刷沟的形状、大小、深度变化不大，雨水沿冲刷沟流走。

6 月 22 日，雨水冲刷时，细小的颗粒被首先冲走，最后剩下较大的颗粒，呈很松散状（类似于自然状态下的松散砂），土颗粒之间的黏聚力几乎完全丧失，强度很低。

5.1.6.8　第八组模型试验

1. 第八组模型试验概况

第八组模型试验是在第七组试验完成的基础上，把边坡垮落的部分除去并削坡，使其边坡坡度达到 1:2。测点的布置同第五、六、七组试验；同时每个测点的竖向胀缩和水平侧向变形的量测都与第五、六、七组试验相同，此次试验是模拟阴天和降雨水冲刷坡面的两种情况。

从 2004 年 6 月 24 日 ~6 月 30 日为期 7d，为模拟阴天气候条件；

从 2004 年 7 月 1 日 ~7 月 7 日为期 7d，为模拟降雨气候条件。

2. 第八组模型试验膨胀土路基破坏现象描述

7 月 1 日，开始降雨，降雨约 25min 后，坡面可见一条冲沟，但尚未从上到下连通，仅在坡面中部约为 1/3 坡面长。

7 月 3 日，坡面中部 1/3 坡长，可见的共 6 级台阶。

由于本组试验模拟的气候条件为阴天—降雨，与第七组试验模拟的气候条件为阴天—日照—降雨不同，所以降雨时，坡面的冲刷没有第七组明显；也由于坡面较第七组缓，表现出相对较弱的冲刷情形。

3. 第五至第八组模型试验（南友路中等膨胀土）路基破坏作用小结

（1）同前面的第一组到第四组试验相比，由于本次试验的膨胀土填料的物理力学性质的不同和模拟的是不排水边界条件，所以水入渗速度非常缓慢，2.4m 高的膨胀土路基，坡顶积水 47d 后，水才入渗到基底。

（2）在积水期间，坡度为 1:0.75、1:1 的膨胀土路基均发生有滑坡现象。说明南友路中等膨胀土的胀缩变形比常张路弱膨胀土路基更易产生滑坡失稳破坏。

（3）日照阶段，坡面裂缝最大宽度达到 20mm，坡面被分割成块状，裂缝间距为 10 ~ 15cm，呈网裂状；在较大的裂缝形成的块体上有缝宽为 5 ~ 8mm 的中小裂缝。

（4）降雨阶段，被雨水冲走的膨胀土颗粒顺裂缝向下流，同时裂缝也不断地被冲蚀，坡面的块体多由棱柱状被慢慢地冲蚀。裂缝由于雨水的冲蚀逐渐加深、加宽。裂缝下部宽度达到30～40mm，深度达到20～30mm，裂缝间的块体逐渐变小。被雨水淋蚀的坡面，土颗粒呈松散状，裂缝间的土体逐渐垮落。雨水冲刷时，细小的颗粒被首先冲走，最后剩下较大的颗粒，呈很松散状（类似于自然状态下的松散砂），土颗粒之间的黏聚力几乎完全丧失，强度很低。

5.2　加筋膨胀土挡土结构模拟试验

膨胀土是一种高塑性黏土。黏性土的抗剪强度由黏聚强度分量和摩擦强度分量组成。影响黏性土抗剪强度的因素很多，主要有含水率、压实方法、龄期以及由此引起的土的不同结构形态等。黏性土抗剪强度对水表现出不同程度的湿软性[8]。黏性土与加筋材料的摩擦强度由填土颗粒间的摩擦阻力、填土颗粒与加筋材料间的摩擦阻力和填料与加筋材料胶结界面的内聚力组成。影响黏性土与加筋材料的摩擦强度的因素较多，主要有填土压实度、填土含水率、剪切速率等。填筑黏土的压实效果受压实土料、压实方法、压实功能及压实含水率等的影响。膨胀土是一种特殊黏土，因此当考虑用膨胀土作为加筋填料时，不得不考虑填筑密实度和含水率对加筋土体的影响。

随着国民经济的发展和交通量的不断增大，车辆荷载也逐渐变大，其值超过了设计时的交通荷载。荷载的增大，一方面导致了加筋土支挡结构水平土压力的增加，致使墙面发生附加的水平位移，另一方面，使墙后填土进一步压缩密实，产生更大的工后沉降。重复荷载的作用是路面设计中主要考虑的问题，因为汽车荷载是重复荷载。不仅荷载的作用形式，而且荷载作用的大小、位置也会影响支挡结构的变形，综合以上因素，加载时采用不同的荷载水平反复加载，如果在前一级荷载水平下支挡结构没有破坏就继续加下一级荷载水平，直至结构破坏。加筋膨胀土支挡结构在表面荷载作用和浸水条件下，会产生沉降和侧向变形，在实验中采用大量程百分表测量。为了更清楚地了解加筋膨胀土支挡结构内部在表面荷载作用和浸水条件下的受力特性和含水率变化，在内部分别布设了土压力盒和含水率探头，测量侧向、竖向土压力和含水率的变化。

本次实验内容包括以下两个方面的内容。

1．加筋膨胀土路堤对比试验

路堤填筑土密实度为90%，路堤边坡1:0.75，采用局部均匀加载（加载直径30cm）。进行如下两项实验内容。

（1）不同加筋间距（一层筋材 、二层筋材）的加筋膨胀土路堤在荷载作用下的对比试验；

（2）设置二层筋材的加筋膨胀土路堤在浸水和不浸水条件下的对比试验。

2．加筋膨胀土挡墙对比试验

挡墙模型高120cm，加筋间距为30cm，面板采用刚度较大的竹胶板，板与板之间由H形截面形状的连接件形成铰接。采用局部均匀加载（加载直径55cm）。不同密实度（80%、90%、95%）、不同含水率（浸水和不浸水条件下）的加筋膨胀土挡墙在荷载作用下对比试验。

模型制备时采用控制单位体积土重的方法控制密实度，分层填筑夯实的方法，每层夯实厚度约10cm。分层填筑并击实到相应的密实度，采用环刀法检测填土的密实度是否达到要求。在设计位置铺设土工格栅，由于试验断面比较小，采用土工格栅满铺。在铺设时，应使土工格栅紧贴下层整平层，拉直平顺，不使其出现扭曲、折皱和重叠。在挡土墙模型试验中，使土工格栅纵向为受拉方向，格栅和面板的挂钩之间用钢筋作为连接件连接，按预定的试验方案逐级加载进行测量。

测量内容包括:用大量程百分表测量路堤顶面的沉降变形和路堤坡面、加筋土挡土墙墙面的水平位移。每加一级荷载,待变形稳定后(百分表不再变化)读出百分表读数,然后进行数据处理就可以得到每级荷载作用下的沉降变形、侧向水平位移和相应的累计变形值;用正弦检测仪测量出不同高度的水平和侧向土压力。同样在每级荷载作用下,待土压力测量仪读数不再变化为止,记录并保存数据;用精密土壤水分探测器测量路堤中含水率及其变化。打开PVC管并把接线头连接到数显仪上,记录并保存数据。如果进行浸水条件下的试验,则在上述试验过程后,给挡土结构加入足够的水,直至整个路堤浸透为止,期间每天按时测试上述各测量仪器的数据并记录保存。

5.2.1 试验简介

模型箱长1.2m×宽0.7m×高1.5m,箱底、一个侧面、一个端面用竹胶板固定在角钢上,为了减少内壁摩擦阻力,内贴镀锌铁皮。另一个侧面用钢化有机玻璃固定于角钢上,通过水平设置于加筋土层中的彩塑纸,透过有机玻璃面,用于观察模型试验中路堤中土体的变形情况。另一个端面在挡墙模型试验中用于安装墙面板,而在路堤模型试验中用于形成边坡,顶面用于施加模拟的交通荷载。

试验采用的加载设备和加载方式如下:在路堤或挡墙填土顶面放一块圆形的刚性板,直径为55cm,在刚性板上安装千斤顶、传感器配测力计。由模型箱的反力架提供反力,由千斤顶分级施加法向荷载。加载时采用不同的荷载水平(60kN、100kN、150kN……),先逐级加载到第一级荷载水平(60kN),再逐级卸载,每级荷载10kN,如果挡土结构没有破坏,再加载到下一个荷载水平(100kN、150kN……)每次稳定到每个百分表读数不再变化时再加下一级荷载,从百分表读数中测出不同的侧面累计变形和沉降量,直至在最后一级荷载作用下挡墙表面沉降变形突然增大达到破坏为止,如图5-31、图5-32所示。

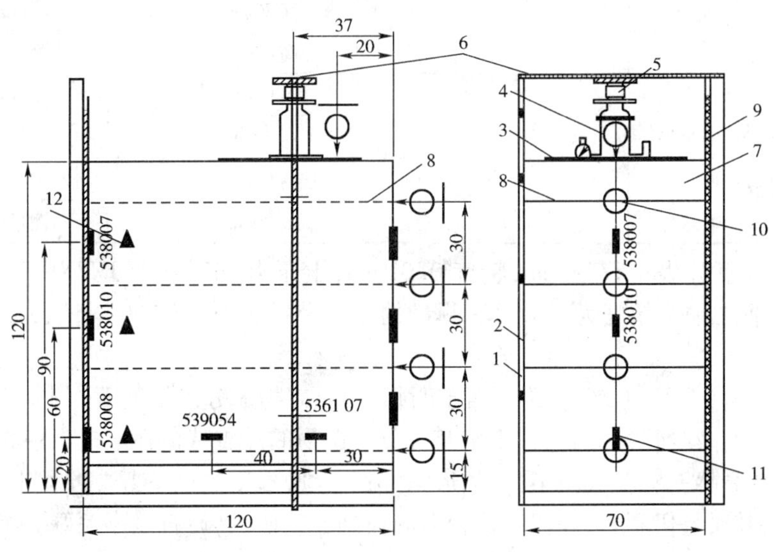

图5-31 挡墙模型示意图(尺寸单位:cm)

1-钢木组合箱;2-有机玻璃;3-加载板;4-千斤顶;5-传感器;6-反力架;7-回填土;8-土工格栅;9-镀锌铁皮;10-百分表;11-土压力盒;12-含水率探头

模型试验中各种仪器元器件的埋设位置见表5-34。

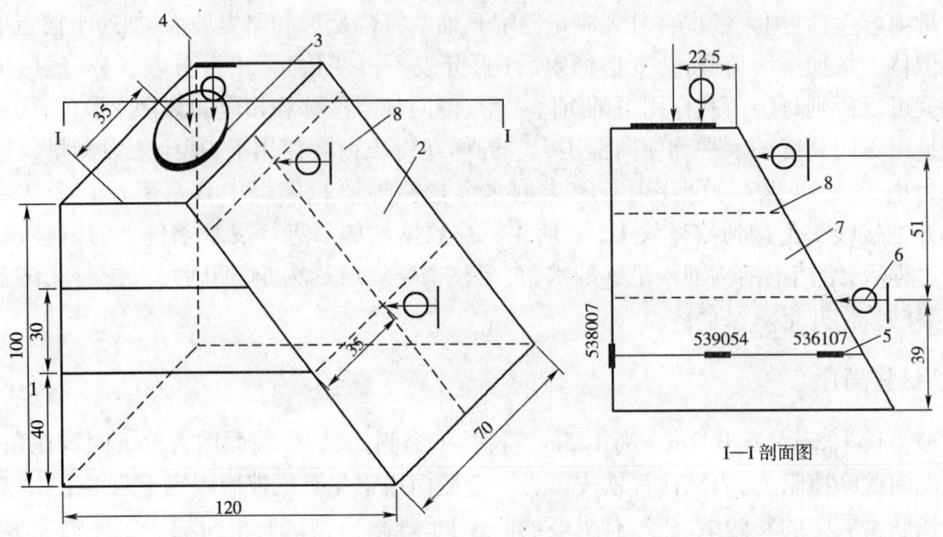

图 5-32　路堤模型示意图(尺寸单位:cm)

1-钢木组合面;2-有机玻璃面;3-加载板;4-荷载;5-土压力盒;6-百分表;7-回填土;8-土工格栅

模型试验测量元件的埋设位置表　　表 5-34

仪器设备 \ 埋设位置		加筋土路堤	加筋土挡墙	作　用
百分表	1 号	高 $0.4H$、$0.9H$	每层面板的中间位置	测量水平变形
	2 号	荷载板上	荷载板上	测量沉降或膨胀
土压力盒	536107	高 20cm	高 20cm,距面板 30cm	测量竖向土压力
	539054	高 20cm	高 20cm,距面板 70cm	测量竖向土压力
	538008	高 20cm	高 20cm	测量水平土压力
	538007		高 60cm	测量水平土压力
	538010		高 90cm	测量水平土压力
精密土壤水分探测器	25 号		高 30cm	测量含水率变化
	40 号		高 60cm	测量含水率变化
	30 号		高 90cm	测量含水率变化

其中大量程百分表量程 50mm,精度 0.01mm;土压力盒型号为 JMZX—300,振弦频率:800 ~ 3 000Hz,振弦频率精度为 ±0.3Hz 测量的压力范围为 0 ~ 5 000kN,压力测量的精度为 ±1kN。

所用填料为南(宁)友(谊关)路广西宁明膨胀土,矿物成分以伊利石为主,高岭石次之,含有一定量的蒙脱石及少量绿泥石、针铁矿及石英。矿物的外貌特征在电镜下观察,伊利石多呈片状,薄而细碎;高岭石颗粒大小不一,晶形完好;而蒙脱石则结晶不好。冲积土的黏土矿物则以高岭石为主,其次是伊利石、绿泥石及较多的极细赤铁矿,高岭石晶形完好。组织致密细腻,为棕灰、棕褐夹棕红色斑点,有巧克力色。肉眼可分出均质隐层理及层理构造。隐层理经风干后可见显出层理,层厚 2 ~ 3mm,剪切后具平整剪切面。如黏土层间夹氧化铁膜或薄膜(厚度 1mm 左右),则土具有明显的层理结构。该膨胀土为高液限(75.2%)的中等膨胀土,塑性指数达到 41.2%,小于 0.002mm 黏粒含量大于 50%,小于 0.005mm 黏粒含量大于 90%。其物理性质见表 5-35。

膨胀土填料物理性质　　表 5-35

最佳含水率(%)	最大干密度(g/cm^3)	平均相对密度	c (kPa)	φ (°)	自由膨胀率(%)	无荷膨胀量(%)	50kPa 有荷膨胀量(%)	100kPa 有荷膨胀量(%)	平均体缩(%)	平均缩限(%)
15.2	1.81	2.76	262	31.4	67	19.52	7.98	6.22	5.45	8.575

所用筋材为重庆庆兰公司生产的 TGDG35 土工格栅,示意图见图 5-33。其力学性质指标见表 5-36。

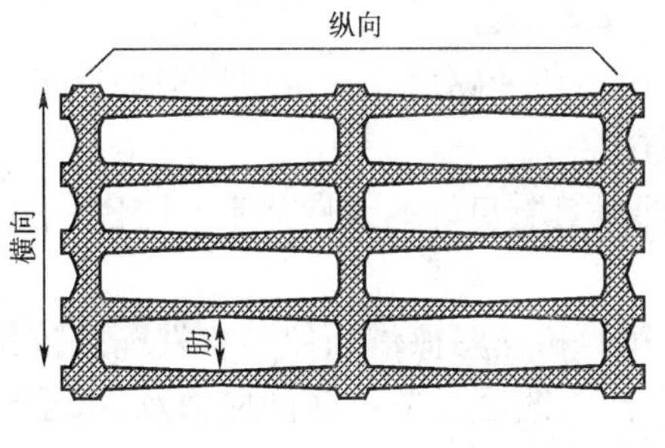

图 5-33　土工格栅示意图

土工格栅性能参数[9]　　表 5-36

生产厂家	重庆庆兰公司
生产型号	TGDC35
断裂荷载	51.7kN/根
断裂时的延伸率	15%
2%应变时承受拉力	15.7kN/m
5%应变时承受拉力	30.6kN/m
单位面积重	337g/m^2
试验宽度	125mm(五肋)
单位长度重	337g/m
弹性模量 E_{tmax}	888.9MPa

5.2.2　试验结果及分析

5.2.2.1　加筋膨胀土路堤试验结果及分析

1. 沉降变形的结果及分析

将试验数据进行整理绘制成如图 5-34 ~ 图 5-36 所示的沉降曲线图。

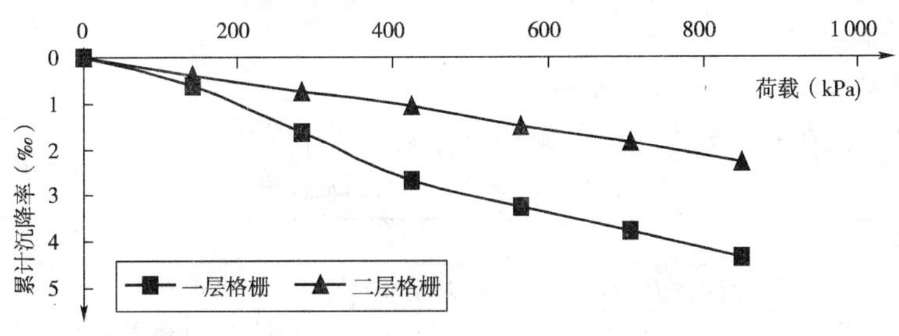

图 5-34　$P—S$ 曲线对比图(P = 848.32kPa)

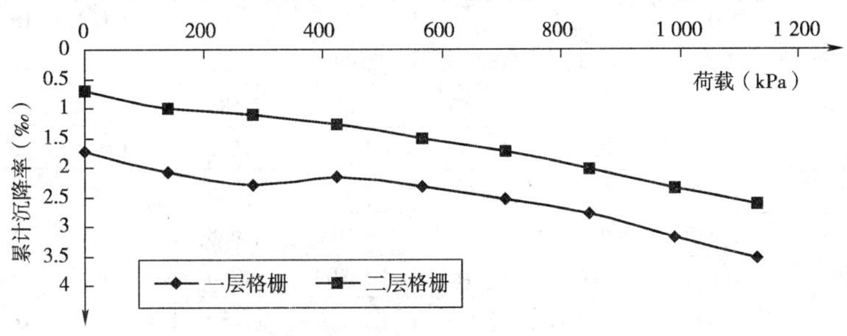

图 5-35　$P—S$ 曲线对比图(P = 1 131.8kPa)

试验结果分析:

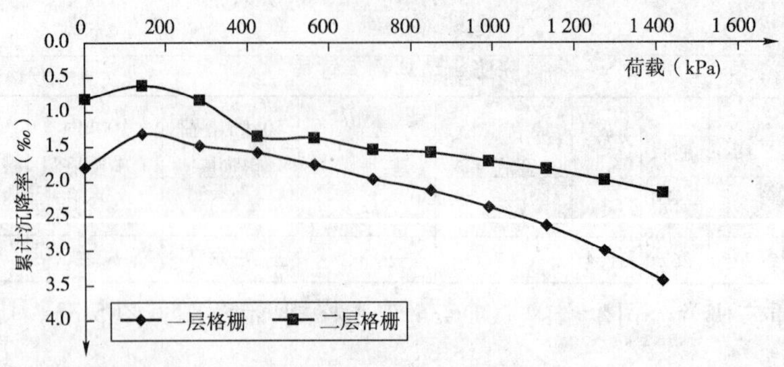

图 5-36　$P—S$ 曲线对比图（P = 1 414.7kPa）

(1)从三幅图中可以看出在外荷载的作用下加两层格栅的路堤比加一层格栅的路堤产生的沉降量小。

(2)加两层格栅路堤比加一层格栅路堤的 $P—S$ 曲线具有更好的线性关系，并且斜率也较小，说明加筋后路堤边坡的弹性模量要大些。

在外荷载的作用下，由于加筋体中筋材和土体之间的相互摩擦作用使筋材发挥抗拉作用从而限制了土体的侧向位移，促进土体中垂直应力重分布，改变加筋体系的应力场，减小土体在荷载作用下的沉降量。筋带是按一定的间距顺水平方向排列的，筋带中的拉力是由其接触的土颗粒传递给没有直接接触的土颗粒，一般近似地考虑为土拱的作用。如果筋带间距可以保证这种成拱作用连续，则加筋土体可看成一个整体，就可有效地改变加筋体系的应力场，减小沉降量。但如果加筋间距过大，筋材的作用得不到有效发挥，则沉降量减小就不明显。同理我们知道筋材的模量一般远远大于土体的模量，如果加筋土体中土体和筋材联系成一个整体，则它的弹性模量就会大于土体的弹性模量。在路堤模型试验中加两层格栅的路堤比加一层格栅的路堤的加筋效果能得到更充分的发挥，所以加两层格栅的路堤的沉降比加一层格栅的路堤的沉降小，弹性模量大，$P—S$ 曲线的弹性也好些。

2. 侧面水平变形的实验结果及分析

加筋土路堤边坡在外荷载作用下的侧面变形测量数据见表 5-37。

加筋土边坡侧面变形数据及整理　　表 5-37

荷　载	换算荷载	加一层格栅				加两层格栅			
P	P/S	高 0.39H		高 0.90H		高 0.39H		高 0.9H	
(kN)	kPa	测量值	侧面变形	测量值	侧面变形	测量值	侧面变形	测量值	侧面变形
0	0.000	2.190	0.000	15.080	0.000	7.690	0.000	18.280	0.000
10	141.471	2.065	−0.125	14.825	−0.255	7.568	−0.122	18.060	−0.220
20	282.942	1.788	−0.402	14.290	−0.790	7.505	−0.185	17.950	−0.330
30	424.413	1.488	−0.702	13.770	−1.310	7.588	−0.102	18.108	−0.172
40	565.884	1.460	−0.730	13.700	−1.380	7.596	−0.094	18.125	−0.155
50	707.355	1.435	−0.755	13.655	−1.425	7.625	−0.065	18.180	−0.100
60	848.826	1.430	−0.760	13.600	−1.480	7.658	−0.032	18.255	−0.025
40	565.884	1.500	−0.690	13.780	−1.300	7.700	0.010	18.320	0.040
20	282.942	1.590	−0.600	13.970	−1.110	7.770	0.080	18.430	0.150
0	0.000	2.442	0.252	15.130	0.050	7.942	0.252	18.730	0.450
10	141.471	2.280	0.090	14.830	−0.250	7.860	0.170	18.585	0.305
20	282.942	2.380	0.190	15.020	−0.060	7.850	0.160	18.580	0.300

续上表

荷　载	换算荷载	加一层格栅				加二层格栅			
P	P/S	高 0.39H		高 0.90H		高 0.39H		高 0.9H	
(kN)	kPa	测量值	侧面变形	测量值	侧面变形	测量值	侧面变形	测量值	侧面变形
30	424.413	2.510	0.320	15.250	0.170	7.870	0.180	18.590	0.310
40	565.884	2.498	0.308	15.230	0.150	7.855	0.165	18.585	0.305
50	707.355	2.475	0.285	15.205	0.125	7.855	0.165	18.570	0.290
60	848.826	2.450	0.260	15.140	0.060	7.842	0.152	18.565	0.285
70	990.297	2.438	0.248	15.148	0.068	7.842	0.152	18.558	0.278
80	1 131.769	2.485	0.295	15.235	0.155	7.852	0.162	18.592	0.312
60	848.826	2.630	0.440	15.510	0.430	7.912	0.222	18.702	0.422
40	565.884	2.727	0.537	15.680	0.600	7.945	0.255	18.760	0.480
20	282.942	2.785	0.595	15.750	0.670	7.965	0.275	18.785	0.505
0	0.000	3.268	1.078	16.560	1.480	8.290	0.600	19.345	1.065
10	0.000	3.060	0.87	16.190	1.110	8.948	1.258	20.415	2.135
20	141.471	2.965	0.775	16.100	1.020	8.870	1.180	20.295	2.015
30	282.942	3.168	0.978	16.430	1.350	8.750	1.060	20.090	1.810
40	424.413	3.175	0.985	16.420	1.340	8.783	1.093	20.122	1.842
50	565.884	3.140	0.95	16.380	1.300	8.650	0.960	19.970	1.690
60	707.355	3.115	0.925	16.355	1.275	8.705	1.015	20.060	1.780
70	848.826	3.065	0.875	16.285	1.205	8.710	1.020	20.068	1.788
80	990.297	3.030	0.840	16.23	1.150	8.715	1.025	20.096	1.816
90	1 131.77	3.025	0.835	16.220	1.140	8.716	1.026	20.088	1.808
100	1 273.240	3.015	0.825	16.210	1.130	8.720	1.030	20.100	1.820
80	1 414.710	3.090	0.900	16.380	1.300	8.712	1.022	20.090	1.810
60	1 131.769	3.168	0.978	16.485	1.405	8.805	1.115	20.258	1.978
40	848.826	3.215	1.025	16.550	1.470	8.835	1.145	20.315	2.035
20	565.884	3.260	1.070	16.605	1.525	8.856	1.166	20.342	2.062
0	282.941	3.725	1.535	17.415	2.335	8.888	1.198	20.390	2.110

从表5-37中可以看出:在每次刚开始加载时,路堤边坡侧面变形会出现负值,即产生相对的向内的变形。这是由具体的加载方法决定的。从前面的介绍中得知该模型试验的加载方式是局部均匀加载,加载过程中多次进行加卸载重复。加筋膨胀土边坡在局部均匀荷载作用下会产生沉降,在荷载直接作用下加筋土体产生的沉降量大于其他部分所产生的沉降量,从而使筋材和土体都呈现“凹”形,这样筋材在平面内的长度就会变短,由于土体和筋材的摩擦作用也就会使得路堤边坡的侧面产生相对向内的变形(第 j 次荷载作用下的百分表读数减去第 $j-1$ 次荷载作用下的百分表读数为负值),如图5-37所示。而卸载时筋材的弹性模量比较大,“凹”形会有一定的恢复,又会产生相对向外的侧面变形(第 j 次荷载作用下的百分表读数减去第 $j-1$ 次荷载作用下的百分表读数为正值)。

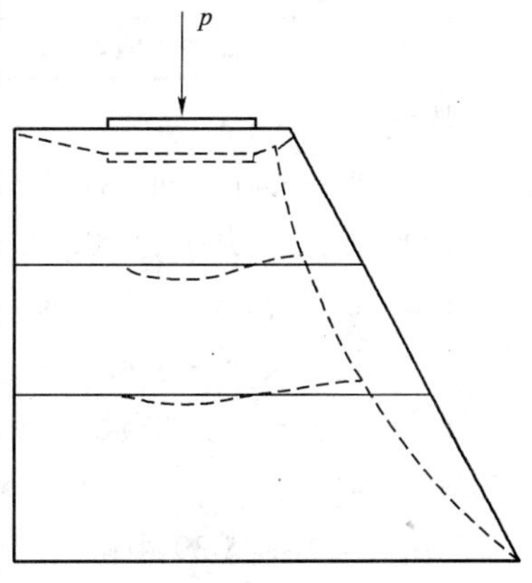

图5-37　路堤开始加载变形示意图

同时也可以看到,在整个加载过程中加一层格栅的路堤边坡侧面变形相对向内向外变化频繁,而加两层格栅路堤边坡的侧面变形比较一致并且变化数值不大,可见加两层格栅的路堤边坡在局部均匀荷载作用下的侧面变形比较稳定。

从沉降分析中我们知道加两层格栅比加一层格栅的路堤边坡在荷载作用下产生沉降量小,这样沉降对侧面变形的影响就会小,并且加两层格栅的路堤边坡的弹性模量比较大,能承受更大的荷载并且在荷载作用下更容易恢复变形,因此在荷载作用下的变形比较稳定,如图5-38所示。

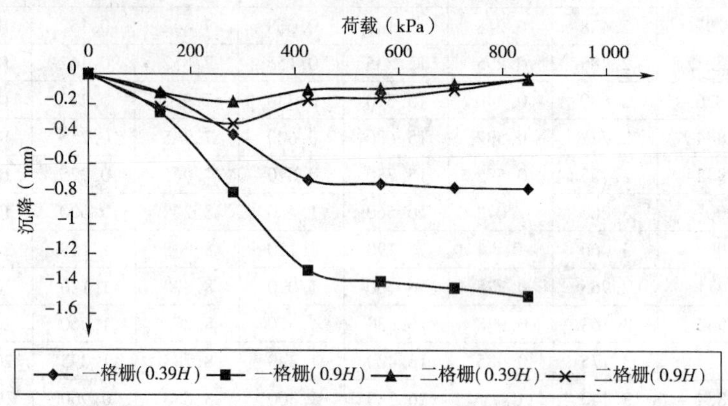

图5-38　荷载—侧面变形曲线图($P=848.32$kPa)

在局部均匀加卸载反复作用下,加筋膨胀土路堤边坡所产生的侧向变形也会相对地向内向外不断变化,因此我们在比较侧向变形量的时候采取侧面变形量和的办法,即在每次加卸载过程中将所产生的侧向变形量计为每两个相邻的相对的向内向外侧向变形峰值差取绝对值后求和,见表5-38,以便进行对比分析。

加筋膨胀土边坡侧面变形对比分析　　表5-38

加载 P (kN)	换算荷载 P/S (kPa)	侧面变形(mm)		侧面变形(mm)	
		加一层格栅		加两层格栅	
		高0.39H	高0.90H	高0.39H	高0.90H
60	848.826	1.012	1.530	0.437	0.780
80	1 131.769	1.294	2.250	1.206	2.029
100	1 273.240	1.403	2.215	0.524	0.865

从该表中看出:

(1)在同一高度、同一荷载作用下,加两层格栅产生的侧向变形小于加一层格栅值;

(2)在同一荷载下,高0.9H处产生的侧向变形大于0.39H处的值。

5.2.2.2　加筋膨胀土挡墙试验结果及分析

1. *承载力实验结果及分析*

根据加筋土荷载试验特征确定承载力的方法[10],从模型试验加载中确定的承载力见表5-39和图5-39。

从图5-39、表5-39中可以看出:在不浸水条件下,填筑路堤的密实度对加筋膨胀土的承载力影响非常显著,密实度为90%的加筋膨胀土承载力为密实度80%的1.6倍;而密实度95%的加筋膨胀土承载力为密实度80%的2倍。而浸水饱和后在外荷载作用下的基本承载力相差不大，均为15kN左右，并没有因为膨胀土密实度的不同而有显著不同。对比浸水前后加筋膨胀土挡墙在外荷载作用下的承载力发现，浸水饱和后的承载力大约只相当于不浸水条件下承载力的0.167～0.3。

不浸水条件承载力对比　表5-39

密实度	承载力(kN)
80%密实度	50
90%密实度	80
95%密实度	100

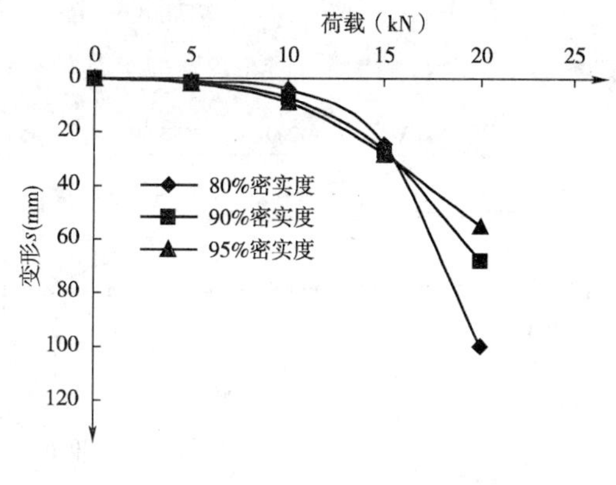

图5-39　浸水饱和后的P—S曲线图

在不浸水条件下填筑路堤密实度对承载力影响显著是因为：当填筑膨胀土土体处于密实状态时大小颗粒相互间挤得很紧，导致剪切过程中的土颗粒间以及土颗粒与加筋材料间的摩阻力增大，并且随着密实度的提高而更加显著，其实质就是随着压实度的提高土颗粒间接触更加紧密，加筋膨胀土强度的摩擦分量提高得更大，从而表现为加筋膨胀土挡墙在外荷载作用下的承载力随着密实度的增大而提高。

浸水饱和后密实度的提高对承载力影响不显著是因为：加筋膨胀土在外荷载作用下的承载力由于膨胀土浸水后高度软化性而降低很多，只有不浸水条件的0.167～0.3，加筋土之间的模阻系数还要小，对于一般黏性土摩阻系数可取0.25～0.4[11]，而土工格栅的抗拉强度比较高，因此加筋膨胀土挡墙的承载力主要由膨胀土的承载力所控制。膨胀土充分浸水膨胀后，有效凝聚力同击实状态无关而近似为常数[12]，虽然内摩擦角随着密实度提高而有所增大，但加筋膨胀土挡墙在很低的外荷载(15kN)作用下就趋于破坏，内摩擦角的优势发挥不明显。所以加筋膨胀土挡墙在浸水饱和后密实度的提高对承载力提高影响不明显。

2. 竖向变形实验结果及分析

(1)加筋膨胀土挡墙在重复荷载作用下的沉降特性

由实验得出的加筋膨胀土挡墙在重复荷载作用下沉降曲线如图5-40所示。

(2)对加筋膨胀土挡墙沉降特性的分析

从图中可以看出：

①当加荷到一定值时，土稳定后的总变形为s，然后卸载，土体将回弹s_1。因$s_1<s$，故说明土有一部分是不可恢复的变形。如果再加载，就可得再加载曲线，但当超压后，土进一步发生压实，曲线变得较陡，它的趋势与中途未卸载曲线的延长逐渐一致。

②加筋膨胀土呈现出明显的弹塑性，其应变增量$d\varepsilon$由弹性应变增量$d\varepsilon_e$和塑性应变增量$d\varepsilon_p$两部分组成，即$d\varepsilon=d\varepsilon_e+d\varepsilon_p$，随着重复荷载次数的增加，塑性变形逐渐减小。

③随着加、卸载应力水平的增加，土体的弹性应变ε_e和塑性应变ε_p均随之增大。

④在加载时凹向荷载轴，卸载时均凸向荷载轴，但不明显，可近似为直线。

⑤在低荷载水平时，滞回圈比较小，在高荷载水平时，滞回圈变大。

从图中还可以看出在同级荷载作用下，95%密实度的累计沉降小于90%密实度的累计沉

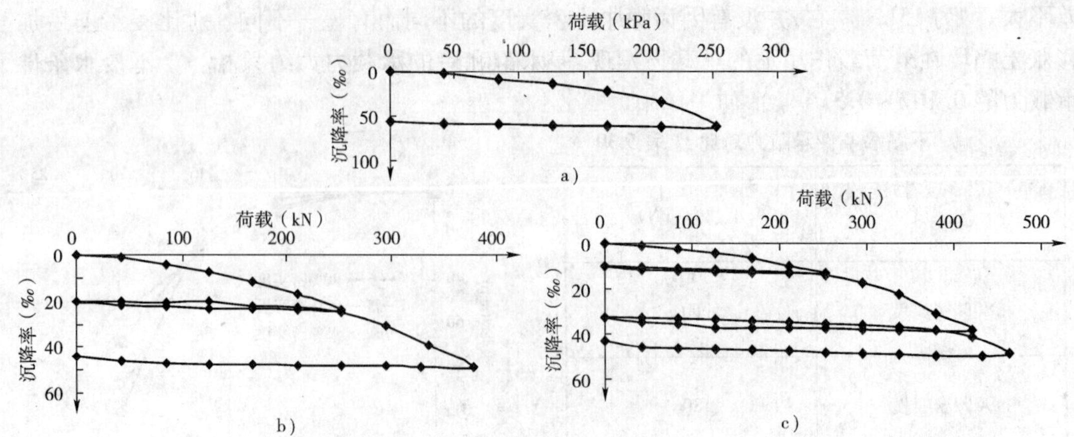

图 5-40　重复荷载作用下荷载—沉降曲线

a）填土密度 80%；b）填土密度 90%；c）填土密度 95%

注：图中沉降率指在荷载作用下的沉降与墙高之比值。

降。在 254.34kPa 作用下，95% 密实度的滞回圈小于 90% 密实度的滞回圈，说明在同样的荷载水平下，密实度比较高的加筋膨胀土体的弹性响应比较好。

3. 荷载作用下沉降率的对比（图 5-41、图 5-42）

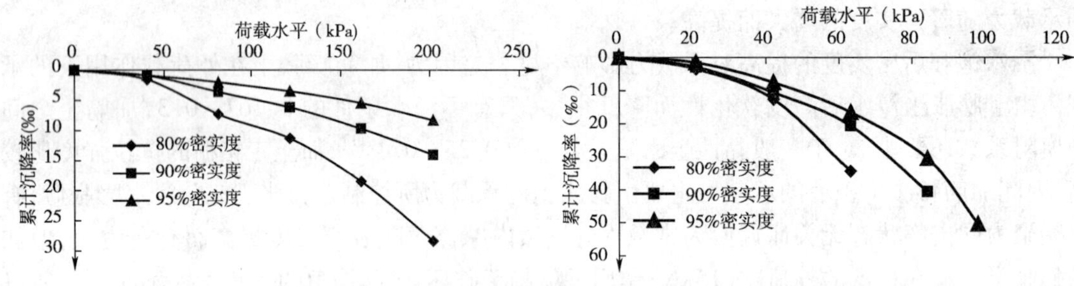

图 5-41　不浸水条件下沉降率对比　　　图 5-42　浸水饱和后沉降率对比

加筋膨胀土挡墙在外荷载的作用下会产生沉降。从图中可以看出：

（1）不浸水条件下，累计沉降率随着密实度的增大而降低，在 50kN 的荷载作用下，密实度为 95% 的加筋膨胀土的累积沉降率只有 8.3%，90% 的加筋膨胀土的累积沉降率为 13.5%，而密实度 80% 累计沉降率已达 28.37%。

（2）浸水饱和后，从加载到破坏，密实度的增大对于减小外荷载作用下的沉降值并不明显。在 15kN 荷载作用下都接近破坏，产生的沉降率都在 10% 左右。

（3）浸水饱和后的累计沉降率远远大于非浸水条件下的沉降值。表 5-40 列出了在一定荷载作用下的累计沉降率，从表中可以看出其悬殊的差值。

一定荷载作用的沉降率（‰）对比　　　表 5-40

荷　载（kN）	80% 密实度		90% 密实度		95% 密实度	
	非浸水	浸水饱和	非浸水	浸水饱和	非浸水	浸水饱和
10	1.57	12.64	0.93	10.54	0.88	7.52

在不浸水条件下，密实度的提高能有效减小加筋膨胀土在荷载作用时的累积沉降值是因

为:加筋膨胀土体在外荷作用下发生侧向位移,由于加筋材料和土体间存在摩擦力,迫使加筋带发挥抗拉作用,加筋带的抗拉作用约束着土体的侧向位移,加筋带的抗拉作用越大,则产生的侧向约束力也就越大,并迫使土体中的垂直应力重分布,改变加筋体系的应力场,使土体的沉降变形减少。筋土之间的摩擦力在含水率为定值时,随着密实度的增加而增加,所以密实度的提高可以减小在外荷载作用下的沉降。

浸水饱和后,一方面筋土之间的摩擦力随着含水率的增加而减小,造成筋土间整体性变差;另一方面筋带的作用只有在筋土之间产生位移时才能够得到充分发挥,膨胀土遇水软化,在很低的荷载(15kN)作用就达到破坏,筋带的抗拉作用还没有发挥时加筋膨胀土体就已破坏,密实度的提高对浸水加筋膨胀土挡墙在荷载作用下沉降变形作用不明显。

在外荷载作用下,加筋膨胀土挡墙的竖向位移是随着加筋土复合体的“复合地基系数 K”增加而减小的,膨胀土遇水软化减小了加筋体复合土体的“复合地基系数”,因此其沉降值变大。

4. 侧向水平变形实验结果及分析(图 5-43 ~ 图 5-50)

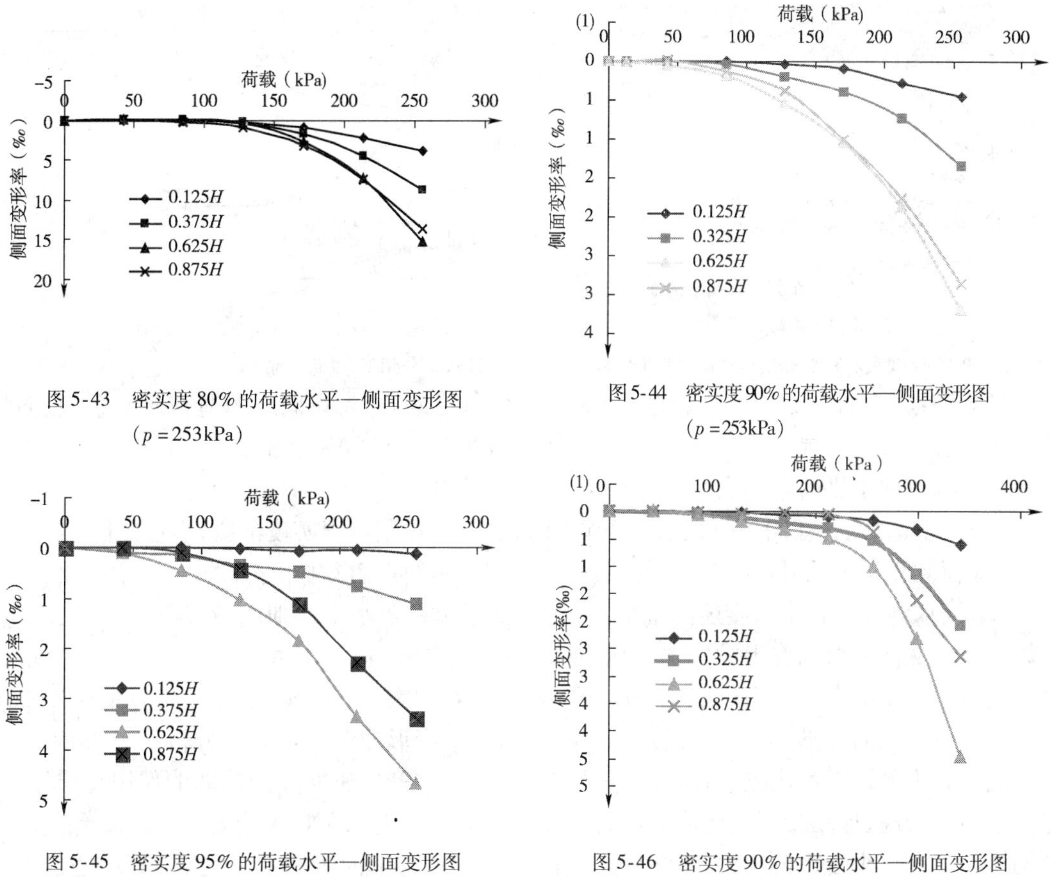

图 5-43 密实度 80% 的荷载水平—侧面变形图 ($p=253$kPa)

图 5-44 密实度 90% 的荷载水平—侧面变形图 ($p=253$kPa)

图 5-45 密实度 95% 的荷载水平—侧面变形图 ($p=253$kPa)

图 5-46 密实度 90% 的荷载水平—侧面变形图 ($p=340$kPa)

从图 5-43 ~ 图 5-50 中我们可以看出几点规律:

(1)无论在一般填筑条件下还是在浸水饱和后,加筋膨胀土挡墙在荷载作用下的侧向的最大变形发生在 0.625H 处,其次是 0.875H,而在 0.375H 和 0.125H 处的变形一般比较小。

(2)加载初期,产生的侧向变形一般都比较小,随着荷载的增大,不同高度处的侧向变形相差越来越大,最后形成“鼓肚”现象。

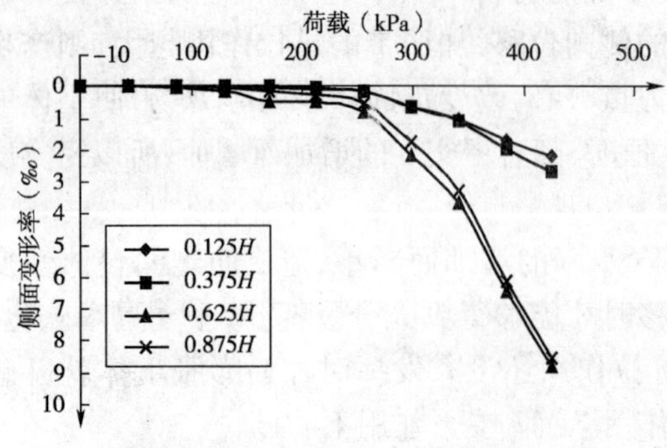

图 5-47　密实度 95% 的荷载水平—侧面变形图

（p = 426kPa）

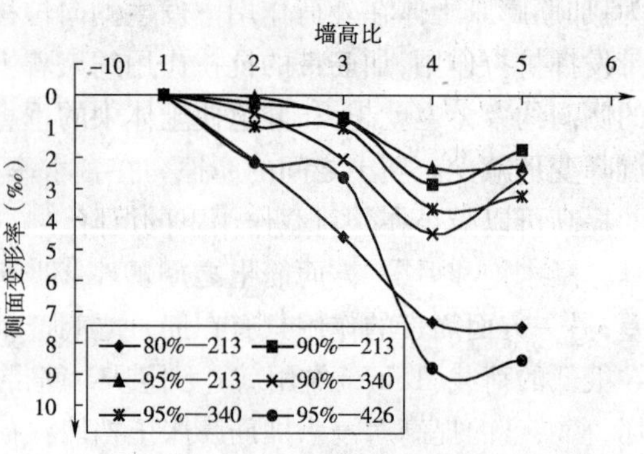

图 5-48　浸水前在荷载作用下侧面变形—墙高曲线图

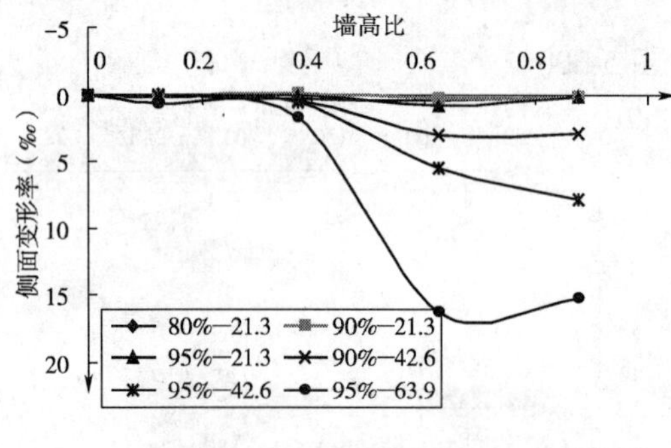

图 5-49　浸水后在荷载作用下侧面变形—墙高曲线图

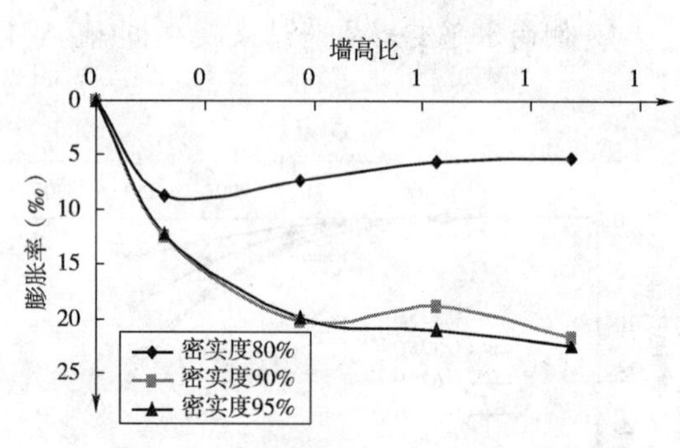

图 5-50　浸水过程中侧面变形—墙高曲线图

注:80%—213 表示 80% 密实度加筋膨胀土挡墙在荷载水平 213kPa 作用下,以此类推。

(3)不浸水条件下,对比挡墙侧向变形的最大值可以看出,在同样的荷载水平下,侧向累计变形随着密实度的提高而减小,尤其是对比 80% 密实度和 90% 的密实度,效果更明显,可见密实度影响侧向水平变形的大小。

(4)浸水饱和后,在同一荷载水平下侧向变形并没有随着密实度的提高而减小。对比在 21.3kPa 荷载作用下,不同密实度的加筋膨胀土挡墙的侧向变形都小于 1‰。

(5)浸水饱和过程中密实度的增加,对限制膨胀土在含水率增加的情况下的侧向膨胀量作用不大。从图中可以看出,浸水饱和后加筋膨胀土挡墙在荷载作用下,80% 密实度的挡墙的最大侧向水平变形在 0.125H 处,而 90%、95% 密实度挡墙的最大侧面水平变形发生在0.625H 作用下产生了侧向变形。密实度是否会影响侧向水平变形曲线的形态?分析认为:80% 密实度加筋膨胀土的透水性比较大,水分对其的作用比 90%、95% 密实度的挡墙的作用充分,故软化程度也比较高,加筋膨胀土挡墙浸水后的顶面承载力只有 15kN,在挡墙的底部既有上部荷载的作用又有填土自重的作用,80% 密实度的挡墙的最大侧向水平变形在 0.125H 处是由于在浸水饱和后发生了承载力不足引起的,所以不能认为密实度的增大可以改变加筋膨胀土挡墙侧面水平变形曲线的形态。

5. 浸水过程体积膨胀量对比

膨胀土吸水引起体积的膨胀,如果膨胀受到阻碍则会产生膨胀力。膨胀量和膨胀力的产生与黏土的矿物成分、填土的起始含水率和干密度有关,还和膨胀土结构所受到的阻碍有关。对于加筋膨胀土挡墙,筋材选用土工格栅,竖直膨胀量的产生主要受到自重压力和筋材的阻碍

作用,水平方向则受到面板的阻碍和筋材与填土之间的摩阻力。膨胀性填土浸水后会产生密度沿深度方向的重新分配,在自重产生的压力大于膨胀力的深层土体中,不但不膨胀而且会发生附加压密;而在上覆压力小于膨胀力的浅层总会伴随有一定量的体积膨胀发生,并且这一体胀量会随着深度的增加而减小。

在本模型试验中,模型箱底面和三个侧面被约束,顶面自由,墙面允许变形,因此在浸水条件下,膨胀土的体积膨胀可以通过几何变形得到。

大量程百分表测出浸水饱和后面板中点的膨胀量,用三项式拟合侧面变形增量曲线,表达式如下:

80%密实度:$0.012\,951x^3-0.019\,16x^2+0.001\,72x+0.010\,70$

90%密实度:$0.012\,896x^3-0.234\,84x^2+0.128\,07x+0.005\,10$

95%密实度:$0.002\,530x^3-0.108\,53x^2+0.081\,10x+0.004\,91$

用积分方法分别算出各种密实度条件下侧向体积增量,再根据竖向膨胀量算出竖向体积增量(忽略侧面微小变形量),得到膨胀土在三种密实度条件下(80%、90%、95%)浸水后的体积膨胀量,对比没有加筋时的体积膨胀量,见表5-41。

体积膨胀量对比 表 5-41

工况 / 项目	80%密实度(m^3)	90%密实度(m^3)	95%密实度(m^3)
侧向体积增量	0.097 101 8	0.035 561 6	0.035 080 0
竖向体积增量	0.024 528 0	0.039 026 4	0.029 580 6
膨胀后体积总量	1.042 238 18	1.074 588	1.064 660 6
减少率(%)	16.14	12.94	13.92

从表5-41中可以看出,加筋能有效抑制膨胀土的膨胀量。加筋膨胀土挡墙模型在最佳含水率填筑路堤条件下体积1.008(m^3),忽略自重应力的影响,不设拉筋时按无荷平均膨胀量计算该体积膨胀后体积为1.205m^3。减少率为各工况条件下的膨胀增量和不设拉筋条件下的膨胀增量之差与原体积相比的值。

加筋膨胀挡土墙在浸水过程中能有效约束体积膨胀,可以从两个方面加以解释:一是因为土工格栅与挡土墙面板相连,土工格栅的弹性模量远大于膨胀土的弹模,当膨胀土含水率变化引起侧向变形时,土工格栅能有效抑制膨胀土的侧向变形,从侧向土压力测量可以看出,在浸水过程中,即使侧向土压力增大42kPa,侧向变形并没有显著增大而造成挡墙破坏。有文献介绍[12]:膨胀土吸水后体胀量随膨胀力的增加而增加,侧向膨胀力远大于竖向膨胀力,水平方向的膨胀比垂直方向更为严重。

从表5-41中可以看出,80%密实度的挡墙侧向体积增量远大于竖向体积增量,而90%、95%密实度的挡墙侧向体积增量和竖向体积增量相差不大,这充分说明了膨胀土挡墙在浸水饱和过程中,加筋材料约束了膨胀土的侧向水平变形。二是因为土工格栅满铺,有效地限制了膨胀土的竖向膨胀。在刚开始加水时,膨胀土的竖向膨胀不受限制,膨胀量得到充分发挥,产生的膨胀力不是很大,土压力变化不大,当浸水到0.5H时,膨胀量增加很缓慢,这时土压力的读数突然增大,说明土工格栅限制了膨胀土的竖向膨胀。

6. 土压力变化规律

(1)在天然干燥状态下侧壁土压力变化规律

挡墙模型箱侧壁土压力物理意义:在外荷载的作用下,产生竖直土压力和水平方向的土压力,水平方向的土压力一方面被筋材的拉力所平衡,一方面产生水平变形,在本模型试验中侧壁土压力是荷载产生的土压力和筋材拉力差的反力。

①挡墙模型箱侧壁土压力随着荷载的增加而增加,随着卸载而减小,但增加和减小的数值很小,最大的也小于5kPa。

②挡墙模型箱侧壁土压力和变形的变化趋势相反,荷载刚开始作用,侧向土压力增加,但不足以使挡墙产生侧向变形时侧壁土压力增加,随着加荷载的进行,土压力增加,土体产生侧向变形,这时侧壁土压力一般情况下不增加,变化呈直线或向下倾斜的直线,以密实度为90%的模型试验为例,如图5-51所示。

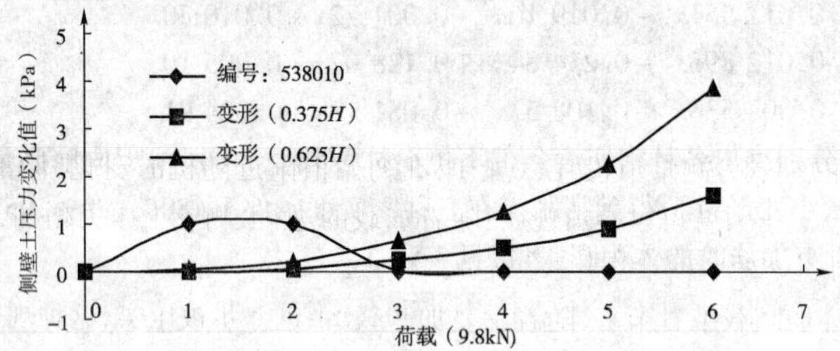

图5-51　密实度为90%在荷载作用下侧壁土压力和变形变化规律图

③对比不同高度处箱壁侧向土压力变化,在挡墙表面深0.6m处的侧壁土压力变化最大,该处变形变化也最大,因此土压力变化大的地方侧向变形也大,说明加筋土挡墙侧向变形主要是在侧向土压力作用下产生的,可以从图5-52～图5-54中看出。

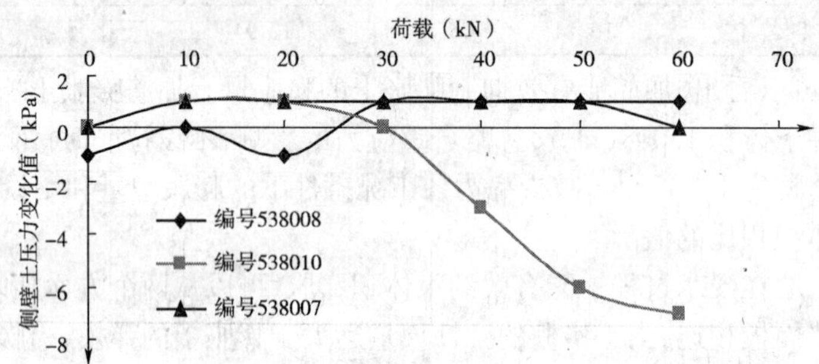

图5-52　密实度95%的第一次加载

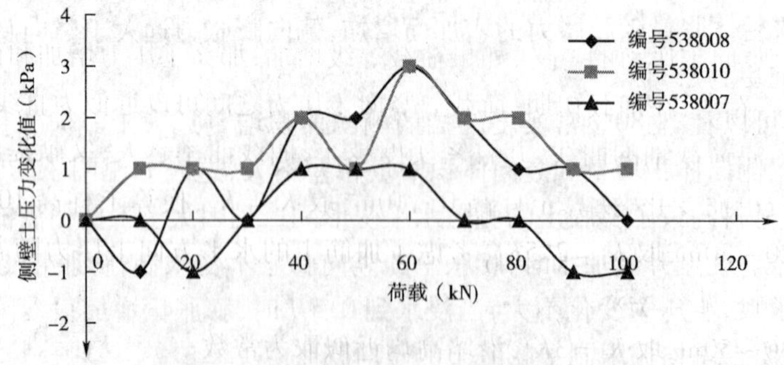

图5-53　密实度95%的第二次加载

④随着挡墙填土密实度的提高,侧壁土压力变化规律也越来越明显,在表5-42中可以看

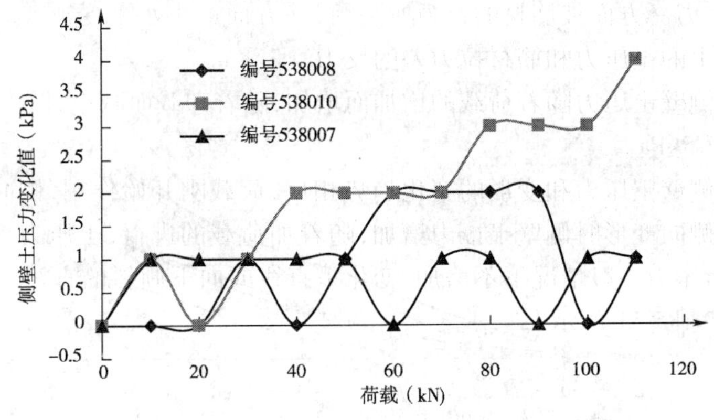

图 5-54　密实度 95% 的第三次加载

出密实度为 80% 的土压力测量值没什么规律，在初始值附近随机的变化，但密实度为 90%、95% 的挡墙的侧壁土压力就可以看出规律：随着加载的进行，侧壁土压力增加，随着卸载的进行侧壁土压力减少。

也可以从循环加卸载中看出来，随着反复加卸载，土进一步被压实，这种规律性就更强，如图 5-52～图 5-54 所示。

不同密实度的模型试验加卸载过程中土压力变化值(距挡墙表面 5/6H)　　表 5-42

实际加载(9.8kN)		80%密实度	90%密实度	95%密实度	实际加载(9.8kN)		80%密实度	90%密实度	95%密实度
加载过程	0	-13	-17	-11	卸载过程	6	-14	-17	-10
	1	-12	-16	-11		5	-14	-18	-11
	2	-12	-17	-12		4	-14	-17	-11
	3	-12	-18	-10		3	-14	-18	-12
	4	-14	-17	-10		2	-15	-17	-12
	5	-14	-18	-10		1	-15	-18	-12
	6	-14	-17	-10		0	-14	-17	-13

(2)竖直方向的土压力

①尽管土压力盒埋在同一个竖直平面内，但随着深度的增大，所增加的土压力值相当于一次加载。

②按照加筋土竖向土压力的意义，如果荷载等级增加，那么土压力增加和荷载之间应为直线关系，从图中可以看出，在加载初期，荷载—竖向土压力之间可以近似为直线关系，随着所加荷载的增加变为凸向荷载轴的曲线，并且密实度越小，曲线曲率越大；文献提出[13]：超载土压力系数随超载的大小而变化，换算土柱高 0～10m，取 $K_i = K_a$，换算土柱高 10～20m，取 $K_i = 2K_a$，换算土柱高 20～30m，取 $K_i = 2.5K_a$，考虑了加筋土的水平方向土压力随着荷载的增加并不是线性增加的影响，见图 5-55。

换算土柱高 30～50m，取 $K_i = 3K_a$，沿墙高均近似取为常数。

③密实度和竖向土压力的增加之间没有明显的关系，编号 536107 的土压力盒随着密实度的增加、土压力增加减小，而编号为 569054 的土压力盒，不遵循此规律。我们再看密实度为 95% 的挡墙在重复加载下土压力图，发现密实度的增加对影响竖向土压力的效果不明显。所

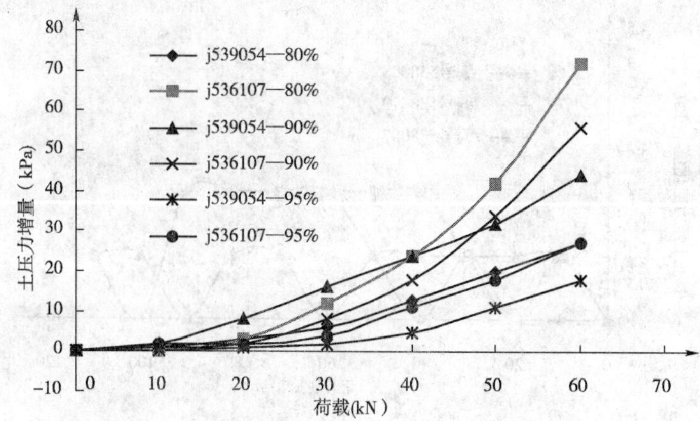

图 5-55　在荷载作用下竖直土压力变化对比(距挡墙顶面为 5/6H)

以在变形计算中不必考虑密实度的不同,见图 5-56。

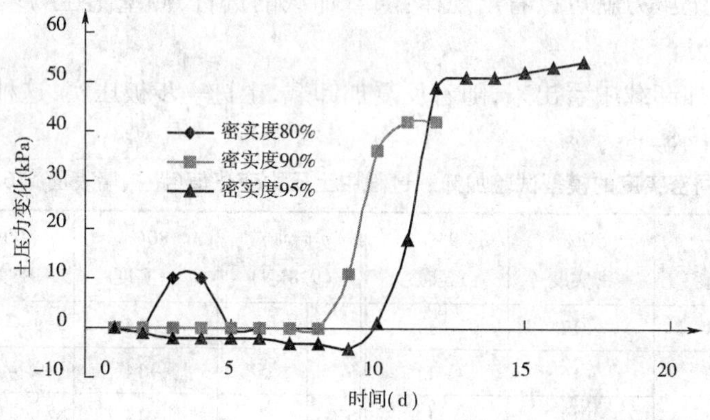

图 5-56　不同密实度的加筋膨胀土挡墙浸水过程中侧壁土压力增加值

④加载时,荷载—竖向土压力之间为曲线;卸载时,荷载—竖向土压力之间为直线。

(3)膨胀土在浸水过程中挡墙侧壁土压力分析

在模型试验中,膨胀土挡墙在浸水过程中首先产生膨胀变形,膨胀变形量在竖直方向上受到填土自重的阻碍、侧向受挡墙面板和筋材连接件的阻碍从而产生膨胀力,因此膨胀土挡墙在浸水过程中产生的膨胀力一方面表现为挡墙的侧向变形,一方面受到阻碍而产生膨胀力,在该模型试验中,由于产生的侧向变形相对来讲比较小,所以可以认为膨胀力的反力就是挡墙侧壁土压力测量值。

5.2.3　本节小结

1. 加筋膨胀土路堤试验结论

(1)在外荷载的作用下,同样墙高的挡墙,加两层格栅的路堤比加一层格栅的路堤产生的沉降量和侧面变形小。

(2)在外荷载的作用下,同样墙高的挡墙,加两层格栅路堤比加一层格栅路堤的弹性模量大,P—S 曲线具有更好的线性关系。

2. 加筋膨胀土挡墙试验结论

(1)不浸水条件下,加筋膨胀土挡墙在外荷载用下的承载力随着密实度的提高而增加,侧

(面)向累计变形减小;而浸水饱和后承载力随着密实度的提高没有显著不同,侧(面)向变形也没有明显减小。

(2)在外荷载作用下浸水饱和后的加筋膨胀土的承载力大约只相当于不浸水条件下承载力的0.167~0.3。

(3)在外荷载作用下,加筋膨胀土沉降变形呈现出弹塑性,随着重复荷载次数的增加,塑性变形逐渐减小;由于重复加卸载,沉降—变形曲线形成滞回圈,并且随着密实度的增加滞回圈逐渐减小。

(4)无论在一般填筑条件下还是在浸水饱和后,加筋膨胀土挡墙在荷载作用下的侧向的最大变形发生在0.625H处,其次是0.875H,而在0.375H和0.125H处的变形一般比较小;加载初期,产生的侧面变形一般都比较小,随着荷载的增大,不同高度处的侧向变形相差越来越大,最后形成“鼓肚”现象。

(5)加筋能有效抑制膨胀土在含水率增加时的膨胀量,并且随着密实度的提高这种效果更显著。

(6)在天然含水率条件下,侧壁土压力测量值是荷载产生的土压力和筋材拉力差的反力。加筋土挡墙侧向变形主要是在侧向土压力作用下产生的,原因有二:一是侧壁土压力变化大的地方,变形也大;二是在变化过程中侧向土压力和变形的变化过程相反,即当变形不变时侧壁土压力增大,而变形增大时,侧壁土压力保持不变或减小。

(7)在天然含水率条件下,竖向土压力在加载初期,与荷载之间近似为直线关系,随着荷载的增加变为凸向荷载轴的曲线,并且密实度越小,曲线曲率越大。

(8)在浸水饱和过程中,侧壁土压力的变化从某种意义上讲反映了膨胀力的大小,并且膨胀力随着密实度的增大而增大,在浸水过程中,80%密实度产生膨胀力10kPa,90%密实度产生膨胀力42kPa,95%密实度产生膨胀力54kPa。

5.3 加筋膨胀土挡土结构长期荷载蠕变试验

蠕变是指在一定载荷下物体的变形、应力和位移随时间变化的现象与过程[14]。蠕变变形直接或间接地对土力学的所有过程起作用,是土力学上的一个重要问题。

蠕变性是土体流变特性的一个方面。土流变研究是1948年首先从荷兰的Geuze开始的[15]。当时荷兰的Vlaggeman大桥、Zui derzee海堤及软土铁路路基因流变而破坏,引起了荷兰科学家的重视,开始了对土流变的系统研究。此后,各国的学者对土流变开始进行系统的研究工作,并取得了大量的成果,许多国家如荷兰、前苏联、葡萄牙、日本等已把土流变列为重要的研究方向。为了促进这方面研究成果的交流,1964年在法国召开了第一届国际“土的流变学”讨论。陈宗基教授开创了我国土体流变研究的先河,他从宏观和微观两个方面先后提出了黏土的流变本构方程,二次时间效应及片架结构理论。随后武汉岩土力学研究所、河海大学、清华大学、南京水利科学研究所、同济大学等在土流变方面做了许多工作,并取得了相当的成果。

土是具有流变性质的材料,在荷载作用下的变形不仅与荷载的大小有关,而且还与荷载作用的持续时间有关。土颗粒间力的传递以及土颗粒间的相对移动都需要一定的时间。在岩土工程中与时间有关的土的变形和应力松弛现象是很重要的,其中,长期性状更是引起人们的关切。与时间有关的土的反应可以具有各种形式,取决于诸如土的类型、土的结构、应力历史、排水条件、应力系统的类型和其他因素。

自从20世纪60年代加筋土技术问世以来，便以其造价低、节约占地、造型美观、对地基要求不高、能适应地基轻微的变形、能与周围环境保持良好的协调性以及施工简便等优越性而得到青睐。随着土工合成材料的不断发展，土工合成材料加筋土结构日益广泛应用于永久性工程。但土工合成材料大部分由高分子聚合物组成，具有明显的蠕变特性，土工建筑中的筋材蠕变使加筋功能大大减弱甚至使建筑物丧失稳定，因此为了使其在长期荷载作用下发挥其功能，必须研究它们的蠕变特性。国内外学者对土体蠕变、土工合成材料蠕变、加筋土结构蠕变均作了大量的研究，取得了很多的成果，但蠕变是一个比较复杂的问题，蠕变发展过程缓慢，需要很长的持续观察和研究时间，并且影响蠕变的因素复杂，某些特性目前还不是十分清楚，因此有许多方面工作有待进一步继续和开展。

为了定量定性地认识蠕变特性、建立土蠕变本构模型及确定模型参数等，进行蠕变试验是非常必要的。加筋土是一门新的土工技术，土和筋材种类繁多，其作用机理很多方面还不是很明了，近几年来对土工合成材料的蠕变试验研究比较多，但土工合成材料埋在土内有约束时的蠕变要比在空气中无约束时的小得多，具体规律尚需深入研究。虽然已经有人开始加筋土蠕变的实验研究，但对加筋土结构蠕变还没有比较合理的认识，有待于进一步通过试验来了解其性能，完善和创新加速蠕变试验的方法，同时积累一些蠕变数据资料以便理论的完善。

本文通过模型试验，研究加筋膨胀土挡墙的蠕变特性，历时一年多时间。模型在自制模型箱中进行，用铸铁砝码作为均布荷载加在挡墙路基表面，所用填料为膨胀土，所用筋材为现在工程中广泛应用的土工格栅。本次试验模拟了现场的挡土墙结构的蠕变试验。因所用填料为膨胀土，膨胀土是一种特殊黏性土，具有超固结性、裂隙性和湿胀干缩的特性，在试验中不得不考虑这些特性。希望所得的资料能够有助于了解加筋土的蠕变特性，为实际工程提供一些参考。

模型试验模拟加筋膨胀土挡墙在实际工作状态中的条件进行，所用模型箱、测量设备、筋材和填料同前面试验所述，膨胀土的填筑密实度为90%，先对该加筋膨胀土结构进行预压压密，施加的局部均布荷载为6kN，然后卸载。由于膨胀土只有在含水率变化时才表现出膨胀土的特性，因此在试验过程开始时给膨胀土体加水使挡墙浸水达到饱和，随着时间的增加加筋膨胀土体内的含水率会发生变化，这样就能体现出膨胀土蠕变的特性。该模型槽只有1.2m深，含水率比实际工程更容易受周围环境变化的影响，因此在挡墙表面铺一层土工膜以减少水分的蒸发，也可以使含水率在实验过程中不致于变化太快。再施加均布的恒定(15.166kPa)荷载进行观测，到目前为止已观测了274d。当填筑土密实度为90%时加筋膨胀土挡墙在正常含水率条件下基本承载力为336.7kPa，在浸水饱和后基本承载力为63.1kPa。

将所得的实验数据进行整理，得到了关于侧面变形与时间、沉降与时间的关系曲线，如图5-57所示。土压力盒测量值如图5-58所示。

1. 侧向变形蠕变曲线的结果与分析

从该试验曲线上我们看到不同墙高处侧向变形蠕变曲线变化规律大体相似，可分为四个阶段进行研究。现将图5-57的蠕变曲线简化为图5-59所示的四阶段曲线图，以便分析。

AB 段：膨胀土体的含水率比较高(32.9% ~37.6%)，加筋膨胀土挡墙侧向变形随着时间的增加而增大。

BC 段：膨胀土中含水率随着时间的增加而减小，同时膨胀土的强度也有所增加，这时加筋膨胀土挡墙侧面变形逐渐减小，基本上呈直线。

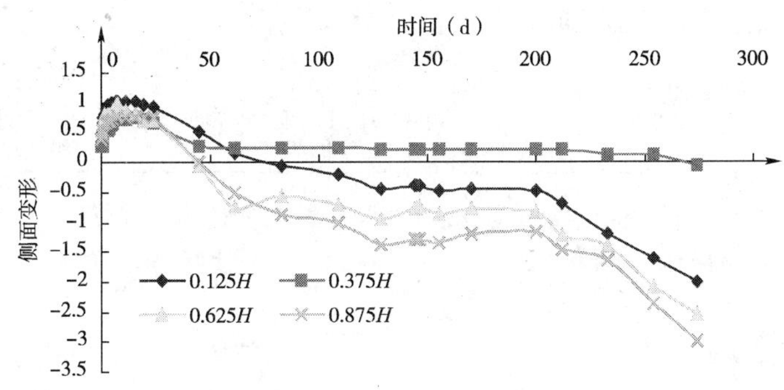

图 5-57　加筋膨胀土侧向应变—时间试验曲线

注：0.125H 处的数据经过处理，整个曲线向下平移了 5mm 个单位。

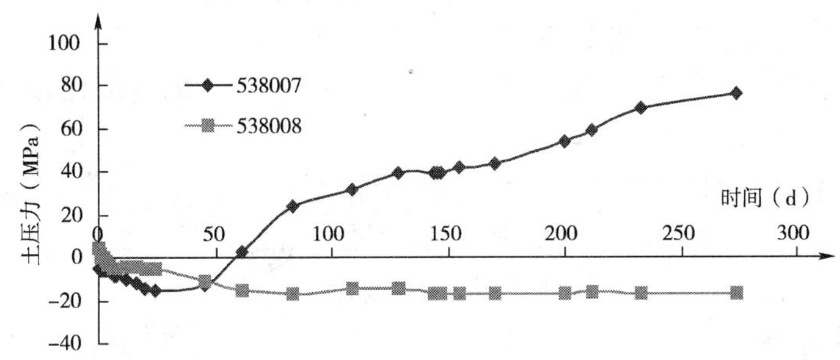

图 5-58　蠕变试验土压力测量值

CD 段：膨胀土的含水率基本保持不变，并且试验环境温度比较低（6.5℃ ~8.5℃）膨胀土中孔隙水也很少蒸发，所以蠕变曲线在这段时间呈直线，侧向变形基本保持不变。

DE 段：膨胀土的含水率基本保持不变，但由于试验环境温度升高，加筋膨胀土体孔隙水分蒸发，这时加筋膨胀土体的侧向变形又逐渐减小。

对该试验结果进行分析：

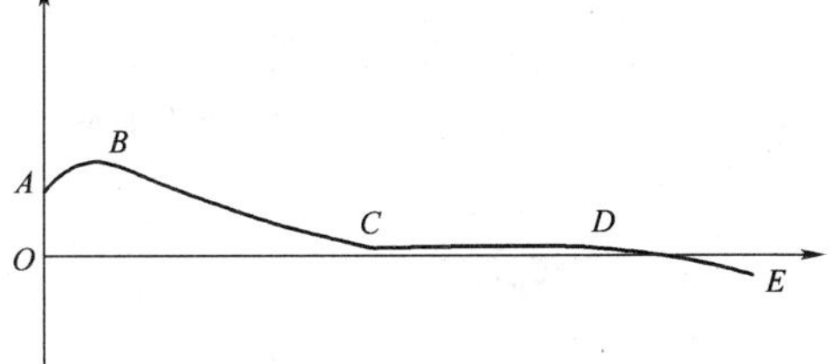

图 5-59　侧面变形—时间简化曲线

（1）加筋膨胀土体的侧向变形随时间而变化的曲线由于膨胀土性质的特殊性和筋材受土体约束作用而与一般黏性和土工合成材料的蠕变曲线都不同，它与时间、含水率、膨胀土强度、温度、墙高、应力水平等因素有关。

（2）加恒载之前膨胀土的含水率高达 40%，经过 60d 后基本保持在 31.2% ~33.2% 左右不变，膨胀土强度随着含水率的减少而增加，从而使所加恒载与极限荷载的比例降低。在较低极限荷载比例下，膨胀土体内水分蒸发主要影响着加筋膨胀土侧向的蠕变变形，这时加筋土体的侧向变形减小，而在较高的应极限荷载比例下，荷载应力起主要作用，这时侧向变形变大。

（3）从不同墙高侧向蠕变曲线可以看出越接近加筋挡墙表面侧向蠕变曲线变化越大。

（4）膨胀土具有典型的湿胀干缩性质，当膨胀土体含水率增加时在恒载作用下侧向变形增加筋材受拉，而当膨胀土体含水率减小时，加筋膨胀土体产生收缩，筋材所受拉力减小。从而使筋材并不是一直处于受拉状态，减缓了筋材蠕变的产生。

（5）从试验过程中土侧压力（侧）测量值可以看出，当侧向蠕变曲线增加时土侧压力值减小，而侧向蠕变曲线减小时土侧压力增加，并且蠕变曲线斜率大，土侧压力变化就大。

同理:把加筋膨胀土挡墙沉降随时间变化的曲线(图5-60)分为如图5-61所示的五个阶段进行研究。

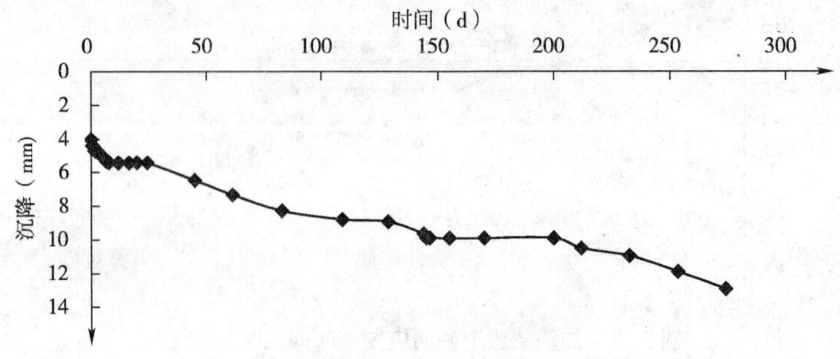

图5-60 沉降—时间试验曲线

*AB*段:膨胀土体的含水率比较高(32.9%~37.6%),加载后产生很大的沉降速率。

*BC*段:膨胀土中含水率随着时间的增加而减小,同时膨胀土的强度也有所增加,这时沉降速率逐渐减小,沉降曲线和时间基本上呈直线。

*CD*段:由于试验温度比较低,该段试验曲线沉降速率很低,但随着时间的增加沉降仍然增加。

*DE*段:由于试验温度升高,沉降变形速率有所增加,但低于*BC*段的沉降速率。

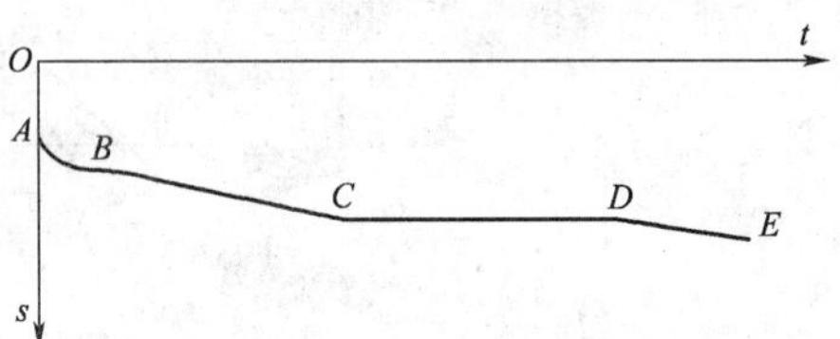

图5-61 沉降变形—时间简化曲线

2. 该试验结果进行分析

从该曲线中可以看出沉降—时间曲线总趋势是沉降。当膨胀土含水率较高时,加筋膨胀土体强度比较低,在恒载作用下产生较大的沉降速率(*AB*段),随着含水率减小,加筋膨胀土体收缩和在荷载作用下的蠕变同时发生,但沉降速率有所降低(*BC*段),并随着时间的延长沉降速率逐渐降低(*DE*段);从该曲线中可以看出,温度对加筋膨胀土挡墙蠕变的作用比一般筋材和土体的蠕变影响大,因为在温度比较低时(5.5℃~6.5℃)一方面土工格栅的蠕变速率降低,另一方面膨胀土体中水分蒸发比较缓慢使得膨胀土体收缩比较稳定(*DE*段)。

5.4 研究结论

(1)通过膨胀土路基室内模拟试验,研究了不同气候条件(积水、阴天、日照和降雨)下膨胀土路基的水损害规律,得到如下结论。

①膨胀土路堤中的含水率、土压力、温度和胀缩变形与不同气候条件、路堤填料、路堤土的压实度、排水边界条件和不同埋深等密切相关。膨胀土路堤中的含水率、土压力、温度和胀缩变形受深度的影响较大,埋藏越浅,含水率、土压力、温度和胀缩变形的变化越大;用同种土作为路堤填料,在模拟不排水边界条件下,水在膨胀土路堤中的入渗速率随路堤深度的增大而减小;路堤中含水率越高,受气候条件影响越明显,水分越容易被蒸发;在最优含水率时水分变化相对较慢。

②膨胀土路堤的竖向胀缩变形主要发生于路堤基顶积水。在竖向存在一临界深度,此处膨胀土不发生竖向胀缩变形。在临界深度以上的膨胀土层向上发生膨胀。

③通过拟合得到了在不同坡度及不同气候条件下,含水率和应力随时间变化的关系式,此

关系式可用于预测土体中含水率和应力随时间的变化。

④不同干湿循环的循环顺序对膨胀土路基的破坏作用显著不同。日照将引起水分蒸发及产生裂缝;降雨将产生坡面流的侵蚀及水的径流冲刷破坏。最不利的干湿循环顺序为长期暴晒之后的暴雨,膨胀土路基在暴晒之后出现较大的裂缝,暴雨将沿裂缝产生水的大量入渗和坡面流的侵蚀及水径流的冲刷破坏作用。

⑤在降雨期间,雨水沿裂缝向坡面冲刷,出现局部蚀穴,坡面脱落及细小土颗粒被水冲刷带走,坡面出现冲沟。膨胀土路基坡度大小、坡面雨水流速大小、已有冲沟的深浅、宽窄、冲沟的弯曲程度等均会影响坡面雨水冲刷作用的强烈程度。

⑥揭示了不同排水边界条件下膨胀土路基中水分的蒸发速度和入渗速度的大小规律。加筋膨胀土路基中水分的蒸发速度慢于入渗速度;在不排水边界条件下水在加筋膨胀土路基中的入渗速度随密实度的增大而降低;但在排水边界条件下加筋膨胀土路基中含水率越高,水的入渗速度越大。

(2)通过室内模拟加筋膨胀土挡土结构,得到以下结论。

①加筋能有效抑制膨胀土在含水率增加时的膨胀量,并且随着密实度的提高这种效果更显著。

②不浸水条件下,加筋膨胀土挡墙在外荷载作用下的承载力随着密实度的提高而增加,侧向累计变形减小;而浸水饱和后承载力随着密实度的提高没有显著不同,侧向变形也没有明显减小。

③在外荷载作用下,加筋膨胀土沉降变形呈现出弹塑性,随着重复荷载次数的增加,塑性变形逐渐减小;由于重复加卸载,沉降—变形曲线形成滞回圈,并且随着密实度的增加,滞回圈逐渐减小。

④在天然含水率条件下,侧壁土压力测量值是荷载产生的土压力和筋材拉力差的反力。加筋土挡墙侧向变形主要是在侧向土压力作用下产生的,原因有二:一是侧壁土压力变化大的地方,变形也大;二是在变化过程中侧向土压力和变形的变化过程相反,即当变形不变时侧壁土压力增大,而变形增大时,侧壁土压力保持不变或减小。

⑤在天然含水率条件下,竖向土压力在加载初期,与荷载之间近似为直线关系,随着荷载的增加变为凸向荷载轴的曲线,并且密实度越小,曲线曲率越大。

(3)在现有蠕变原理和蠕变模型基础上,分析了加筋土复合体的蠕变模型。

参考文献

[1] 杨果林. 水对膨胀土路基损害作用机理研究. 中南大学科研成果研究报告,2003.

[2] 姚海林. 膨胀土壤标准吸湿含水率及其试验方法. 岩土力学,2004 Vol.25 No.6 856-859.

[3] 王小军,赵中秀,答治华. 膨胀岩的湿化特性及其对堑坡浅层溜坍的影响. 岩土工程学报 Vol.20 No.6 42-46.

[4] 孔官瑞. 膨胀土边坡稳定性试验研究与数值分析. 武汉水利电力大学博士学位论文,1993.

[5] Fredlund D G. Approriate concepts and technology for unsaturated Soils. Can Geotech. J., 1979,16:121-129.

[6] Fredlund D G,Rahadjo H. Soil mechanics for unsaturated soils. New York:John Wiley &Sons,

1993.

[7] 胡世雄. 坡度、降雨和土壤条件对坡面流及坡面动力侵蚀过程的影响研究. 中国科学院地理研究所博士学位论文,1998.

[8] 周世良,王学军,胡晓. 加筋土挡墙工程中黏性土填料的应用. 港工技术,2003,第二期:43-45.

[9] 杨果林,王永和. 加筋土筋材工程特性试验研究. 中国公路学报,2001,14(3):11-16.

[10] 欧阳仲春. 现代土工加筋技术. 北京:人民交通出版社,1990.

[11]《土工合成材料工程应用手册》编写委员会. 土工合成材料工程应用手册. 北京:中国建筑工业出版社,1994.

[12] 陈建华. 膨胀土强度和膨胀特性及路堤填筑条件的探讨. 工程勘察,1990年第三期:5-11.

[13] 高江平,俞茂宏,胡长顺,等.加筋土挡墙土压力及土压力系数分布规律研究. 岩土工程学报,2003,25(3):582-584.

[14] 杨挺青. 材料与结构蠕变研究近况. 力学进展,2000.30(3):476-478.

[15] Geuze E C W,Tan Tiong Kie. The Mehanical Behavior of Clays. Oxford:Proc. 2nd Int. Congress on Rheology,1953.67-71.

第六章　加筋膨胀土挡土结构承载力、变形及稳定性分析

6.1　加筋膨胀土挡土结构承载力特性分析

6.1.1　土工格栅加筋土支挡结构承载力的确定

文献[1]曾采用极限平衡的方法推导了以钢筋混凝土为筋材的加筋土挡墙在外荷载作用下的承载力，钢筋混凝土筋带区别于一般筋材的最大特点是，不仅能承受拉力，而且能承受剪力和少量弯矩。而土工格栅作为筋材时就只能提供拉力，不计筋材的剪力可得以土工格栅为加筋材料在外荷载作用下的承载力公式。

1．拉断破坏时承载力分析

由于0.3H型破裂面符合实际工作的情况，对于高模量、高黏附拉筋比较适用，而土工格栅的抗拉刚度接近于软钢，所以加筋土支挡结构墙后填土的破裂面形状假定简化成0.3H型。

拉断破坏就是加筋材料被拉断，从而导致加筋支挡结构破坏，设墙高为H，填土破裂面以图6-1中所示的折线形式延伸到挡墙填土顶面，其位置距墙面约0.3H，取支挡结构的中心截面处研究，其受力情况可以视为平面应变问题，且该处的受力情况为最不利情况，则顶面面积为$1\times0.3H$，斜截面面积为$0.3H\times1/\cos\alpha$，斜截面在竖直面的投影面积为$0.3H\times1\times\tan\alpha(\alpha=45°+\varphi/2)$。为了分析方便，认为筋带只承受拉力作用，其受力图如图6-1所示。设每延米上土体重量为$G[G=0.3H\gamma(H-0.15H\tan\alpha)]$；$\gamma$为土的重度；$F$为支挡结构物（挡墙）顶部破裂面面积；$q$为加筋土挡墙顶部所受的超载；每延米内筋带所受的拉力总和为$R(R=\sum R_i$，R_i为单根筋带所具有的抗拉强度），由静力平衡条件有：

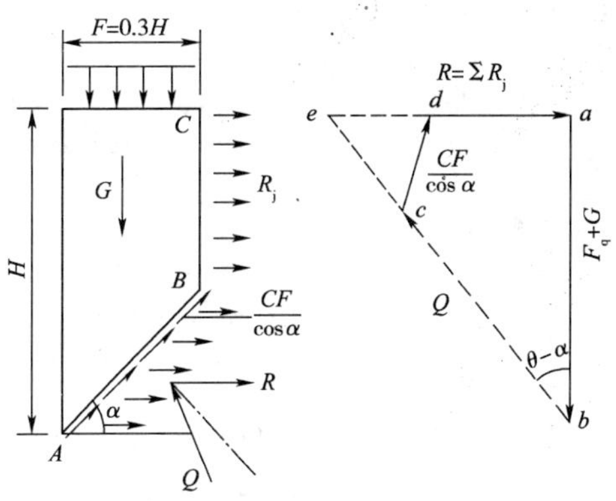

图6-1　拉断破坏时承载力计算分析图示图

$$\sum X=0\quad Q\sin(\alpha-\varphi)-\frac{CF}{\cos\alpha}\cos\alpha-\sum_{i=1}^{N}R_i=0 \tag{6-1}$$

$$\sum Y=0\quad qF+G-Q\cos(\alpha-\varphi)-\frac{CF}{\cos\alpha}\sin\alpha=0 \tag{6-2}$$

从式(6-1)、式(6-2)可解得：

$$q = c \times \cot(\alpha - \varphi) + c \times \tan\alpha + \frac{\sum_{i=1}^{N} R_i \times \cot(\alpha - \varphi)}{0.3H} - \gamma H(1 - 0.15\tan\alpha) \tag{6-3}$$

2. 粘着破坏时承载力分析

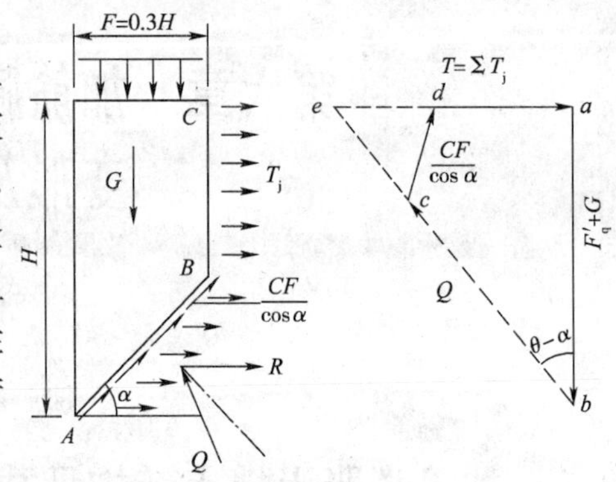

图 6-2　粘着破坏时承载力计算分析图示

粘着破坏就是土与筋之间摩阻力不足，筋从土体中被拔出，从而导致加筋土结构物破坏。粘着破坏时的受力分析如图 6-2 所示，设筋与土之间摩阻系数为 f；筋带在锚固区长度为 L_{ai}，在填土体中，土柱竖向压应力及侧向压应力可使筋带与土之间产生摩阻力，设筋带所受摩阻力总和为 T，在验算抗拔稳定性计算时规定，计算筋材所具有的抗拔力不计交通荷载的影响，在此也不计交通荷载的影响。

$$\sum_{i=1}^{N} T_i = f\alpha\sigma_v L_e C = 2 \times 1 \times f \times \sum_{i=1}^{N} L_{ei}\gamma h_i \tag{6-4}$$

其中，假设 f 是不随填土高度而变化的常数。由静力平衡条件：

$$\sum X = 0 \quad Q\sin(\alpha - \varphi) - \frac{CF}{\cos\alpha}\cos\alpha - T = 0 \tag{6-5}$$

$$\sum Y = 0 \quad q'F + G - Q\cos(\alpha - \varphi) - \frac{CF}{\cos\alpha}\sin\alpha = 0 \tag{6-6}$$

从式(6-5)、式(6-6)中可解得：

$$q' = [\cot(\alpha - \varphi) + \tan\alpha]c - \gamma(H - 0.15H\tan\alpha) + \frac{\cot(\alpha - \varphi) \times 2 \times f\sum_{i=1}^{N} L_{ai}\gamma h_i}{0.3H} \tag{6-7}$$

6.1.2　膨胀土承载力确定

目前非饱和土的强度公式主要有两类：Bishop 公式和 Fredlund 公式。Bishop 公式是将非饱和土的有效应力代替饱和土的有效应力得到的，其实质是饱和土的 Mohr-Coulomb 强度公式；Fredlund 公式是用非饱和土独特的应力状态变量来描述非饱和土强度，但也是以 Mohr-Coulomb 破坏准则为基础的。

1. Bishop 非饱和土的强度公式

$$\tau_f = c' + [(\sigma - u_a) + \chi(u_a - u_w)]\tan\varphi' \tag{6-8}$$

式中：c'——有效黏聚力；

u_a——孔隙水压力；

$u_a - u_w$——基质吸力；

φ'——有效内摩擦角；

χ——有效应力系数，取决于饱和度、土类、干湿循环以及加载和吸力的应力路径。

2. Fredlund 非饱和土的强度

$$\tau_f = c' + (\sigma - u_a)\tan\varphi' + (u_a - u_w)\tan\varphi^b \tag{6-9}$$

式中：c'——有效黏聚力；

$\sigma - u_a$——破坏时在破坏面上的净法向应力；

u_a——破坏时在破坏面上的孔隙气压力；

φ'——与净法向应力状态变量 $\sigma - u_a$ 有关的内摩擦角；

$u_a - u_w$——破坏时在破坏面上的基质吸力；

φ^b——抗剪强度随基质吸力($u_a - u_w$)而增加的速率。

在非饱和土抗剪强度理论中,吸力的量测在工程实际中仍没有一种简单易行的方法。对于非饱和土的研究,目前也还处于起始阶段,其主要原因首先是缺乏适当的理论基础和连贯性,对应力状态及力学性质的一些机理尚未充分认识;其次缺乏适当的技术去解决工程实际问题。

吸附强度的实质是一种与外力无关的摩擦强度,它来源于吸力所产生的负孔隙压力,负孔隙压力在土骨架的内部产生有效应力,并因而产生与外力无关的摩擦强度。文献[2][3]认为,膨胀力可能代表由吸力所引起土体内部的有效压应力,非饱和膨胀土的含水率越小,基质吸力越大,膨胀力越大,可见膨胀力与基质吸力之间具有正相关性。通过试验发现膨胀力与吸附强度之间有一定的线性关系,非饱和土抗剪强度的公式为:

$$\tau_f = c' + (\sigma - u_a)\tan\varphi' + mP_s\tan\varphi' \tag{6-10}$$

式中:P_s——体积不变情况下浸水测定的膨胀力;

m——膨胀力的有效系数,其他参数的意义同上。

由于 P_s 和 m 的测量技术简单易行,而吸力及其有关参数的测定较为困难,这一新公式的提出为非饱和土抗剪强度的研究工作提供一条新的探索与发展途径。

3. 膨胀性土压力的分布规律及应用

Katti 对比了砂、黏性非膨胀土和膨胀土的侧压力分布特点(图6-3),证实了膨胀性土压力的存在。膨胀力使土侧压力增加,文献[4]对各类膨胀土的侧压力剖面进行归一化,膨胀土侧压力的分布可以用下列经验公式表示:

$$P = \frac{P_s \times d/d_0}{(a + 0.6d/d_0)} \tag{6-11}$$

式中:P——膨胀性土侧压力强度;

d——深度,cm;

d_0——深度的单位,$d_0 = 1.0$cm;

P_s——膨胀力,kPa;

a——粒径小于 2μm 土粒的质量百分数。

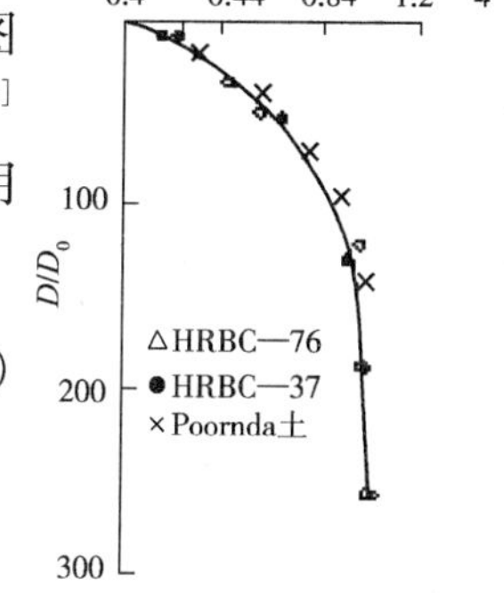

图 6-3 膨胀土压力的归一化剖面

对于膨胀土结构物,假定膨胀土侧压力沿弹性楔体边界上分布,然后根据膨胀土体破裂体的静力平衡计算得膨胀土结构物的承载力。

6.1.3 加筋膨胀土支挡结构承载力

6.1.3.1 试验曲线确定

根据试验所测的数据,将在荷载作用下的沉降量绘制成曲线,如图 6-4 所示。

可见,加筋膨胀土挡土结构的破坏过程可划分为 3 个阶段。

压密阶段(或称直线变形阶段):相当于 P—S 曲线上的 oa 段。在这一阶段,P—S 曲线接近于直线,土中各点的剪应力均小于土的抗剪强度。土体处于弹性平衡状态。我们把 P—S 曲线上相应于 a 点的荷载称为比例界限 P_{pr}(相当于临塑荷载)。

剪切阶段：相当于 $P—S$ 曲线上的 ab 段。在这一阶段 $P—S$ 曲线已不再保持线性关系，沉降的增长率 $\Delta S/\Delta P$ 随荷载的增大而增加。土体中局部范围(首先在基础边缘处)的剪应力达到土的抗剪强度，土体发生剪切破坏，随着荷载的继续增加，土中塑性区的范围也逐渐扩大，使土体的应力越来越多地转嫁给加筋带承受，此时的荷载即为极限荷载 P_u，对应于图中 $P—S$ 曲线的 b 点。

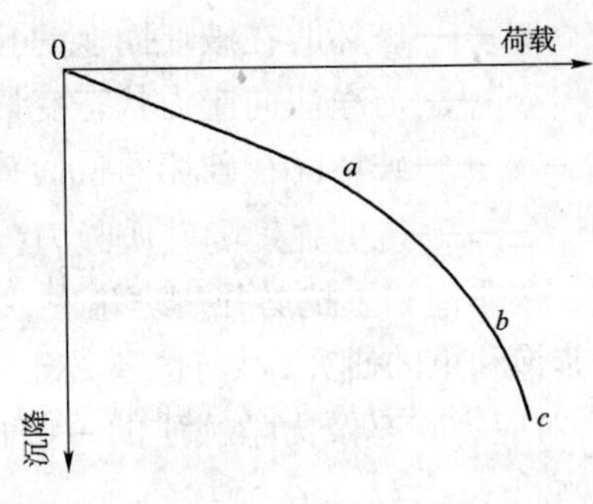

图 6-4　室内模型试验的承载力—沉降曲线简化图

破坏阶段：相应于 $P—S$ 曲线上的 bc 段，当荷载超过极限荷载后，承载板急剧下沉，即使不增加荷载，沉降也不能稳定。因此，$P—S$ 曲线陡直下降，加筋土体失稳而破坏。

从试验曲线我们可以看出：

(1)随着加筋土体填土密实度的提高，P_{pr} 也逐渐增大。

(2)浸水饱和后的加筋土体在荷载作用下荷载—沉降曲线中的剪切阶段非常小，从弹性阶段很快就过渡到破坏阶段。

6.1.3.2　加筋膨胀土挡墙承载力确定

1. 水平方向、垂直方向膨胀力的计算

参照文献[5]膨胀土地基承载力的确定，假设膨胀性土压力 P 的方向是垂直于弹性楔体边界。为了便于积分，以墙趾处为坐标原点，则可得沿 x 方向的膨胀性土压力为：

$$P_x = \int_0^{\frac{0.3H}{\cos\alpha}} p\mathrm{d}\left(\frac{d}{d_0}\right)\sin\alpha + \int_{0.3H\tan\alpha}^{H} pp\mathrm{d}\left(\frac{d}{d_0}\right)$$
$$= \frac{1}{4}P_s H\tan\alpha + \frac{9}{25}P_s a\sin\alpha\ln\frac{a}{a+\dfrac{0.3H}{100\cos\alpha}} + \frac{5}{6}P_s H(1-0.3\tan\alpha)$$
$$+\frac{9}{25}P_s a\sin\alpha\ln\frac{a}{a+\dfrac{H}{10}[(1-0.3\tan\alpha)]}$$

H 的单位是 cm，所以 $a \ll \dfrac{0.3H}{100\cos\alpha}$，因此膨胀性土压力可以写成：

$$P_x = \frac{1}{4}P_s H\tan\alpha + \frac{5}{3}P_s H(1-0.3\tan\alpha) \tag{6-12}$$

$$P_y = \int_0^{\frac{0.3H}{\cos\alpha}} pd\left(\frac{d}{d_0}\right)\cos\alpha = \frac{1}{4}P_s H + \frac{25}{9}P_s a\cos\alpha\ln\frac{a}{a+\dfrac{3H}{100\cos\alpha}}$$

同样处理后，得：

$$P_y = \frac{1}{4}P_s H \tag{6-13}$$

2. 加筋膨胀土挡墙承载力确定

(1)拉断破坏

$$\begin{cases} Q\sin(\alpha-\varphi) - \dfrac{CF}{\cos\alpha}\cos\alpha - \sum\limits_{i=1}^{N} R_i - \left[\dfrac{1}{4}P_s H\tan\alpha + \dfrac{5}{3}P_s H(1-0.3\tan\alpha)\right] = 0 \\ qF + G - Q\cos(\alpha-\varphi) - \dfrac{CF}{\cos\alpha}\sin\alpha + \dfrac{1}{4}P_s H = 0 \end{cases}$$

解得：

$$
\begin{aligned}
q &= c[\cot(\alpha-\varphi)+\tan\alpha]+\frac{\sum_{i=1}^{N}R_i}{0.3H}\cot(\alpha-\varphi)-\gamma H(1-0.15\tan\alpha_s) \\
&\quad +\left[\frac{5}{6}P_s\tan\alpha+\frac{50}{9}P_s(1-0.3\tan\alpha)\right]\cot(\alpha-\varphi)-\frac{5}{6}P_s \\
&= q_0+\left\{\left[\frac{5}{6}\tan\alpha+\frac{50}{9}(1-0.3\tan\alpha)\right]\cot(\alpha-\varphi)-\frac{5}{6}\right\}P_s \\
&= q_0+6.22P_s \qquad (6\text{-}14)
\end{aligned}
$$

（2）粘着破坏

$$
\begin{cases}
Q\sin(\alpha-\varphi)-\dfrac{CF}{\cos\alpha}\cos\alpha-T-\left[\dfrac{1}{4}P_sH\tan\alpha+\dfrac{5}{3}P_sH(1-0.3\tan\alpha)\right]=0 \\
q'F+G-Q\cos(\alpha-\varphi)-\dfrac{CF}{\cos\alpha}\sin\alpha+\dfrac{1}{4}P_sH=0
\end{cases}
$$

解得：

$$
\begin{aligned}
q' &= [\cot(\alpha-\varphi)+\tan\alpha]c-\gamma(H-0.15H\tan\alpha)+\frac{\cot(\alpha-\varphi)\times 2\times f\sum_{i=1}^{N}L_{ai}\gamma h_i}{0.3H} \\
&\quad +\left[\frac{5}{6}\tan\alpha+\frac{50}{9}(1-0.3\tan\alpha)\right]\cot(\alpha-\varphi)P_s-\frac{5}{6}P_s \\
q' &= q_0+\left\{\left[\frac{5}{6}\tan\alpha+\frac{50}{9}(1-0.3\tan\alpha)\right]\cot(\alpha-\varphi)-\frac{5}{6}\right\}P_s \\
&= q_0+6.22P_s \qquad (6\text{-}15)
\end{aligned}
$$

从该结论中可以看出非饱和加筋膨胀土挡土结构承载力高于饱和的加筋膨胀土挡土结构承载力，非饱和膨胀土随着含水率的增加而产生膨胀力，从而使得膨胀土的承载力降低。对于非饱和的加筋膨胀土挡土结构而言，承载力由两部分组成，饱和的加筋膨胀土挡土结构承载力和膨胀力引起的承载力。根据式(6-14)和式(6-15)可以得到饱和土地基承载力与非饱和土地基承载力的关系，即无论在拉断破坏条件下还是在黏着破坏条件下都有以下公式，见式(6-16)。

$$\text{非饱和加筋膨胀土挡墙的承载力}=\text{饱和加筋膨胀土挡墙承载力}+6.22P_s \qquad (6\text{-}16)$$

6.1.3.3 实例计算[6]

在室内模型试验中，见表6-1，膨胀土的性质特性参数中抗剪强度参数 c 和 φ 是根据天然干燥状态下采用剪切试验测得的试验数据，用于计算饱和土体的承载力不合适，我们取室内静三轴试验测量的数值，$c=30.33\text{kPa}$，$\varphi=27°$。

室内实验承载力和膨胀力测试结果 表6-1

密实度	承载力（kN）		换算后承载（kPa）		膨胀力 kPa
	饱和后	饱和前	饱和后	饱和前	
80%密实度	15	50	61.875	206.24	10
90%密实度	15	80	61.875	329.99	42
95%密实度	15	100	61.875	412.49	54

按公式(6-16)计算非饱和的加筋膨胀土挡墙的承载力：

密实度 80%：$61.685+6.22\times10=123.40$（kPa）

密实度 90%：$61.685+6.22\times42=322.925$（kPa）

密实度 95%：$61.685+6.22\times54=397.565$（kPa）

从计算结果可以看出，密实度为90%、95%的加筋膨胀土挡土结构计算值和测试值非常接近，而密实度为80%的加筋膨胀土挡土结构计算值和测试值相差比较大。

从室内模型试验过程中可以看出，80%密实度的加筋膨胀土挡土结构浸水前、加筋膨胀土挡土结构在浸水饱和后在外加荷载的作用下加筋土体并没有出现任何裂纹，挖开土体发现筋材也没有断裂，而土体在荷载作用下的沉降量非常大，所以判断它们都是由于土体承载力不足而引起的破坏。密实度为90%、95%的加筋膨胀土挡土结构实验过程中都出现横向、纵向裂纹，面板和土体之间出现分离现象，挖开土体，并没有发现筋材有断裂现象，所以我们可以判断这两种加筋土结构出现了粘着破坏。而加筋膨胀土挡土结构的承载的计算公式是在拉断破坏或粘着破坏条件下推导出来的，所以对于密实度为80%的挡土结构计算值和测量值相差很大，而对于90%、95%的挡土结构计算值和测量值很接近。

6.1.4 小结

(1)利用摩擦加筋原理和准黏聚力原理对加筋土进行了加筋机理的分析；分析了土工格栅加筋土原理与一般筋材的加筋土原理的异同点；

(2)推导了以土工格栅为拉筋材料的加筋土挡土结构在外荷载作用下承载力计算公式；

(3)论述了膨胀土强度的特殊特性、影响参数；

(4)分析了非饱和膨胀土的基本理论，利用膨胀力与非饱和土的基质吸力之间的联系，通过膨胀性土压力计算膨胀土结构物的承载力。

(5)推导了在外荷载作用下饱和的加筋膨胀土挡土结构的承载力与非饱和加筋膨胀土挡土结构承载力的关系，并以室内模型试验为例进行了验算，证明了该公式计算的正确性。

(6)根据室内模型试验得出了加筋土在荷载作用下的荷载—沉降曲线，得出了密实度为80%、90%、95%的加筋膨胀土挡土结构在外荷载作用下的破坏方式。

6.2 加筋膨胀土挡土结构变形特性分析

加筋土支挡结构的变形研究是继强度、稳定性之外加筋土支挡结构理论研究的另一个重要方面。自20世纪60年代问世以来，加筋土技术由于其良好的技术经济效益而被越来越多的工程所采用。加筋土加固机理的实质就是利用加筋材料与土体应变的协调一致来限制土体的侧向变形，从而提高土体的承载能力，达到加固的目的。加筋土结构是一种柔性建筑物，容许产生较其他挡土结构更大的变形。事实上，只有在加筋与土之间产生相对位移的情况下，才能使加筋与土之间的摩擦机制、剪胀机制得以发挥，起到加筋的作用。当最初的相对位移产生后，加筋土中筋材与土体处于协调变形的状态，但这一变形量必须严格控制在工程所容许的范围内，要求这一变形量既不影响结构的正常使用，也不会导致结构的整体失稳。因此，加筋土体的变形分析是加筋土结构理论研究的另一重要方面，具有重要的理论与实际意义。

6.2.1 加筋土挡土结构变形分析

6.2.1.1 加筋土(支挡)挡土结构的变形特性

加筋土体是通过筋材与土体之间的变形协调而发挥其优越性的。在加筋土体上作用垂直应力 σ_z 时，会产生侧向变形 δ_x 和轴向压缩 δ_z。加筋材料水平布置于土体中，在加筋材料与土体之间存在有凝聚力或摩擦力，若加筋材料是刚性的，那么土体就好像受到了某种侧向力的约束。这一侧向约束力就等值于静止土压力 $k_0\sigma_z$，也就是说，加筋的作用相当于限制了某一正应变。单位土体传递给加筋材料的力，等于静止侧向应力 $k_0\sigma_z$，因此加筋材料所受的拉力为 $k_0\sigma_z/a_r$，a_r 为加筋材料的横截面积，所以加筋材料的应变为：$\delta_x = k_0\sigma_z/(a_rE_r)$，式中 E_r 为加筋材料的弹性模量。根据位移协调一致原则，土体在加筋材料布置方向的应变 ε_r 应该等于 δ_x，即 $\varepsilon_r = \delta_x = k_0\sigma_z/(a_rE_r)$，如果加筋材料的有效刚度($a_rE_r$)相当大，则 $\varepsilon_0 \to 0$；当有效刚度减小时，$\varepsilon_r \uparrow$，静止土压力系数 k_0 也就趋近于主动土压力系数 k_a，加筋土体趋于破坏。加筋土路堤和加筋土挡墙是土工合成材料用于加筋的主要形式，虽然结构形式不同，但加筋机理相同。对于加筋土挡墙来说，在竖直荷载作用下所产生的土压力主要由筋材的抗拉力和土体之间的摩阻力来承担，墙面板的作用仅承受剩余侧压力，当加筋率较大、并且加筋作用发挥比较充分时，墙面处可能不产生土压力[7]。关于加筋土变形的特性分析，一般是通过试验[8]、现场观测[9]或有限元[10,11]来分析的，由于观测研究的重点不同，得出的结论各有千秋，但总结来看，影响加筋土挡土结构侧面位移的因素有以下几个方面。

(1)筋材

筋材的刚度、加筋间距、性质、分布等都与加筋土体的侧向变形有关。加筋土体的水平侧向位移随筋带刚度的增加而减小。改变加筋间距不但能改变侧向位移的大小，而且还改变了侧向位移曲线的形态，减小加筋间距使侧向位移减小，侧向位移形态由悬臂梁弯曲逐渐变为“鼓肚”。在一定的范围内，加筋间距越小，加筋土体的侧向位移越小。

(2)土体性质

土体的种类、物理性质、状态密度、应力状态、饱和度等都影响加筋土体的侧向变形。砂土与筋材之间的摩擦性好于黏性土，故变形也小，黏性土性质受含水率的变化大，加筋土体性质不稳定，易产生较大变形。与土压力分布有关，土体的内摩擦角影响土压力的分布[12]。位移对土压力的影响难以定量表达，在自重土压力作用下，土压力小的上部对应的墙面位移大，土压力大的下部墙面位移小。有研究[10]表明：土体的内摩擦角 φ 值的改变不影响墙面侧向位移曲线的形态，增大 φ 值，使墙面侧向位移减小，但 φ 值的改变不影响墙面侧向位移曲线的形态。

(3)加筋体的形状

加筋土体越高，侧面变形越大，对于加筋土挡墙而言，其侧向位移随加筋体长度的增加而减小，当长度小于 $0.7H$ 时，其影响更显著。

(4)加筋土挡墙是由筋材、土体和面板组成的

虽然加筋土挡墙面板的作用对承受土压力的作用不大，但面板的类型对挡墙的变形有重要的影响[13]。对于整体混凝土刚性面板，由于能承受弯矩，挡墙的变形、破坏有绕墙脚旋转的趋势；对于分块组装的软性面板，则不能承受弯矩，挡墙的变形、破坏可能是每块之间相互旋转。当加筋土挡墙整体刚度较大时，则表现为挡墙基地的整体滑移，如图 6-5 所示。

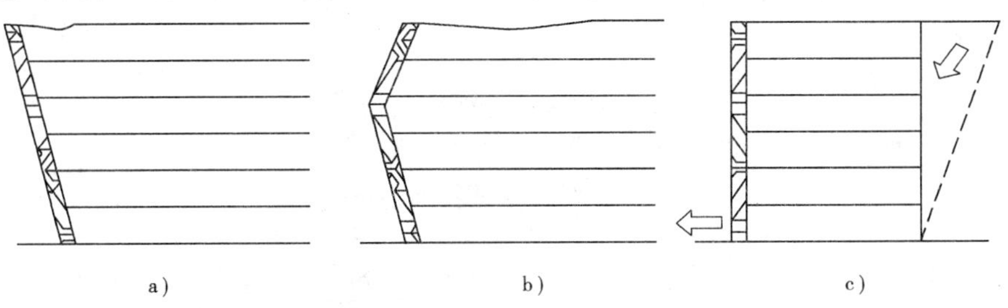

图 6-5　面板对挡墙水平变形的影响

(5)其他因素

墙高、外荷载作用形式、大小、位置、施工因素、温度和震动等都对加筋土挡土结构侧面位移有一定影响。

6.2.1.2 加筋土支挡结构的变形计算

目前,对于加筋土体的变形分析一般通过数值分析来实现,实际工程中对变形的控制也一般是参照数值分析的结果,依靠工程经验来确定。但也可以采用简化的方法进行加筋土体的水平侧向变形计算。计算的模型通常有两种:一种是分别假设土、筋的本构模型,以及土与加筋之间的界面单间模型;另一种是将加筋与土看作一个整体,采用复合材料理论来研究加筋土整体的变形规律。

1. 筋土分开模型计算加筋土挡墙的最大位移简化模型[14]

简化公式如下:

$$\delta_x = \frac{\varepsilon_{\max} T_{\max}}{h\gamma\tan\varphi} \tag{6-17}$$

式中:$T_{\max}$——某一厚度拉筋计算的最大拉应力;

$\varepsilon_{\max}$——在上述计算的最大拉应力下产生的最大拉应变;建议取加筋材料的容许水平应变的0.5倍;

h——加筋的埋深;

γ——填料重度;

φ——填料摩擦角。

在该方法中要合理地计算拉筋拉力。

2. 筋土复合体计算挡墙的水平位移[15]

加筋土挡土墙是由每层相互交替的拉筋和土体组成的复合体。当假定层间界面为水平时,就每层材料而言,水平方向上是均质的、各向同性的连续介质,且拉筋和土体的弹性模量和泊松比分别为E_r、v_r和E_s、v_s。在基于各向异性弹性体的假定条件下,加筋土挡土墙可等效成如图6-6所示系统。假定E_v为弹性体竖直方向的弹性模量,E_h为水平方向的弹性模量,G_v为竖直平面内由剪切应变引起的剪切模量,G_h为水平面内有剪切应变引起的剪切模量方向的弹性模量,v_{hz}表征弹性体由于h方向水平应力引起的z方面水平应变是对应的泊松比,v_{hv}表征弹性体由于h方向水平应力引起的v方面水平应变是对应的泊松比,v_{vh}表征弹性体由于v方向水平应力引起的h方面水平应变是对应的泊松比。

设加筋土挡土墙墙高为h,每层拉筋厚度为s,加筋土挡土墙中拉筋厚度比t可表示为:

$$t = \frac{\sum s}{h} \tag{6-18}$$

假定加筋土挡土墙载水平方向上是均质的、各向同性的连续介质,如图6-7所示。由广义虎克定律可得:

$$\delta\varepsilon_h = \frac{\delta\sigma_h}{E_h} - v_{vh}\frac{\delta\sigma_v}{E_v} - v_{zh}\frac{\delta\sigma_z}{E_h} \tag{6-19}$$

$$\delta\varepsilon_v = \frac{\delta\sigma_v}{E_v} - v_{hv}\frac{\delta\sigma_h}{E_h} - v_{zv}\frac{\delta\sigma_z}{E_h} \tag{6-20}$$

$$\delta\varepsilon_z = \frac{\delta\sigma_z}{E_h} - v_{vz}\frac{\delta\sigma_v}{E_v} - v_{hz}\frac{\delta\sigma_h}{E_h} \tag{6-21}$$

同理:

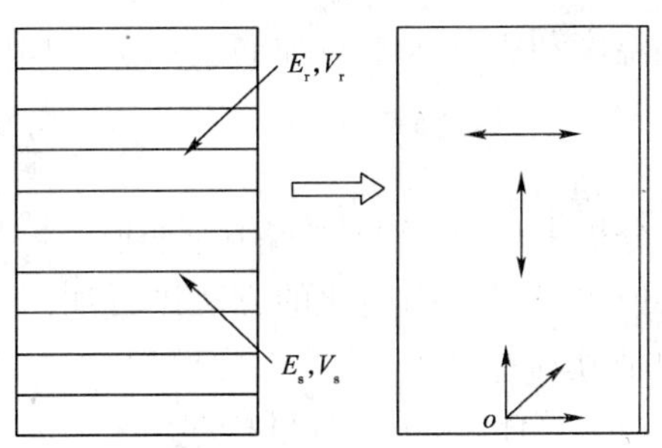

图 6-6　加筋土结构理想的各向异性系统

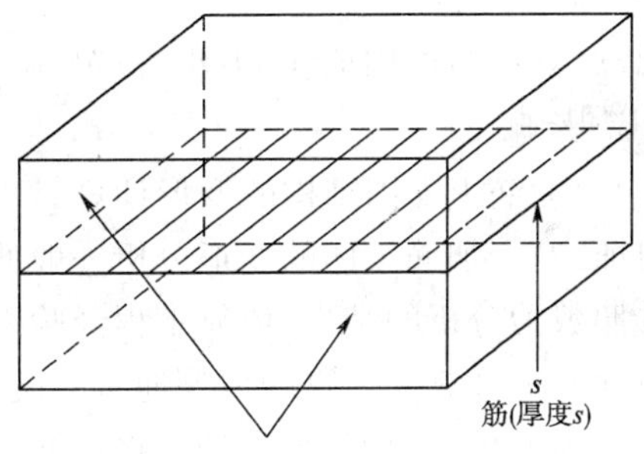

图 6-7　加筋土结构计算图示

$$\delta\varepsilon_{hr} = \frac{\delta\sigma_{hr}}{E_r} - v_r\frac{\delta\sigma_{vr}}{E_r} - v_r\frac{\delta\sigma_{zr}}{E_r} \tag{6-22}$$

$$\delta\varepsilon_{hs} = \frac{\delta\sigma_{hs}}{E_s} - v_s\frac{\delta\sigma_{vs}}{E_s} - v_s\frac{\delta\sigma_{zs}}{E_s} \tag{6-23}$$

式中：下标 s、r 分别代表土体介质和拉筋介质。

考虑到加筋土单元三个方向上的应力分布情况，其垂直方向得应力增量 $\delta\sigma_v = 0$。根据平面应变条件有 $\delta\varepsilon_z = 0$，且 $\delta\varepsilon_h = \delta\varepsilon_{hs} = \delta\varepsilon_{hr}$。因此：

$$\delta\sigma_z = v_{hz}\delta\sigma_h,\delta\sigma_{zr} = v_r\delta\sigma_{hr},\delta\sigma_{zs} = v_s\delta\sigma_{hs} \tag{6-24}$$

根据式(6-18)和图 6-7 可得：

$$\delta\sigma_h = t\ \delta\sigma_{hr} + (1-t)\delta\sigma_{hs} \tag{6-25}$$

$$\delta\sigma_{hs} = \frac{E_s(1-v_{hz}^2)}{E_h(1-v_s^2)}\delta\sigma_h \tag{6-26}$$

$$\delta\sigma_{hs} = \frac{E_r(1-v_{hz}^2)}{E_h(1-v_s^2)}\delta\sigma_h \tag{6-27}$$

因此：

$$E_h = \left[\frac{(1-t)E_s}{(1-v_s^2)} + \frac{tE_r}{(1-v_r^2)}\right](1-v_{hz}^2) \tag{6-28}$$

同理可得：

$$\delta\sigma_z = t\ \delta\sigma_{zr} + (1-t)\delta\sigma_{zs} \tag{6-29}$$

$$\delta\sigma_z = tv_r\delta\sigma_{hr} + (1-t)v_s\delta\sigma_{hs} \tag{6-30}$$

将式(6-24)～式(6-26)代入式(6-27)，有：

$$v_{hz} = \left[\frac{tv_rE_r}{E_h(1-v_s^2)} + \frac{(1-t)v_sE_s}{E_h(1-v_s^2)}\right](1-v_{hz}^2) \tag{6-31}$$

由式(6-28)、式(6-31)得：

$$v_{hz} = \frac{\dfrac{tv_rE_r}{1-v_s^2} + \dfrac{(1-t)v_sE_s}{1-v_s^2}}{\dfrac{(1-t)E_s}{1-v_s^2} + \dfrac{tE_r}{1-v_r^2}} \tag{6-32}$$

由于：

$$\delta\varepsilon_{vs} = \frac{\delta\sigma_{vs}}{E_s} - v_s\frac{\delta\sigma_{hs}}{E_s} - v_s\frac{\delta\sigma_{zs}}{E_s} \tag{6-33}$$

$$\delta\varepsilon_{vr}=\frac{\delta\sigma_{vr}}{E_r}-v_r\frac{\delta\sigma_{hr}}{E_r}-v_r\frac{\delta\sigma_{zr}}{E_r} \tag{6-34}$$

所以得：

$$\delta\varepsilon_v=\frac{-v_{hv}}{E_h}(\delta\sigma_h+\delta\sigma_z) \tag{6-35}$$

同理可得：

$$\delta\varepsilon_{vr}=-\frac{v_r}{E_r}(\delta\sigma_{hr}+\delta\sigma_{zr}) \tag{6-36}$$

$$\delta\varepsilon_{vs}=-\frac{v_s}{E_s}(\delta\sigma_{hs}+\delta\sigma_{zs}) \tag{6-37}$$

又因：

$$\delta\varepsilon_v=t\ \delta\varepsilon_{vr}+(1-t)\delta\varepsilon_{vs} \tag{6-38}$$

将式(6-24)、式(6-35)、式(6-37)代入式(6-38)，可得：

$$v_{hv}=(1-v_{hz})\left[\frac{(1-t)v_s}{(1-v_s)}+\frac{tv_r}{1-v_r}\right] \tag{6-39}$$

对于各向异性弹性体而言：

$$\frac{v_{hv}}{E_h}=\frac{v_{vh}}{E_v} \tag{6-40}$$

同理可求出：

$$\frac{1}{E_v}=\frac{1-t}{E_s}\left(1-\frac{2v_s^2}{1-v_s^2}\right)+\frac{t}{E_r}\left(1-\frac{2v_s^2}{1-v_s^2}\right)+1-\frac{2v_{hv}^2}{(1-v_{hz})E_h} \tag{6-41}$$

由图 6-7 可得：

$$G_h=\frac{\tau_{hz}}{\gamma_{hz}}=\frac{E_h}{2(1+v_{hz})} \tag{6-42}$$

$$\frac{1}{G_v}=\frac{\gamma_{hz}}{\tau_{hz}}=\frac{t\gamma_r+(1-t)\gamma_s}{\tau_{hv}} \tag{6-43}$$

$$\tau_{hv}=\tau_s=\tau_r \tag{6-44}$$

故：

$$\frac{1}{G_v}=\frac{2t(1+v_r)}{E_r}+\frac{2(1-t)(1+v_s)}{E_s} \tag{6-45}$$

3. 加筋土挡土墙墙体的水平位移计算

把加筋土挡土墙视为粘结重力式挡土墙来考虑，将加筋土墙体简化为悬臂梁，分别计算悬臂梁在荷载作用下由于纯弯曲和纯剪切作用引起的水平位移。

(1) 只考虑纯弯作用时悬臂梁的水平位移

悬臂梁的挠曲线微分方程为：

$$E_h I\frac{d^2u_b(v)}{dv^2}=M(v) \tag{6-46}$$

式中：$u_b(v)$——水平位移；

$M(v)$——根据悬臂梁模型具体计算。

对式(6-46)进行二次积分，然后把边界条件 $u_{h(v=H)}=\frac{du_{h1}}{dv(v=H)}=0$ 带入，得到积分方程

中的系数,即可得到加筋土墙体在只考虑纯弯作用时悬臂梁的水平位移。

(2)只考虑纯剪作用时悬臂梁的水平位移

据墙顶以下 v 处的剪应力为 $P(v)$。

如图6-8取梁上一厚度为 dv 的为单元体分析,根据静力平衡条件,有:

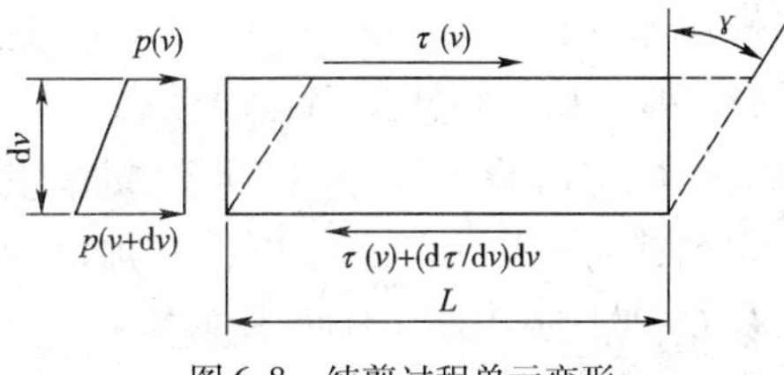

图6-8 纯剪过程单元变形

$$\left[\tau(v)+\frac{d\tau(v)}{dv}dv\right]L-\tau(v)L-\frac{1}{2}[P(v)+p(v+d(v))]dv=0 \tag{6-47}$$

则:

$$\frac{d\tau(v)}{dv}=\frac{1}{2L}\left[\frac{P}{H}v+\frac{P}{H}(v+d(v))\right]dv \tag{6-48}$$

当 $dv\to 0$ 时:

$$\frac{d\tau}{dv}=P(v) \tag{6-49}$$

由剪切模量 $G_h=\frac{\tau}{\gamma}$ 可得:

$$\tau=G_h\frac{du_{h2}}{dv} \tag{6-50}$$

$$\frac{d\tau}{dv}=G\frac{d^2u_{h2}}{dv^2}=p(v) \tag{6-51}$$

对式(6-41)进行二次积分,然后把边界条件 $u_{h2(v=H)}=0,\tau_{(v=H)}=\frac{Q}{A}Z$ 带入,得到积分方程中的系数,即可得到加筋土墙体在只考虑纯剪作用时悬臂梁的水平位移。

6.2.1.3 计算实例[6]

以本文压实度为95%的模型试验为例,按照复合材料的方法对加筋土挡墙的侧向变形进行计算。在计算过程中如果不考虑含水率对膨胀土体的影响,膨胀土的特殊性质没有机会发挥,则按一般加筋黏性土加筋土挡墙计算即可。

该模型高1.2m,长1.2m,筋材采用重庆庆兰公司生产的TGDG35土工格栅,加筋间距为0.3m;面板为高0.3m的刚度较大的竹胶板;墙体后填土为南友路广西宁明膨胀土,内摩擦角为31.4°,密度为20.16kN/m³。进行计算时取 $t=0.004$m,$E_r=888.89$MPa,$v_r=0.15$,$E_s=150$MPa,$v_s=0.31$,通过计算可得 $v_{hz}=0.27$,$E_h=162.92$MPa,$G_h=57.91$MPa。

因为将加筋土挡土墙视为一黏结重力式挡土墙来考虑,所以侧向水平位移主要由作用在墙后的土压力产生。

1. 土压力计算

作用在加筋土挡土墙墙面板上的水平土压应力 σ_{hi},为墙后填土和墙顶面荷载产生的水平土压力 σ_{h1i} 与 σ_{h2i},即:

$$\sigma_{hi}=k_i\sigma_{vi}\sigma_{h1i}+\sigma_{h2i}=k_i\sigma_{vi} \tag{6-52}$$

式中:k_i——土压力系数;

σ_{vi}——竖向土压力。

土压力系数的取值对于计算土压力的大小非常关键。目前,一般按文献[4]中第5.2.1条规定的加筋体土压力系数的分布取值,如图6-9所示,即墙顶处为静止土压力系数 K_0,向下按线性规律减小,指墙身 6m 处为主动土压力系数 K_a,其下保持为常数。但该模型墙高只有 1.2m,小于 6m,并且作用在墙顶表面的局部超载非常大,按此取值显然不合理。

在模型试验土压力和变形测量中发现,在逐级加载过程中尽管每级荷载都为 9.8kN,但刚开始加载时土压力值和变形值增加都比较小,而后面加载时土压力和变形值增加都很大土压力分布,见图 6-10。因此,本文参考文献[12]的土压力系数取值:将填土自重土压力系数和超载土压力系数分开来考虑,自重土压力系数在墙顶为主动土压力系数,而在墙底为静止土压力系数,其间按直线规律变化;超载土压力系数随超载的大小而变化,换算土柱高 0 ~ 10m,取 $K_i = K_a$;换算土柱高 10 ~ 20m,取 $K_i = 2K_a$;换算土柱高 20 ~ 30m,取 $K_i = 2.5K_a$;换算土柱高 30 ~ 50m,取 $K_i = 3K_a$。他们沿墙高均近似取为常数。

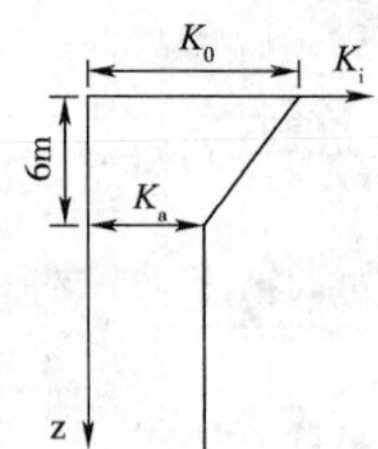

图 6-9 规范规定的土压力系数分布

图 6-10 填土自重土压力分布

注:在图中 $K_0 = 1 - \sin\varphi = 0.479$,$K_a = \tan^2(45° - \varphi/2) = 0.315$。

2. 自重压力作用下水平、竖直土压力计算(表 6-2)

自重压力下土压力计算表格 表 6-2

z(m)	σ_{vi}(kPa)	K_i	σ_{h1}(kPa)
0	0.000	0.315	0.000
0.15	3.029	0.336	1.016
0.45	9.068	0.377	3.421
0.75	15.143	0.418	6.322
1.05	21.200	0.459	9.720
1.20	24.288	0.479	11.605

3. 超载作用下水平、竖直土压力计算(表 6-3 ~ 表 6-5)

超载作用下产生的水平土压力 σ_{h2i} 表 6-3

h_0(m) \ σ_{h2i} \ z(m)	0	0.15	0.45	0.75	1.05	1.2
	$l_0/l_i' = 1$	$l_0/l_i' = 0.76$	$l_0/l_i' = 0.59$	$l_0/l_i' = 0.50$	$l_0/l_i' = 0.45$	$l_0/l_i' = 0.40$
2.04	12.99	9.89	7.64	6.44	5.95	5.22
4.09	25.99	19.78	15.28	12.89	11.90	10.45
6.13	38.98	29.66	22.92	19.33	17.85	15.67
8.17	51.97	39.55	30.56	25.78	23.80	20.89
10.22	129.93	98.88	76.40	64.45	59.51	52.23
12.26	155.92	118.66	91.68	77.34	71.41	62.68
14.30	181.91	138.43	106.96	90.23	83.31	73.13
16.34	207.89	158.21	122.24	103.12	95.22	83.57
18.39	233.88	177.98	137.52	116.00	107.12	94.02
20.43	324.83	247.20	191.00	161.12	148.77	130.58

自重和超载作用下各计算点产生的水平土压力 σ_{h2i} 表 6-4

P(9.8kN) \ z(m)	0	0.15	0.45	0.75	1.05	1.2
1	12.99	10.90	11.06	12.77	15.67	16.83
2	25.99	20.79	18.70	19.21	21.62	22.05
3	38.98	30.68	26.34	25.66	27.57	27.27
4	51.97	40.57	33.98	32.10	33.52	32.50
5	129.93	99.90	79.82	70.77	69.23	63.84
6	155.92	119.67	95.10	83.66	81.13	74.28
7	181.91	139.45	110.38	96.55	93.03	84.73
8	207.89	159.22	125.66	109.44	104.94	95.18
9	233.88	179.00	140.94	122.33	116.84	105.62
10	324.83	248.21	194.42	167.44	158.49	142.19

换算土层厚度及 k_i 取值 表 6-5

实际荷载(9.8kN)	换算荷载(kPa)	h_0(m)	k_i	实际荷载(9.8kN)	换算荷载(kPa)	h_0(m)	k_i
1	41.3	2.04	k_a	6	247.5	12.26	$2k_a$
2	82.5	4.09	k_a	7	288.8	14.30	$2k_a$
3	123.8	6.13	k_a	8	330	16.34	$2k_a$
4	165	8.17	k_a	9	371.2	18.39	$2k_a$
5	206.2	10.22	$2k_a$	10	412.5	20.43	$2.5k_a$

按应力扩展线法计算有墙顶面后荷载产生的水平土压应力 σ_{h2i}，计算图示如图 6-11 所示。

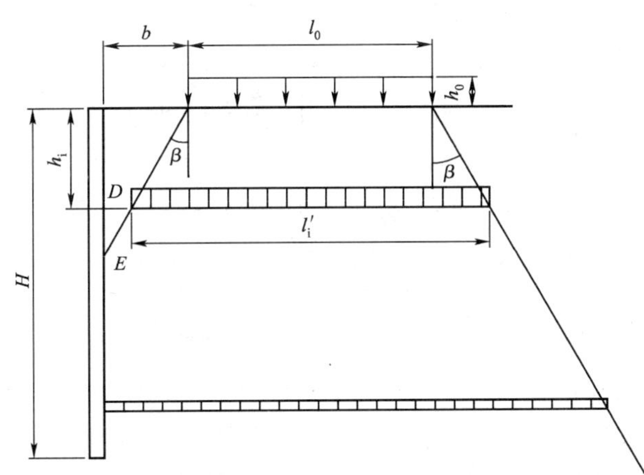

图 6-11 荷载产生的土压力强度 σ_{h2i} 的计算图示

竖向土压力 σ_{2vi} 可按应力扩散角法计算。

$$\begin{cases}\sigma_{v2i}=\gamma h_0 l_0/l_i' \\ \sigma_{h2i}=k_i\sigma_{v2i}\end{cases} \tag{6-53}$$

式中：l_0——荷载换算土柱宽度；

γ——土体重度；

h_0——荷载换算土柱高度；

k_i——荷载产生的在加筋土内深度 h_i 处的侧向土压力系数；

l_i'——荷载在土中的扩散深度。

4. 将自重和超载所引起的水平土压力沿高度的变化用三次曲线拟合，并按式(6-46)、式(6-51)进行积分计算可得加筋土挡墙水平位移。

下面以 $P=6\times9.8$kN 和 $P=9\times9.8$kN 为例进行计算，计算结果如下：

(1)当 $P=6\times9.8$kN 时

$$y=-130.25x^3+310.32x^2-251.76x+154.31 \quad R^2=0.9946$$

$$u_{h1}(z)=\frac{1}{E_hI}(-0.93z^7+3.10z^6-3.78z^5+6.43z^4-32.17z+28.74)$$

$$u_{h2}(z)=\frac{1}{G}(-3.015z^6+10.775z^5-14.57z^4+17.86z^3+52.79z-81.815)$$

从而得到沿墙高各点计算出的侧向水平位移为 $u_h=u_{h1}+u_{h2}$，将 $z=0.15$、0.45、0.70、1.05 代入公式计算得到各测量点的水平位移，与测量值进行对比，如图 6-12 所示。

(2)当 $P=6\times9.8$ kN 时

$$y=-195.38x^3+464.1x^2-380.82x+231.47 \quad R^2=0.995$$

$$u_{h1}(z)=\frac{1}{E_hI}(-1.396z^7+4.64z^6-5.712z^5+9.645z^4-47.56z+42.43)$$

$$u_{h2}(z)=\frac{1}{G}(-4.52z^6+16.11z^5-22.04z^4+26.79z^3+78.38z-122.445)$$

从而得到沿墙高各点计算出的侧向水平位移为 $u_h=u_{h1}+u_{h2}$，将 $z=0.15$、0.45、0.7、1.05 代入公式计算得到各测量点的水平位移，与测量值进行对比，如图 6-13 所示。

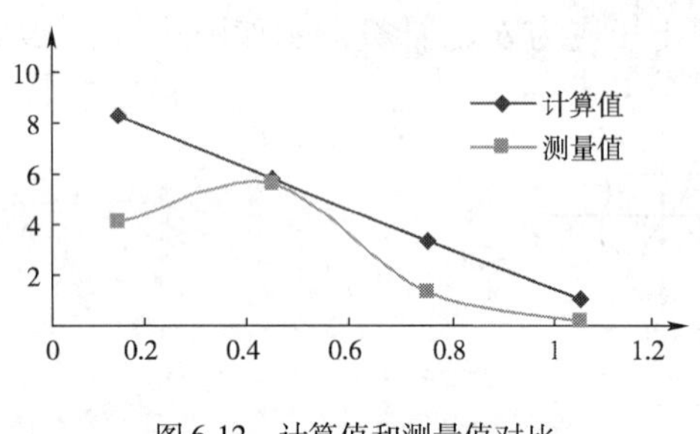

图 6-12　计算值和测量值对比

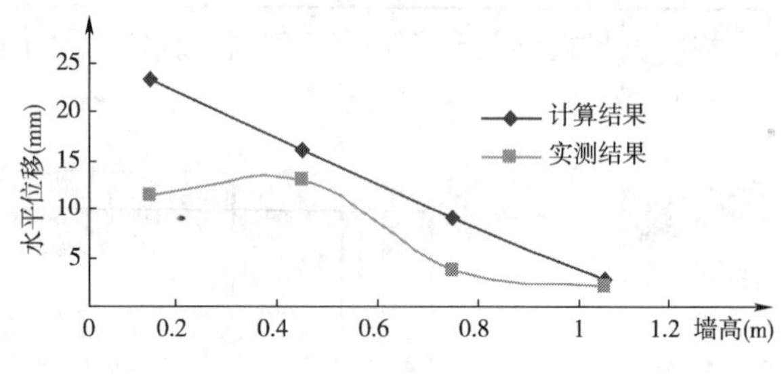

图 6-13　计算值和测量值对比

6.2.2　膨胀土挡墙的侧向变形计算

6.2.2.1　膨胀土变形的影响因素

在工程中凡涉及膨胀土就必须研究它的变形。长期以来，人们针对膨胀土的变形特性进行了大量的理论和应用研究，取得了许多可喜的成果。膨胀土的变形极其复杂，引起变形的因素很多，归纳起来有以下几点。

膨胀土发生胀缩变形主要决定因素是其矿物的化学成分[16]。影响膨胀土胀缩性质的主要因素是土中含有的强亲水性的蒙脱石、伊利石、高岭石等矿物成分，以及小于 2μm 的黏性土含量和它的特殊微结构状态[17]。这些矿物具有吸收阳离子和阴离子并使它们保持可交换状态的特性。土中离子交换能引起双电层中离子成分的变化，因而也就能引起扩散层厚度的变化，改变土的分散程度和结构特征，从而改变土的物理力学性质。离子交换遵循一定的化学定律进行,结果表明:如系同价离子,土体就会依离子水化的次序和鲍林[18]所编制的离子晶格半径一览表的序列而发生膨胀,即晶格半径愈大,价数愈高,膨胀量就愈小。另外用钠质土以适当浓度的各种氯化物加以处理制成不同比例的离子混合样品所做的试验也表明,膨胀土的胀缩性主要受一价离子的影响,黏土的阳离子交换量越大,更换吸附阳离子的效果越大。

膨胀土发生胀缩变形的首要条件是土体中含水率的变化,膨胀土—水体系中水介质的变化而引起的土中内应力的改变,从而导致土体积的膨胀与收缩。膨胀土吸水使土中含水率增加而引起体积的膨胀,膨胀土失水使土中含水率减少而引起体积的收缩。如果膨胀土中含水率保持恒定,不发生水分的迁移变化时,膨胀土的胀缩变形就不可能发生。

影响膨胀土变形的物理因素也很多,主要与压力作用、初始含水率、应力路径有关。膨胀土吸水体积膨胀,如果施加一定的荷载以阻止其膨胀,在土中则产生膨胀力,文献[19]对宁夏中等膨胀土进行了三轴试验,结果表明当外部荷载较膨胀力低时,浸水过程中会产生膨胀变形;当外部荷载超过膨胀力后,土体在湿化过程中强度降低,浸水时产生附加的沉降变形。文献[20]的试验结果也表明,当对土样施加不同荷载大小,施加的外荷载越大,则土样浸水后的体积变形就越小。试验还得出结论:在相同应力状态作用下,起始含水率 w_0 越大,则土样浸水变形稳定后的总体积应变 ε_v 就越小。

天然状态下的膨胀土以紊乱状、基质状为主,结构单元体以单一的黏土片或面—面叠聚体为主,结构联结力较强。虽然密度小,但孔隙多为一些显微孔隙,水不易渗入,水土作用不完全。对于扰动再击实的膨胀土的微结构以紊流、集粒、基质状、镶嵌状为主,大孔隙较多,土体浸水后,水易于渗入,水土作用充分,结构联结力以团粒间的作用力为主,因而原状土的胀缩性远比扰动击实土小。同一种击实膨胀土的膨胀变形量主要受填筑密实度和含水率的影响。在同一含水率状态下,不同密度的膨胀土的膨胀量不同,密度越大,膨胀量越大。随着含水率的增加,不同密实度间的膨胀差异性变小[21]。在同一密实度状态下,起始含水率越小,产生的膨胀变形量越大。

文献[22]根据宁夏膨胀土的膨胀试验结果,统计了膨胀变形与含水率、压力的定量关系,发现膨胀量与含水率呈线性关系,膨胀量与压力在对数坐标上呈直线关系。

6.2.2.2 膨胀土主动土压力计算

从前面对加筋土挡土结构的变形计算中,我们将加筋土体看成一种复合材料体,那么在变形计算中,作用在加筋土体的力主要就是土体产生的主动土压力。

膨胀土特殊的物质组成决定了它具有不同于一般黏性土的物理力学性质,具有显著的胀缩性、高塑性、低渗透性等特点。膨胀土的这些特性决定了膨胀土挡墙上的土压力不同于一般黏性土,已有文献结果表明,砂土和一般黏性土饱和前后主动土压力略有增加,但饱和后膨胀土的主动土压力增大很多,达到十几倍。这是因为膨胀土含有大量的强亲水性黏土矿物,其抗剪强度对含水率的变化特别敏感,含水率对膨胀土的土压力影响甚为显著,在分析土压力时对此应予重视。

目前关于膨胀土压力的计算方法有两种具有代表性。第一种是在一般黏性土的库仑土压力的基础上加上膨胀土的膨胀力,在计算库仑土压力时,采用等代内摩擦角方法;第二种方法假设挡土墙背直立光滑、填土面水平,根据朗肯土压力理论和 Fredlund 的非饱和土强度公式,利用微单元体的极限平衡条件,分析挡土墙受到的侧压力。文献[23]在前人研究的基础上,考虑非饱和膨胀土的特征,提出了一种简便、适用面较广的非饱和膨胀土的主动土压力计算方法。

该计算方法以库仑理论为基础，可以考虑墙背和填土面倾斜的情况，并假设：(1)墙后填土达到主动极限状态时的破裂面为通过墙踵的平面；(2) 由于在膨胀土地区修建挡土墙时，一般要求在墙背和填土之间填有一定厚度的非膨胀性材料，在墙背处不考虑吸力的影响。

Fredlund 根据非饱和土的直剪和三轴试验提出了用净正应力和基质吸力表示的双变量的强度公式见式(6-9)，吸力摩擦角 φ^b 是基质吸力的函数，它随基质吸力的增大而减小，在基质吸力较小时，其变化较快，当基质吸力较大时，其变化较为平缓。在工程中常遇到的吸力范围内，可将其作为常数。对于非饱和膨胀土而言，吸力与含水率的关系相当密切，在双对数坐标上二者呈直线关系[24]，即：

$$\lg u_s = -m\lg w + n \tag{6-54}$$

式中：w——膨胀土的含水率；

n——常数，可由试验确定。

图 6-14 是一高为 h 的挡土墙，墙背 AB 与垂直方向的夹角为 α，填土面的倾角为 β，填土的有效黏聚力和有效内摩擦角为 c' 和 φ'，填土与墙背之间的摩擦角为 δ、黏聚力为 c_w，填土的平均吸力摩擦角为 φ^b，基质吸力为 μ_s。假设挡土墙向前位移，墙后土体达到极限状态时，土体中形成的破裂面 BC 与水平面的夹角为 θ。一般认为，膨胀土不能承受拉应力，因此在墙后填土中常存在拉应力形成的裂隙。裂隙 DD' 的深度 z_0 可按朗肯土压力公式计算。

$$z_0 = \frac{2(c' + \mu_s \tan\varphi^b - \mu_a \tan\varphi')}{\gamma \tan\left(45° - \dfrac{\varphi'}{2}\right)} \tag{6-55}$$

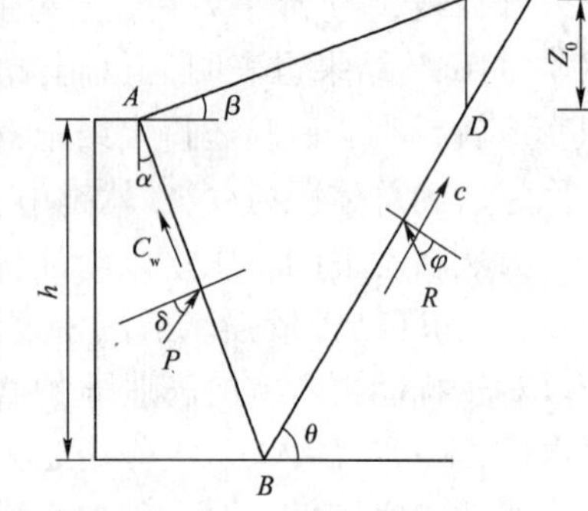

图 6-14　膨胀土主动土压力分析图示

现取单位厚度的滑动土块 $ABDD'$ 为脱离体，它受到的力有：

(1)重力 W，方向向下，大小为 $ABDD'$ 的面积土体重度的乘积。

$$W = \frac{1}{2}\gamma h^2\left[\frac{\cos(\alpha-\beta)\cos(\alpha-\theta)}{\cos^2\alpha \cdot \sin(\theta-\beta)} - \frac{1}{2}z_0^2\gamma\frac{\cos(\alpha+\beta)\cos\theta}{\sin(\theta-\alpha-\beta)}\right] \tag{6-56}$$

(2)滑动面上的等效黏聚力的合力 C，沿滑动面向上，大小为等效黏聚力乘以 BD 的长度。

$$C = (c' + \mu_s \tan\phi^b)\left[\frac{h\cos(\alpha-\beta)}{\cos^2\alpha\sin(\theta-\beta)} - \frac{z_0\cos(\alpha+\beta)}{\sin(\theta-\alpha-\beta)}\right] \tag{6-57}$$

(3)墙背上的黏聚力的合力 C_w，方向沿墙背向上，大小为黏聚力与墙背长度 AB 的乘积。

$$C_w = c_w\frac{h}{\cos\alpha} \tag{6-58}$$

(4)滑动面上的法向反力与内摩擦角提供的剪力的合力 R，它与法线方向的夹角为 φ'。

(5)墙背与填土接触面上的法向反力与外摩擦角提供的剪力的合力 P，它与法线方向的夹角为 δ。根据滑动土块 $ABDD'$ 的平衡条件，可以得到墙背对土体的作用力 P。

$$P = \frac{\sin(\theta-\varphi')}{\cos(\theta-\alpha-\delta-\varphi')}W - C\sin\theta - C_w\cos\alpha - c\cos\theta - C_w\sin\alpha\ \cot(\theta-\varphi') \tag{6-59}$$

由于填土孔隙中的气体一般与外界相通，在实用上相对于大气压力来说，可认为式(6-55)中的孔隙气压力为零。由式(6-54)可知，对一定含水率的膨胀土来说，其基质吸力是确定的，这时挡土墙受到的土压力是 θ 的函数，当 θ 取某一值时，土压力 P 达到极大值，此极大值即为挡土墙受到的主动土压力。

6.2.2.3 加筋膨胀土挡墙的侧向变形计算

在实际工程中，加筋膨胀土挡墙变形的计算要视具体情况而定。

对于含水率变化影响不大的地方，如挡墙一定深度处（在实际工程中，该深度处的膨胀土含水率可以认为不受自然引力的影响）的变形按一般黏土计算即可。

对于浸水后的膨胀土挡墙，由于在承载力作用下，挡墙破坏时最大侧向水平变形量发生在挡墙顶面，只有 2cm，相对来讲浸水后承载力破坏比变形破坏更主要一些，所以对侧面变形不必进行检算。

对于在自然引力影响范围内的加筋膨胀土的挡墙，可按式(6-59)计算出作用在加筋体的水平土压力，然后再按照式(6-46)、式(6-51)分别计算其侧面变形，再相加即可。

6.2.3 小结

(1)分析了加筋土挡墙变形的特点、影响因素；

(2)对加筋土挡土结构变形计算的方法进行了分析；

(3)按照复合材料理论，将加筋土挡墙看作粘结重力式挡墙，计算加筋土体在主动土压力作用下的侧向变形，并以室内模型试验为例将计算结果和实测值进行了对比；

(4)分析了膨胀土变形的特点、影响因素；

(5)当含水率升高时，基质吸力降低，膨胀土挡土结构内部的主动土压力增加，用非饱和土理论分析了膨胀土挡墙的主动土压力的计算。

(6)对加筋膨胀土挡土结构在不同含水率条件下的侧面变形计算进行了分析，结合具体工程实际提出了建议。

6.3 加筋膨胀土挡土结构稳定性分析

6.3.1 加筋土挡土结构稳定性分析

加筋土挡土墙稳定性分析包括内部稳定性分析和外部稳定性分析两个方面。与加筋土挡墙内部稳定性有关的破坏形式一种是拉断破坏，一种是粘着破坏，还有一种是因过大变形及筋材长度不够所引起的破坏[25][26]。外部稳定性分析即整体稳定性分析，与整体稳定性有关的破坏形式包括：①加筋土挡墙与地基间的摩阻力不足或墙后土体的侧向推力过大所引起的滑移；②加筋土挡墙被墙后土体的侧向推力所倾覆；③由于地基承载力不足或不均匀沉降而引起的倾斜；④加筋土及墙后土体出现整体滑动。进行外部稳定性分析时把拉筋的末端与墙面板之间的填土视为一整体墙，即加筋体，分析方法与普通重力式挡土墙相似，视加筋体为刚体，根据破坏形式进行外部稳定性分析，在本论文中不作详细论述。

根据加筋土挡墙的内部失稳的两种形式，内部稳定性分析内容包括确定破裂面的形状、筋材最大拉力、筋土间摩擦系数、计算筋材所提供的拉拔阻力等内容。

6.3.1.1 拉断破坏分析

准确地计算加筋土挡墙中筋材拉力和它在加筋土层中的分布是对加筋土挡墙进行经济设计和稳定性分析所必需的。

计算加筋土筋材拉力的方法很多，有库伦合力法、库伦力矩法、正应力均匀分布法、正应力梯形分布法、正应力梅氏分布法、能量法和各种半经验半理论方法。

库伦合力法和库伦力矩法视加筋土为复合结构。以库伦理论为依据进行计算,假设作用于墙面板上侧向压力为主动土压力,主动土压力系数 K_a 沿墙高不变,墙面绕墙趾转动使得挡土墙破坏,且为朗金—库伦破裂面。库伦合力法认为上覆活载引起的土压力通过拉筋与墙面板的联结而传给了拉筋,通过计算拉筋分担的墙面板面积所承受的土压力来确定拉筋承担的最大拉力,而库伦力矩法是根据主动土压力与拉筋拉力对墙趾力矩总和平衡的原则而提出的。

正应力均匀分布法、正应力梯形分布法和正应力梅氏分布法视加筋土为复合材料,以朗金理论为基础,认为在某一深度(一般为6m)以下处于主动极限平衡状态,而且墙顶一般为弹性平衡状态,并随墙身逐渐变化到主动极限平衡状态,破坏主要是绕墙顶旋转的侧向变形引起的。基本原理是根据作用在填土中最大拉应力点上的应力来计算拉筋的最大拉力。在最大拉力点处剪应力等于零,仅存在竖向应力和水平应力,而水平应力则由拉筋所平衡。正应力均匀分布法认为,加筋体后填土的土压力沿计算界面均匀分布,正应力梯形分布法认为,加筋体后的土压力沿计算界面成梯形分布,正应力梅氏分布法考虑加筋体后填土土压力的影响时,用 $L-2e$(e 为作用于拉筋上的合力偏心矩)代替拉筋长度 L,假定在 $L-2e$ 的长度上竖向应力为均匀分布,具体如图 6-15 所示。

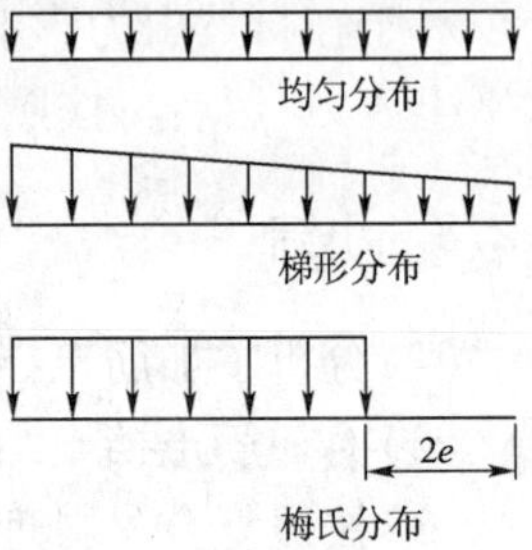

均匀分布

梯形分布

2e

梅氏分布

图 6-15 筋材界面上的竖向应力分布

阿斯曼能量法根据能量守恒原则,墙后土压力在墙面位移方向所做的功等于包括拉筋在内的内部应变能量,同时考虑了拉筋长度对拉力大小的影响以及墙面变形和拉筋的变形等因素。

各种方法筋材最大拉力计算公式见表 6-6。

筋材最大拉力计算公式 表 6-6

名　称	公　式
库伦合力法	$T_i=\gamma Z_i k_a \frac{n}{n+1}S_x S_y$ (6-60)
库伦力矩法	$T_i=\gamma Z_i K_a \frac{n^2}{n^2-1}S_x S_y$ (6-61)
正应力均匀分布法	$T_{hi}=\gamma_i Z_i K_i S_x S_y$ (6-62)
正应力梯形分布法	$T_{hi}=\gamma_i Z_i K_i\left(1+k_a\frac{Z_i^2}{L_i^2}\right)S_x S_y$ (6-63)
正应力梅氏分布法	$T_{hi}=\gamma_i Z_i\left(1+k_a\frac{Z_i^2}{L_i^2}\right)K_i S_x S_y$ (6-64)
阿斯曼能量法	$T_i=\gamma Z_i\sqrt{\frac{6K_a^{2.5}(H-Z_i)}{L}}S_x S_y$ (6-65)

式中:γ——土的重度;

Z_i——第 i 层结点至墙顶面的垂直距离;

n——全墙拉筋总层数;

S_x、S_y——分别为拉筋水平间距和竖向间距;

k_a——$k_a=\tan^2(45°-\varphi/2)$;

L——加筋体宽度;

K_i——加筋体内深度 Z_i 处的土压力系数,按下式计算:

当 $h_i < 6m$ 时：$K_i = K_0\left(1 - \frac{h_i}{6}\right) + K_a \frac{h_i}{6}$；

当 $h_i \geqslant 6m$ 时：$K_i = K_a$。

剪胀区法认为，土体在荷载作用下，墙面板后的填土可分为弹性区、剪胀区和压密区，压密区就自身的受力状态而言，不需要配筋，配筋的重点范围是剪胀区，这样一反国内外设计中顶层拉筋最长的惯例，使拉筋数量减少。该法将墙高分成若干分段分别计算拉筋拉力，即按墙面板后滑动土体逐渐转移的假设来计算拉筋拉力。

我国《公路加筋土工程设计规范》(JTJ 015—91)借鉴国外参考文献，又结合我国所修建的加筋土工程的实际采用均匀分布法作为加筋土设计中筋材拉力计算公式。对于黏性土填料，考虑到黏性填料黏聚力的存在对主动土压力影响很大，将黏聚力的"黏结"作用用"摩擦"作用来等效代替，增大内摩擦角的数值，具体计算时该规范提供了两种换算方法，一种方法就是凭经验把黏性土的内摩擦角值增大5°～10°作为换算内摩擦角，另一种方法是根据土的抗剪强度相等的原理计算。

《公路加筋土工程设计规范》(JTJ 015—91)在计算筋材拉力时主要考虑了采用钢带、钢筋混凝土筋带、聚丙烯土工带作为加筋材料。随着土工合成材料的发展，加筋土挡墙工程中越来越多地采用土工合成材料作为筋材拉筋，并且从最初的延展性大、强度低的土工织物发展到延展性小、高强度的土工格栅、土工布等。文献[26]指出，上述这些方法计算中，以土工合成材料为筋材的加筋土结构适用性不好。

文献[27]提出了适用于大部分筋材类型的计算公式。加筋土体中任一深度 Z_i 处的最大拉力计算公式为：

$$T_{max} = \sigma_H S_V = (K_a\sigma_v + \Delta\sigma_h)S_V = [K(\gamma_r Z_i + \sigma_2 + q + \Delta\sigma_V) + \Delta\sigma_h]S_V \tag{6-60}$$

式中：σ_H——加筋位置的水平应力，$\sigma_H = K_a\sigma_V + \Delta\sigma_h$

S_V——加筋层垂直间距；

K——横向土压力系数，按如图6-16所示的图示计算；

$\Delta\sigma_h$——水平集中超载引起的水平应力增加值；

σ_V——加筋位置的竖向应力，$\sigma_V = \gamma_r Z + \sigma_2 + q + \Delta\sigma_V$；

γ_r——挡墙填土重度；

σ_2——挡墙上部填土自重引起的竖向应力；

q——局部超载引起的竖向应力；

$\Delta\sigma_V$——集中垂直荷载作用下垂直压力增加值。

文献[27]提出了适合于土工合成材料加筋土挡墙的筋材拉力计算半理论半经验公式(6-61)，即用有限平衡概念去建立计算模式，调整计算所得的筋材拉力值和现场原位观测值相一致。考虑了影响筋材最大拉力的主要因素：墙高、局部超载、加筋土的整体刚度和局部刚度、面板、墙趾处的约束条件、土体的抗剪强度和应力应变特性、土体密度、加筋的垂直间距。

$$T^{i}_{max} = S^{i}_{v}\sigma_h D_{tmax}\phi \tag{6-61}$$

式中：D_{tmax}——基于筋材位置修改拉筋拉力的荷载分配因素，说明了筋材特性、拉力在筋材层间的分配和基础条件限制的影响，其值在0～1之间变化，按图6-17取值；

ϕ——考虑到局部刚度 ϕ_{local}、整体刚度 ϕ_g、面板刚度 ϕ_{fs}、面板倾斜 ϕ_{fb} 等因素影响的系数，$\phi = \phi_g \times \phi_{local} \times \phi_{fs} \times \phi_{fb}$。经过对计算值和现场测量值进行回归分析，发现按下列公式取值：

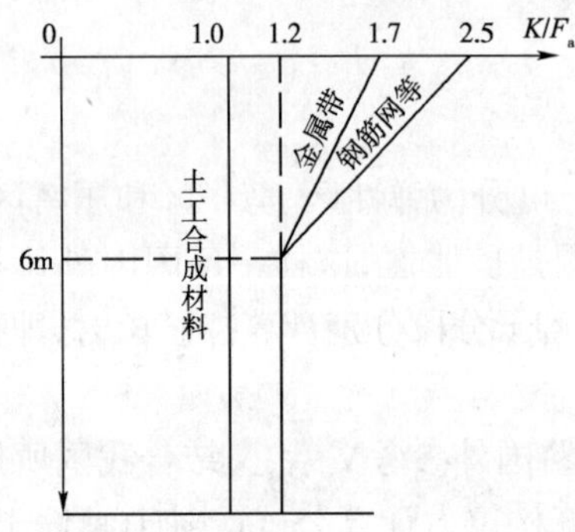

图 6-16　加筋土挡墙应力比随深度的变化

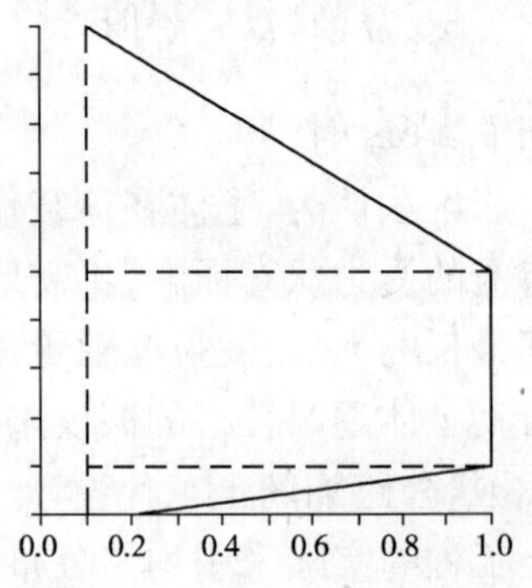

图 6-17　D_{tmax}取值计算图示

$\varphi_g = 0.25(S_{glocal}/p_a)^{0.25}$，$S_{glocal} = \frac{\sum_{i=1}^{n} J_i}{H}$，为整体加筋刚度；

$\phi_{local} = \frac{S_{local}}{S_{glocal}}$，$S_{local} = \left(\frac{J}{S_V}\right)_i$ 为局体加筋刚度；

$\phi_{fs} = 0.5(F_f)^{0.14}$，$F_f = \frac{1.5H^4}{ELb^3 \frac{h_{eff}}{H}} P_a$ 为面板刚度参数。对于典型的加筋土挡墙 ϕ_{fs} 可参考下面取值：刚性面板取 0.35，预张力混凝土面板取 0.5，柔性面板取 1.0；

$\phi_{fb} = \left(\frac{K_{abh}}{K_{abv}}\right)^{0.25}$，其中 K_{abh} 是说明墙面倾斜的主动土压力系数的水平分量，K_{abv} 是主动土压力系数的水平分量；其他符号意义同前。

6.3.1.2　粘着破坏分析

1. 筋土间摩擦系数

(1)筋土界面的相互作用

在土体中加筋，以筋材作为抗拉构件，依靠筋材与土的界面摩擦作用，限制其上下土体的侧向变形，增强土体的整体性，从而提高土体的刚度和强度。加筋土体性能的改善是加筋材料和填土相互作用的结果。筋土之间的相互作用包括填土和筋材之间的摩擦力和被动土压力，如图 6-18 所示。摩擦力作用在填土和筋材表面之间存在相对剪切位移和相应剪应变的地方，被动土压力作用下筋材的横筋部位，他们垂直于填土—加筋相对运动方向。

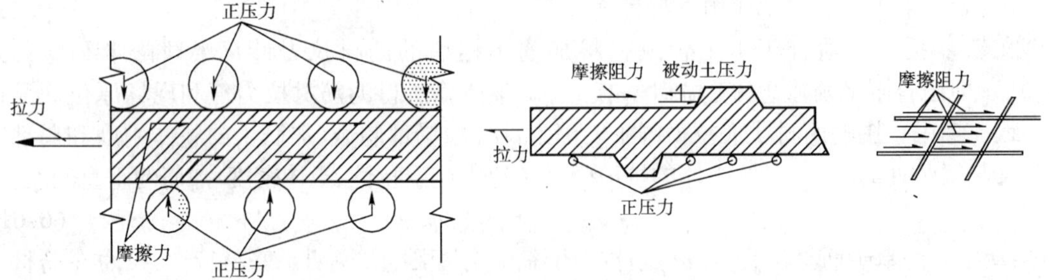

图 6-18　筋土界面的相互作用

(2)似摩擦系数 f' 的影响因素

筋土界面的相互作用系数称为似摩擦系数 f'，f' 与筋材表面粗糙程度、宽度、长度、拉筋

上的垂直压力、结构的几何形状有关,还与填土的内摩擦角、土的密度等有关。拉筋表面粗糙 f'增加;拉筋长度的增加f'减小;筋土界面之间的摩阻系数随着上覆压力的增加而减小;土的密度高,f'值大;填土高度增加或荷载增加,f'减小。

由于细粒土具有黏聚特性,在研究似摩擦作用时较之砂性土更复杂。影响黏性土与加筋材料的摩擦强度的因素较多,主要有填土压实度、填土含水率、剪切速率、上覆压力等。很多学者在这方面作了探讨[28],文献[29]通过拉拔试验分析了筋材和土工格栅之间的摩擦系数[29]得出结论如下。

黏性土与加筋材料的摩擦强度随压实度的增大而增大,这是由于当土体处于密实状态时,大小颗粒相互间挤得很紧,导致剪切过程中的土颗粒间以及土颗粒与加筋材料间的摩擦阻力增大。

对同一种填料,含水率小于或等于最优含水率时,随填料密度的提高,因土体强度和土体对筋条的摩擦锚固作用增强,导致最大拉拔力增大,从而使f'增大。但当含水率超过最优含水率时,易在填料土颗粒周围及土粒与筋条接触表面形成一层水化膜,由于水化膜的存在,导致了筋条与颗粒之间的摩擦作用减小,从而使 T_{max}减小,使摩擦系数f'随之降低。

在同一上覆压力作用下,筋土界面之间的摩阻系数随着拉拔位移的增加而增加,但这种增加值随着拉拔位移的增加而减小;上覆压力对筋土界面摩阻力系数影响程度随上覆压力增加而逐渐减小,且这个规律在拉拔试验过程中随当量拉拔位移增加而渐趋明显;当拉拔位移很小时,土工格栅的尺寸对筋土界面的摩擦阻力系数影响程度很小,随着拉拔位移的增加,尺寸效应渐趋明显;对于某一尺寸的土工格栅,在拉拔过程中,随当量拉拔位移的增加对筋土界面的摩擦阻力系数的影响程度在逐渐减小,且这种规律在土工格栅尺寸相对较大时更为明显。

在实验初期,剪切速度对f'的影响可以忽略不计,随着筋土界面相对位移增加,f'很快达到一个峰值后又减小;对于某一具体的剪切速度,随着筋土界面位移的增加,对筋土界面的f'影响越来越小。

(3)似摩擦系数f'的确定

早期的土工合成材料普遍采用织造型土工织物(俗称有纺布)作为加筋材料,而近年来迅速发展推广的土工格栅已成为目前最常用的加筋材料。

文献[30]按欧洲标准进行了小型格栅拉拔试验和大型格栅拉拔试验,发现土对处于拉拔状态的格栅的阻力由两部分组成:土与格栅的表面阻力及土对横肋的阻力,其发挥程度与格栅变形大小有关。摩阻力在较小变形时即已达峰值,此后横肋阻力随格栅变形的进一步增加而逐渐占主导地位,承担90%左右的荷载。吴景海[31]通过格栅的拉拔试验得出类似的结论,由于格栅表面与填料的接触面太小,所以作用于横肋的被动土压力起主要作用。

一般的工程中,f'可以非常准确地从实验室或现场试验中取得。如果缺乏实验资料,土工格栅的f'可按式(6-62)计算:

$$f' = 0.8\tan\varphi \tag{6-62}$$

对于使用级配良好的粒料土的加筋土挡墙,φ 是填土的最大摩擦角。

2. 抗拔稳定性检算

加筋带抗拔稳定性主要是验算加筋带与土产生的摩阻力是否能够足以抵抗下滑土体产生的拉拔力。抗拔力与拉筋填土之间的摩阻力、拉筋长度及破裂面形状有关,只有稳定区的长度才能提供抗拔力,稳定区内拉筋的长度称为锚固长度。

一般可根据填土与筋材间的摩擦阻力计算单位宽度加筋材料的容许拉力 P：

$$P = f'\alpha\sigma_V L_e C \tag{6-63}$$

式中：f'——拉拔摩阻系数；

L_e——滑裂面后土体中筋材的锚固长度；

C——筋材的名义周、面积系数（一般 $C = 2$）；

α——尺寸修正系数，对高延展性的加筋材料长度方向上的应力的非线性分布进行修正；

σ_V——填土和加筋界面的有效垂直应力。

抗拔稳定性要求作用在有效长度上的拉筋摩擦阻力 F_i 大于拉筋拉力 T_i，即应有：

$$F_i \geqslant K_f T_i \tag{6-64}$$

6.3.2 膨胀土支挡结构的稳定性分析

极限平衡分析是进行建筑物稳定性评价中应用最普遍的一种方法。该方法判别标准简单、明了、直观，使用方便，在计算分析方面有相当的精度，故极限平衡法为工程界所广泛采用。该法根据土体沿着假想滑动面上的极限平衡条件进行，将潜在滑动面上可利用的抗剪强度除以安全系数而予以降低，使包围在滑动面和自由表面以内的土体处于极限平衡状态。膨胀土是一种特殊黏性土，具有和一般黏土不同的特性，由于它本身特性，在大气自然营力的作用下使膨胀土体形成强度分区。表层在雨季吸水，含水率增加，抗剪强度降低，而在坡体大气影响深度之外的土体仍保持天然状态时的抗剪强度值。这就决定了膨胀土结构物稳定性分析不能直接采用常规的极限平衡分析方法。

1. 将强度参数表示为含水率的函数

文献[32]在膨胀土边坡稳定性分析中考虑了含水率随深度的变化，而强度参数就是含水率的函数。膨胀土边坡含水率与深度的关系按抛物线形变化计算。考虑最不利情况，计算时在坡面处取土体饱和含水率，在风化层最大深度处取土体的天然含水率。具体计算式为：

$$(h - H)^2 = H^2(w - w_2)/(w_1 - w_2) \qquad (h \leqslant H) \tag{6-65}$$

$$w = w_2 \qquad (h > H) \tag{6-66}$$

式中：h——垂直坡面深度；

H——风化层深度；

w——土体饱和含水率；

w_2——土体天然含水率。

根据膨胀土的击实土样在不同含水率下的三轴慢剪试验结果，按文献[33]提供的公式对总凝聚力、总内摩擦角随含水率的变化进行拟合，计算结果为：$c_t = -134.88w + 21.26$，$\varphi_t = -35.49w + 26.01$。根据此 c_t、φ_t 值按一般极限平衡方法进行分析就可以了。

2. 利用非饱和土理论，将抗剪强度参数表示为饱和度的函数

文献[34]运用非饱和土壤水分运动的研究方法，求解给定入渗和蒸发边界条件下的斜坡土体的瞬态含水率分布；并假定非饱和土体抗剪强度与饱和度之间存在一定的函数关系，据此，将瞬态含水率分布换算为斜坡土体瞬态抗剪强度参数分布，在此基础上使用改进的常规土坡稳定性分析方法计算土坡瞬态安全因素。

膨胀土的抗剪强度随含水率的增加而降低，天然含水率状态（一般低于塑限）时峰值强度极高，干湿循环后土的结构破坏，含水率增加，抗剪强度随之衰减，黏聚力趋近于零，内摩

擦角逐渐趋近于某一最低稳定值。廖世文对安康膨胀土进行了一系列的直剪试验,整理出 c、φ 随含水率增加而衰减的关系曲线,且非饱和土体的 c、φ 值随含水率的变化近似成双曲线形。文献[35]建议当土的干密度维持不变或变化很小时,用下式描述 c、φ 随饱和度变化的规律。

$$\begin{cases} c = (a_1 - S_r)/(b_1 S_r + d_1) \\ \varphi = (a_2 - S_r)/(b_2 S_r + d_2) \end{cases} \tag{6-67}$$

式中: S_r——饱和度;

$a_1, b_1, d_1, a_2, b_2, d_2$——经验系数。

从以上文献中可以看出,对于采用极限平衡法对膨胀土边坡进行稳定性分析,主要是考虑含水率对膨胀土强度的影响,用抗剪强度分布变化场来反映这一特殊性,然后按一般的分析方法进行就可以了。

6.3.3 加筋膨胀土支挡结构的稳定性分析

前面两节分别讨论了一般加筋土稳定性分析的方法和膨胀土计算的方法,下面对加筋膨胀土挡墙的室内模型试验进行稳定性分析。室内模型试验简介见第五章。由于膨胀土特殊的湿胀干缩特性,分别对膨胀土在天然含水率、浸水饱和后和处于这两种含水率之间的加筋膨胀土挡墙试验模型进行稳定分析。

6.3.3.1 膨胀土在天然含水率填筑条件下稳定性分析

以密实度为 90% 的加筋膨胀土挡墙为例。土体重度取为几次测量值的平均值为 20.19kN/m^3,内摩擦角为 31.4°,按规范规定将黏性土填料的内摩擦角按换算内摩擦角计算,取为 35°。

1. 筋材最大拉力的计算(表 6-7)

筋材最大拉力的计算可采用下列方法计算。将荷载转化为如图 6-19 所示的局部均匀荷载,并按图所示应力扩展线向下传递。任一位置处筋材在局部均匀荷载作用下的竖向应力按式(6-68)计算:

$$\sigma_{V2i} = \gamma h_0 l_0 / l_i' \tag{6-68}$$

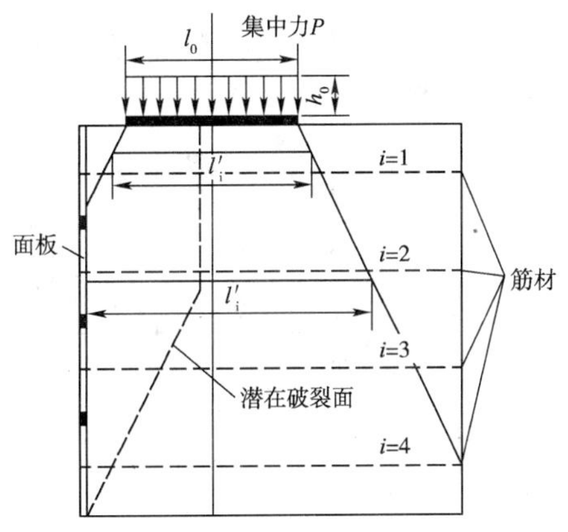

图 6-19 加筋土挡墙稳定性分析简图

从计算中我们可以看出筋材最大拉力随着外荷载的增加而增大,最大拉力出现在第一层筋材位置 28.32kN,小于筋材的断裂荷载 51.7kN/m,也小于筋材在 5% 应变时承受拉力 30.6kN/m,这与我们试验过程中并没有发生筋材断裂破坏的实验结果是相符的。

2. 筋材抗拔力分析

加筋土体中筋材提供的抗拔力按式(6-63)确定。

(1)f'由于缺乏实测资料,因此 f'按经验公式(6-62)计算,φ 取为 35°;

(2)α 为尺寸修正系数,主要决定于回填土类型、筋材的延展性和长度,土工合成材料通常为 0.6~1.0,参看有关文献,对于土工合成材料 $\alpha = 0.7$。

(3)σ_V——不计附加荷载引起的垂直应力。

筋材最大拉力的计算 表6-7

高度	P (9.8kN)	h_0	l_0/l_i	σ_{V2i}	σ_{V1i}	σ_{Vi}	k	σ_{Hi}	S_V	T_{max}
$h=0.15$	1	2.04	0.76	31.39	3.03	34.42	0.27	9.33	0.3	2.80
	2	4.09	0.76	62.78	3.03	65.81	0.27	17.83	0.3	5.35
	3	6.13	0.76	94.17	3.03	97.20	0.27	26.34	0.3	7.90
	4	8.17	0.76	125.56	3.03	128.59	0.27	34.85	0.3	10.45
	5	10.22	0.76	156.95	3.03	159.98	0.27	43.35	0.3	13.01
	6	12.26	0.76	188.34	3.03	191.37	0.27	51.86	0.3	15.56
	7	14.30	0.76	219.73	3.03	222.76	0.27	60.37	0.3	18.11
	8	16.34	0.76	251.12	3.03	254.15	0.27	68.87	0.3	20.66
	9	18.39	0.76	282.51	3.03	285.54	0.27	77.38	0.3	23.21
$h=0.45$	1	2.04	0.59	24.25	9.09	33.34	0.27	9.04	0.3	2.71
	2	4.09	0.59	48.51	9.09	57.59	0.27	15.61	0.3	4.68
	3	6.13	0.59	72.76	9.09	81.85	0.27	22.18	0.3	6.65
	4	8.17	0.59	97.02	9.09	106.10	0.27	28.75	0.3	8.63
	5	10.22	0.59	121.27	9.09	130.36	0.27	35.33	0.3	10.60
	6	12.26	0.59	145.53	9.09	154.61	0.27	41.90	0.3	12.57
	7	14.30	0.59	169.78	9.09	178.86	0.27	48.47	0.3	14.54
	8	16.34	0.59	194.03	9.09	203.12	0.27	55.04	0.3	16.51
	9	18.39	0.59	218.29	9.09	227.37	0.27	61.62	0.3	18.48
$h=0.75$	1	2.04	0.50	20.46	15.14	35.60	0.27	9.65	0.3	2.89
	2	4.09	0.50	40.92	15.14	56.06	0.27	15.19	0.3	4.56
	3	6.13	0.50	61.38	15.14	76.52	0.27	20.74	0.3	6.22
	4	8.17	0.50	81.84	15.14	96.98	0.27	26.28	0.3	7.88
	5	10.22	0.50	102.30	15.14	117.44	0.27	31.83	0.3	9.55
	6	12.26	0.50	122.76	15.14	137.90	0.27	37.37	0.3	11.21
	7	14.30	0.50	143.22	15.14	158.36	0.27	42.91	0.3	12.87
	8	16.34	0.50	163.68	15.14	178.82	0.27	48.46	0.3	14.54
	9	18.39	0.50	184.13	15.14	199.28	0.27	54.00	0.3	16.20
$h=1.05$	1	2.04	0.50	18.89	21.20	40.09	0.27	10.86	0.3	3.26
	2	4.09	0.50	37.78	21.20	58.98	0.27	15.98	0.3	4.80
	3	6.13	0.50	56.68	21.20	77.88	0.27	21.10	0.3	6.33
	4	8.17	0.50	75.57	21.20	96.77	0.27	26.22	0.3	7.87
	5	10.22	0.50	94.46	21.20	115.66	0.27	31.34	0.3	9.40
	6	12.26	0.50	113.35	21.20	134.55	0.27	36.46	0.3	10.94
	7	14.30	0.50	132.24	21.20	153.44	0.27	41.58	0.3	12.47
	8	16.34	0.50	151.14	21.20	172.34	0.27	46.70	0.3	14.01
	9	18.39	0.50	170.03	21.20	191.23	0.27	51.82	0.3	15.55

从表6-8中我们看到，由于填土自重所提供的抗拔力远远不能满足荷载作用下筋材中所产生的拉力，按照计算值，第一层筋材在加载到第一级荷载时就会发生拔出破坏，第二层筋材

筋材提供的拉拔力的计算 表6-8

h	f'	α	σ_V	L_e	C	P
0.15	0.56	0.7	3.029	0.84	2	1.994 778
0.45	0.56	0.7	9.086	0.84	2	5.983 676
0.75	0.56	0.7	15.143	0.965	2	11.456 59
1.05	0.56	0.7	21.2	1.12	2	18.615 3

在加载到第三级荷载时就会发生拔出破坏，第三层筋材在加载到第七级荷载时就会发生拔出破坏。从模型试验加载过程中我们看到，只有在加载到第六级荷载时第一层土工格栅位置处才出现横向裂纹，并没有发生拔出破坏。

因此得出结论是我们在计算土工格栅抗拔力偏于保守，一是筋土之间的摩阻系数取值偏小，按照文献[29]所提供的资料，在土体含水率为18%时，筋土之间的摩阻系数大部分处于1.0～1.5之间，筋土之间的摩擦系数远远大于我们所取得计算值；二是对土工合成材料计算的最大拉力偏大，文献[27]曾研究了大量土工合成材料最大拉力计算值和实测值之间的关系，认为计算值远远大于实测值，因此提出了计算筋材最大拉力的半经验半理论公式；三是模型试验的尺寸效应起到了一定的作用。因此按文献[27]所介绍的半经验半理论公式对计算的筋材拉力进行修正，同时对筋材抗拔力计算修正。

3. 修正后筋材拉力的计算

(1) D_{tmax}的计算：当 $i=1$ 时，$D_{tmax}=0.325$；

当 $i=2$ 时，$D_{tmax}=0.775$；

当 $i=3$、4 时，$D_{tmax}=1$。

(2) 整体刚度 ϕ_g：$S_{glocal}=\dfrac{\sum\limits_{i=1}^{n}J_i}{H}=\dfrac{888.89\times 4}{1.2}=2\ 962.97\text{MPa}$，

$$\varphi_g=0.25(S_{glocal}/p_a)^{0.25}=0.25\left(\frac{2\ 962.97\times 10^6}{101\times 10^3}\right)^{0.25}=3.27$$

(3) 局部刚度 ϕ_{local}：$S_{local}=\dfrac{J}{S_V}=2\ 962.97\text{MPa}$，$\phi_{local}=\dfrac{S_{local}}{S_{glocal}}=1$

(4) 面板刚度 ϕ_{fs}：$F_f=\dfrac{1.5H^4}{ELb^3\dfrac{h_{eff}}{H}}P_a=\dfrac{1.5\times 1.2^4}{10\times 10^9\times 1\times 0.05^3\times 0.9}\times 101\times 10^3=0.279$

$$\phi_{fs}=0.5(F_f)^{0.14}=0.5(0.279)^{0.14}=0.418$$

(5) 面板倾斜 ϕ_{fb}：由于面板没有倾斜，所以 $\phi_{fb}=1$。

根据此修正值计算筋材的最大拉力见表6-9。

修正后的筋材最大拉力计算 表6-9

高度＼荷载	1	2	3	4	5	6	7	8	9
$h=0.15$	1.24	2.38	3.51	4.64	5.78	6.91	8.04	9.18	10.31
$h=0.45$	2.87	4.96	7.05	9.14	11.23	13.31	15.4	17.49	19.58
$h=0.75$	3.96	6.23	8.5	10.78	13.05	15.32	17.6	19.87	22.14
$h=1.05$	4.45	6.55	8.65	10.75	12.85	14.95	17.05	19.15	21.25

注：荷载单位为9.8kN/m^2。

修正后的筋材的拉力仍小于筋材的容许拉力,因此不会发生拉断破坏。

4. 修正后的筋材抗拔力的计算(表6-10)

(1)f'按照文献提供的资料,取为1.2。

(2)α为尺寸修正系数,主要决定于回填土类型、筋材的延展性和长度,土工合成材料通常为0.6~1.0,土工格栅的抗拉刚度相当于软钢,因此α取为1。

修正后筋材提供的拉拔力的计算　表6-10

h	f'	α	σ_V	L_e	C	P
0.15	1.2	1	3.029	0.84	2	6.106
0.45	1.2	1	9.086	0.84	2	18.32
0.75	1.2	1	15.14	0.965	2	35.07
1.05	1.2	1	21.2	1.12	2	56.99

按照计算值第三层、第四层筋材所提供的模阻力大于在荷载作用的筋材拉力,不会发生拔出破坏。而第一层筋材在第六级荷载作用下、第二层筋材在第九级荷载作用下会发生拔出破坏,而我们在实验中看到加载到第六级荷载时,第一层筋材的位置出现了横向裂纹,说明该计算值与实验结果比较接近。

6.3.3.2　加筋膨胀土挡墙在浸水饱和后内部稳定性分析

加筋膨胀土挡墙在浸水饱和后筋材最大拉力的计算同前面所述,只是对自重作用产生的竖向应力在计算中应取土体饱和后的重度。筋材抗拔力的计算要考虑土体浸水饱和后筋土之间模组系数的降低,取为0.3。计算见表6-11、表6-12。

浸水饱和后筋材最大拉力的计算　表6-11

高度	P (9.8kN)	h_0	l_0/l_i	σ_{V2i}	σ_{V1i}	σ_{Vi}	k	σ_{Hi}	S_V	T_{max}
$h=0.15$	0	0.00	0.76	0	4.50	4. 50	0.38	1.69	0.3	0.51
	1	41.25	0.76	31.39	4.50	35.89	0.38	13.48	0.3	4.04
	1.5	61.87	0.76	47.09	4.50	51.58	0.38	19.37	0.3	5.81
$h=0.45$	0	0.00	0.59	0	13.50	13.50	0.38	5.07	0.3	1.52
	1	41.25	0.59	24.25	13.50	37.75	0.38	14.18	0.3	4.25
	1.5	61.87	0.59	36.38	13.50	49.88	0.38	18.73	0.3	5.62
$h=0.75$	0	0.00	0.50	0	22.50	22.49	0.38	8.45	0.3	2.53
	1	41.25	0.50	20.46	22.25	42.95	0.38	16.13	0.3	4.84
	1.5	61.87	0.50	30.69	22.49	53.18	0.38	19.97	0.3	5.99
$h=1.05$	0	0.00	0.46	0	31.49	31.49	0.38	11.824	0.3	3.55
	1	41.25	0.46	18.90	31.49	50.38	0.38	18.92	0.3	5.68
	1.5	61.87	0.46	28.34	31.49	59.83	0.38	22.47	0.3	6.74

浸水饱和后筋材提供的拉拔力的计算　表6-12

h	f'	α	σ_V	L_e	C	P
0.15	0.3	0.7	4.50	0.84	2	1.59
0.45	0.3	0.7	13.50	0.84	2	4.76
0.75	0.3	0.7	22.49	0.965	2	9.12
1.05	0.3	0.7	31.49	1.12	2	14.81

筋材在浸水饱和后易发生拔出破坏，尤其是对于埋深比较浅的筋材。从模型试验中我们也可以看出这一点，浸水饱和后加载，当加载到完成第一级荷载后，第一块面板、第二块面板向外凸出。除此之外，填土表面的承载力也很低，发生了剪切破坏。

6.3.3.3　当含水率介于天然含水率和浸水饱和之间时的稳定性分析

加筋膨胀土挡墙一定深度范围内的土体受自然营力的作用表现为不同深度处的土体的含水率不同，从而土体的抗剪强度参数也不同，对于这种情况，我们可以参照膨胀土体稳定性分析进行处理，采用变动的土体强度参数来反映膨胀土体的这一特殊性。作为加筋土体我们也要考虑到筋土之间摩阻系数随着含水率的增加而降低，为了安全起见，建议选用浸水饱和后的筋土间的摩阻系数。

6.3.4　小结

(1)概括叙述了加筋土体的稳定性；

(2)分析了加筋土挡土结构筋材拉力的计算、筋土间摩阻系数的影响因素和取值，介绍加筋土挡土结构内部稳定性分析方法；

(3)介绍了膨胀土稳定性分析方法的特殊性，概括叙述了对膨胀土稳定性分析方法的一般处理方法；

(4)对加筋膨胀土挡墙室内模型试验分不同条件进行了稳定性分析：

①在自然含水率条件下(存在与加筋膨胀土挡墙一定深度范围内)，采用一般黏性土稳定性分析方法，但应注意选取适当的计算参数。

②在浸水饱和条件下，一是要考虑计算自重产生的土压力时采用饱和后的土体的重度，二是考虑浸水饱和后筋土间摩阻系数的降低。同时我们还应考虑到膨胀土在浸水饱和后土体的抗剪强度非常低，可能会发生土体的剪切破坏。

③介于①和②两种条件之间，根据土体的抗剪强度参数和筋土之间的摩阻系数和含水率的关系进行计算。

6.4　加筋土挡土结构的数值分析

在前面的内容中，我们采用极限平衡法对加筋膨胀土的承载力、变形、稳定性进行了分析。极限平衡法把加筋土视为刚塑性体，不考虑土体到达峰值前的变形形态，也不考虑筋材的变形及筋材与土之间的相互作用，然后对其破裂面进行各种假设，再利用库伦破坏准则求解作用在加筋土体上的极限平衡荷载，这种方法概念直观而简单，运算方便。但是，该法在分析计算中也存在公认的不考虑土体变形的缺点。有限元法是当前计算土力学中普遍采用的手段，它通过将连续体离散化为有限个单元，对这些单元分片插值，可获得连续体内各点的应力、位移和应变的分布图形，从而对整个土体的稳定性和变形进行评价。与极限平衡法比较，有限单元法能考虑土体的非线性应力应变关系，求出在各种工作状态下土坡内部的应力分布状态，并能求出每一个计算单元的应力及变形值。因而自 1967 年 Clough 和 Woodward 在岩土工程中引入该方法后，得到了极快的发展。20 世纪 70 年代中期，美国学者 Jerruc. Chang 提出了采用数值方法来分析加筋土结构。传统的分析方法是建立在力的极限平衡理论之上的，无法描述结构的变形机制。有限单元法力学概念简单，应用灵活，将变形协调性与力的平衡结合起来，克服了传统理论的局限，使模拟某些复杂性质及过程成为可能。许多学者对这一课题进行了深入的研究，提出了一些重要的结论，推进了加筋土技术在工程中的应用。

对于加筋土，应用有限元法可以有效地分析土与加筋材料间的相互作用及加筋材料本身的应力应变关系。加筋土的有限元分析有三种方法：一种是把加筋土看成由土与筋材两种不同性质的材料组成，两者通过界面相互影响、相互作用。该种方法思路比较直观，应用也较广泛；一种是把加筋土看成宏观上均匀的复合材料（这种复合材料一般为各向异性的），土与筋材的相互作用表现为内力，只对复合材料的性质产生影响，而不直接出现在应力应变的计算中；还有一种方法是等效附加应力方法，等效附加应力法的基本思路是把加筋土中筋材的作用等效成附加应力沿筋材的方向加在土骨架上，取加筋土中的土体进行计算，即在有限元计算中只出现土单元，筋材的作用仅当成外力，模拟筋材本身的单元并不出现。

数值分析软件作为现代理论研究的重要工具，历来受到各位学者的重视。早些时候，通用的分析软件较少，随着计算机发展水平的提高和计算机知识的普及，通用的数值分析的软件越来越多，Ansys 便是其中的一种。该软件可以在 Windows 操作系统下方便地应用，具有前后处理功能，精致的界面，还具有功能齐全的单元库、材料库、各种常用的屈服准则、高效的求解器等，能够分析弹性、塑性、黏弹性问题。本文的数值分析部分便是在 Ansys8.0 的基础上完成的。

由于膨胀土是一种特殊土，采用膨胀土作为加筋土挡墙的填料要考虑膨胀土湿化后强度衰减的特性。考虑这方面特点的膨胀土体的有限元分析法目前有两种：一种是在有限元分析时通过引入膨胀力来考虑其填土工程特性的。土体本构模型采用普通的土体模型，膨胀力作为一种体力引入，并假设膨胀力为含水率的唯一参数，考虑含水率随土层厚度的影响[36]。还有一种方法是对在分析中对膨胀土的抗剪强度指标进行折减。因此，在本文中浸水前土体性质取膨胀土在天然状态下的剪切试验指标，然后分析土体的黏聚力、内摩擦角对加筋膨胀土挡墙侧面变形的影响。

6.4.1 加筋土挡墙静力数值分析

6.4.1.1 土体的应力应变关系及屈服准则

土是一种弹塑性体，对于弹塑性中的一点，其应力—应变关系可由下列关系表示：

$$\{d\sigma_{ij}\} = [D]_{ep}\{d\varepsilon_{ij}\} = \{[D]-[D]_p\}\{d\varepsilon_{ij}\} \tag{6-69}$$

式中：$\{d\sigma_{ij}\}$——应力增量矩阵；

$\{d\varepsilon_{ij}\} = \{d\varepsilon_{ij}^e\} + \{d\varepsilon_{ij}^p\}$——应变增量矩阵；

$\{d\varepsilon_{ij}^e\}$——弹性应变增量矩阵；

$\{d\varepsilon_{ij}^p\}$——塑性应变增量矩阵；

$[D]_{ep}$——弹塑性刚度矩阵；

$[D]_p$——塑性刚度矩阵，可表示为：

$$[D]_p = [D] - \frac{[D]\left\{\frac{\partial Q}{\partial \sigma}\right\}\left\{\frac{\partial f}{\partial \sigma}\right\}^T[D]}{A + \left\{\frac{\partial f}{\partial \sigma}\right\}^T[D]\left\{\frac{\partial Q}{\partial \sigma}\right\}} \tag{6-70}$$

式中：f——屈服函数；

Q——塑性势函数；

A——硬化函数。

弹塑性应力应变关系要用塑性理论来解释。弹塑性应力应变理论有三个基本要求:①必定要有一个屈服面;②需要有一个流动规则;③需要一个硬化规律。屈服准则控制了塑性变形的开始阶段,它在主应力空间中表现为屈服面。如果土体内的一点经受应力水平在屈服面所包围的应力水平范围之内,则土只发生弹性变形;如果应力变化趋向于越过屈服面,则土既发生弹性变形又发生塑性变形。屈服准则的值有时候也叫作等效应力,一个通用的屈服准则是 Von Mises 屈服准则,当等效应力超过材料的屈服应力时,将会发生塑性变形。流动准则也称正交定律,是确定塑性应变增量方向的一条规定,描述了发生屈服时塑性应变的方向,也就是说流动准则定义了一个塑性应变分量随着屈服的发展过程。流动准则包括相关联流动准则和不相关联流动准则。如果塑性势面与屈服面重合,则这种流动规则称相关联流动规则;否则,称为不相关联流动规则。硬化准则描述了初始屈服准则随着塑性应变的增加的发展过程。在应变硬化的土体上连续的加大到较高的应力水平时,屈服面就连续扩大;达到破坏时,屈服面就与破坏面重合。在完全塑性材料中,屈服面就是破坏面。应变硬化(软化)服从硬化定律,屈服面的膨胀与收缩通过硬化参量的增减来描述,硬化参数可表示为塑性功或塑形体积应变的函数。

根据塑性理论的基本规定,许多理论研究者提出了许多关于土的弹塑性模型,例如摩尔—库伦(Mohr—Clulomb)、雷德—邓肯(P. V. Lade—J. M. Duncan)模型、剑桥模型、德鲁克—普拉格(Drucker—Prager)准则等,在本文所采用的就是 Drucker—Prager 准则(以下简称 DP 准则),它又称广义米赛斯准则,是对摩尔—库伦准则的修正,在岩土工程总应用很广泛。具有模型参数易于确定、使用较简便等优点。在有限元分析时应用 DP 准则,只需确定弹性模量 E、泊松比 μ、重度 γ、黏聚力 c、内摩擦角 φ、剪胀角 φ_f 等。

DP 准则的屈服函数可写成如下形式。

$$F = 3\beta\sigma_m + \left[\frac{1}{2}\{S\}^T[M]\{S\}\right]^{\frac{1}{2}} - \sigma_y = 0 \tag{6-71}$$

式中: $\sigma_m = \frac{1}{3}(\sigma_x + \sigma_y + \sigma_z)$—— 平均应力;

$\beta = \frac{2\sin\phi}{\sqrt{3}(3 - \sin\phi)}$ ——材料常数;

$\{S\} = \{\sigma_{ij}\} - \sigma_m[1 \quad 1 \quad 1 \quad 0 \quad 0 \quad 0]^T$——偏应力矢量;

$[M]$——可写为:

$$[M] = \begin{bmatrix} 1 & 0 & 0 & 0 & 0 & 0 \\ 0 & 1 & 0 & 0 & 0 & 0 \\ 0 & 0 & 1 & 0 & 0 & 0 \\ 0 & 0 & 0 & 2 & 0 & 0 \\ 0 & 0 & 0 & 0 & 2 & 0 \\ 0 & 0 & 0 & 0 & 0 & 2 \end{bmatrix}$$

σ_y——材料的屈服参数,$\sigma_y = \frac{6C\cos\phi}{\sqrt{3}(3 - \sin\phi)}$。

当材料参数 β、σ_y 给定后,其屈服面为一圆锥面,此圆锥面是六角形的摩尔—库伦屈服面的外切锥面,如图 6-20 所示。

其流动准则既可以采用相关联流动准则,也可以采用不相关联流动准则。当 $\varphi = \phi$(剪胀角＝摩擦角）时，采用的是相关联的流动法则；当 $\varphi \neq \phi$（剪胀角≠摩擦角）时，采用的是不相关联的流动法则，由于使用相关联的流动法则时所产生的拉应变远大于实际产生的拉应变[24]，因此在本文中采用的是不相关联的流动法则。

其屈服面并不随着材料的逐渐屈服而改变，因此没有强化准则，然而其屈服强度随着侧向压力的增加而相应地增加，其塑性行为假定为理想弹塑性。

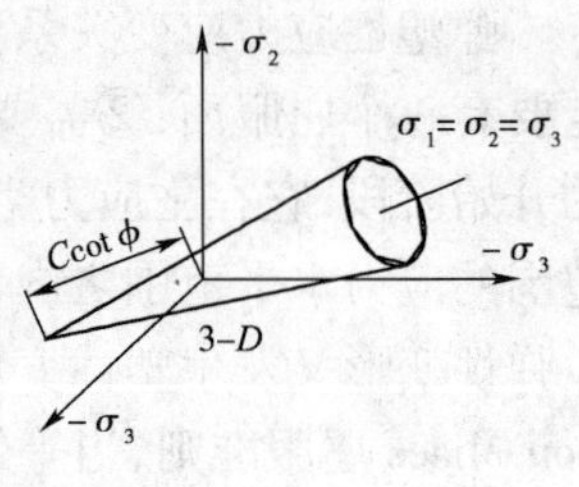

图 6-20　DP 材料的屈服面和摩尔—库伦屈服面

6.4.1.2　筋材的本构关系

在加筋土数值分析中，大部分将筋材简化只能受拉不能受压、不具有抗弯刚度、只能沿轴向变形的一维单元，如图 6-21 所示。由于它在一般情况下，其应力应变处在弹性范围内，故在分析过程中把它处理为线弹性的材料。在只考虑水平位移的情况下，单元节点力与节点位移的关系式为：

$$\{P\} = [K]^{e}\{u\} \tag{6-72}$$

式中：$\{P\}$——节点力，$\{P\} = \begin{Bmatrix} p_i \\ p_j \end{Bmatrix}$；

$[K]^{e}$——单元刚度矩阵，$[K]^{e} = \dfrac{AE}{l}\begin{bmatrix} 1 & -1 \\ -1 & 1 \end{bmatrix}$；

$\{U\}$——节点位移，$\{U\} = \begin{Bmatrix} u_i \\ u_j \end{Bmatrix}$；

A——横截面积；

l——单元长度；

E——弹性模量。

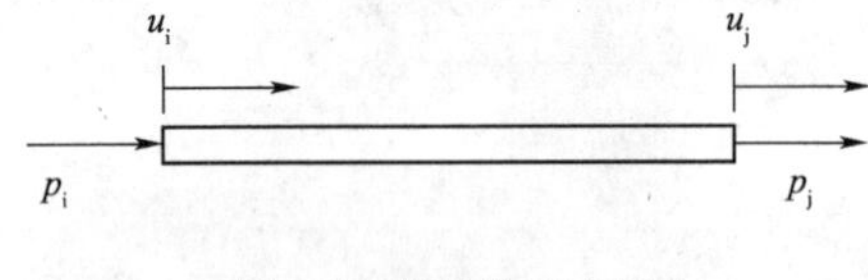

图 6-21　筋材单元示意图

6.4.1.3　筋—土的相互作用

在通常的数值分析中，一般假设界面模型来模拟结构与土之间的相互作用，在岩土工程数值模拟中一般使用 Goodman 界面单元来模拟，有的文献[37]采用二维点—点接触单元，由于界面单元是一种高度非线性单元，数值迭代较难收敛。文献[38,39]曾得出结论，认为在工作应力范围内，筋周土与拉筋内的拉应变是相等的。因此，在数值模拟中，认为有以下关系 $d\varepsilon_R = d\varepsilon_s$ 其中，$d\varepsilon_R$ 为拉筋中的拉应变；$d\varepsilon_s$ 为筋周土的拉应变。因此在本论文中不设界面单元。

6.4.1.4　面板单元的模拟

一般将面板约束处理采用梁单元表示，其材料性质均视为线弹性。面板间为企口连接，根据具体情况加约束条件，面板受土体侧压力作用，和梁的受力方向一致。简化如图 6-22 所示。

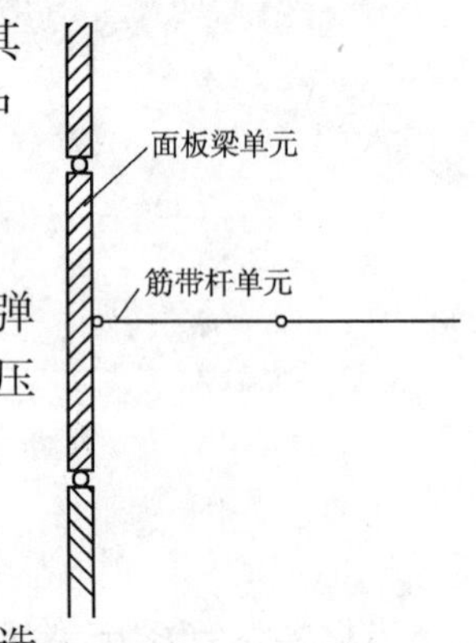

图 6-22　面板与筋带单元示意图

6.4.2　结果及分析[6]

在对该模型进行数值模拟时，将问题当作二维平面问题处理。共选用三类单元：土单元为平面四节点四边形单元；加筋单元为一维杆单元（只可抗拉）；面板单元为二维梁单元。筋土间不设界面单元，认为二者

紧密接触。计算参数见表 6-13。整个加筋体共划分 3 600 个土单元,320 个杆单元,80 个梁单元,总共 4 000 个单元。网格划分、边界条件和加载模型如图 6-23 所示。

有限元计算参数 表 6-13

材料	土					筋条		面板	
参数	重度	弹模	泊松比	黏聚力	内摩擦角	弹模	横截面积	抗弯拉模量	泊松比
单位	kN/m^3	MPa	—	kPa	°	MPa	m^2	$N \cdot m^2$	—
数值	20	150	0.35	262	31.4	888.9	0.002	9.5×10^6	0.2

支挡结构的整体变形为临空侧面鼓出,将计算的侧面变形和实测结果进行对比,计算的侧面最大变形和实测结果相接近,并且都发生在墙高 0.625H 的地方,在墙底部由于墙底和基础的摩擦而使得实测值小于数值计算值。

加筋土的变形(图 6-24)解释如下:在填土自重及荷载作用下,挡土结构同时发生竖向变形和侧向变形,由于筋材的弹性模量远大于土体的弹性模量,在荷载作用下,筋材的侧面变形小于土体的侧面变形,这样就相当于给挡土结构增加了侧限,挡土结构的整体强度得到提高。对比加筋与未加筋土的侧面变形等值线图(图 6-25、图 6-26)发现,未加筋土体的侧面变形大于加筋土的侧面变形,对比未加筋与加筋应力等值线图(图 6-27、图 6-28)也说明了土体强度

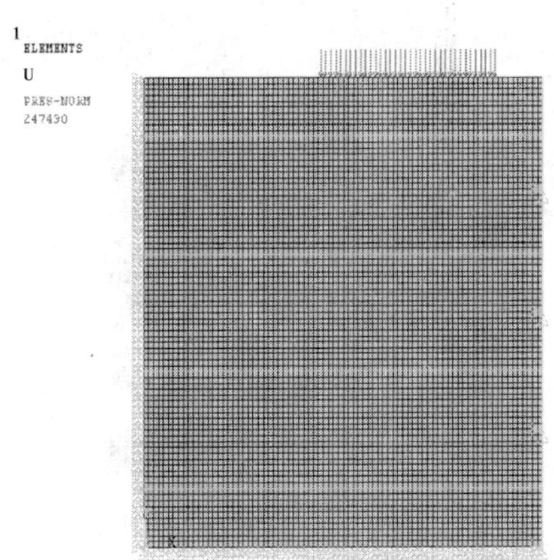

图 6-23 加筋体计算的模型

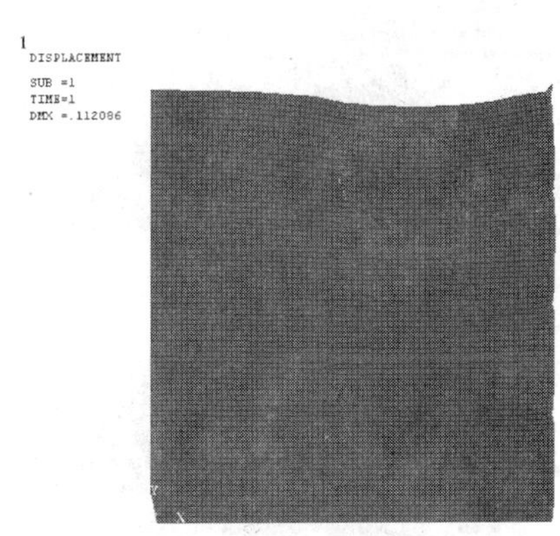

图 6-24 加筋挡墙节点变形图

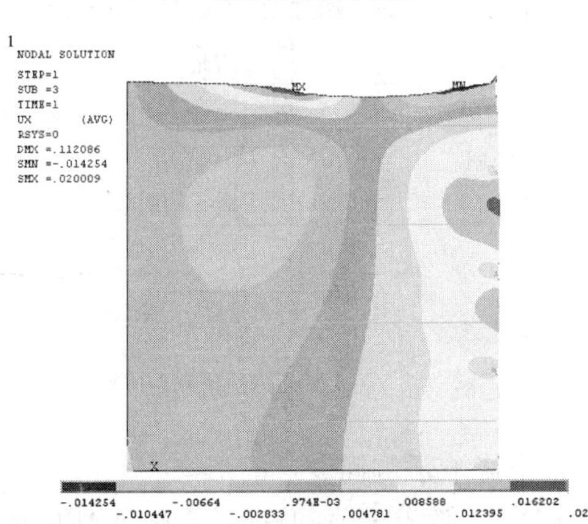

图 6-25 加筋挡墙 x 方向位移等值线

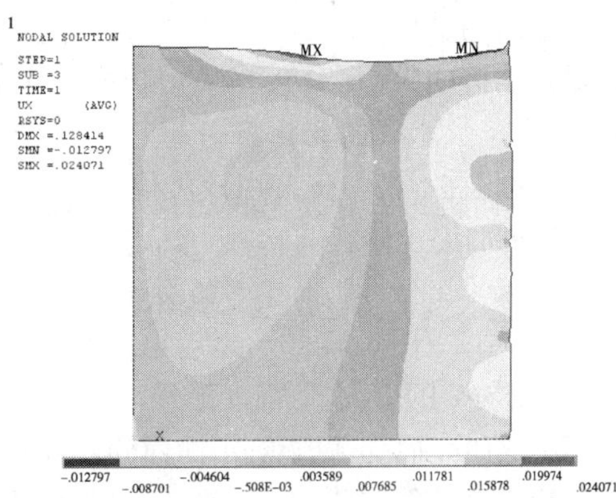

图 6-26 未加筋土的 x 方向位移等值线

的提高，我们看到在同样的荷载和自重作用下，荷载对挡土结构的影响在第二层筋材之上，而对未加筋挡土结构的影响明显在第二层筋材之下，也说明了筋材的作用。

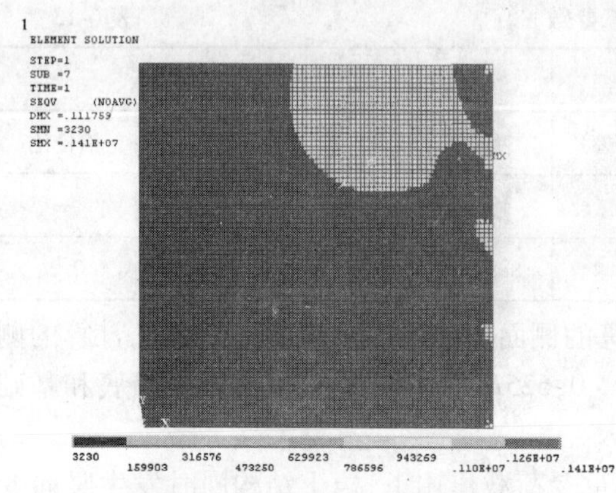

图 6-27　加筋体的单元应力等值线

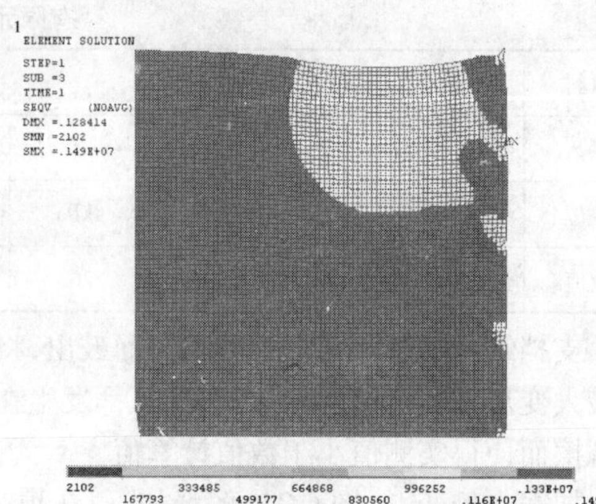

图 6-28　未加筋体的单元应力等值线

我们除了对变形和强度提高感兴趣外，挡土结构的破裂面也很值得研究，从挡土结构加载破坏的变形等值线和应力等值线（图 6-29、图 6-30）可以看出，从挡墙墙趾处开始向上延伸直到荷载后方有破坏趋势，按图形发展趋势看，破裂面为从墙趾到荷载后面的一楔形体。

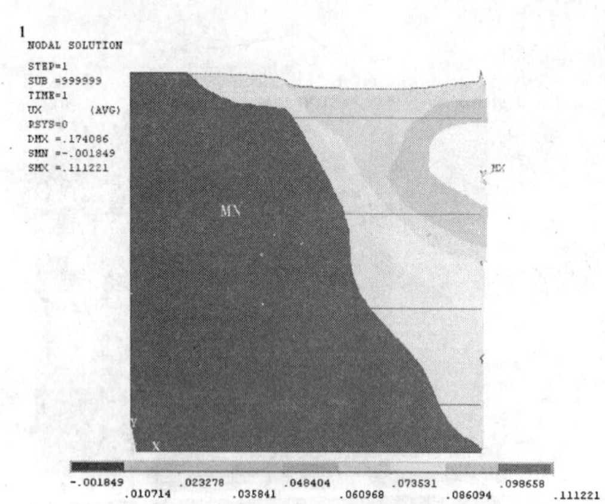

图 6-29　加筋体破坏时的位移等值线图

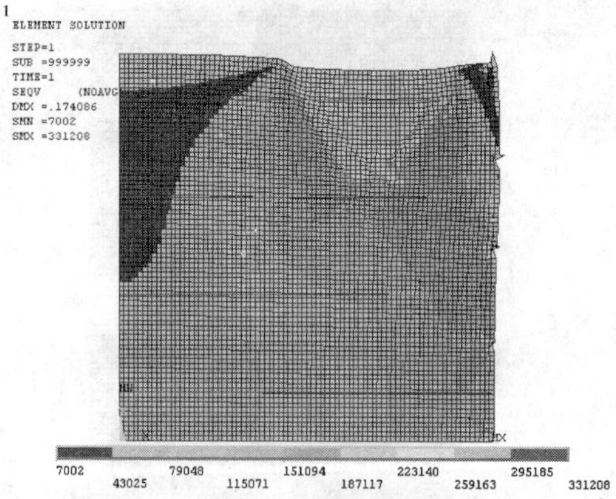

图 6-30　加筋体破坏时的单元应力等值线图

从上面的分析过程我们可以看出，计算所得结果和实测结果是相符的（图 6-31），当采用膨胀土作为挡土结构的填料时，由于含水率的变化将引起土体 c、φ 值和弹性模量的变化，因此在本文中将应用该数值计算方法分析土体 c、φ 值变化对加筋土体影响。

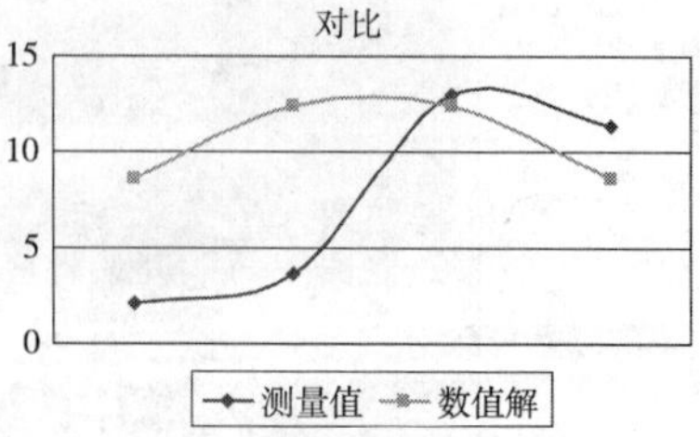

图 6-31　测量值和数值解对比

1. c 值的变化对侧面变形的影响

从图 6-32 ~ 图 6-37 中可以看出：

（1）随着 c 的增大，侧面变形逐渐减小。

（2）c 值的改变不仅影响了侧面变形的大小，而且也影响了侧面变形的形态。

从应力等值线中我们可以看出，在同样荷载的作用下，随着 c 值的逐渐减小，土体内的应力越来越大，土体逐渐趋于破坏。应力集中区逐渐向墙趾处移动，形成破坏。

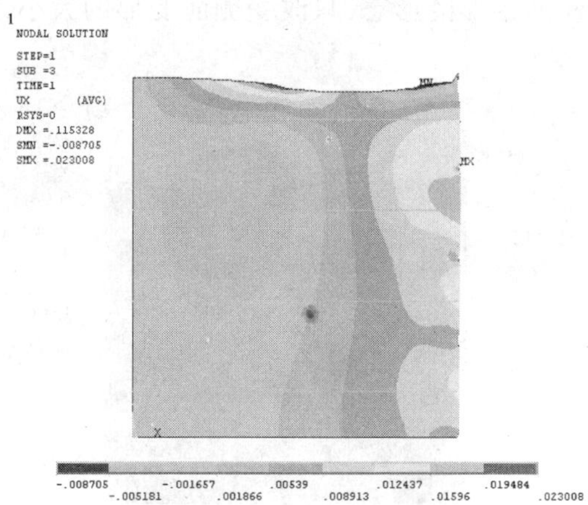

图 6-32　$c=200$ 时侧面变形等值线

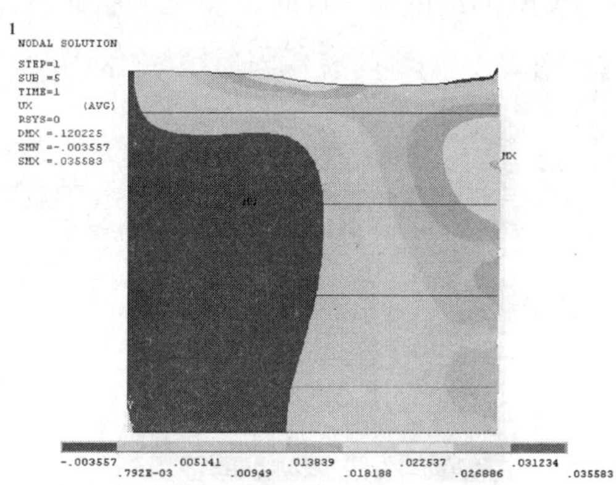

图 6-33　$c=150$ 时侧面变形等值线

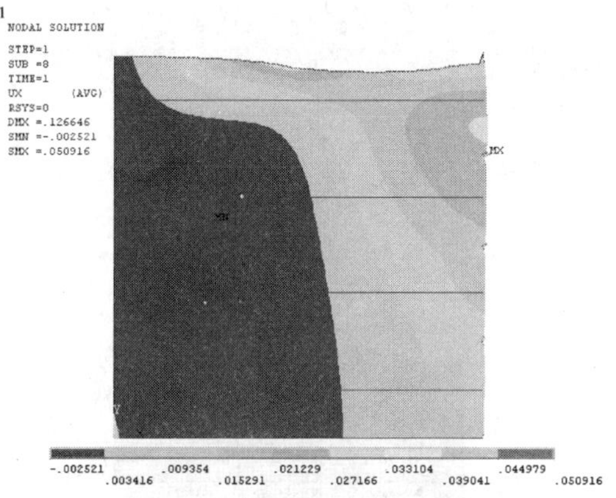

图 6-34　$c=100$ 时侧面变形等值线

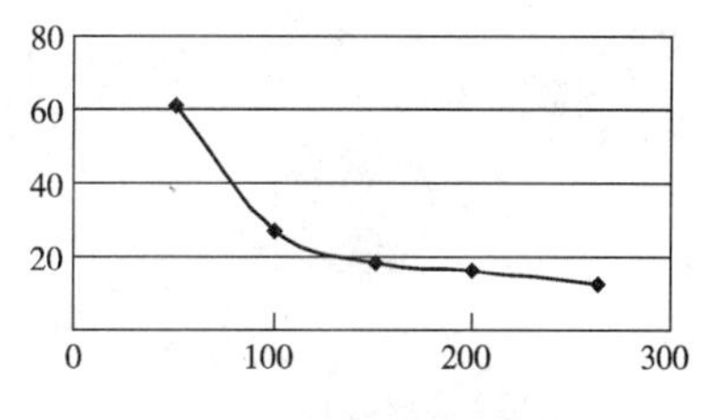

图 6-35　c 值最大侧面变形的影响

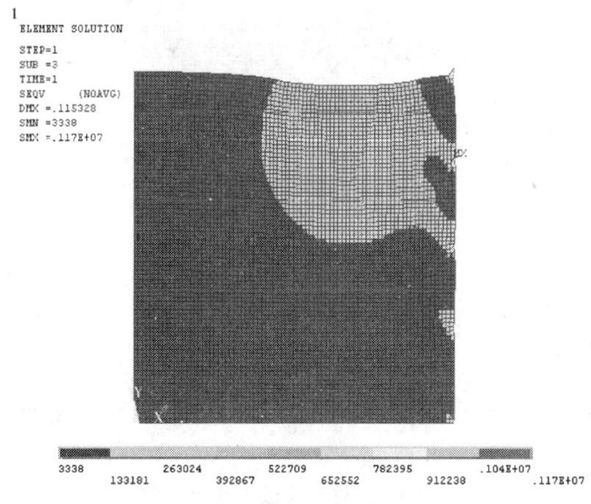

图 6-36　$c=200$ 时单元应力等值线

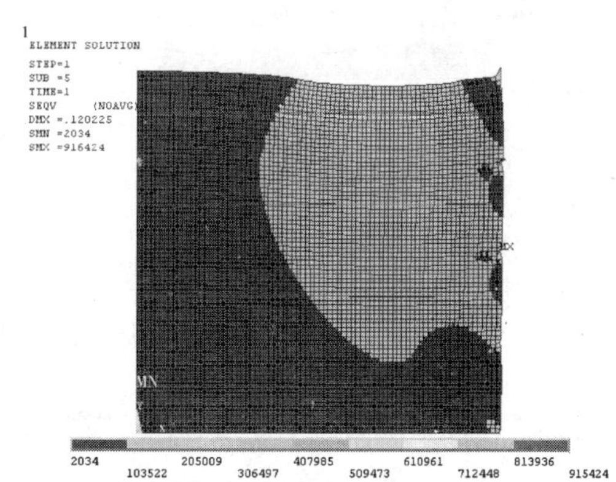

图 6-37　$c=150$ 时单元等值线

2. φ 值变化与侧面变形的关系

从图 6-38 ~ 图 6-43 中可以看出：

(1)随着 φ 的增大，侧面变形逐渐减小，两者之间呈直线变化趋势；

(2)侧面变形最大发生在 $0.625H$ 的地方，随着 φ 值的逐渐减小，侧面变形的区域逐渐扩大,但最大变形仍然发生在0.625H,φ 值不改变侧面变形的形态,只改变侧面变形的大小,该结论与文献的结论是一致的[20]。

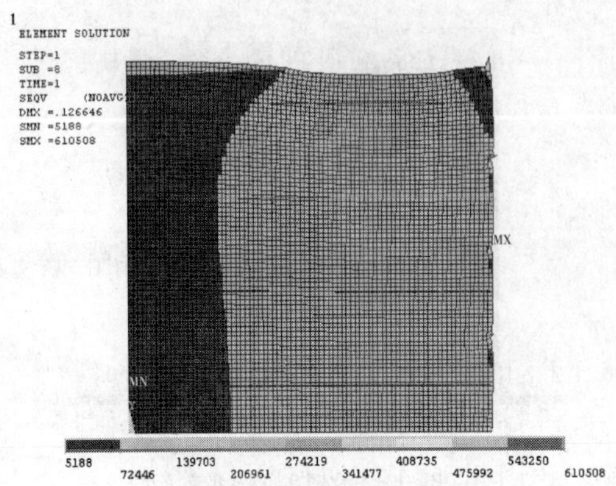

图 6-38　$c=100$ 时单元等值线

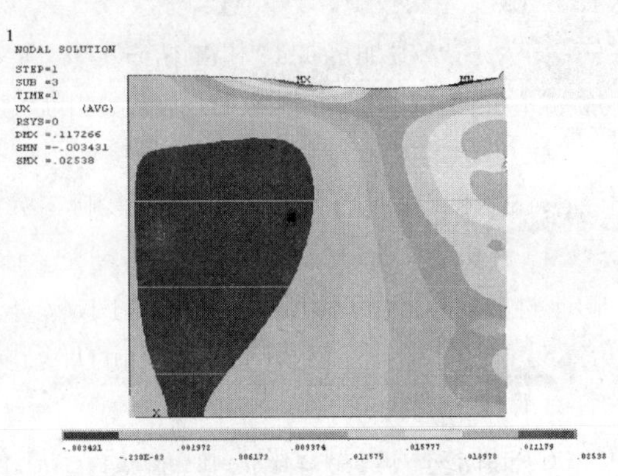

图 6-39　$\varphi=25$ 时 X 方向的位移等值线

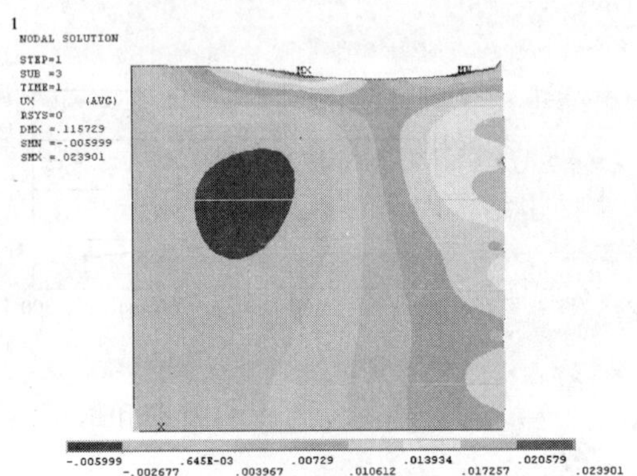

图 6-40　$\varphi=20$ 时 X 方向的位移等值线

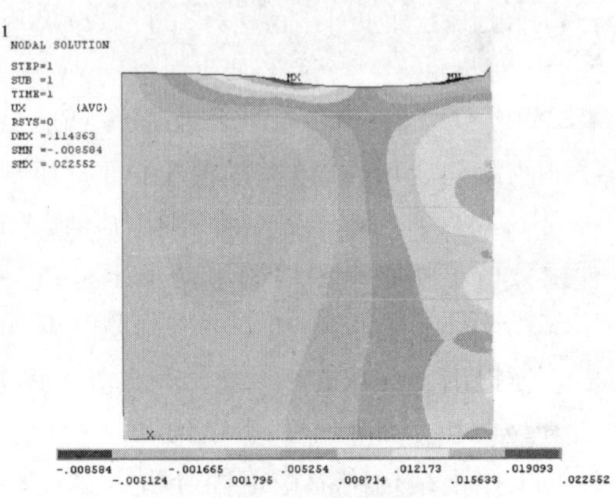

图 6-41　$\varphi=15$ 时 X 方向的位移等值线

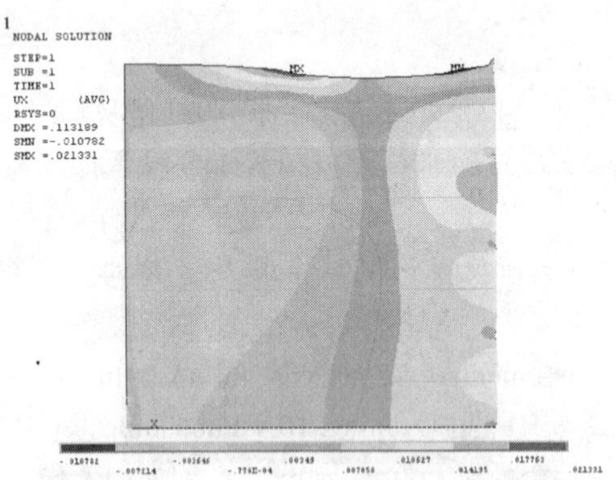

图 6-42　$\varphi=10$ 时 X 方向的位移等值线

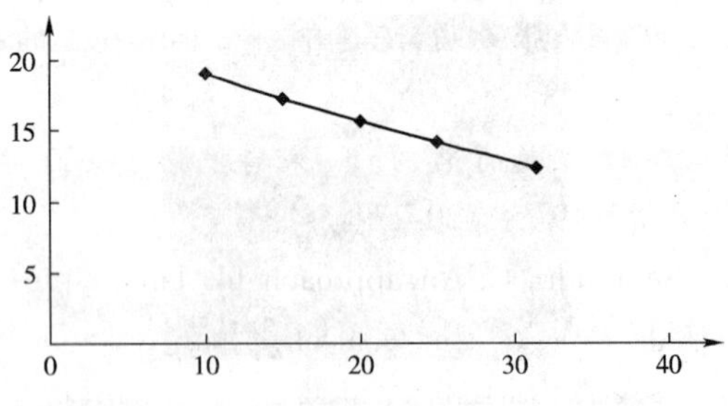

图 6-43　φ 对侧面最大变形的影响

6.4.3　小结

(1)分析了土体的本构模型,简要叙述了 DP 模型;

(2)采用数值计算的方法对室内模型试验进行了分析;

(3)分析了 c、φ 对加筋土体的影响。

6.5 研究结论

(1)利用摩擦加筋原理和准黏聚力原理对加筋土进行了加筋机理的分析;分析了土工格栅加筋土原理与一般筋材的加筋土原理的异同点;

(2)推导了以土工格栅为拉筋材料的加筋土挡土结构在外荷载作用下承载力计算公式;

(3)论述了膨胀土强度的特性、影响参数;

(4)分析了非饱和膨胀土的基本理论,利用膨胀力与非饱和土的基质吸力之间的联系,通过膨胀性土压力计算膨胀土结构物的承载力;

(5)推导了在外荷载作用下饱和的加筋膨胀土挡土结构的承载力与非饱和加筋膨胀土挡土结构承载力的关系,并以室内模型试验为例进行了验算,证明了该公式计算的正确性;

(6)根据室内模型试验得出了加筋土在荷载作用下的荷载—沉降曲线,得出了密实度为80%、90%、95%的加筋膨胀土挡土结构在外荷载作用下的破坏方式;

(7)分析了加筋土挡墙变形的特点、影响因素;

(8)对加筋土挡土结构变形计算的方法进行了分析;

(9)按照复合材料理论,将加筋土挡墙看作粘结重力式挡墙,计算加筋土体在主动土压力作用下的侧向变形,并以室内模型试验为例将计算结果和实测值进行了对比;

(10)当含水率升高时,基质吸力降低,膨胀土挡土结构内部的主动土压力增加,用非饱和土理论分析了膨胀土挡墙的主动土压力;

(11)对加筋膨胀土挡土结构在不同含水率条件下的侧面变形计算进行了分析,结合具体工程实际提出了建议;

(12)分析了加筋土挡土结构筋材拉力的计算、筋土间摩阻系数的影响因素和取值,提出了加筋土挡土结构内部稳定性分析方法。

参考文献

[1] 雷胜友. V 形沟谷加筋土支挡结构强度特性分析. 重庆交通学院学报,2001,20(1):65-69.

[2] 卢肇钧,张惠明,陈建华,等. 非饱和土的抗剪强度与膨胀压力[J]. 岩土工程学报,1992,14(3):1-8.

[3] 卢肇钧,吴肖茗,孙玉珍,等. 膨胀力在非饱和土强度理论中的作用[J]. 岩土工程学报,1997,19(5):20-27.

[4] Subhindra C. An approach for lateral plessuse assement in expansive soil[A]. In: Katti R K eds. Proc. 6th 2nt Conf on Expansive Soil[C]. New Delhi: Oxford&. IBN Publishing Co. 1987.

[5] 徐永福,孙连进,吴正根. 膨胀土地基承载力的确定. 港口工程,1996,第5期:13-16.

[6] 许岩. 加筋膨胀土挡土结构试验研究与数值分析. 长沙:中南大学硕士学位论文,2006.

[7] 张孟喜,孙遇棋,李国祥. 加筋土挡墙工作机理的室内试验研究. 铁道学报, 1999,21(5):79-82.

[8] 徐林荣,华祖焜. 加筋边坡承载力和位移模型试验及结果分析. 铁道学报,1999,21(1):72-76.

[9] 郭中印译. 土工格栅加筋土路堑边坡现场工程特性的测定. 国外公路,1995,15(1):

52-55.

[10] 高翔,石名磊,刘松玉. 加筋土支挡结构侧向位移的有限元分析. 公路交通科技,2003,20(2):20-23.

[11] 杨明,汪敏,吴德伦,等. 加筋土挡墙侧向变形分析. 工程勘察,2001,第一期:9-12.

[12] 高江平,俞茂宏,胡长顺,等. 加筋土挡墙土压力及土压力系数分布规律研究. 岩土工程学报,2003,25(3):582-584.

[13] 杨明. 加筋土挡墙的作用机理研究及其动力分析:[博士学位论文]. 四川:重庆大学,2001.

[14] 冯光乐,许志鸿,凌天清. 加筋土挡墙边形控制初探. 华东公路. 2001. 第一期:13-16.

[15] 杨广庆,周敏娟,张保险. 加筋土挡土墙水平位移研究. 岩石力学与工程学报,2005,24(7):1248-1252.

[16] 经苏龙,白一琴. 膨胀土的膨胀变形规律探讨及分析. 大坝观测与土工测试,1996,23(3):40-41.

[17] 孙发根. 公路路基膨胀土填料工程特性及其处理. 石家庄铁道学院学报,2003,16(增刊): 110-112.

[18] 熊厚金,等. 岩土工程化学. 北京:科学出版社,2001. 450-471.

[19] 王宝田,张海霞. 宁夏引黄灌区膨胀土特性研究. 人民黄河. 2000. 22(4):37-39.

[20] 王园. 膨胀土的变形性能. 工程勘察,1997 第 5 期:14-18.

[21] 李献民,王永和,杨果林,等. 击实膨胀土工程变形特征的试验研究. 岩土力学,2003,24(5):826-830.

[22] 徐永福,史春乐. 宁夏膨胀土的膨胀变形规律. 岩土工程学报 1997,19(3):95-98.

[23] 朱志铎,刘松玉. 非饱和膨胀土的主动土压力分析. 公路交通科技,2001. 18(5):8-10.

[24] 徐永福,刘松玉. 非饱和土强度理论及其工程应用. 南京:东南大学出版社,1999.

[25] Wong. K. S. Broms. B. B wall. Geotextiles and Geomembranes 1994 ,13:475-493.

[26] James K. Mitchell and Willem C. B Villet. Reinforcement of Earth Slopes and Embankments. The American National Cooperative Highway Research Program Report 290 1987:23-27.

[27] T. M. Allen, Richard J. Bathurst, Robert D. Holtz ect. A new working stress method for prediction of reinforcement loads in geosynthetic walls. Journal of Geotechnical engineering Can. Geotech J, 2003, 40:976-994.

[28] 周世良,王学军,胡晓. 加筋土挡墙工程中黏性土填料的应用. 港工技术,2003,第二期:43-45.

[29] 徐林荣,凌建明,刘宝琛. 土工格栅与膨胀土界面摩擦阻力系数实验研究. 同济大学学报 2004,32(2)172-176.

[30] 蓝澍旺,Ben Bars. 土工格栅与土相互作用的有限元分析. 岩土工程学报,1997,19(6).

[31] 吴景海. 土工合成材料的加筋实验研究和有限元分析:博士学位论文. 天津:天津大学,2002.

[32] 卫军,谢海洋,李小对,等. 基于非饱和土理论的膨胀土边坡稳定性分析. 华中科技大学学报. 2004,32 (4):38-40.

[33] 刘特洪. 工程建设中的膨胀土问题. 北京:中国建筑工业出版社,1996.

[34] 陈守义. 考虑入渗和蒸发影响的土坡稳定性分析方法. 岩土力学,1997,18(2)8-12.

[35] 陈善雄,陈守义. 考虑降雨的非饱和土边破稳定性分析方法. 岩土力学, 2001,22(4):449-452.

[36] 秦禄生,郑健龙. 膨胀土路基边坡雨季失稳破坏机理的应力应变分析. 中国公路学报 2001,14(1):25-30.

[37] 贺丽,周亦唐,钱永久. 塑料土工格栅加筋土挡土墙的有限元分析. 公路交通科技 2003,20(3):37-40.

[38] Jewell, R. A. Some effects of reinforcement on the mechanical behavior of soils. PhD. thesis , Univ. of Cambridge, Cambridge, England.

[39] Mauricil Ehrlich ,James K. Mitchelll Journal of Geotechinacl engineering 1994, vol:120:1 ~ 6 Working Stress Design Method of Reinforced Soil Walls.

第七章 膨胀土地区公路排水设计技术研究

7.1 膨胀土地区公路排水设计

7.1.1 排水系统设计总原则

(1)膨胀土地区公路排水设计应防、排、疏相结合,并与路基防护、地基处理以及特殊路基地区的其他处治措施相互协调,形成完善的排水系统。

(2)路基排水设计应遵循总体规划、合理布局、少占农田、环境保护的原则,并与当地排灌系统协调。

(3)膨胀土(岩)干湿循环,导致土体强度衰减,是膨胀土地区工程病害的普遍性原因。中、强膨胀土地区公路应进行膨胀土保湿防渗处理。

(4)弱膨胀土地区高等级公路填方地段路床,应采用非膨胀土或膨胀土经改良后,其强度和胀缩性均符合要求的土;中、强膨胀土地区高等级公路路床(包括路堤和路堑)均应进行换填非膨胀好土。

(5)膨胀土地区的永久性地表排水设施应采用砌体加固。

(6)直接在膨胀土上砌筑的排水砌体,应在其底部设置隔水层,如隔水土工膜等。

(7)排水困难地段,可采取降低地下水位等措施,使路基处于中湿状态。

(8)施工场地的临时排水设施,应尽可能与永久性排水设施相结合。各类排水设施的设计应满足使用功能的要求,结构安全可靠,便于施工、检查和养护维修。

(9)膨胀土地区公路排水设计,应建立在沿线充分调查、勘探、试验收集有关膨胀土特点、地质结构、地形、地貌、水文地质和气象资料基础上。排水设施的结构和尺寸大小应进行流量、流速的计算和分析,并应符合规范要求。

7.1.2 膨胀土路基、路面排水计算方法

7.1.2.1 地面排水

(1)雨水设计流量计算公式

$$Q = q\psi F \tag{7-1}$$

式中:Q——雨水设计流量,L/s;

q——设计暴雨强度,$L/(s \cdot 10^4 m^2)$;

ψ——径流系数,水泥混凝土和沥青路面为0.9,大块石铺砌路面和沥青表面处理的碎石路面为0.6,级配碎石路面为0.45,非铺砌土地面为0.3,绿地为0.15;相关参考值见表7-1;

F——汇水面积,$10^4 \times m^2$。

径流系数参考值(日本公路技术标准) 表7-1

地面类型		径流系数
路面	铺装路面	0.70~0.95
	砂石路面	0.30~0.70
路肩边坡	细粒土	0.40~0.65
	粗粒土	0.10~0.30
	硬岩	0.70~0.85
	软岩	0.50~0.75
砂土壤的草地	i=0%~2%	0.05~0.10
	i=2%~7%	0.10~0.15
	i>7%	0.15~0.20
黏性土壤的草地	i=0%~2%	0.13~0.17
	i=2%~7%	0.18~0.22
	i>7%	0.25~0.35
山脊(分水岭)		0.75~0.95
旷闲空地		0.20~0.40
草、树园地(公园)		0.10~0.25
缓坡山区		0.30
陡坡山区		0.50
水田地		0.70~0.80
旱田地		0.10~0.30

(2)设计暴雨强度计算公式

$$q = [167A_1(1 + c\lg P)]/(t + b)^n \tag{7-2}$$

式中: q——设计暴雨强度,$L/(s \times 10^4 m^2)$;

t——降雨历时,min;

P——设计重现期,a;

A_1、c、n、b——参数,根据统计方法进行计算确定。

我国部分城市暴雨强度计算公式见表7-2。

(3)降雨历时计算公式

$$t = t_1 + mt_2 \tag{7-3}$$

式中:t——降雨历时,min;

t_1——地面集水时间,min;视距离长短,地面坡度和地面铺盖情况而定,一般采用5~10min;

m——折减系数,暗管折减系数m=2,明沟折减系数m=1.2,陡坡地区暗管折减系数m=1.2~2;

t_2——沟管内雨水流行时间,min。

我国部分城市暴雨强度公式表 表 7-2

表中 P、T 代表设计降雨的重现期；用 i 表示强度时其单位为 mm/min，用 q 表示强度时其单位为 $L/(s\times10^4m^2)$。T_E 代表非年最大值法选样的重现期，详见《给水排水设计手册》第五册			
省、自治区、直辖市	城市名称	暴雨强度公式	资料年限(a)
北京		$q=(2\,001(1+0.811\times\lg P))/(t+8)^{0.711}$	40
上海		$i=(32.2(P^{0.3}-0.42))/((t+10+7\times\lg P)^{0.89}\lg P)$	41
天津		$q=(3\,833.34(1+85\times\lg P))/(t+17)^{85}$	50
河北	承德	$q=(2\,839(1+0.728\times\lg(P-0.121)))/(t+9.6)^{0.87}$	21
山西	太原	$q=(880(1+0.86\times\lg T))/(t+4.6)^{0.62}$	25
山西	大同	$q=(2\,684(1+0.85\times\lg T))/(t+13)^{0.947}$	27
黑龙江	哈尔滨	$q=(2\,989.3(1+0.95\times\lg P))/(t+11.77)^{0.88}$	34
黑龙江	齐齐哈尔	$q=(1\,920(1+0.89\times\lg P))/(t+0.64)^{0.86}$	33
吉林	长春	$q=(896(1+0.68\times\lg P))/t^{0.6}$	58
辽宁	丹东	$q=(1\,221(1+0.668\times\lg P))/(t+7)^{0.605}$	31
辽宁	大连	$q=(1\,900(1+0.66\times\lg P))/(t+8)^{0.8}$	10
山东	济南	$q=(4\,700(1+0.753\times\lg P))/(t+17.5)^{0.898}$	5
江苏	南京	$q=(2\,989.3(1+0.671\times\lg P))/(t+13.3)^{0.8}$	40
江苏	南通	$q=(2\,007.34(1+0.752\times\lg P))/(t+17.9)^{0.71}$	31
浙江	杭州	$q=(10\,174(1+0.844\times\lg P))/(t+25)^{1.038}$	24
安徽	合肥	$q=(3\,600(1+0.76\times\lg P))/(t+14)^{0.84}$	25
安徽	芜湖	$q=(3\,345(1+0.78\times\lg P))/(t+12)^{0.83}$	20
江西	南昌	$q=(1\,215(1+0.854\times\lg P))/t^{0.60}$	5
福建	福州	$q=(6.162+3.881\times\lg T_E)/(t+1.774)^{0.567}$	24
福建	厦门	$q=(850(1+0.745\times\lg P))/t^{0.514}$	7
广东	广州	$q=(2\,424.17(1+0.533\times\lg T))/(t+11)^{0.668}$	31
广东	韶关	$q=(958(1+0.63\times\lg P))/t^{0.544}$	8
广西	南宁	$q=(10\,500(1+0.707\times\lg P))/(t+21.1P^{0.119})$	21
广西	桂林	$q=(4\,230(1+0.402\times\lg P))/(t+13.5)^{0.841}$	19
广西	梧州	$q=(2\,670(1+0.466\times\lg P))/(t+7)^{0.72}$	15
广西	北海	$q=(1\,625(1+0.437\times\lg P))/(t+4)^{0.57}$	18
广西	柳州	$q=(2\,415\times P^{0.34})/(t+8.24\times P^{0.327})^{0.725}$	10
湖南	长沙	$q=(3\,920(1+0.68\times\lg P))/(t+17)^{0.86}$	20
湖北	汉口	$q=(983(1+0.65\times\lg P))/(t+4)^{0.56}$	
河南	郑州	$q=(3\,073(1+0.892\times\lg P))/(t+15.1)^{0.824}$	26
四川	成都	$q=(2\,806(1+0.803\times\lg P))/(t+12.8\times P^{0.231})^{0.768}$	17
重庆		$q=(2\,822(1+0.775\times\lg P))/(t+12.8\times P^{0.076})^{0.77}$	8
贵州	贵阳	$q=(1\,887(1+0.707\times\lg P))/(t+9.35\times P^{0.031})^{0.695}$	17
贵州	榕江	$q=(2\,223(1+0.767\times\lg P))/(t+8.93\times P^{0.168})^{0.729}$	10
云南	昆明	$q=(700(1+0.775\times\lg P))/t^{0.496}$	10
新疆	乌鲁木齐	$q=(195(1+0.82\times\lg P))/(t+7.8)^{0.63}$	17
新疆	石河子	$q=(198\times P^{1.318})/(t^{0.56}\times P^{0.306})$	5
甘肃	兰州	$q=(1\,140(1+0.96\times\lg P))/(t+8)^{0.8}$	27
甘肃	张掖	$q=(88.4\times P^{0.623})/t^{0.456}$	5
陕西	宝鸡	$i=(11.01(1+0.94\times\lg P))/(t+12)^{0.932}$	20
宁夏	银川	$i=(5.94(1+1.39\times\lg P))/(t+7)^{0.67}$	20

(4)沟道水力流速公式

$$V = R^{2/3} I^{1/2} / n \tag{7-4}$$

式中:V——流速,m/s;

R——水力半径(过水截面面积与湿周之比),m;

I——水力坡度(即水面坡度);

n——沟壁(管渠)粗糙系数,见表7-3。

沟道最大设计流速见表7-4。

(5)沟道水力流量计算

$$Q = \omega V \tag{7-5}$$

式中:Q——流量,m^3/s;

ω——过水截面面积,m^2。

沟壁粗糙系数 *n* 值表 表7-3

沟道类型	*n* 值	沟道类型	*n* 值
陶土管	0.013	浆砌砖渠道	0.015
混凝土及钢筋混凝土管	0.013～0.014	浆砌块石渠道	0.017
石棉水泥管	0.012	干砌块石渠道	0.020～0.025
铸铁管	0.013	土渠道(包括带草皮)	0.025～0.030
水泥浆抹面渠道	0.013～0.014	木槽	0.012～0.014

沟道最大设计流速表 表7-4

沟道类别		最大设计流速(m/s)
明渠	粗砂或轻亚黏土	0.8
	亚黏土	1.0
	黏土	1.2
	石灰岩或中砂岩	4.0
草皮护面		1.6
干砌块石		2.0
浆砌片石或浆砌砖		3.0
混凝土		4.0

注:如水流深度 H 为0.4～1.0m范围以外,表列流速(明渠)应乘以下列系数。

水流深度	系数	水流深度	系数	水流深度	系数
$H<0.4$m	0.85	$H>1.0$m	1.25	$H\geqslant 2.0$m	1.40

7.1.2.2 沟渠允许流速

沟渠中,如果水流速度过大,将对沟底、边墙产生冲刷;反之,如果流速过小,则会使沟道淤塞,滋生水草,加大糙率,从而影响输水能力。因此,必须选择合理的底坡,使水流速度既不大于不冲流速,又不小于不淤塞流速,即:

$$V_{不冲} > V_{允许} > V_{不淤}$$

允许流速还可运用于山坡或公路路基边坡抗冲刷,防止水土流失分析中。

为防止水流速度小于不淤塞流速,要求沟底纵坡一般不缓于0.5%,排水特别困难地段不小0.3%。

最大不冲流速,一般根据实验确定,黏性土可参考表7-5选用。

黏性土最大不冲流速参考表　表 7-5

土的名称	颗粒成分(%) >0.005 (mm)	0.005~0.050 (mm)	土的特征：中等密结,孔隙度为0.9~0.6,干密度为(1.18~1.57)10^{-2}N/cm³				密结,孔隙度为0.6~0.3,干密度为(1.57~2.00)10^{-2}N/cm³				极密结,孔隙度为0.3~0.2,干密度为(2.00~2.10)10^{-2}N/cm³			
			水流平均深度(m)											
			0.4	1	2	3	0.4	1	2	3	0.4	1	2	3
			最大允许不冲流速(m/s)											
黏土和重亚黏土	20~50	50~80	0.70	0.85	0.95	1.10	1.00	1.20	1.40	1.50	1.40	1.70	1.90	2.10
亚黏土	10~20	80~90	0.65	0.80	0.90	1.00	0.95	1.20	1.40	1.50	1.40	1.70	1.90	2.10
新沉积的黄土状土			0.60	0.70	0.80	0.85	0.80	1.00	1.20	1.30	1.10	1.30	1.50	1.70
注:当水流平均深度小于0.4m时,最大允许不冲流速为表中值乘以0.85的系数。														

7.1.2.3　水沟水力最佳断面分析

设计水沟断面时,要求工程量小,投资少,即在流量 Q、底坡 I、粗糙系数 n 相同的条件下,应使过水断面面积 ω 最小;或在过水断面面积 ω、底坡 I、粗糙系数 n 相同的条件下,使通过的流量 Q 最大。符合上述条件的过水断面,称之为水力最佳断面。

由谢才公式:$Q=\omega C(R\times I)^{1/2}=\omega C[(\omega/x)\times i]^{1/2}$,可知,当 ω、i、n(n 包含在 C 值中)一定时,要想流量 Q 为最大,必须使湿周 x 最小,因此,确定水力最佳断面问题,实际上就是求具有最小湿周的断面形式的问题。

等腰梯形水力最佳断面时,水力半径 $R=h/2$(h 为沟深);矩形水力最佳断面时,$b=2h$(b 为沟底宽,h 为沟深)。

7.1.2.4　地下渗流分析计算

1. 线性渗透

(1)饱和土达西定理

$$V=K\times\Delta H/L=K\times I \tag{7-6}$$

$$q=V\omega \tag{7-7}$$

式中:K——渗透系数,是表征岩土透水性大小的常数;

ΔH——总水头或总水势;

L——渗流路径的直线长度;

ω——渗流过水断面积。

(2)非饱和土达西定理

$$q=-K(\psi_m)(i\mathrm{d}\psi/\mathrm{d}x+j\mathrm{d}\psi/\mathrm{d}y+k\mathrm{d}\psi/\mathrm{d}z) \tag{7-8}$$

或

$$q=-K(\theta)(i\mathrm{d}\psi/\mathrm{d}x+j\mathrm{d}\psi/\mathrm{d}y+k\mathrm{d}\psi/\mathrm{d}z) \tag{7-9}$$

式中:　i、j、k——分别为三个坐标方向的单位向量;

θ——土壤含水率(体积比);

$K(\psi_m)$和 $K(\theta)$——导水率(渗透系数);

ψ——总土水势;

ψ_m——基质势。

对于饱和土,渗透系数是个定值;而非饱和土的渗透系数是与含水率相关的值。渗沟流速采用饱和土达西定理计算,渗透系数由试验确定。

2. 非线性渗透

在某些情况下,如水力坡度较大的大孔隙、大裂隙和岩溶化地层中,有时可能出现紊流。当地下水呈完全紊流时的渗流基本定理:

$$V = KI^{1/2} \tag{7-10}$$

当为局部紊流或混合流时:

$$V = KI^{1/m} \tag{7-11}$$

式中:m——与紊动程度有关的系数,界于1和2之间;抽水井附近,常出现局部紊流状态,m值常在1.1~1.4之间。

流量:

$$Q = V\omega \tag{7-12}$$

渗沟为非线性渗透,流速按局部紊流或混合流公式计算。

7.1.2.5 渗沟汇集水流量计算

水平不渗水基底,渗流横断面宽度为无限时,渗沟每侧单位长度(1m长)上流入的地下水流量 q 可按式(7-13)计算:

$$q = K(H+h)I/2 \tag{7-13}$$

式中:$I=(H-h)/L$

L——渗沟影响范围(如图7-1所示);

排入全长为 S 的渗沟两侧的总流量 Q 为:

$$Q = 2qS = K(H+h)IS \tag{7-14}$$

7.1.2.6 膨胀土(岩)渗流分析

在膨胀土(岩)中设置渗沟,主要是排膨胀土(岩)结构面或裂隙中的地下渗水。膨胀土(岩)中结构面和裂隙一般较多,雨天,大量地表水渗入这些结构面和裂隙中,其中部分地下水为膨胀土吸收。广西南友路施工期间,天晴两个月后开挖边坡,坡面也多有地下水渗出。

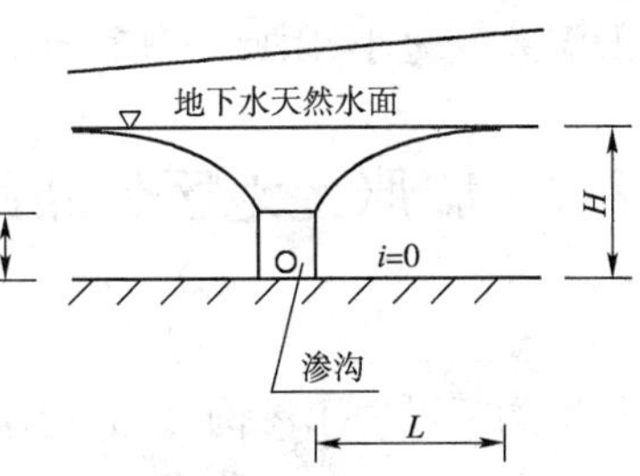

图7-1 渗沟排水示意图

设置渗沟后,由于部分膨胀土(岩)中地下水被渗沟吸收排出,这使大量的结构面和裂隙面附近膨胀土(岩)产生孔隙水压力。或者说,由于渗沟的作用,降低了膨胀土结构面和裂隙的土水势,打破了原有的平衡。此时,膨胀土内较大孔隙水压力的水将渗流到结构面和裂隙中,直到膨胀土内孔隙水压力与吸力达到平衡。设置渗沟能够降低结构面和裂隙中的地下水,从而降低结构裂隙面附近膨胀土体的含水率。因此,设置渗沟能够提高膨胀土强度。

从以上分析,膨胀土地区的地下水流是比较复杂的,一方面有岩土结构裂隙水流,它属于局部紊流或混合流;另一方面也有非饱和土孔隙水压力产生的渗流,它要运用非饱和土达西定理来进行流量分析和计算。基于渗沟中地下水主要来源于结构裂隙面,膨胀土地下水流速、流量可按地下水局部紊流或混合流时分析计算。

7.1.2.7 渗透系数讨论

渗透系数是关于含水层的最重要的水文地质参数。事实上,正是由于自然界存在各种渗透系数不同的岩土，才形成了透水层、半透水层和隔水层，才出现了各种边界条件不同的地下水模型。

从饱和土达西定理可知：当水力坡度等于1时，渗透系数在数值上等于渗透速度。渗透系数的单位与渗透速度相同，一般采用m/d，实验室也采用cm/s。

岩土中水的渗透系数不仅与岩土渗透性能有关，而且还与水的某些物理性质有关，其中最重要的是密度和黏滞性，因为它们直接影响水的流动性。为了理解这个问题，不妨把水力学中圆管均匀流的流速公式拿来和饱和土达西定理作个比较：

$$v = (d^2/32)(\gamma/\mu)I \tag{7-15}$$

式中：v——圆管中过水断面上的平均流速，相当于地下水的实际流速；

d——圆管直径，这里可视为理想化的孔隙直径；

γ——液体的密度；

μ——液体的动力黏滞系数；

I——水力坡度。

若把孔隙含水层理想化为由一系列小圆管组成的透水介质，其孔隙率为n，则其渗透速度可表示为：

$$V = nv = n(d^2/32)(\gamma/\mu)I \tag{7-16}$$

上式与$V=KI$进行比较可以看出，$K=n(d^2/32)(\gamma/\mu)$，或者说K决定于nd^2和γ/μ。其中，前者代表透水介质的空隙率，后者代表液体的物理性质。若用两个平行板间的水力学公式$u=(B^2/12)(\gamma/\mu)I$（其中B为平行板间宽度，可以比拟为裂隙宽度），同理可得和上述类似的结论。

水温对地下水的渗透性影响较大，如水温在0℃～20℃范围内时，水温每升高1℃，渗透系数可增大3%～3.6%，所以在室内测定渗透系数时，要求进行水温校正。但是，由于地下水一般温差变化小，因此，一般采用实际得到的渗透系数，不必作任何修改。

7.2 膨胀土地区公路路面排水

膨胀土地区路面排水，与一般路段公路路面排水所不同的是，路床一般均进行了换填，并在边沟下设置了渗沟，因此可不考虑地下渗水对路面结构强度的影响。

路面排水包括路面表面排水和路面结构层排水。因高速公路路幅较宽，为防止路面积水冲刷路堤边坡，应在路堤边坡冲刷地段的路肩边缘设置拦水带或浅小型路肩排水沟，拦水带（路肩排水沟）出水口间距应根据当地气象水文资料或排水规范要求计算流量来确定。高速公路弯道超高地段，为防止超高一侧的水穿过中央分隔带流入另一侧路面，从而使该幅路面水膜增厚，减小路面摩阻力，造成汽车行驶中滑动，影响行车安全，在超高地段中央分隔带内设置排水沟、集水井、路基横向排水暗管及急流槽。路面水由路肩排水沟汇积，通过集水井、排水暗管和急流槽排入路堤坡脚排水沟内。

基于膨胀土地区公路路床（包括路堤和路堑）一般应进行换填，以防止路床变形和保证路床强度，膨胀土地区公路排除路面结构内的自由水，可只考虑自由水对路面面层和基层的影响。为此，沥青路面可在路面边缘下设置小型碎石盲沟排水系统。水泥路面则可设置两道盲沟，一道采用小型碎石盲沟设置在土路肩下，另一道则采用小型无砂混凝土盲沟设置在行车道与硬路肩交界处的纵缝下，并在适当位置设置横向小型无砂混凝土盲沟排除路面渗水。也可在路面结构层内设置排水基层系统。

无砂混凝土主要设计参数宜通过室内试验确定，当没有室内试验数据时，可参考表7-6。

无砂混凝土主要组成材料参考数据表 表7-6

粗集料粒径(mm)	灰石比	水灰比	水泥用量(kg/m^3)	混凝土密度(kg/m^3)	平均渗透系数(cm/s)	平均强度(MPa)		
						龄期(d)	抗压	抗弯
10~20	1:6	0.38	253	1870	2.59	32	9.14	1.17
5~10	1:6	0.42	253	1870	1.63	30	11.72	1.72
3~5	1:6	0.46	247	1840	0.43	30	8.54	1.51

7.3 膨胀土地区公路路基排水

7.3.1 弱膨胀土地区公路路基排水系统

膨胀土地区公路路基排水系统主要包括路面排水、路基地表排水、路基地下排水、保湿防渗四个方面。其中路面排水设施已在前节介绍，不再重复。

7.3.1.1 弱膨胀土地区公路路基地表排水

膨胀土地区地势平缓，因表土膨胀松散，易被冲蚀造成水土流失，公路路基地表排水就要根据这一特征形成完善的排水系统。这一系统主要包括防止路面积水冲刷边沟；减小边坡雨水冲刷、入渗的平台排水沟和边坡截水骨架护坡；截排路堑坡顶汇水的截水沟；防止水土流失、农田水毁的路堤坡脚排水沟；将路界排水设施的水引入较大型的天然河沟和水塘、水库的引水沟；陡坡、陡坎地段的急流槽、跌水；以及改河、改渠和设置过滤池、蒸发池等排水设施。

高速公路行车速度快(计算行车速度一般为60~120km/h)，为保证高速公路行车安全，边沟宜采用浅碟形、三角形或矩形沟加盖板。当汽车冲上这类水沟时，不会发生倾倒，造成车祸。

坡顶山坡顺向于路线、且汇水面积较大时，应在不小于坡顶外5m设置截水沟。由于膨胀土路堑坡顶易出现各种裂隙，而浆砌片石水沟往往因施工和变形等原因开裂。开裂后，砌体内易出现空隙，沟中流水大量渗入，而水沟损坏处，正好是膨胀土较大变形和开裂的位置，在这种情况下，水沟大量渗水将加快膨胀土坡顶开裂破坏。为减轻这种病害，截水沟应采用现浇混凝土铺砌，并且在其基底铺隔水层如土工膜、一布一膜和两布一膜。截水沟一般采用梯形和矩形截面，最小沟深不小于0.5m。

弱膨胀土地区公路路堑一般边坡坡比应不陡于1:1.5，并宜采用折线型边坡，且应在边坡高度每隔6~10m处设路堑平台，平台宽不宜小于1.5m，并且应在平台上设小型截水沟。当边坡高度大于6m时，应进行坡面冲刷防护，形式有护面墙、截水型骨架护坡、TECCO格栅主动防护系统(由锚杆锚固在边坡上的防锈钢丝格栅，并在格栅内喷草籽绿化的一种防排水方式)等。路堑边坡防冲刷设计时，除应考虑弱膨胀土工程特性外，还应考虑该段路堑边坡的工程地质、水文条件，例如本文介绍的湖南潭邵高速公路K173+670~K173+780左侧路堑边坡浆砌片石护面墙开裂、变形破坏。

膨胀土地区坡面骨架护坡，应采用截水断面形式，以此减小边坡下部坡面的水流流速和流量，减小坡面冲刷。骨架护坡(包括平台排水沟)也同截水沟一样，应尽可能采用整体性较好的现浇混凝土浇筑，或者浆砌较大块的混凝土预制件，并在基底设置隔水层。当采用浆砌片石骨架时,基底和骨架两侧一定要设置可靠耐久的隔水层,如两布一膜。

急流槽一般采用矩形宽底截面,采用浆砌片石或混凝土砌筑,基底设防滑平台,为减小流速,槽底设凸突的挡水体。设置在路堑边坡上的急流槽,应处理好急流槽出口防水溅设计,水溅可影响高速公路行车安全。为减少水溅,出口应设挡水小砌块和消能池。

7.3.1.2 弱膨胀土地区公路路基地下排水

膨胀土为黏性土,渗透系数小,地下水多集中储存在岩层裂隙和岩土交界面附近。为降低地下水位,提高岩土的强度,一般在边坡下、边沟下或路基下设置渗沟等。

为减少边坡表土的含水率,一般可在确保边坡稳定性的基础上,设置截面尺寸较小的无砂大孔混凝土渗沟(断面尺寸为0.5m左右),并在其上用混凝土封闭,设计成截水型骨架;对于边坡岩层裂隙水较丰富的地段,可在边坡渗水出露处设平孔引排地下水。

7.3.1.3 弱膨胀土地区公路路床防排水

从我国多个省份调研结果来看,膨胀土地区公路路面开裂、鼓起和隆胀等路面损害现象多与路床膨胀土胀缩变形和强度衰减有关。

膨胀土路床防排水处理是要使路床避免由水,导致的路床变形或强度下降。

处理方案主要有路面底封闭隔水、路床换填(或部分路床换填)、化学改良路床填料和渗沟排水。

(1)路面底封闭隔水

膨胀土地区路床单纯采用路床顶隔水,难以避免路床膨胀土干湿循环,强度降低,从而出现路面开裂等病害。

(2)路床换填

为了防止路面变形、开裂等工程病害发生。可将路面下适当厚度内的膨胀土挖除,换填水稳定性较好的填料,也就是路床换填。

换填土应为非膨胀土、非高液限土,其CBR值应不小于8%。路床换填厚度与行车荷载、工程地质、水文地质、当地气候条件及填料的透水性有关。

行车荷载作用在路面上可分为两个力,一个是与路面平行的力,为了利用和抵抗这个力,水泥混凝土路面要求路面粗糙、集料和水泥强度高、耐磨损;沥青路面要求表面层集料强度极高,沥青黏结、抗老化性能好,以及沥青层中各层间黏结好等;另一个是垂直方向的力,这个力通过路面传递给路床。以重车中轴为例(如图7-2所示),当 h 为70cm时,$n=0.056$,此时,$P_n=112kPa$;当 h 为150cm时,$n<0.03$,此时,$P_n<60kPa$。

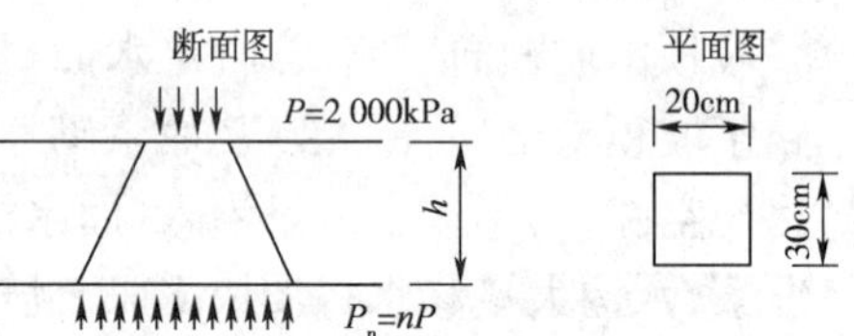

图7-2 汽车-超20中轴荷载附加应力示意图

注:P_n 为附加应力,n 为荷载中心点下的应力系数。

以上分析是将垂直荷载按静载考虑,而汽车荷载为动载,考虑膨胀土浸水膨胀后,土质松散,故在路基规范中,对路床的压实度、强度和填料最大粒径均提出了比路堤标准更高的要求,高等级公路膨胀土换填层厚度应为80cm及以上为宜。

7.3.1.4 弱膨胀土地区公路路基保湿防渗处理

膨胀土病害主要是因膨胀土内含水率变化,导致膨胀土开裂、变形和强度衰减。膨胀土保湿防渗处理采取基本维持膨胀土原有含水率,使其不随气候变化而发生较大变化的处理措施,就是包括路堤和路堑保湿防渗处理。

1. 路堤保湿防渗处理

路堤膨胀土边坡病害主要为发生在路堤边坡上的开裂、冲蚀、坍肩、溜塌、滑坍和路面开裂、变形等病害。弱膨胀土路堤边坡保湿防渗处理主要有浆砌片石护坡、化学改良等。

浆砌片石护坡是公路、铁路膨胀土路基传统的保湿防渗处理方法。浆砌片石护坡属刚性坡面防护形式,能起一定的坡面隔水作用,但由于温差、汽车动载、边坡局部变形、施工等原因,护坡会出现小裂隙。雨天,水从这些裂隙中渗入,使边坡土体软化,强度降低,因此,弱膨胀土地区护坡要经常检查、维护。

化学改良液改良边坡表层膨胀土,如果采用直接喷洒的方法施工,其影响深度一般在0.5m左右。广西有用这种方法成功处理弱膨胀土路堤边坡的事例。

膨胀土与好土夹层填筑,并在路堤两侧边坡铺3m左右宽的土工格栅加固边坡,可以提高膨胀土路堤整体强度,防止边坡软化滑坍,减少弃方,保护环境。

2. 路堑地段保湿防渗处理

路堑保湿防渗处理方案主要有护面墙、喷混凝土锚杆护坡、喷洒膨胀土化学改良液(如DAH混合液)改良表层膨胀土等。

弱膨胀土地区路堑保湿防渗措施,应结合该段路堑边坡的工程地质和水文特点进行设计。例如,当护面墙排水不畅、下滑力大于一般护面墙支挡力时,灰岩残积土往往易从岩土交界面滑出。

采用喷混凝土锚杆护坡时,要注意调查膨胀岩土的岩层倾向和地下水状态。由于这些地段的地下水丰富,膨胀泥岩结构裂隙面间浸水抗剪强度低,且墙面隔水使坡体内形成静水压力。当下滑力大于锚固力时,边坡易坍滑破坏。

喷洒膨胀土化学改良液(如DAH混合液)改良膨胀土路堑边坡及坡顶数米内的膨胀表土,可以减小表土湿胀干裂程度,减少表土裂隙数量,减小表土裂隙宽度,提高表土强度。路堑坡面上,其影响深度一般在0.5m左右。由于喷洒DHA液对表土改良的深度有限,因此,这种处理方法一般还应与其他一些处理膨胀土的方法结合使用。此外,环境保护的影响也应高度重视。

7.3.2 中、强膨胀土地区公路路基排水系统

中、强膨胀土地区公路,主要在路堑边坡防排水系统、地下排水以及路堤保湿防渗措施方面与弱膨胀土地区有一些不同的要求。由于中、强膨胀土湿胀干缩开裂现象比弱膨胀土表现得更明显,一般路基防排水措施(如浆砌片石护坡、骨架护坡、护面墙等)不能保持路基长期稳定,因此高路堑边坡防排水系统应与路堑边坡支挡、锚固措施相结合,例如本课题在南友路的依托工程实施方案,就是路堑边坡防排水与支挡措施相结合的方案。

7.3.2.1 中、强膨胀土地区公路路基地表排水

中、强膨胀土地表排水同弱膨胀土地区路基地表排水要求一样,建立完善的防排水系统。

中、强膨胀土路堑边坡坡比应不陡于1:2,并宜采用折线型边坡,边坡高度每隔6~8m处设路堑平台,平台宽不宜小于1.5m,并在其上设平台水沟。

中、强膨胀土地区坡面截水骨架护坡,应与边坡支挡、锚固措施、地下排水设施、保湿防渗措施,以及平台排水沟结合使用,形成综合防排水系统。如南友路中等膨胀土路堑边坡坡比为1:2,可采用树根桩锚固+坡脚挡墙支挡+防渗布隔水+截水型骨架防止坡面冲刷综合治理方案,如K138+480~K138+680左边坡;也可采用支撑渗沟+坡脚挡墙综合治理方案,如K139

+100～K139+420右边坡；如宾南高速公路K711+800膨胀土路堑地段，边坡坡比为1∶1.25～1∶2.5，坡面采用的是骨架护坡+无砂混凝土支撑渗沟+DAH改良膨胀土+植草绿化+坡脚矮挡墙综合处治措施。

中、强膨胀土路堑边坡也可采用钢筋混凝土截水型骨架+锚杆+铺非膨胀种植土保湿防渗措施的处理方案。

7.3.2.2 中、强膨胀土地区公路路基地下排水

1. 地下排水设施的主要作用

膨胀土地区地势平缓，中强膨胀土为黏性土，渗透系数小。然而，由于地面裂隙丰富，大量的地表水由地面裂隙渗入地下，并主要储存在膨胀土体、岩层裂隙和岩土交界面附近。设置地下排水设施的主要作用如下。

一是引排地下自由水，这些水由于重力势能作用，总是由高处向低处运动，地下自由水的运动速度，与水流坡度、土体密度（岩土渗透性）以及下游水的流速有关。渗沟能够引排地下水，就是由于渗沟相对于其周边岩土，它的孔隙大，从而加快了进入渗沟内的水流速，也就是说，渗沟总土水势小于同一水平面上周围岩土的总土水势，渗沟能够吸引其周边土体内的地下水流入，并较快地排走。

二是因渗沟减少了膨胀土结构裂隙中的地下水后，使结构裂隙和渗沟壁两侧膨胀土体中的孔隙水压力失去平衡，膨胀土体中较大的孔隙水压力将迫使水向结构裂隙和渗沟中转移，直到膨胀土的吸力与孔隙水压力差达到平衡为止。

渗沟能够减小膨胀土结构裂隙面附近的土体含水率，也就意味着渗沟能够在某个范围内增强膨胀土整体强度。

2. 渗沟设置位置

为了截排坡体地下水，一般在路堑边沟下或坡脚挡土墙墙踵处设置渗沟，渗沟底应低于路床底以下0.5m，为方便机械开挖沟槽，渗沟宽宜不小于1m。

由于中、强膨胀土路堑坡顶易出现各种较宽裂隙，地表渗水较大，因此，路堑坡顶截水沟下宜设置渗沟截排浅层地下水，坡顶、渗沟底以及渗沟靠边坡一侧均应设置隔水土工布隔水。

为支挡边坡浅层土体的下滑力、减少边坡浅层土体的含水率，一般可在边坡上设置较大型的支撑渗沟（一般截面尺寸为2m×2m），由于中强膨胀土边坡坡比一般不陡于1∶2，故支撑渗沟可采用机械开挖沟槽。也可在确保边坡稳定性基础上，设置截面尺寸较小的无砂大孔混凝土渗沟，并在其上用混凝土封闭，设计成截水型骨架。支撑渗沟出水口应与坡脚挡土墙、坡脚渗沟形成整体，挡墙出水口和坡脚渗沟设计因考虑支撑渗沟流量、流速影响。长路堑地段，当另一侧路堑边坡较矮时，则应设置横穿路基渗沟，以此缩短排水渗沟长度，在纵向渗沟和横向渗沟交汇处应设置检查井。当坡脚渗沟较长时，应设置检查井。

当膨胀土路堑边坡岩层裂隙水丰富时，可在边坡裂隙水出露处，设置排水平孔。平孔成孔后，应插入透水管，以防止塌孔。还可将平孔与山顶立式集水渗井结合使用，由山顶立式集水渗井收集各岩层地下水，再通过排水平孔排出。

中强膨胀土地区公路路堑坡脚挡土墙，应做好墙背反滤层施工，反滤层厚度应不小于0.5m，并且应在墙踵处设渗沟。

膨胀土低洼地带，由于坡面大量膨胀黏土冲积，容易形成软土地基。在软土地基处理时，如果设置渗沟，排水通畅，则可以降低地下水位。

7.3.2.3 中、强膨胀土地区公路路床防排水

路床防排水处理方案一般有路面底封闭隔水、路床换填(或部分路床换填)、化学改良路床填料和渗沟排水。但是,单独采用路面底封闭隔水和渗沟排水措施不能防止膨胀土地区公路路基变形、开裂病害发生。中、强膨胀土地区公路路基应进行路床换填,或将路床膨胀土完全改性成非膨胀土,并且路床土强度必须符合路基设计规范要求。

路床换填厚度与膨胀土湿胀干缩循环后的饱水强度、行车荷载、地下水、当地气候以及膨胀土大气影响深度有关,并与填料的透水性有关。而且,换填厚度应不小于路床厚度(80cm)。

7.4 膨胀土地区公路施工期间的临时排水及蓄水系统

7.4.1 膨胀土地区公路施工期间的临时排水

公路施工过程的临时排水设施,应顺应原有的排水体系,并与永久排水设施结合考虑,公路修建如同在地面上修筑了一垛墙,它切断了“墙”两端的农田灌溉系统的联系,切断了雨水通道,使原漫流的地表水形成径流,加剧了水土流失,容易形成冲沟。临时排水设施应减轻这些变化对沿线当地居民生产、生活的不利影响。

施工场地排水不畅,不仅影响施工,而且影响公路工程质量。因此,临时排水设施应保证施工场地的排水畅通,提供合格的施工场地。

临时排水设施主要包括三方面内容:施工驻地、取、弃土场、预制场等线外工程的临时排水设施;公路自身的临时排水设施;因公路这垛“墙”的影响而需要设置的临时排水设施。

1. 取、弃土场排水

取、弃土场破坏了原地貌和地表植物。取土场一般有两种形式,丘陵地区常采用开挖山丘的方式取土,平原地区则只能在公路两侧挖坑取土。

山坡取土形成堑坡,加快了雨水流速,容易沿堑坡脚形成径流,由于取土区范围植被已经破坏,暴雨时,易产生较大的水土流失,阻塞下方水沟等灌溉排水设施,冲毁农田,因此,应进行取土场(包括堑坡)植被恢复。边坡应采用平缓稳定或多台阶、低高度的堑坡;应沿堑坡脚设置排水沟,流速较大的地段(流速大于最大允许不冲流速)时,水沟应进行铺砌加固,沟底纵坡较陡地段应采用急流槽或跌水形式;堑顶山坡汇水面积较大的地段,还应设堑顶截水沟。挖坑取土可与蒸发池综合考虑。

弃土场宜设置在路线两侧低洼地。弃土场排水设计应考虑弃土完成后,如何减少水土流失、如何将弃土场改造为耕地、林地。膨胀土弃方极容易产生水土流失,弃方边坡稳定性随时间推移而衰减,边坡土体也容易出现滑坍等工程病害。因此,农业经济较发达的地区,弃土场坡脚宜设置支挡工程稳定坡脚,坡面铺草和种植藤类植物。弃土场靠山一侧应设置圬工加固的排水沟,场地要平整。

2. 路基施工期间临时排水

路基施工期间临时排水应尽可能与永久性排水设施结合设计。

3. 路堑边坡防排水

中、强膨胀土路堑开挖过程中,因水平应力释放、坡体内土体孔隙水压力及膨胀岩裂隙水压力作用,边坡岩土表面局部位置可能出现松动现象;膨胀土干裂湿胀后,抗剪强度小,坡面及坡顶极易出现土体下滑引起的裂缝以及湿胀干裂等原因引起的裂纹。路堑边坡及坡顶不及时

做好防排水工作，边坡土体可能因裂隙渗水、湿胀干裂、地表冲刷，出现局部滑塌等病害。此病害如果不及时处理，滑塌将继续发展，渐渐形成滑坡。因此，首先在开挖前及开挖过程中，认真分析这些可能出现的病害，确定或调整路堑边坡坡比。在边坡开挖过程中，应考虑防止膨胀土路堑边坡及坡顶湿胀干裂等病害，为此施工应连续进行，尽快施工开挖至设计高程（包括路槽换填高度），并立即按设计要求进行保湿防渗及排水防护工程施工。当边坡较高或预测施工期可能因天气等原因不能及时进行边坡保湿防渗等工程施工时，应在开挖到某一高度时（如路堑平台处），进行坡顶及边坡表土改良施工，如喷石灰水、DAH 液这样一些膨胀土改良液，并且开挖坡顶截水沟，在坡顶用地范围内（包括截水沟底）铺隔水土工膜，坡顶隔水膜宽度不宜小于 5m。由于中、强膨胀岩（土）路堑边坡开挖，基本不需要采用爆破施工，因此，在路堑开挖过程，排水和保湿防渗措施施工能够同步进行，例如，边坡开挖前，做好坡顶截水沟和隔水土工膜铺砌施工，开挖至路堑平台后，接着做好上部边坡保湿防渗施工，或进行喷石灰水、DAH 液这样的表土改良处理。

膨胀土路堑边坡开挖施工，及时进行坡顶及边坡防排水、支挡工程施工是防止边坡滑塌病害的关键。禁止采用边坡开挖后，较长时间（如 1 个月）不进行防排水、支挡工程施工，这样会使原本稳定的膨胀土边坡，因其岩土强度衰减性，而出现边坡开裂、滑塌等工程病害。

禁止边坡开挖过程出现工程病害后任其发展。膨胀土边坡病害开始出现时，一般是较小的病害，如局部（一般长宽数米或十几米范围内）出现开裂、边坡变形、浅层滑塌等。这些病害及时清除处理，及时完成防排水和支挡工程施工，问题就解决了。然而，如果边坡病害出现后不及时处理，就会逐渐发展，从局部的浅层滑塌发展到牵引式滑坡。

路堑施工过程，当发现泉眼后，可采用打平孔将地下水快速引出，由于膨胀泥岩渗水容易崩解泥化，阻塞孔口，故钻孔直径应较大（10cm 以上），孔中应填袋装小碎石或袋装砾石。

4. 路基顶面排水

膨胀土地区公路路床一般采用换填处理，路堑边沟下一般设地下渗沟。施工时，开挖（填筑）至路床底或换填层底高程后，应形成路拱（与设计路拱一致），防止路基顶积水。路堑开挖至换填层底面后，应及时开挖渗沟，并及时做好渗沟底的硬化处理，用于临时排水。

膨胀土路堑开挖至换填层底面后，应及时回填好土，并按路基压实度要求压实，防止路基膨胀岩（土）暴露后，因风化和干缩湿胀，导致膨胀土软化、强度衰减。

7.4.2 防止水土流失、维持或改善公路沿线农田灌溉和蓄水系统

公路施工会改变原地形、地貌。植被覆盖的土地裸露，使原本自然紧密山坡土体，形成了人工填筑的路堤，平缓的膨胀土山坡，变成了较陡的路堑边坡，使原本沿山坡漫流的雨水形成了径流。这些都加剧了公路沿线的水土流失。水土流失一般有两种来源，一种是水流的速度大于地表土的不冲流速，流动的水将土粒带走；另一种来源则是土体饱水后，抗剪强度低，土体随水流一起冲走，形成冲蚀、泥流、溜坍、泥石流等。

膨胀土开挖暴露在大气中后，因风化、干裂湿胀，表土易松散，膨胀土边坡水土流失较一般边坡更严重。因此设计施工过程一定要在分析边坡的基础上，及时做好膨胀土边坡的截、排水工程设计施工。

填方边坡，应在雨水到来前拍紧或完成削坡，防止边坡松散土体随雨水一起冲入坡脚外农田或排水灌溉系统。

认真分析排水系统设计，根据流速及土质紧密程度，分析水土流失可能发生的位置，及早

做好排水设施加固或临时加固工作，如临时排水沟内铺隔水土工膜。

如前文所提，公路是一垛“墙”，它阻断了沿线原有的排水灌溉体系。基本恢复原有的排水灌溉体系是改善施工人文环境的最重要内容之一，也是公路建设为民造福的不可缺的内容之一。因此，施工期间应全面调查分析原有的沿线排水灌溉体系，制定合理的各种横过公路的排水灌溉设施方案，明确其位置、高程。并且这些设施应与公路永久性排水灌溉结构物有机结合，对不合理的永久性排水结构物设计，应通过规定程序进行调整、修改。

在施工过程中，应分析公路是否阻挡了原地面排水和灌溉通道，是否因改变原排水和灌溉系统位置而改变了这一排水灌溉系统的下方农业灌溉和蓄水系统，进而影响当地农业用水，在此基础上，设计新的排水灌溉通道，尽可能维持或改善原排水灌溉系统的功能。要分析新的排水灌溉系统形成后，系统下面有哪些农田、水塘将失去，或较大减少水源，并确定补救的措施。

7.5 排水设计技术在广西南友路膨胀土工程中的应用

7.5.1 南友路第10标和第11标地形、地貌和工程地质简介

本段沿线属盆地边缘丘陵地貌。地形北西高，南东低。地势波状起伏从北西向南东缓倾。路堑边坡外主要为旱地，种植农作物。膨胀土低洼地段软土分布广。

路线途经宁明盆地边缘，在K130～K140一带穿越第三系始新统那读组黏土岩，泥质粉砂岩及少部分砂岩，其中的黏土岩部分风化具有膨胀性，为膨胀泥岩。第三系始新统那读组黏土岩的风化残坡积物则普遍具有膨胀性，为膨胀土，但其厚度不大，一般在2～5m。

根据第三系始新统那读组黏土岩已有的组织结构分析，从扫描电镜照片上可以清晰地看到泥岩的层理结构，层间有裂隙，单层由沿层面平行排列的扁平长条形矿物聚体构成。泥岩上分布的两层黏土层属泥岩的残积物，黏土层沿层面的裂隙相当发育，大的层面裂隙宽度可达1～5mm，连贯性好，层间可见到扁平长条形矿物团聚体，这些裂隙是促使强烈膨胀和收缩的条件。

主要试验路段选取第10、11合同段K137+800～K138+050、K138+440～K138+750、K139+100～K139+400等多处膨胀土挖方地段。课题组于2003年11月1日～8日对K138+440～K138+750、K139+100～K139+400两处进行了地质勘探。共布孔6个，总进尺76m。通过地质勘探，获得两段试验段土层的基本分布情况为：红白色黏土表土层(1～2m)，灰白色黏土(2～4m)，灰黑色强风化泥岩(4m以下)，再往下是灰色泥岩。其中灰白色黏土层及灰黑色黏土为灰色黏土岩的风化残坡积层(灰色黏土岩天然含水率较高)。

依据南友路膨胀土性质试验成果及工程病害情况，可以判断该试验段的膨胀土具有较强的胀缩性，属中—强膨胀土。

7.5.2 广西南友路依托工程设计和施工方案研究

根据课题研究需要，在大量地质调查和选点工作的基础上，决定将南宁至友谊关公路第10、11合同段作为本课题研究的主要依托工程。

为了使南友路依托工程排水方案与防护方案有机结合，将排水方案与防护方案合并为《南友路膨胀土挖方边坡试验段设计方案》。

课题组自2003年7到2003年月12月，先后5次对《南友路膨胀土挖方边坡试验段设计

方案》进行修改。最终于2003年12月提出了如下四种加固方案:土工格栅加固防护方案;树根桩和坡脚挡墙加固+防渗布隔水+截水型骨架防止坡面冲刷综合治理方案;支撑渗沟+坡脚挡墙综合治理方案;锚杆框架加固防护方案。并将方案提交广西交通厅基建局,获得批准实施。

2004年3月,课题组本着实事求是、精益求精和减少投资的原则,与广西南友路建设办公室的相关领导、专家一道实地勘察后。确定取消锚杆框架加固防护方案。

2004年5月,K137+875~K138+110右边坡(土工格栅加固防护方案位置)发生滑坡,土工格栅加固防护方案课题组提出位置调整设想。

2004年8月,课题组在对土工格栅加固防护方案进行充分论证的基础上,认为该方案能够解决膨胀土浅层牵引式滑坡工程病害处理。提出土工格栅加固防护方案继续在K137+875~K138+110右边坡实施,并且增加K135、K136和宁明连接线的K2三处路堑滑坡为课题采用土工格栅加固防护方案。此时,设计方案为六处,具体位置:

(1)AK2+520~AK2+800右边坡,采用土工格栅加固防护方案;

(2)K133+830~K134+120右边坡,采用土工格栅加固防护方案;

(3)K136+040~K136+450右边坡,采用土工格栅加固防护方案;

(4)K137+875~K138+110右边坡,采用土工格栅加固防护方案;

(5)K138+480~K138+680左边坡,采用树根桩和坡脚挡墙加固+防渗布隔水+截水型骨架防止坡面冲刷综合治理方案;

(6)K139+100~K139+420右边坡,支撑渗沟+坡脚挡墙综合治理方案。

7.5.2.1 土工格栅加固防护(土工格栅包土支挡)方案

K137+875~K138+110右、K133+830~K134+120右等共4段采用土工格栅加固防护(土工格栅包土支挡)方案。该方案为课题创新点,是将路堑边坡超挖3.5m左右(边坡坡比1:1.5),再主要回填膨胀土,并分层铺土工格栅将土包起来支挡膨胀土边坡。为引排膨胀土边坡渗出的地下水,在挡墙下部和墙背铺碎石土透水层,在墙趾外和墙踵处设0.5m×0.5m碎石渗沟,坡顶采用现浇混凝土截水沟,为截排山坡地下水,在坡顶截水沟下设0.8m×1.0m碎石渗沟。为防止土工格栅暴露在大气中,柔性挡墙外坡面铺0.3m厚种植土,植草绿化边坡,其中较高柔性挡墙外坡面还设现浇混凝土截水型骨架护坡,防止雨水冲刷。

该方案在排水方面的具体体现是:柔性墙背铺0.5m厚的碎石透水层,并与柔性墙基底渗沟相连,形成柔性墙背排水体系,该排水体系能及时排除柔性墙背后的天然坡体地下水;坡顶截水沟截排地表水,防止边坡冲刷;坡顶防水土工布覆盖,防止地表水渗入柔性墙内;厚达3.5m的柔性墙身,可以有效防止膨胀土边坡体内因薄膜水蒸发导致的收缩开裂。土工格栅加固方案既能将膨胀土体内的自由水、裂隙和碎石层附近的吸力约束小的薄膜水由碎石层排除,又能防止因太阳辐射、土体温度变化、膨胀土边坡内薄膜水蒸发导致的膨胀土收缩开裂。由此可知,该方案起着很好的保湿防渗和排除地下水的作用。

土工格栅锚固断面示意图如图7-3所示。

7.5.2.2 树根桩和坡脚挡墙加固+防渗布隔水+截水型骨架综合治理方案

K138+480~K138+680左边坡,采用树根桩和坡脚挡墙加固+防渗布隔水+截水型骨架综合治理方案。该边坡分两阶,平台宽1.0m,边坡坡比为1:2。主要采用树根桩稳定边坡,矮挡墙稳定坡脚,挡墙墙踵设渗沟引排地下水;坡顶采用喷DAH固化液(水:石灰:DAH=100:8:1)、两布一膜和浆砌片石保湿防渗;坡面采用喷DAH混合液、两布一膜和种

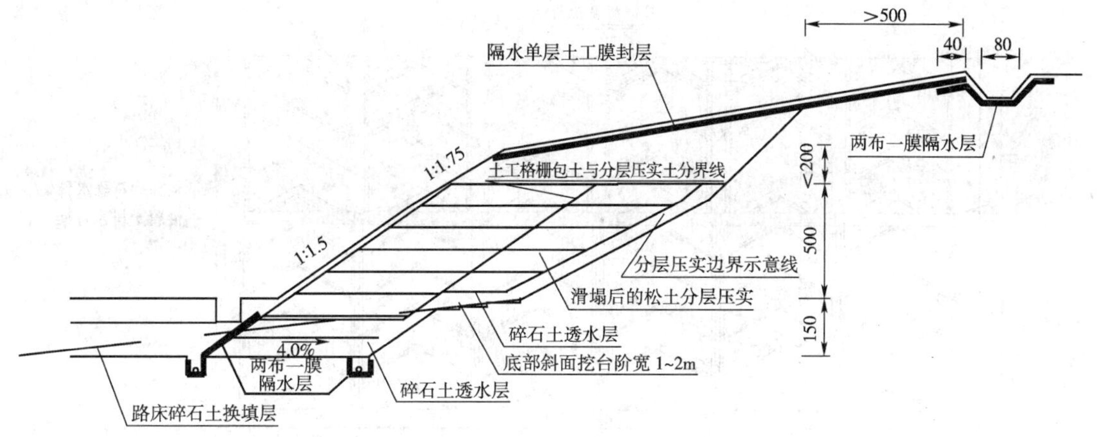

图 7-3　土工格栅锚固断面示意图(尺寸单位:cm)

植土保湿防渗,上边坡为浆砌片石(课题方案实施前已砌筑),平台设 0.4m×0.4m 矩形排水沟,下边坡采用现浇混凝土骨架护坡防止地表水冲刷边坡。该方案在排水方面的具体体现是:挡墙墙踵渗沟截排边坡地下水,减少边坡挡墙墙基和墙背水分,减少路床地下水,提高挡墙地基抗滑系数,提高墙背坡体抗滑强度,提高路床强度;边坡开挖后,喷 DAH 固化液可以改良边坡表层膨胀土性质(影响深度 0.5m 左右),表土改良后,太阳直射边坡时,表土不会出现较大的收缩开裂,是一种膨胀土边坡临时的保湿防渗措施。平台截水沟、边沟和截水型骨架护坡,共同组成坡面排水系统,防止地表水冲刷边坡和路面,防止水土流失。骨架施工完后,铺两布一膜和种植土隔水,能防止地表水渗入和膨胀土水分蒸发,起着保湿防渗的作用,但地下水出露的地方,不能铺两布一膜隔水,因为地下水不能顺畅渗出,地下水将软化边坡,导致边坡稳定性降低。

该方案示意图如图 7-4 所示。

7.5.2.3　支撑渗沟＋坡脚挡墙综合治理方案

K139＋100～K139＋420 右边坡,该边坡分两阶,平台宽 1.0m,边坡坡比为 1:2。支撑渗沟稳定边坡和引排坡面下的地下水;矮挡墙稳定坡脚;挡墙墙踵设渗沟引排地下水;坡顶采用两布一膜;坡面种植土保湿防渗,浆砌片石骨架防止坡面地表水冲刷的综合防护方案。该方案在排水方面的具体体现是:支撑渗沟和挡墙墙背排水连为一体,排除坡体浅层地下水,使边坡浅层 2m 内的地下水及时排除,这增大了边坡浅层岩土的抗滑强度;挡墙墙踵下渗沟能及时排除坡脚及墙基下地下水,如同树根桩边坡挡墙墙踵处渗沟一样,能提高挡墙基础抗滑强度,减少路床地下水;坡顶截水沟和坡面骨架护坡一起形成了边坡地表排水系统,该排水系统能有效防止边坡冲刷和水土流失;坡顶铺两布一膜,防止地表水从坡顶渗入,坡面铺种植土和植草绿化,防止膨胀土因太阳辐射失水而开裂。

示意图如图 7-5、图 7-6 所示。

7.5.3　膨胀土边坡防排水工程施工工艺及细则

7.5.3.1　土工格栅加固防护设计方案施工

K137＋875～K138＋110 右边坡土工格栅加固防护设计方案施工既是边坡支挡方案,也是边坡保湿防渗处理方案。该方案利用土工格栅在土体中的加固作用,使膨胀土边坡上覆盖了较厚的稳定土体,从而起到支挡和保湿防渗作用。

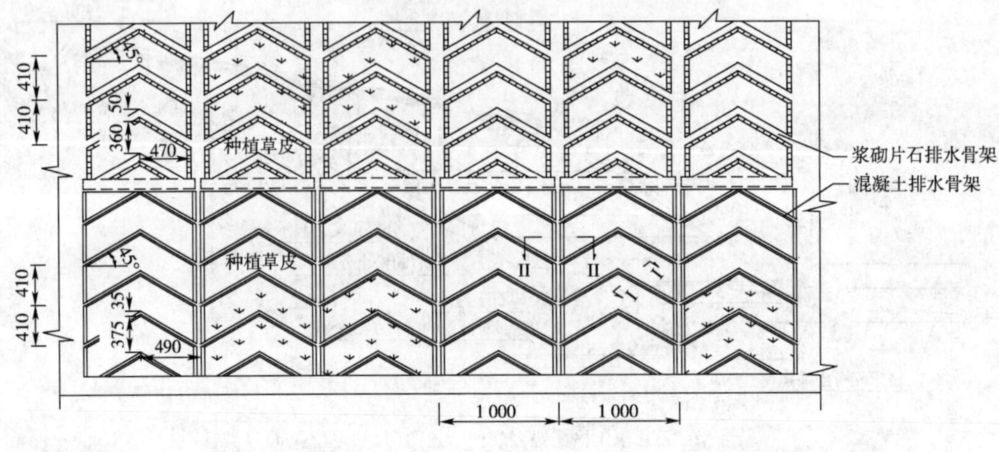

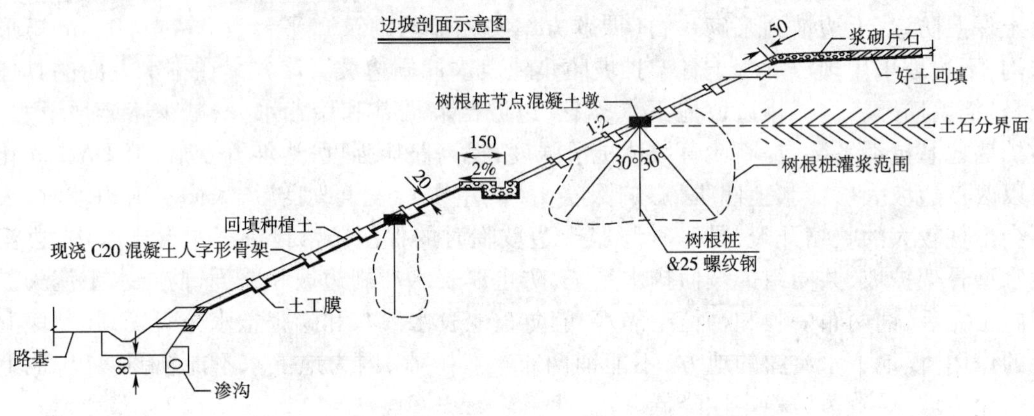

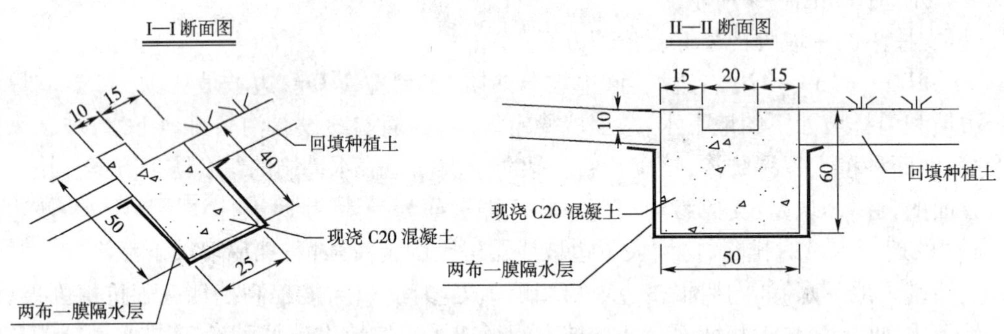

图 7-4　树根桩和坡脚挡墙加固 + 防渗布隔水 + 截水型骨架治理方案示意图（尺寸单位：cm）

1. 方案设计

（1）加筋边坡的坡比：土工格栅加筋体的边坡采用 1:1.5 的坡比进行施工。

（2）超挖的宽度和基础深度：为了实现加筋体边坡的修筑，边坡需超挖一定的宽度。其值主要取决于压路机的轮宽和抵抗墙后土压力的要求。根据目前的施工水平，光轮压路机的轮宽一般为 2.3 ~ 2.5m，因此，超挖宽度为 4.5m，其中种植土宽 0.5m，柔性墙宽 3.5m，碎石透水层宽 0.5m，以保证压路机有一定的工作空间。挖基至路床换填层底同高（路面以下 1.5m）。

（3）土工格栅的间距及长度：水平铺设的土工格栅的间距及长度参考有关工程经验，采用

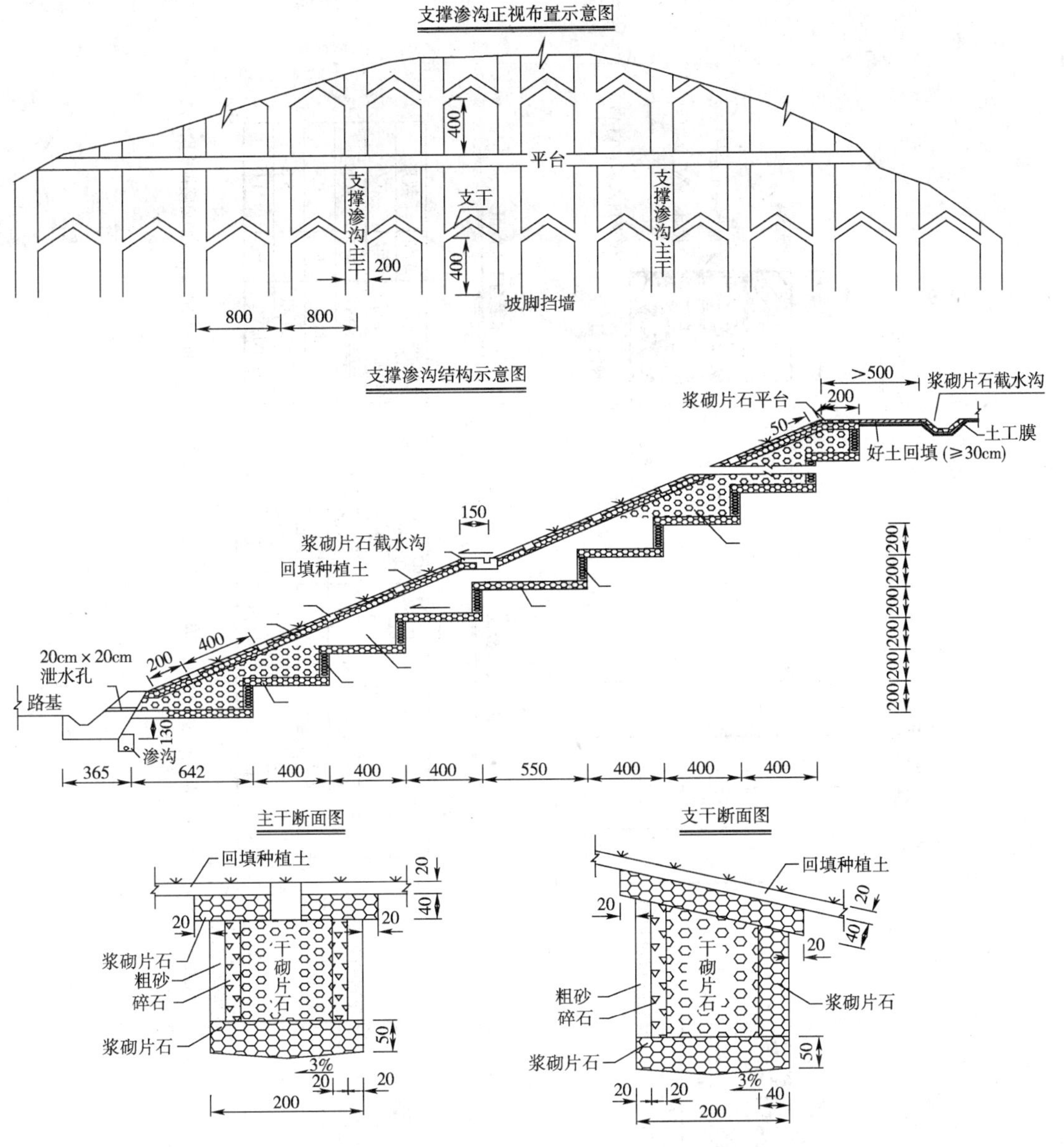

图 7-5 支撑渗沟+坡脚挡墙综合治理方案示意图(尺寸单位:cm)

每两层填土(压实厚度 50cm)铺一层土工格栅,为保证反包需要,每层土工格栅长度定为 4.9m,其中水平加筋长度为 3.5m,反包长度为 1.4m。

(4)回填料的要求:柔性墙从基底至路面以上 0.5m 处采用土工格栅包非膨胀土填筑,此部分称为柔性墙基础,基础之上则采用土工格栅包当地膨胀土填筑,以此减少膨胀土废方。

2. 排水要求

(1)为防止地下水渗出后软化开挖后的边坡坡脚,最下一层填料(厚 20cm)采用碎石料,形成透水层。依据边坡渗水量、施工方法和施工设备条件,在碎石透水层下设 50cm×50cm 盲沟(人工开挖),或设 90(120)cm×60cm 盲沟(机器开挖,盲沟宽度宜大于挖斗宽 10cm)。

(2)为减小地表水对坡面的冲刷,在坡顶和路堑平台设置 20 号现浇混凝土截水沟,坡顶水沟内边缘距原开挖边坡坡顶以外不小于 5m。

(3)为减少路床地下水,在边沟底部设渗沟。

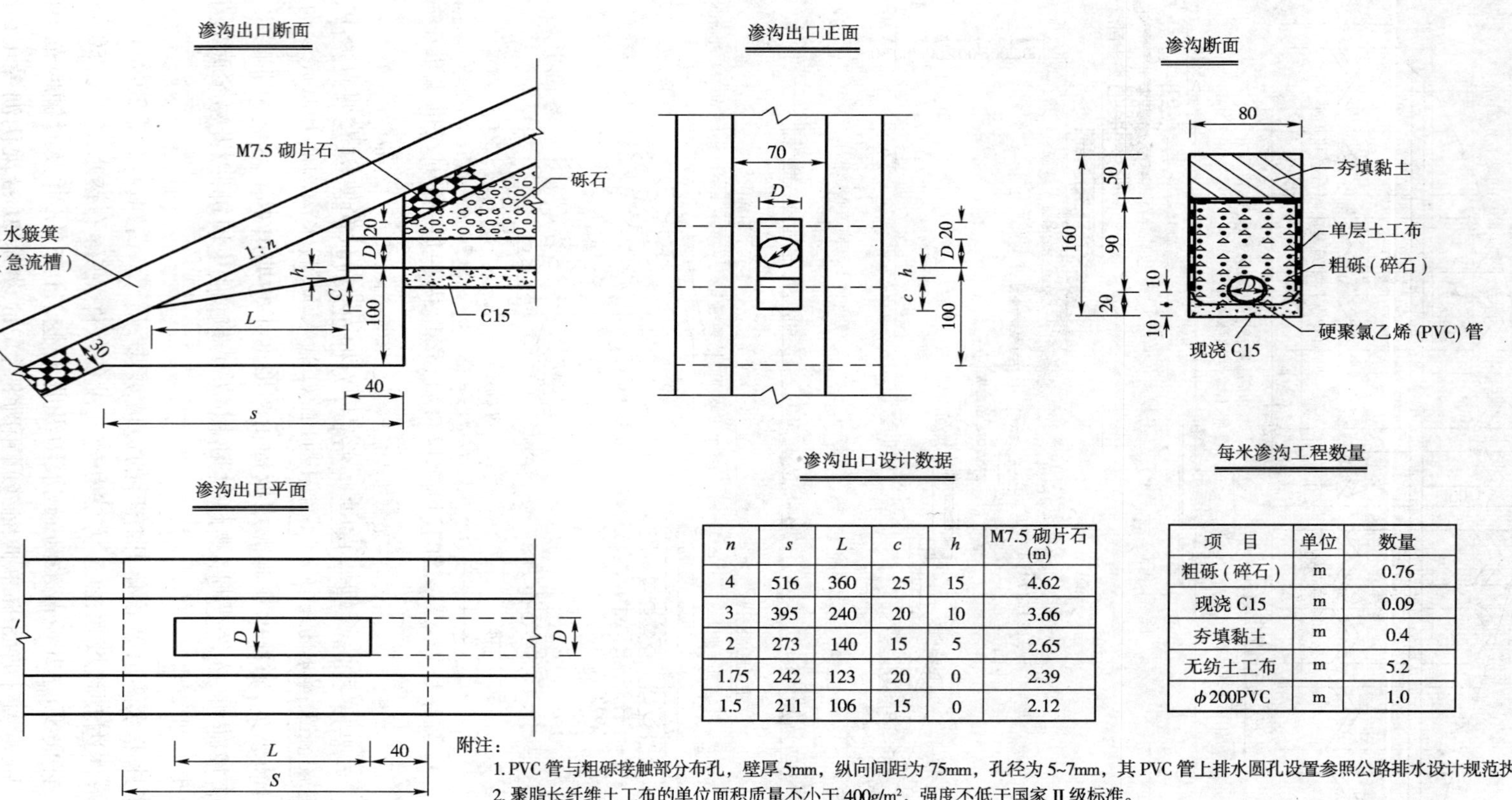

渗沟出口设计数据

n	s	L	c	h	M7.5 砌片石 (m)
4	516	360	25	15	4.62
3	395	240	20	10	3.66
2	273	140	15	5	2.65
1.75	242	123	20	0	2.39
1.5	211	106	15	0	2.12

每米渗沟工程数量

项　目	单位	数量
粗砾(碎石)	m	0.76
现浇 C15	m	0.09
夯填黏土	m	0.4
无纺土工布	m	5.2
ϕ200PVC	m	1.0

附注：

1. PVC 管与粗砾接触部分布孔，壁厚 5mm，纵向间距为 75mm，孔径为 5~7mm，其 PVC 管上排水圆孔设置参照公路排水设计规范执行。
2. 聚脂长纤维土工布的单位面积质量不小于 400g/m²，强度不低于国家 II 级标准。

图 7-6　渗沟示意图

3. 施工工艺流程图(图7-7)

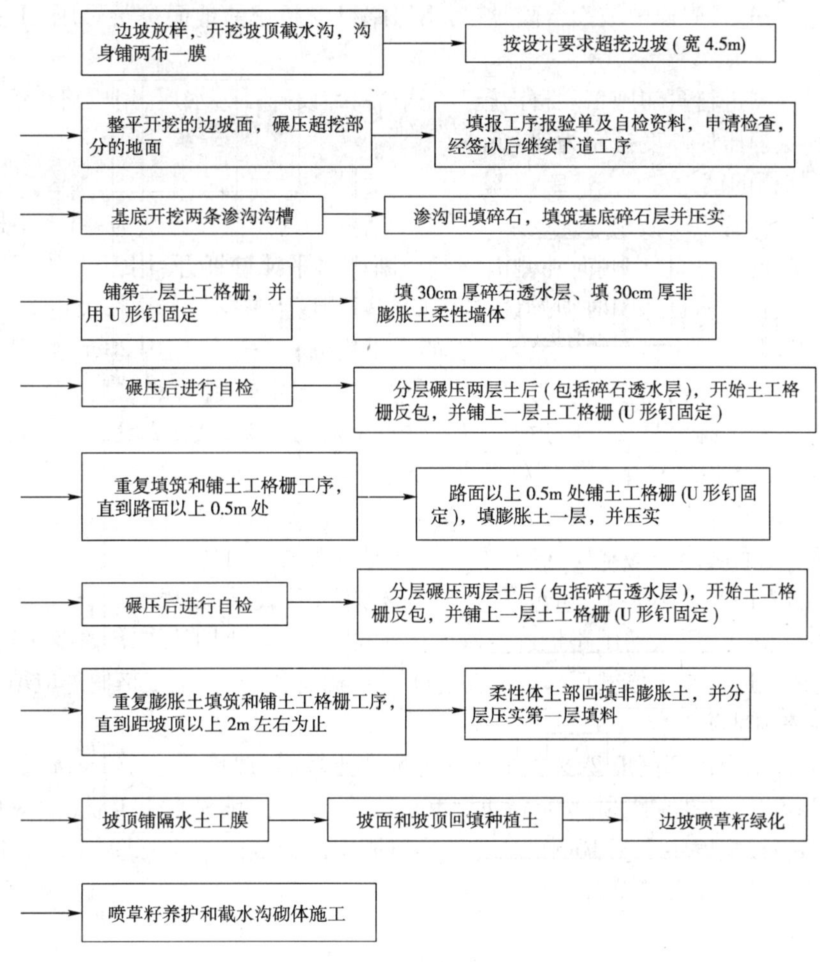

图7-7 施工工艺流程图

4. 施工前准备

(1)选择合适配套机械，主要配套机械设备有：挖掘机一台、履带式推土机一台、振动压路机一台、自卸车4台。

(2)由于水是造成路堑各种病害的主要原因，所以为保证路堑防护加固施工过程中及竣工后有效排水，在路堑防护加固施工前按设计做好截水沟；截水沟沟底和基底渗沟沟底纵坡不小于0.5%，以利排水，引走可能影响边坡稳定的地面水和地下水。

(3)回填土液塑限、天然稠度、颗粒分析、击实试验、CBR值试验以及各强度等级砂浆、混凝土配比均应报监理审批。

5. 防排水设施施工

(1)开挖截水沟和边坡超挖

在边坡开挖前，应先开挖截水沟，截水沟纵坡不小于0.5%，并及时铺两布一膜。截水沟现浇混凝土加固，混凝土厚8cm。伸缩缝间距为8～12m，缝宽2cm，采用沥青麻絮填缝。

边坡开挖过程中，每50cm应预留一个台阶，台阶宽度为0.75m，以保证填挖交界部分能压密实。

(2)碎石透水层及盲沟施工

边坡超挖完毕后，先修整坡面台阶，然后用压路机对超挖的地面进行碾压，压实度要求达到85%。

按课题设计图进行盲沟施工。盲沟施工完毕后，铺设碎石透水层，用压路机静压碎石层3遍。碎石透水层静压后厚度控制为20cm。

(3)土工格栅的铺设

按设计长度裁剪土工格栅并铺设第一层土工格栅。具体操作方法为：将土工格栅一端紧靠超挖边坡台阶的内侧，自内侧向外侧沿路基横断面水平摊铺展开，用U形热镀锌钢钉将格栅尾部固定于土中。格栅摊铺时须拉紧，预留的包边长度沿修整后的边坡反包上来，再用防锈U形钢钉将它与上一层压实好的土和上一层的土工格栅在坡边缘向内20cm处固定。沿路线纵向相邻两块土工格栅的搭接长度为10cm。搭接采用土工连接棒，如无土工连接棒用热镀锌铁丝捆扎。土工格栅摊铺后要及时填筑土料，以避免阳光直接暴晒，一般情况下间隔时间不应超过24h。机械设备不得直接在土工格栅上行走。

(4)回填土的技术要求

回填土前，先回填碎石透水层，碎石透水层高度与回填土同高。每一层回填的土要用同一种土，回填土的松铺厚度不大于30cm，在合适的含水率范围进行碾压，压实后不大于25cm，其压实度要求≥90%，使用振动压路机进行碾压。对每层回填土回填压实后都要进行抽检，当连续压实好两层后，进行土工格栅反包。为防止土工格栅老化，反包土工格栅外应填土。

(5)柔性墙顶部防渗施工

膨胀土施工至距顶部高度2m时，应采用非膨胀土覆盖，厚度不小于1m，覆盖土也应分层压实，压实度≥90%。并在距顶部0.5m时，停止覆盖土施工，铺隔水土工膜（或两布一膜），隔水土工膜之间搭接宽度不小于10cm，并用U形钉固定。完成隔水土工膜施工后，应立即进行边坡和坡顶覆盖种植土和喷草籽绿化施工。

6. 防排水设施质量控制

膨胀土：膨胀土料采用灰黑色膨胀土或灰白色膨胀土，取土地点为K137+870~K138+110路堑边坡滑坡土或其他弃土场的弱—中膨胀土。

黏土：取土地点为K137+875~ K138+110右山坡。

土工格栅：加筋材料采用TL35型单向土工格栅（原设计方案已采用），其主要技术指标为：幅宽1.3m，极限抗拉强度为35kN/m，极限延伸率为10%。

回填土每一压实层均应检验压实度，合格后方可填筑其上一层。检验频率每2 000m^2检验8点，不足200m^2时，至少应检验2点。回填土的坡度符合设计要求，同时边坡外观检查按《公路工程质量检验评定标准》执行。

截水沟、渗沟及盲沟的检查包括砌筑质量、砌筑尺寸及外观检查。砌缝内砂浆均匀饱满，勾缝密实。可参照《公路工程质量检验评定标准》执行。

7.5.3.2 树根桩和坡脚挡墙加固+防渗布隔水+截水型骨架防坡面冲刷综合治理方案

K138+480~K138+680左边坡，采用树根桩和坡脚挡墙加固+防渗布隔水+截水型骨架防止坡面冲刷综合治理方案。

1. 施工工艺流程图（图7-8）

2. 防排水设施施工

(1)喷洒DAH固化液

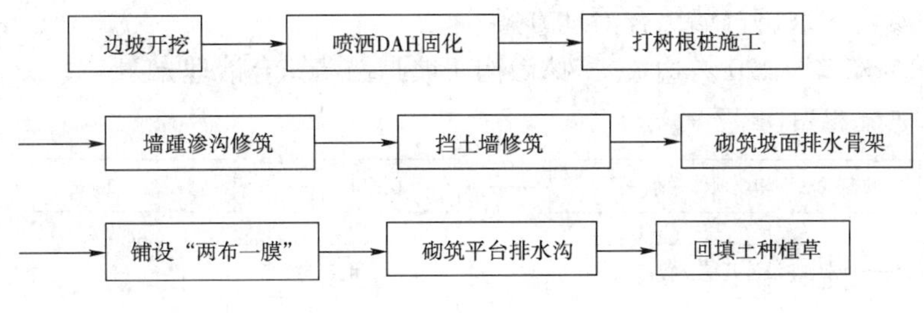

图 7-8　施工工艺流程图

首先,坡面用钢钎打深 40 ~ 50cm,距离 30 ~ 50cm 的梅花状间距小孔。

在坡顶设置搅拌场,DAH 混合固化液按设计比例掺配好,DAH 混合固化液配比为 DAH 溶液: 水: 石灰 = 1: 100: 8。然后,搅拌均匀,用小水泵将混合固化液泵送并喷洒到修整好的边坡上,直到混合固化液在坡面上流淌,边坡不能吸收为止。这样渗透喷洒一次,天气晴好时待一天后,再渗透喷一次,喷洒时应由上至下进行,坡顶以上 6m 范围内也应喷洒,喷洒次数为 3 次。

(2)修筑墙踵渗沟和边沟

按设计图修筑渗沟及边沟,渗沟和挡墙基础均采用机器开挖,开挖过程中,应及时回填碎石和进行挡墙基础施工,防止墙背膨胀土(岩)在大气中暴露时间过长,导致膨胀土(岩)开裂、松散、坍塌。

(3)坡面骨架施工

平台上坡面:骨架已按原设计完成(浆砌片石截水型骨架)。

平台下坡面:采用现浇混凝土截水型骨架。边坡骨架放样后,开挖骨架基坑,基坑底和两侧均铺设好“两布一膜”,再立模和进行骨架混凝土浇筑。

(4)铺设“两布一膜”合成材料

DAH 固化液喷洒结束后,坡顶按设计铺两布一膜,并在其上铺浆砌片石和种植土。坡面两布一膜则可在骨架施工完成后,在平台和骨架框格内铺两布一膜,并在其上铺种植土厚度不小于 20cm。两布一膜铺设时应使其平整无褶,连接时采用搭接方式,搭接宽度不小于 10cm,搭接时应使高端压在低端上。铺设完成后应对每作业端检查 3 处。

(5)回填土植草

回填种植土厚度不小于 20cm。由于坡面喷洒过 DAH 改良溶液,改良后的表层土在初期呈碱性(pH≥12)不能种草,因此只能在 1 个月以后进行。植草前应测试土壤的 pH 值,当 pH 在 6 ~ 9 左右时种植草皮比较容易成活。

3. 防排水设施质量控制

(1)水泥满足国标《硅酸盐水泥、普通硅酸盐水泥》(GB 175—1999)的要求。

(2)石灰按《公路路面基层施工技术规范》(JTJ 034—2000)中石灰稳定土的 I 级钙质生石灰技术指标控制。

(3)DAH 混合固化液应严格按配比施工。

(4)边坡、坡度外观检查按《公路工程质量检验评定标准》执行。

(5)平台截水沟、渗沟和骨架的检查包括砌筑质量、砌筑尺寸及外观检查。可参照《公路工程质量检验评定标准》执行。

(6)草皮的质量及外观检查。按照《公路工程质量检验评定标准》执行。

7.5.3.3 支撑渗沟+坡脚挡墙综合治理方案

K139+100~K139+420右边坡,支撑渗沟+坡脚挡墙综合治理方案。

1. 施工工艺流程图(图7-9)

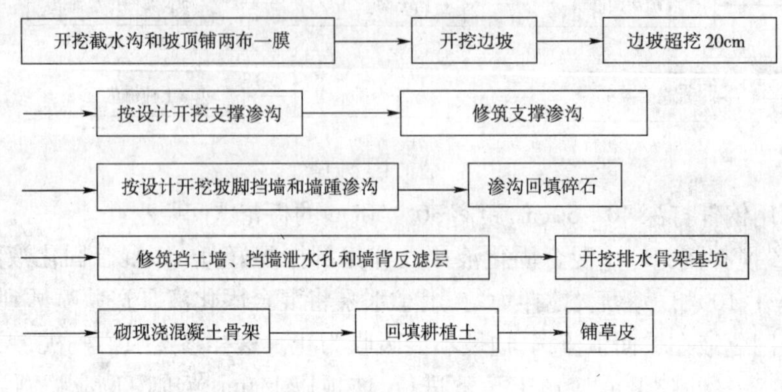

图7-9 施工工艺流程图

2. 防排水设施施工

(1)边坡的开挖

该坡的原设计的截水沟已完成大部分,故截水沟采用原设计的方案。为了做好坡顶的防排水,应铺设好土工膜,及时回填好土。

按设计坡比开挖边坡并超挖20cm、修整好边坡,清除表面浮石、松土,当边坡有坑凹时应嵌补填平,使坡面平顺整齐。

(2)支撑渗沟施工

按设计图纸在边坡相应位置开挖支撑渗沟,开挖前应做好临时截、排水措施。随挖随核对地质资料,如遇地质不良地层,应通过变更设计采取措施。支撑渗沟开挖到设计深度后,立即回填干砌片石。干砌片石回填时宜紧靠坑壁砌筑。为防止淤积,渗沟进水侧壁及顶端应设置反滤层。浆砌片石施工遵守有关规程进行施工。

(3)支撑渗沟干砌片石施工:选用的石料强度大于30MPa,不易风化、吸水后不软化的石块。砌体石块之间嵌锁密实,目视坡面没有明显的起伏,从下往上看没有分层的现象。

(4)支撑渗沟过滤层的施工:为了防止土壤淤积渗沟里,在支撑渗沟的主干两侧各设置粗砂层及碎石层,施工时砂石界面用塑料板或薄木板隔开。碎石与干砌片石界面密实稳定,碎石粒径控制在5~40mm之间。

(5)坡脚墙踵渗沟和边沟施工

按设计图修筑渗沟及边沟,渗沟和挡墙基础均采用机器开挖,开挖过程中,应及时回填碎石和进行挡墙基础施工,防止墙背膨胀土(岩)在大气中暴露时间过长,导致膨胀土(岩)开裂、松散、坍塌。

3. 防排水设施质量控制

(1)水泥满足国标《硅酸盐水泥、普通硅酸盐水泥》(GB 175—1999)的要求。

(2)边坡、坡度外观检查按《公路工程质量检验评定标准》执行。

(3)截水沟、支撑渗沟和骨架的检查包括砌筑质量、砌筑尺寸及外观检查。砌缝内砂浆均匀饱满,勾缝密实,可参照《公路工程质量检验评定标准》执行。

(4)种草皮的质量及外观检查,按照《公路工程质量检验评定标准》执行。

7.6 研究结论

在2002年7月~2005年7月三年间,排水课题组依据相关合同和研究大纲,在广泛调研、室内土工试验、修筑现场试验路段、理论分析等研究的基础上,开展弱、中强膨胀土路堤、路堑的排水设计方法与防治措施研究,并对湖南常张高速公路试验段弱膨胀土路堤防排水处治技术进行研究,还进行了南友路中、强膨胀土路堑边坡防排水设计与施工及试验研究,取得了丰硕成果。

1. 膨胀土地区公路路基水损害防治措施研究结论

(1)研究了适用于不同膨胀土类型及气候环境条件下,防止水损害膨胀土路基(包括路堤、路堑)的最佳坡型、坡比,并推荐了相应的设计值;研究了膨胀土路基排水设施的设置位置,包括路基地表排水设施、路基地下排水设施。

(2)研究防止雨水入渗与蒸发引起膨胀土路基风化作用的防水保湿措施;研究了抑制膨胀变形土体风化作用及封水效果。包括:土工格栅包土保湿防渗;利用土工膜对膨胀土路堤进行防水保湿;用非膨胀土、改良膨胀土将路堤包裹进行防水保湿;非膨胀土包裹路堤;用石灰改良膨胀土包边填筑路堤;全封闭膨胀土路堑边坡进行保湿防渗;片石护坡(护面墙);喷混凝土锚杆护坡;隔水土工膜上铺种植土;用NCS固化材料、DAH混合固化液等对膨胀土路堑、路堤表面封水研究。

(3)对地下水位较高、路堤填高不大的膨胀土路段,采用降低地下水位所需的排水设施及设置方法。

(4)开展支撑渗沟用于边坡排水作用的研究。包括:无砂大孔混凝土盲沟排水、干砌片石支撑渗沟。

2. 膨胀土地区公路路基防排水系统设计方法研究结论

(1)膨胀土地区公路排水设计应以防、排、疏相结合,并与路基防护、地基处理以及特殊路基地区的其他处治措施相互协调、形成完善的排水系统。

(2)路基排水设计应遵循总体规划、合理布局、少占农田、环境保护的原则,并与当地排灌系统协调。详细调查公路沿线原排水灌溉系统,分析公路形成后对沿线排水系统的影响。公路沿线新的排水系统应尽可能保持和改善原排水灌溉系统的功能。

(3)膨胀土(岩)干湿循环,导致土体强度衰减,是膨胀土地区工程病害的普遍性原因。

(4)基于公路路床承受汽车动载的影响较大,路床湿胀干缩开裂,直接影响路面(包括基层和面层),路床要有较高的强度、压实度和较好的水稳定性能。

(5)膨胀土地区,表土易冲蚀,因此,膨胀土地区的永久性地表排水设施应采用砌体加固。中、强膨胀土地区在采用浆砌片石排水砌体时,应慎重做好基底隔水设计,条件许可,宜采用整体强度较好的现浇混凝土排水设施。

(6)直接在膨胀土上砌筑的排水砌体,应在其底部设置隔水层。排水困难地段,可采取降低地下水位等措施,使路基处于中湿状态。

(7)施工场地的临时排水设施,应尽可能与永久性排水设施相结合。各类排水设施的设计应满足使用功能的要求,结构安全可靠,便于施工、检查和养护维修。

(8)膨胀土地区公路排水设计,应建立在沿线充分调查、勘探、试验收集有关膨胀土特点、地质结构、地形、地貌、水文地质和气象资料基础上。排水设施的结构和尺寸大小应进行流量、流速的计算和分析,并应符合规范要求。宜进行膨胀土含水率变化分析,并以此作为膨胀土保湿防渗方案的分析基础。

(9)在膨胀土(岩)中设置渗沟,主要是排膨胀土(岩)结构面或裂隙中的地下渗水。设置渗沟能够降低结构面和裂隙中的地下水,从而降低结构裂隙面附近膨胀土体的含水率。

(10)膨胀土地区的地下水流是比较复杂的,一方面有岩土结构裂隙水流,它属于局部紊流或混合流;另一方面也有非饱和土孔隙水压力产生的渗流,它要运用非饱和土达西定理来进行流量分析和计算。基于渗沟中地下水主要来源于结构裂隙面,膨胀土地下水流速、流量可按地下水局部紊流或混合流时分析计算。

(11)对公路路面排水进行了研究。路面排水包括路面表面排水和路面结构层排水。因高速公路路幅较宽,为防止路面积水冲刷路堤边坡,应在存在路堤边坡冲刷的地段的路肩边缘设置拦水带或浅小型路肩排水沟,拦水带(路肩排水沟)出水口间距应根据当地气象水文资料或排水规范要求计算流量来确定。高速公路弯道超高地段,为防止超高一侧的水穿过中央分隔带流入另一侧路面,从而使该幅路面水膜增厚,减小路面摩阻力,造成汽车行驶中滑动,影响行车安全,在超高地段中央分隔带内设置排水沟、集水井、路基横向排水暗管及急流槽。路面水由路肩排水沟汇积,通过集水井、排水暗管和急流槽排入路堤坡脚排水沟内。

(12)基于膨胀土地区公路路床(包括路堤和路堑)一般应进行换填,以防止路床变形和保证路床强度的原因,膨胀土地区公路排除路面结构内的自由水,可只考虑自由水对路面面层和基层的影响,只考虑路面裂隙渗水的影响。为此,沥青路面可在路面边缘下设置小型碎石盲沟边缘排水系统。水泥路面则可设置两道盲沟,一道采用小型碎石盲沟设置在土路肩下;另一道则采用小型无砂混凝土盲沟设置在行车道与硬路肩交界处的纵缝下,并在适当位置设置横向小型无砂混凝土盲沟排除路面渗水,也可在路面结构层内设置排水基层系统。

(13)对弱膨胀土地区公路路基排水系统进行了研究。研究主要包括路面排水、路基地表排水、路基地下排水、保湿防渗四个方面。

(14)对中、强膨胀土地区公路路基排水系统进行了研究。主要包括中、强膨胀土地区公路路基地表排水、地下排水;渗沟设置位置;路床防排水;路基保湿防渗处理。

(15)提出了膨胀土公路施工期间的临时排水措施。

(16)研究了防止水土流失、维持或改善公路沿线农田灌溉和蓄水系统。

3. *广西南友路水损害防治措施和排水设计应用研究*

(1)对南友路膨胀土进行了系统的土工试验,获得了试验路段膨胀土的工程特性。

(2)对广西南宁至友谊关公路依托工程膨胀土路堑进行了处治方案设计。土工格栅加固防护方案;树根桩和坡脚挡墙加固 + 防渗布隔水 + 截水型骨架综合治理方案;支撑渗沟 + 坡脚挡墙综合治理方案;锚杆框架加固防护方案。

(3)不同埋深条件下(0 ~ 1.0m 或 0 ~ 2.0m)的膨胀土内温度随不同气候条件变化规律。

第八章　膨胀土路基水损害防治与预测

8.1　膨胀土的水损害作用机理

8.1.1　构成分散体系膨胀土各相的性质及其相互作用

在膨胀土中,不仅不同的相性质不同,而且各相的内部与相邻各相在交界面上的性质也不相同,界面表现出特殊的作用,如吸附、表面张力、摩擦等,它们是各相间的相互作用引起的。当将水分以某种方式加入膨胀土时,就会受到不同来源和性质的力的作用,这些力作用的结果引起了膨胀土内水分的保持、运动和负温条件下未冻水含量随温度的变化特征。实验研究表明,当膨胀土的固相和液相溶液的性质不同时,膨胀土对其中水分的保持和在一定条件下水分的运动以及未冻水含量随温度的变化特征也不同,同时,膨胀土中水分的运动性、密度、热容量,对可溶解物质的溶解性随含水率的变化而变化。因此,膨胀土中各相的性质、含量、温度和压力及其各相之间的相互作用决定了膨胀土内水分的运动和积累,也决定了不同状态和条件下膨胀土的物理力学性质[1]。

当将膨胀干土置于具有一定水气压的空气环境或将水分加入其中,水分子将受到各种力的作用,首先将受到范德华力和氢键的作用。前者是由于膨胀土颗粒表面的原子和内部原子受力状态不同,在颗粒内部,每个原子以各个方向与其周围的原子相互作用,但在颗粒表面,部分力未与其他原子的作用力相平衡,这些力是自由的,并能做功,如吸附水分子和气体分子等。这种力主要产生在紧靠颗粒表面处,并与吸附物质距表面距离的六次幂成正比,对紧靠颗粒表面的水分子产生很大的影响。随着水分子距土颗粒表面距离的增大而很快消失。

当将水以某种方式加入膨胀土后,就会受到各种不同性质的来源力的作用,这些力在不同条件下的作用使水分在土壤中得以保持,并在一定条件下引起了水分在膨胀土中的运动。

静水压力作用下的膨胀土水渗透运动可以用著名的达西定律来描述。在这种情况下,由于膨胀土水的渗透系数主要依赖于膨胀土的性质和膨胀土孔隙空间的结构,因此,可以借助于数学物理方法定量地研究水分在膨胀土中的运动过程。

在有地下水位存在情况下,虽然现有的实验研究资料给出的毛细水上升高度位于根据理想土模型所确定毛细水上升高度的范围之内,但依然有许多问题未得到解决。这主要与薄膜水的厚度有关,例如,现有的实验资料表明,吸附水膜的厚度基本上都小于1 000Å,那么膨胀土孔隙半径大于该值范围的土孔隙水应当属于毛细力作用的范围，理论计算的毛细水上升高度可达10m以上，但实际膨胀土中未观测到这种现象，而且密实度很高的黏土实际上是不透水的，因而也就观测不到相应情况下毛细水的可能上升高度。

由于膨胀土颗粒表面与水分子的相互作用，引起水分子的定向排列并受到束缚，从而在土颗粒表面形成结合水的吸附水膜。在水分子被吸附过程，水分子从相对自由状态变为受束缚状态，原来自身所具有的动能伴随着水分子被颗粒表面吸附以所谓湿润热放出，而土颗粒表面所固有的表面能也随着吸附水膜的增厚而减小。膨胀土在被湿润过程所得出的湿润热与引起放出湿润热所增加的含水率之比随着膨胀土含水率的增大而减小，这就表明吸附水的性质和它与膨胀土颗粒表面结合的牢固程度随着吸附水量的增多在不断变化，同时也说明吸附水膜是由多层水分子构成的，其受土颗粒表面的束缚程度随着水分子距颗粒表面的距离增大而减小。

膨胀土从空气中吸收水分子的量依赖于空气的相对湿度，随着空气相对湿度的增大，膨胀土吸着的水汽量增大，而当空气相对湿度减小时，在一定条件下膨胀土将失去水分脱水。同时，随着土颗粒的减小，相同重量的膨胀土吸湿水量迅速增大，而且特定膨胀土的吸湿水量具有按不同粒级土颗粒吸湿水的可加性。膨胀土中的吸湿水主要取决于膨胀土的分散度，也即取决于土壤固体颗粒表面积。与湿润过程相比，土壤在脱水过程的含水率随空气相对湿度的变化明显高于吸湿过程的含水率，通常将空气相对湿度 $\varphi = 94\%$ 时的膨胀土含水率称为最大吸湿含水率，当膨胀土的含水率低于最大吸湿含水率时，膨胀土中的水分只能以气态方式迁移。

膨胀土含水率随空气相对湿度的变化特征，将 $\varphi = 90\%$ 作为膨胀土水状态分类中所谓强结合水的界线。当空气相对湿度大于90%时，随着膨胀土周围空气相对湿度的增大，膨胀土含水率增大，引起的原因可能与这种条件下膨胀土内出现大量的毛细管凝结现象有关。砂中所保持的水主要由毛细力支持，而粉砂中则可能是毛细力和颗粒表面吸附力共同作用的结果，膨胀土中主要为土颗粒表面的作用力占主导地位。

由于膨胀土固体颗粒和水的固有性质，当水分以某种方式进入膨胀土后能在各种力的作用下在一定条件和范围内将其保持在土壤中，但是，这些力往往并不是同时出现的，而是随土中含水率的变化而变化，并依赖于膨胀土的结构。当膨胀土含水率较低时，其中只有吸附力作用，虽然这时膨胀土中有毛细空间存在，却不一定有毛细现象，因为毛细现象的出现只有在膨胀土中有毛细管凝结以后，所以不可能有毛细力作用。随着膨胀土含水率的增大，土颗粒表面的水膜增厚，吸附力逐渐减弱，并在微小孔隙和土颗粒接触点周围形成毛细水和触点水，这时吸附力和毛细力可能共存，但占优势的作用力依然是吸附力。当膨胀土含水率进一步增大时，吸附力进一步减小或完全消失，毛细力则可能占有主导地位。

土吸力的概念最早大概由 E. Buckingham 在20世纪初提出，并将它称之为毛细管势，定义为从土中排出单位量的水所做的功，其最大特点是比较容易测定，且在特定过程是土含水率的单值连续函数，随土含水率的增大单值连续地减小，因此得到了比较广泛的应用。

在一定条件下土中的水分将从含水率高的区域向含水率低的区域迁移。因此，许多研究者通过将土中的水分迁移过程与描述固体中导热过程的傅立叶定律相类比，力图用与傅立叶定律相类似的简单线性唯象关系来描述土中的水分迁移流 q_w，即：

$$q_w = -K_w \frac{\partial W}{\partial X} \tag{8-1}$$

式中:K_w——土水分扩散系数。

因为土吸力是土含水率的单值连续函数,所以,如果设土吸力为 $P=P(W)$,又可写为:

$$q_w = -K_w \frac{\partial W}{\partial P} \times \frac{\partial P}{\partial X} \tag{8-2}$$

由于$\frac{\partial P}{\partial W}<0$,所以$\frac{\partial W}{\partial P}<0$,故上式表明,水分从土中吸力小的区域向土吸力大的区域迁移。

8.1.2 膨胀土中水的性质及有关现象

水分子是由两个带正电荷的氢原子和一个带负电荷的氧原子构成,其空间结构为氢、氧原子位于等腰三角形的三个点上,氧原子所占据的三角形顶角为105°,由于氧原子和氢原子不在同一条直线上,使得水分子中静电电荷不平衡,从而构成为一端带正电荷,另一端带负电荷的偶极体。这样水分子间极性相反的两端相互吸引形成较弱的氢键,使得水分子具有某种定向排列,也可与带有某种电荷的其他物质,如溶液中带正电荷或负电荷的离子相互作用,使离子水化。

在水分子中,两个氢原子间的距离为1.54Å,氢原子和氧原子相距0.97Å。在液态水中,每个水分子周围通常约有4个或更多个水分子,构成共用键的可变结构,通常这种结构是足够牢固的,在某种程度上就像分子一样活动,使水显示出类似聚合物的特性。只有在气态,分子间的联结才消失。液态水中分子间的力的存在,使得水分子很难变成气态而离开液面散失,所以,水的沸点很高。同时,由于水在液态时已微有晶体结构,容易由液态变为固态,因此,水的冰点也高。液态水中弱氢键的存在使水的黏滞度高于不相缔合的液体,并且具有在一切固态和液态物质中最大的热容量。

当水由固态变为液态或由液态变为气态时,其中的氢键必然部分或全部断裂,相反的过程则必须重建氢键,因此需要相当高的能量以完成这些转变。

根据分子运动学说,不同相态中的水分子始终在不停地进行着热运动,运动的速度随着温度的升高而加快。运动中的水分子常相互碰撞,使其中一些分子获得足够高的动能离开液态或固态表面进入周围的空气中,同时,气态中的某些水分子在撞击水面或固体表面时被吸附,一定时间内以固相或液相进入空气和相反向被水面或冰面吸附水分子的数量取决于空气中水蒸气的含量和温度。

当膨胀土中的水气压分布不均匀或者说水气浓度分布不均匀时,水蒸气将从水气压高的区域向水气压低的区域运动,同时,膨胀土中温度分布不均匀所引起的膨胀土内空气压力的变化以及膨胀土内空气与大气之间的空气交换都可能引起膨胀土内水蒸气的迁移流。

膨胀土中的水分保持、迁移是膨胀土中固相、液相和气相相互作用的结果,是膨胀土系统水分所受力不均匀引起的。膨胀土是一多孔介质,水是其中的重要组成之一,所以,毛细力(或称为弯月面力)以及由毛细力所引起的毛细管水运动是膨胀土系统普遍存在的一种力和最常见的一种现象之一。

毛细水和薄膜水是受完全不同性质的力制约的,前者是由不同相界面间弯液面引起的所谓毛细力(或弯液面力),后者则是分子力,其大小取决于弯液面的曲率半径和孔隙的直径以及水分子距土颗粒表面的距离。

在蒸发条件下，当土中的毛细水连续时（注意这里是指占优势的土孔隙），水分可以连续不断地由毛细水迁移补充在蒸发面被蒸发的水分中处，当表面的蒸发速度大于毛细水迁移速度时，蒸发面向下移。在粗颗粒土中，蒸发面以上部分的土壤的含水率非常小，尽管其中颗粒表面的薄膜水厚度在相同条件下比细颗粒土表面的大。但在细颗粒土层内，除了薄膜水外，蒸发面以上土层中还存在大量的触点水以及小孔隙中受毛细力作用所保持的水分，使膨胀土的含水率比较高。这些触点水和小孔隙中的水分被蒸发要求更低的空气湿度，在蒸发过程中，它们一方面可以由于自身状态的平衡破坏而发生运动，另一方面可使被蒸发的薄膜水厚度增大。这就说明，不同大小的孔隙水所对应的蒸发湿度不同。

正如膨胀土中的水分在蒸发条件下，一定的空气湿度对应于一定土蒸发面的运动一样，蒸发面的移动与否，取决于占优势土孔隙水补给条件，当蒸发量与补给量相同时，蒸发面保持不变，当蒸发量大于补给量时将引起蒸发面的下移，因此，对一种膨胀土是稳定的，对另外一种膨胀土则可能是不稳定的，即蒸发面可能向下移动。

毛细现象发生在气相、液相和固相三相的分界面上，产生的原因是液体分子之间以及液体分子与固体分子之间相互作用的结果。液体内任何一个分子，都受到其周围分子引力的作用，同时该分子也吸引周围的分子，就平均而言，在一定时间内它们彼此是平衡的。但是，位于液体和气体分界面上的液体分子，对液体内分子的吸引力被液体内分子的吸引力所抵消。对空气分子的吸引力却不能完全被空气中分子的作用力抵消，这样，在液体表面产生了剩余表面能，其值与液体表面积成正比，通常称之为表面张力。水的表面张力 a 与温度 T 的关系可近似按式(8-3)计算。

$$a(T)=75.7(1-0.002T) \qquad (\text{达因/厘米}) \tag{8-3}$$

在固液界面上的液体分子，一方面受到固体分子对其的吸引作用，另一方面受到液体内部分子的吸引作用，同时，也吸引其周围的固体和液体分子。这样，如果固体表面的分子对液体表面上的分子的吸引力大于液体内部分子对处于固液界面上分子的吸引力，则液体湿润固体，否则，液体则不湿润固体。

在一定的温度和压力范围内，水可以分别处于液相、气相和固相，如果以温度和压力作为直角坐标系的两个坐标，则汽化线、升华线和融化线将整个区域分为三相单相存在的三个区域，在各自的区域内温度和压力可以独立变化，在分界线上两相或三相可以平衡共存。

8.1.3 膨胀土中水分的迁移

水分在膨胀土中可以以液态、气态和固态形式存在，因此，在一定条件下水分就可能以三相之一或三种相态的某种组合进行迁移。

膨胀土饱和时，其中只可能有液态水流，即所谓的水分渗透运动。当膨胀土未饱和时，首先不为水占据的必然是膨胀土中的大孔隙，这时，当膨胀土内存在温度梯度时就可能形成水气压梯度，引起从高温向低温区的水蒸气扩散流。在温度均匀情况下，膨胀土内含水率分布不均匀可能引起土内空气的水蒸气分压的不均匀，导致水汽从含水率高的区域（水汽也高）向含水率低的区域迁移，这样，伴随着干土部分吸湿和湿土部分蒸发，同时还可能存在从湿土向干土部分的液态水迁移流。在天然条件下，当大气和膨胀土空气间存在水气压差时，水分将通过蒸发面向大气中迁移，而膨胀土内部的水分则可能以液态和气态向蒸发面迁移。在风的作用下，通气良好的粗颗粒土中在一定深度范围可能出现大气与膨胀土空气间的对流交换。

在地下水位存在条件下，毛细力的作用将形成水分沿膨胀土孔隙的毛细水上升运动。在毛细水上升达不到的区域，在吸附力作用下水分在一定条件下可以液态形式从水膜厚的区域向水膜薄的区域迁移。当地下水位深埋时，下渗的大气降水可能在膨胀土上层形成所谓悬着水，并在很大的含水率梯度作用下水分并不向下部含水率较小区域迁移，其原因是，在许多情况下即使膨胀土内还存在很大的含水率梯度，也即膨胀土吸力梯度或膨胀土水势梯度，膨胀土内的水分实际上停止了迁移，与膨胀土内形成的悬着水所不同的是，前者是当水自上而下运动到一定位置时，即使悬着水底部依然存在很大的含水率梯度，水分不再向下迁移，而后一类在初期水分从含水率高的区域向含水率低的区域迁移，迁移水流随着时间的延长而减小，直至最后实际上的停止，这时膨胀土内的含水率梯度依然很大。这就是说在一定条件下水分能够以液态或气态从含水率高的区域向含水率（或水气压）低的区域迁移，而在另外一些条件下即使膨胀土内存在很高的含水率梯度，水分却不能从含水率高的区域向含水率低的区域迁移。

8.1.3.1　膨胀土中的气态水迁移

在平衡条件下，膨胀土中的水气压是土温度、含水率和土水溶液浓度的函数，土中的水汽迁移是由于其中水气压分布不均匀所引起，因此，在一定条件下，上述自变量中任何一个变量分布不均匀都可能导致系统内水气压的分布不均匀，从而引起土中的水汽从一区域向另一区域的迁移。

膨胀土含水率对水汽迁移的影响表现为两个方面，首先，在膨胀土空气非饱和条件下，平衡状态的水分是气液两相的平衡，如果平衡不满足，水分将从化学势高的相向化学势低的相转变，如果气相的化学势高，则要产生气相的凝结，并表现为固体颗粒表面的吸湿，相反的情况则是表现为水分的蒸发和膨胀土的脱水。所以，特定过程中的土壤含水率在平衡条件下是膨胀土空气湿度的函数，并随空气湿度的增大而增大。当膨胀土内含水率分布不均匀时，将在不同区域产生水气压差和引起水汽的扩散，水汽迁移的结果将破坏气液两相间的平衡，导致含水率高的区域的水分蒸发和含水率低的区域水汽凝结，以使系统趋于新的平衡状态。在膨胀土空气趋于饱和条件下，毛细管凝结现象可能是引起土壤中水汽迁移的主要原因。

讨论膨胀土含水率，膨胀土水中溶质的浓度和温度梯度对膨胀土中水汽迁移的影响时，强调膨胀土水气压作为这些量的函数，在这些量发生变化时对土气压的影响和形成水气压差所可能导致的膨胀土内部的水汽迁移及与环境空气间的水分交换，然而，土中的水汽迁移同时依赖于膨胀土的性质和由膨胀土固体颗粒所构成的孔隙空间结构。

一般条件下膨胀土中的水汽扩散流对土中水分迁移的影响随土分散度的增大而增大。

在天然条件下，大气降水是膨胀土中水分的主要来源。大气降水、土中水分的蒸发和大气与膨胀土空气间的空气交换是土壤中水分与大气之间进行质量交换的主要方式。活动层由粗颗粒土构成的地段多数坡度比较大，同时粗颗土的持水能力差，因而饱和度通常很低，透气性良好。夏季的大气降水进入土层后容易沿坡在重力作用下被排泄，残存的水分也容易通过蒸发和大气与膨胀土空气间的对流交换被散失。大气的降水和周围地层水分补给是特定地层全部水分来源，那么该地层的组成物质的持水能力、排泄、蒸发和水汽与土空气间的对流交换特征则决定其内部的水分积累，也即地下冰的形成。在这种情况下，粗颗粒土地层中通常很难形成高含水率的冻层。

与粗颗粒土构成的活动层相比，由细颗粒土所构成的活动层通常位于坡度较缓的地段，加之细颗粒土持水能力高，透气性差和导热性能不良，夏季大气降水和周围地段可能的补给水分不容易被排泄掉，进入融化层中的水分有较充足的时间通过融化界面向下伏冻结未融层中迁移，并可能被冻结保持。细颗粒土自身特性成为细颗粒土层内水分平衡净积累的主要原因，而负温和冻融过程的薄膜水迁移为地下水的形成创造了条件。

8.1.3.2　膨胀土中液态水的迁移

膨胀土中的液态水迁移包括静水压力作用下的水分渗透运动、吸附力和毛细力作用下的薄膜水及毛细水运动,通常前者满足著名的达西定律,后者则取决于膨胀土的性质以及由土壤固体颗粒所构成的孔隙空间结构。

渗透系数 K_p 的值依赖于膨胀土固体颗粒的组成、构造、孔隙的大小和分布特征及其中被夹带的空气,其值由试验来确定。

对粗颗粒的砾质、砂质和不可压缩的细颗粒土,可用达西定律来描述其中的水分渗透速度。对于可压缩的细颗粒土,其中的水分渗透只有当水的压力梯度 dP/dX 大于某一起始压力梯度 i_0 时才能发生。

在有关膨胀土水运动的研究中,通常关心的是毛细水的上升高度和由毛细力所保持的膨胀土含水率,然而,实际要确定特定膨胀土中受毛细力作用所保持的水量是不可能的。一般在一定的土含水率范围内,往往是受膨胀土吸附力作用和毛细力作用而保持的水同时共存。这也可能是在膨胀土水研究中引入膨胀土吸力或膨胀土水势的重要原因,所以,在膨胀土水势的分量中,通常将二者统称为基质势。

在膨胀土水的保持中,悬着水的形成是一种非常有趣的现象,即将一定量的水从风干试样的表面缓慢地加入试样后,水分向下运动一定距离后则相对比较稳定地保持在膨胀土表层,或者说向下运动的速度非常缓慢。但是,在预先湿润的粗颗粒土样中却不能形成悬着水,即当从试样表面加水时,所加的水立即向下流去。这种现象通常称为毛细滞后现象,引起毛细滞后现象的原因目前还不十分清楚。这种现象在本次模型试验的第一组和第二组的初期注水试验中可以发现。

毛细悬着水在蒸发作用下,水分向上迁移是在湿润土层范围内进行的,因而水体是连续的,膨胀土中水能在这个水体范围内(至水体的连续性破坏为止)向该水体的表面部分运动,而水分的散失也是发生在这里。可是,尽管悬着水的底部存在含水率梯度,由于在界面上悬着水的连续性已被破坏,所以悬着水就不向下运动。我们认为膨胀土中的水分输运过程不同于固体内的热传导,其中的水分在一定条件下(尤其是土壤的吸力作用占优势作用条件下)的保持和运动是受各种力并沿各个方向运动和作用下进行的,即使毛细水也是如此。假设在某一含水率情况中土壤中的水分处于毛细力作用下,意味着其中的水分受到沿不同方向和大小的弯液面作用,在平衡条件下并不意味其可能沿某种方向运动。

在开始阶段湿润界面向下的运动速度较快,随着时间的延长逐渐减慢并趋于稳定。但这与下部排水条件有关,当膨胀土下有透水层时,运动速度大体相同,但当膨胀土下为不透水层时,则随着时间的延长逐渐减慢并趋于稳定。此现象已被本次模型试验在不同排水条件下的试验所证实。

膨胀土中的薄膜水实际就是指土水状态分类中的强结合水。薄膜水被认为其下限为土的最大吸湿含水率,当膨胀土的含水率低于最大吸湿含水率时,水分只能以气态方式进行运动,这时,吸湿水在土粒表面形成单分子层,当土的含水率达最大吸湿含水率时,单分子水层覆盖了全部土粒表面。而土粒与土粒间的分子力相互作用消失时的含水率为其上限,并称为最大分子持水量。薄膜水像液态水一样,能以水膜厚的土颗粒向水膜薄的土粒运动,换言之,薄膜水是从一个颗粒向另一个颗粒运动,而不是整个水膜的移动。

薄膜水迁移速度很慢,所以,在蒸发条件下向土表层的气态水迁移起着重要作用。

目前就薄膜迁移机制就有完全不同的看法，第一种称为结晶机制，第二种称为薄膜机制，还有在结晶机制和薄膜机制基础上提出的结晶—薄膜机制。不同机制所指的引起薄膜水迁移的动力或者说力的来源不同。试验研究表明，土在冻结过程产生最大冻胀的并非分散度最高的土，而是粉质土。即使在开放系统条件下，分散度越高的土其中未冻水含量越高，但是水分迁移量并非最大。

结晶机制的前提是，土壤冻结过程中正在生长的冰晶产生结晶压力，在结晶压力作用下生长的冰晶把水从下垫融土向自身表面抽吸。

薄膜迁移机制认为，水分从水膜较厚的土颗粒向较薄的土颗粒迁移，其由土颗粒表面的吸附力制约。结晶—薄膜机制是在结晶和薄膜机制基础上产生的，即水分迁移是在土颗粒和冰晶表面的吸附力共同作用下进行的。

在融化状态下，一定条件下膨胀土中的水分可以从含水率高的区域向含水率低的区域迁移，虽然从理论上讲，这种情况下的水分迁移可以一直进行到整个膨胀土中的水分布均匀为止（封闭系统条件下），但是到目前为止的试验研究结果表明，实际并非是这样，而是在较短的时间内系统的水分状态就趋平衡，同时，膨胀土中依然存在着相当大的含水率梯度。但是，如果将不同初始含水率均匀的干土样与相同含水率的湿土样相接触，在封闭系统条件下进行试验（等温）就会发现，所有的试样内都出现了水分从含水率高的部分向含水率低的部分迁移的情况，但经过一定时间后，所有试样内的水分迁移将趋于停止，膨胀土中的水分将趋于平衡状态，而且，试样内从湿土部分向干土部分的水迁移量和试样内水分平衡状态趋于建立时的量，干湿土样接触面附近的含水率梯度随初始试样干土部分土样含水率的增大而减小。所以，我们认为，在这种情况下用与固体中描述热传导的傅立叶定律相类似的方程描述非饱和膨胀土中的水分迁移流是不正确的，这不仅因为通常所定义的导水系数依赖于土的含水率，更重要的在于土壤中的水分在这种情况下存在着一种平衡状态，当这种平衡状态建立时，土中虽然含水率不均匀，即存在含水率梯度（膨胀土吸力梯度或膨胀土水热梯度），但该梯度不再能驱动水分从含水率高的区域向含水率低的区域迁移，因而水分迁移流不再满足线性唯象关系。薄膜水迁移的理论基础是薄膜水在分子力作用下从水膜厚的土颗粒向相邻水膜薄的土颗粒运动，但是要引起这种薄膜水的迁移，不仅水膜薄的土颗粒表面的吸附力要克服水膜厚的土颗粒对可能引起水膜运动的吸附力，同时要克服水膜运动所产生的阻力，例如粘滞力的作用。在干湿土样相接触的初期阶段，即使就平均而言干湿土样的含水率相差不大，但在接触面附近水膜厚度的差异很大，或者说含水率梯度很大，足以引起薄膜水从湿土向干土迁移。存在于土孔隙的孔隙水可以补充被迁移变薄的水膜使其增厚，故在薄膜水迁移的初期其运行速度比较大，随后随着时间的延长，水分迁移速度减小，土壤的水分状态逐渐趋于平衡，而且相邻土颗粒间水膜厚度虽然存在差异，也不足以引起薄膜水明显的迁移。整个过程我们可以这样来看：干湿土样相接触后破坏了原来系统的平衡状态，并引起水分从含水率高的区域向含水率低的区域迁移，在一定条件下，随着时间的延长，系统将趋于新的平衡状态。

处于不同受力状态下的土中水，只有当其中的含水率大于最大吸湿含水率时才可能以液态形式进行运动。弱结合水主要受土粒表面引力作用，其次为结合水层内分子引力，只有很小程度受代换性阳离子的作用影响。强结合水亦然，同时强结合水不溶解可溶性物质，弱结合水具有较低的溶解能力。传统的状态水分类的缺点就在于它将不同类型的水用明显的界线分开，但是，实际试验结果却不存在这样的明显界线，因而存在很大的随意性，膨胀土吸力或膨胀土水势概念的引入则克服了这一缺点。所以，膨胀土中水能以液态水迁移或者能溶解可溶物质的能力等完全是相对的，即随着土含水率的增大（受土吸附力作用减小），土中水以液态迁移能力和对可溶性物质的溶解能力增强，而在土含水率低于最大吸湿含水率时可以忽略不计。且该值可以作为土中水分能以液态水迁移的下限。而在细颗粒土中除了薄膜水外，在其中大量的中小孔隙中存在着受毛细力作用而保持的水，在膨胀土非饱和情况下它们可能不连续，而且这种水随着土颗粒的减小而减少，即随着土颗粒的减小，土颗粒的表面积增大，薄膜水量增大，孔隙中受毛细力制约的水量减小。但就单个膨胀土颗粒而言，其表面吸附水膜的厚度随颗粒的增大而增大。

随着温度的升高，黏滞系数减小，同时分子的热运动也加强，因而温度可能对土壤中的水分子迁移产生影响。

8.1.4 膨胀土的土水特征曲线及影响因素

8.1.4.1 膨胀土的土水特征曲线

非饱和土的土水特征曲线是含水率与基质吸力之间的相关曲线，它反映了土体的结构特征。它主要取决于含水率，也与土体结构、受力状态等因素有关。

砂土的吸力形式主要取决于毛细作用，土—水特征曲线由土的孔隙尺寸及分布决定。细粒黏性土的情况则复杂得多，除孔隙特征外，土的矿物成分、颗粒排列方式等因素会影响结合水与吸附水膜的形成，这部分水在高吸力作用下发生变化，并导致土体微观结构的改变。膨胀土的饱和过程也造成土体微结构的改变。因此，细粒黏性土的土—水特征曲线与孔隙仪测得的压力—饱和度曲线有时并无显著的相关性。

膨胀土的土水特征曲线是由其孔隙分布特征决定的。膨胀土的孔隙分布可以用分形模型描述。孔径分布的函数为[2]：

$$f(r) = Ar^{-D_p} \tag{8-4}$$

非饱和土的水分分布是不均匀的，一般孔径小的孔隙内的含水率较高，通常是饱和的；大的孔隙内的含水率较低，甚至不含水分。非饱和膨胀土吸水过程中水先被吸进小的孔隙里，在某种含水率 θ 时，只有孔径小于或等于 r 的孔隙内才能充满水。因此含水率 $\theta_{(r)}$ 与孔径小于或等于 r 的孔隙体积成正比。假设土体孔隙是由半径为 r 的球状孔隙连接而成的，则微观孔隙内的水的体积为：

$$V_\omega = \int_0^r f(r)4\pi r^2 \mathrm{d}r = \frac{4\pi A}{3 - D_p} r^{3-D_p} \tag{8-5}$$

事实上，土体内的孔隙总体积是定值，与含水率无关。假设土体中孔隙的最大孔径为 R，且孔隙的分布用式（8-4）描述，孔隙的总体积可写成：

$$V_v = \int_0^R f(r)4\pi r^2 \mathrm{d}r = \frac{4\pi A}{3 - D_p} R^{3-D_p} \tag{8-6}$$

土粒的总体积 V_s 是一个定值，体积含水率和饱和度可以表示为：

$$\theta = \frac{V\omega}{V_s} = \frac{4\pi A}{V_s(3 - D_p)} r^{3-D_p} \tag{8-7}$$

$$S_r = \frac{V_\omega}{V_v} = \frac{r^{3-D_p}}{R^{3-D_p}} \tag{8-8}$$

式中：θ、S_r——体积含水率和饱和度。

根据渗透原理，吸力 u_s 与水汽接触面的曲率半径：

$$u_s = \frac{2T\cos\varphi}{r} \tag{8-9}$$

式中:T——接触面的表面张力;

φ——水汽面间的接触角。

假设孔隙的曲率半径等于水汽接触面的曲率半径,则由式(8-7)和式(8-9)得到:

$$\theta = Bu_s^{D_p - 3} \tag{8-10a}$$

$$\lg\theta = n + m\lg u_s \tag{8-10b}$$

式中:$B = 4\pi A \dfrac{(2T\cos\varphi)^{3-D_p}}{V_s(3-D_p)}$;

$n = \lg B$;

$m = D_p - 3$。

8.1.4.2　膨胀土的土水特征曲线的测定及影响因素

文献[3]报道了膨胀土采用压力板试验得到土—水特征曲线。

毛尚之[4]采用渗析技术方法,测定取自湖北省枣阳地区的膨胀土重塑土样进行试验得到土—水特征曲线。

文献[5]探讨了不同初始含水率对重塑土样结构及其土—水特征的影响。得出土样初始含水率低于最优击实含水率时,应力历史的影响比较显著。

文献[6]通过改进压力板仪,在施加吸力的同时对试样施加一定压力,研究应力状态对土—水特征曲线的影响。土样在放入仪器前,已饱和并在选定的同样压力下在固结仪中预固结24h,试样初始体积含水率的不同表明土样的孔隙比已经改变。

文献[3]通过对几组土—水特征曲线的分析比较,得出:

(1)采用渗析技术方法测定土—水特征曲线的结果与采用轴平移技术用压力板仪得到的结果有较好的一致性;渗析技术方法具有简便、安全的特点,试验结果可靠;

(2)同一吸力值,采用渗析技术方法得到的含水率略低于轴平移技术的试验结果;

(3)应力及吸力历史导致土体孔隙结构变化,因而会对土—水特征曲线产生影响;

(4)对于体积受吸力变化影响较显著的土类,宜用重力含水率表达其土—水特征曲线。

8.1.5　小结

(1)膨胀土中的水分保持、迁移是膨胀土中固相、液相和气相相互作用的结果,是膨胀土系统水分所受力不均匀引起的。

(2)降雨与边坡稳定的关系复杂,受诸多因素的影响,如降雨强度愈高,土坡的安全系数愈小;土体渗透性越大,相应的安全系数就低;裂隙深度加大,对土坡的稳定性极为不利。

(3)吸力是膨胀土工程应用中的关键问题,膨胀土的胀缩性质、固结和变形性质、抗剪强度以及土中水的运动等都与吸力有很大关系。

8.2　降雨和干旱的概率模型及其对膨胀土路基的影响[7]

8.2.1　降雨和干旱的概率模型

国家气象局的统计结果表明,因大气环流异常、厄尔尼诺现象、拉尼娜现象等因素的影响,

约有60%的年份与标准年的气象参数相差20%甚至50%以上。灾害性气候除了与单日单次极端天气有关外,还与该天气持续性关系较大。久旱和大雨如果超过正常值范围就可能成为灾害性气候,膨胀土路基就最容易在久旱过后的大雨中发生损毁。要预测膨胀土路基是否能在极度干旱后抵御大雨的洗礼,首先就要确定发生多久干旱和多大降雨,以及二者之间转化的计算模型。天气现象是一种随机现象,降雨量的大小和连雨连晴、持续旱涝等都可以用概率模型来表示。

8.2.1.1 频率分析法的引入

气象现象和其他自然现象一样,在它本身的发生、发展和演变过程中,既包含必然性的一面,也包含偶然性的一面。促使气象现象发生的根本原因规定了它的规律性,这种规律性按照一定不移的秩序贯穿在全部发展过程中,致使气象现象具有了必然性的一面;但也应看到,气象现象的发展不仅由其根本原因决定,也受到周围许多因素或大或小的影响,这些影响的无限复杂性和多样性促使气象现象在演变过程中不断地发生各种程度的非根本性的偏差,致使气象现象演变的固定秩序不能以纯粹的形式出现,从而导致了其偶然性和不确定性的一面,也使得我们无法用其固有规律推知其真实出现的状况及其在时间和地区上的分布。必然性和偶然性在气象现象的演变过程中不但始终同时存在,而且还相互密切联系。一般认为,在任何自然现象中,起主导作用的仍是必然规律,偶然性只是起着从属作用,这也使得我们在研究过程中,把研究必然性规律的物理成因分析和研究偶然性规律的统计分析密切结合起来,以解决实际问题。

1. 频率分析法

我国地域辽阔,地形、气象的变化十分复杂,作为自然地理因素之一的降雨也具有明显的地域关系,并反映出地理环境的影响[8]。Brand考虑了降雨强度、降雨持时、暴雨前降雨量、间隙性降雨以及降雨雨型等情况,研究了降雨对路基稳定性的影响。但是为了方便统计已发生的实测和调查的暴雨资料[9],分析暴雨的分布规律,尽可能利用要研究地区现有的降雨记录来研究罕见暴雨对膨胀土路基水毁的影响。本研究采用日(24h)降雨量作为暴雨研究的对象。

频率分析法[10]是指在对事物规划设计和管理运用时,通过分析已有事物特征值的相关规律,给出该事物具有机率含义的特征值,该分析法适合对日降雨量极值进行分析。为使频率分析的成果有较为可靠的基础,必先做好研究样本的审查工作:详细审查它们的一致性、代表性、可靠性和独立性,在有了审定后的极端日降雨量系列样本后,就可以开展频率分析和计算工作了。其主要过程有:

(1)频率分布曲线(概率分布曲线和密度曲线)数学形式的选择;

(2)将计算好的参数考虑抽样误差与具有一定数学形式的频率曲线进行协调;

(3)对获得的结果可靠性进行检验。

2. 重现期和保证率的确定

重现期是指在许多次试验里某一事件重复出现的时间间隔的平均数,也就是平均的重现间隔期[11]。在研究中,频率$P(\%)$与重现期T的关系可表示为:

$$T=\frac{100}{P} \tag{8-11}$$

式中:T——重现期,年;

P——频率,%。

为体现日降雨量极值与膨胀土路基稳定的关系，决定对极端降雨的重现期分别按十年一遇、二十年一遇、五十年一遇和百年一遇的情况进行分析。相应地，所应确定的 T 值分别为：$T=10(P=10)$、$T=20(P=5)$、$T=50(P=2)$ 和 $T=100(P=1)$。值得特别说明的是，所谓重现期为百年一遇并不是说正好一百年出现一次，事实上也许一百年出现数次，或是一次也未出现。它的含义仅表示每个年份出现的可能程度为1%，只有在较长时间内，才能体现出其规律性。

保证率则指的是保证安全的概率。在本研究中，设计频率 P 表示每年会出现超过某个降雨极值的几率，按保证率的计算公式，在 n 年内均出现不超过该值的几率为 $1-P^n$，因此保证率为：

$$P_b=(1-P^n) \tag{8-12}$$

式中：P_b——保证率，%；

n——考虑保证率的年数，年。

对于不同等级的路基而言，其使用期一般很长。对于不同重现期的极端日降雨量，由式(8-12)可计算其相应的保证率，见表8-1。由表中数据可看出，即便是百年一遇的极端日降雨量，膨胀土路基仍有4.9%～26%的可能会遇到，这也说明了本研究的必要性。

保证率表 P_b(%)　　表8-1

n(年)		5	10	20	30
频率(%)	1	95.1	90.4	81.8	74.0
	2	90.4	81.7	66.8	54.5
	5	77.3	59.9	35.9	21.5
	10	59.0	34.7	12.2	4.2

3. 选样方法的确定

选样是指从现有记录中合理地选出若干个数值以组成一个样本作为频率分析的依据。因此，在选样时要求样本中每个单元具有一致性和独立性，所组成的样本还必须富有代表性和足够的可靠性。频率分析中常用的选样法有年最大值法、年超大值法和超定量法。

(1)理论年最大值法

每年中仅选取一个最大值的方法称为年最大值法，这种方法非常简单且易于选取，在我国暴雨和洪水的统计分析中多采用此法。同时，许多学者的研究也指出，相邻年份中年最大值的关系十分微弱，可以认为是独立的。用年最大值法选样，在 n 年的观测资料中能选出 n 个最大值。所以，确定每年中日降雨量最大作为频率分析依据。

(2)年超大值法

在 n 年观测资料中不逐年选取最大值，而是按数值的大小依次选取 n 个最大值，这种方法称为年超大值法。由该法选取的样本往往有些年份没有选到，而个别年份中则有两个或两个以上。这样，可能在一年中连取数个最大值，其独立性较差；同时，采用该方法在选用时比年最大值法费时，且在成果的主要部分两法一般都比较接近。

(3)超定量法

凡每年中超过一定量的数值均选取的方法称为超定量法。超定量法的选样非常麻烦，且相互独立性较差，特别是在观测年份短时就缺乏代表性；同时，选取定量的最小限值亦有主观成分。一般，超定量法主要应用于洪水的分析上。

由于选样工作是频率分析中重要的一环，如果选择不合理就会影响到成果的代表性和可靠性，而具体的选样方法则应根据具体研究目的来定。在本次研究中，根据表 8-2 列出了某地建站以来的日降雨极值，使用日降雨量极值较为合适。

某地逐年日降雨极值(1952～2005 年)　　表 8-2

年份	雨量(mm)	年份	雨量(mm)	年份	雨量(mm)
1952	57.0	1970	153.7	1988	126.7
1953	133.1	1971	100.1	1989	87.8
1954	246.1	1972	47.3	1990	118.9
1955	57.7	1973	100.1	1991	87.9
1956	312.4	1974	109.4	1992	49.9
1957	74.0	1975	97.1	1993	102.0
1958	87.0	1976	72.2	1994	121.0
1959	51.2	1977	192.0	1995	189.1
1960	52.6	1978	69.9	1996	121.9
1961	105.0	1979	190.0	1997	61.0
1962	144.7	1980	176.1	1998	143.2
1963	40.7	1981	58.7	1999	161.6
1964	171.6	1982	89.2	2000	58.4
1965	72.1	1983	82.1	2001	77.6
1966	105.9	1984	48.5	2002	217.0
1967	157.8	1985	93.8	2003	60.6
1968	103.2	1986	59.4	2004	87.7
1969	128.3	1987	133.7	2005	205.0

4. 频率分布曲线的选择

频率分析中，除需要求得在已有系列期内的出现状况，还需要推求超出系列年限可能的发生情况，此时需要用频率曲线求解[12]。频率曲线分为两大类，一为经验频率曲线，靠研究者主观看法，外延没有一定的准则，误差较大，一般不推荐使用。另一种为具有一定数学形式的频率曲线，按照某种统计上的法则，来确定曲线的方程式，因为这类线型与数学有密切联系，故能探讨其性质并减少主观外延的弊病。

能用数学式表示的频率曲线线型有好几种，这些曲线的建立大多从下列两个角度出发：

一是试图从理论上(成因上和统计上)证明气象现象所服从的规律，从而依据这些规律制定出分布函数。这类曲线如正态分布、对数正态分布和极值分布(包括耿贝尔分布、伏瑞谢分布等)。

二是纯从配合资料角度着手，视资料的分布趋势来定出线型的公式。这类曲线可由下列三种方法得到：

(1)用概括某些分布通行的方法。这类曲线是以实测资料的相对频率的分布图或累积频率的分布图为依据，找出线型的方程式，如皮尔逊曲线族和古德力区曲线等。

(2)用函数转换的方法。这种曲线是以某种常用的线性为基础，经过变数的函数转换，导出新的方程式，如以皮尔逊-III 型为基础和用幂函数转换的克里茨基-文凯里曲线，以正态分布为基础和用对数转换的对数正态曲线等。

(3)用多项式展开修正基本分布的方法。这种曲线也是以常用的线性为基础,通过概率密度函数的级数展开,再截取有限项作为新的线型方程,如以正态分布为基础和用埃尔米特多项式展开的格拉姆-夏里埃分布,以皮尔逊-III 型为基础和用拉盖尔多项式展开的波洛夫科维奇分布等。

由于频率分布曲线的线型不同,在日降雨量极值的研究中选取的不同曲线对应不同的精确度。所以,频率分布曲线的选择应参照下列原则:

①计算方便,线型的数学特性简单且易探讨和理解;

②参数不超过三个,以避免高阶矩阵难以确定的困难。根据目前的资料水平最好采用三参数体系,从而使曲线具有一定程度的弹性。

在下文中,研究者将用皮尔逊-III 型分布和耿贝尔分布对表 8-2 中数据进行分析,并对结果予以验证,以确定在本次气候异常模型中极端日降雨量确定上所采用的频率曲线类型。

8.2.1.2　极端日降雨量的皮尔逊-III 型分布

英国生物学家皮尔逊在 1895 年创造了一种概括性的曲线与实际资料相结合。他所建立的是一大族分布曲线,在某种程度上能大致符合二项分布、普阿松分布、超几何分布和正态分布等。该曲线族的研究是从概率密度取向出发,然后再研究出它的频率曲线。

在气象领域中,皮尔逊-III 型分布曲线应用广泛,并不是由于它对气象现象的物理意义能得到解释,而仅仅是因为它的计算简便,并且许多气象研究者分析的实践表明,皮尔逊-III 型曲线能与大部分气象资料具有良好配合性的结果[13]。

1. 皮尔逊曲线族的通用性公式

皮尔逊在很多资料中发现,概率密度曲线的图形是单峰的,且峰形两边的出现频次逐渐减少,成为近似于铃形的曲线。同时,曲线的两端或一端与横轴渐近或者相切。于是,皮尔逊提出了创立曲线族的两个条件:

(1)在峰顶端,即众值处,切线的斜率等于零,如坐标原点取在均值的位置,即当 $x=-d$ 时,$\mathrm{d}y/\mathrm{d}x=0$。这里的 d 为均值与众值间的距离,也称偏差半径;

(2)两端或一端以横轴为渐近线或是与横轴相切,即当 $y=0$ 时,$\mathrm{d}y/\mathrm{d}x=0$。

根据上述概念,皮尔逊建立了概率密度曲线的微分方程式:

$$\frac{\mathrm{d}y}{\mathrm{d}x}=\frac{(x+d)y}{g(x)} \tag{8-13}$$

式中 $g(x)$ 为 x 的函数,可用一升幂函数来表示,则式(8-13)可改写为:

$$\frac{\mathrm{d}y}{\mathrm{d}x}=\frac{(x+d)y}{b_0+b_1x+b_2x^2+\cdots+b_nx^n} \tag{8-14}$$

式中 b_0、b_1、…、b_n 等为待定参数,可以用资料中的各阶矩来代替。此外,虽函数 $g(x)$ 在理论上可展开成无穷级数,但实际上不可能如此,也没有必要取无穷项。皮尔逊在研究后认为,计算高阶矩会引起很大误差,因此只采用到 b_2 即可,也就是说只要四阶矩就行了,以后的实践也证明用四参数已足够应用和概括,同时在计算和分析上又较为简单。因此,概率密度分布曲线的最后形式为:

$$\frac{\mathrm{d}y}{\mathrm{d}x}=\frac{(x+d)y}{b_0+b_1x+b_2x^2} \tag{8-15}$$

式(8-15)即为皮尔逊曲线族的通用型公式。

2. 皮尔逊-III型曲线的概率密度分布

III 型曲线的判别准则为 $b_2=0$。就数学上的解释,在 $b_0+b_1x+b_2x^2=0$ 中,如 $b_2\to 0$,则其

中一根趋于无穷大,而另一根为 $-b_0/b_1$。此时,式(8-15)可变为:

$$\frac{dy}{dx}=\frac{(x+d)y}{b_0+b_1x} \tag{8-16}$$

将坐标轴由均值移至众值处,需以 $x-d$ 代替上式中的 x,故有:

$$\frac{dy}{y}=\frac{x}{b_1\left(x+\frac{b_b}{b_1}-d\right)}dx \tag{8-17}$$

令 $a=\frac{b_b}{b_1}-d$ 且由 III 型分布曲线性质积分可推得:

$$y=y_0\left(1+\frac{x}{a}\right)^{\frac{a}{d}}e^{-\frac{x}{d}} \tag{8-18}$$

在此,将曲线坐标原点由众值处移至曲线起点处,同时令 $\alpha=\frac{a}{d}+1$,$\beta=\frac{1}{d}$,则:

$$y=\frac{\beta^{\alpha}}{\Gamma(\alpha)}x^{\alpha-1}e^{-\beta x} \tag{8-19}$$

如果再将式(8-19)的坐标原点移至极端气温系列的实际零点,则在本研究中皮尔逊-III 型密度分布曲线最终变为:

$$y=\frac{\beta^{\alpha}}{\Gamma(\alpha)}(x-x_0)^{\alpha-1}e^{-\beta(x-x_0)} \tag{8-20}$$

式中:x_0——III 型分布曲线的起点与系列零点的距离,即随机变量 X 所能取到的最小值;

α——形状参数;

β——尺度参数;

$\Gamma(\alpha)$——α 的伽马函数。

由矩法原则,三参数可分别用下式计算:

$$\alpha=\frac{4}{c_s^2} \tag{8-21}$$

$$\beta=\frac{2}{\sigma c_s} \tag{8-22}$$

$$x_0=m\left(1-\frac{2c_v}{c_s}\right) \tag{8-23}$$

式中:m——数学期望;

σ——均方差;

c_s——偏态系数;

c_v——变差系数。

这些数字特征的估计量分别为:

$$\hat{m}=\bar{x}=\frac{1}{n}\sum_{i=1}^{n}x_i \tag{8-24}$$

$$\hat{\sigma}=\sqrt{\frac{1}{n}\sum_{i=1}^{n}(x_i-\bar{x})^2} \tag{8-25}$$

$$\hat{c}_s=\frac{\frac{1}{n}\sum_{i=1}^{n}(x_i-\bar{x})^3}{\left(\frac{1}{n}\sum_{i=1}^{n}(x_i-\bar{x})^2\right)^{3/2}} \tag{8-26}$$

$$\hat{c}_v = \hat{\sigma}/\hat{m} \tag{8-27}$$

以上各统计量中,偏态系数 $\hat{c}_s$ 含有三阶样本矩,故抽样误差较大,样本实测值 $\hat{c}_s$ 与真值 c_s 之间可能有比较大的差异,常需要对拟合的线型进行验证,并对其估计参值 $\hat{c}_s$、$\hat{c}_v$ 进行适当的调整,以获得理想的分布曲线。其中一个主要原则为:

$$\hat{c}_s \geqslant 2\hat{c}_v \tag{8-28}$$

式(8-28)为 $\hat{c}_s$ 的调整提供了一定的指导,尽管其具体值的确定仍在较大程度上依赖于试根和主观评价[14][15]。

3. 皮尔逊-III 型频率分布曲线的确定

频率分析中,需要的是频率分布,也就是要知道对应于指定频率 $P(\%)$ 的数值 x_p,即要从下式中求解 x_p 值。

$$P = P(X \geqslant x_p) = \frac{\beta^\alpha}{\Gamma(\alpha)}\int_{x_p}^{\infty}(x - x_0)^{\alpha-1}e^{-\beta(x-x_0)}dx \tag{8-29}$$

令 $t=\beta(x-x_0)$,得:

$$P = \frac{\beta^\alpha}{\Gamma(\alpha)}\int_{t_p}^{\infty}t^{\alpha-1}e^{-t}dt \tag{8-30}$$

式中:$t_p=\beta(x_p-x_0)$。

进一步推得:

$$x_p = \frac{\bar{x}c_v c_s}{2}t_p + \bar{x} - \frac{2\bar{x}c_v}{c_s} \tag{8-31}$$

则:

$$\frac{x_p - \bar{x}}{\bar{x}} = \frac{c_v c_s}{2}t_p - \frac{2c_v}{c_s} \tag{8-32}$$

上式将 c_v 移项后,即化为标准化形式:

$$\Phi = \frac{c_s}{2}t_p - \frac{2}{c_s} \tag{8-33}$$

式中:Φ——离差系数。

当已知 P 及 c_s 后,t_p 即可获得,则 x_p 可从下式求得:

$$x_p = (\Phi c_v + 1)\bar{x} \tag{8-34}$$

因此,在已知$\bar{x}$、c_v 及 c_s 的条件下,频率分布曲线(P 与 x_p 的关系)就能确定下来。

以表 8-2 中某地建站以来的日降雨量极值为样本,按式(8-24)、式(8-26)和式(8-27)分别求得:

$$\bar{x} = 112.055\ 6;\hat{c}_v = 0.501\ 4;\hat{c}_s = 1.22$$

显然,上述结果满足 $\hat{c}_s \geqslant 2\hat{c}_v$ 的条件,因此,皮尔逊-III 型曲线可以较好地对日降雨极值进行拟合,见表 8-3。

以表 8-3 中数据为依据,对于本次研究的 10 年一遇、20 年一遇、50 年一遇和 100 年一遇的重现期,其极端日降雨极值见表 8-4。

8.2.1.3 极端日降雨量的耿贝尔分布

耿贝尔分布又称为第 I 型极值分布,它可以分析给定时段内随机变量的极值,仍是随机变量的分布问题。耿贝尔分布主要取决于原始分布函数和样本容量。其中,原始分布为指数型分布(如正态分布、皮尔森-III 型分布等)时,样本极值渐近服从于下列分布函数[16]:

皮尔逊-III 型分布离差系数 Φ 与信息 x_p 的对应值　　表 8-3

$P(\%)$	0.001	0.01	0.1	0.2	0.333	0.5	1	2	3
φ_p	8.03	6.44	4.84	4.35	3.97	3.67	3.16	2.63	2.31
x_p	563.44	473.91	383.88	356.44	335.18	318.52	289.40	259.71	241.93
$P(\%)$	5	10	20	25	30	40	50	60	70
φ_p	1.91	1.34	0.72	0.51	0.34	0.05	-0.20	-0.42	-0.63
x_p	219.41	187.10	152.78	140.98	131.43	114.89	101.09	88.66	76.73
$P(\%)$	75	80	85	90	95	97	99	99.9	
φ_p	-0.73	-0.84	-0.95	-1.08	-1.24	-1.32	-1.44	-1.58	
x_p	71.04	65.04	58.48	51.29	42.59	37.96	30.88	23.35	

某地不同重现率的极端日降雨量　　表 8-4

	10 年一遇	20 年一遇	50 年一遇	100 年一遇
降雨量(mm)	187.10	219.41	259.71	289.40

$$F(x) = P(X < x) = e^{-e^{-a(x-b)}} \tag{8-35}$$

式中:a——尺度参数;

b——密度分布的众数。

其分布密度为:

$$f(x) = a e^{-a(x-b)-e^{-a(x-b)}} \tag{8-36}$$

保证率函数为:

$$P(x) = P(X \geqslant x) = 1 - e^{-e^{-a(x-b)}} \tag{8-37}$$

在尺度参数 a 和密度分布众数 b 的确定上,一般采用矩法和耿贝尔法,以下作一简单介绍。

1. 耿贝尔分布的矩法确定

首先,令:

$$Y = a(X - b) \tag{8-38}$$

则式(8-35)至式(8-37)分别变为:

$$F(y) = P(Y < y) = e^{-e^{-y}} \tag{8-39}$$

$$f(y) = a e^{-y-e^{-y}} \tag{8-40}$$

对 Y 的数学期望和均方差的定义式进行积分,分别得到:

$$\begin{cases} E(Y) = 0.577\ 2 \\ \sigma_y = \pi/\sqrt{6} = 1.282\ 5 \end{cases} \tag{8-41}$$

再由:

$$\begin{cases} E(Y) = E[a(X-b)] = aE(X) - ab \\ D(Y) = D[a(X-b)] = a^2 D(X) \end{cases} \tag{8-42}$$

得:

$$\begin{cases} a = \sigma_y/\sigma_x = 1.282\ 5/\sigma_x \\ b = E(X) - 0.566\ 2 \times \dfrac{\sqrt{6}}{\pi}\sigma_x \end{cases} \tag{8-43}$$

以实测统计量$\overline{X}$、$\overline{\sigma}_x$作为$E(X)$和σ_x的近似值，则得a、b的矩法估计值如下所示：

$$\begin{cases}\hat{a} = 1.2825/\hat{\sigma}_x \\ \hat{b} = \hat{E}(X) - 0.5662 \times \dfrac{\sqrt{6}}{\pi}\hat{\sigma}_x\end{cases} \tag{8-44}$$

2. 耿贝尔分布的耿贝尔确定

设有实际观测得N各极大值样本，将它们按由大到小的顺序排列为：

$$x_1 \geqslant x_2 \geqslant \cdots \geqslant x_m \geqslant \cdots \geqslant x_{N-1} \geqslant x_N$$

x的保证率经验分布为：

$$P(X \geqslant x_m) = 1 - e^{-e^{-a(x-b)}} \doteq \frac{m}{N+1} \tag{8-45}$$

令：

$$y_m = a(x_m - b) \tag{8-46}$$

则有：

$$\frac{m}{N+1} \doteq 1 - e^{-e^{-y_m}} \qquad (m = 1, \cdots, N) \tag{8-47}$$

移项后取对数得：

$$y_m = -\ln\left[-\ln\left(1 - \frac{m}{N+1}\right)\right] \qquad (m = 1, \cdots, N) \tag{8-48}$$

在得到y的样本序列$\{y_m\}$，并计算样本均值$\overline{y}$和均方差σ_y，利用式(8-42)进行变换后得a、b的估计值：

$$\begin{cases}\hat{a} = \sigma_y/\sigma_x \\ \hat{b} = \overline{x} - \overline{y}\dfrac{\sigma_x}{\sigma_y}\end{cases} \tag{8-49}$$

由于y_m仅与m和N有关，因此$\overline{y}$、σ_y只是N的函数，应用时只需查相关表格而不用具体计算。在得到参数估计量$\hat{a}$、$\hat{b}$后，即确定了耿贝尔分布形式。在应用时，需要的是设计概率P所对应的x_p。由

$$P = P(X \geqslant x_p) = 1 - e^{-e^{-a(x_p - b)}} \tag{8-50}$$

解得：

$$x_p = \overline{x} - \frac{\sqrt{b}}{\pi}\sigma_x\{0.5772 + \ln[\ln(1 - P)]\} \tag{8-51}$$

记：

$$\Phi_p = \frac{\sqrt{b}}{\pi}\{0.5772 + \ln[\ln(1 - P)]\} \tag{8-52}$$

则：

$$x_p = \overline{x} + \Phi_p\sigma_x = \overline{x}(\Phi_p c_v + 1) \tag{8-53}$$

式中：c_v——变差系数，$c_v = \sigma_x/\overline{x}$；

Φ_p——耿贝尔分布的离均系数，它仅与保证率P有关。

3. 耿贝尔频率分布曲线的确定

通过计算发现，使用矩法和耿贝尔方法计算所得结果相当接近。鉴于耿贝尔方法在使用计算机编程计算上相对简便，故决定采用该法确定耿贝尔频率分布曲线。计算结果见表8-5。

耿贝尔分布离差系数 Φ 与 x_p 的对应值　　表 8-5

$P(\%)$	0.001	0.01	0.05	0.1	0.5	1	2	3	5	10	20
φ_p	8.53	6.73	5.48	4.94	3.68	3.14	2.59	2.27	1.87	1.30	0.72
x_p	591.31	490.18	419.95	389.61	318.82	288.48	257.57	239.59	217.12	185.10	152.51
$P(\%)$	30.00	40.00	50.00	60.00	70.00	80.00	90.00	95.00	97.00	99.00	99.90
φ_p	0.35	0.07	-0.16	-0.38	-0.59	-0.82	-1.10	-1.31	-1.43	-1.64	-1.96
x_p	131.72	115.99	103.07	90.71	78.91	65.98	50.25	38.45	31.71	19.91	1.93

同样,对于日降雨量极值的10年一遇、20年一遇、50年一遇和100年一遇的重现期,其极端日降雨极值见表8-6。可以看出,耿贝尔日降雨量极值与皮尔逊日降雨量极值差别不是很大。

该地不同重现率的极端日降雨量　　表 8-6

	10年一遇	20年一遇	50年一遇	100年一遇
降雨量(mm)	185.10	217.12	257.57	288.48

8.2.1.4　极值分布模型拟合优度检验

在上文中,分别用皮尔逊-III型和耿贝尔分布拟合出某地极端日降雨量极值的概率模型后,该随机变量实际总体分布是否符合所选理论分布模型,还需要以客观判定方法来确定。因此引入 χ^2 检验法[17],以检验皮尔逊-III型和耿贝尔分布对极端日降雨量的拟合效果。

1. χ^2 检验法

χ^2 检验是在总体分布为未知时,根据样本 x_1、x_2、…、x_n 来检验关于总体分布的假设

$$H_0:\text{总体 } x \text{ 的分布函数为 } F(x),$$

$$H_1:\text{总体 } x \text{ 的分布函数不是 } F(x)$$

在用 χ^2 检验法检验假设 H_0 时,若在假设 H_0 下 $F(x)$ 的形式已知,但其他参数未知,则需用极大似然估计法估计参数,然后再作检验。

χ^2 检验法的基本思路如下:将随机试验可能结果的全部 Ω 分为 k 个不相容的事件 A_1、A_2、…、A_k($\sum_{i=1}^{k}A_i=\Omega, A_iA_j=\phi, i\neq j, i,j=1,2,\cdots,k$)。于是在假设 H_0 下可以计算 $\hat{p}_i=\hat{P}(A_i)$,$i=1,2,\cdots,k$。在 n 次试验中事件 A_i 出现的频率 f_i/n 与 $\hat{p}_i$ 往往有差异,但一般来说,若 H_0 为真,且试验的次数又甚多时,则这种差异不应该很大。基于这种想法,皮尔逊使用式(8-54)作为检验假设 H_0 的统计量,并证明了定理8-1。

$$\chi^2=\sum_{i=1}^{k}\frac{(f_i-n\hat{p}_i)^2}{n\hat{p}_i} \tag{8-54}$$

定理8-1　若 n 充分大,则当 H_0 为真时(不论 H_0 中的分布属于何种分布),统计量式(8-54)总是近似地服从自由度为 $k-r-1$ 的 χ^2 分布。其中,r 是被估计参数的个数。

于是,若在假设 H_0 下算得有 $\chi^2\geqslant\chi^2_\alpha(k-r-1)$,则在显著水平 α 下拒绝 H_0,否则就接受 H_0。

χ^2 检验法是基于上述定理得到的,所以在使用时必须注意 n 要足够大,以及 $n\hat{p}_i$ 不太小。根据实践,一般要求样本容量 n 不小于50,以及每一个 $n\hat{p}_i$ 都不小于5,而且 $n\hat{p}_i$ 最好是在5以上,否则应适当地合并 A_i,以满足这个要求。

2. 极值分布模型的 χ^2 检验

在检验极端气温分布情况前,首先需对样本数据分区。由表8-2可知,在原始数据中,最

小值、最大值分别为40.7mm 和 312.4mm,即所有样本数据均落在区间[40.7,312.4]之间。对于连续型随机变量进行拟合优度检验时,样本资料的不同分组会对计算结果有很大影响。这里采取等概率分组法取代等距离分组解决这个问题。分组的组数 k 应该满足式(8-55)。

$$k=4\left[\frac{2(n-1)^2}{u_{\alpha}^2}\right]^{\frac{1}{5}} \tag{8-55}$$

式中 u_{α} 应查正态分布的单侧分位数,其中 α 是所采用的显著性水平。当 $\alpha=0.05$ 时,$u_{\alpha}=1.645$;$\alpha=0.01$ 时,$u_{\alpha}=2.326$。本次计算中 $\alpha=0.01$,$n=54$,组数 $k=16.0447$,由于样本数不能被整除,因此按每组三个样本数进行计算。分成18个区间,各区间数据的频数为3,再确定 $\hat{p}_i$、$n\hat{p}_i$ 等值后,计算得到其 χ^2 值。

对于皮尔逊-III 型分布,按上述方法,并取 $n\hat{p}_i>5$,计算结果如表8-7所示。由于皮尔逊-III 型分布的被估计参数为3,此种做法将使其自由度 $k-r-1=3$,因此:$\chi^2_{0.01}(k-r-1)=\chi^2_{0.01}(7-3-1)=\chi^2_{0.01}(3)=11.345>9.209$。

皮尔逊-III 型分布 χ^2 检验 表8-7

A_i	f_i	$\hat{p}_i$	$n\hat{p}_i$	合并 $n\hat{p}_i$	$f_i-n\hat{p}_i$	$(f_i-n\hat{p}_i)^2/n\hat{p}_i$
$x<48.5$	3	0.013	0.702	6.264	5.736	5.2525
$48.5<x<52.6$	3	0.023	1.242			
$52.6<x<58.4$	3	0.037	1.998			
$58.4<x<60.6$	3	0.043	2.322			
$60.6<x<72.1$	3	0.066	3.564	7.56	−1.56	0.3219
$72.1<x<77.6$	3	0.074	3.996			
$77.6<x<87.7$	3	0.084	4.536	9.18	−3.18	1.1016
$87.7<x<89.2$	3	0.086	4.644			
$89.2<x<100.1$	3	0.09	4.86	9.72	−3.72	1.4237
$100.1<x<103.2$	3	0.09	4.86			
$103.2<x<109.4$	3	0.086	4.644	8.856	−2.856	0.9210
$109.4<x<121.9$	3	0.078	4.212			
$121.9<x<133.1$	3	0.069	3.726	6.966	−0.966	0.1340
$133.1<x<144.7$	3	0.06	3.24			
$144.7<x<161.6$	3	0.047	2.538	5.454	6.546	0.0547
$161.6<x<189.1$	3	0.03	1.62			
$189.1<x<205.0$	3	0.022	1.188			
$205<x$	3	0.002	0.108			
Σ						9.2094

故认为在水平0.01下接受 H_0,即极端日降雨量数据符合皮尔逊-III 型分布。

同理,对耿贝尔分布进行 χ^2 检验,其被估计参数仅有两个,在实际验证中能保证 $n\hat{p}_i$ 值大于5。如表8-8所示,此时有:

$$\chi^2_{0.01}(k-r-1)=\chi^2_{0.01}(7-2-1)=\chi^2_{0.01}(4)=12.277<12.2785$$

即认为在水平0.01下不接受 H_0,即极端日降雨量数据不符合耿贝尔分布。

耿贝尔分布 χ^2 检验 表 8-8

A_i	f_i	$\hat{p}_i$	$n\hat{p}_i$	$\sum n\hat{p}_i$	$f_i - n\hat{p}_i$	$(f_i - n\hat{p}_i)^2/n\hat{p}_i$
$x<48.5$	3	0.047	2.538	5.4	0.6	0.066 7
$48.5<x<52.6$	3	0.053	2.862			
$52.6<x<58.4$	3	0.062	3.348	6.858	-0.858	0.107 3
$58.4<x<60.6$	3	0.065	3.51			
$60.6<x<72.1$	3	0.077	4.158	8.478	-2.478	0.724 3
$72.1<x<77.6$	3	0.08	4.32			
$77.6<x<87.7$	3	0.08	4.32	8.64	-2.64	0.806 7
$87.7<x<89.2$	3	0.08	4.32			
$89.2<x<100.1$	3	0.079	4.266	8.424	-2.424	0.697 5
$100.1<x<103.2$	3	0.077	4.158			
$103.2<x<109.4$	3	0.073	3.942	7.398	-1.398	0.264 2
$109.4<x<121.9$	3	0.064	3.456			
$121.9<x<133.1$	3	0.054	2.916	8.802	9.198	9.611 8
$133.1<x<144.7$	3	0.045	2.43			
$144.7<x<161.6$	3	0.033	1.782			
$161.6<x<189.1$	3	0.018	0.972			
$189.1<x<205.0$	3	0.013	0.702			
$205<x$	3	0	0			
Σ						12.278 5

3. 极值分布模型的选取

通过上述分析，可以看到，在显著性水平 0.01 上，某地极端日降雨量能满足皮尔逊-III 型分布，但是不能满足耿贝尔分布。当然通过表 8-7 和表 8-8 的计算可以发现，尽管其日降雨量不能满足耿贝尔分布，但是其 χ^2 检验非常接近取舍的临界值 H_0。这也是为什么很多人在实际应用中仍然采用耿贝尔分布拟合较大日降雨量的原因。由于不同保证率下的极端日降雨量数据的不同，采信何组概率分布仍然值得考虑。

(1) 日降雨量的皮尔逊-III 型分布满足 $\hat{c}_s \geqslant 2\hat{c}_v$，使其在计算过程中避免了较大程度上依赖于主观评价的情况，因此在实际操作中可以确保获得最优值，但其计算较为繁琐且难以确保获取最优值；

(2) 计算表明皮尔逊-III 型分布能满足 χ^2 检验，因此，其数值计算结果的可信度较高；

(3) 相对于皮尔逊-III 型分布而言，极端气温的耿贝尔确定法相对简便，但由于该分布属于渐进式分布，只有在样本容量较大时才能较好地与实际事物相吻合；

(4) 在本次研究中，采用的是序列为 54 年的数据，基本能满足耿贝尔分布的要求，但由于其 χ^2 检验不满足耿贝尔分布，所以没有采用耿贝尔分布。

因此，根据 χ^2 检验的优度计算，在极端日降雨量的确定上，应使用皮尔逊-III 型分布来确定日降雨量的极值。

8.2.1.5 干旱持续的数学模型

1. 干旱等级的划分

随着干旱时间的持续，膨胀土路基失水收缩引起的裂缝为地表纵深的土体提供了临空面，

加剧了裂隙向纵深的发展。因此,预报干旱的持续对膨胀土路基的影响具有一定的实际意义。

干旱与降水量及其分布特征密切相关,而降水量又是季节时间尺度的逐日降水量的累计总和。产生降水的大气系统是一个开放性的巨型系统,在一个季节长度的时间尺度里,大气系统要受到上至天文、下至地理和海洋各种因素的影响[18];其次要受到太阳活动的热力和磁力变化、天体运动的引力和周期变化、下垫面的植被和干湿程度变化、气温和蒸发情况、海洋热状况变化、海陆温度差异变化和大气运动自身规律变化的综合影响,所以干旱等级的划分非常复杂。

不同的研究者从不同的角度出发,对干旱和旱灾有不同的理解,因而对干旱和旱灾有不同的定义,以至于目前国内外常用的干旱指标就有 10 余种,如气象干旱指标、水文干旱指标、农业干旱指标和经济干旱指标等[19][20]。冯利华[21]提出的成对数函数关系的干旱等级公式计算简单,要求的气象数据不多,因此选用冯利华模型来确定干旱等级。

$$N = 4 \times \lg KT - 9 \tag{8-56}$$

式中:N——干旱等级,级;

K——降水距平均百分率,这里 K 取正值:$K = |(R_i - R)/R| \times 100\%$,其中 R_i 为干旱时段降水量,R 为平均降水量;

T——干旱的持续时间,以天计,d。

冯利华通过分析国内外大量干旱的降水距平均百分率 K 和持续时间 T 的分布情况,拟定:当 $N \geqslant 8$ 级时为巨旱;当 $6 \leqslant N \leqslant 8$ 级时为重旱;当 $4 \leqslant N \leqslant 6$ 级时为中旱;当 $N < 4$ 级时为轻旱。

当日降水量为 0 时,即 $R_i = 0$ 时,K 取值为 100%。实际上干旱不仅与降水量有关,还与气温、蒸发量等许多因素有关。因此一般日降雨量在 5mm 以内都可以认为是干旱。假定计算期 K 取值为 90%。则当 $N \geqslant 8$ 级时,干旱持续时间大于 198d,当 $6 \leqslant N \leqslant 8$ 级时,干旱持续时间为 63 ~ 198d,当 $4 \leqslant N \leqslant 6$ 级时,干旱持续时间为 20 ~ 63d,当 $N < 4$ 级时,干旱持续时间小于 20d。

2. 干旱等级的模拟

通过某地连续 8 年晴雨的不间断记录,见表 8-9。可以得知该地出现 1 天晴天的日子是 124d,出现连续 2d 晴天的日子是 76 次,出现连续 3d 晴天的日子是 58 次,依此类推。从表 8-9 可以计算出来,干旱持续时间在 6d 以内发生的概率是 77.7%,干旱持续时间在 7d 以内发生的概率是 82.1%,干旱持续时间在 13d 以内发生的概率是 94.9%,干旱持续时间在 14d 以内发生的概率是 96.2%。因此,可以认为持续 7d 以内的干旱发生的概率达到 80% 左右,持续 14d 以内的干旱发生概率超过 95%。

某地晴天持续时间累计次数 表 8-9

晴天持续时间(d)	1	2	3	4	5	6	7	8	9
累计出现次数	124	76	58	48	19	23	20	21	11
晴天持续时间(d)	10	11	12	13	14	15	16	17	18
累计出现次数	12	6	4	3	5	2	1	4	2
晴天持续时间(d)	19	21	23	25	26	30	40		
累计出现次数	1	1	2	1	2	1	1		

而按上节所述的干旱等级划分计算方法,假定计算期 K 取值为 80%,则当干旱持续时间为 7d 时,干旱等级的划分为 2 级;当干旱持续时间为 14d 时,干旱等级的划分为 3.1 级,可以认为是 3 级。因此,按冯利华模型计算结果,以表 8-9 所示数据分析某地发生 2 级干旱的概率

是 80%，发生 3 级干旱的概率是 95%。

3. 晴雨转化的马尔可夫模型

因为干湿循环对膨胀土路基的水毁有影响，而且确定大雨会在持续干旱多久时发生都需要研究晴雨天气的转化。而在天气现象的持续性预报中，晴雨天气往往是一个个离散的状态，以 1 天为单位，就可以把天气现象看成状态离散、时间离散的马尔可夫过程[22]。马尔可夫过程在天气预报中有着广泛的应用，马尔可夫链在预报晴雨、旱涝等灾害性天气的出现和持续，以及天气形势的转变中有着重要意义。

马尔可夫过程的定义是：若随机过程 $x(t)$，在时刻 t 系统的状态以 E 表示，对于时刻 $\tau(\tau>t)$ 系统所处状态与时间 t 以前所处状态无关，那么这个过程称为马尔可夫过程。

天气预报中旱涝等天气现象往往交替出现，但是它们的出现变化概率并不相等，这时可以应用马尔可夫链解决这个问题[23]。设 D 代表晴日，日降雨量 $<5\text{mm}$；M 代表雨日，降雨量 $\geqslant 5\text{mm}$。可知只要不下雨就是晴天。先计算转移概率。设 $p_0=P(D/M)$ 代表在前一日为雨日的条件下现转变到晴日的条件概率。$q_0=P(M/M)$ 代表前一日为雨日，现在仍然为雨日的条件概率，且 $p_0+q_0=1$。$p_1=P(D/MD)$ 代表前一个晴日的条件下仍出现一晴日的条件概率，$q_1=P(M/MD)$ 则代表前仅一个晴日的条件下，转移为一个雨日的条件概率，且 $p_1+q_1=1$。p_k 代表前面已持续 k 个晴日的条件下，现仍持续为一个晴日的条件概率。而 $q_k(q_k=1-p_k)$ 代表前面已经持续 k 个晴日的条件下，现转为一个雨日的条件概率。此外又设 $f_k(k=1,2,3\cdots\cdots)$ 代表初始状态为雨日，随后在第 k 日首次出现雨日的条件概率（如当 $k=1$ 时即次日为雨日，$k=2$ 时第三天为雨日，$k=3$ 时第四天为雨日……）。

由于马尔可夫过程仅借前一次天气状态来预报未来天气状态，而不考虑前一次以前的天气情况，为了改进这种近似假设，可根据马尔可夫链理论计算各个状态转移的概率，这里以雨日为初始状态计算晴日与雨日的转移概率。

以雨日为固定起始状态，在序列中凡雨日都划分状态 s_0，雨日以后有一个晴日的状态划分为 s_1；当 s_1 出现以后又继续一个晴日的状态划分为 s_2；当 s_2 出现后又继续一个晴日的状态划分为 $s_3\cdots$，当 s_y 出现后又继续一个晴日的状态划分为 s_{y+1}。因此在多个状态 s_1、s_2 中考虑了历史演变情况。状态 s_0 由 $s_0,s_1,s_2\cdots\cdots$ 转移而来，其概率也是不同的。此外，晴日的持续时间不可能是无限长的，因此 s_∞ 是不可能事件，其概率为零。对于膨胀土路基而言，当晴日持续较长时间，路基土体水分已经散失到一定程度，继续的干旱对路基土体的干缩作用也可以忽略不计了。因此，晴日持续时间应该是一个有限的数值。在膨胀土路基水毁预测中，干旱持续的概率可以由当地实际发生干旱的情况进行统计分析来确定。连续出现晴日即干旱的持续时间加以描述，从而把干旱旱多久出现多大雨量的情况考虑到预测模型中去。

天气现象十分复杂，马尔可夫链对于描写天气过程过于简单，但是如果样本相等长，则高阶转移概率的样本值和马尔可夫链的理论值相差较小。如前所述，干旱对膨胀土路基出现干缩裂缝的影响会随含水率降低至某一值后可以忽略，因此运用马尔可夫链预测干旱，并将结果运用到预测膨胀土路基的稳定上是可行的。

8.2.2 降雨和干旱对膨胀土路基的影响

膨胀土路基边坡的雨季失稳破坏一直影响着众多公路和铁路的交通运输。膨胀土路基边坡在持续降雨后常常出现大面积表层滑坍失稳，造成巨大的经济损失。本节将从膨胀土路基边坡的水毁入手，着重探讨降雨对膨胀土路基边坡稳定性所产生的影响，降雨对膨胀土路基附属工程所起的破坏作用,干旱对膨胀土路基水毁破坏所起的消极作用,以及在膨胀土地区进行设计施工时要注意的各项综合因素。

8.2.2.1 降雨入渗对膨胀土路基的影响

1. 现有降雨入渗分析的回顾

降雨入渗对路基边坡的稳定问题,国内外一些学者和工程师们已经开展了不少研究[24,25],这些研究一般是考虑降雨后,雨水的入渗和路基土体含水率发生变化,对暂态渗流场的参数进行研究,并运用有限元进行数值计算分析。这些计算方法对雨型、雨量、降雨历时、土的入渗能力、膨胀土的干缩裂隙和地质条件进行了一些假定,通过数值计算得出了一些重要的结论。

吴宏伟[26]针对香港地区一种典型的非饱和土斜坡,用有限元模拟雨水入渗引起的暂态渗流场,采用延伸的摩尔-库仑破坏准则,考虑基质吸力对抗剪强度的贡献,研究了降雨特征、水文地质条件及坡面防渗处理等因素对暂态渗流场和斜坡安全因素的影响,分析了降雨强度、降雨历时、雨型和土体中渗透系数及其各向异性对暂态渗流场和斜坡安全的影响,但未考虑孔隙空气压力、体积变形、干缩裂缝以及土—水特征曲线形状等因素的影响。

李兆平[27]应用非饱和土壤水分运动基本理论,考虑降雨过程中土壤入渗能力的变化,采用非饱和强度理论,编制了可考虑基质吸力影响的边坡安全系数计算程序,讨论了降雨强度、降雨持时、土壤初始含水率和土的渗透系数等参数对降雨入渗及边坡安全的影响,得出了降雨入渗引起非饱和土中基质吸力的消失或减小是引起边坡安全系数降低的主要因素的结论。但这种方法的可靠性主要取决于土壤水分运动参数、降雨参数和边界条件的设置是否符合实际情况。

秦禄生[28]应用基于 DUCAN-CHANG 模型的有限元法,对膨胀土路基边坡雨季失稳进行了分析。通过路基边坡降雨前后应力应变分布的差异对照,发现边坡表层土体吸水所产生的较大膨胀力是膨胀土路基边坡出现表层滑坍的主要原因。但该文仅仅以含水率沿路基深度的变化来假定膨胀力,未考虑降雨过程中雨型、雨量、降雨持时对路基土体的影响。

林鲁生[29]分析了降雨入渗情况下土体抗剪强度降低的主要原因,运用非饱和土强度理论,提出非饱和土等效凝聚力新概念,探讨用常用的 Bishop 法等极限平衡法进行考虑雨水入渗影响的边坡稳定分析计算。但该方法也未考虑降雨过程中雨型、雨量、降雨持时对路基土体的影响,仅从理论上分析含水率的状态,通过土—水特征曲线确定土中吸力,计算土体的抗剪强度值来反映土体降低的现象,其参数的确定存在一定困难,该方法还有待进一步实践和验证。

姚海林[30]在考虑降雨强度、降雨历时、雨型、前期雨量、边坡地形地貌等初始条件对膨胀土边坡稳定分析的研究成果的基础上,通过对膨胀土边坡暂态饱和-非饱和渗流的参数研究,指出裂隙的存在对边坡中孔隙水压力和体积含水率分布有重大影响,膨胀土渗透性越低越应注意裂隙的影响。

以上这些计算和假定对降雨入渗对边坡稳定分析探讨得较多,而对雨水冲刷和地表径流对路基边坡的稳定影响却考虑得较少或者完全没有考虑。试验中雨水冲刷及地表径流对膨胀土边坡的稳定到底起着多大的作用呢? 为此,有必要从影响膨胀土路基边坡稳定的因素着手,结合试验和有关资料对膨胀土路基边坡失稳的破坏机理进行分析。

2. 现有降雨入渗分析假定的不足

现有降雨入渗问题的研究实际上主要倾向于考虑入渗,而对降雨对路基的损害考虑得较少。降雨入渗的规律[31]是:降雨入渗初期,由于降雨强度往往小于土壤的入渗能力,所以实际发生的入渗量即为降雨强度。随着累积入渗量的增加,土壤剖面含水率逐渐增大,入渗能力逐渐减小，到一定时刻后，就会出现降雨强度大于土壤的入渗能力，此时，超出入渗率的降雨则形成积水和地表径流。

徐永福[32]推导出膨胀土的浸水速率的对数与时间对数呈线性相关，且与上覆荷载呈直线相关。但是膨胀土饱和时渗流系数也不是很大[33]，大约为 $1\times10^{-8}\sim1\times10^{-4}$m/s，因此降雨由入渗转化为积水和地表径流的时间不是很长，大约在降雨后的10min内就完成了这个转变，在降雨量较大时所需时间更短。

由于膨胀土大多是一种典型的非饱和土，其渗流系数较小，渗流所需的时间很长，为了与现场实际对应起来，一般的算例将降雨持续时间考虑得很长。这样就导致了算例中的假定工况与实际情况明显不符。比如在姚海林[30]的文章中就存在这样的情况：第一，一般单次暴雨的降雨持续时间不会有72h，反观其不同降雨强度条件下，安全系数与降雨持时的关系如图8-1可知：降雨持时小于5h时，相差两个数量级的降雨强度，其安全系数的下降基本上差别不大；第二，在不同裂隙深度条件下，安全系数与降雨持时的关系如图8-2所示，可以看到：裂隙深度为0.0m、2.0m、4.0m时，安全系数只是在绝对值上有所不同，并不随降雨持时的增加有明显的下降，这说明路基的稳定与降雨持时无关。很明显，这与常识不符；第三，根据铁道部门[34]对多年膨胀土路基的调查资料显示，降雨后路基土体吸水只发生在边坡表层2.0m范围内，而且在膨胀土路基中深度为1.5cm的宏观裂隙不可能深达4.0m，而该文在不同裂隙深度条件下，安全系数与降雨持时的关系如图8-2所示那样：只考虑裂隙深度为0.0m和2.0m时安全系数在1.7~1.5之间变化，不同的裂隙深度对安全影响的变化不是很大。由此可以得到与该文结论相悖的结果，裂隙的存在与否对路基边坡的稳定影响不大。图8-1和图8-2中 R 表示降雨强度，K_s 表示饱和渗透系数。

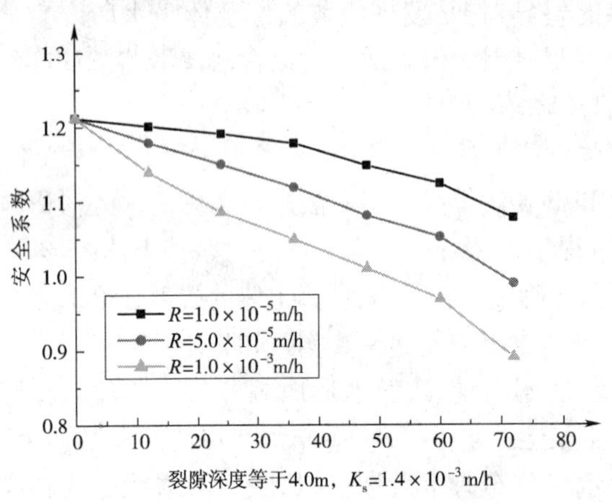

图8-1 不同降雨强度条件下，安全系数与降雨持时的关系

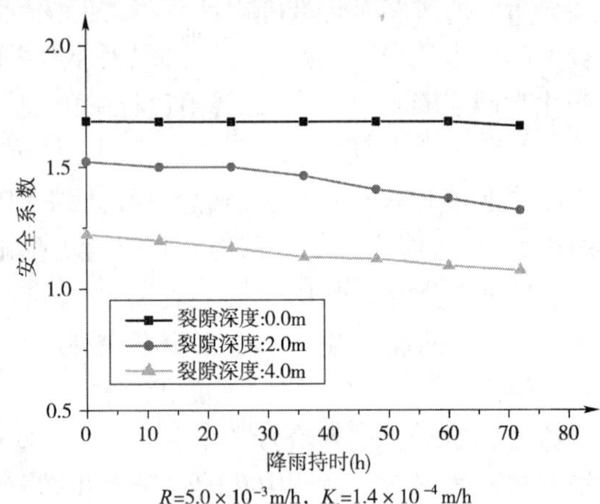

图8-2 不同裂隙深度下，安全系数与降雨持时的关系

3. 降雨入渗对非饱和膨胀土边坡稳定性影响

降雨与边坡稳定的关系复杂，受诸多因素的影响，如降雨强度、降雨历时、雨型、前期雨量、边坡的地形地貌和边坡的初始条件等[35]。文献[36]通过研究香港地区降雨和滑坡的关系，提出了一种简单的一维垂直入渗模型，并根据抗剪强度与饱和度的经验关系来研究地质条件和降雨特征对边坡稳定性的影响，但未考虑水平渗流分量的影响，且假设导水率 K 和扩散度 D 均为常量。文献[37]考虑的主要因素是降雨强度和土的类型。结果表明较高降雨强度引起安全系数显著降低，渗透系数对安全系数影响较小，基质吸力在边坡稳定性中起举足轻重的作用。文献[38]研究

了香港人工边坡的各种降雨情况和初始表面条件、边界条件对暂态渗流和边坡稳定性的影响。文献[39]对香港地区的情况用有限元深入系统地研究了各种降雨情况和土体渗透性对暂态渗流场和边坡稳定性的影响。降雨对膨胀土体的影响主要体现如下[35~43]。

(1)降雨强度的影响

一般而言,在相同的时间内,降雨强度越高,土坡的安全系数越小,但对于膨胀土边坡,由于其渗透性很小,雨水入渗量有限。如果雨水强度大于土体表层渗透系数,大部分雨水形成地表径流流走,只有小部分雨水入渗对膨胀土土坡稳定性造成影响;降雨强度小于或等于土体表层渗透性,降雨强度将影响边坡的安全系数。即降雨强度对膨胀土边坡稳定性存在一个极限。

(2)土体渗透性的影响

土体渗透性直接关系到水分入渗的速度,在降雨时,渗透性对斜坡稳定性影响无疑会起到非常重要的作用。渗透性越大,雨水越容易进入斜坡浅层,从而使其更接近饱和,土的基质吸力消失,相应的安全系数也较低。

(3)裂隙深度的影响

膨胀土边坡本身的渗透率很小,雨水入渗极为有限。如果不考虑裂隙的存在,则降雨对边坡的影响可以忽略。考虑裂隙时,其渗流场与不考虑裂隙有很大的差异。随着裂隙深度的加大,渗流影响区逐渐扩大,并大于裂隙的开裂深度。随着时间的推移,裂隙间湿润交错使土坡上部形成一个具有一定深度的饱和区,这对土坡的稳定性是极为不利的。

8.2.2.2　降雨冲刷对膨胀土路基的影响

1. 土体吸水湿化破坏

降雨最直接的效果就是对膨胀土路基土体的含水率进行了补给,使土体表层含水率增加。土块表面颗粒首先吸附水分子形成水膜,使粒间连接削弱;同时,一部分胶结物质被水溶解,更破坏了土的结构连接;而且膨胀土是具有多裂隙特性的黏性土,所以水渗入土中则很快沿裂隙通道浸湿两侧土壁并使之膨胀软化,使土内产生不均匀应力。于是,在水膜楔入效应的作用下,使土块周围首先出现各种形状不一的土粒或小块碎落与崩散等解体现象。土体由吸水产生体积膨胀引起的结构破坏,最终会导致土体破坏。

2. 强降雨的冲击

从上可知,降雨持时较长时,更多需要考虑的是雨水的冲刷力和地表径流对膨胀土路基稳定的影响。现假定有降雨量为50mm/h的较大降雨,持时1h,雨点是直径为4mm的水球。此时在每平方米上有雨量$5\times10^{-2}m^3$,共计1.49×10^6颗雨点,而每颗雨点的投影面积为$1.256\times10^{-5}m^2$。如果雨点互相不重合地落在地面,需要$18.7m^2$,而如果是落在$1m^2$的地面上,则在相同的位置就重合了18次。在路基坡面上击打的次数随坡面坡度的不同而有所不同。在试验中我们观测到,每次雨点击打在路基斜坡表面将带走0.5mm厚的泥土,而在路基水平地面,由于路面积水,雨点的冲刷力主要由路面积水承受,冲刷力的影响并不十分明显。因此,当在路基坡面同一位置冲刷了10次之后,路基坡面上碾压不够密实的地方就会出现5mm的随机冲沟。

在膨胀土路基水毁模型试验中,雨水的冲刷对路基边坡的稳定性影响很大。模拟雨量为16mm/h的降雨32h后,路基土体发生局部透水,接着模拟雨量为35mm/h的降雨4h后路基土体发生滑坡,在其他组试验中模拟雨量为50mm/h的降雨1h内滑坡就可发生。而湿润界面在开始阶段向下运动较快,第一天模拟降雨结束后可见浸润线距路基顶面8cm,随着时间的推移逐渐减慢,45d才到达距路基顶面1.5m以下处(通过埋设的MS—2型FDR土壤水分探测器可知)。因此可以判断雨水冲刷和地表径流是影响路基稳定的直接原因。

3. 地表径流的冲刷

在路基土体表面含水率逐渐增大、入渗能力逐渐减小的情况下，对路基坡面进行冲刷的降雨还来不及入渗时，由于重力作用顺坡而下，形成了地表径流。地表径流在路基较高、坡度很大的情况下速度会变得很大，快速流动的径流会对坡面形成的冲沟进行二次冲刷。因此，在很多路基坡面的坡脚冲沟较发育，为路基稳定性的破坏创造了主要条件。

根据香港地区研究人员安装的自动雨量记录系统，Brand[44]详细分析了1953～1983年的降雨与滑坡事件，得出了以下重要结论：①绝大多数的滑坡是短期强烈降雨所引起，而且滑坡发生事件与小时峰值雨强几乎同时发生；②对于持续时间较短、雨势较弱的"少数"滑坡，仅仅几天以前的降雨是重要的，除此之外，前期雨量不是滑坡产生的主要原因；③70mm/h的降雨强度是滑动产生的阈值，超过这个降雨强度，滑动产生的数量和严重程度随着雨强增加而急剧增加；④24h雨量反映了短期雨强，因此可用24h雨量作为判别滑坡可能性的依据。通常24h雨量小于100mm时，滑坡不可能发生，这也从实践上证明了冲刷和地表径流是发生滑坡的主要原因。

4. 干缩裂隙的促进

强度小或者持续时间较短的降雨并不会使路基当时就失稳，但是在干旱季节，由于日晒风干作用，坡面表层水分蒸发，膨胀土失水干缩开裂，整个坡面布满长短不一的大小裂纹，这些裂纹与冲沟相互交织、互相影响，并随时间推移逐步形成纵贯坡面的竖向裂纹，为下次降雨形成更深更大的冲沟，直至给整个路基边坡的破坏创造了条件。但是裂隙的通道作用并不明显。在膨胀土路基水毁模型试验中，用10支1 000W的碘钨灯离土体20cm模拟日照30d后，干缩的宏观裂隙深入土体的深度并不会超过3cm，而且在第二次降雨时，水分的补给会使土块崩坍，填塞裂隙。此时宏观裂隙中的土体马上饱和，雨水的入渗速度就与膨胀土饱和渗流速度相同，在降雨过程中的渗流由于时间短，对路基稳定的影响不是很大。

在强降雨过后的积水入渗或者在长时间小雨量的降雨过程中，雨水入渗会使膨胀土路基浅表层的孔隙水压力增大，路基边坡向临空面膨胀，同时基质吸力的丧失会使土体更易发生崩坍。随着冲沟的加深，渗流影响深度也会扩大，裂隙间湿润前锋的相互交叉使边坡纵向冲沟之间形成具有一定深度的饱和区，这对膨胀土边坡稳定更为不利。这种破坏经常表现为在强降雨过后积水入渗或者在长时间小雨量的降雨过程中路基边坡发生的鼓胀破坏，而边坡防护的破坏又为下一次降雨时的雨水冲刷及地表径流对路基的破坏提供了更为便利的条件。

8.2.2.3 干旱对膨胀土的影响

1. 干旱对膨胀土收缩性的影响

干旱对膨胀土土块的直接影响是使膨胀土土体失水，失水后的膨胀土产生收缩。收缩同膨胀一样，其性质的强弱、变形的大小以及收缩规律，均取决于土的物质组成，即土的矿物成分、物理化学特性和结构类型[45]。土的粒度成分及其颗粒的定向程度和分散度，对土的收缩影响也是很大的。一般情况下，体缩有随黏粒（包括胶粒）成分含量增加而增大的趋势，颗粒定向度越大的土，其收缩性越大，分散度越高，收缩也越显著。

膨胀土的起始含水率和干密度不同，失水时所产生的收缩变形也是不一样的[46]。对于同种性质的膨胀土来说，其缩限受土的起始状态的影响不大，基本上可以视为一常数。收缩量同膨胀量一样受起始条件的影响很大，都不是一个恒定值，而是随土的起始含水率和干密度的改变而变化。而且收缩量的变化规律与膨胀量相反，即收缩量随起始含水率的增大而变大，随起始干密度的增大而变小。

当原状土的起始含水率从饱和状态、扰动土的起始含水率从液限状态开始失水产生收缩，

直到缩限状态时，收缩量将达到最大值。此时，即使含水率再减少，土的体积也不会再缩小，表明收缩变形已经结束。很明显，土体越干燥，产生的收缩变形将越小。一旦土的起始含水率已经接近缩限状态，再失水则很困难，收缩也会很微弱，以致接近于零。如果土的起始含水率低于缩限，则根本不可能产生收缩。然而，此时的土体如果吸水，其产生的膨胀将会十分强烈。大量试验研究表明，土的收缩量与起始含水率之间的一般规律如图 8-3 所示，为一直线关系。

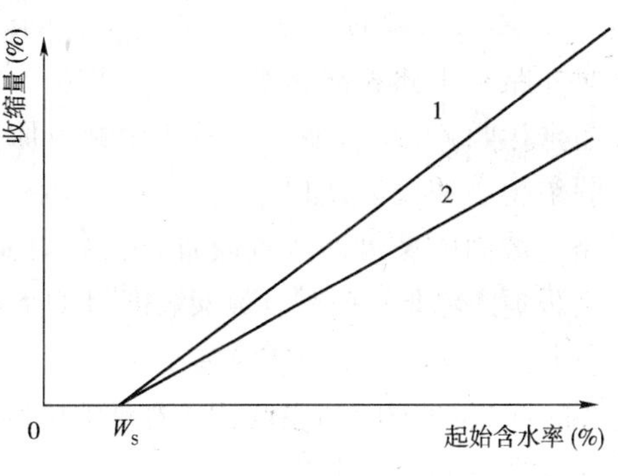

图 8-3　收缩量与起始含水率的关系

2. 干旱对膨胀土崩解性的影响

干旱对膨胀土路基破坏最大的还不是由于干缩引起的沉降，而是经过强烈干燥后的土体再度吸水湿化而产生的体积膨胀，此时往往会伴随着强大的膨胀压力。崩解就是干燥的膨胀土块浸入水中所发生的一种吸水湿化现象，是膨胀变形的极限——土体由吸水产生体积膨胀引起结构破坏，最终导致解体。如果膨胀土块不是很干燥，或者膨胀性不强，其裂隙不发育，崩解作用一般是从外部向土块中心逐渐发展的；若膨胀土块很干燥，裂隙较发育，其崩解作用主要是受到裂隙分布的控制，崩解速度快，且比较完全。

影响膨胀土吸水湿化丧失强度的因素，如同影响土的膨胀和抗剪强度特性一样，主要取决于膨胀土的矿物成分、粒度成分、结构特征及其胶结物以及水介质的成分和浓度等，特别是土的初始含水率。野外和实验室测试膨胀土的崩解性表明，烘干试样在水中崩解速度最快，且崩解最完全，一般在数分钟内即可全部崩解完毕；自然风干试样在水中崩解速度次之，崩解由完全到不完全；保持天然含水率状态的试样，崩解速度极慢，且崩解也极不完全；天然含水率较高的土块则不显示出崩解性。

图 8-4 是湘渝铁路安康地区三种类型膨胀土的不同含水率试样，在无约束静水条件下测得的崩解量与时间的关系曲线[34]。试样为 5cm × 5cm × 5cm 原状土体，分别处于接近缩限含水率的干燥状态和接近塑限含水率的湿度状态下不同类土的崩解情况。图 8-4 清楚地表明崩解速度和初始含水率的密切关系，揭示了膨胀土路基在久旱之后遭遇大雨迅速破坏的规律。

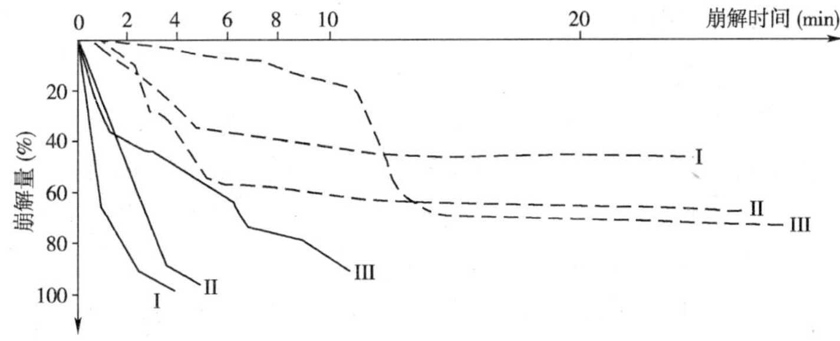

图 8-4　不同类型膨胀土的崩解特性

I-强膨胀土；II-中等膨胀土；III-弱膨胀土

——干燥状态；– – –潮湿状态

8.2.2.4　干旱对膨胀土路基的影响

1. 含水率对膨胀土路基的影响

填筑膨胀土路基时，受到填筑含水率的影响更显著，一般表现为填筑含水率越大，收缩量越大；填筑含水率越小，收缩量越小。两者规律与原状土相同，如图8-5所示，为一直线关系。但是原状土经过扰动重塑以后，一是由于原状结构受到破坏，土的结构黏聚力丧失，二是部分颗粒产生重新定向，使定向程度增加。因此，重塑土试验吸水膨胀比原状土试验要大，同样失水收缩也更充分。所以，同类膨胀土在相同条件下，重塑土试样失水产生的收缩变形比原状土要大。填筑干密度对土的收缩变形影响不大。膨胀土在自然条件下的收缩变形，实际上是水分蒸发，引起土的孔隙比减小、密度增大的结果。这与土体在压力作用下的固结变形有点相同，但是压力的作用主要是使土体沿受力方向发生压密，而土体在收缩过程中的密度增大，则是以一定的收缩源为中心而产生的收缩变形。

按照膨胀土的收缩量随初始密度增大而减小的规律，若对土体施加较大的初始压力，使之固结后的密度增大，则有可能减少其收缩量[47]。从膨胀土的收缩试验研究可知，膨胀土的收缩潜势，主要取决于组成膨胀土的黏土矿物成分、物理化学特性和结构类型。但是，膨胀土的收缩量还同时取决于膨胀土的起始湿度与干燥条件，而与土的起始密度关系不密切。相同类型膨胀土的收缩量主要由起始湿度控制，与干燥温度和时间密切相关。膨胀土的收缩量也是随着起始湿度和失水量的变化而变化。

2. 水分蒸发对膨胀土路基的影响

实验室对膨胀土的膨胀与收缩性质的研究，主要是模拟土体在自然界的变形过程。处于自然界的膨胀土体由于湿度状态的改变而产生的体积变化，除一部分与人工因素（如管道与灌溉等渗水）有关外，主要还是受到气候因素的影响。大气降雨和地表径流的渗透使土中含水率增加，温度的热力作用和风的吸扬作用使土中水分蒸发。一般来说，降雨量越大，渗入土中的水量越多，土体的湿度也越大；当蒸发量超过降雨量时，土中水分也被蒸发散失，土体处于干燥状态。土体的这种一干一湿造成土中水分的迁移变化，从而导致土体产生膨胀与收缩变形。

另外，土的收缩与土中水分的蒸发条件密不可分，只有当土中水分被蒸发散失以后，土体才有可能产生收缩，而且水分蒸发散失量越大，收缩量也越大，两者基本上也为一直线关系，近似于膨胀量与吸水量之间的一般规律。土的收缩变形与水分的蒸发散失条件有着密切关系，即收缩量的大小直接受到干燥温度的控制。安康膨胀土在干燥温度为30℃～50℃范围内逐渐升温，收缩量增大比较快；超过此温度后升温，则收缩量的增长速度较慢；持续干燥时间越长，则土中水分蒸发较完全，收缩量也越大。

因此，膨胀土地区土体的收缩变形大小，不仅与地区干旱干燥温度的绝对值有关，而且还与旱季干燥持续时间的长短、温差的大小密切相关。大量工程实践表明，即使地区的干燥温度不是最高，但只要干燥时间很长，土体产生的实际收缩变形也有可能相当严重。

根据南宁膨胀土不同起始含水率和干密度试样，在室内相同干燥条件下进行的收缩试验表明，试样起始状态不同，缩限却很近似，收缩系数也相差不大，但收缩量随起始状态的变化却十分显著。当试样 $w=36.0\%$ 时，$e_s=3.7\%$；$w=41.9\%$ 时，$e_s=5.7\%$；$w=44.7\%$ 时，$e_s=7.3\%$。可以看出，起始含水率增加8.7%，土的收缩量则增大一倍[34]。

图8-5为平顶山膨胀土采用人工热压板干燥法进行原位收缩试验的结果。在连续50d的干燥收缩过程中，试验人员绘制了土的收缩量与时间和含水率之间的关系曲线，由曲线图可以看出收缩量随着时间的延长而有逐渐增大的趋势，而且含水率损失越多，收缩量越大。曲线1含水率只减少8%，收缩下沉量为9mm；曲线2和3含水率只减少1%（在有覆盖条件下），其收缩下沉量仅仅1～2mm。这也同样证明了土的收缩变形量不仅受起始状态制约，而且与土

中水分的散失条件及其减少量有着密切的关系。

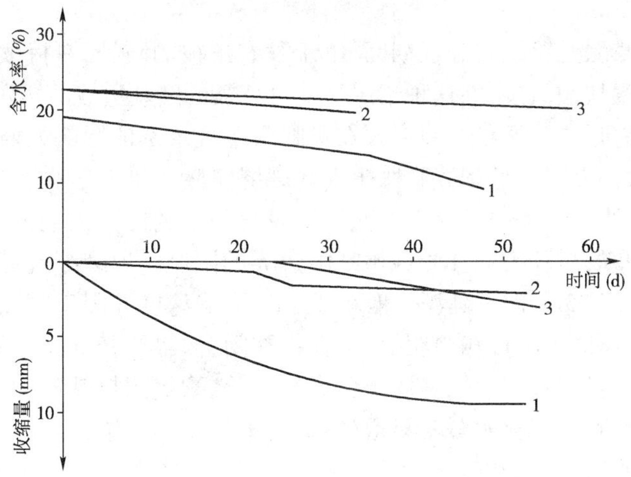

图 8-5　原位收缩曲线

雷州半岛[48]地处北回归线以南低纬地带，属北热带半湿润季风气候区，具有气温高、蒸发量大、台风多、雷暴频繁、雨量充沛、旱雨季节分明等气候特征。但旱雨季节集中、时空分布不均、年际和年内雨量丰歉偏差过大、干旱时间长、地方性小气候明显等则是诱发地裂缝的灾害性气候。据分析统计，区内膨胀土地裂缝发生的时间与气候上的干旱年相吻合，且具有雨水丰年不发、特大干旱年多发的特点。绝大多数暗裂牵动式膨胀土地裂缝均发生于持续干旱，月数达 7、8 个月以上的特大干旱年份，即月降雨量 <100mm 的连续干旱月数，比正常年份长 2 ~ 3 个月，具体发生时间则是久旱后第一场暴雨之时。可见，干旱的气候环境是膨胀土地裂缝形成过程中不可或缺的重要因素。

3. 植被对膨胀土路基的影响

随着我国国民经济建设的蓬勃发展，基础设施建设日新月异，基础设施建设与环境保护的矛盾也日益突出，不断开发出来的路基边坡，对水土保持、生态保护、环境保护都极为不利。采用植被护坡是快速恢复被开挖或填土边坡生态环境的一种重要方法，一般的膨胀土路基也是采用植被方法进行护坡的。

植被护坡的作用可以通过它的水文效应和机械效应来实现。在水文方面，植被调节地面气候、地表和地下水文状况，使植被生长地区的水循环途径发生一定的变化，因而影响侵蚀过程。在机械方面，植被通过其枝干、根系与土壤的机械作用，增加根系土层的机械强度，甚至直接加固土壤，起到抗蚀固坡的作用。水文效应和机械效应相互补充，形成了复杂的因果关系，一部分降雨在到达坡面以前就被植被截留，之后重新蒸发到大气或下落到坡面，植被能够拦截高速下落的雨滴，起到了减少能量及土粒飞溅的作用。

但是在干旱季节，植被的根茎却吸走了土中的水分并将其蒸发到大气中，使土中含水率很快降低。当干旱持续时，由于一般黏土的特性，土体会出现干缩裂缝，膨胀土路基表现尤为明显。此时，土中的植被根系犹如土体中的加筋材料，抵抗土体收缩引起的开裂。但是如果遇到很长时间的干旱，比如据新华网吉林频道报道，在“部分地方干土层厚度达 1.0 ~ 1.5m”，“通榆、乾安、长岭的部分地块土壤含水率只有 5%”的极端干旱情况下，植被虽然对土体有加筋作用，但是如前所述，此时膨胀土路基土体的含水率已经低于极度收缩时的含水率（缩限状态），失水引起的收缩接近于零。由干旱引起的收缩已经到达了极值，对于膨胀土路基而言，持续干旱对膨胀土路基的影响已经达到极致。可以认为，再持续下去的干旱对膨胀土路基的收缩已经没有多大的影响了。

没有植被护坡的膨胀土路基在施工期间，由于没有植被的防护，在持续干旱的情况下，膨胀土路基的水分也会很快被蒸发，在这种情况下比有植被的路基边坡的蒸发速度更快。

植被因素对地裂缝形成的贡献主要表现在对膨胀土含水率的影响方面，不同类型的地裂缝，植被的影响有较大的差异。面裂式膨胀土的地裂缝实际上是一般膨胀土地区常见的一种地裂缝，分布在地表为膨胀土的、地形高亢的、植被发育不良的向阳山坡上。这种裂缝具有一般裂隙的性质，裂面粗糙，延伸方向亦受原始裂隙边界的限制。地裂缝规模一般都较小，宽度一般小于0.20m、长小于35m，向下延深一般小于大气影响深度并限于膨胀土层内，可测深度通常小于3m。这类地裂缝季节性相当明显，会在雨季闭合、旱季张开并极易被雨水携来的泥砂充填。气候越干旱，持续时间越长，膨胀土失水越充分，裂缝规模就越大。植被对面裂式地裂缝而言，有植被覆盖时，膨胀土水分不易散失，不利于形成地裂缝。

对于暗裂牵动式膨胀土地裂缝，开裂前地表无任何迹象（个别情况下可见极不明显的小裂缝或落水洞穴），总是在久旱大雨之时突然发生。它既可发育于厚度较大的膨胀土裸露区，也可发生在膨胀土浅埋区，主要分布于微地貌发育的平原（或台地）边缘地带，尤以地形反差明显、临空面大的孤山、残丘、垄岗、山脊等地段最为常见，具体的发育位置绝大多数为林地边缘、林间空地、林间道路上，其形状和延伸方向明显受树林边界条件的限制。对于暗裂牵动式地裂缝来说，植被反而是地裂缝形成过程中至关重要的失水途径和不可缺少的诱发条件。

8.2.2.5 气候对路基附属工程的影响

1. 破坏状况及其原因

膨胀土具有显著的胀缩特性，使得膨胀土地区的主要工程地质问题突出表现在膨胀土的不良物理特征方面。由于膨胀土地基的不均匀胀缩，造成公路、铁路构造物的开裂和破坏[49]。一般线路会绕开膨胀土地区，但实际上，由于膨胀土分布实在太广，因此有些线路工程不得不修在膨胀土地区。对于大型、重要的构造物而言，人们一般会考虑采用桩基础等基础设计，尽量减少膨胀土对构造物的影响；而对一般小型的构造物，如桥台、挡土墙和涵洞等构造物，现有的设计方案考虑得较少，导致这些小型的构造物在膨胀力的作用下会产生开裂、位移甚至破坏。

对于膨胀土地区的小型构造物，如挡土墙、小桥台和涵洞等，除了受到非膨胀土地区常见的力之外，还受到由于膨胀土土体水分增加、膨胀产生的膨胀力。这种膨胀力全部由土体指向临空面，导致挡土墙上部水平开裂、错动、平移破坏，涵洞墙身、端翼墙开裂，小桥台向河道一侧倾斜或者是桥台浆砌片石锥体护坡开裂、胀鼓破坏。

根据膨胀土地区构造物破坏情况的分析，可以发现如下规律：①对圬工构造物产生影响的力主要是水平向的膨胀力，其数值较大，属于拉剪应力，容易对圬工构造物产生较大的破坏作用；②膨胀力影响的深度与气候可以影响到的深度有关，一般在地表以下2～3m以内。对于小桥台这种刚性较好的构造物，在桥台上部的水平向膨胀力容易使构造物向河道一侧倾覆；③对于上部荷载较小、埋藏在膨胀土地区的交通灌溉涵，由于干湿循环的作用会使涵洞基础出现不均匀沉降而产生纵向裂纹，特别是在上部荷载小的端翼墙，由于没有足够的竖向力来平衡基础的膨胀力，更容易出现纵向裂纹[50]。

从膨胀土地区构造物破坏的规律可以看出：降雨入渗对非饱和膨胀土边坡的直接影响是使得边坡土体中（特别是浅层土）吸力降低或孔隙水压力升高。孔隙水压力的升高使“有效应力”降低，从而导致土体抗剪强度降低，使得挡土墙、涵洞或桥台台背的主动土压力增加；浅层土体吸水后土体的密度增大，到达饱和密度，这也会使得主动土压力有所增加。由于挡土墙、涵洞或桥台台背的侧向约束，非饱和膨胀土吸水（或吸力降低）后的膨胀趋势就以膨胀力的形式表现出来。膨胀力的形成将导致土体中水平向应力增加。降雨入渗后，土体中的应力比显著增加（这表明土体内剪应力增加），与朗肯临界极限土压力理论计算得到的极限状态下的应力比很接近，表明降雨入渗后，局部土体有可能产生破裂面，降雨入渗造成的土体膨胀软化和土体中水平应力的增加是与非饱和膨胀土的胀缩性相关的，胀缩性又与裂隙的发展密切相关，而裂隙又会加剧雨水入渗的作用。这些因素的互相影响必然使膨胀土地区构造物的侧向受力变得越来越大[51]。

2. 构造物侧压力受力分析

一般构造物受到侧向土压力时可分为桥台、埋藏于路基土体中的涵洞或者是挡土墙。对于桥台，在其台背受到侧面土压力的同时，还受到桥上汽车、火车等传来的荷载。对于埋藏于土体的涵洞，涵洞台背土体的上方填土也会在涵洞台背土体上方形成一个均布荷载；对于一般的挡土墙，不管墙后填土如何，在膨胀土因水分增加而导致膨胀力增加时，在挡土墙顶部水平面以上的土体，由于没有侧向约束，其膨胀势可以充分发挥，可以忽略膨胀力对挡土墙的影响，因此也可以看成挡土墙顶部水平面以上存在一个均布荷载。

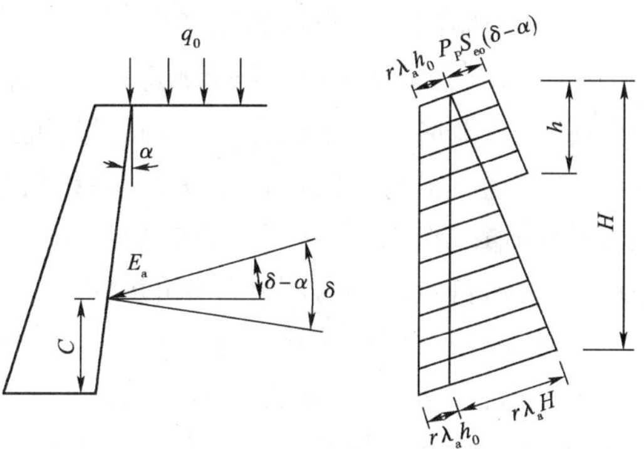

图 8-6　膨胀土地区构造物侧压力示意图

如图 8-6 所示，在侧向受到膨胀力影响的路基构造物的受力图中，无论是提高黏性土的内摩擦角后按砂性土土压力的计算公式来计算，还是直接按黏性土的土压力公式计算，提高黏性土内摩擦角的方法都是根据土的抗剪强度相等的原理，计算综合内摩擦角 φ_D，如式(8-57)。

$$\varphi_D = \tan^{-1}\left(\tan\varphi + \frac{C}{rH}\right) \tag{8-57}$$

此时，主动土压力系数为：

$$\lambda_a = \frac{\cos^2(\varphi_D + \alpha)}{\cos^2\alpha\cos(\delta-\alpha)\left[1+\sqrt{\frac{\sin(\varphi_D+\delta)\sin\varphi_D}{\cos(\delta-\alpha)\cos\alpha}}\right]^2}$$

式中：φ_D——综合内摩擦角；

α——墙背与竖直线的夹角，墙背在竖直线左边时为正，在右边为负；

δ——墙背与土体之间的摩擦角。

此时水平面以上土体荷载换算成土体高度 h_0：

$$h_0 = \frac{q}{\gamma} \tag{8-58}$$

挡土墙顶部水平面处：

$$p_a = \gamma\lambda_a h_0 \tag{8-59}$$

挡土墙底部水平面处：

$$p_a = \gamma\lambda_a h_0 + \gamma\lambda_a H \tag{8-60}$$

库仑主动土压力 E_a 为:

$$E_a=\frac{H}{2}(2\gamma\lambda_a h_0+\gamma\lambda_a H) \tag{8-61}$$

作用点距墙底 C:

$$C=\frac{H}{3}\left(\frac{3\gamma\lambda_a h_0+\gamma\lambda_a H}{2\gamma\lambda_a h_0+\gamma\lambda_a H}\right) \tag{8-62}$$

3. 考虑水平膨胀力的构造物设计

现行挡土墙的设计一般凭设计者的经验拟定挡土墙的各部分尺寸,然后根据库仑理论或朗金理论进行强度和稳定性验算,通过验算找出不符合设计要求的部位,加以修改,使其满足规范要求,并达到经济合理的目的[52]。但是,由于膨胀力的存在,挡土墙受力体系略有改变。膨胀土地区挡土墙上部由于受到雨水的侵蚀入渗,会造成挡土墙上部土压力比库仑土压力大的事实。同时,由于膨胀压力一般仅仅对挡土墙上部产生影响,因此,要把膨胀压力作为膨胀土地区挡土墙的主要力系加以考虑,并在考虑膨胀土挡土墙受力时,挡土墙上部应采用膨胀土压力、下部采用主动土压力进行膨胀土地区挡土墙的稳定性和强度检算。

膨胀土地区的膨胀压力一般是通过膨胀土的有关试验得出的。相关试验表明:水平向膨胀力与垂直向膨胀力的比值在0.331~0.611之间。同时,挡土墙背后的砂砾垫层对膨胀力也有一定的消减作用,在计算时应综合考虑。小桥台的抗倾覆受力检算也与挡土墙的受力相类似。与桥台自重和梁跨部分传来的上部荷载相比,桥台基础底部的膨胀力相对较小。因此,膨胀土地区的小桥台应着重考虑桥台上部水平膨胀力下的抗倾覆能力。

在气候因素中,降雨和干旱是对膨胀土路基影响最大的两个因子,直接控制着路基失稳的发生时间。降雨使膨胀土含水率增加和发生膨胀变形,干旱使膨胀土含水率不断降低而发生收缩变形,导致膨胀土路基裂隙发育,同时也使膨胀土积蓄膨胀潜势。由于持续干旱,膨胀土中水分将被强烈地蒸发散失,土体收缩达到极限(如缩限状态),并伴随着严重开裂,这将造成路堤的不均匀下沉和破坏。然而,伴随着强烈干缩的土体再度吸水产生的体积膨胀,将产生强大的膨胀压力。所以,大量膨胀土路基的破坏大多数集中在久旱以后的第一个雨季,甚至取决于干旱后第一次持续降雨量的大小,因此,对膨胀土路基水毁分析不能忽视干旱的影响[53]。在气候正常的年月,旱涝的周期性变化会对膨胀土路基的稳定性产生影响;在气候异常的情况下,特别是出现有特大的干旱时,会对膨胀土路基稳定造成更大的影响。温度主要起到加速地表膨胀土中水分转移的作用,温度越高,地表胀缩土失水越迅速,失水量也就越大。

8.3 膨胀土路基水损害及评估[7]

8.3.1 膨胀土灾害概况及成灾特点

1. 灾害概况

随着高速铁路和公路建设的发展,在铁路、公路修建过程中,必然要遇到更多的膨胀土问题,如路基填料需要采用膨胀土,膨胀土路基边坡的稳定和处理方案需要认真研究;膨胀土路段的桥涵结构物基础和回填需要特别处理;膨胀土地段防护、排水工程需要仔细设计和施工等。由于对建设在其上的路基和构筑物会产生较大的危害,所以按现行的技术规范,膨胀土不能直接用于路基填筑。但若废弃膨胀土的土方,必将导致大量借土和弃土的用地,这将使工程

造价增加,并带来环保方面的诸多问题。

目前,我国有不少在膨胀土地带修筑的铁路、公路工程,膨胀土土体中杂乱分布的裂隙对公路路基、路堑边坡等都有严重的破坏作用,为此我国许多地区曾尝试过多种处治方法,也因此耗费了巨额工程费用。即便如此,工程仍然面临着无法施工或无法保证施工质量的局面。铁路工程边坡整治费用惊人,比如襄—渝铁路,由于膨胀土的原因,每公里造价提高了 91.64 万元[34]。在公路建设和养护过程中,当遇到膨胀土问题时,所采取的措施也往往效果不佳。

2. 成灾特点

膨胀土是特殊岩土中的一种典型的灾害,特殊岩土又是地质灾害中的一个重要类型。与其他地质灾害相比,我国活动的或者具有明显潜在活动危险的膨胀土灾害较多,不同地区发育水平和成灾规模不同。尽管膨胀土单点灾害的危害范围都比较小,但随着社会经济的发展,修建在膨胀土地区的建筑物越来越多,使得发生膨胀土地质灾害的危险性越来越大。膨胀土灾害与其他自然灾害同时或连续发生,具有灾害时间呈周期性不规则分布及灾害程度不断严重化的趋向。

由于形成条件、活动过程、破坏方式等的不同,膨胀土灾害具有独特的成灾特点。根据地质灾害活动时间的特点,地质灾害分为突发性地质灾害和缓发性或累进性地质灾害。突发性地质灾害一般有岩爆、火山、崩塌、滑坡、泥石流等,缓发性或累进性地质灾害则主要包括地裂缝、地面沉降、海水入侵、水土流失、土地沙漠化、土地盐渍化等。一般认为膨胀土属于缓发性地质灾害[54]。

膨胀土虽然是长期地质作用的结果,但是在膨胀土灾害的影响因子中,降雨是形成时间短暂(几小时、几天内就可能有降雨发生)、发生频率高的一个因子。与膨胀土的矿物来源和地形地貌的稳定性相比,降雨是随时间变化的一个突发性事件,因此对于膨胀土地质灾害的分析不能简单地分成突发性和缓发性两类。从引起膨胀土路基水毁的诱因来看,膨胀土灾害分类应该更倾向于突发性地质灾害范畴[54]。

灾害的形成必须具备两方面条件:一是具有灾害现象的起源,即自然动力活动或自然环境的异常变化;二是具有受灾害危害的对象,即人类的生命财产以及赖以生存与发展的资源、环境。在一个灾害事件中,前者可称为灾害体或致灾体,后者可称为成灾体或受灾体,二者相互作用形成了灾害。以膨胀土为填料的路基既是致灾体又是受灾体,这也是膨胀土成灾的一个特点。

8.3.2 膨胀土灾害分级

1. 地质灾害属性特征

地质灾害从一定意义上说首先是经济问题,它具有以下属性特征:

(1)地质灾害的必然性与可预防性。地质灾害是自然作用的一种形式,是自然界按照一定规律达到一定程度后发生的一种自然现象,因此是不可避免的;通过某种迹象能预测出地质灾害,所以它又是可预防的。

(2)地质灾害的周期性和随机性。地质灾害活动受地质作用周期性的影响,表现出周期性特征。但同时,地质灾害活动除受自然条件控制外,还受到人类活动的影响,所以又具有很大的不确定性和随机性。

(3)地质灾害的突发性和渐变性。灾害的发生往往有一个量变的积累过程,环境恶化到一定程度而形成灾害,环境恶化和灾害是灾害形成的不同阶段。

(4)地质灾害的群发性和区域性。受一定区域性地质构造条件所控制,受降雨、地震、地形等条件制约,具有群发性和区域性。

(5)地质灾害影响的复杂性。随着社会的发展和进步,人类对自然改造和破坏程度越来越大。随着全球变暖加剧,在大气环流异常及厄尔尼诺、拉尼娜现象等因素作用下,极度干旱和极端降雨的频繁出现对地质灾害的出现起到了推波助澜的作用。

(6)地质灾害防治的迫切性。地质灾害除了造成人员伤亡和房屋、铁路、公路、航道等工程设施的破坏所导致的直接损失外,还破坏环境和资源,给地区的社会经济发展造成广泛而又深刻的影响[54]。

2. 地质灾害等级划分

地质灾害分级是根据主要灾情指标来划分级次、反映灾害程度的。包括地质灾害在内的自然灾害的灾情程度主要取决于两方面条件,即灾害活动程度和灾害影响区受灾体的易损程度。灾害活动越强烈,破坏能力越大。为了区分灾害活动与灾害的成灾后果,把灾害活动程度称为灾变强度,把灾害活动程度的分级称为灾变分级。

为了便于不同灾害之间的对比,统一灾害标度,马宗晋[55,56]等人于1988年首先提出以灾度作为自然灾害成灾程度的标志,以一次灾害事件中所造成的死亡人数和经济损失额作为灾度指标,将灾害分为巨灾、大灾、中灾、小灾和微灾5个等级。

灾度等级与灾变等级既有区别又有联系。灾变等级反映的是灾害动力活动的强度级次,灾度等级反映的是灾害事件发生后所造成的破坏损失程度的级次。一般情况下,灾度等级与灾变等级呈正相关变化。与洪水、地震、台风等自然灾害相比,地质灾害事件的灾害范围和成灾规模要小得多,所以地质灾害的灾度分为特大灾害、大灾害、中灾害、小灾害4级。

为了在灾害事件发生以前就能科学地评估灾害的可能程度,从而提出科学的防治对策和措施,一般是通过地质灾害预评估所得出的地质灾害风险等级来反映地质灾害的可能程度[57],见表8-10。

地质灾害风险等级划分 表8-10

风险等级		高度风险	中度风险	轻度风险	微度(无)风险
期望损失	年均死亡人数	>10	10~1	0	0
	直接经济损失(万元)	>100	100~10	10~1	<1

3. 膨胀土地质灾害的分类

膨胀土作为地质灾害中的一个重要类型,根据我国自然灾害管理的现状和灾情调查、统计及评估的需要,对膨胀土灾害从灾害等级、灾变等级、灾度分级和风险分级也有必要作进一步分析。尽管国内外对膨胀土这种地质灾害还没有比较统一的分类、分级方法,但是根据膨胀土的胀缩能力,可以将膨胀土分为强膨胀土、中等膨胀土和弱膨胀土。尽管有研究人员将膨胀土分为强(极强)膨胀土、中等膨胀土、弱膨胀土和微膨胀土,但是公认还是强、中、弱三等。

根据灾害活动的规模,膨胀土灾害灾变等级按膨胀土的分布面积可以划分为特大型、大型、中型和小型四个等级[58],见表8-11。

对于膨胀土灾害的灾度等级和风险等级的划分,是基于膨胀土灾害主要是造成经济损失,一般不会像其他地质灾害一样直接地对人民生命构成威胁,因此,膨胀土灾害的灾度等级和风险等级是以直接经济损失来划分等级。

所示膨胀土地质灾害等级划分 表8-11

指标	特大型	大型	中型	小型
分布面积(km^2)	>100	100~10	10~1	<1

4. 膨胀土路基损毁等级

铁路、公路养护过程中,按照膨胀土路基地质灾害对铁路和公路运营的影响,一般分为三类[54]:轻微损坏、中等损坏和严重损坏。对铁路路基而言,轻微损坏(Ⅰ级)是铁路局部路基微量下沉、路堤边坡局部溜塌、轨道轻微变形、排水沟局部堵塞;电力设备、通讯设备部分轻微损坏;涵洞及防护工程局部开裂、变形,但这些都未超出技术规范允许范围。机车仍能通行,但需要减速或减载,经一定规模维修后可完全恢复正常使用。中等损坏(Ⅱ级)是指铁路路基下沉陷落、路堤边坡局部溜塌、轨道变形、局部钢轨悬空或被大量崩塌、滑流的碎屑物掩埋;涵洞变形、开裂;电力设备、通讯设备等严重损坏;机车不能行驶、铁路运输中断,但在48h内能够抢修并可恢复使用。严重损坏(Ⅲ级)是指铁路路基、路堤、路堑垮塌,轨道严重变形或悬空,或被大量崩塌、滑流的碎屑物掩埋;涵洞、电力设备、通讯设备等严重损坏;机车不能行驶,铁路运输中断,在48h内无法修复恢复通车。

对公路路基而言,轻微损坏(Ⅰ级)是路基出现小规模冲沟或者发生局部下沉、路面出现少量裂缝,或局部被薄层崩塌、滑流的碎屑物覆盖;涵洞、防护工程及沿路设施局部损坏。但一般车辆仍能行驶,经小规模整修可恢复正常使用。中等损坏(Ⅱ级)是路基出现大量冲沟或发生严重下沉;路面出现大量裂缝、沉陷,或1/3以上宽度的路面被崩塌、滑流的碎屑物掩埋;涵洞、防护工程、沿路设施大量损坏。一般车辆无法正常通行,经专门修复后才能恢复使用。严重损坏(Ⅲ级)是路基发生严重坍塌,路面严重开裂、陷落,或1/3以上宽度的路面被崩塌、滑流的碎屑物掩埋;涵洞、防护工程、沿路设施严重损坏。各种车辆无法正常通行,需要进行大规模的专门修复才能恢复使用。

因此,不管是铁路还是公路,膨胀土路基都会对行车有很大的影响。

8.3.3 膨胀土路基灾害评估

1. 地质灾害灾情评估

(1)地质灾情评估内容

根据地质灾害灾情的构成和灾情评估过程,将孕育灾害的自然条件和灾变程度的分析称为危险性评价。易损性是指受灾体遭受地质灾害破坏机会的多少与发生损毁的难易程度。地质灾害是灾害体作用于受灾体(或灾害体与受灾体相互作用)的结果。在灾情评估中,通过危险性分析来评价致灾体条件,通过易损性来评价受灾体条件。将灾害对人民生命财产所造成的损失分析称为破坏损失评价。将防灾抗灾过程分析称为防治工程评价,其基本任务是分析地质灾害的可防治性,评价防治工程的经济效益、社会效益和环境效益。其中危险性评价和易损性评价是灾情评估的基础,破坏损失评价或灾害风险评价是灾情评估的核心,防治工程评价是灾情评估的应用。

(2)按评估时间分类的灾情评估

地质灾害灾情评估有许多类型。根据地质灾害灾情评估时间,分为灾前预评估、灾中跟踪评估、灾后总结评估,其评估目标基本相同,但评估的特点和方法不完全一致。

灾前预评估是对一个地区或一个潜在的地质灾后事件的危害程度和可能造成的破坏损失程度的预测性评价。由于地质灾害,特别是崩塌、滑坡、泥石流等突发性地质灾害是具有很大不确定性的随机事件,所以一般采用风险分析方法核算灾害的期望损失,据此评价灾害的风险水平。

灾中跟踪评估和灾后总结评估都是在灾害发生以后,对已经出现的灾情进行调查、统计、分析,其主要目的是为及时、有效地进行救灾、抗灾提供依据。

(3)按评估范围分类的灾情评估

根据地质灾害灾情评估范围或面积，将地质灾害灾情评估分为点评估、面评估、区域评估。点评估是指对一个地质灾害体或一个具有相同活动条件和特征的相对独立的灾害群的灾情进行评估，如一个滑坡或滑坡群、一条泥石流沟或同地区紧邻发育的泥石流群等。点评估的范围一般不超过几十平方公里，其行政区范围一般不超过几个乡镇或一个县市。面评估是对一个具有相对统一特征的自然区域或社会经济区域进行的地质灾害灾情评估。评价区面积一般从几十平方公里到几千平方公里，其行政范围一般为一个县市或几个县市。区域评估是指跨流域、跨地区的大面积地质综合灾情评估。其评估范围为一省或几省乃至全国区域，面积达到几万到几百万平方公里。区域评估区内灾害点成千上万，常常难以统计，涉及几乎所有类型的地质灾害。

在如图8-7所示的地质灾害灾情评估体系中，根据评估时间将地质灾害灾情评估分为灾前预评估、灾中跟踪评估、灾后总结评估；根据地质灾害灾情评估范围分为点评估、面评估、区域评估；各种类型灾情评估的基本内容为危险性评价、易损性评价、破坏性评价、防治工程评价。这些结合在一起，构成了立体的地质灾害灾情评估体系，它反映了地质灾害灾情评估的总体结构。而点评估和危险性、易损性评估的对象是具体单一的灾害体或灾害事件，是针对具体工程的防治依据。

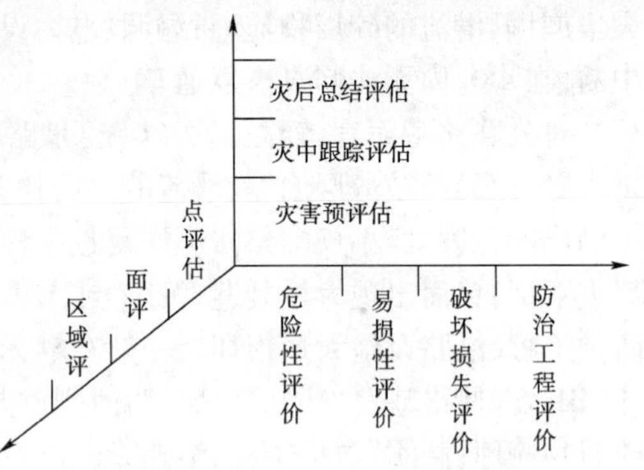

图8-7　地质灾害灾情评估体系示意图

2. 膨胀土路基水毁评估特点

对膨胀土地质灾害进行评估有以下几个问题难以克服：

(1)膨胀土的危险性跟许多因素有关，其中关于膨胀土胀缩等级的评判就难以确定。

(2)受灾区的社会经济易损性与灾害的作用有较大关系。膨胀土灾害是一种介于缓发性和突发性之间的灾害。其危害对象主要是工业、民用建筑，且为低层或大跨度轻型房屋以及公路、铁路、渠道等。膨胀土经济易损性和物质易损性评价涉及具体的工程，比较好评价，而社会易损性的合理量化也是非常困难的。

(3)膨胀土的破坏损失无法根据危险性、易损性、破坏率等参数求取灾害经济损失。尽管各个部门针对各自建筑物特点，对膨胀土胀缩灾害进行了研究，提出了相应的灾害防治方法，但是由于膨胀土灾害因其危害对象和方式的特殊性，在灾害防治效益判断上不如其他地质灾害那么容易判断。

地质灾害根据受灾体的损失等级、价值损失率与灾害危害强度的对应关系，大致分为四种类型：第一类(标准型)，受灾体损毁程度及价值损失率与地质灾害危害强度同级次递变；第二类(非标准的不等级递变型)，受灾体损毁程度及价值损失率与地质灾害危害等级强度呈同向变化，但两者级次并不严格对等；第三类(不完全确定型)，受灾体损毁程度及价值损失率虽然随着灾害的危害等级强度升高而加大，但由于受灾体价值损失除了受地质灾害的危害等级控制外，还与其自身的条件以及其他因素有很大关系，所以，受灾体价值损坏的变化非常复杂，很难找出它与地质灾害的危害强度的普遍对应关系，只能根据评价对象的具体情况进行具体分析；第四类(基本无关型)，某类受灾体基本不会受到某种地质灾害的危害。从膨胀土的地质灾害情况来看，膨胀土路基受灾体随道路等级的不同而对交通的影响程度不同，只能根据具体的评价对象具体分析，因此，膨胀土路基水毁的易损性评价应该属于不完全确定型。

滑坡、泥石流[59]等灾害是伴随着不同地质动力活动而不断发展的具有动态变化特征的灾害现象。在灾害危险性评价中，除灾害体积、数量、幅度指标外，还有灾害的发生频次和发展速率指标。膨胀土灾害是一种客观存在而不具有动态特征的潜在灾害体，它与其他灾害有明显差异，只有在膨胀土发育地区进行某些工程建筑时，才有可能发生灾害，所以，膨胀土危险性评价中不存在灾害活动的频次或速率指标。但是，引起膨胀土灾害的重要诱因——降雨和干旱则受到概率因素的影响，因此，进行膨胀土路基水毁的灾害评估是概率型的。

在评价膨胀土路基水毁灾害时要考虑膨胀土的地理分布与严重旱涝的耦合。在我国由暴雨引起的膨胀土路基水毁灾害分布广泛、发生频繁，可以搜集到的资料也较多，如果注意收集整理，可以对膨胀土路基水毁的危险性进行评价。膨胀土的矿物质来源是经过漫长的风化、风力搬运等作用积累起来的，而形成膨胀土的地形地貌条件亦是长期地质作用的结果，在众多膨胀土路基水毁影响因子中，降雨是形成时间短暂（几小时、几天内就可能有降雨发生）、发生频率高的一个因子。因此，对于膨胀土危险性评价来说，与膨胀土矿物质来源和地形地貌相关的因子在评价过程中是稳定的，而降雨作为膨胀土的激发因子是随时间变化的，在评价模型中应充分体现降雨的这一特性及其作为激发因子的作用。干旱也是影响膨胀土路基水毁的一个重要因素，因此，在进行膨胀土路基水毁预测时要考虑到气候的影响。

3. 膨胀土路基水毁评估方法

膨胀土路基水毁影响的因子多，而且相互之间各有牵连。其权重无法确定，是一个典型的非线性问题。由于膨胀土呈现出面分布的情形，因而整个膨胀土地区都隐伏着成灾因素。而以气象的影响尺度来分析灾害的影响，通常也是以面分布的形式考虑问题。但是膨胀土灾害的危害对象是建筑物和构造物，而膨胀土路基及其附属工程常以线、点形式存在，所以对膨胀土路基进行灾害预测只是针对某些建筑物和构造物，而不用考虑整个面的防治。

所以说膨胀土路基的水毁不仅受到膨胀土地理分布的影响，还受到干旱、降雨等气候尺度范围内特殊气候的影响。因此，对膨胀土路基水毁的危险性评价要考虑这两方面的耦合影响。同时，膨胀土路基还受到地形、施工方法、设计断面等许多因素的影响，其发生水毁失稳的情况会随这些因素的不同组合而变化难测。很明显，膨胀土路基水毁不适合线评估和面评估，其危险性的评价首先确定的评价范围不可能是非常大的面积，因此，其危险性评价应当是点评估。同时，对膨胀土路基的水毁灾害期望损失的预测也有不同的计算方法。

膨胀土灾害具有特殊的成灾条件。其受灾体稳定地潜伏在某个地区，它的破坏作用和损失程度决定于在膨胀土发育地区是否进行工程建设以及从事何种类型的工程建设。一般按部门和工程类别采取不同的防治措施和方法，费用也因此各有不同，可以通过重置成本法核算或评价膨胀土路基水毁灾害期望损失。影子工程法就是采用假设的工程费用代替灾害的经济损失。这种假设的工程有两种：一种是对膨胀土发育区内已有受危害的建筑物实施加固、修复工程，其费用相当于修复成本和重建成本。这种情况下膨胀土灾害的期望损失为：

$$S_q = \frac{S_x}{t} \tag{8-63}$$

式中：S_q——膨胀土灾害期望损失；

S_x——修复、加固受膨胀土危害建筑物的成本费用；

t——修复、加固工程的有效年限。

另一种是膨胀土发育区拟建的受危害建筑物的防灾工程。其费用相当于为防治膨胀土危害而增加的防治工程费用或为防治膨胀土危害而增加的工程成本投入。这里所说的拟建工程根据评价区域规划确定，受危害工程根据膨胀土危害范围确定，主要是各种轻型建筑物，以及铁路、公路路基等。灾害期望损失按式(8-64)计算。

$$S_q = \frac{S_f}{t} \tag{8-64}$$

式中：S_f——防治膨胀土危害而增加的工程费用；

其他同上，如果评价区内既有已建受害工程，又有拟建受害工程，则应将两种结果相加。

通过对膨胀土路基的水毁特点进行分析之后，可以确定膨胀土路基的水毁评估是点评估，其损失就可以用影子价格的方法来计算。那么，膨胀土路基水毁的风险损失应该通过式(8-65)来计算：

$$S = S_q \times P \tag{8-65}$$

式中：P——膨胀土路基发生水毁的概率；其他同上。

于是，计算发生膨胀土路基水毁的概率就是进行灾害评估和预测的重点了。膨胀土地区隐含着许多成灾因素，其中降雨、干旱等气候因素是主要诱因。如前所述，暴雨、干旱的出现具有概率性质，在此前提下，使得膨胀土路基水毁受到包括干旱持续时间和降雨等级、持时、雨型、雨量等气候因素的影响，所以膨胀土路基水毁的灾害评估也受到这些随机特性的影响。当然，在非膨胀土地区，路基虽然也受到降雨的影响，但是其水毁概念不属于膨胀土的范畴，因此，可以认为非膨胀土地区的膨胀土路基水毁概率为零。

由于膨胀土地区水毁概率并不只受到降雨、干旱等气候的影响，还受到形成路基本身膨胀土特性的影响。因此，在对膨胀土路基水毁的危险性进行评价时也要既考虑其受到降雨、干旱等气候的随机影响，又考虑到影响膨胀土路基其他因素对水毁的影响。同暴雨、泥石流一样，膨胀土路基水毁不是一个单纯的随机事件，其水毁灾害预报不仅仅受到暴雨出现概率的影响，还具有模糊性和不确定性。只有弄清了膨胀土路基水毁危险性评价的这种性质，才能在理论研究方面用新的方法准确地评价其危险性，从而准确地对膨胀土路基的水毁做出预测。

8.4 膨胀土路基水损害的粗糙神经网络预测[7]

我国对膨胀土灾害开展了大量研究，除了对灾害的分布规律、形成机理、趋势预测等方面进行分析之外，灾情评估也开始在膨胀土灾害研究中兴起。把膨胀土作为一种地质灾害加以研究，并对膨胀土灾情进行评估也开始起步。但是，对膨胀土灾情评估的研究目前还主要停留在房屋建筑工程地基发生变形，进一步引起房屋沉陷开裂等方面。基于此，我们将讨论膨胀土路基的水毁灾害特点，并根据其灾害特点建立适当的数学模型对其进行水毁灾害预测。

8.4.1 人工神经网络

影响膨胀土路基水毁的因素非常多，而且相互交杂在一起。而包括干旱、降雨在内的气候变化是一个典型的随机过程，无论是从理论上还是应用中，都难以用线性模型精确地预测膨胀土路基水毁的发生。随着交通建设的快速发展，高等级公路、铁路对路基稳定的要求更高，对膨胀土路基水毁的预测准确度要求也更高。因此必须要建立一个数学模型，利用以往的气象资料和膨胀土的试验数据，有效地处理模糊的、非线性的、含有噪声的数据，以便对膨胀土路基水毁灾害的发生进行准确的预测。

8.4.1.1 BP 算法的一般步骤

ANN 的主要模型有误差反向传播模型（简称 BP 模型）、H 离散和连续模型、K 自组织特征影射模型、逆传播模型和自应谐振理论模型等。其中，BP 模型是目前应用最广泛，也是发展最成熟的一种神经网络模型，它实际上是一种快速下降的方法，目的是使实际输出和预期的样本输出之间的均方差最小化，如图 8-8 所示。通常使用 S 逻辑非线性函数，即：

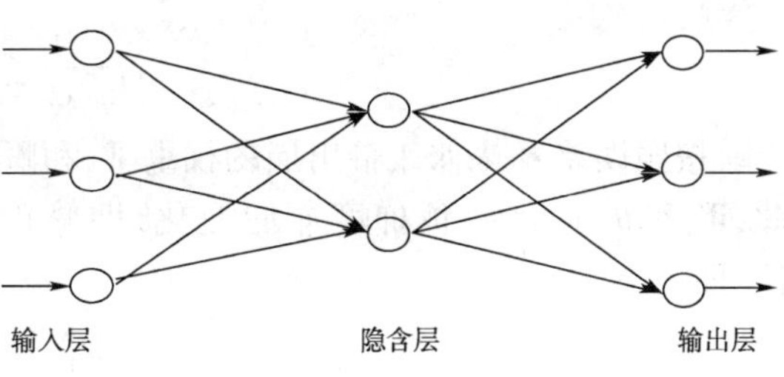

图 8-8 BP 神经网络结构示意图

$$f(x)=1/(1+e^{-x}) \tag{8-66}$$

一般说来，BP 算法的过程可以分为两个阶段。第一阶段是由输入层开始逐层计算各层神经元的净输入 s_j 和输出 y_j 直到输出层为止，这一阶段称为模式前向传输；第二阶段是由输出层开始逐层计算各层神经元的输出误差，并根据误差梯度下降原则来调节各层的联结权重 W_{ij} 及神经元的阈值 θ_j，使修改后的网络的最终输出 y_t 能接近期望值 d_t，亦即减小误差 e_t，这一阶段称为反向传播。在一次训练以后，还可以重复训练，使输出误差更加减小，直到满足要求为止。

1. 模式前向传输

设输入向量为 $\boldsymbol{X}=(x_1,\cdots,x_i,\cdots,x_n)$，

期望的输出向量为 $\boldsymbol{D}=(d_1,\cdots,d_t,\cdots,d_q)$，

输入层各单元 u_i 只传送输入信息，不起其他作用。

(1)计算隐含层各单元的净输入 I_j

$$I_j=\sum_{i=1}^{n}W_{ij}x_i-\theta_j \qquad j=1,2,\cdots,p \tag{8-67}$$

式中：W_{ij}——输入层第 i 单元与隐含层第 j 单元间的联结权重；

θ_j——隐层第 j 单元的阈值；

p——隐层单元总数。

(2)用 S 型函数计算隐层各单元的输出 y_j

$$y_j=f(I_j)=\frac{1}{1+e^{-I_j}} \qquad j=1,2,\cdots,p \tag{8-68}$$

式中：y_j——隐层第 j 单元的输出。

(3)计算输出层各单元的净输入 I_t

$$I_t=\sum_{j=1}^{p}W_{jt}y_j-\theta_t \qquad t=1,2,\cdots,q \tag{8-69}$$

式中：W_{jt}——隐层第 j 单元与输出层第 t 单元之间的联结权重；

θ_t——输出层第 t 单元的阈值；

q——输出层单元总数。

(4)计算输出层各单元的实际输出 y_t

$$y_t=f(I_t)=\frac{1}{1+e^{-I_t}} \qquad t=1,2,\cdots,q \tag{8-70}$$

式中：y_t——输出层第 t 单元的实际输出。

2. 误差反向传播

由于期望输出 d_t 与实际输出 y_t 不一致,因而产生误差,通常用方差来表示这一误差:

$$e_t = \frac{1}{2}\sum_{t=1}^{q}(d_t - y_t)^2 \tag{8-71}$$

按照误差 e_t 来修改输出层的权重 W_{jt} 和阈值 θ_t,权重 W_{jt} 和阈值 θ_t 的修改应使 e_t 最小,因此,W_{jt} 和 θ_t 应沿 e_t 负梯度方向变化,即修正量 ΔW_{jt} 及 $\Delta\theta_t$ 应与 $(\partial e_t/\partial W_{jt})$ 及 $\partial e_t/\partial\theta_t$ 成正比,即:

$$\Delta W_{jt} = -\alpha\frac{\partial e_t}{\partial W_{jt}} \tag{8-72}$$

$$-\Delta\theta_t = -\alpha\frac{\partial e_t}{\partial\theta_t} \tag{8-73}$$

式中:α——比例常数。

以下分别计算输出层及隐含层的权重和阈值修正。

(1)计算输出层任意单元 u_t 的输出 y_t 改变时,误差 e_t 的导数:

$$\frac{\partial e_t}{\partial y_t} = y_t - d_t \tag{8-74}$$

(2)计算输出层任意单元 u_t 的净输入 y_t 改变时,误差 e_t 的导数由式(8-70)及式(8-74)计算:

$$\begin{aligned}\frac{\partial e_t}{\partial I_t} &= \frac{\partial e_t}{\partial y_t}\times\frac{\partial y_t}{\partial I_t} = (y_t - d_t)f'(I_t)\\ &= (y_t - d_t)y_t(1 - y_t)\end{aligned} \tag{8-75}$$

(3)计算与输出层任意单元 u_t 的联结权重 W_{jt} 及 u_t 的阈值 θ_t 改变时,误差 e_t 的导数由式(8-69)和式(8-75)计算:

$$\begin{aligned}\frac{\partial e_t}{\partial W_{jt}} &= \frac{\partial e_t}{\partial I_t}\times\frac{\partial I_t}{\partial W_{jt}} = (y_t - d_t)f'(I_t)y_j\\ &= (y_t - d_t)y_t(1 - y_t)y_j\end{aligned} \tag{8-76}$$

$$\begin{aligned}\frac{\partial e_t}{\partial\theta_t} &= \frac{\partial e_t}{\partial I_t}\times\frac{\partial I_t}{\partial\theta_t} = (y_t - d_t)f'(I_t)\times(-1)\\ &= (d_t - y_t)y_t(1 - y_t)\end{aligned} \tag{8-77}$$

在式(8-76)和式(8-77)中令 $\delta_t = -\frac{\partial e_t}{\partial I_t} = (d_t - y_t)f'(I_t) = (d_t - y_t)y_t(1 - y_t)$,则由式(8-72)及式(8-74)可求得:

$$\Delta W_{jt} = \alpha\delta_t y_j \tag{8-78}$$

$$\Delta\theta_t = \alpha\delta_t \tag{8-79}$$

称 δ_t 为输出层的调整误差。

(4)用同样的方法可以计算与隐层各单元 u_j 相联的权重修正量 ΔW_{ij} 及 u_t 的阈值修正量:

$$\Delta W_{ij} = -\beta\frac{\partial e_t}{\partial W_{ij}} \tag{8-80}$$

$$-\Delta\theta_j = -\beta\frac{\partial e_t}{\partial\theta_j} \tag{8-81}$$

式中 β 为比例常数,易知:

$$-\frac{\partial e_t}{\partial W_{ij}} = -\frac{\partial e_t}{\partial I_j} \times \frac{\partial I_j}{\partial W_{ij}} = \frac{\partial e_t}{\partial y_j} \times \frac{\partial y_j}{\partial I_j} \times \frac{\partial I_j}{\Delta W_{ij}}$$

$$= -\frac{\partial e_t}{\partial y_j} y_j (1 - y_j) x_j \tag{8-82}$$

式中 y_j 并不是 u_j 的一个输出，而是与各输出层各单元均有联结的 y_j，因此计算$\frac{\partial e_t}{\partial y_j}$时，就要考虑到输出层各单元的联结。

$$-\frac{\partial e_t}{\partial y_j} = \sum_{t=1}^{q} -\frac{\partial e_t}{\partial I_t} \times \frac{\partial I_t}{\partial y_j} = \sum_{t=1}^{q} \delta_t W_{jt} \tag{8-83}$$

令：

$$\delta_j = -\frac{\partial e_t}{\partial I_j} = -\frac{\partial e_t}{\partial y_j} y_j (1 - y_j) = y_j (1 - y_j) \times \sum_{t=1}^{q} \delta_t W_{jt} \tag{8-84}$$

则有：

$$\Delta W_{ij} = \beta\, \delta_j x_i \tag{8-85}$$

同理可求得：

$$\Delta \theta_j = \beta \delta_j \tag{8-86}$$

式中：δ_j——隐层的调整误差；

α、β——学习速率，用来调节学习的收敛速度。

修正了权重及阈值后，可以再次计算各层单元的新的输出，然后再计算新的调整误差 δ_t^*、δ_j^*，再计算新的权重修正量 ΔW_{ij}^*、ΔW_{jt}^* 及新的阈值修正量 $\Delta\theta_j^*$、$\Delta\theta_t^*$。如此反复，直到误差满足要求（即小于某个给定的值 ε）为止。

8.4.1.2　改进 BP 神经网络

由于非线性所固有的复杂性，神经网络也存在一定的局限性。为了提高网络泛化能力和预测精度，在预测之前要尽量增大和扩充训练样本的组数。BP 算法的实质是梯度下降法，它存在着学习收敛速度较慢的问题。BP 算法中，学习率 α、β 不变是造成 BP 算法收敛慢的重要原因。根据误差函数对网络参数的偏导数符号，在参数的连续几步调节中是否改变，可以决定相应参数的学习率是否增减，从而使这些学习率在训练过程中根据误差曲面上不同区域的曲率变化来相应调节最优学习率，大大加快收敛速度。

其具体算法如下：

（1）作用函数采用双曲正切函数形式：

$$y = f(x) = \frac{1 - e^{-2x}}{1 + e^{-2x}} \tag{8-87}$$

则其导数通过计算可得：

$$y' = f'(x) = (1 + y)(1 - y) \tag{8-88}$$

（2）调整误差 δ_t、δ_j 分别为：

$$\delta_t = (d_t - y_j)(1 + y_t)(1 - y_t) \tag{8-89}$$

$$\delta_j = \left(\sum_{t=1}^{q} \delta_t W_{jt}\right)(1 + y_j)(1 - y_j) \tag{8-90}$$

即：

$$\delta_j = \begin{cases} (d - y_j)(1 + y_j)(1 - y_j), & \text{当 } j \text{ 为输出单元} \\ \left(\sum_t \delta_t W_{jt}\right)(1 + y_j)(1 - y_j), & \text{当 } j \text{ 为隐层单元} \end{cases} \tag{8-91}$$

(3)反向调整各层的权重和阈值按下列公式修正权值：

$$\begin{cases} W_{ij}(n+1) = W_{ij}(n) + \eta_{ij}(n)\delta_j y_i \\ \theta_j(n+1) = \theta_j(n) + \eta_j(n)\delta_j \end{cases} \tag{8-92}$$

式中 y_i 为该层的输入。当多次模式学习时，则要考虑到各次模式学习的结果加以累加。例如学习到第 K 个模式时，迭代公式为：

$$\begin{cases} W_{ij}(n+1) = W_{ij}(n) + \eta_j(n)\sum_K \delta_{Kj}(n) y_{Ki} \\ \theta_j(n+1) = \theta_j(n) + \eta_j(n)\sum_K \delta_{Kj}(n) \end{cases} \tag{8-93}$$

(4)每次调整时，学习率 $\eta_{ij}(n)$ 要根据误差函数对网络参数的偏导数是否改变符号来决定大小。当符号未变时，这时学习率 $\eta_{ij}(n)$ 可以加大，以便收敛。而符号改变时，则 $\eta_{ij}(n)$ 应取较小值。偏导数包含在调整误差 δ_j 中，检查偏导数符号是否改变，需要检查调整误差的符号是否改变。具体公式如下：

$$\eta_{ij}(n+1) = \begin{cases} \eta_{ij}(n)\alpha, (\sum_K \delta_{kj}(n) y_{ki}(n))\Delta_1(n-1) > 0 \\ \eta_{ij}(n)\beta, (\sum_K \delta_{kj}(n) y_{ki}(n))\Delta_1(n-1) < 0 \\ \eta_{ij}(n), (\sum_K \delta_{kj}(n) y_{ki}(n))\Delta_1(n-1) = 0 \end{cases} \tag{8-94}$$

$$\eta_j(n+1) = \begin{cases} \eta_j(n)\alpha, (\sum_K \delta_{kj}(n))\Delta_2(n-1) > 0 \\ \eta_j(n)\beta, (\sum_K \delta_{kj}(n))\Delta_2(n-1) < 0 \\ \eta_j(n), (\sum_K \delta_{kj}(n))\Delta_2(n-1) = 0 \end{cases} \tag{8-95}$$

式中：

$$\begin{cases} \Delta_1(n) = \gamma\Delta_1(n-1) + (1-\gamma)[\sum_K \delta_{kj}(n) y_{ki}(n)] \\ \Delta_2(n) = \gamma\Delta_2(n-1) + (1-\gamma)(\sum_K \delta_{kj}(n)) \\ \Delta_1(0) = \sum_K \delta_{kj}(0) y_{kj}(0) \\ \Delta_2(0) = \sum_K \delta_{kj}(0) \end{cases} \tag{8-96}$$

上式中，$\alpha > 1$、$0 < \beta < 1$、$0 < \gamma < 1$ 均为选定的常数因子，$W_{ij}(0)$ 和 $\theta_j(0)$ 为初始化的值，在 $[-1,1]$ 内任意选取，$\eta_{ij}(0)$ 和 $\theta_j(0)$ 为预先给定的某个小的正数。

仿真结果表明，上述算法的迭代次数为 BP 算法次数的 1/9 至 1/7[60]。

8.4.1.3　确定网络结构的难点

改进后的神经网络可以避免收敛速度慢、容易陷入局部极值的问题，但训练时间过于漫长的固有缺点仍然是制约 ANN 实用化的因素之一。神经网络不能确定哪些知识是冗余的，哪些知识是有用的。尽管神经网络对噪声干扰有较好的抑制能力，但不能将其输入的信息空间维数简化，当输入信息空间维数较大时，网络不仅结构复杂，而且训练时间也很长。文献[61]应用粗糙集化简神经网络训练样本数据集，在保留重要信息的前提下消除了多余的数据，使训练速度提高了 4.77 倍，获得了较好的效果。因此，将粗糙集与神经网络结合起来，充分利用粗糙集处理不确定性的特长以增强神经网络的信息处理能力具有广泛的应用价值。

另外，由于神经网络的输入层和输出层的物理意义明确，很容易确定。但是，作为特征提取的关键部位——隐含层的节点数却不容易确定。根据 Kolmogorov 定理，在一定条件下，对于任意给定的 $\varepsilon > 0$ 存在一个三层神经网络，它能以 ε 均方差的精度逼近任意连续函数[62]。

因此,根据膨胀土路基水毁试验的实际情况,采用一种具有多输入单元、多隐含层单元和单输出单元的三层改进 BP 神经网络。但是,隐层节点数的确不是根据事物或者说数据本身的规律来确定的,而是由式(8-97)确定的。

$$l=\frac{3\sqrt{nm}}{2} \tag{8-97}$$

式中:n、m——输入单元个数和输出单元个数;

l——隐含层单元个数。

可以想像,如果由一个刻板的公式来确定最能反映数据网络精髓的隐层节点数,肯定有不同数据自身的规律会或多或少地被这个简单的公式所掩盖。那么,用来训练网络的数据特征是否真实、完整地反映数据就值得怀疑了。所以训练后,神经网络的预测效果就会大打折扣。在下面的内容中,本文考虑将粗糙集理论与神经网络法有机地结合起来,则为智能信息的处理开辟了又一个有效解决问题的新途径。

8.4.2 粗糙神经网络

8.4.2.1 粗糙集与神经网络的结合

从大量观察和试验数据获取知识、表达知识、推理决策规则是智能信息处理的重要任务,特别是对于不准确、不完整的知识,RS 理论方法和人工神经网络方法都显示了无穷的魅力。神经网络技术由于其具有自学习、非线性模式识别、联想能力,以及很强的泛函逼近能力,因此在仿真技术中得到广泛应用。但是,实践证明,神经网络的联想能力很有限,超过界限,网络以错误的方式联想,决策系统就会产生误判或漏判的现象。另外,常用的 BP 神经网络的结构必须预知、训练速度较慢、可能收敛于局部最小值等不利因素制约了该神经网络在故障诊断领域的应用。粗糙集理论是用来研究不完整数据、不精确知识的表示、学习、归纳的方法,它的一个突出优点是具有很强的定性分析能力,即不需要预先给定某些特征或属性的数量描述,如统计学中的概率分布、模糊集理论中的隶属度或隶属函数等,它是直接从给定问题的描述集合出发,通过不可分辨关系和不可分辨类确定问题的近似阈,找出问题中的内在规律[63]。

两种方法的主要相同与不同点为:RS 方法模拟人类的抽象逻辑思维,神经网络方法模拟形象直觉思维,因而具有不同特点;RS 理论是基于不可分辨性的思想和知识简化的方法,从数据中推理逻辑规则作为知识系统的模型;神经网络是利用非线性映射的思想和并行处理的方法,用神经网络本身结构表达输入与输出关联知识的隐函数编码;神经网络一般不能处理具有语义形式的输入,RS 理论可以输入定性、定量或者混合性信息;神经网络可以实现无导师聚类学习,但不能确定哪些知识是冗余的,哪些知识是有用的;RS 理论方法可以描绘知识表达中不同属性的重要性,简化知识表达空间,但它是从训练数据中推理规则;RS 理论的知识简化方法可以用并行算法实现,神经网络实现信息并行处理等。可见两者既各有特点,又具有很多共同之处,探索两者的有机结合,有望为智能信息处理开拓一个光辉的前景。

把粗糙集与神经网络结合起来,就是用粗糙集方法首先对影响膨胀土路基水毁的因素进行信息预处理,即把粗糙集网络作为前置系统,把可能引起膨胀土路基水毁的诸如土的胀缩等级、日降雨量、干旱持时等信息用粗糙集方法预处理后,构成神经网络输入信息[64]。这样通过粗糙集方法去掉冗余信息后,减少影响膨胀土路基水毁因素的信息表达特征数量,减小神经网络系统构成的复杂性,也减少了后续使用过程中信息作为网络输入时特征值的计算时间,使训练简化,大大减少了网络的训练时间。神经网络作为后置的信息识别系统,不需领域专家从领域知识或案例集中归纳出的经验规则。由于其较强的容错及抗干扰的能力，对于规则或模型中存在的错误不敏感，可以很好地消除粗糙集对噪声敏感的负面影响。

8.4.2.2 粗糙神经网络的建模原理

建立该评价模型有一个前提，即一般都认为要评价的量是很多影响因素变量的非线性函数，建立评价模型即是要确定模型适宜的输入变量和输入—输出非线性函数。而膨胀土路基水毁的预测模型非常符合这个前提。对于定义在一个有界区域上的非线性函数，如果能将其输入空间划分成为若干个区域，在其中某一部分上函数是凸函数，则可以采用定义用这些区域上的某种凸函数的加权和形式来拟合原函数。若能尽量减少这种划分区域的个数，还可得到较为简洁的拟合形式。

对于一般非线性函数，将输入空间划分成若干区域，在每一个区域上的函数是凸(凹)函数，理论上这种可能的划分方法是很多的，但是为了便于使用，自然希望划分方法满足如下条件：

(1)划分方法是规范的；

(2)划分方法是有效的；

(3)划分的区域个数在某种意义下是最少的。

第一条要求划分方法必须能通过算法来描述，这样就可以通过计算机程序来实现；第二条要求在采用此划分方法得到的区域上函数应当是凸(凹)函数；第三条则希望最终得到的模型结构最简，有较好的推广能力[65]。如第二章所述，膨胀土胀缩等级的评判是采用广泛认可的试验指标来进行离散化的，其区域划分完全满足上述条件。

对非线性函数，如果首先对输出空间进行适当划分，再由这些划分决定输入空间划分，则再由这些划分确定各个区域上的函数即为凸函数。如图8-9所示，定义在区间$[a,b]$上的一元非线性函数为例，y_0和y_2分别为函数的最小值和最大值，输出空间的分点y_1确定了输入空间的三个分点x_1、x_2和x_3，并且有如下的区间对应：$[a,x_1)\to[y_0,y_1)$，$[x_1,x_2)\to[y_1,y_2]$，$[x_2,x_3)\to[y_0,y_1]$，$[x_3,b)\to[y_1,y_2]$。

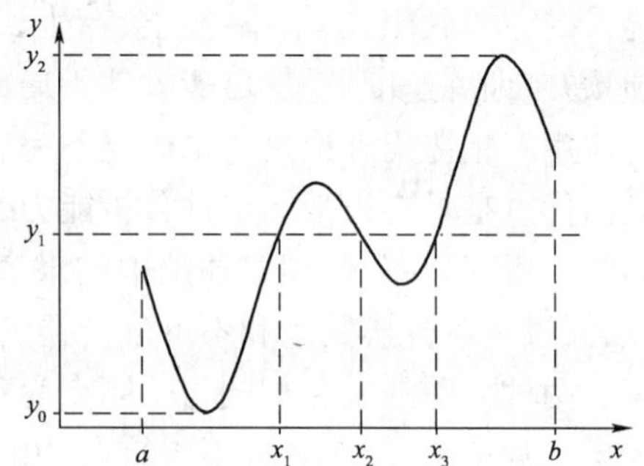

图8-9 对非线性函数由输出空间划分产生输入空间划分

以上每个区间对应都确定了一个凸函数，而且对给定的输出空间划分，这种可能的区间对应的个数是最少的。这些区间对应可以看作对非线性函数结构信息的表征。

8.4.2.3 粗糙神经网络的建模方法

按照以上分析，对已知数据样本的一个多维建模问题，首先给出输出空间的一个划分。在做出了输出空间的一个划分后，如何选择最少和最有效的变量并进行划分，以及确定最少的区域对应关系是解决问题的关键。以上问题也等价于如何选择最有效的输入变量及其分点将样本数据分类且分类个数是最少的，而这个问题恰好可以采用粗糙集理论来解决[66]。其过程如下。

第一步：将样本数据组成决策表的形式，即将候选输入变量作为条件属性，输出变量作为决策属性，每一个样本作为一个实例。对于膨胀土路基水毁的模型试验而言，每一次记录的膨胀土胀缩等级、坡度、降雨量和干旱持时都是条件属性。路基发生水毁破坏的情况可以视为决策属性。

第二步：对决策变量离散化(等价于对输出空间进行划分)。由于路基水毁结果可以分为

破坏或者不破坏。因此可以对输出空间在[0,1]之间进行划分。如在[0,0.5]之间为不破坏,在[0.5,1]之间为破坏。

第三步:对连续条件属性离散化(等价于对输入空间进行划分)。对于膨胀土试验中的影响因素也可以根据其发生概率在[0,1]之间来确定输入空间。

第四步:对离散化后的决策表进行属性约简,去掉重复的实例。

对决策属性的离散化可以采用等距离划分,也可以采用等频率划分。对连续条件属性离散化可以采用基于属性重要性的离散化算法,也可以采用基于信息熵的离散化算法。

以上过程完成后新决策表保留下来的属性对应的变量即为最终模型的输入变量,保留下来的实例即代表在给定输出空间划分的条件下最少的区域对应。该新决策表中仍然包含着很多冗余信息,再进行值约简即可得到代表最简区域对应的推理规则集,在此基础上即可建立神经网络。网络共由三层组成:输入层、输出层和一个隐层。隐层神经元及其与输入层的连接由膨胀土路基水毁新决策表的推理规则集确定,而隐层与输出层采用全连接方式。假如规则集中的第 i 条规则形式为:

$$(p_{k_1,i} \leqslant u_{k_1} < q_{k_1,i}) \wedge \cdots \wedge (p_{ks,i} \leqslant u_{ks} < q_{ks,i}) \rightarrow (d_{i,1} \leqslant v < d_{i,2}) \tag{8-98}$$

其中 $u_j(j=k_1,k_2,k_3,\cdots,k_j)$ 为对应属性 c_j 的原始变量(输入变量),v 为原始决策属性变量(即路基是否出现破坏),则对应的隐层神经元输入—输出为:

$$y_i = e^{-z_i} \tag{8-99}$$

$$z_i = \frac{(u_{k_1} - \mu_{k_1,i})^2}{\sigma_{k1,i}^2} + \cdots + \frac{(u_{ks} - \mu_{ks,i})^2}{\sigma_{ks,i}^2} \tag{8-100}$$

其中,$\mu_{j,i} = \dfrac{p_{j,i} + q_{j,i}}{2}$,$\sigma_{j,i} = \dfrac{|p_{j,i} - q_{j,i}|}{2}(j=k_1,k_2,\cdots,k_s)$。即神经元非线性函数取为高斯函数,它是一凸函数。此神经元与输出层神经元的连接权初值取为:

$$w_i = \frac{d_{i,1} + d_{i,2}}{2} \tag{8-101}$$

当膨胀土路基水毁决策表经过离散化以后,其属性本身就是离散量时,取 $\sigma_{j,i}=1$。设规则集一共包含有 k 条规则,则隐层神经元个数为 k,而网络的输出为:

$$v = \sum_{i=1}^{k} w_i y_i \tag{8-102}$$

如此确定的神经网络,其连接权值和参数仍需通过学习过程进行进一步优化,可以采用加动量项的改进型 BP 学习算法。

在一般的建模步骤中,输出空间的划分是非常重要的。理论上说,只要输出空间分得足够细,就可以得到有效的输入空间划分,但是这样会导致过多的区域对应,最终使得网络结构过于复杂,影响泛化能力,因此在达到拟合精度的前提下对输出空间应选取最少的划分。对于膨胀土路基水毁预测在[0,1]之间,输出空间完全可以达到拟合精度要求。

8.4.2.4 适当地选取离散化分点

膨胀土路基水毁预测的粗糙集—神经网络模型的构建过程及其结构如图 8-10 所示。

膨胀土路基水毁预测的粗糙—神经网络是先将试验样本数据组成决策表,然后对决策属性和连续条件属性进行离散化,通过约简获得推理规则,根据这些规则建立神经网络模型,然后再利用神经网络学习算法对网络进行优化。这些方法存在两个不足,一是对条件属性离散化采用的是等距离划分,没有采用粗糙集离散化算法,各个连续属性离散化分点取得太多;第

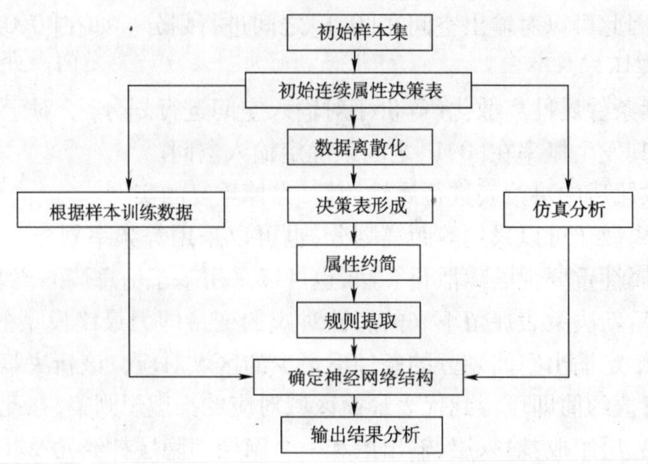

图 8-10　膨胀土路基水毁的粗糙集—神经网络模型的构建

二是没有对这种方法进行机理分析,在对决策属性离散化时分点取得过多。以上两点都导致对决策表约简后的规则数过多,神经网络的结构过于复杂,影响到网络的推广能力。

通过深入分析和研究发现,对膨胀土水毁决策表的决策变量离散化时分点不必取得过多,离散化的精度不等价于网络最终的逼近精度。对决策表连续条件属性离散化采用粗糙集离散化算法,会有效地减少离散化的分点个数,同时约简后的规则数也大为减少,这样会大大简化最终的神经网络结构,有助于提高膨胀土路基水毁预测模型的推广。

8.4.3　膨胀土路基的粗糙神经网络水毁预测

8.4.3.1　试验数据的离散化

神经网络的结构确定之后,可以对其训练数据进行前处理了。根据膨胀土水毁的模型试验,共记录了九组 119d 的试验数据,神经网络就是以这 119d 的数据进行训练。现列出第一组试验的 14d 的数据,如表 8-12 所示。

第一组模型试验的水毁情况　　表 8-12

序号	时间	膨胀土等级	坡度	降雨量（m^3）	持续干旱（d）	水毁状况	备注
1	031018	1	1:0.75	0	0	没有破坏	
2	031019	1	1:0.75	0	1	没有破坏	
3	031020	1	1:0.75	0	2	没有破坏	
4	031021	1	1:0.75	0	3	没有破坏	
5	031022	1	1:0.75	0	4	没有破坏	
6	031023	1	1:0.75	0	5	没有破坏	
7	031024	1	1:0.75	0	6	没有破坏	
8	031025	1	1:0.75	0.481	7	没有破坏	
9	031027	1	1:0.75	0.459	0	没有破坏	
10	031028	1	1:0.75	0.718	0	没有破坏	
11	031029	1	1:0.75	0.682	0	没有破坏	
12	031030	1	1:0.75	0.715	0	没有破坏	
13	031031	1	1:0.75	0	0	没有破坏	
14	031101	1	1:0.75	0	1	没有破坏	

粗糙集只能对离散化的数据进行处理，因此首先要做的就是对试验数据进行离散化。由于在九组试验中膨胀土只有两类，一类是常张路弱膨胀土，另一类是南友路中膨胀土，因此按其胀缩等级则以常张路弱膨胀土为 0，南友路中膨胀土为 1。因为有 1∶0.5、1∶0.75、1∶1、1∶1.5、1∶2.0 五种不同坡度，所以分别记为 0、1、2、3、4 五种。降雨量为 0 时则为 0，以 0.5m^3 为界，超过 0.5m^3 算 2，小于 0.5m^3 算 1。

通过计算可知：某地发生 2 级干旱即干旱持续 7d 以内的概率达到 80% 左右；发生 3 级干旱，干旱持续 14d 以内的概率达到 95%。因此，干旱持续时间以 7d 和 14d 为界。小于等于 7d 的算 0，大于 7d 小于等于 14d 的算 1，大于 14d 的为 2。对于干旱持续与降雨之间的关系，按晴雨转换的马尔可夫模型进行处理。如第一天降雨量为 0，以前没有记录，所以干旱的持续时间为 0。由于第二天没有降雨，所以此时干旱的持续时间是 1d。依此类推，对于第八天的试验而言，前面干旱已经持续了 7d。对于第九天，由于第八天降雨，所以干旱持续时间为 0d。

水毁情况分为两类，破坏为 1，没有破坏为 0。如果输出结果靠近 1，说明该膨胀土路基容易出现水毁情况；反之，如果输出结果靠近 0，则说明该膨胀土路基比较安全。离散后第一组的试验见表 8-13。将九组试验全部按同样的方法离散化处理后得到 23 种样本。

第一组模型试验的水毁情况离散化结果 表 8-13

序号	时间	膨胀土等级	坡度	降雨量	干旱持时	水毁状况	备注
1	031018	1	0	0	0	0	
2	031019	1	0	0	0	0	
3	031020	1	0	0	0	0	
4	031021	1	0	0	0	0	
5	031022	1	0	0	0	0	
6	031023	1	0	0	0	0	
7	031024	1	0	0	0	0	
8	031025	1	0	0	0	0	
9	031027	1	0	0	0	0	
10	031028	1	0	1	0	0	
11	031029	1	0	1	0	0	
12	031030	1	0	1	0	0	
13	031031	1	0	0	0	0	
14	031101	1	0	0	0	0	

8.4.3.2 粗糙神经网络的结构设计

采用神经网络进行计算时，首先要确定的是神经网络的结构。一般预测结果就是输出结果，这个比较容易确定。输入的节点数即输入数据，如前所述可以确定为膨胀土的胀缩等级、路基的坡度、降雨量的大小和干旱持续时间。在前面几章的讨论中我们可以知道，这几个方面因素对膨胀土路基发生水毁具有很大的影响。尽管还有温度等因素对膨胀土路基水毁有影响，但是主要的几个因素就是这些。因此，神经网络的输入节点数也可以确定下来，即四个。对于具体的研究内容和侧重点，可以对输入的数据按工程实际情况适当地增加气象资料和膨胀土试验数据，这样就使神经网络的预测具有可扩展性。

神经网络作为数据特征提取器来讲，其隐层节点的个数是非常难以确定的。用粗糙集对输入数据进行前处理,确定网络隐层节点数。根据前面讲的粗糙集的理论,应用粗糙集方法对神经网络的输入和输出的数据进行分析计算。提取相应的预测规则,用这些预测的规则数作为隐层节点数可以较好地解决这个问题。按照膨胀土胀缩等级(ZS)、坡度(PD)、降雨量(JY)和干旱持时(GH)分别进行分类如下:

$U/\{ZS\} = \{\{1,2,14,15,16,17,18,19,20,21,22,23\},\{3,4,5,6,7,8,9,10,11,12,13\}\}$

$U/\{PD\} = \{\{1,2\},\{3,4,5,14\},\{6,7,8,9,15\},\{10,11,16,17,18,19,20\},\{12,13,21,22,23\}\}$

$U/\{JY\} = \{\{1,3,6,14,15,16,17,21\},\{2,4,5,7,8,10,12,18,19,22\},\{9,11,13,20,23\}\}$

$U/\{GH\} = \{\{1,2,3,5,6,8,9,10,11,12,13,14,15,16,19,20,21,22,23\},\{4,7,17,18\}\}$

约简后,路基损毁结果的分类为:

$U/\{D\} = \{\{1,2,3,5,6,8,10,12,13,14,15,16,17,19,21,22,23\},\{4,7,9,11,18,20\}\}$

经过膨胀土胀缩等级、坡度、降雨量和干旱持时四个指标的重要性计算,发现其中膨胀土胀缩等级这个指标的重要性为0,即该指标可以约简。约简后23个样本由于指标少了一个,又新增了可以合并的样本。最后,样本数由23变成了17。究其原因,是因为在降雨量小于0.5m^3时,中、弱膨胀土路基均未发生破坏,而当降雨量大于0.5m^3时,中、弱膨胀土路基又都发生破坏,因此,膨胀土的胀缩等级在本次试验中没有明显的差异。

其新的分类如下:

$U/\{PD\} = \{\{1,2\},\{3,4,5\},\{6,7,8,9\},\{10,11,14,15,16\},\{12,13,17\}\}$

$U/\{JY\} = \{\{1,3,6,14,15,17\},\{2,4,5,7,8,10,12,16\},\{9,11,13\}\}$

$U/\{GH\} = \{\{1,2,3,5,6,8,9,10,11,12,13,14,17\}\{4,7,15,16\}\}$

路基损毁结果的新分类为:

$U/\{D\} = \{\{1,2,3,5,6,8,10,12,13,14,15,17\},\{4,7,9,11,16\}\}$

同上述提取规则类似,对这17个样本一一进行计算,确定其规则数。最后经过合取和析取计算,得到11条规则,其中路基不水毁的规则有7条,路基发生水毁的5条。其中非常明显的是当降雨量为0时,路基是不会发生水毁的;不管坡度如何,当干旱持续时间超过7d同时降雨量小于0.5m^3时,路基会发生水毁;降雨量大于0.5m^3时,路基也会发生水毁。其余的规则,比如坡度为1:0.5和1:2.0的路基不会损毁的原因,是由于试验未进行到路基水毁才终止引起的。但是,作为规则还是要提取,因为规则数就是神经网络的隐层节点数。至此,神经网络的结构就可以确定下来了,膨胀土路基水毁预测的神经网络是改进型BP神经网络。

8.4.3.3 蒙特卡洛方法

神经网络的结构确定之后,就可以进行训练了。MatLab软件有一个人工神经网络的工具箱,选用适当的BP网络后,选定trainlm作为网络训练函数,选用梯度下降动量学习函数learngdm作为学习函数。将模型试验得到了119d的试验数据赋给某个数组,对数据网络进行训练。

但是对于一个训练好的神经网络进行仿真时,每次都会出现同一个输入得到不同的仿真效果,有时候仿真效果还相差较大,这让人对神经网络计算结果的精度产生怀疑。为了解决这个问题,利用前面对降雨量概率分布的计算,知道降雨量符合皮尔逊-III型分布和干旱的概率分布,利用蒙特卡洛(Monte-Carlo)方法对神经网络进行修正。

蒙特卡洛方法,也称为蒙特卡洛模拟或统计试验方法[67],它是一种通过随机模拟和统计试验来求解数学、物理和工程技术等问题近似解的数值方法。求解随机性问题是蒙特卡洛方法的主要领域。大多工程技术问题中存在着不确定性的一面,应当建立随机模型,用概率论的方法来描述和求解。蒙特卡洛方法就是模拟和近似求解随机问题的有力工具。随着计算机容量和速度的发展，蒙特卡洛法对于精确度要求较高的问题也能得到满意的解。

蒙特卡洛法通常是用某个随机变量 R 的简单子样 $r_1, r_2, \cdots, r_n$ 的算式平均值作为所求解 I 的近似值。

$$\overline{r_N} = \frac{1}{N}\sum_{n=1}^{N} r_n \tag{8-103}$$

由科尔莫哥洛夫加强大数定理[68]可知，当 $E(R) = I$ 时：

$$P(\lim_{N \to \infty} \overline{r_N} = I) = 1 \tag{8-104}$$

按照中心极限定理，对于任何 $\lambda_\alpha > 0$ 有：

$$P\left(|\overline{r_N} - I| < \frac{\lambda_\alpha \sigma}{\sqrt{N}} \right) \approx \frac{2}{\sqrt{2\pi}} \int_0^{\lambda_\alpha} e^{-\frac{1}{2}t^2} dt = 1 - \alpha \tag{8-105}$$

这表明，不等式（8-106）近似地以概率 $1-\alpha$ 成立。通常显著水平 α 很小，取为 0.05 或 0.01。σ 为随机变量 R 的标准差。上式表明，$\overline{r_N}$ 收敛到 I 的速度的阶为 $O(N^{-1/2})$。

$$|\overline{r_N} - I| < \frac{\lambda_\alpha \sigma}{\sqrt{N}} \tag{8-106}$$

如果 $\sigma \neq 0$，那么蒙特卡洛法的误差 ε 为：

$$\varepsilon = \frac{\lambda_\alpha \sigma}{\sqrt{N}} \tag{8-107}$$

上式中的正态差 λ_α 与显著水平 α 是一一对应的，其关系可用 $N(0,1)$ 积分表及式（8-108）算出。由此可知，蒙特卡洛法的收敛与一般数值方法有很大区别，是概率意义下的收敛。其误差接近 1 的概率不超过某个界限。蒙特卡洛法的收敛速度与一般数值方法相比较慢，其主阶仅为 $O(N^{-1/2})$。并且，蒙特卡洛法的误差 ε 只与标准差 σ 和样本容量 N 有关，而与样本中元素所在空间无关，即其收敛速度与问题维数无关，这就决定了蒙特卡洛法对多维问题的适用性。

$$\frac{2}{\sqrt{2\pi}} \int_{-\infty}^{\lambda_\alpha} e^{-\frac{1}{2}t^2} dt = 1 - \frac{\alpha}{2} \tag{8-108}$$

8.4.3.4 路基水毁预测分析

用蒙特卡洛方法模拟和求解膨胀土路基水毁预测的基本步骤如下：

（1）根据神经网络各输入值的物理性质建立随机模型，使模型的某些统计特征恰好反映所需求的问题；

（2）根据神经网络的特点，设计、使用一些加速收敛的方法，以求加快收敛速度，提高精度；

（3）按照神经网络中各个输入值的不同分布随机变量的方法（即抽样方法）在计算机上产生随机数，并输入到神经网络；

（4）对神经网络的输出值进行大量的统计试验，求出它的统计特征量（必要时也可求分布），即为膨胀土路基水毁的发生概率。

运用蒙特卡洛法必须根据随机变量的分布给出随机数。现在一般都是采用数学方法，通过计算机产生随机数，由于这种随机数是根据确定的递推公式求得的，存在周期现象，不能满足真正随机数的要求，所以常称为伪随机数。在实际应用中，只要通过一系列的统计变换，还是可以将其看作"真正"的随机数使用。

对服从降雨的皮尔逊-III 型的随机数产生方法如下[69]：

皮尔逊 III 型的分布函数为：

$$P = \frac{\beta^{\alpha}}{\Gamma(\alpha)}\int_{x_p}^{\infty}(x - x_0)^{\alpha-1}e^{-\beta(x-x_0)}dx \tag{8-109}$$

其中 α、β 和 x_0 为 3 个参数。服从皮尔逊-III 型的随机数 x 按下述程序抽样：

①令 $\alpha = n + p$，其中 n 为整数，$0 < p < 1$；

②产生 n 个在[0,1]上均匀分布的随机数 $R_1, R_2, \cdots, R_n$，并计算其和 $\gamma = \sum_{i=1}^{n} R_i$；

③生成 3 个[0,1]上均匀分布的随机数 R_{n+1}、R_{n+2}、R_{n+3}，并计算 $S_1 = R_{n+1}^{1/p}$ 和 $S_2 = R_{n+2}^{1/(1-p)}$；

④判断$(S_1 + S_2)$是否小于等于 1，若是则继续往下进行，若否则转回(3)重新生成[0,1]上均匀分布的随机数；

⑤按式(8-110)计算随机数 x：

$$x = \left[\left(\frac{-S_1}{S_1 + S_2}\right)\ln R_{n+3} - \gamma\right]/\beta + x_0 \tag{8-110}$$

干旱持续时间、膨胀土胀缩等级分类和坡度均可按随机数出现在[0,1]区间内不同的位置来确定其数值。如随机数在[0,0.5]上为 0，算弱膨胀土，随机数在[0.5,1]之间算 1，为中膨胀土。考虑到干旱持续时间在气候异常时有可能超过 40d，把出现 60d 以内的概率和 40d 的概率一样，也在[0,1]区间中加以反映。

按上述算法让计算机随机生成 300 000 组数据，通过训练好的神经网络，对应这些输入，神经网络就有 300 000 个输出，计算这些输出的概率分布。因为根据大数原理，这 300 000 个数肯定符合或近似符合正态分布。求出其均值就可以相对准确地确定在这种降雨量分布、这种干旱持续时间、对于某些膨胀土胀缩等级的路基的水毁情况。

计算结果表明，该正态分布函数的 μ 值为 0.244，置信区间为 95% 的 σ 为 0.3。因此，在满足模型试验的压实度的情况下，该膨胀土路基在某地的降雨量和干旱持续时间的情况下，无论是弱膨胀土路基，还是中膨胀土路基，在各种坡度下出现水毁的可能性不大。按照水毁发生的概率乘以该工程的影子价格，膨胀土路基水毁灾害的工程损失评估价值就不会太大。同样，膨胀土路基水毁发生的概率较小，水毁引起的社会损失价值也相应较小。

从以上计算过程可知，该算法非常容易扩展，可以方便地应用到每个具体工程之中去。输入数据的指标可以根据不同的研究目标任意加减，对确定的工地，降雨量、干旱持时等气象资料容易获得。在气候异常时，降雨量、干旱持时的异常都可以在气象资料的统计中得到反映。而对工程当地的膨胀土胀缩等级的指标可以通过试验获得，还可以根据研究需要加上其他相关的指标，然后对其进行粗糙集的分析，确定神经网络的结构、训练神经网络、模拟降雨量等数据，再根据蒙特卡洛方法生成大量符合各指标概率的随机数，输入到神经网络进行计算，最后对输出结果进行数理统计分析，从而得出预测结果。

8.5 研究结论

本章依托 2004 年 6 月正式启动的湖南省自然科学基础项目《水对膨胀土路基的损害作用机理研究》，综合分析了国内外对膨胀土水毁研究的现状，通过系统的理论分析、室内试验、大型模型试验，并引入粗糙集理论及相关神经网络预测方法对膨胀土的水毁机理和灾害预测进行了广泛而深入的研究，取得了一些创新性的成果，得出了如下几方面的结论[7]。

(1)分析了气候对膨胀土路基水毁的影响

特别是干燥的膨胀土具有强大的膨胀潜势,对膨胀土路基的稳定尤为不利。通过一系列对广西南友路宁明路段中膨胀土和湖南常张路慈利路段弱膨胀土的室内试验和大型模型试验研究,深入地探讨了不同气候下膨胀土路基土体内含水率的变化规律和干湿循环对路基土体的影响;分析了雨水入渗与土体风化作用对边坡土体强度和稳定性影响,指出降雨时雨水冲刷和地表径流是导致膨胀土边坡失稳的控制因素,降雨入渗和干旱产生的裂缝加剧了雨水和地表径流对路基的冲刷,对膨胀土路基水毁有着促进作用,也是导致边坡在降雨时失稳的重要原因;并根据膨胀土地区的路基附属建筑物的受力分析,提出了膨胀土路基附属物的设计和施工方法。

(2)对膨胀土路基水毁有着重要影响的降雨和干旱及其转换建立了概率模型

根据某地日降雨量资料,对极端降雨的分析中常用的皮尔逊-III 型和耿贝尔分布进行了对比,通过极值分布模型拟合优度检验,指出皮尔逊-III 型分布可以更好地模拟日降雨量的极值;分析了干旱对膨胀土以及膨胀土路基的影响,引入冯利华干旱模型来评价干旱等级;并根据膨胀土路基在久旱大雨后容易发生损毁的规律,建立了基于马尔可夫链的晴雨转化矩阵,为膨胀土路基水毁的预测提供了依据。

(3)根据灾害学原理对膨胀土路基的水毁进行了分类

膨胀土路基的水毁是严重的地质灾害。根据常规地质灾害的属性特征和等级划分,对膨胀土的地质灾害特征进行了分析,指出膨胀土路基水毁是突发性地质灾害。并根据常规地质灾害等级的划分对膨胀土灾害进行了分析,确定了膨胀土的地质灾害风险等级和地质灾害等级。结合常规地质灾害灾情的评估,分析了膨胀土路基地质灾害评估和预测的特点,提出了评估膨胀土路基水毁灾害的方法,并且提出通过路基水毁概率的预测就可以准确地评估膨胀土路基水毁灾害的风险损失。

(4)采用粗糙神经网络对膨胀土路基水毁进行了预测

膨胀土路基水毁是一个典型的非线性问题,本文提出了用粗糙神经网络来对膨胀土路基水毁进行预测。运用粗糙集对神经网络的训练数据进行分析,约简输入数据来简化输入节点数,并提取规则确定神经网络隐含层节点个数,从而准确有效地确定神经网络的结构。

对于 MatLab 中已经训练好的神经网络在相同输入出现不同输出的现象,首次提出了用蒙特卡洛方法对膨胀土的胀缩等级、降雨量、干旱持时和路基坡度进行概率模拟,然后再输入到训练好的神经网络中进行计算,进而对输出结果进行数理统计,确定膨胀土路基水毁的发生概率。计算结果分析表明:该算法为计算任意地区的膨胀土路基水毁的概率提供了一个更为科学的计算方法。

参考文献

[1] 李述训. 土壤中水分迁移问题分析、试验和模拟[D]:[博士论文]. 兰州:中国科学院兰州冰川冻土研究所,1994.

[2] 徐永福. 非饱和膨胀土的结构模型和力学性质的研究[D]:[博士学位论文]河南:河海大学,1997.

[3] C. W. W. Ng, B. Wang, B. W. Gong & C. G. Bao. Preliminary study on soil-water characteristics of two expansive soils [A] Unsaturated Soils for Asia [C], 2000, 347-352.

[4] 毛尚之. 非饱和膨胀土的土—水特征曲线研究[J]. 工程地质学报,2002,10(2).

[5] S. K. Vanapalli, D. G. Fredlund and D. E. Pufahl. The influence of soil structure and stress history on the soil-water characteristics of a compacted till [J]. Geotechnique, 1999, 49(2): 143-159.

[6] Charles W. W. Ng and Y. W. Pang. Influence of stress state on soil- water characteristice and slope stability[J] of Geotechnical and Geoenvironmental Engineering, 2000, 126(2): 157-166.

[7] 丁加明.基于粗糙集理论的膨胀土路基气候作用分析及水毁灾害预测.中南大学博士学位论文,2006.

[8] 张家诚.中国气候总论.北京:气象出版社,1991,147-153.

[9] 铁道科学研究院编.降雨强度公式及气候系数的制定:[内部资料].北京:铁道部铁道科学研究院编,1956.

[10] 王家祁.中国暴雨.北京:中国水力水电出版社,2002,139-142.

[11] 马开玉.气候统计原理与方法.北京:气象出版社, 1993,49-58.

[12] 姚允龙.频率曲线法及皮尔逊-III 型曲线在水质评价中的应用探讨.水文,2001, 21(1): 42-44.

[13] 任伯帜,周赛军,王云波.皮尔逊-III 型分布曲线的快速通用算法研究.长沙交通学院学报,2002, 18(1): 65-69.

[14] 王德翰等.暴雨分析方法有关物理量的计算.北京:气象出版社,1985,48-66.

[15] 周玉文,周胜昔,曹丽虹.极大似然法求皮尔逊-III 型分布参数.给水排水,1997, 23(6): 19-21.

[16] 屠其璞.气候应用概率统计学.北京:气象出版社, 1984,68-83.

[17] 盛骤,谢式千,潘承毅.概率论与数理统计.北京:高等教育出版社,1997,78-84.

[18] 朱廷举,胡和平.基于随机模拟和模糊聚类的水文干旱特性分析.清华大学学报(自然科学版),2001,41(8):103-106.

[19] 冯国章.极限水文干旱历时概率分布的解析与模拟研究.地理学报,1994, 49(5): 457-466.

[20] 冯国章.多年持续于旱历时的概率分布与重现期确定方法的研究.水文,1995, 6:6-13 .

[21] 冯利华.干旱等级和旱灾程度的定量表示法.农业系统科学与综合研究,2003, 19(3): 230-236.

[22] 沈荣华.运筹学.北京:机械工业出版社,1999,87-90.

[23] 么枕生.气候统计学基础.北京:科学出版社,1984,132-145.

[24] Anderson S A & Sitar N. Analysis of rainfall-induced debris flows. Geotech. Eng. Div. ASCE. 1995, 121(7): 544-553.

[25] Bhandari R K et al. Pitfalls in the prediction on landslide through rainfall data. Proc. 6th Int. Symp. Landslides. Christchurch, 1992, (2): 887-890.

[26] 吴宏伟,陈守义,庞宇威.雨水入渗对非饱和土坡稳定性影响的参数研究.岩土力学,1999,20(1):1-14.

[27] 李兆平,张弥.降雨入渗对基坑工程安全性影响的研究.中国安全科学学报,2000,10(3):16-22.

[28] 秦禄生,郑健龙.膨胀土路基边坡雨季失稳破坏机理的应力应变分析.中国公路学报,2001,14(1):25-30.

[29] 林鲁生,蒋刚.考虑降雨入渗影响的边坡稳定分析方法探讨.武汉大学学报,2001,34(1):42-44.

[30] 姚海林,郑少河,陈守义.考虑裂隙及雨水入渗影响的膨胀土边坡稳定性分析.岩土工程学报,2001,23(5):606-609.

[31] M. J. M. Römkens, S. H. Luk, J. W. A. Poesen , A. R. Mermut. Rain Infiltration into Loess Soils from Different Geographic regions. Geotech,1995,25:21-32.

[32] 徐永福.膨胀土的浸水规律.河海大学学报,1998,26(5):66-70.

[33] Garder W R, Hillel D and Benyamini Y. Post irrigation movement of soil water: I. Redistribution. Water Resource Res. 1970,(6): 851- 861.

[34] 廖世文.膨胀土与铁路工程.北京:中国铁道出版社,1984:10-18.

[35] 姚海林,等.降雨入渗对非饱和膨胀土边坡稳定性影响的参数研究[J].岩石力学与工程学报, 2002,21(7),1034-1039.

[36] Lumb P B. Effects of storms on slope stability [A]. In: Proc. Of sym. On Hong Kong Soils [s. n],1962,73-87.

[37] Fredlund D G, Rahardio H. Hillside slope stability assessment in unsaturated residual siols [A]. In: IKPAM Seminar on the Geotechnical Aspect of Hillside Development [C]. Malasia:[s. n.],1994.

[38] Sammori T, Tsuboyama Y. Paramtic study on slope stability with numerical simulation in consideration of seepage process[A]. In: Beled Proc. 6th symp. on Landslides[C]. A. A. Balkema,1991,559-334.

[39] Alonso E, Gen S, Lioret A, et al. Effectof infiltration on the stability of slopes[A]. In: Proc. 1th ICUS[C]. Paris: International Academic Publishers,1995,241-249.

[40] Yao Sun, Nishigaki M, Kchno I. A study on stability analysis of shallow lager slope due to raining permeation[A]. In: Proc. 1th ICUS[C]. Paris: International Academic Publishers,1995, 315-320.

[41] Shimadak, K Fujii H, Nishimura S, et al. Stability of unsaturated slopes considering changes of matric suction[A]. In: Proc. ISTICUS[C] paris: International Academic Publishers,1995, 293-299.

[42] Ng C W W, Shi Q · A numerical investigation of stability of unsaturated soil slope subjected to transient seepage [J]. Computers and Geotechnics,1978 22(1): 1-28.

[43] Geo-slope International Led. SEEP/W and. SLOPE/W Version 4. 21 [CP/DK][R]. New York: Geo-Slope International Ltd. ,1998.

[44] Premchitt J, Brand E W & Chen. Rain-induced landslides in Hong Kong. Asian Engineer. Journal of Hong Kong Institution of Engineers, 1994, (6): 43-51.

[45] Tan, S. K. Erosion by raindrops. In: Proc. 4th international symposium on river sedimentation, 1989,(2):192-193.

[46] Y. Coquet. In situ measurement of the vertical linear shrinkage curve of soils. Soil and Tillage Research,1998,46 (2): 289-299.

[47] P. H. Groenevelt, C. D. Grant . Analysis of soil shrinkage data. Soil and Tillage Research, 2004,79: 71-77.

[48] 卢耀东,李淑梅,支兵发.雷州半岛胀缩土地裂缝及其成因机理.资源调查与环境,2004,25(4):260-268.
[49] 张胜超,唐献才.膨胀性地基的处理.住宅科技,1993,11:43-44.
[50] 高兴成.膨胀性地基的设计与施工.安徽建筑,1999,4:91-92.
[51] 陈忠伟.膨胀土上建筑物地基与基础的设计计算.建筑科学,1992,2:73-79.
[52] 曾廉.挡土墙设计.北京:中国铁道出版社,1999.46-56.
[53] Ata-ur-Rehman Tariq, Deanna S. Durnford. Moisture retention of a swelling soil under capillary and overburden pressures. Journal of Hydrology, 1997,203(31):119-126.
[54] 张梁,张业成,罗元华.地质灾害灾情评估理论与实践.北京:地质出版社,1998.167-170.
[55] 马宗晋,等.中国灾害研究丛书:中国气象洪涝海洋灾害.长沙:湖南人民出版社,1998,165-175.
[56] 马宗晋等主编.中国灾害研究丛书:灾害统计学.长沙:湖南人民出版社,1998.53-65.
[57] 张晶.我国内生地裂缝灾害概况.地质灾害与环境保护,1992,3(2):10-15.
[58] 罗元华.关于地质灾害研究、勘察及防治工作的若干建议.中国地质灾害与防治学报,1992,5(增刊):23-29.
[59] 陈正洪,孟斌.湖北省降雨型滑坡泥石流及其降雨因子的时空分布、相关性浅析.岩土力学,1995,16(3):62-69.
[60] 李士勇.模糊控制、神经控制和智能控制论.哈尔滨:哈尔滨工业大学出版社,1996.148-150.
[61] Jelonek J, et al. Rough sets reduction of attributes and their domains for neural networks. Computational Intelligence,1995,11(2):339-347.
[62] 邓建,朱合华.基于神经网络的岩土工程结构随机有限元分析.同济大学学报,2002,30(3):269-272.
[63] 赵卫东,陈国华.粗集与神经网络的集成技术研究.系统工程与电子技术, 2002,24(10):103-126.
[64] 朱林,何建敏,常松.粗集与神经网络相结合的股票价格预测模型.中国管理科学,2002,10(4):7-12.
[65] 郝丽娜,王伟,等.粗糙集—神经网络故障诊断方法研究.东北大学学报,2003,24(3):252-255.
[66] 凌维业,贯民平,许飞云,等.粗糙集神经网络故障诊断系统的优化方法研究.中国电机工程学报,2003,23 (5):98-102.
[67] 白冰.岩土参数的蒙特卡洛模拟.武汉交通科技大学学报,1996,20(5):632-636.
[68] 徐钟济.蒙特卡洛方法.上海:上海科学技术出版社,1985,136-140.
[69] 张桂芹.蒙特卡罗法在工程项目经济评价中的应用.北京动力经济学院学报,1994.1:71-77.

第九章　膨胀土地区公路构造物地基与基础设计方法研究

9.1　膨胀土地区公路地基与基础工作性状研究

膨胀土具有显著的胀缩特性，膨胀土地区的主要工程地质问题突出表现在膨胀土的不良物理特征方面。由于膨胀土地基的不均匀胀缩，造成公路、铁路构造物的开裂和破坏。一般线路会绕开膨胀土地区，但由于膨胀土分布太广泛，有些线路工程不得不修在膨胀土地区。对于大型、重要的构造物，人们一般会考虑采用桩基础等基础设计，尽量减少膨胀土对构造物的影响；而对于一般小型的构造物，如桥台、挡土墙和涵洞等，现有的设计方案考虑得较少，导致这些构造物在膨胀力的作用下开裂、位移甚至破坏。

膨胀土地区的这些小型构造物，除了受到非膨胀土地区的常见力之外，还受到由于膨胀土土体水分增加、土体膨胀产生的膨胀力。这种膨胀力全部由土体指向临空面。导致挡土墙上部水平开裂、错动、平移破坏，涵洞墙身、端翼墙开裂，小桥台向河道一侧倾斜或者是桥台浆砌片石锥体护坡开裂、胀鼓破坏。

在工程建设中，膨胀土作为建筑物的地基，常会引起建筑物因开裂、倾斜而破坏；其作为挡墙的填土材料，可能在挡墙表面产生裂缝，并引起滑动；其作为开挖体介质时，则可能在开挖体边坡产生滑坡失稳等现象。

膨胀土地区的工程建设，必须根据膨胀土的特性和工程要求，综合考虑气候特点、地形地貌条件、土中水分的变化情况等因素，因地制宜，从设计、施工、地基处理等方面采取治理措施。

9.1.1　构造物的病害特征

9.1.1.1　膨胀土地基上的桥涵

建筑在膨胀土地基上的桥涵，尤其是跨度较大的大中桥，一般不容易发生变形病害，其原因主要有两方面：①主体工程有较大的自重荷载，而且这种荷载由桥墩集中传递到地基，足以制约地基膨胀土的变形；②基础一般埋置较深，大多位于气候风化作用层以下，所以不易发生变形。而容易发生变形病害的，大多是次要的附属工程，如桥台护坡不均匀下沉、开裂等。涵洞因为自重荷载较轻，基础埋置较浅，易受地基膨胀土的不均匀胀缩变形影响，造成不均匀翼墙和端墙的变形和开裂，甚至有的洞体也因地基土的不均匀胀缩变形而开裂破坏。

1. *桥涵病害特征*

涵渠断裂变形，盖板从接缝处断裂漏土、漏水，涵渠边墙沿砌缝断裂、错动，涵渠底板开裂、漏水，整座涵渠形成环形裂纹。翼墙开裂，多出现在小桥翼墙、涵渠翼墙或护锥，有竖向、水平、或交叉裂纹，裂纹宽度在 1～5cm 不等。裂纹的共性：上大下小，随季节、气候、降雨量、地下水、地表水的变化，裂纹宽度、形状也反复变化，旱季大，雨季小。

涵洞淤塞，也是膨胀土地区最普遍的一种病害现象。膨胀土具有易风化剥落和坡面易受冲蚀、表土溜塌等性质。在雨季，地表径流夹带大量的泥土，由天沟、侧沟和排水沟汇入涵洞排出。尤其在刚施工不久的线路，在边坡防护较差、植被尚未生长的条件下，边坡冲蚀剥落更为严重，有时雨季产生的泥流，往往因涵洞断面太小、排泄困难而造成淤积堵塞。

2. 桥涵病害原因

内因是主要原因。膨胀土是由蒙脱石等主要黏土矿物成分组成的，它亲水性强，具有既易吸水、又易失水的强烈活动性，随季节、气候的不断变化，建筑物内外的膨胀土反复不断地不均匀变形，使建筑物产生裂纹。

外因有如下方面：①地形地貌的影响。一般小桥、涵渠均建在路堤或低的坡地上，两端即出入口，临空面大，日照时间长，地下水分相对易蒸发，地基易吸水，造成桥涵不均匀变形而产生裂纹。②种植有高大乔木如桉树等，由于树根吸水，造成建筑物基底膨胀土失水不均匀，反复变形产生裂纹，小桥、涵渠两端易产生裂纹。③小桥、涵渠基础深度不够，原设计中只考虑基底承载能力和过水断面等因素，对膨胀土认识不足，未考虑膨胀土影响范围深度。④建筑物基底面积过大，单位面积压强小，如蒙宝线大部分涵渠采用整体式浆砌片石基础浅埋，基底压力小，不能抵消膨胀变形时产生的上抬力，使设备发生裂纹。⑤小桥、涵渠上下游排水不良或表面封闭范围小，造成构造物各部分基底膨胀土吸水或失水不均衡，反复变形，使翼墙、护锥产生裂纹。

3. 桥涵基础设计和整治

膨胀土地区的构造物如房屋、小桥、涵渠等都会发生病害，轻则出现裂纹、变形等现象，重则会造成裂缝、坍塌等完全破坏。常用的整治方法是采取勾缝补裂、压浆、灌浆补裂、局部拆砌、翻修、大修重建等措施，但随着时间的推移，以上措施被证明效果不佳，变形、裂缝仍会反复产生。

因此，整治小桥涵病害要采用新的思路：①采用特殊设计，新建小桥、涵渠，位置要尽量选在膨胀性小、土质较均匀的地点，避免增加投资，对于膨胀土地段，特别是小桥、涵渠、低层房屋、建筑物要采用特殊设计。②加重法，为抵消上抬力，减少地面、气候对膨胀土的影响，加大基础单位面积压强，增加埋置深度，减少应力变化对基础的影响。③化学处理法，改变基础部分膨胀土的化学性质，降低其强亲水性能，使之受到的变化减少，胀缩性减小，反复变形减小等。

对于膨胀土地区的小型构造物，如挡土墙、小桥台和涵洞，除了受到非膨胀土地区常见的力之外，还受到膨胀土土体由于水分增加膨胀产生的膨胀力。这种膨胀力全部由土体指向临空面，导致挡土墙上部水平开裂、错动、平移破坏，涵洞墙身、端翼墙开裂，小桥台向河道一侧倾斜或者使桥台浆砌片石锥坡开裂、鼓胀破坏。

9.1.1.2 膨胀土上的路基

1. 膨胀土路基病害的发生机理

膨胀土路基的主要病害形式为路基下沉、路基开裂、路堤坍塌、滑坡等。

(1)路基基床下沉：残积类天然膨胀土块体因具有较高的结构强度，特别是风干后块体强度增高而难以压实。施工运营 3～5 年期间内，在雨水的渗入软化和机车的动荷载作用下，常发生基床下沉。这与膨胀土的高含水率、高孔隙比、高塑性、中等压缩性密切相关。

(2)路基开裂：膨胀土因含有大量的膨胀性黏土矿物，在气候干湿交替作用下极易产生强烈的干燥收缩和吸水膨胀作用。特别是在表层 1.0～1.5m 范围内基床表层处，这种胀缩作用

极为明显，旱季常形成纵向裂缝。在雨季，降雨沿裂缝入渗，斜坡表层含水率增加，强度衰减，从而造成浅表层滑塌。即便是在旱季施工，将土料晒干碾碎后填筑路堤，在最佳含水率条件下达到最大干密度和设计压实度，由于膨胀土的干燥活化作用和机械化作用，路堤填土的膨胀性将大幅度提高，雨季浸水后强度急剧衰减，路堤斜坡易发生表层溜塌病害，这种作用随有效蒙脱石含量的增高和物理化学活性的增大而加剧。

(3)滑坡：膨胀土填料含水率较高，一般接近塑限，土块很难碾碎，利用重型碾压设备也难以达到设计压实度，常形成“橡皮土”，初始强度较低。干燥的膨胀土块因强度较高，夹在碎土中也不易碾碎。因此，利用膨胀土填筑路堤，很容易造成大块硬土架空构成骨架、而碎屑土粒松散地充填其间的现象。雨水顺块间孔隙渗入后，强度急剧衰减，发生顺层滑坡。

(4)翻浆冒泥：未经换填稳定土处理或封闭的膨胀土基床，旱季失水收缩，雨季吸水膨胀，加之机车震动的机械活化作用，导致表层松弛，刚度降低。雨水浸泡后基床表层泥化，发生翻浆冒泥。道渣陷入泥化的基床中形成道囊结构，而道渣囊又成为渗水通道和储水载体，进一步使深层土体膨胀泥化，加剧道渣囊的发展，形成恶性循环。

2. 路基病害整治

(1)改性换填。直接改变路堤土体的物质成分，降低有效蒙脱石的含量，达到减弱或消除膨胀性的目的。

(2)利用复合土工材料、沥青、三合土、氯丁橡胶、塑料排水板等隔水材料，将路堤主体封闭起来。隔断地表水的入渗途径，并且减少水分蒸发，减弱干湿循环，防止路堤膨胀土发生变形。其不足之处是隔水材料有一定的使用寿命，使用若干年后，养护维修工作将会增加。

(3)改桥方案。把膨胀土高路堤改为旱桥，桥基持力层设在非膨胀土层或大气影响深度以下一定深度。该方案处理彻底，但投资较大。

(4)应用框架混凝土桩复合地基技术。这种技术正在开发，可以解决既有线路膨胀土路堤病害问题。利用桩体承载大部分荷载，把车活荷载通过桩体传递到下部地基不发生膨胀层位，并加强路堤的抗剪强度，利用框架结构控制桩位变形和路堤侧向变形，成桩机械在路肩和路堤边坡上搭台架操作，可以避免停车施工。该技术可在雨季和旱季施工，造价低于改桥方案。

9.1.2 膨胀土地基上的构造物破坏机理

根据膨胀土地区构造物破坏情况的分析，可以发现如下规律：①对圬工构造物产生影响的主要是水平向膨胀力，其数值较大，属于拉剪应力，容易对圬工构造物产生较大的破坏作用。②膨胀力影响的深度与气候可以影响到的深度有关，一般在地表 2 ~ 3m 以内。对小桥台这种刚性好的构造物，在桥台上部的水平向膨胀力容易使构造物向河道一侧倾覆。③对于上部荷载较小、埋藏在膨胀土地区的交通灌溉涵，由于干湿循环的作用，涵洞基础会出现不均匀沉降而产生纵向裂纹。特别是在上部荷载小的端翼墙，由于没有足够的竖向力来平衡基础的膨胀力，更容易出现纵向裂纹。

从上面的叙述可以对边坡失稳机理作如下分析。降雨入渗对非饱和膨胀土边坡的直接影响是：使得边坡土体中(特别是浅层土)吸力降低或孔隙水压力升高。孔隙水压力的升高使“有效应力”降低，从而导致土体抗剪强度降低，最后导致挡土墙或涵洞桥台台背主动土压力增加；浅层土体吸水后土体的重度增大，达到饱和重度，这对主动土压力的增加也有贡献。由于挡土墙或涵洞桥台台背的侧向约束，非饱和膨胀土吸水(或吸力降低)后的膨胀趋势就以膨胀力的形式表现出来。膨胀力的形成将导致土体中水平向应力增加。降雨入渗后，土体中的应力比显著增加(这表明土体内剪应力增加),且和用朗肯临界极限土压力理论计算得到的极限状态下的应力比很接近。这说明降雨入渗后,局部土体有可能产生破裂面,降雨入渗造成的土体膨胀软化和土体中水平应力的增加是与非饱和膨胀土的胀缩性相关的,胀缩性又与裂隙的发展密切相关,而裂隙又会加剧雨水入渗的作用。这些因素的互相影响必然使膨胀土地区构造物的侧向受力变得越来越大。

9.1.3 膨胀土地基的处理

膨胀土地基的处理原则:根据当地及当时的气候、地基膨胀等级以及建(构)筑物的结构类型,因地制宜地采取相应的处理措施,尽量做到技术先进、经济合理,保证建筑物的安全正常使用。

9.1.3.1 膨胀土地基的处理方法

(1)增大基础埋深

在地基土胀缩等级属Ⅱ级或Ⅰ级时,可用增大基础埋深作为主要防治措施。当地基土受大气影响的深度在1.5m左右时,如果基础砌置在大于1.5m深的土层时,由于该土层含水率变化不大或趋于稳定,所以地基胀缩变形通常在容许范围内。此类处理方法较为经济。

(2)桩基础

当大气影响深度较深,基础埋深大,选用墩式基础施工困难或不经济时,可选用桩基础。单桩的容许承载力应通过现场浸水静载试验确定,在膨胀土中容许摩擦力应予适当折减。

(3)换土处理

在较强或强膨胀土层出露较浅的建筑场地,或建筑物在使用上对不均匀变形有严格要求时,可采用砂土、碎石土、灰土等置换膨胀土,形成砂石垫层人工地基,以减少地基的胀缩变形。砂石垫层厚度不应小于300mm,垫层宽度应大于基底宽度,两侧宜采用相同材料回填,并做好防水处理。

砂石垫层作用首先是可以调整地基变形,尤其是砂垫层,由于砂子具有一定的压密滑动性,即当地基发生变形时,砂子挤滑到已变形处填补其空隙,减轻膨胀土变形对基础的不利影响。其次由于砂子的毛细水上升高度很小,砂垫层可减少由于膨胀土中强烈的毛细水上升作用引起的水蒸发,且砂的孔隙大,可对土中含水率变化起调整作用。另外,由于砖石砌体基础或混凝土基础沿砂石的滑动系数比沿黏性土的滑动摩擦系数大,砂石垫层可以增大滑动摩擦力。

若遇地下水位较浅、包括砂石垫层厚度在内的基槽开挖后已出现地下水(或上部滞水层)的情况,考虑到施工的方便,可在砂石垫层下加铺一层毛石,再夯填中粗或级配砂石垫层,以保证砂石垫层夯填密实,且使砂石垫层不处在地下水位以下。

(4)砂包基础

将基础置于砂层包围之中,砂层可选用砂、碎石、灰土等材料,厚度宜采用基础宽度的1~1.5倍,宽度宜采用基础宽度的1.8~2.5倍,砂层不能采用水振,此类处理如与地圈梁加大、设油毡不滑动层以及加宽水坡等方法结合起来则效果比较明显。

(5)设置宽散水坡

散水坡一般不少于1.2m,且设保温隔层及不透水垫层。适用于弱或中等胀缩性地基。此类处理意在减少地表水对地基的浸泡以及大气温度变化对膨胀土地基的影响。

(6)化学处理

采用石灰、水泥等对膨胀土进行化学稳定处理,可以改良土的性质,其中以在膨胀土中掺入4%～6%的石灰为普遍,它具有改变土性等效果,而且这种材料资源丰富,价格不贵,施工方便。

(7)预浸

建筑物地基预浸水是为了消除膨胀土的膨胀性,在施工前用人工的方法增加地基土的含水率,使膨胀土层全部或部分膨胀,从而减少或消除在使用过程中的膨胀变形。采用预浸水必须解决在使用过程中能否保持土的高含水率的问题,必须研究浸湿地基的变形和强度特性。

(8)其他处理措施

膨胀土地基处理还有地基帷幕、保湿暗沟、预浸水、化学稳定法和渗透稳定等措施。这些处理方法使用较少。

9.1.3.2 膨胀土地区公路路基与构造物地基处治措施

对于涵洞等圬工基础,由于基础底部被水侵蚀,膨胀土因含水率发生变化而产生不均匀沉降,会出现涵台多处下沉开裂的情况,或者涵台继续下沉,直至涵底与涵台形成错台,铺砌的涵底隆起,洞身出现开裂和凸胀变形。在满足涵洞排水的要求下,采取不拆除原涵的加固措施,主要有如下几项:

(1)将原涵底铺砌拆除并挖至原涵台基底高程,然后浇注15号片石混凝土和原基础连成整体;

(2)在涵内沿涵长每隔一定距离(一般为2.5～3m)设一道钢筋混凝土框架,框架断面尺寸为20cm×20cm;

(3)对涵身中间已发生开裂和凸胀变形的涵台加设钢筋混凝土护壁加固和护面,护壁厚20cm;

(4)加长涵洞进出水口铺砌并设截水墙;

(5)涵顶尚余约3～5m的填土待涵洞加固后分三次填筑,每次间隔一个月;

(6)加固施工时必须分段从中间向两端洞口进行,先铺底然后做框架、再做护壁。加固后,涵底片石混凝土铺砌和原涵台基础共同受力,既减少了基底应力,又提高了涵洞的整体稳定性。框架和护壁增强了涵台抵抗膨胀土的土压力和涵洞的填土压力。在膨胀土地区的涵洞基础设计宜采用整体性基础。

当路基填土为膨胀土,因包盖封闭不好,路基坡面土体产生裂缝,地表水渗入使土体失稳产生滑动,路基沿软土层滑动;考虑到原挡墙整体性尚好,尚可利用,如在外侧增设挡墙加固原墙,施工困难且不安全,因此,采取在原墙外侧用挖孔桩支撑加固的办法。由于桩的作用是加固原挡墙,并与原墙共同支挡滑坡体,原设置的挡土墙埋置深度不够,墙基仍在滑动面上,没有起支挡作用;原放缓的路堤边坡又增加了滑动体重量,加速地面下软土层受力滑动。在坡脚处用挖孔桩穿过软土层支挡抗滑方法,同时边坡改用1∶1.5以减轻滑动体重量,边坡脚至原挡墙设平台使原挡墙继续起辅助作用,并在右侧边沟下设置盲沟,拦截右侧边坡上的地下水,采用两排桩径为110cm(有效直径为80cm)、桩中心纵距为16m、横距为13m的桩呈品字形布置,埋入硬塑状黏土层约3m(作为锚固段)的20号混凝土挖孔桩,桩身通过软土层段加设钢筋笼,钢筋笼的钢筋布置靠路堤一侧密些,以增强桩抵抗土体滑移的能力。桩距尽可能靠近些,防止软土从桩间空隙挤出,桩顶用钢筋混凝土桩帽联结增强整体性。

9.2 膨胀土地区公路构造物土压力分布

9.2.1 膨胀土的土压力问题

经典的土压力计算理论均以墙后填料为砂性土($C=0$)进行计算分析。大量的理论分析和试验研究证实,砂性填料产生的主动土压力与理论计算的结果比较接近,能满足一般工程建设的要求。但在实际工程建设中,由于膨胀土的工程性质较砂性土复杂许多,不能直接应用经典的土压力理论来进行黏性土的土压力计算。设计者一直沿用综合内摩擦角(φ_0)来代替黏性土的综合抗剪强度(C、φ)。由于 φ_0 值确定全凭经验估定,使挡土墙的设计带有较大的盲目性和危险性。根据经典土压力计算理论的基本概念推导出的考虑黏聚力 C 的黏性土压力计算公式已经正式列入了《铁路路基设计规范》(TBJ 1—85),其可靠性如何,未得到充分论证,尤其是黏性土的力学指标如何正确确定等问题未得到较好解决,该方法在设计中基本没有得到应用。

膨胀土与支挡结构的相互作用除具有黏性土的一切共性外,还有一些特殊的性质。主要表现为受水的影响更大,参数变化更剧烈,工程性质更复杂,尤其是在干湿循环过程中胀缩变形频繁,当膨胀土受到挡墙的限制时,还将产生膨胀压力。膨胀压力有多大,设计支挡结构物时是否需考虑,国内外均有不同意见。一种意见认为膨胀压力很大,甚至可达几百个千帕,另一种意见认为膨胀压力影响很小,可以不予考虑。至今仍未得到科学统一的认识,故超固结膨胀土的土压力问题是国内外关注又尚未解决的问题。

9.2.2 膨胀土地区构造物所受土压力理论研究

Katti 对比了砂、黏性非膨胀土和膨胀土的侧压力分布特点(图 9-1),证实了膨胀性土压力的存在。

张颖均等根据膨胀土压力的分布规律,提出了膨胀土压力的简化剖面图(图 9-2),便于定量表示膨胀土压力的分布规律。Sudhindra 对各类膨胀土压力剖面进行归一化,发现膨胀土的归一化土压力剖面重合(图 9-3),并得到了膨胀土压力分布的经验表达式。

$$P=\frac{P_s\times d/d_0}{(a+0.6d/d_0)} \tag{9-1}$$

式中:P——不同深度处的膨胀性土压力;

d——深度,cm;

d_0——深度的单位长度,$d_0=1.0$ cm;

P_s——膨胀力,kPa;

a——粒径小于 2μm 的黏粒的含量。

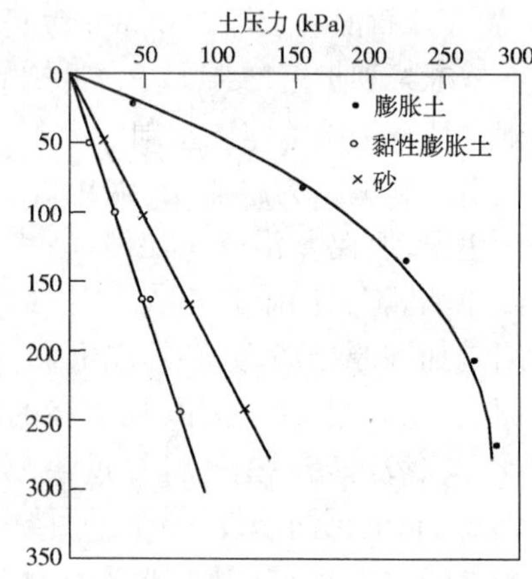

图 9-1 不同性质土的侧压力的对比

Katti 等人对印度黑棉土墙背填筑不同厚度的黏性膨胀土,其侧向压力与深度的关系分三种情况进行研究。

方案 I:研究包括干密实填筑与密实饱和条件的砂土、黏性非膨胀土与膨胀土,测定侧向压力与深度的关系。

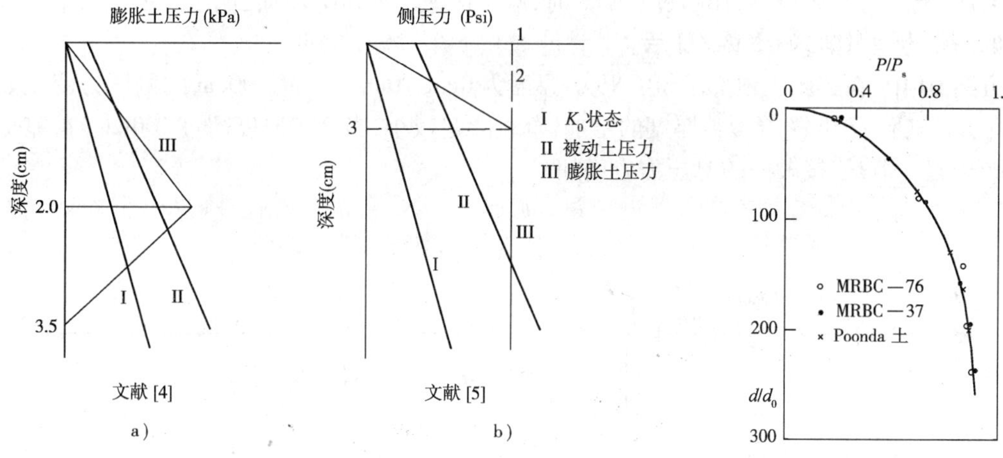

图 9-2　膨胀土压力简化剖面

图 9-3　膨胀土压力的归一剖面

方案 II:压实膨胀黑棉土与墙之间衬垫 20cm、40cm、60cm、100cm 厚度的密实非膨胀土,其侧压力与深度的关系。

方案 III:用密实的膨胀土顶部设置 20cm、60cm、100cm 厚的密实黏性非膨胀土(CNS)与没有 CNS 回填的处理方法进行研究。

在填方条件下,砂、CNS 和风干膨胀土的侧压力实际上呈线性分布,如图 9-4 所示。对于

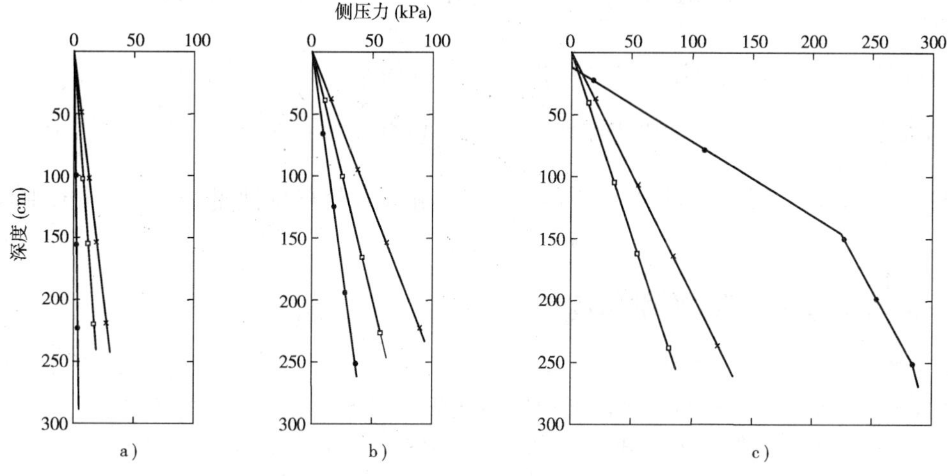

图 9-4　方案 I 膨胀土的侧压力与深度的关系

a)风干松散状态条件;b)压实状态条件;c)压实饱和状态条件

×-黏性非膨胀土;□-砂;●-膨胀土

砂、CNS 和风干膨胀土,如果 K_0 值分别为 0.63、0.46 和 0.26,则在 1.0m 深处所观测的侧压力分别为 11.0kPa、9.0kPa、2.0kPa,这些值与给定的 K_0($K_0=1-\sin\varphi'$)按 Jacky 方程所求的值基本吻合。压实条件下,砂、CNS 和风干膨胀土,在 1.0m 深处所观测的侧压力分别为 42.0kPa、24.0kPa、16.0kPa,给出 K_0 值分别为 2.33、1.66 和 1.10。可以看出,在各种情况中 K_0 值均大于 1.0。饱和压实条件下,砂土与 CNS 材料的侧压力随深度的变化实际上也是呈线性分布,然而压实饱和膨胀土的侧压力分布与常规土系不同,侧压力随深度变化不再是一个线性关系,侧压力常常高于对应的垂直应力。

从方案 II 试验中可以看出,压实膨胀土的侧压力与墙背衬垫的非膨胀土厚度有关,随厚

度的增加，侧压力迅速减小，在超过 60kPa 时，减小的速率放缓。然而，侧压力不小于单一 CNS 材料的侧压力观测值，如图 9-5 所示。

方案 III 中，在膨胀土顶部填筑 CNS 的厚度为 0cm、20cm、60cm、100cm 的侧压力变化如图 9-6 所示。试验表明，随着覆盖厚度的增加，垂直隆起减小，当覆盖厚度超过 100cm 时，完全可以阻抗隆起。但是，接触面的侧压力也增加。

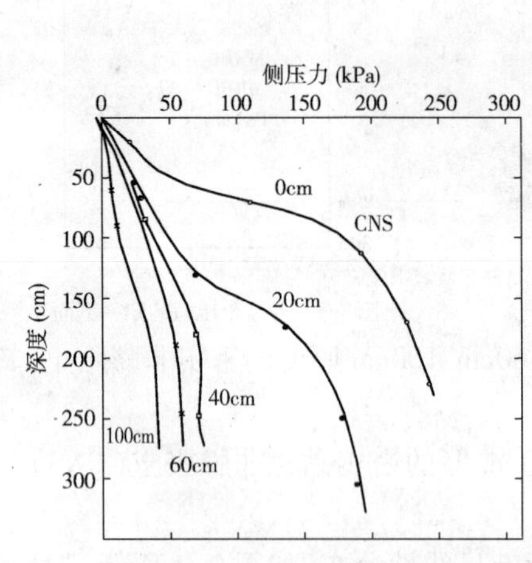

图 9-5　方案 II 膨胀土的侧压力与深度的关系

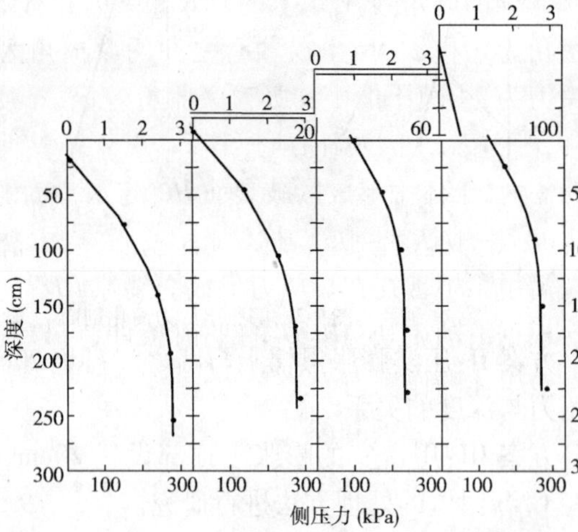

图 9-6　方案 III 膨胀土的侧压力与深度的关系

上述试验表明：

(1)黏性非膨胀土回填对减少传递到挡墙的侧向膨胀压力有显著的效果。

(2)密实饱和条件下膨胀土的侧压力分布不同于密实饱和条件下一般非膨胀土所观测的侧压力分布。

(3)松散和密实条件下，砂、CNS 和膨胀土的侧压力分布特性是线性的，其差别仅在数量上。

9.2.3　膨胀土路基中构造物的侧压力

1. 膨胀土土压力计算方法

目前关于膨胀土压力的计算方法具有代表性的有两种。第一种方法是在一般黏性土的库仑土压力的基础上加上膨胀土的膨胀力，在计算库仑土压力时，采用等代内摩擦角方法，而等代内摩擦角的取值与正应力有关，由于土体中各点的正应力并不相同，不可能给出一种固定的换算关系，因此实际的等代内摩擦角只能凭经验确定。考虑到膨胀力是在没有膨胀变形且土体浸水饱和的条件下通过平衡加压法测定的，而实际的挡土墙可产生一定程度的位移，同时由于墙后土体的隆起及土中裂隙遇水闭合等作用，要对膨胀土的膨胀力作一定程度的折减，折减系数为 0.2～0.6。膨胀力的大小除决定于土体的矿物成分、粒度成分和结构构造外，还受到膨胀位移和土体的含水率的制约。膨胀位移越大，膨胀力越小。该方法通过引入折减系数反映膨胀位移对膨胀力的影响，但折减系数的取值较难掌握。膨胀力的大小与土体的初始含水率和含水率的变化密切相关，在相同的初始含水率情况下，含水率增加越大，膨胀力也越大，而膨胀力是在土体浸水饱和的条件下测定的，但实际工程中的土体不一定达到饱和，该方法对此未作考虑。第二种方法假设挡土墙背直立光滑、填土面水平，根据朗肯土压力理论和 Fredlund 的非饱和土强度公式，利用微单元体的极限平衡条件，分析挡土墙受到的侧压力。这一方法的假设条件较为苛刻，当墙背和填土面倾斜时，就不适用了。

朱志铎、刘松玉等根据库仑土压力理论，并考虑非饱和膨胀土基质吸力的土压力计算方法，推导了相应的主动土压力计算公式。如图 9-7 所示：一高为 h 的挡土墙，墙背 AB 与垂直方向的夹角为 α，填土面的倾角为 β，填土的有效黏聚力和有效内摩擦角为 c' 和 φ'，填土与墙背之间的摩擦角为 δ、黏聚力为 c_w，填土的平均吸力摩擦角为 φ^b，基质吸力为 μ_s。假设挡土墙向前位移，墙后土体达到极限状态时，土体中形成的破裂面 BC 与水平面的夹角为 θ。一般认为，膨胀土不能承受拉应力，因此在墙后填土中常存在拉应力形成的裂隙 DD'。

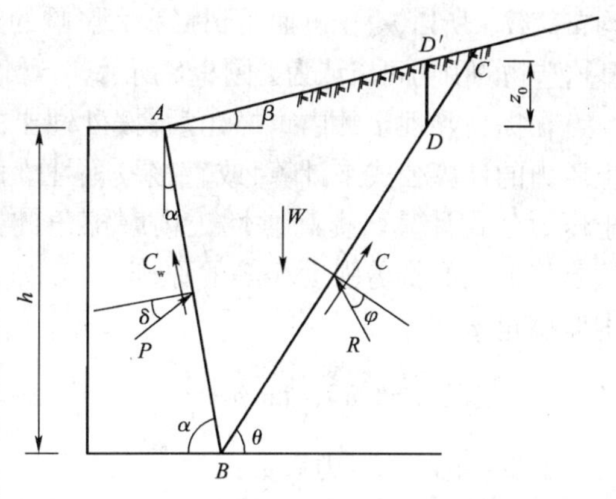

图 9-7　膨胀力作用下主动土压力计算示意图

根据滑动土块 $ABDD'$ 的平衡条件，可以得到墙背对土体的作用力 P：

$$P=\frac{\sin(\theta-\varphi')}{\cos(\theta-\alpha-\delta-\varphi')}\left[W-C\sin\theta-C_w\cos\alpha-(c\cos\theta-C_w\sin\alpha)\cot(\theta-\varphi')\right] \tag{9-2}$$

其中：

(1)裂隙 z_0 的深度可按朗肯土压力公式计算：

$$z_0=\frac{2(c'+\mu_s\tan\varphi^b-\mu_a\tan\varphi')}{\gamma\tan\left(45^\circ-\dfrac{\varphi'}{2}\right)} \tag{9-3}$$

(2)重力 W 方向向下，大小为 $ABDD'$ 的面积与土体重度的乘积：

$$W=\frac{1}{2}\gamma h^2\frac{\cos(\alpha-\beta)\cos(\alpha-\theta)}{\cos^2\alpha\cos(\theta-\beta)}-\frac{1}{2}z_0^2\gamma\frac{\cos(\alpha+\beta)\cos\theta}{\sin(\theta-\alpha-\beta)} \tag{9-4}$$

(3)滑动面上的等效黏聚力的合力 C，沿滑动面向上，大小为等效黏聚力乘以 BD 的长度：

$$C=(c'+\mu_s\tan\phi^b)\left[\frac{h\cos(\alpha-\beta)}{\cos\alpha\sin(\theta-\beta)}-\frac{z_0\cos(\alpha+\beta)}{\sin(\theta-\alpha-\beta)}\right] \tag{9-5}$$

(4)墙背上的黏聚力 C_w 的合力方向沿墙背向上，大小为黏聚力与墙背长度 AB 的乘积：

$$C_w=c_w\frac{h}{\cos\alpha} \tag{9-6}$$

由于填土孔隙中的气体一般与外界相通，在实用上相对于大气压力来说，可认为式(9-3)中的孔隙气压力为零。由此可知，对一定含水率的膨胀土来说，其基质吸力是确定的，这时挡土墙受到的土压力是 θ 的函数，当 θ 取某一值时，土压力 P 达到极大值，此极大值即为挡土墙受到的主动土压力。显然，主动土压力随含水率变化而变化。

2. 构造物侧压力分布分析

一般构造物受到侧面黏性土压力时可分为：桥台、埋藏于路基土体中的涵洞或者是挡土墙。对于桥台，其受桥台台背的侧面土压力的同时，还受到桥上传来的荷载，比如汽车、火车等；对于埋藏于土体的涵洞，涵洞台背土体的上方填土也会在涵洞台背土体上方形成一个均布荷载；对于一般的挡土墙，不管墙后填土面如何，在膨胀土因水分增加而导致膨胀力增加时，由于在挡土墙上部水平面以上的土体没有侧向约束，其膨胀势可以充分发挥，其膨胀力对挡土墙没有影响，因此也可以考虑成挡土墙上部水平面以上存在一个均布荷载。所以,对于侧面受到膨胀力影响的路基构造物的受力可以认为如图 9-8 所示。

在提高黏性土的内摩擦角后,按砂性土的土压力的计算公式来计算,或直接按黏性土的土压力公式计算。提高黏性土内摩擦角的方法是根据土的抗剪强度相等的原理,计算综合内摩擦角 φ_D。

$$\varphi_D = \tan^{-1}\left(\tan\varphi + \frac{C}{rH}\right) \tag{9-7}$$

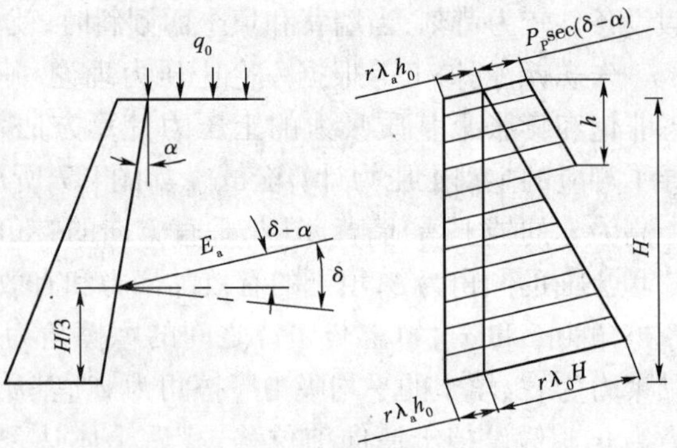

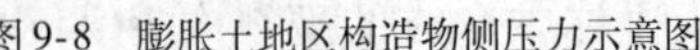

图 9-8　膨胀土地区构造物侧压力示意图

此时,主动土压力系数:

$$\lambda_a = \frac{\cos^2(\varphi_D + \alpha)}{\cos^2\alpha\cos(\delta - \alpha)\left[1 + \sqrt{\dfrac{\sin(\varphi_D + \delta)\sin\varphi_D}{\cos(\delta - \alpha)\cos\alpha}}\right]^2} \tag{9-8}$$

式中:φ_D——综合内摩擦角;

α——墙背与竖直线的夹角,墙背在竖直线左边时为正,在右边为负;

δ——墙背与土体的摩擦角。

此时水平面以上土体荷载转换成土体高度得 h_0:

$$h_0 = \frac{q}{\gamma}$$

挡土墙上部水平面处:

$$p_a = \gamma\lambda_a h_0$$

挡土墙下部水平面处:

$$p_a = \gamma\lambda_a h_0 + \gamma\lambda_a H$$

库仑主动土压力 E_a 为:

$$E_a = \frac{H}{2}(2\gamma\lambda_a h_0 + \gamma\lambda_a H) \tag{9-9}$$

作用点:

$$C = \frac{H}{3}\left(\frac{3\gamma\lambda_a h_0 + \gamma\lambda_a H}{2\gamma\lambda_a h_0 + \gamma\lambda_a H}\right) \tag{9-10}$$

3. 膨胀土压力对侧压力的影响

水是膨胀土产生胀缩的直接因素,而膨胀土中水分变化受气温、地温、湿度、日照、风、降雨等气候影响在 3.5m 深,因此在考虑膨胀土湿度变大,产生膨胀力时的深度也不应大于 3.5m。因此,在计算此类构造物侧面所受膨胀力的范围也在 3.5m 以内。事实上,对于埋藏在路基土体中的涵洞而言,膨胀力的影响深度要小于 3.5m 这个极限值。当涵洞顶距路基大于 3.5m 时,可以不考虑膨胀力对涵洞墙身上部的影响。对于涵洞全部位于地下水水位以下或以上,涵洞可以按常规涵洞计算。而对有地下水升降对膨胀土填料湿度变化有影响的涵洞,应采取框架式墙身的设计方案。

另外,对于构造物上部受到膨胀力影响的情况,因为膨胀土含水率增加 1% ~2% 就能够达到该膨胀土的膨胀压力,因此构造物上部所受到的膨胀力应该是在影响范围内大小一致的,这也符合设计安全可靠原则。

由于设计要求，施工中构造物侧面填料必须是没有膨胀性的砂性土，因此合理铺设的砂砾垫层可以适当地降低膨胀力，根据试验，降低值大约为25%左右。在计算膨胀力时要乘以一个折减系数。由于构造物侧面的土体一般都是扰动土，因此，膨胀土的各向异性可以不用考虑。用扰动土的膨胀力试验值可以直接指导设计。

4. 水平膨胀力的变化规律

现行的挡土墙设计一般凭设计者的经验拟定挡土墙的各部分尺寸，然后根据库仑理论或者朗金理论进行强度和稳定性验算。通过验算找出不符合设计要求的部位，加以修改，使其满足规范要求，并达到经济合理的目的。但是，由于膨胀力的存在，挡土墙受力体系略有改变。膨胀土地区挡土墙上部由于受到雨水的侵蚀入渗，会造成挡土墙上部土压力比库仑土压力大的事实。同时，由于膨胀压力一般仅仅对挡土墙上部产生影响。因此，要把膨胀压力作为膨胀土地区挡土墙的主要力系加以考虑，并在考虑膨胀土挡土墙受力时，挡土墙上部采用膨胀土压力、下部采用主动土压力作膨胀土地区挡土墙的稳定性和强度检算。

膨胀土地区的膨胀压力一般通过膨胀土有关试验得出。相关试验表明：水平向膨胀力与垂直向膨胀力的比值在0.331 ~0.611之间。同时，挡土墙背后的砂砾垫层对膨胀力也有一定的消减作用，在计算时应综合考虑。小桥台的抗倾覆受力检算也与挡土墙的受力相类似。与桥台自重和梁传来的上部荷载相比，桥台基础底部的膨胀力相对较小，因此，膨胀土地区的小桥台应着重考虑桥台上部水平膨胀力下的抗倾覆能力。

9.2.4 工程试验中膨胀土挡土墙土压力分布的基本情况

1. 某试验挡墙的设计

某试验挡墙地处成都东站扩建工程DK0 +185 ~DK0 +120右侧，设计路堑挖深11.0m，墙高6.0m，埋深1.5m，墙背垂直，墙胸1∶0.3，墙顶宽2.2m，基底宽4.0m，并设有0.1∶1反坡，墙顶以上边坡高5.0m，坡度1∶2。

试验挡墙的受力和位移测试是本次工程试验的基本内容，其中墙背土压力的量测是重点。试验采用的压力传感器由10个电阻式土压力板和8个钢弦式土压力盒组成，共计18个测点，分两个断面沿墙高及基底进行布置，如图9-9所示。

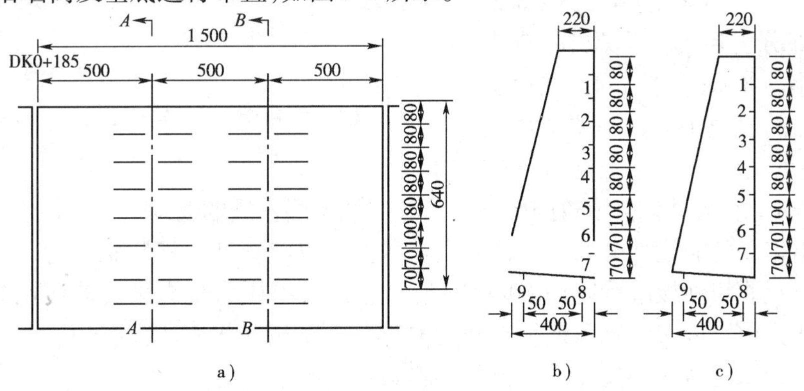

图9-9 试验挡墙受力测试传感器布置图

a)墙背立面图；b)A—A截面图；c)B—B截面图

2. 试验挡土墙的施工

试验挡土墙于1990年6月开始施工(挖基础)，先按1∶0.5的设计边坡进行开挖，当挖到基底高程时，随之而来的雨季使边坡坍滑不断，直到1991年3月才基本完成。实际的试验挡墙开挖断面(坍方断面)为1∶1.14~1∶1.44。

在试验挡墙的施工过程中,对墙背的平整度、反滤层的厚度及填土的质量给予了极大的重视,对地基和填土的含水率、密度、贯入次数(小型贯入仪,贯头截面积为1cm^2)和直剪强度等指标进行了全面监测。填土的含水率在22.06%~29.86%之间,平均值为26.3%(原状土为21.49%)。填土的密度在19.03kN/m^3~20.32kN/m^3之间,平均值为19.54kN/m^3(原状土为20.32kN/m^3)。填土的贯入次数在4~11次之间,平均值为6次左右(原状土为13次)。填土的直剪强度指标(UU试验)c=12~118kPa,φ=13°~28.8°,平均值c=49.75kPa,φ=17.7°(原状土c=73kPa,φ=28.2°)。

3. 试验数据的分析与讨论

试验工作历时3年(1990.6~1993.6),经过两个完整周期(季节变化)竣工后实测(1991.6~1993.6),墙背土压力和基底接触应力的实测值(平均值)如表9-1和图9-10所示。土压力分布呈曲线形,最大值距墙踵约0.8倍墙高,合力作用点距墙踵约0.44倍墙高。

试验挡墙墙背土压力和基底接触应力数据表 表9-1

截面＼测点	1	2	3	4	5	6	7	8	水平土压力	法向接触应力
	kPa								kN/m	
A—A	21.77	46.26	52.84	64.41	80.03	21.73	122.64	76.31	280.31	399.88
B—B	30.09	39.93	53.94	52.95	77.00	30.32	122.64	81.24	278.43	409.79

实测土压力沿墙背呈曲线形分布,与经典土压力计算理论的直线形分布解存在较大差别。产生曲线形分布的因数有:①土拱作用。由填土的滑动部分与稳定部分和墙背间的摩阻力的影响造成。在滑体的下部,由于宽度较小,拱作用的影响特别显著。②地基的影响。由于填土与地基间有摩阻力存在,地基会阻碍填土下部分土层的侧向位移,造成土压力的减小。③施工的影响。在填土过程中墙体会随着填土的逐渐增高而发生位移,造成填土的下部分土层位移较大,土压力减小。④填料分层填筑的影响。墙背回填各层土质的物理—力学性质不均匀,也会造成土压力沿墙高的非线性分布。上述几点基本上可以解释处于极限状态时,土压力的曲线分布特征。但在非线性极限状态(也包括静止状态)时,土压力也会出现非线性分布。由此,挡土墙的土压力曲线分布问题可能是支挡结构与土介质相互作用所固有的一个特性,现行的土压力计算理论未能对这一规律进行正确反映。

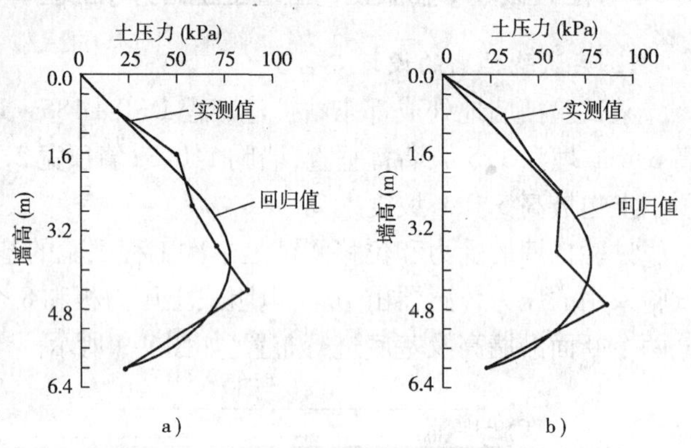

图9-10 试验挡墙墙背土压力实测分布曲线

a) A—A断面;b) B—B断面

4. 膨胀土的土压力问题的讨论

测试结果表明,试验挡墙土压力的实测值约为设计值的1.42倍(设计时采用的综合内摩擦角φ_0=30°)。根据实测值反算的综合内摩擦角$\varphi_0\approx24°$,与成都黏土的内摩擦角(长期强度)基本相等(或略大)。这一结论与杨果林《潭邵高速公路膨胀土处治技术研究》的观点基本一致。该文献认为,在黏性土层建造永久性支挡建筑物时,可不计其黏聚力的影响,只需根据墙后土体的内摩擦角来进行设计(结果偏于安全)。

试验挡墙墙背填土的黏聚力 $C=49.7\text{kPa}$,按公式 $h_c=2C/\gamma\times\tan(45°+\varphi/2)$ 即可判断出如此大的黏聚力是不会产生土压力的(裂缝深度 $h_c>$ 墙高)。根据强度(或土压力)相等的原则反算出的黏聚力 $C=13.17\text{kPa}$(或 $C=4.29\text{kPa}$)。黏聚力的实测值与反算值存在如此大的差异提醒我们注意,必须谨慎地使用黏性土的土压力计算公式。

9.3 膨胀土地区公路构造物地基的承载力研究

9.3.1 膨胀土地基承载力确定的特殊性

膨胀土地基的承载力,指地基在其上部建筑物的作用下,在充分保证地基的稳定性并使建筑物不发生过大沉降的条件下,地基所能承受荷载的能力。对于膨胀土这类特殊土而言,由于具有多裂隙、超固结和强胀缩性等特性,即使在地基不发生破坏时,如果过分压密,也将引起土体的较大胀缩变形,同时产生较大的膨胀力,对建筑物的稳定同样不利。因此,确定膨胀土地基承载力,除按一般地基要求,应考虑在建筑物容许下沉变形范围内的地基压缩变形外,还必须同时考虑在建筑物容许胀缩变形范围内的地基压缩变形,以及地基土在建筑物作用下产生塑性变形区以致形成剪切破坏而使地基丧失其稳定性等问题。此外,反映膨胀土强度的一个重要特性,即地基承载力随土的超固结应力释放、风化程度和含水率等的变化而衰减的问题,更应该予以考虑。这就是说,确定膨胀土地基的承载力比其他地基土更为复杂,它必须同时满足以下几个方面的要求:

(1)地基土压缩变形;

(2)地基土膨胀与收缩变形;

(3)地基土膨胀力的变化;

(4)地基土强度衰减。

显然,同确定其他天然地基土容许承载力所不同的是,其他天然地基土一般可以利用室内物理力学性质试验指标,通过规范查表求得容许承载力。但目前在膨胀土地基中,仍然按一般黏土的地基设计规范来确定地基土容许承载力,是不完全符合实际情况的,与原位测试资料对比,两者出入很大。膨胀土是敏感的土类,含水率的变化不仅能引起膨胀变形,而且使强度发生变化。因此,研究膨胀土地基的承载力,既有迫切的实际意义,也有深刻的理论意义。

近年来,由于总结膨胀土地区已有建筑经验教训,同时又面临若干膨胀土地基的勘察任务与研究任务,在全国铁路、建筑、冶金、机械工业等部门膨胀土专题研究中,逐步开展了膨胀土地基承载力的研究工作,取得了一些初步成果,为确定膨胀土地基承载力进行了初步尝试。

9.3.2 膨胀土地基承载力的确定

影响膨胀土地基容许承载力[σ]的因素很多,确定承载力的方法也比一般黏土要复杂得多,至今还没有成熟的经验。这里只能就目前已经取得的一些初步成果,提出以原位测试确定膨胀土基本承载力的部分经验值,以及各种实测结果的综合分析应用方法,提供在膨胀土地基勘察中,作为确定容许承载力时参考。

1. 改进的太沙基承载力公式(图 9-11)

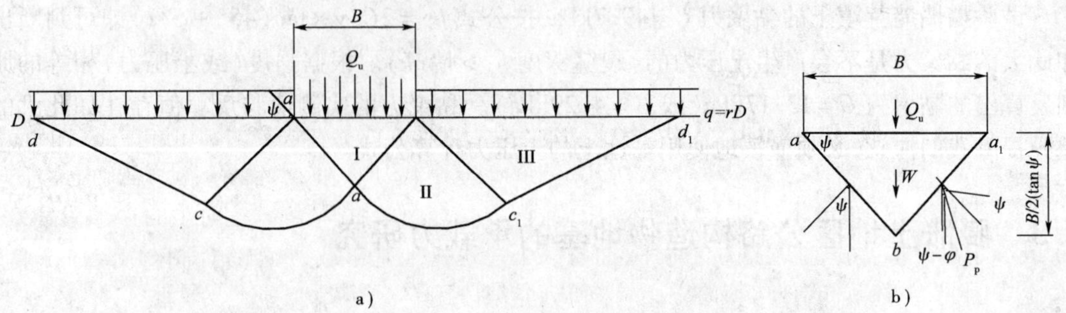

图 9-11　改进了的太沙基承载力示意图

在太沙基承载力公式中添加了膨胀力引起的承载力项,从而使太沙基承载力公式适用于膨胀土地基。对于膨胀土地基,弹性楔体边界上的被动土压力 P_p 中应增加一项由膨胀力引起的被动土压力 P_{ps}。

其中:

$$P_{ps} = \int_0^{B/(2\cos\psi)} \frac{P_s(d/d_0)}{(a+0.6h/h_0)} d\left(\frac{d}{d_0}\right)$$

$$= \frac{5P_s B}{6\cos\psi} + \frac{25}{9}P_{sa}\ln a - \frac{25}{9}P_{sa}\ln\left(a + \frac{B}{10\cos\psi}\right) \tag{9-11}$$

P_{ps} 的方向是垂直于弹性楔体边界。B 的单位是 cm,所以 $a \ll \frac{B}{6\cos\psi}$,因此膨胀性土压力可以写成:

$$P_p = \frac{5P_s B}{6\cos\psi} \tag{9-12}$$

膨胀土地基破坏时的极限荷载 Q_u 为:

$$Q_u = 2P_p\cos(\psi-\varphi) + CB\tan\psi - \frac{1}{4}\gamma B^2\tan\psi + 2P_{ps}\cos\psi \tag{9-13}$$

由此得到膨胀土地基的极限承载力:

$$q_u = \frac{Q_u}{B} = C_n N_c + qN_q + \frac{1}{2}\gamma B N_\gamma + P_s N_s \tag{9-14}$$

式中:$N_c = \tan\psi + \frac{\cos(\psi-\varphi)}{\cos\psi\sin\varphi}\left[e^{\left(\frac{3}{2}\pi+\varphi-24\right)\tan\varphi}(1+\sin\varphi)-1\right]$

$$N_q = \frac{\cos(\psi-\varphi)}{\cos\psi}\left[e^{\left(\frac{3}{2}\pi+\varphi-24\right)\tan\varphi}\tan\left(45° + \frac{\varphi}{2}\right)\right]$$

$$N_\gamma = \frac{1}{2}\tan\psi\left(\frac{R_p\gamma\cos(\psi-\varphi)}{\cos\varphi\cos\psi} - 1\right)$$

$$N_s = -\frac{5}{3} \tag{9-15}$$

2. 规范法

《膨胀土地区建筑技术规范》(GBJ 112—87)中指出,在较大荷载的建筑物地基采用现场浸水荷载试验方法确定地基承载力;采用饱和三轴不排水快剪试验确定土的抗剪强度时,可按国家现行建筑地基基础设计规范中有关规定计算承载力;有大量实验资料的地区,可制定承载力表，供一般工程选用。

《建筑地基基础设计规范》(GBJ 7—89)在太沙基公式、斯凯普顿公式、汉森公式等一些理论公式理论基础上，总结我国丰富的工程实践经验，提出了一套根据地基土的物理力学指标或原位测试试验的结果，确定地基承载力的基本值，再乘以一回归修正系数后得到标准值。

《岩土工程勘察规范》(GB 50021—94)对于一般建筑物的地基承载力，采用饱和三轴不固结不排水的剪切试验，对于安全等级为一、二级建筑物的地基承载力采用浸水载荷试验方法确定。

在工程勘察中，由于现场条件的限制和允许，并不能确定在基坑开挖时土的含水率是否等于或小于勘察取土试验时土的含水率；而每一个建筑物地基承载力也并非都采用载荷试验来确定。因此，上述规范在实际工程中并未得到完全应用。

3. 膨胀土基本承载力表格法

以现场原位载荷试验为基本方法，分别与静力触探、标准贯入和旁压试验资料进行相关统计分析，初步建立基本承载力 P 的表格，供工程勘察和设计使用。

4. 按强度衰减确定膨胀土的基本承载力 P

膨胀土的强度衰减，主要体现在土中含水率的变化和结构的改变，而含水率的变化直接引起土的胀缩效应，必然导致结构的改变，这是膨胀土的重要强度特性。因此，确定膨胀土的容许承载能力，除按一般土的基本方法外，还必须考虑含水率与土的基本承载力的关系，即掌握强度衰减规律。然后再根据地区的气候条件可能引起土的含水率变化，以及由于地基局部浸水等原因，导致地基的强度衰减，最后确定膨胀土的容许承载力。

5. 膨胀土综合工程地质勘察剖面

由于膨胀土地基的特性规律与普通土地基的显著区别，在评价膨胀土地基容许承载力时，除按一般常规方法确定土的承载力外，还可以将主要原位测试与室内试验结果，绘制成综合工程地质剖面图，提供膨胀土承载力随地层剖面的变化规律，以便设计者选择合适的持力层，确定基础埋置深度。

综合工程地质勘察剖面图，以地层与岩性剖面为基础，膨胀土按其野外特征与室内试验指标进行胀缩程度分类，将原位测试结果与室内膨胀与含水率试验指标，按地层深度分别绘制成各种曲线，标明膨胀土地基的综合工程地质条件。实践证明，这种综合工程地质剖面图，能够较好地反映膨胀土地基强度特性与规律，具有定量与定性相结合，直观、适用等优点，是值得进一步丰富和完善的。

6. 根据建筑先例法确定膨胀土地基承载力

在已有建筑先例的膨胀土地区，是一种应用比较普遍而有效的方法。在已成建筑物地区详细调查地基膨胀土的地质条件、环境条件、施工条件、建筑年限，以及建筑物对地基的实际压力、建筑物现状等，采用相似类比法以确定拟修工程建筑的地基容许承载力。

但是，采用建筑物先例法时，必须注意膨胀土地基随时间衰减的特性规律，也就是膨胀土地基上的建筑物一般都在修建后多年才出现变形与破坏。同时，还应注意气候条件对地基土的风化作用。

9.4 膨胀土地基沉降的计算方法研究

9.4.1 影响膨胀土地基沉降的因素

(1)干密度

膨胀土的干密度对膨胀率和膨胀土地基沉降的影响很重要，根据早先试验结果，如 Chen (1975 年)和 Kassif(1965 年)的试验，对同类膨胀土，如压实含水率一定时，土的初始干密度越大，膨胀率随之增大；反之，干密度越小，膨胀率随之减小。

(2)含水率的变化

膨胀土地基的沉降与膨胀土含水率的变化有关，膨胀土地基吸水膨胀，膨胀率增大，地基上升；膨胀土地基失水，发生收缩变形，地基下降，出现开裂。

(3)孔隙比的影响

地基土的初始孔隙比影响膨胀土的膨胀率和地基的变形沉降。由 Brackley(1975 年)试验成果可知，含水率一定时，土中的初始空隙比增加，则膨胀率减小；反之，初始空隙比减小时，则膨胀率增加。

(4)外荷载的影响

外荷载条件对膨胀土的膨胀率和地基沉降影响很大。在单轴固结试验中，采用的荷载越大，试件的膨胀率越小，在同样条件下，外荷载增加，土的膨胀率减小，相反，荷载越小，膨胀率越大。

实际上，构造物基础的压力越大，膨胀土越不容易发生膨胀收缩变形，这也可以解释现实生活中，为什么高层建筑物受膨胀土的影响较小。

9.4.2 含水率变化引起膨胀土地基沉降的计算方法

上部荷载和水分的变化都能引起膨胀土地基沉降。上部荷载引起的膨胀土地基沉降，其计算方法与其他地基沉降的计算方法一样。由于膨胀土含有特殊的膨胀矿物，膨胀矿物吸水膨胀，失水收缩，水分的变化必然引起膨胀土地基上升或下沉。对于膨胀土地基而言，水分的变化引起地基上升或下沉与荷载的变化引起膨胀土地基上升或下沉一样重要，有必要研究水分变化引起地基上升或下沉量的估算方法。水分的变化可以用含水率的变化或吸力的变化表示，两种表示方法表示水分变化引起的膨胀土地基升降位移的计算方法是统一的。

1. Snethen 和 Johnson 方法

吸力变化引起膨胀土地基的沉降为：

$$\frac{\Delta H}{H}=\frac{c_{\tau}}{1+e_0}\left[\log u_{s0}-\log(u_{sf}+\sigma_f)\right] \tag{9-16}$$

其中：$c_{\tau}=\dfrac{aG_s}{100B}$、$G_s=\dfrac{\rho_s}{\rho_w}$、$\log u_{sf}=A-Bw$

式中：c_{τ}——吸力系数；

ρ_s——土粒密度；

ρ_w——水的密度；

a——比体积$(1+e)/G_s$与含水率的相关直线的斜率；

u_{s0}——不考虑上部荷载的初始吸力，与含水率呈半对数相关；

u_{sf}、σ_f——最终吸力和上部荷载；

e_0——初始孔隙比。

初始吸力可以在现场测定，而最终吸力只能通过合理的假定确定。常用的四种吸力剖面有：①在整个活动带中，$u_{sf}=0$；②在整个活动带中，$\log u_{sf}$随深度呈直线增加；③在整个活动带中，土处于饱和状态；④吸力是某一平衡常量。

2. Nelson 和 Hamberg 方法

含水率变化引起的地基沉降为:

$$\Delta H=\sum_{i}\frac{H_{i}}{(1+e_{0})_{i}}(c_{w}\Delta w)_{i} \tag{9-17a}$$

式中:ΔH——第 i 层土的厚度;

c_w——吸力系数比;

Δw——含水率的变化。

如果可以得到吸力剖面,则沉降公式可变为:

$$\Delta H=\sum_{i}\frac{H_{i}}{(1+e_{0})_{i}}(c_{h}\log u_{s}) \tag{9-17b}$$

其中:$c_h=c_wD_h$、$D_h=\dfrac{dw}{d(\log u_s)}$ (9-18)

式中:c_w——应变与含水率的相关直线的斜率。

式(9-17b)表示的沉降要根据场地环境进行修正,即:

$$\Delta H_{act}=f\Delta H \tag{9-19}$$

式中:f——修正系数,$f=0.33\sim1.0$。

3. Mitchell 方法

用 Mitchell 方法表示的地基沉降为:

$$\Delta H=\sum_{i}(I_{pt}\Delta u_{s}H)_{i} \tag{9-20}$$

式中:I_{pt}——不稳定系数,$I_{pt}=\dfrac{\Delta\varepsilon_v}{\Delta w}c$,$\dfrac{\Delta\varepsilon_v}{\Delta w}$为直线 $\varepsilon_v\sim w$ 的斜率;

c——湿度特征值,$c=\dfrac{\Delta w}{\Delta u_s}$,$\Delta u_s$ 为吸力的变化。

4. McKeen 方法

McKeen 方法有两种表示形式:

(1)用体积表示的公式为:

$$\frac{\Delta v}{v}=\gamma_{s}\log\left(\frac{u_{sf}}{u_{s0}}\right) \tag{9-21}$$

其中:

$$\gamma_{s}=\begin{cases}0.00179c-0.041 & 40\%<c<70\% \quad 弱膨胀性\\ 0.00057c-0.00057 & 25\%<c<40\% \quad 弱膨胀性\end{cases} \tag{9-22}$$

式中:γ_s——吸力压缩系数;

u_{sf}、u_{s0}——最终和最初吸力;

c——黏粒($>2\mu m$)的含量。

(2)用沉降位移表示的公式为:

$$\Delta H=c_{h}\Delta u_{s}HfS \tag{9-23}$$

式中:c_h——吸力压缩指数,是体应变与吸力的相关直线的斜率;

Δu_s——吸力变化;

H——土层厚度;

f——修正系数,一般$f=\dfrac{1+2K_0}{3}$,$0.5<f<0.83$;

S——荷载影响系数，$S=1.0\sim0.001SP(SP\leqslant50\%)$，SP 是荷载作用下的膨胀率，用百分数表示。

5. 陆忠伟方法

用膨胀势系数估算含水率变化引起的地基沉降：

$$\Delta H=\sum_{i}c_{psi}\Delta w_{i}H_{i} \tag{9-24}$$

式中：c_{psi}——第 i 土层的膨胀势系数，即在某压力下土中含水率减小到某值时，浸水后土吸入单位含水率所产生的膨胀势能，$c_{psi}=\dfrac{e_{psi}}{\Delta w_i}$；

e_{psi}——第 i 土层的胀缩位移总和；

Δw_i——第 i 土层含水率的变化；

H_i——第 i 土层的厚度。

以上六种方法都有一个共同的缺点，即公式中的参数很难确定。下面给出一个简单的确定参数的方法。

6. 用膨胀变形特征计算地基沉降的方法

膨胀变形试验结果表明，膨胀土的膨胀量与含水率之间的关系为：

$$\delta_p=-a_1w_0+b_1 \tag{9-25}$$

式中：δ_p——压力 P 作用下的膨胀量；

w_0——初始含水率；

a_1,b_1——试验常数。

式(9-25)只适用于膨胀土浸水达到饱和状态的情况。如果将式(9-25)改为下面的形式，其适用性就较为广泛。

$$\delta_p=a_2\Delta w+b_2 \tag{9-26}$$

式中：Δw——含水率的变化。

膨胀土地基沉降可以表示为：

$$\Delta H=\sum_{i}\delta_{pi}H_i=\sum(a_2\Delta w+b_2)_iH_i \tag{9-27}$$

式中 i 表示第 i 土层。土层的划分以干密度相同为依据。理论和试验结果表明，含水率与吸力之间的关系为：

$$w=Bu_s^m$$

因此，膨胀土地基沉降可以表示为：

$$\Delta H=\sum(a_2B\Delta u_s^m+b_3)_iH_i \tag{9-28}$$

9.5 膨胀土地基膨胀收缩变形量的计算

《膨胀土地基建筑技术规范》中关于膨胀土地基变形量，可按下列三种情况分别计算。

(1) 当离地面 1m 处地基土的天然含水率等于或接近最小值，或地面有覆盖且无蒸发时，以及建筑物在使用期间，经常有水浸润的地基，可按膨胀变形量计算；膨胀土地基的膨胀变形量，可按式(9-29)计算：

$$S_e = \psi_e \sum_{i=1}^{n} \delta_{epi} h_i \tag{9-29}$$

式中：S_e——地基土的膨胀变形量，mm；

ψ_e——计算膨胀变形量的经验系数，宜根据当地经验确定，若无可以依据的经验时，三层及三层以下建筑物可采用0.6；

δ_{epi}——基底底面下第 i 层土在该层土的平均自重压力与平均附加压力之和作用下的膨胀率，由室内试验确定；

h_i——第 i 层的计算厚度，mm；

n——自基础底面至计算深度内所划的土层数，计算深度应根据大气影响深度确定；有浸水可能时，可按浸水影响深度确定。

(2)当离地面1m处地基土的天然含水率大于1.2倍塑限含水率时，或直接受高温作用的地基，可按收缩变形量计算；膨胀土地基的收缩变形量，可按式(9-30)计算：

$$S_s = \psi_s \sum_{i=1}^{n} \lambda_{si} \Delta_{wi} h_i \tag{9-30}$$

式中：S_s——地基土的收缩变形量，mm；

ψ_s——计算收缩变形量的经验系数，宜根据当地经验确定，若无可以依据的经验时，三层及三层以下建筑物，可采用0.8；

λ_{si}——第 i 层的收缩系数，由室内试验确定；

Δ_{wi}——地基收缩过程中，第 i 层土可能发生的含水率变化的平均值(以小数表示)；

n——自基础底面至计算深度内所划的土层数，计算深度应根据大气影响深度确定；有热源影响时，可按热源影响深度确定。

在计算深度内，各土层含水率的变化值计算如下：

$$\Delta w_i = \Delta w_1 - (\Delta w_i - 0.01)\frac{z_i - 1}{z_n - 1} \tag{9-31}$$

$$\Delta w_1 = w_1 - \psi_w w_p$$

式中：w_1、w_p——地表下1m处土的天然含水率和塑限含水率(以小数表示)；

ψ_w——土的湿度系数；

z_i——第 i 层土的深度，m；

z_n——计算深度，可取大气影响深度，m。

注：①在地表下4m土层深度内，存在不透水基岩时，可假定含水率变化值为常数。

②在计算深度内有稳定地下水位时，可计算至水位以上3m。

膨胀土湿度变化系数，应根据当地10年以上的含水率变化及有关气象质料统计求出；无此资料时，可按式(9-32)计算：

$$\psi_w = 1.152 - 0.726a - 0.001\,07c \tag{9-32}$$

式中：ψ_w——膨胀土湿度系数，在自然气候条件下，地表下1m处土层的含水率可能达到的最小值与其塑限值之比；

a——当地半年的最大蒸发力之和与全年蒸发力之比值；

c——全年中干燥度大于1.00的月份蒸发力与降水量差值之总和，mm。

注：干燥度为蒸发力与降水量之比值。

大气影响深度，应由各气候区的深层变化观测或含水率观测及地温观测资料确定；无地质资料时，可按表9-2确定。地基土的胀缩变形量如式(9-33)：

$$S = \psi \sum_{i=1}^{n} (\delta_{epi} + \lambda_{si}\Delta_{wi}) h_i \tag{9-33}$$

式中：ψ——计算胀缩量的经验系数，可取0.7。

大气影响深度（m） 表9-2

土的湿度系数 ψ_w	大气影响深度 d_a	土的湿度系数 ψ_w	大气影响深度 d_a
0.6	5.0	0.8	3.5
0.7	4.0	0.9	3.0

注：①大气影响深度是在自然气候条件下，由降水、蒸发、地温等因素引起土的升降变形的有效深度。

②大气影响急剧层深度系数指大气影响特别显著的深度，大气影响急剧层深度，可按表中的大气影响深度值乘以0.45计算。

③其他情况下可按膨胀变形量计算。

9.6 膨胀土地区构造物的稳定性问题的研究

膨胀土是一种随外部环境变化性质极不稳定的特殊土。"晴天一把刀，雨后一团糟"是其性状变化的生动写照。大量膨胀土工程问题多因环境变化或构造破坏引起。由于土体开挖暴露，土体干燥失水，土体吸水势强烈增大，风干后膨胀土的膨胀性显著增强。对保持天然含水率状态原状样和风干稳定后不扰动样品膨胀力、膨胀量的对比试验结果表明，发生干湿循环后，膨胀力、膨胀量都会增大一个数量级，相反其强度却剧烈衰减。对于路堤来说，膨胀土因重塑而造成结构破坏，工程性质也会发生明显的恶化。路堤填土属于击实土，经过旱季和雨季干湿循环后强度衰减严重。

9.6.1 膨胀土边坡滑坡特点及成因

1. 膨胀土边坡滑坡特点

膨胀土滑坡是膨胀土地区一种最普遍、最特殊的斜坡变形和失稳现象，也是膨胀土地区最主要的工程地质问题之一。无论是膨胀土自然边坡，还是人工开挖的膨胀土路堑边坡，或人工填筑的路堤边坡，滑坡现象都十分普遍，常常形成区域性灾害。

根据我国许多学者对膨胀土地区边坡滑坡的调查，发现膨胀土边坡滑坡具有如下几个特点：

（1）牵引性

许多工程实践表明，膨胀土边坡滑坡绝大多数属于牵引式滑动。膨胀土由于含有亲水性黏土矿物，在大气降水和蒸发的作用下，土体含水率变化较大，从而产生湿胀干缩循环，土的原始结构逐渐破坏，裂隙逐渐发展，抗剪强度降低。当膨胀土边坡强度一旦降低，产生第一次滑动后，土体强度将继续衰减而产生连续破坏，发育形成第二次、第三次、甚至多次滑动，直至达到新的稳定平衡为止。各次滑动面相互贯通，形成多次牵引阶梯叠瓦形式。

（2）构造性

膨胀土首先是具有多裂隙结构的特殊黏土，各种不同成因与产状的裂隙，将膨胀土体切割成具有特定形态的若干块体，这些裂隙有的互相连接，在土体的内部构成软弱结构面。其次，由于膨胀土具有遇水膨胀、失水收缩的特性，在自然气候营力作用下反复胀缩循环，在地表浅层土体内一定深度形成胀缩变动带，在胀缩变动带以上的膨胀土体，原始结构受到破坏，强度显著降低，与变动带以下基本保持着原始结构的土体之间，形成软弱结构面。再者，是膨胀土抗风化能力极低的特性,使暴露于大气中的膨胀土体,在风化营力作用下自地表垂直向下,或自边坡面垂直向坡内,形成风化程度不同的风化带。由于各风化带上下土层性质的显著差异,形成风化带软弱结构面。

所有上述结构与构造形成的土体软弱结构面的重要特性,集中表现为:

①结构面上应力集中,抗剪强度较低;

②结构面互相连接,成为长大软弱结构面,即形成膨胀土体内部的潜在滑动面;

③结构面上大多富集有次生蒙脱石黏土,使结构面产生复杂的物化力学效应,使抗剪强度进一步降到极低。

大量实践经验证明,膨胀土地区绝大多数滑坡的产生,都与膨胀土体内部的各种软弱结构面密切相关,而且几乎都是在原有各种倾向坡脚的软弱结构面的基础上发育而成的。这些软弱结构面在滑坡发育过程中产生渐进性破坏,最后相互连接贯通形成完整的滑动面,使土体在重力作用下沿斜坡向下滑动。

(3)浅层性

从滑坡厚度分析,膨胀土边坡大多具有浅层性质,这同膨胀土的土质特性与结构面性质以及边坡工程特点有密切关系。据调查统计,潭邵高速公路膨胀土滑坡的滑面深度一般为2~3m,其他类似工程的例子也一致表明,膨胀土边坡滑坡属于浅层滑动性质。

(4)多次滑动性

多次滑动性是指膨胀土边坡一旦滑动便具有进一步发展为多次滑动的特性。膨胀土边坡滑坡一般都不是一次滑动即告终止,而是逐步牵引发展,形成一次、二次、三次乃至多次滑动。膨胀土边坡滑坡之所以具有多次滑动特性,主要同膨胀土的胀缩特性和强度特性有着密切的内在联系。土的往复胀缩变形,一方面表明土体本身的不稳定性,另一方面标志着风化营力的反复作用,进一步促使土的抗剪强度降低。当经过胀缩变动,强度降低的不稳定土体产生第一次滑动后,新暴露于大气的土体或滑床土体,或因滑面积水下渗,或因风化营力作用,又继续产生风化和胀缩变形而使强度衰减,新的不稳定因素积累,又产生第二次滑动……如此反复循环,直至达到新的稳定平衡为止。所以,膨胀土边坡一般具有强度衰减而产生连续破坏,出现多次滑动的特性。

(5)成群分布性

膨胀土边坡滑坡常常具有成群产生、成群分布的特点。调查表明,膨胀土边坡滑坡的成群发育主要受土体中软弱夹层的分布规律所控制,同时与地形地貌条件和地区气候条件、工作环境(如受渠水或库水的作用等)有密切关系。

(6)时间规律性

时间规律性,主要是指膨胀土边坡滑坡的产生,一般具有明显的季节性和间歇规律。由于膨胀土特性规律的一个重要方面,是土体吸水产生膨胀,强度迅速衰减,所以,膨胀土边坡滑坡大多在雨季活动最频繁,发展最快,其次是在春融季节时,也有一定发展。现场调查表明,特别是在长期干旱以后的第一个雨季,更是滑坡集中产生、成群出现的重要时刻。旱季,边坡则相对稳定,滑动停止。但经过季节性干湿循环之后,来年雨季到来时,不仅老的滑坡可能复活而再次滑动,新的滑坡也将不断产生。

2. 滑坡成因

水文地质条件的改变,膨胀土强度特性的变化,边坡前缘横向支撑的迁移,边坡应力的集中和重分布等是发生滑坡的根本原因。归纳起来可分为以下几个方面。

(1)施工不合理,力学平衡遭破坏

开挖路堑,引起边坡坡脚卸荷;失去横向支撑,引起边坡应力的集中与再分布。其次,在施工中将大量弃土堆积于斜坡上部,增加坡体重量,形成超载边坡。由于边坡上部的加载,增加了它的下滑力,从而导致滑坡的加速发展。超固结膨胀土,因存在较大的水平应力,开挖将会导致坡脚附近产生严重的剪应力集中与应力重分布,这对边坡稳定更不利。

(2)裂隙作用

无论何种类型的膨胀土,都是由两组以上的裂隙组合而成的裂隙结构体,且裂隙多为灰白色次生蒙脱土充填。这些裂隙不一定贯通一线,但因其存在大大削弱了土的强度,在裂隙附近产生应力集中,集中的程度一旦超过土的峰值强度,该点开始被破坏,强度下降,剩余应力转移到附近土体。如此继续下去,遂产生连续的渐进性破坏。结果使土的强度降低到接近于残余强度。此外,水沿滑体表面的裂隙渗入土中,使裂隙周围的土体软化,强度降低。总之,裂隙有利于滑坡的发生,其影响程度决定于裂隙的形态和发育程度。

(3)水的作用

由于水的作用,膨胀土的物理力学性质将发生很大的改变。

①稠度状态的改变。在膨胀土中,随着含水率的增加,土体的稠度状态发生变化,从而降低了土体的强度。试验研究表明,膨胀土的抗剪强度随含水率的增加而减小。

②孔隙率的改变。由于膨胀土富含有强水性的蒙脱石、伊利石黏土矿物,当水分进入土体时,这些颗粒就吸附着大量的水分在自身周围形成水膜,使颗粒周围的结合水膜增厚,颗粒间的距离增大,土体中的原始孔隙率增大,使颗粒间的联结力减小,导致土体的抗剪强度降低。

(4)风化作用

开挖后形成的路堑,出现了新的临空面:新填筑的路堤,若坡面不加保护,也将暴露于大气中,这些坡面在长期的温度、湿度变化和冻融等作用下,破坏了土体表面的粒间连接,形成风化带。风化带的出现对边坡产生剥落侵蚀,改变了边坡的外形。在干旱季节,坡面出现裂缝,裂隙结构面上强度丧失。而在降雨季节,粒间联结减弱,体积膨胀,使坡面成为泥泞状态,大大降低了抗剪强度。

综上所述,膨胀土具有蒙脱石、伊利石黏土矿物含量高、亲水性强和强度低等特点,是边坡失稳的内在因素。而外因则是环境平衡的丧失,在边坡开挖成形的过程中,上覆土层重量卸除,引起土体结构松弛和应力状态改变,而应力重分布导致软弱结构面剪应力增大。同时,雨水下渗促使结构面强度软化并产生动水压力,致使坡脚部位剪应力超过土体抗剪强度,土体局部破坏,并进而使坡腰受拉而开裂,随后雨水直接渗入裂缝中,两端剪损处浸水软化,开裂和滑动继续向坡顶发展而形成了多级滑坡台阶的牵引式滑坡。

9.6.2 膨胀土边坡稳定性分析

近年来随着高速公路和铁路工程的迅速发展,开挖边坡填筑路基的施工活动日益增加。边坡的开挖和回填导致边坡产生新的加(卸)载路径和边界条件。为了评估施工活动的影响,必须进行边坡稳定性评价。深基坑开挖工程只需考虑短期施工活动的影响,而永久边坡则需考虑施工后长期的水文地质条件和岩土工程环境变化对边坡稳定性的影响。目前,在膨胀土边坡稳定性分析评价中,国内外通常采用的方法,有静力平衡分析法、工程类比法和有限单元法三种。

(1)力学分析法

力学分析法是以土力学理论为基,但由于实际地质因素很复杂,影响因素比较多,因此不能简单地用力学分析来加以概括。但在一定的条件下,仍不失为一个解决膨胀土稳定性的得力工具。

目前采用的力学分析方法有静力平衡法、摩擦圆法和条分法。

静力平衡法的基础是由 K. E. Peterson(1915 年)首先提出,后经 W. Fellenius、D. W. Taylor 等人不断改进形成瑞典圆弧法或条分法。它假定了土坡稳定问题是平面应变问题,滑动面为圆柱面,用抗滑力矩和滑动力矩的比值来定义边坡的稳定性,这种方法经过了几十年的改进和应用,加上比较简单实用,所以已被普遍采用。这种方法由于未考虑土体内部的应力—应变关系,而且每一点的计算应力状态并不代表其应力的真实状态,所以无法用它来分析破坏的发生发展过程,更无法考虑局部变形对稳定性的影响。此外,这种方法建立在一些简化假定的基础上,很难适应千变万化的地质条件,更不能模拟各种工程加固措施的影响,故计算结果与实际有一定的差异。

膨胀土路堤整体稳定性分析是通过坡脚的圆弧稳定性分析方法进行计算。根据膨胀土路堤的高度和坡率进行各种不同强度指标条件下的圆弧稳定性分析,最小稳定系数不小于1.25。由于膨胀土路堤的表层受气候影响强度衰减,所以圆弧滑动面通过 1m 厚度的范围内不计其抗剪强度。

膨胀土路堤边坡的表层稳定性一般表现在膨胀土路堤完工的初期,表层和内部土的强度基本上是一致的,经过几年的气候变化及风化后,由于湿胀干缩的反复作用,表层中产生很多裂隙,雨水沿着裂隙渗入,使土块崩解、软化、膨胀并使密度变小,所以导致边坡浅层溜滑,造成路基病害。

在条分法中依据条分的受力不同,又分为 Bishop 法、Felleniux 法等,其中又以 Bishop 法应用最好。这些方法的共同点是:一是它们都为试算法,即选择若干滑动弧圆心和半径,分别求出相应的稳定系数,与最小安全系数相应的滑动弧即是最危险的滑动弧;二是滑动为整体滑动,即边坡失稳为整体滑动。

针对这些缺点,不少研究者对古典的静力平衡分析法提出改进意见。例如在圆弧分析法中,分析塑性区的发展,在圆弧的不同部位采用不同的 c 和 φ 值,称为半解析法;考虑裂隙和软弱夹层、风化层的影响,用折线滑动代替圆弧滑面;还有的文献计及加筋措施的影响,将加筋力矩代入平衡方程等。

(2)工程地质方法

通过大量已有土坡的调查研究,结合土坡的地质条件来确定。

该法建立在野外调查和数理统计的基础上,采用地质学中的比较判别方法,对已有的大量边坡(包括破坏的和稳定的,自然边坡和人工边坡)进行调查,对比各种条件(包括地质条件、运行条件),经过数理统计,找出各种主要因素,例如坡高、坡比、液限、c、φ 值等的关系曲线,得到稳定边坡的断面形式,或者提出经验公式。

这种方法虽未完全揭示边坡破坏的力学机理,但它来源于实践,考虑了复杂的地质因素,能够解决一定的具体问题,并能验证其他理论研究或数值分析方法的合理性。

(3)有限元分析法

由于有限元法具有物理概念清晰、对结构或系统的适应性强(不同材料、复杂外形、环境变化等)、程序的通用性好等优点而得到最广泛的应用。在土的应力—应变关系方面,可以采用线弹性、非线性弹性、弹塑性和黏弹性等各种模型。可以用不同的模型参数去描述不同的材料，例如方便地组合掺砂土、石灰土、水泥土、土工织物和抗滑桩单元，以便研究不同加固措施的作用。既可以模拟复杂边坡形状的填方，也可以模拟挖方工程，可以考虑各种影响因素对边坡稳定性的作用。对膨胀土的性质尤其是高水平应力，都可以比较好地兼顾。通过电算可以得到关于土体各点的变形和应力应变方面的信息，可以了解破坏区（塑性区、拉裂区）发生和发展的过程及范围。有限元法的缺点是为了获得计算模型中的参数需要进行大量复杂的试验工作，同时该法还能直接给出整个结构抗滑动安全系数的大小。

9.6.3 降雨入渗对非饱和土边坡稳定性的影响

目前膨胀土边坡稳定性分析有关降雨诱发膨胀土边坡失稳方面的系统研究成果极为有限。但国内外学者近几十年来对膨胀土的工程性质等方面做了大量有益的工作，特别是近几年来，土壤水动力学和非饱和土力学的发展，为降雨入渗诱发膨胀土边坡失稳的研究奠定了理论基础。

Lumb（1962 年）率先研究了香港地区降雨和滑坡的关系，他采用简化的一维垂直入渗模型计算了湿润前峰推进的速度及入渗停止后含水率的再分布过程，然后根据抗剪强度和饱和度的经验关系，研究了地质条件和降雨特征对斜坡稳定性的影响。结果表明，香港地区斜坡的稳定性由土的入渗能力来控制，某次特定暴雨对斜坡稳定性的影响取决于该次暴雨过程属于多少年一遇的水平，还取决于该次暴雨前的降雨量。

Sammori 和 Tsnboyamna（1991 年）采用 Galerkin 有限元法模拟了恒定降雨强度条件下边坡暂态渗流过程，并对边坡稳定性进行了参数研究，其中考虑了斜坡长度、土层深度、横截面形状和土的性质等因素的影响。结果表明对斜坡稳定性不利的参数取值情况是较低的导水率、较长的斜坡、较浅的土层深度和凹形的斜坡表面。

Alonso 等（1995 年）采用考虑空气压力变化耦合的渗流分析方法计算了渗流场，并与极限平衡法相结合，分析了降雨入渗对边坡稳定性的影响。结果表明降雨引起滑坡有延迟现象，高降雨强度和低渗透性的参数组合可导致降雨后安全因数的降低。Shimada 等（1995 年）采用 Galerkin 有限元法模拟了不同降雨强度和土的类型条件下二维非饱和渗流，并采用刚体弹簧模型进行了斜坡稳定性数值分析。较高的降雨强度引起安全系数显著降低；渗透性函数对斜坡安全系数降低影响较小；接近饱和时，基质吸力的较小改变就可以引起斜坡安全系数的大幅下降。

Sun 等（1995 年、1997 年）在研究降雨引起土坡滑动机理时，将单相流和两相流的分析结果进行对比发现，按两相流分析时水分朝向斜坡深处流动速度变慢，斜坡浅部较快达到饱和，并引起坡脚发生破坏；按单相流分析时，水分较易渗入斜坡深部，斜坡安全系数较前一种情况要高。他们认为两相流分析结果才是反映实际情况的。

C. W. W. Ng 等（1998 年）针对香港地区情况研究了各种降雨情况和初始条件对暂态渗流和斜坡稳定性的影响。结果表明，安全系数不仅受到降雨强度、初始地下水位和各向异性渗透比的控制，而且还取决于先期降雨持时。

陈守义等（1997 年、1999 年）提出了一种考虑入渗和蒸发影响的土坡稳定性分析方法。通过数值计算方法求出任意给定入渗和蒸发边界条件下斜坡土体的暂态含水率分布，并假定非饱和土抗剪强度与饱和度之间存在一定的函数关系，据此将暂态含水率分布换算为斜坡土体暂态抗剪强度参数分布，在此基础上再使用常规土坡稳定性分析方法计算土坡暂态安全系数，从而使这一复杂的耦合问题得解。在求斜坡非饱和土体暂态含水率分布时，采用的是

Richards 控制方程，数值求解采用的是积分有限差分法，他们分别推导了以体积含水率和负压力水头为因变量的积分有限差分法。

姚海林(2000 年)对当宜高速公路膨胀土进行了考虑降雨入渗影响的边坡稳定性分析，比较了考虑与不考虑裂隙和工程地质经验法的计算结果。结果证明考虑裂隙影响的边坡降雨入渗和稳定性分析更合理实用。

分析有关文献可以看出，工程地质经验法来源于工程实践的总结，提出的边坡稳定性分析公式具有一定的适用性。但对膨胀土边坡的失稳机理认识不够明确，不能反映降雨对边坡破坏的影响。公式所选用的膨胀土力学性质参数带有经验性，导致计算结果不准确。对于那些经过现场地质调查、室内实验和极限平衡分析计算安全系数小于 1.0 的非饱和土边坡仍能保持完好站立的现象更是无法解释。虽然采用降雨入渗分析模型研究边坡的稳定性已经有了大量的相关研究成果，但是对于降雨入渗诱发膨胀土边坡失稳问题的研究成果却极为有限。原因就是膨胀土本身的渗透性很小，几乎不透水，采用传统的非饱和渗流分析方法研究膨胀土边坡稳定性问题，存在很大的困难。因此采用合适的分析模型和分析方法来研究降雨水入渗条件下的膨胀土边坡稳定性具有重要的理论和工程意义。

9.7 加筋膨胀土地基设计方法研究

9.7.1 膨胀土地基加筋土加固和浅基础工作性状研究

9.7.1.1 公路膨胀土地基加筋土和浅基础的受力特性

(1)路堤填料的水平推力

研究路堤的荷载特性，是研究加筋机理的基础。对路基来说，由于路堤填料是松散材料，路堤填料的荷载一方面表现为竖向的柔性荷载，另一方面还表现为由轴线向两侧的水平推力。

路堤同一般大面积柔性堆载不同之处，正是在于两个侧向的水平推力的存在，水平推力有时对路堤的稳定性起着决定性作用。

(2)膨胀土地基的胀缩力

由于膨胀土地基受大气影响，地基中含水率的变化，使膨胀土地基由于湿胀干缩而引起竖向和水平方向的膨胀、收缩力。

(3)膨胀土地基受到约束反作用力

膨胀土地基受到路堤填料竖向荷载的作用，必定要产生侧向的变形，特别是膨胀土地基与路堤交界面，所受到的竖向附加应力最大，同时受到的侧限力又最小，要产生显著的侧向变形。在未加筋路堤中，由于路堤填料为散粒材料，不能提供有效的拉力，堤底的侧向变形得不到约束；而在加筋路堤中，由于筋体的存在，通过筋体与路基土之间的界面作用，路堤底的侧向变形受到加筋体的约束，同时在筋体中会相应产生一个附加的拉力[1]。

(4)筋材拉力的激发

加筋体处于路堤填料和膨胀土地基之间，其拉力的激发受到以下几个方面的影响：一方面，路堤填料对膨胀土地基的水平推力由加筋体承担了；另一方面，膨胀土地基在填料竖向荷载作用下产生沉降，路堤在横断面受弯，产生拱的效应，使得加筋体产生附加拉力。

(5)拱的效应

以上两种筋体受力机理都是在填料填筑的瞬间就产生的，路基在填料竖向荷载长期作用下产生固结变形，就会产生显著的固结沉降，在未加筋路堤中，堤底将产生“锅底状”的沉降变形，于是路堤在横断面上将产生受弯的效应，但由于路堤填料不能提供拉力，拱的效应不能很好地发挥，堤底将产生张拉裂缝；在加筋地基中，由于加筋体是良好的受拉材料，使得土拱能够得到足够的拱脚水平力，可以形成有效的土拱效应。路堤在横截面上就像一根受弯的梁，加筋体在其中就发挥着类似于钢筋混凝土梁中的钢筋的作用，承担了较大的拉力，这样就充分利用了路堤填料本身的刚度，调整了路基的沉降变形，在加筋地基中一般能将“锅底状”沉降调整成“碟形”沉降，显著减小最大沉降量[1]。

9.7.1.2　加筋土加固膨胀土地基的作用机理

(1)降低荷载水平，提高地基土承载力

对于膨胀土地基来说，最主要的荷载是竖向荷载和膨胀土的膨胀力。竖向荷载即路堤填料的自重；膨胀力即膨胀土地基因含水率的变化而引起的竖向和水平方向的力。另一个重要的荷载是路堤填料由轴线向两侧的水平推力，这个水平推力使得路基承受竖向荷载的能力下降，竖向承载力由于水平向荷载的存在大幅度下降，最大降幅为50%，因而，水平荷载的存在对于膨胀土地基竖向承载力的充分发挥是十分不利的，在加筋膨胀土地基中，利用一层或几层土工合成材料加筋体来承担水平荷载，就能显著地提高地基承载力[1]。

(2)增强膨胀土地基土的约束，提高竖向承载力

对于未加筋膨胀土地基上的路堤，由于路堤填料是松散材料，无法承担拉应力，于是就不能约束路堤传来的竖向荷载所产生的侧向变形。约束堤底膨胀土地基土的侧向变形，能提高膨胀土地基土的竖向承载力，是否对堤底膨胀土地基土有约束作用，相当于基底粗糙或基底光滑两种极端情况下的基础[1]。

(3)增强路堤填料土拱效应，调整不均匀沉降

工程实践证明，加筋体协调路堤沉降的能力是很强的，在膨胀土地基上都能明显地将路堤横断面上的“锅底状”沉降调整成“平底碟状”，显著减小最大沉降，在深厚膨胀土地区尤为明显，但目前对于拱效应及调整沉降的定量计算还没有一个大家普遍认可的算法[1]。

(4)作为地基表层的排水垫层

由于土工合成材料具有较强的渗透性能，把它铺在饱和的软土地基之上时，其本身形成一个良好的排水面，在路基填土荷载作用下，软土中的水分将沿着这一通道排出，促使软土固结，于是地基承载力提高[2]。

(5)阻隔路堤体拉力破坏区和地基剪切破坏区的贯通

在堤体和地基间以抗拉强度较高的土工合成材料分隔，一方面约束堤体向外侧变形，使堤体由于受拉力而破坏的可能性减小，另一方面，缩小地基塑性区范围，从而提高堤体的整体性和稳定性。

9.7.2　膨胀土地基加筋土加固和浅基础的承载力和沉降特性研究

建筑物浅基础下加筋地基的设计方法有很多，如用 Boussinesq 解确定地基的承载力的 Binquet 法；改进的 Terzaghi 极限承载力公式等。基于极限平衡理论的上限元理解，可简化岩土力学中的极限分析问题，为工程中常用的方法[3]。

Binquetal. ai 发现筋材使传统的滑裂面向深处发展。Huang C. C. etal(1990 年)提出在地基中加筋会产生“深基础效应”。Takemuraetal(1991 年)发现主剪应变区域从基础两边缘向下垂直发展，中间为硬土块，可视为基础的一部分，从而增加埋深；破坏面位置和形状与筋材的长

度有关。

Yamamotoetal(2001 年)在条形基础下的加筋砂土地基模型试验中发现,由于筋材的效果,加筋地基的滑裂面沿水平和垂直方向扩展,最大剪应变集中在基础边缘和筋材周围,筋材长度、层数和筋材的抗弯刚度对加筋的效果影响比较大。所以,加筋地基的滑裂面沿筋材布置方向和垂直筋材布置方向扩展[3]。

9.7.2.1 膨胀土加筋地基的垫层作用效果分析

关于膨胀土地基上土工织物加筋垫层的作用效果,可用如下三种方法进行分析。

1. 弹性有限元法

把加筋垫层视为一种复合材料,通过三轴试验测得其弹性模量,用空间有限元进行分析。

2. 双参数法

把加筋土垫层视为温克尔地基土的柔性板,土工织物视为拉力元件,通过摩擦产生径向拉力,采用弹性地基上圆板理论的双参数法配合常规沉降计算进行迭代分析。

3. 复合分析法

把加筋垫层看作复合土体,用三轴试验求得复合体的应力应变关系;对膨胀土地基土则采用弹性非线性模型并考虑 Biot 固结,用有限元求解。

通过以上三种方法分析的结果与实测比较得到如下认识[4]:

(1)理论分析和观测结果证明:采用土工织物加筋垫层处理膨胀土地基的构思是合理的,调整路堤及堤底的不均匀沉降和提高膨胀土地基的承载力是有效的,满足膨胀土地基稳定和变形的要求,效果良好。

(2)浅层地基的位移场,约束膨胀土地基的侧向变形,通过非线性有限元分析及参数反分析的计算,比较理论与实测和有与无土工织物加筋垫层的结果:有土工织物垫层的情况,浅层位移向路堤中心收缩,相应约束膨胀土地基的侧向变形;无加筋垫层的情况,侧向位移向外,最大的侧向变形在土层的浅部,无约束和向内收缩的现象。

(3)调整不均匀沉降。根据实测结果,加筋膨胀土地基的路堤底面的沉降比较平缓,碟形,无锅底的切入现象。比较理论与实测和有无加筋垫层两种情况:有加筋的情况路堤中心部位的沉降比无加筋情况的小,而路堤边缘外的沉降则比较大。这说明土工织物加筋垫层有调整膨胀土地基的不均匀沉降的作用。

(4)土工织物加筋的作用主要是提高垫层的抗拉断裂性能,保持垫层的整体性能,提高分散和均化应力的性能,发挥调整沉降的效果。加筋材料必须有足够的抗拉强度和较小的延伸率,首先要防止被拉断裂,其次能约束垫层变形,提高垫层的抗弯刚度,加筋材料的强度愈高,其效果愈显著。

(5)理论分析和实测结果表明:影响加筋垫层的作用效果主要决定于垫层的挠曲刚度和各向异性因子,包括垫层的厚度 H、复合模量、加筋垫层的宽度、加筋的层数、合理的层数、合理的布筋和锚固构造等。其中厚度的影响最显著;复合模量含垫层材料、加筋材料的强度和模量及加筋的层数等,也影响其作用效果;加筋的层数和锚固措施影响各向异性因子的变化,对其作用效果也有影响。垫层的宽度在一定范围内影响其作用效果的变化,且变化显著,超过基础半宽时影响显著减弱。若在基础下只布置一二层土工织物,又不注意在构造上采取措施,形成有一定厚度和整体性的垫层,其作用效果甚差,甚至无效。

9.7.2.2 影响膨胀土加筋地基垫层作用效果的因素

(1)土工织物与土的界面强度对加筋效果的影响

聚丙烯土工织物与砂土的实测界面参数，界面似凝聚力变化范围较小，约在 10～13kPa 之间，摩擦角的变化范围较大，约在 15°～34°[5]。

(2)地基变形与加筋层数的关系

综合考虑加筋效果和织物的铺设量，则以铺设两层的土工织物效果最佳，最多不超过三层[5]。

(3)垫层应力效果与加筋层数的关系

附加应力经垫层的扩散，应力最大值减少，分布趋向均匀，说明加筋垫层的应力扩散作用明显，但四层筋与二层加筋的应力效果差不多，亦即加筋层数的增加对应力扩散没有明显的作用，垫层的应力扩散效果主要取决于其厚度[5]。

(4)一层织物与多层织物加筋效果的比较

加筋效果取决于织物的总强度和总模量(砂垫层厚度相同)，设计时加筋层数的确定，取决于其他因素，如材料的价格或施工的难易程度等[5]。

9.7.2.3 膨胀土加筋地基的垫层计算方法

1. 膨胀土加筋地基垫层承载力的研究

浅基础的加筋土垫层是将基础下一定范围内的膨胀土地基土层挖去，然后逐层铺设土工合成材料与砂石等组成的加筋垫层作为膨胀土地基持力层，这种处理方法可以改善土体抗拉、抗剪性能，提高膨胀土地基承载力，减小沉降。

在加筋土垫层中，土工合成材料的布置方式对地基承载力有显著影响，例如，最靠近基底的第一层筋材布置太深，滑动面可能发生在筋材上方正中；又如筋材数目太少或太短，筋材可能发生拔出破坏。筋材的布置方式可用下列参数描述：层数 n；第一层到基底面距离 Z_1；第 n 层到基底面距离 Z_n 和第 i 层筋材长度 L_i。

地基承载力的改善用承载比(BCR)表示，宾奎特(1975 年)定义：

$$\mathrm{BCR}=\frac{q}{q_0} \tag{9-34}$$

式中：q_0——天然地基极限承载力，kPa；

q——加筋地基极限承载力，其沉降等于天然地基在 q_0 作用下的沉降，kPa。

宾奎特完成 65 组加筋地基的试验，其后，Guido(1985 年)、Miyazaki(1992 年)和 Ju(1996 年)等人对筋材布置也完成了大量试验工作，总结他们得出的试验规律：当 $Z_1 \leqslant 0.67b$，$Z_n \leqslant 2b$ 时，BCR 值在 2～4，在此有效布置范围内，BCR 值随 n 增大而增加，当 $n=4$ 时，BCR 已接近最大值。对筋材的长度，试验结果相差较大，试验结果表明：$L=6b$，BCR 最大，但与 $L=4b$ 的 BCR 相比，改善不大。试验结果还表明：如果在砂垫层两端将筋材反包，则垫层水平长度增大至1.5b时，BCR 就增加很少了。对方形基础建议 $L=2.5b$。Soni(1992 年)总结各家试验推荐的筋材长度，从 3.39b～7.33b，并根据朗肯理论推导出计算长度的公式，计算结果和试验结果较吻合。

从理论上分析，只有当筋材长度和深度覆盖了整体破坏的完整滑动面范围，BCR 才停止增长。《加筋地基承载力的设计》的作者王钊和王协群，根据 Prandtl-Reissner 地基极限荷载理论求得了基础两侧完整滑动面总长度 L_u：

$$L_u=b\left[1+2\tan\left(45^\circ+\frac{\varphi}{2}\right)e^{\frac{\pi}{2}\tan\varphi}\right] \tag{9-35}$$

在过渡区的滑动面为对数螺旋线，求深度的极值，得滑动面最大深度 D_u：

$$D_u = \frac{b\cos\varphi}{2\cos\left(45° + \frac{\varphi}{2}\right)} e^{\left(\frac{\pi}{4} + \frac{\varphi}{2}\right)\tan\varphi} \tag{9-36}$$

根据式(9-35)和式(9-36)可求得不同 φ 值对应的 L_u 和 D_u，见表 9-3。

滑动面长度和深度　　表 9-3

φ(°)	0	5	10	15	20	25	30	35
L_u(×b)	3.00	3.50	4.14	4.97	6.06	7.53	9.58	12.53
D_u(×b)	0.71	0.79	0.89	1.01	1.16	1.35	1.59	1.90

可见，筋材布置的有效深度($Z_n \leqslant 2b$)已达到滑动面的深度，但根据滑动面长度确定筋材长度则太长了，不仅用料增加，而且增加了基坑(槽)开挖的宽度。适当短些，损失一些地基承载力可能是必要的。此外，很多研究发现，加筋地基的破坏面并非向基础某侧发展的完整滑动面，而是从基础边缘向下方近似垂直地发展，或与铅直方向形成一定的压力扩散角。Love(1987 年)等人发现地基的压力扩散角并不因布置了筋材而增加，故建议取没有筋材情况下基底压力扩散线为滑动面，并按两滑动面外侧筋材的抗拔计算出稳定计算筋材的长度。在计算筋材摩擦力时，只计算上覆土重引起的正应力，不计基底压力产生的附加应力，则：

$$L_u = b + 2Z_i\tan\theta + \frac{T_a F_{sp}}{f_p\gamma(d + Z_1)} \tag{9-37}$$

式中：θ——压力扩散角，可从《建筑地基基础设计规范》GBJ 7—89 查出°；

T_a——筋材允许抗拉强度，kN/m；

F_{sp}——抗拔出安全系数，可取 $F_{sp} = 2.5$；

f_p——筋材与土的界面摩擦系数，由试验确定，无试验资料时，土工织物可取 $\frac{2}{3}\tan\varphi$，土工格栅可取 $0.8\tan\varphi_c$，φ_c 为垫层土的内摩擦角。

2. 土工合成材料在浅基础中的加筋机理

浅基础下的膨胀土地基受到荷载作用时，土与加筋土工合成材料之间会产生界面摩擦力，该力使加筋土工合成材料对加筋土体的变形起到限制作用，即相当于横向主应力增加了 $\Delta\sigma_3$，如果 σ_1 不变，则剪应力($\sigma_1 - \sigma_3$)/2 减小，从而提高加筋土的抗剪强度 τ。而对下部的软土则起到了一个扩散的作用[6]。

条形基础下加筋砂垫层的破坏形式有三种：第一种为加筋层上土体破坏，发生于第一层筋材铺设距基底面较深的情况；第二种是筋材的拔出破坏，是因为筋材的铺设层数较少(1～2 层)，且筋材长度不足；第三种筋材的拉断破坏发生在层数较多的情况，如不少于三层、且长度足够时，当筋材拉断后，其下土体也随之破坏。

(1)土工织物的加筋机理[6]

一般来说，土工织物的加筋机理有三种：膜型、剪切型和锚固型。

①模型

当土工织物水平置于极易变形的膨胀土地基上以提高膨胀土地基土体的竖向承载力时，土工织物的加筋形式即为模型加筋。土工织物所受的水平应力计算式如下：

$$\sigma_h = \frac{P}{2\pi z^2}\left[3\sin^2\theta\cos^3 - \frac{(1 - 2\mu)\cos^2\theta}{1 + \cos^2\theta}\right] \tag{9-38}$$

式中：σ_h——在深度 z 和 θ 处的水平应力，kPa；

P——施加的竖向力,kN;

z——σ_h 处的计算深度,m;

μ——泊松比,无量纲;

θ——σ_h 计算点方位角,即竖向力作用点和计算点连线与竖直轴夹角,°。

直接在作用荷载下时,$\theta=0°$,方程变为:

$$\sigma_h = -\frac{P}{\pi z^2}\left(\frac{1}{2}-\mu\right) \tag{9-39}$$

因为$\mu<0.5$,σ_h 取负值,即土工织物受力为张应力。由式(9-39)可以看出:竖向力越大,土工织物所受的张力也越大,对土工织物的张拉强度要求也越高。同样地,土工织物距竖向作用的作用点越近,即 z 值越小,土工织物所受的张应力也越大。

②剪切型

剪切型加筋的原理可以通过直剪试验来理解,即置于土上的土工织物受法向应力作用,然后在土工织物与土的交界面上施加剪切应力,用摩尔-库伦破坏准则得到剪应力强度参数。算式如下:

$$\tau = c_a + \sigma_n \tan\delta \tag{9-40}$$

式中:τ——土工织物与土之间的界面剪切强度;

σ_n——作用在剪切面上的法向应力;

c_a——黏聚力(土工织物对土);

δ——土工织物与土之间的界面摩擦角。

剪应力强度参数 c_a 和 δ 可用来比较土体本身的剪应力强度参数(土对土)。土体本身的摩尔-库伦准则为:

$$\tau = c + \sigma_n \tan\varphi \tag{9-41}$$

式中:c——黏聚力(土对土);

φ——土的内摩擦角。

为了确定土工织物剪切加筋效果,引入参数 E_c 和 E_ϕ,算式如下:

$$E_c = (c_a/c)\times 100\% \tag{9-42}$$

$$E_\varphi = (\tan\delta/\tan\varphi)\times 100\% \tag{9-43}$$

式中:E_c——黏聚力提高效率;

E_φ——摩擦角提高效率。

E_c、E_φ 的取值范围为 0~1,当 E_c、$E_\varphi>1$ 时,无意义,因为它的破坏面已由接触界面转向了土体内部。

③锚固型

锚固型加筋土与剪切型类似,不同之处在于,作用在土工织物的两边土体倾向于将土工织物拔出。研究其破坏机理的室内模型试验也与之相似,只不过土工织物上下土体是静止的,土工织物位于中心,由夹具夹紧向外拔出。它也可以用剪切强度参数描述;另一种方法是把土工织物的提高效率当作实际拉力的函数。此时,锚固效率大于 1 也是可能的,但经常受到土工织物抗拉强度的限制,当锚固效率还没有达到最高值,土工织物就被拉坏了。

(2)土工格栅的加筋机理

土工格栅的加筋机理可以通过拉拔试验来说明。拉拔试验所得的结果是土工格栅的锚固强度。它是三种独立机理的作用结果:沿土工格栅经向肋条的上下底面摩擦剪切强度 τ_{LR}、沿

土工格栅纬向肋条的上下底面摩擦剪切强度 τ_{TRs}、纬向肋条的被动抗力 τ_{TRb}。有关土工格栅的锚固的强度计算公式如下：

$$A_s = 2(\sum LR_s + \sum TR_s)\tau + (\sum TR_b)q_0 \tag{9-44}$$

式中：A_s——土工格栅的锚固强度；

τ——土工格栅与土界面剪切强度；

q_0——土的承载力强度；

$\sum LR_s$、$\sum TR_s$、$\sum TR_b$——分别为土工格栅经向、纬向摩擦剪切强度、被动抗力强度所作用的面积。

3. 土工合成材料在浅基础中的加筋设计

目前有三种常用的设计方法，一是宾奎特法（Binquet J. Lee K. L）；二是改进的太沙基法（Yamanouch. and Gotoh）；三是膨胀土加筋垫层的“深基础效应”。下面简介这三种方法。

（1）宾奎特法（Binquet J. Lee K. L）

条形基础下加筋砂垫层如图9-12所示。其破坏形式有三种，加筋层以上土体的破坏、筋材的拔出和筋材的拉断。第一种破坏形式发生在第一层筋材距基底面较深的情况，即图中 z_1 值较大。筋材的拔出破坏是因为筋材的层数较少，例如，1～2层，且筋材长度不足，致使图中破坏面（虚线）在外侧的筋材锚固失效。筋材的拉断发生在层数较多的情况，如不少于3层，且长度足够时。

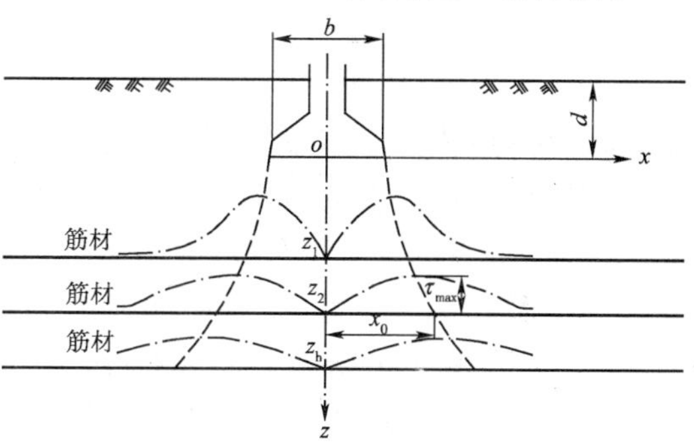

图9-12　加筋垫层的破坏图

为了获得较好的加筋效果，筋材的布置深度范围 $z(z_1 \leqslant z \leqslant z_n)$，应符合下列条件：

$$z_1 \leqslant \frac{2}{3}b, z_n \leqslant 2b, \text{且 } z_n \text{ 不宜大于 } 3\text{m}$$

在此范围内均匀布置 N 层，则间距 $s_v = (z_n - z_1)/(N-1)$。如果各层筋材足够长，则破坏形式为筋材的断裂。

①计算假设

第一，膨胀土地基为均匀各向同性体，在基底压力作用下，地基内应力分布符合布辛奈期斯克解；

第二，膨胀土地基中破坏面发生在同一深度处剪应力 τ_{xz} 为最大的点；

第三，筋材在破坏面处的拉力铅直向上。

②计算公式和图表

根据上述假设可推导出加筋膨胀土垫层的计算公式和图表。

a. 破坏面形状以图9-13中不同深度 z 处各层的值 X_0 表示，值可由图9-12a）查得；

b. 各层筋材的拉力计算：

$$T_i = \frac{1}{N}(f_R - f)(A_1 b - A_2 S_v) \tag{9-45}$$

式中：T_i——第 i 层筋材的拉力设计值，kN/m；

f_R——加筋膨胀土垫层的地基承载力设计值，kPa；

f——原膨胀土地基承载力设计值，kPa；

A_1、A_2——无量纲系数，由图 9-14 查得。

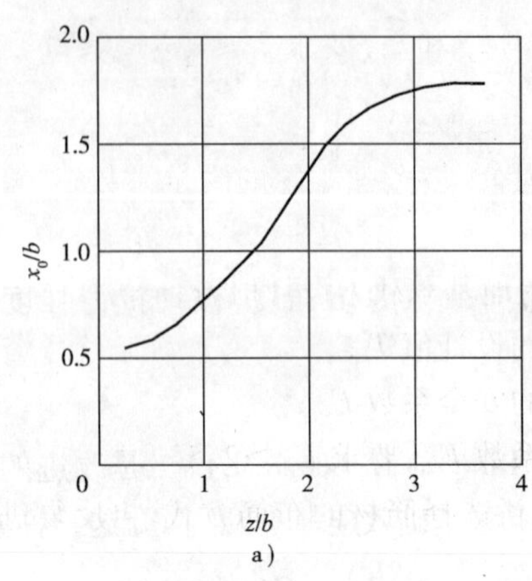

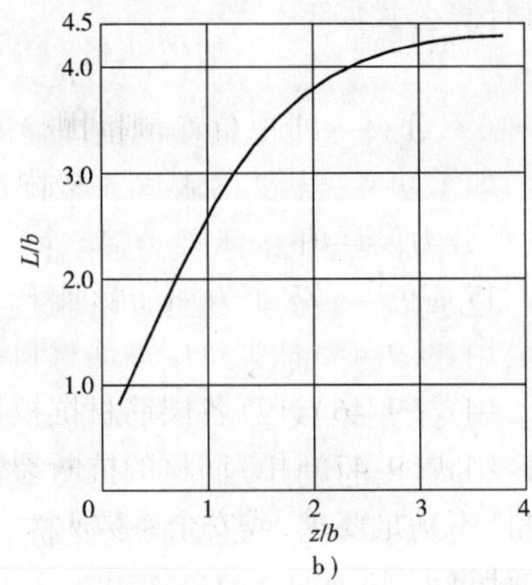

图 9-13 不同深度 z 处破坏面位置 X_0 和 L

c. 筋材的抗拔出安全系数 F_{sp}：

$$F_{sp}=2f_p\alpha[A_3bf_R+\gamma(L_0-X_0)(Z_i+d)]/T_i \quad (9\text{-}46)$$

式中：f_p——筋材抗拔摩擦系数，应由试验确定，无试验资料时，土工织物可采用 0.67tanϕ，土工格栅 0.80tanϕ，采用土工条带视表面粗糙情况，介于土工织物和土工格栅之间，表面粗糙者取大值；

α——加筋率，当土工织物或土工格栅满铺时，$\alpha=1$；当用宽度为 ω 的条带时，如每米铺设 n 条，则 $\alpha=\omega n$；

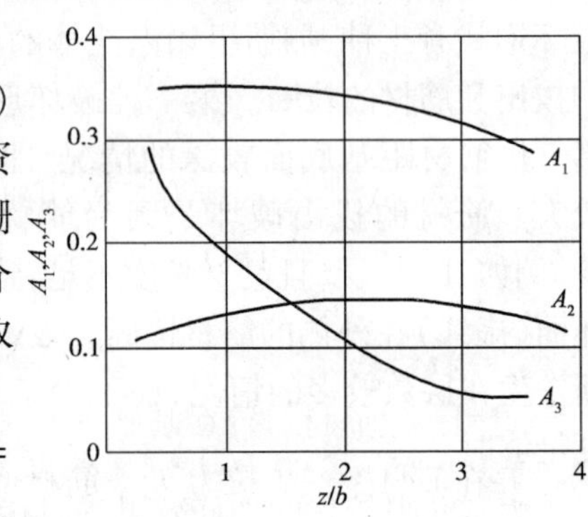

图 9-14 不同深度 Z 处的 A_1、A_2 和 A_3

A_3——无量纲系数，如图 9-14 所示；

γ——膨胀土地基土重度，kN/m^3；

L_0——筋材总长度的一半，即在距基础中心线 L_0 处，筋材上正应力减少至 0.1f_R；L_0 可根据各筋材的深度 Z_i 如图 9-13b) 所示；

d——基础的埋深，m。

要求各筋材抗拔出安全系数 $F_{sp}\geqslant 2.5$。

式(9-46)中括号内两项是作用于筋材上的法向正应力，第一项是基底压力引起的，第二项为上覆土的自重应力产生的。

d. 筋材的抗断裂安全系数 F_{sb}：

$$F_{sb}=T\alpha/T_i \quad (9\text{-}47)$$

式中：T——筋材的抗拉强度，对土工织物或土工格栅，kN/m；对土工条带，kN。

要求抗断裂安全系数 $F_{sb}\geqslant 2.5$。

③设计步骤

第一步，全面掌握设计所需要的勘察资料。

a. 地层分布，各层土的重度 γ，内摩擦角 ϕ，膨胀土地基承载力设计值 f 和压缩模量 E_s 等；

b. 基础的埋深 d，基础的宽度 b，基底压力的设计值 p 等；

c. 加筋材料的抗拉强度 T，加筋条带的宽度 ω，抗拔试验测得的土和筋材的界面摩擦系数

$f_p(f_p = \tan\phi_{sg})$。

第二步，根据基础宽度 b，初拟筋材的布置范围 z_1 和 z_n（要求 $z_1 \leqslant \frac{2}{3}b, z_n \leqslant 2b$）、筋材的层数 $N(3 \leqslant N \leqslant 6)$，筋材等间距布置，则间距 $s_v = (z_n - z_1)/(N-1)$；

第三步，如未知 f，可用太沙基基本极限承载力公式，考虑一定的安全系数，计算基底下 z_n 处地基土的承载力设计值 f；

第四步，将基底压力 p 定为加筋膨胀土垫层的地基承载力设计值 f_R；

第五步，用式(9-45)计算每层加筋材料拉力的设计值 T_i；

第六步，用式(9-46)计算各层筋材抗拉拔出的安全系数 F_{sp}；

第七步，用式(9-47)计算筋材的抗断裂安全系数 F_{sb}，要求 $F_{sb} \geqslant 2.5$。

如果设计不满足要求，或安全系数太大，应重新选择筋材的布筋方式，再反复进行从第二到第七步的计算。

(2)改进的太沙基法

对于条形浅基础，可用太沙基公式计算地基的极限承载力：

$$p_u = \frac{b\gamma}{2}N_\gamma + cN_c + \gamma d N_q \tag{9-48}$$

式中：N_γ, N_c, N_q——承载力系数，由地基土的内摩擦角 ϕ 查有关图表，其中 N_q 可用式(9-49)计算。

$$N_q = e^{\pi\tan\varphi}\tan^2\left(45° + \frac{\varphi}{2}\right) \tag{9-49}$$

当用一层筋材布置在基础下方时，应对式(9-48)进行修正，假设筋材的变形如图 9-15 所示。并在筋材中产生拉力 T_a。筋材增加的膨胀土地基承载力 Δf 可用式(9-49)计算。

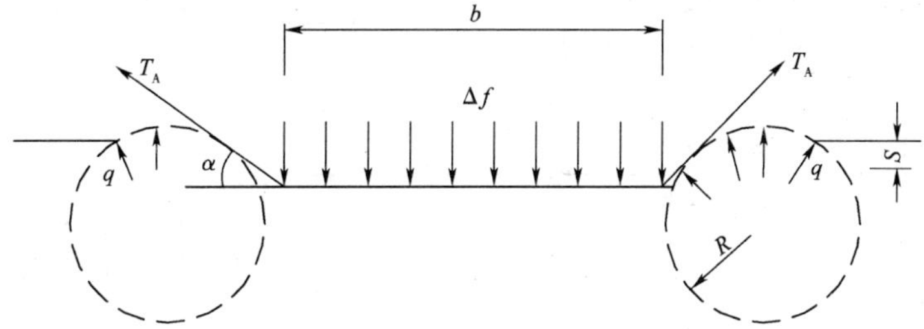

图 9-15 加筋地基的受力分析

$$\Delta f = \left(rS + \frac{T_a}{2R}\right)N_q + \frac{2T_a}{b}\sin\alpha \tag{9-50}$$

若考虑安全系数 F_s，则能增加的地基承载力为：

$$\Delta f = \left[\left(rS + \frac{T_a}{2R}\right)N_q + \frac{2T_a}{b}\sin\alpha\right]/F_s \tag{9-51}$$

式中：T_a——筋材的容许抗拉强度，kN/m；

S——基础的最终沉降，m；

R——基础两侧地基上隆起的假想圆半径，一般可得 $R = 3.0$m，对厚度小于 6m 的软土地基，R 采用厚度的一半；

α——筋材拉力与水平面的夹角,可假设由主动破坏面确定,即:$\alpha = 45° + \frac{\phi}{2}$;

F_s——地基承载力安全系数 $F_s = 2.5$。

式(9-50)中,$\gamma_S + \frac{T_a}{2R}$为增加的旁侧荷载,其中,$q = \frac{T_a}{2R}$为薄壁圆筒压力容量公式内压力 $q = T_a/R$ 的一半,它代表了一侧的薄膜拉力产生的镇压作用。式中,$T_a \sin\alpha$ 为筋材拉力的向上分力。

(3)膨胀土加筋垫层的"深基础效应"[7]

日本东京大学黄景川等人将基础埋深为 D_f 的未知加筋地基,与加筋深度为 D_r 的加筋地基的试验结果进行比较,发现无埋深地基的加筋地基与埋深为 D_f 的无加筋地基的承载力相当,如图 9-16 所示。即在基础下的地基中加筋,相当于增加基础的埋值深度,即 $D_r = D_f$,从而使地基承载力得以提高。因此这种加筋的效果称为"深基础效应"。根据试验结果,黄景川等人提出,加筋地基承载力的增加是由于"深基础效应"所致。

(4)加筋垫层的"深基础效应"极限承载力的计算

根据黄景川等人的试验结果,应用太沙基的极限承载力公式,对未加筋地基,当条形基础的埋值深度为零时,太沙基公式为:

$$p_u = cN_c + 0.5\gamma BN_\gamma \tag{9-52}$$

根据深基础效应原理,设置厚度为 H 的加筋垫层后,相当于基础增加了厚度为 H 的埋值深度。于是可将假想的基础底面移至加筋垫层底面,而基础两侧的加筋垫层,便可视为超载,如图 9-17 所示。可以看出,由于加筋垫层的扩散作用,使基础的深度由 B 扩散为 B_m。

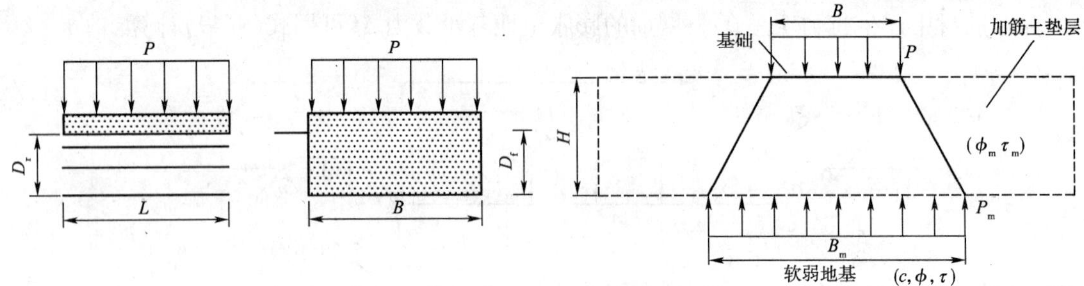

图 9-16 深基础效用示意图

图 9-17 深基础效应示意图

此时太沙基的极限承载力公式为:

$$p_u = cN_c + \gamma_m HN_q + 0.5\gamma B_m N_\gamma \tag{9-53}$$

两式相减,得加筋垫层增加的极限承载力:

$$\Delta P_u = \gamma_m HN_q + 0.5\gamma(B_m - B)N_\gamma \tag{9-54}$$

式中:γ_m——垫层土的重度,kN/m^3;

H——垫层厚度,m;

B_m——$B_m = B + 2H\tan\theta$;

θ——加筋垫层的扩散角度。

将 $B_m = B + 2H\tan\theta$ 代入式(9-54)得:

$$\Delta P_u = \gamma_m HN_q + \gamma H\tan\theta N_\gamma \tag{9-55}$$

对于方形基础,可导出:

$$\Delta P_{u} = \gamma_{m}HN_{q} + 0.8\gamma H\tan\theta N_{\gamma} \tag{9-56}$$

对于圆形基础,可导出:

$$\Delta P_{u} = \gamma_{m}HN_{q} + 1.2\gamma H\tan\theta N_{r} \tag{9-57}$$

考虑局部剪切破坏时,用 N_c'、N_q'代替上式中的 N_c、N_q 计算地基的极限承载力增加值:

$$\Delta f = \Delta P_{u}/K \tag{9-58}$$

式中:K——安全系数,一般取 $K=2\sim3$。

据有关文献报道,加筋砂垫层得应力扩散角约为70°。

建议用机织土工织物加筋垫层,取 $\theta=40°\sim45°$;对土工网加筋垫层取 $\theta=45°\sim50°$;对土工格栅加筋垫层取 $\theta=50°\sim55°$。从式(9-55)可看出,加筋垫层增加的承载力与垫层的厚度 H、扩散角 θ、垫层的重度 γ_m 等因素有关。

以上提供的三种计算方法中,式(9-50)计算结果偏于保守,其结果不尽合理,仅考虑了垫层加筋材料的拉力效应对地基承载力的提高作用,未考虑垫层的厚度以及加筋材料的加筋作用,使垫层的刚度和扩散角增加对地基承载力的提高作用。式(9-55)正是综合考虑了以上因素,因而比较适合土工合成材料加筋垫层的设计。式(9-57)考虑了垫层本身的各向异性特性、垫层与软土地基的模量比、垫层的厚度三个主要因素,是一种新的计算方法,在本例中与前两种计算结果接近。以上三种计算方法,在实际应用中可以进行比较和验证,取最为安全的进行设计。

9.7.3 加筋膨胀土地基稳定分析方法

9.7.3.1 加筋膨胀土地基的破坏形式

在一定厚度的膨胀土地基上建造路堤,堤底铺设土工合成材料,随着填土荷载的加大,将出现四种可能的破坏情况,分别是水平滑动、侧向挤出、圆弧滑动和过量沉降[8]。

若土工合成材料与路堤的界面抗剪强度不足,可能发生路堤沿土工合成材料的顶面水平滑动破坏;若土工合成材料与膨胀土地基界面抗剪强度不足,就会导致膨胀土地基的侧向挤出破坏。在路堤荷载作用下,土工合成材料以其与土的界面强度约束堤底伸长,限制浅层软土的侧向位移,而土工合成材料由于与其上下土体变形协调,产生了一定的拉伸应变,即土工合成材料承受了堤底的部分应力。若拉应力超过土工合成材料与界面的抗剪强度,土工合成材料承受就会被拔出;若拉应力超过土工合成材料的抗剪强度,土工合成材料就会被拉断;一旦土工合成材料拔出或拉断,路堤就会发生整体圆弧滑动破坏。若软土地基压缩量过大,则会发生路堤过量沉降[8]。

影响加筋路堤破坏形式的因素很多:①筋材的抗拉强度和延伸率,控制潜在的滑动面发展的位置;②加筋垫层的刚度和完整性,影响分析模型的建立;③膨胀土层的厚度及强度和变形性质,影响潜在滑动面的形态[8]。

9.7.3.2 假定滑动面的加筋路堤极限平衡稳定分析法

加筋膨胀土地基稳定分析法是在传统圆弧滑动分析法的条分法基础上,计入土工合成材料拉力所产生的抗滑力矩及侧向膨胀力而成。对滑动面的假设有:直线、折线、圆弧,也有假设为对数螺线的。

1. 当膨胀地基土层厚度较小时

$D/B<0.33$,D 为膨胀土地基土层厚度,B 为堤底宽,路堤与膨胀土地基的界面产生较大

的水平位移,潜在滑动面沿浅部水平向发展,路堤将以下列形式之一失稳[8]。

(1)沿下卧硬层顶面滑动

这时的滑面为复合型滑裂面,见图 9-18a),抗滑稳定安全系数计算如下。

$$F_s = \frac{P_p + \tau_B + T_T}{P_A} \tag{9-59}$$

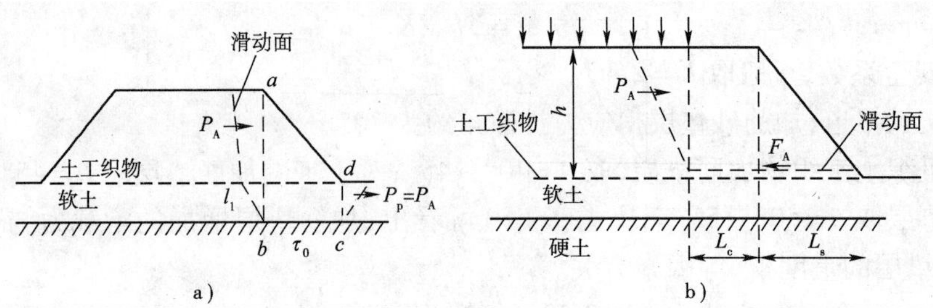

图 9-18　浅薄层膨胀土地基上加筋路堤的不定期性检算

a)沿硬层顶面滑动;b)沿筋材顶面滑动

式中:P_A——ab 面的主动土压力,按式(9-60)计算:

$$P_A = \frac{1}{2}K_a\gamma_{ev}(h+D)^2 - 2c_{ev}(h+D)\sqrt{K_a} + \frac{2c_{ev}^2}{\gamma_{ev}} \tag{9-60}$$

K_a——主动土压力系数,$K_a = \tan^2(45° - \phi_{ev}/2)$;

γ_{ev}——路堤填土和地基土的平均重度;

h——路堤高;

D——软土层厚;

c_{ev}、ϕ_{ev}——分别为路堤填土和堤下填土的平均内凝力和平均内摩擦角;

P_p——cd 面上的被动土压力,由于被动土压力充分发挥所需应变量远大于主动土压力的发挥,为安全计,以静止土压力 P_0 代替,$P_0 = \frac{1}{2}K_0\gamma_f D^2$;

K_0——静止土压力系数,$K_0 = 1 - \sin\varphi'$;

φ'——地基土的有效内摩擦角;

τ_B——硬壳层顶面处的抗滑力,$\tau_B = C_f\,\overline{bc} + W_0\tan\varphi_f$;

C_f、φ_f——分别为地基土在硬层顶面处的内摩擦力和内摩擦角;

W_0——滑动体的重量;

T_T——筋材的拉力。

(2)沿筋材顶面水平滑动

①若滑动面假设为折面,见图 9-18b),抗滑稳定安全系数由式(9-61)计算:

$$F_s = \frac{F_B}{P_A} \tag{9-61}$$

式中:P_A——主动土压力,$P_A = \frac{1}{2}K_a\gamma h^2 - 2ch\sqrt{K_a} + \frac{2c^2}{\gamma}$;

K_a——主动土压力系数,$K_a = \tan^2(45° - \varphi/2)$;

γ——路堤填土重度;

c、φ——分别为路堤填土内聚力和平均内摩擦角;

F_B——筋材界面上的抗滑力,$F_B = c_{sg}L_0 + W_0\tan\varphi_{sg}$;

c_{sg}、φ_{sg}——分别为地基土与筋材界面的内摩擦力和内摩擦角；

L_0——路堤填土沿筋材滑动平面的长度，$L_0 = L_c + L_s$。

②若滑动面假设为圆弧面和平面构成的复合滑动面（如图 9-19）。

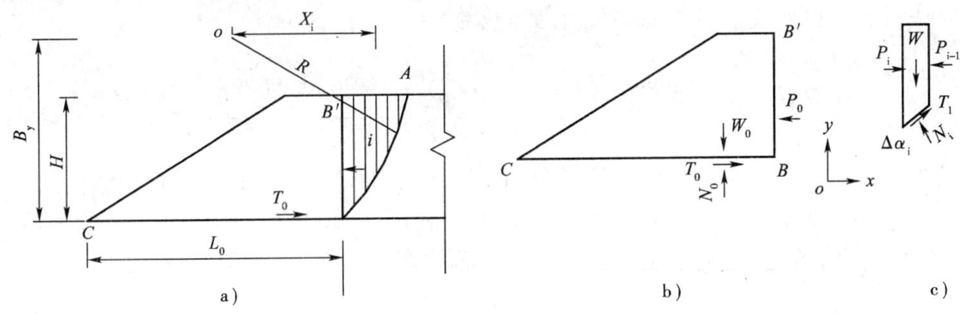

图 9-19　平移式圆弧复合滑动

按毕肖普法，先取 $ABCB'$为隔离体，将其条分，如图 9-19c）所示，计入水平条间力，由平衡条件写出方程式为：

$$\sum X = 0 \quad \Delta p_i = p_i - p_{i-1} = N_i \sin\alpha_i - T_i \cos\alpha_i \tag{9-62}$$

$$\sum Y = 0 \quad W_i = T_i \sin\alpha_i + N_i \cos\alpha_i \tag{9-63}$$

式中：Δp_i——土条 i 侧面上的水平不平衡力；

W_i——土条 i 的重力；

N_i、T_i——土条 i 在滑动面上的法向反力和切向反力。

考虑到沿整个滑裂面取相同的安全系数 F，即土的强度部分发挥，则切向力 T_i 为：

$$T_i = \frac{c_i l_i + N_i \tan\varphi_i}{F} \tag{9-64}$$

代入 Δp_i 式，将各土条不平衡的侧向水平力累计起来，就是 BB'面上作用的水平滑动力 p_0：

$$p_0 = \sum \Delta p_i = \sum N_i \sin\alpha_i - \sum \frac{1}{F}(c_i l_i \cos\alpha_i + N_i \tan\varphi_i \cos\alpha_i) \tag{9-65}$$

再取 CBB'为隔离体，如图 9-19b）所示，不计侧面切向力，则有：

$$\sum X = 0, \sum Y = 0, T_0 = p_0, W_0 = N_0 \tag{9-66}$$

视筋材界面上土的抗剪强度发挥一致，即取相同的安全系数 F，则有：

$$T_0 = \frac{1}{F}(N_0 \tan\varphi_{sg} + C_{sg} L_0) \tag{9-67}$$

式中：c_{sg}、φ_{sg}——分别为 CBB'路堤土体与筋材界面的摩擦力和内摩擦角。

代入上式后，得毕肖普法圆弧复合体水平滑动的稳定安全系数为：

$$F_s = \frac{(W_0 \tan\varphi_{sg} + c_{sg} L_0) + \sum(c_i l_i \cos\alpha_i + N_i \cos\alpha_i \tan\varphi_i)}{\sum N_i \sin\alpha_i} \tag{9-68}$$

N_i 由式(9-69)求得：

$$N_i = \frac{W_i - \dfrac{c_i l_i \sin\alpha_i}{F}}{\cos\alpha_i + \dfrac{\tan\varphi_i \sin\alpha_i}{F}} = \frac{W_i - \dfrac{c_i l_i \sin\alpha_i}{F}}{m_i} \tag{9-69}$$

式中：$m_i = \cos\alpha_i + \tan\phi_i \sin\alpha_i / F$。

由于式中的 N_i 包含未知的安全系数 F，所以需要迭代计算 F 值。

考虑力矩平衡时：$\sum M_0 = 0, \sum W_i X_i - \sum T_i R - T_0 B_y = 0$

这时毕肖普法圆弧复合体滑动的稳定安全系数为：

$$F_s = \frac{\frac{B_y}{R}(W_0 \tan\varphi_{sg} + c_{sg} L_0) + \sum \frac{1}{m_i}(c_i l_i \cos\alpha_i + W_i \tan\varphi_i)}{\sum W_i \sin\alpha_i} \tag{9-70}$$

按简单条分法，对 ABB' 隔离体进行条分，视土条 i 侧面上的条间力的合力 p_i 和 p_{i-1} 平行土条底部滑裂面，且大小相等，方向相反，如图 9-20 所示，即条间力，则 X 方向上的不平衡力 Δp_i 是由滑动裂面的切向力 T_i 和法向力 N_i 引起的，写出力平衡方程式：

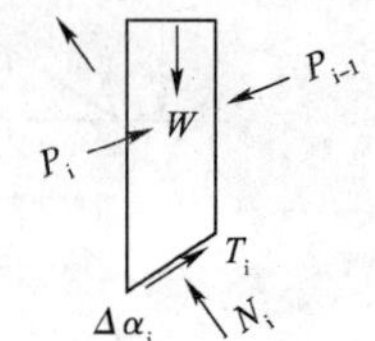

图 9-20　简单条分法土条力系

$$\sum X = 0 \quad \Delta p_i = N_i \sin\alpha_i - T_i \cos\alpha_i$$
$$\sum Y = 0 \quad N_i = W_i \cos\alpha_i$$

式中 T_i 同前，代入上两式得：

$$\Delta p_i = W_i \cos\alpha_i \sin\alpha_i - \frac{c_i l_i + N_i \tan\varphi_i}{F} \cos\alpha_i$$

同理，水平滑动力 $p_0 = \sum \Delta p_i$。

再取 CBB' 为隔离体，其力学平衡同前，由 $T_0 = p_0$，得平移式简单条分法圆弧复合移动的稳定安全系数为：

$$F_s = \frac{(W_0 \tan\varphi_{sg} + c_{sg} L_0) + \sum (W_i \cos^2\alpha_i \tan\varphi_i + c_i b_i)}{\sum W_i \cos\alpha_i \sin\alpha_i} \tag{9-71}$$

同样，考虑力矩平衡时：$\sum M_0 = 0, \sum W_i X_i - \sum T_i R - T_0 B_y = 0$

这时简单条分圆弧复合滑动的稳定安全系数为：

$$F_s = \frac{\frac{B_y}{R}(W_0 \tan\varphi_{sg} + c_{sg} L_0) + \sum (c_i l_i + W_i \cos\alpha_i \tan\varphi_i)}{\sum W_i \sin\alpha_i}$$

2. 当膨胀地基土层厚度较大时

$D/B > 0.33$，D 为膨胀土地基土层厚度，B 为堤底宽，填土与膨胀土地基的界面上以垂直位移为主，填土、筋材和地基三部分都可能产生破坏。滑动面为深层圆弧滑动。除了考虑潜在滑动面位置受加筋的最大拉力点控制，滑动面应在堤底中心附近通过。土工合成材料加筋的作用相当于增加一个抗拉力，对其方向的假设有荷兰法和瑞典法。

(1)荷兰法

该法假定在滑移处筋材发生扭曲，其方向与滑弧相切，加筋的作用在于筋材提供了一个抵抗滑动的拉力 T_T（图 9-21），在简单条分法的基础上抗滑稳定安全系数为：

$$F_s = \frac{\sum (c_i l_i + W_i \cos\alpha_i \tan\varphi_i) + T_T}{\sum W_i \sin\alpha_i} \tag{9-72}$$

(2)瑞典法

该法假定筋材拉力保持原来的水平铺设方向不变，堤身产生竖向开裂（图 9-22），筋材拉力对堤身产生抗剪力 $T_T \tan\varphi$，构成两个稳定力矩。

抗滑稳定安全系数为：

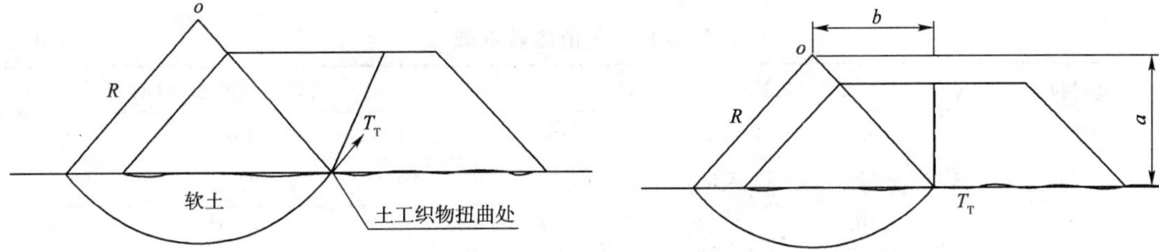

图 9-21　荷兰法稳定分析　　　　图 9-22　瑞典法稳定分析

$$F_s = \frac{R\sum(c_i l_i + W_i\cos\alpha_i\tan\varphi_i) + T_T(a + b\tan\varphi)}{R\sum W_i\sin\alpha_i} \tag{9-73}$$

瑞典法计算结果常比荷兰法稍小,但可体现不同部位加筋效果的不同。

9.7.4　膨胀土加筋地基设计方法

从目前工程实例看,土工合成材料加筋地基主要应用于海堤、路堤、围堰和油罐、房屋等浅基础的地基加筋。在设计和分析方法上,对条形浅基础主要应用改进的太沙基极限承载力公式,对软基上的路堤仍沿用圆弧滑动面法。应用中发现这些公式和方法往往低估了土工合成材料加筋地基的作用,现就地基基础设计中的三个主要内容,包括承载力、变形和稳定性计算,对土工合成材料加筋地基的设计,以及对土工合成材料设计拉力的选择等问题做一些探讨[9]。

(1)加筋膨胀土地基的承载力

改进的太沙基极限承载力公式如下:

$$q_u = c_u N_c + \frac{2T\sin\alpha}{b} + \frac{T}{R} + \gamma s \tag{9-74}$$

式中:q_u——加筋膨胀土地基的极限承载力,kPa;

c_u——膨胀地基土的黏聚力,kPa;

γ——膨胀地基土的重度,kN/m^3;

N_c——承载力因数,无量纲;

T——土工合成材料的拉力,kN/m;

α——土工合成材料拉力与水平面的夹角,°;

R——基础两侧地基土隆起的假想圆半径,m;

b——基础宽度,m;

s——基础沉降,m。

式(9-74)中,第一项为原膨胀土地基的极限承载力,第二项表示土工合成材料的张力膜作用,第三、四项为旁侧荷载的影响,隐含了承载力因数 $N_q = 1.0$ 的假定。取承载力的安全系数 K,K 值在 2 ~ 3,可得到土工合成材料增加的地基承载力允许值 Δf:

$$\Delta f = \frac{1}{K}\left(\frac{2T\sin\alpha}{b} + \frac{T}{R}\right) \tag{9-75}$$

从式(9-75)可见,Δf 与 T 成正比,如用多层筋材,例如层数为 n,则式(9-75)中 T 为单层筋材拉力的 n 倍,但不管各层间距多大,其效果是相同的,即不能考虑加筋层厚度的影响。本文按王钊、王协群的《加筋地基承载力的设计》文献的建议,$\alpha = 45° + \varphi/2$、$R = 3$m,并取 b 分别为 2m、10m、20m,计算一层筋材提高的地基承载力 Δf,计算中,T 分别取 20kN/m、50kN/m、

110kN/m, $\varphi=30°$, $K=2.5$,计算结果见表9-4。

加筋地基提高的地基承载力 表9-4

筋材拉力(kN/m)	一层筋材的 Δf(kPa)			三层筋材的 Δf(kPa)		
	$b=2$m	10m	20m	$b=2$m	10m	20m
20	9.59	4.05	3.36	89.1	72.5	70.4
50	24.0	10.1	8.40	105	63.1	57.9
110	52.7	22.3	18.5	186	94.3	82.9

可见增加的 Δf 随 b 的增加而减小,因此对筏形基础和宽的路堤而言,单层筋材的效果是很差的。正确的布置方式是采用加筋土垫层,筋材多层布置,在设计中考虑垫层对基底压力的扩散作用和原地基的承载力经埋深修正后的增加值。设计公式为:

$$p\frac{b}{b'}-f\leqslant\Delta f \tag{9-76}$$

式中:p——基底压力设计值,kPa;

b'——应力扩散在垫层底部的作用宽度,$b'=b+2z\tan\theta$;

z——垫层厚度,m;

θ——膨胀土地基压力扩散角,°,查有关规范,不计筋材对 θ 的影响;

f——经埋深修正后的膨胀土地基承载力设计值。

将埋深修正和应力扩散作用叠加于 Δf 即得到加筋土垫层增加的地基承载力设计值 Δf_{R}:

$$\Delta f_{\mathrm{R}}=\Delta f+\eta_{\mathrm{d}}\gamma(d+z-0.5)+p\frac{2z\tan\theta}{b+2z\tan\theta} \tag{9-77}$$

式中:η_{d}——基础埋深的地基承载力修正系数;

d——基础埋深,m 。

则式(9-76)可改写为:

$$p-f_{\mathrm{k}}\leqslant\Delta f_{\mathrm{R}} \tag{9-78}$$

式中:f_{k}——地基承载力的标准值,kPa。

王钊、王协群所著的《加筋地基承载力的设计》中将三层筋材,$z=1.5$m 的 Δf_{R} 列于表9-4。计算中取 $\eta_{\mathrm{d}}=1.1$, $\gamma=19.5\mathrm{kN/m^3}$, $\theta=23°$, $d=0$, $p=100$kPa。从表中数据可见,多层筋材的加筋土垫层明显提高了地基承载力。对油罐和房屋地基,可采用开挖的方式布置筋材和砂垫层;对处于具有表面硬壳层的堤基,可将筋材布置到堤基底部,此时,没有地基承载力的埋深修正。

在条形基础加筋地基承载力设计公式中,宾奎特的设计依据是布辛奈斯克解,将地基视为匀质弹性体,改进的太沙基公式使用于土表面一层筋材的情况,至少在完整滑动面的宽度和深度范围内为匀质材料。因此,严格讲这两个公式均不能应用于加筋膨胀土地基的垫层的设计。在加筋膨胀土地基中,土和筋材的相对位移(或位移趋势)形成了土与筋材界面的摩擦力,从而在筋材中产生了拉力。筋材拉力对地基承载力的贡献包括以下几个方面:一是拉力向上的分力;二是拉力对基土隆起的约束作用,相当于旁侧荷载,这两个作用出现在太沙基公式中,其中第二个作用仅限于基础外侧假想圆的一半,并未作用于整个滑动面范围,严格讲不能视为旁侧荷载,该项应去掉;第三种作用是筋材拉力反作用力所起的侧限作用。筋材拉力的侧限作用,可根据极限平衡条件计算,具体做法是将 n 层筋材设计拉力的水平分力除以 Z_{n},得到水平限制应力增量 $\Delta\sigma_3=nT\cos\alpha/Z_{\mathrm{n}}$,$\alpha$ 为筋材拉力与水平面夹角,用极限平衡条件求 $\Delta\sigma_3$ 对应的竖向应力增量 $\Delta\sigma_1$ 即为提高的极限承载力。再考虑到筋材拉力的向上分力,则筋材提高的膨胀土地基承载力设计值 Δf 可用式(9-79)表示：

$$\Delta f=\frac{nT}{K}\frac{2\sin\alpha}{b+2Z_{\mathrm{n}}\tan\theta}+\frac{\cos\alpha}{Z_{\mathrm{n}}}\tan^{2}\left(45^{\circ}+\frac{\varphi}{2}\right) \tag{9-79}$$

式中：K——地基承载力安全系数，$K=2.5\sim3.0$。

(2) 加筋膨胀土地基的沉降

用立体摄影技术观测地基土加筋模型的变形特性，发现当堤基铺设一层筋材时，堤中心的最大沉降减小，而堤脚处沉降增大，沉降的分布趋于均匀，但一层筋材减小的沉降是很少的，这是因为一层筋材的 Δf 很小，而计算的基底压力仅减小 Δf，故沉降 s 无明显变化。

但从式(9-74)可见，s 可提高地基的极限承载力，即在式(9-75)的 Δf 应增加一项 $\gamma s/K$，因此沉降计算应反复进行，直到增加的承载力和减小的沉降相吻合为止，对于多层筋材的加筋土垫层，因 Δf_{R} 较大，垫层下地基土 $p-\Delta f_{\mathrm{R}}$，沉降减小幅度较大，这种情况可忽略 s 对承载力增大的影响。

(3)加筋膨胀土地基的稳定性

地基稳定性可用圆弧滑动面法验算，但对膨胀土地基承载力满足设计要求的情况，如果构造物不承受较大水平荷载，或不是建筑在斜坡上，可以不进行圆弧滑动分析，因为式(9-74)就是从整体破坏，形成完整的滑动面推导出的地基极限承载力。实践证明，对于承载力不满足设计要求的情况，例如一些膨胀土地基土的中路堤，可能出现膨胀土地基土的剪切破坏，表现为大的沉降变形，但不一定产生整体滑动，这时必须进行于圆弧滑动分析。抗滑稳定的安全系数可由式(9-80)计算：

$$F_{\mathrm{s}}=\frac{\sum\left(c_{\mathrm{ui}}l_{\mathrm{i}}+w_{\mathrm{i}}\cos\alpha_{\mathrm{i}}\tan\varphi_{\mathrm{ui}}\right)+T}{\sum w_{\mathrm{i}}\sin\alpha_{\mathrm{i}}} \tag{9-80}$$

式中：w_{i}——分条土重，kN；

c_{u}、φ_{u}——膨胀地基土不排水剪黏聚力和内摩擦角。

不少工程实践表明，路堤基底铺设土工合成材料可显著提高地基的稳定性，但用圆弧滑动面法分析，即使假设加筋力与圆弧相切，如式(9-80)所示，一层土工织物仅能提高 0.04 ~0.10 的安全系数。对此不少学者投入研究，有些学者在圆弧滑动分析中还考虑到筋材摩擦力对地基应力状态的影响，应力状态用有限元法分析，然后再用圆弧滑动分析来计算安全系数。有些学者用极限分析证明，当筋材具有足够强度时不可能发生圆弧滑动，唯一可能的破坏模式是伴随沉降而产生的横向挤出，由于筋材改变了地基剪应力的方向，从而能大幅度提高地基承载力。

对单层筋材提高地基承载力或稳定性的解释，王刊、王协群所著的《加筋地基设计方法的探讨》中认为，可归结为筋材的隔离作用，只要筋材有足够的拉伸变形，则可适应大的下垂变形而不断裂，使堤身整体较均匀地沉降，堤两侧地基土受挤压隆起，产生如下作用：

①埋深增加而提高承载力；

②两侧地基土挤压排水，抗剪强度提高；

③沉降底面为纺锤形，中间大，两边小，对堤身顶部有挤压作用，减小堤顶形成纵向裂缝的可能性。

如用圆弧滑动分析法，考虑到堤顶无裂缝和堤身沉到地基内的部分，则通过堤身的滑弧增长，而堤身的抗剪强度是较高的，此外，因两侧地基土隆起也延长了滑弧，因挤压排水，提高了抗剪强度，总的作用是提高了抗滑稳定的安全系数。设想没有筋材的隔离，堤身材料混入软土,就像船中货物沉入水中一样,是不可能产生上述作用的。然而单层土工合成材料对地基承载力和稳定性的改善,无论怎样分析,也不允许高估,特别是对筋材断裂、隔离失效的情况。有一个现场试验结果的对比,是一个强有力的论证,其中天然地基和一层土工织物加筋地基土的试验堤均在堆堤起的第 43 天破坏,填土高度分别为 4.04m 和 4.35m(此时土工织物拉断),加筋地基堤的破坏高度(极限地基承载力)仅增加 7.7%,相当于稳定安全系数增加 0.04 左右。可见用圆弧滑动分析法计算筋材断裂时的安全系数是合理的,不能笼统地讲该法偏于保守。

(4)土工合成材料的设计拉力

在式(9-74)和式(9-80)中,土工合成材料的拉力 T 有三种不同的选择,一是极限抗拉强度,二是允许抗拉强度,三是达到一定应变时的拉力。显然第一种选择方法将提高地基的承载力或抗滑动安全系数。根据土工《合成材料应用技术规范》(GB 50290—98),土工合成材料允许抗拉的安全系数最小为 2.5,该值和地基承载力的安全系数 K 接近,故在式(9-74)中,T 值应取极限抗拉强度;在式(9-80)中的 T 值应取极限抗拉强度的一半。这样可避免安全系数的重复设置,充分发挥筋材的作用。

针对不同公式选用不同筋材的设计拉力,源于地基承载力和圆弧滑动分析要求的安全系数不同,两者相差近一倍。这是因为在圆弧滑动分析中,安全系数是在同一滑动面上的抗剪切力与实际滑动剪切力之比,较准确,故安全系数可取较小值;而地基承载力的安全系数是由完整滑动面上抗剪强度确定的极限承载力与基底压力设计值之比,后者并不是由滑动面上的剪切力确定的,不够准确,故安全系数取较大值。

严格讲,无论是水平限制应力 $\Delta\sigma_3$ 的计算和用极限平衡条件算得提高的极限承载力,都要求筋材的长度和布置深度覆盖完整滑动面范围。对大多数工程应用问题达不到这一要求,应对式(9-79)修正,式中第二项的 Z_n 取滑动面深度 D_u,参见表 9-3 或式(9-36);而 φ 值取原膨胀土地基土的内摩擦角。

$$\Delta f = \frac{nT}{K}\left[\frac{2\sin\left(45° + \frac{\varphi}{2}\right)}{b + 2Z_n\tan\theta} + \frac{\cos\left(45° + \frac{\varphi}{2}\right)}{D_n} \times \tan^2\left(45° + \frac{\varphi}{2}\right)\right] \tag{9-81}$$

(5)加筋地基的设计

从式 9-39 可以看出,一层筋材提高的地基承载力是很小的,正确的布置方式是采用多层筋材,形成加筋土(砂)垫层。土工合成材料加筋土垫层属于换土垫层的范畴,在承载力设计中,必须考虑垫层的压力扩散作用和垫层下软土的因埋深修正而提高的承载力,将其叠加于 Δf 即得到加筋土垫层增加的地基承载力设计值 Δf_R:

$$\Delta f_R = \eta_d\gamma(d + Z_n - 0.5) + p\frac{2Z_n\tan\theta}{b + 2Z_n\tan\theta} + \Delta f \tag{9-82}$$

式中:η_d——基础埋深的地基承载力修正系数;

p——基底压力设计值,kPa。

加筋土垫层膨胀土地基承载力设计公式可写成:

$$p - f_k \leqslant \Delta f_R \tag{9-83}$$

式中:f_k——垫层下软土地基承载力标准值,kPa。

土工合成材料的布置深度沿用试验结果:$Z_1 \leqslant 0.67b$ 和 $Z_n \leqslant 2b$,而长度由式(9-84)确定。

$$L_u = b + 2Z_n\tan\theta + \frac{T}{f_p\gamma(d + Z_I)} \tag{9-84}$$

对于需要进行变形验算的建筑物还应做变形计算。

9.7.5 膨胀土加筋地基的施工与质量控制

对膨胀土加筋地基而言,土工织物可以起到以下作用:

(1)形成一个水平向的排水面,起排水通道作用;

(2)土工织物直接铺在膨胀土地基上,起隔离作用,便于施工;

(3)应力分散作用,土工织物与地基土的组合体形成一个整体,限制了地基的侧向变形,这个整体也可以产生一种板体效应,减小了不均匀沉降,在一定程度上也可以起到减小总沉降的作用;

(4)加筋作用,高强土工布与土体组成复合地基,增强了地基的抗剪力;

(5)阻隔路堤体拉力破坏区和地基剪切破坏区的贯通,在堤体和地基间以抗拉强度较高的土工合成材料分隔,一方面约束堤体向外侧变形,使堤体由于受拉力而破坏的可能性减小,另一方面,缩小地基塑性区范围,从而提高堤体的整体性和稳定性。

9.7.5.1 土工布加筋膨胀土地基施工

1. 土工布加筋膨胀土地基施工方案

(1)两层土工布分别铺设,第一层在地表,第二层铺在砂垫层之上,两层的两端分别回包2m,填土时注意应先在两端填土、压实,然后卷起土工布幅端,继续填土压实之后再在中间填土,这是一种常规的施工方法,该法施工工艺简单,土工布与土接触面大,摩擦力大。

(2)将两层土工布并为一层,在地表面铺设,两端各回卷2m。该方法施工简单,两层的强度合二为一,土工布受力更均匀,从而使土工布更不易被拉断,这种方法土工布的摩擦力和锚固力比以上方案减弱。

(3)将第一层土工布在地基之后,并不剪断,即铺设砂垫层,砂垫层压实之后,将土工布回卷至起点,两个端点搭接2m,并用针线缝合结实,使土工布形成一个筒状,中间包裹砂垫层。该方案的优点是:

①增加锚固力,土工布形成一个筒状的整体,避免了被拉脱的可能;

②土工布在填土过程中,随着砂垫层的侧向挤出而被粘紧,从而弥补了土工布延伸率较大的不足,起到了预应力的作用;

③与前两方案相比,该方案每延米路堤可节省土工布6m^2,具有一定的经济效益。

(4)将第一层土工布铺在地面之后,并不剪断,即在两端各压2m宽的砂垫层,碾压之后将土工布回卷至起点,两个端点搭接2m,并用线缝合结实之后,填中央部分的砂垫层并碾压。该法与第3方案相似,具有第3方案的全部优点,同时,由于该方案部分为双层合一,就使土工布中央部分受力均匀,也就增加了抗拉效果,但是该法施工工艺较为复杂。第3、4方案要求土工布产品出厂的整幅长度要足够上、下两幅的长度,尽量避免拼接,以免减低抗拉强度[10]。

2. 土工布加筋膨胀土地基的施工工艺

(1)整平地面并碾压,注意地基保持水平,不留路拱。

(2)铺设土工布,沿路堤地表横向铺设,端头预留2m准备回包,土工布两头用铁钉固定在地表,用废汽车的内胎的胶皮作铁钉的垫片。两幅土工布之间搭接15cm,用丙纶膨胀长丝缝接,然后沿接线每隔2m钉一个铁钉,以增加锚固力。

(3)在土工布之上铺砂垫层,并适当碾压。

(4)将土工布回卷至起点,端点部分重叠2m,重叠部分缝接三道,使土工布成一个筒状。

(5)缝接砂垫层之上的土工布。

(6)铺设土工布两侧的砂垫层并碾压,注意避免机械车辆直接在土工布之上行驶。

9.7.5.2　土工格栅加筋膨胀土地基施工

1. 施工顺序(图9-23)

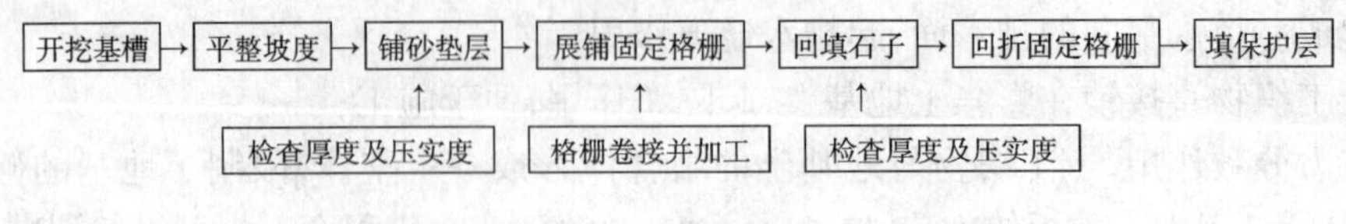

图9-23　施工顺序

2. 施工工艺要求

土工格栅加筋膨胀土地基垫层施工的关键是抓住格栅铺设和填料的夯实,禁止用垃圾或带棱角的片石作填料。

(1)开挖基槽。按设计高程、基槽尺寸边坡开挖基槽。严格控制基槽宽度,边坡坡度。整平底面,排除槽内积水,清除污泥。

(2)整平砂垫层。按设计要求沿基槽底面铺砂,采用人工运砂进场,散铺整平。填料压实用电动打夯机,先从两边开始循序向中间搭接进行,重复两遍达到高程及密实要求。

(3)铺设土工格栅。①铺设土工格栅应在整平砂垫层验收合格后进行。将事先在平地上拼接好卷成捆的土工格栅运至铺设现场,按设计平面定位,展开格栅,使拼缝处在设计位置。②铺设格栅。铺设时,格栅应顺直平整,不得褶皱或损坏,应将格栅拉紧,以保证没有松弛,减少施工中的变形。铺好后用U形柱钉固定,防止移位。③铺填碎石覆盖(填筑材料应按设计采用适水性材料),并分层夯实,确保压实厚度达到设计要求。④搭接固定再将两侧格栅拉紧向中间裹拢成包裹状,紧包住碎石,用U形柱钉固定为上层。上、下层格栅接缝要交替错开,距离不小于50cm。其搭接长度不得小于0.1m(U形柱钉尺寸:宽度为100mm,柱钉的直径为ϕ10mm,长度为450mm)。⑤覆盖保护。上层格栅铺设后,及时铺盖碎石,以避免土工格栅损坏导致强度降低。至此,格栅加筋垫层一个单元的施工,就告结束。

3. 施工质量控制

(1)下承层平整度、拱度:用水准仪观测,每一单元检测不少于3处。要符合设计要求。

(2)搭接宽度:土工格栅底层可不搭接,但必须密贴排放。上层搭接宽不小于30cm(允许误差±5cm)用钢尺量,每单元检查3~5处。

(3)搭接缝错开距离:上、下层错开距离不宜小于0.5m(允许误差±5cm)。每单元用钢卷尺丈量3~5处。

9.7.5.3　加筋膨胀土地基施工质量保证措施

1. 使织物的受力和路堤的变形尽可能接近理想的受力机制

对于路堤下的膨胀土地基加筋垫层,理想的筋材受力机制应是使织物在填土开始时就变形受力,尽早与地基及堤身同步变形,三者的同时受力可以在早期降低土体的应力水平,推迟土体的破坏,而且在整个加载过程中,三者都能协调同时受力,直至破坏。在工作的过程中,还应使织物发生尽可能大的应变,才能使其和地基及堤身土体同步受力。往往填土荷载达到比较大的数值后,土工织物仍然还未开始变形受力。其原因有的是织物铺设时未拉直,因为织物只有在受拉伸后才能受力,如果铺设时未拉直,要待地基产生较大位移、将织物拉直后才能开始变形受力,而拉直前,地基与未铺设加筋无异;有的是堤身填土塑性太小,当堤身材料属脆性时,破坏前堤身在裂缝处织物很快受力变形并达到其强度而被拉断,而其余部分却仍然受力很小。为使织物均匀受力、避免局部被拉断的现象,理想的地基变形应是近似圆弧形。为此,堤身填土要有一定的塑性，实际施工时可控制填土的含水率略高于最优含水率；有的是织物的抗拉模量界面强度不相匹配，在填土加载过程中，出现上述织物被拉断或被拔出或拔动而失去加筋作用[5]。

理想的加筋机制应该是整个加荷过程中堤身、地基与织物三者的抗力同时作用，避免分开作用而被荷载应力各个击破。

理想的筋材受力机制，可使加筋达到最佳效果，但要在工程中完全实现是比较困难的，然而使筋材的受力条件尽量往理想机制靠拢以提高加筋效果则是可能的，在工程中至少可以采取如下措施来提高加筋效果[5]：

①为使织物能在填土开始时就能变形受力，可采用预应变加筋法，至少在铺设土工织物时应拉紧，不能出现褶皱现象；

②为避免堤身出现脆性破坏，填土的填筑含水率应略高于最优含水率，使堤身填土具有一定的塑性，产生近似圆弧的变形，进而使织物受力接近均匀；

③将土工织物夹铺于砂垫层中，不能直接铺于软土面上，以增加界面的强度。根据大量的试验及计算结果，只要将土工织物铺设于砂垫层中，一般情况下界面强度足以传递拉力而不会使织物在受力时拔动，织物两端不必回折。

2. 提高土工织物加筋垫层效果的措施

土工织物在加筋垫层中的应变很小，一般只有2% ~4%，有些甚至更小，而土工织物的极限应变通常都在18% ~25%左右，说明织物的抗拉强度还远未得到充分发挥。在加筋垫层中的设计和施工中，还可采取措施来提高加筋效果[5]。

3. 选择合适的工程——避开加筋垫层尺寸效应的不利影响

路堤下的膨胀土地基加筋垫层存在尺寸效应，就是说，路堤底越小，加筋效果越好；底宽越大，加筋效果越差。这个问题的发现是由于一段时间以来学术界一直存在的一个争论引起的。有一种看法认为，加筋垫层可以提高地基的稳定性，但对减少地基的沉降无效；另一种看法认为，它不但可以提高地基的稳定性，也可减少地基的沉降量，各有各的实测或试验数据作证。徐少曼通过对若干工程资料进行分析，发现不同的堤坝，加筋垫层对地基的沉降的作用存在着差别。认为底宽越大，应力扩散效果越差。施有志、马时冬认为，设置加筋垫层后地基承载力的增量Δf可由式(9-85)表示：

$$\Delta f = p_1 + p_2 + p_3 + p_4 \tag{9-85}$$

式中：p_1——加筋垫层应力扩散增加的承载力，$p_1 = \dfrac{2qH\tan\alpha}{B + 2H\tan\alpha} - \gamma H$；

p_2——垫层下土因深度修正而提供的承载力，$p_2 = \eta_d \gamma (d + H - 0.5)$；

p_3——筋材向上分力增加的承载力，$p_3 = \sum\limits_{i=1}^{n} \dfrac{2T_i \sin\beta}{K(B + 2Z_i \tan\alpha)}$；

p_4——筋材拉力的水平分力的反力增加的承载力，$p_4 = \dfrac{nT\cos\beta}{KH}\tan^2\left(\dfrac{\pi}{4} + \dfrac{\varphi}{2}\right)\dfrac{1}{1 + B/L}$。

可见，除p_2以外，其他三个分量都与垫层宽度B有关，而且位于分母，即B值越大，地基承载力增量越小[5]。

由以上分析可见，无论从织物的变形受力，加筋垫层的应力扩散，还是从加筋垫层的地基承载力，都存在着一个尺寸效应。由于随着堤底宽度的增加，尺寸效应的影响是一个渐变过程，因而很难画一条线区分加筋的有效与无效。但从若干工程的实测结果分析，在一般条件下，堤坝底宽在40～50m以下者，加筋效果较好；40～50m以上者效果较差。因此，在确定加筋方案时，应尽量避开加筋效应的不利影响，选择底宽较小的工程，才能使加筋效果更好。

9.8 研究结论

在对国内外膨胀土地区公路路基与构造物地基处治技术进行广泛调研、综合分析、资料整理的基础上，以解决西部膨胀土地区公路建设主要关键技术问题、提高西部地区公路建设技术水平、确保工程安全、提高工程经济效益和社会效益为目的，采用调研、理论分析、室内试验、现场修筑试验路段、数值分析等研究手段，课题组成员经过三年多的努力工作，取得了一系列具有创新性的研究成果。研究成果不仅对西部膨胀土地区的公路建筑具有很强的针对性和适用性，而且对我国其他地区的类似工程也具有很强的指导意义和重要的参考价值。取得的主要研究成果和创新点如下。

1.“膨胀土地区公路构造物地基与基础设计方法”研究成果

(1)通过对膨胀土地区公路构造物地基与基础工作性状研究，建筑在膨胀土地基上的跨度较大桥涵，因自重大，且基础埋置较深不易发生变形。而那些小型构造物自重小，基础埋深浅，容易受膨胀土不均匀胀缩变形影响而发生病害，必须引起足够重视，并提出了增大基础埋深、采用桩基础、换土、砂包基础、设置宽散水坡、预浸化学处理等处理措施。

(2)通过对挡土墙、桥台、涵洞等主要受膨胀土地基影响的构造物的地基承载力、沉降特性研究，提出了膨胀土地基承载力和沉降的计算方法，是对现有的膨胀土地基与构造物基础设计计算方法的完善和补充。

(3)通过对挡土墙等膨胀土构造物土压力进行分析研究得出：

①黏性非膨胀土回填对减少传递到挡墙的侧向膨胀压力有显著的效果。

②密实饱和条件下膨胀土的侧压力分布不同于密实饱和条件下一般非膨胀土所观测的侧压力分布。

③要把膨胀压力作为膨胀土地区挡土墙的主要力系加以考虑，并在考虑膨胀土挡土墙受力时，挡土墙上部采用膨胀土压力、下部采用主动土压力作膨胀土地区挡土墙的稳定性和强度检算。

④通过对试验挡墙数据进行分析处理，得出实测土压力沿墙背呈曲线形分布，与经典土压力计算理论的直线形分布解存在较大差别。挡土墙的土压力曲线分布问题可能是支挡结构与土介质相互作用所固有的一个特性，现行的土压力计算理论未能对这一规律进行正确反映，因此我们必须谨慎地使用黏性土的土压力计算公式来进行膨胀土土压力计算。

2. 加筋膨胀土地基设计方法研究成果

(1)通过对膨胀土地基加筋土加固和浅基础工作性状研究，掌握了膨胀土地基加筋土加固和浅基础处治措施的工作机理，提出了膨胀土地基加筋土和浅基础的受力特性：包括路堤填料的水平推力；膨胀土地基的胀缩力；膨胀土地基受到约束反作用力；筋材的拉力的激发；拱的效应等。提出了加筋土加固膨胀土地基的作用机理：降低荷载水平，提高地基土承载力；增强膨胀土地基土的约束，提高竖向承载力；增强路堤填料土拱效应，调整不均匀沉降；作为地基表层的排水垫层；阻隔路堤体拉力破坏区和地基剪切破坏区的贯通。

(2)通过对弹性有限元法、双参数法和复合分析法三种方法进行分析，得到如下认识：

①采用土工织物加筋垫层调整路堤及堤底的不均匀沉降和提高膨胀土地基的承载力的效

果良好。

②通过非线性有限元分析及参数反分析的计算，发现有土工织物垫层的情况，浅层位移向路堤中心收缩，相应约束膨胀土地基的侧向变形，无加筋垫层的情况，侧向位移向外，最大的侧向变形在土层的浅部，无约束和向内收缩的现象。

③根据实测结果，加筋膨胀土地基的路堤底面的沉降比较平缓，碟形，无锅底的切入现象。比较理论与实测和有无加筋垫层两种情况可知：有加筋的情况路堤中心部位的沉降比无加筋情况的小，而路堤边缘外的沉降则比较大。这说明土工织物加筋垫层有调整膨胀土地基的不均匀沉降的作用。

④土工织物加筋材料必须有足够的抗拉强度和较小的延伸率，才能约束垫层变形，提高垫层的抗弯刚度，加筋材料的强度越高，其效果越显著。

⑤理论分析和实测结果表明：影响加筋垫层的作用效果主要决定于垫层的挠曲刚度和各向异性，包括垫层的厚度 H、复合模量、加筋垫层的宽度、加筋的层数、合理的层数、合理的布筋和锚固构造等。垫层的宽度在一定的范围内影响其作用效果的变化，但变化显著，超过基础半宽时影响显著减弱。若在基础下只布置 1 ~2 层土工织物，又不注意在构造上采取措施，形成有一定厚度和整体性的垫层，其作用效果甚差，甚至无效。

(3)对膨胀土加筋地基的垫层计算方法：宾奎特法(Binquet J. Lee K. L)；改进的太沙基法；膨胀土加筋垫层的"深基础效应"法研究得出：改进的太沙基法计算结果偏于保守，其结果不尽合理，仅考虑了垫层加筋材料的拉力效应对对地基承载力的提高作用，未考虑垫层的厚度以及加筋材料的加筋作用，使垫层的刚度和扩散角增加对地基承载力的提高作用；膨胀土加筋垫层的"深基础效应"法正是综合考虑了以上因素，因而比较适合土工合成材料加筋垫层的设计；而考虑了膨胀土的各向异性特性对加筋垫层承载力的影响，分析垫层本身的各向异性特性、垫层与软土地基的模量比、垫层的厚度三个主要因素，得出的一种新的计算方法，与前两种计算结果接近。

(4)提出了土工布加筋膨胀土地基、土工格栅加筋膨胀土地基、土工格室加筋膨胀土地基的施工方案和施工工艺，提出了加筋膨胀土地基施工质量保证措施。

参考文献

[1] 杨晓军，施晓春，温晓贵，龚晓南. 土工合成材料加筋土路堤软基的机理. 第八届土力学与岩土工程学术会议论文集，万国学术出版社，1999，437-440.

[2] 赵可，张宝华，等. 用土工合成材料加固浅层软土地基. 我国第四届土工合成材料学术会议论文集，中国土工合成材料协会，1996，182-186.

[3] 付志前，徐又建，王广月，王登杰. 加筋沙土地基的极限承载力. 2002 年全国加筋土工程学术研讨会会后论文集，现代知识出版社，108-112.

[4] 王铁儒，陈文华，杨华民. 土工织物加筋垫层处理油罐软基. 我国第四届土工合成材料学术会议论文集，中国土工合成材料协会，1996，144-148.

[5] 徐少曼. 土工织物加筋垫层的工程应用问题. 全国第六届土工合成材料学术会议论文集，中国土工合成材料协会 1996，172-185. 现代知识出版社，2004. 11.

[6] 王钊. 国外土工合成材料的应用研究. 现代知识出版社，2002. 5，234-244.

[7] 苏嵌森. 土工合成材料加筋垫层的设计应用初探. 2002 年全国加筋土工程学术研讨会会

后论文集. 现代知识出版社,2002.5,147-151.

[8] 陈洪江. 堤坝软基土工合成材料加筋稳定分析方法的探讨. 2002 年全国加筋土工程学术研讨会会后论文集,现代知识出版社,130-137.

[9] 王钊,王协群. 加筋地基设计方法的探讨. 全国第五届土工合成材料学术会议论文集,中国土工合成材料协会,2000,593-596,现代知识出版社,2000.11.

[10] 王福胜,刘建都. 软土地段土工布加筋路堤的施工. 我国第四届土工合成材料学术会议论文集. 中国土工合成材料协会,1996,182-186.

第十章 膨胀土处治新技术工程应用与监测

10.1 膨胀土路基施工技术

一般情况下膨胀土不宜作为高等级公路路堤填筑材料，但是若由于公路所经膨胀土地区路线长、膨胀土分布范围广，难以选到非膨胀土作填料时，需要改善膨胀土特性，满足路堤施工的基本要求。采用水泥、石灰改良膨胀土是有效的，且比较经济可行。

为保证路堤的质量，在施工过程中对路堤的施工质量检验评定主要有以下几方面。

(1)施工准备要求

前期准备工作包括：对填、挖方地段的土质进行分析；对施工区的天气调查（其中对雨季、晴热天气时段的调查尤为重要）；对施工区原有排水情况的调查以及对设计排水设施的分析研究等。进行土质分析是为了掌握填料及挖方的特点，选择正确的施工工艺，初步确定试验段的各项参数。在路基开挖及填筑前及时施工各种截水沟、排水沟及排水涵，如排水沟不能及时做，应挖临时排水沟，做到永临结合，保证施工区段排水畅通。

(2)路堤填料要求

膨胀土原则上不宜用作路堤填料，特别是强膨胀土更不宜用来填筑路堤，必须利用膨胀土作填料时，要考虑以下方案：①最好选用膨胀性较弱的土，且只用于路基下层，而不用于路床（路面下 80～100cm 范围）。②也可采用外包路堤方案，内填膨胀土，外包非膨胀土或经处治的膨胀土，外包层主要根据当地自然条件而定，一般厚 1.5m 左右。③不得已全用膨胀土填筑时，应将膨胀性较强的土填在最下面，膨胀性较弱的土填在上面，同一种土填在同一层次上，且厚度要均匀，以免引起不均匀变形。④对于直接使用中、弱膨胀土填筑路堤时，应及时对边坡及顶部进行防护。

(3)路堤断面要求

路基断面设计总的要求是减少或消除膨胀土湿胀干缩的有害影响，以减轻或避免路面—土基系统容易出现的季节性波浪变形。措施是防水保湿，保持土基中的水分均匀分布和相对稳定，减少水分迁移变化，特别是路幅内水分的不均匀分布变化，为此应考虑以下几点：①路基断面横坡尽可能大，必要时设防渗层。②路肩尽可能宽一些，以利于保持路面下土基内水分的稳定，最好不小于 2.0～2.5m；路肩横坡要尽可能大一些，以利于排水；路肩和路面结构层用相同的材料铺砌，以利于保持路幅内土基水分的均匀性，并铺较薄的不透水面层或做防渗处理，以防水分下渗。③边沟适当加宽、加深，沟底应在土基顶面以下至少 20～30cm，并尽可能离路面结构层远一些。④路侧植树,根系吸水,容易引起路基水分的不均匀变化,是路面局部变形的原因。为此路侧不应种树,特别是不应种生长快、吸水和蒸发量大的树种,如桉树等。若成排种树,其距离应在边沟外侧 1.4 ~1.5 倍成长后的树高以外,至少也应该是成长后的树高以外,但不得小于 5m。

(4)路堤高度要求

膨胀土填筑后,受大气物理风化作用,呈湿胀干缩效应,土块逐渐崩解,土的强度逐渐衰减,在行车荷载作用下,产生压缩下沉。膨胀土高路堤后期下沉量大,且易形成下沉外挤,从而产生很大的沉陷量。基于以上情况,膨胀土路堤不宜过高,一般宜控制在 3m 以内,如超过 3m 则需考虑沉降稳定问题,如超过 6m 还需考虑预留沉降量和路基的加宽。

(5)路基排水要求

①精心设计排水设施,形成良好排水网系,以使危害路基路面稳定的地面水、地下水能顺畅排走,防止地面水冲蚀路基、积水浸泡路基和地下水浸入路基。②所有地面排水沟渠,特别是近路沟渠,均应铺砌和加固,以防冲、防渗。③边沟应较一般地区适当加深、加宽。路堑的边沟深度不得小于 80cm,外侧应设平台,以保护坡脚免遭水浸,并防止边坡剥落物堵塞边沟。

(6)路堤压实要求

修筑膨胀土路堤采用较高含水率、较低重度的原则,即在比轻型击实标准最佳含水率略高的含水率下压实到略低的干重度。

压实含水率宜比轻型击实标准的最佳含水率大 1% ~3%,压实度应不低于轻型标准的 95%。

压实含水率的控制应以平衡含水率为基础,建议取(0.8 ~0.9)w_p 或稠度为 1.1 ~1.3 时的含水率压实,压实度不低于轻型击实标准的 95%。

(7)土基加固要求

在膨胀土路堑内,或在膨胀土路堤上使用膨胀土填筑路床时,均应考虑采用石灰、水泥或无机结合料对土基一定深度的膨胀土进行改良加固,以保证土基稳固。所用剂量视膨胀土的性质与改良加固的要求而定,使用石灰时一般以 4% ~6% 为宜,所需要厚度视膨胀土性质、公路等级与当地气候条件而定,一般为 40 ~60cm(必要时可增加到 80cm),对于高等级公路还应使土基处治层与路面总厚度之和不小于 1.0 ~1.5m。如当地有其他经济、适用的材料,亦可采用换填的办法。

(8)施工过程要求

膨胀土地区的路基施工,应避开雨季作业,并加强施工现场排水,保证地基和已填筑的路基不被水浸泡。膨胀土路基开挖各道工序要紧密衔接,连续施工,分段完成,路基填筑检验合格后不应间隔太久或越冬后作路面。膨胀土在施工时应满足下列基本要求。

①路堤填筑要求

膨胀土路堤填筑应先做 100m 试验段,确定碾压厚度、压实遍数和松铺系数后,再全面展开施工。路堤施工在借鉴铁路路基土石方施工的传统方法“四区段、八流程”水平分层填筑组织实施的基础上,根据膨胀土特性,结合地区的气候特点,应增加晾晒区,即五区段:填土区、晾晒区、平整区、碾压区、检测区;增加快速检测的流程(含水率检测),即九流程:测量放样、基底处理、分层填筑、摊铺整平、快速检测、碾压密实、检验签证、顶面修整、边坡修整。

高速公路、一级公路、二级公路等采用中膨胀土用作路床填料时,应作掺灰改性处理。改性处理后要求胀缩总率不超过 0.7 为宜。

若限于条件，高速公路、一级公路用中等膨胀土填筑路堤时，路堤填成后，应立即作浆砌护坡封闭边坡。另外，当填至路床底面时，应改用符合规定强度要求的非膨胀土或改性处理的膨胀土填至路床顶面设计高度并严格压实。如当年不能铺筑路面，作为封层的填筑厚度，不宜小于30cm，并做成不小于2%的横坡。

使用膨胀土作填料时，为增加其稳定性，可采用石灰处治，石灰剂量可通过试验确定，以强度试验参数为主要依据，同时要求掺灰处理后的膨胀土，其胀缩总率接近于零为佳。

可用接近最佳含水率的中膨胀土填筑路堤，但两边边坡部分要用非膨胀土作为封层。路堤顶面也要用非膨胀土形成包心填方。挖方地段当挖到距路床顶面30cm以上时，应停止向下开挖，并挖好临时排水沟；待做路面时，再挖至路床顶面以下30cm，并用非膨胀土回填，按要求压实。

②路堤原地面处理要求

对于高速公路及一级公路：填高不足1m的路堤，必须挖去地表30~60cm的膨胀土，换填非膨胀土，并按规定压实；地表为潮湿土时，必须挖去湿软土层换填碎砾石土、砂砾开挖方坚硬的碎碴，或将土翻开掺石灰加以稳定并按规定压实。

③路堑开挖要求

挖方边坡不要一次挖到设计线，沿边坡预留厚度30~50cm一层，待路堑挖完之后，再削去边坡预留部分，并立即浆砌护坡封闭；膨胀土地区的路堑，高速公路、一级公路的路床应超挖30~50cm，并立即用粒料或非膨胀土分层回填或用改性土回填，按规定压实。

④路堤碾压施工要求

根据膨胀土自由膨胀率的大小，选用工作质量适宜的碾压机具，碾压时应保持最佳含水率；压实土层松铺厚度不得大于30cm；土块应击碎至粒径5cm以下。

路堤与路堑分界处(即填方交界处)，两者土内的含水率不一定相同，原有的密实程度也不相同，压实时应使其压实得均匀、紧密，避免发生不均匀沉陷。因此，填挖交界面处2m范围内的挖方地基表面的土应挖台阶翻松，并检查其含水率是否与填土相近，同时采用适宜的压路机具，将土压实到规定的压实度。

因膨胀土路堤压实后的紧密程度比一般土填筑的路堤更重要，故规定压实度检验点数增加一倍。

⑤施工过程的质量控制

试验路段填筑过程中，由项目部工程部、工地质检员、工地技术负责人、旁站监理、专业监理工程师、课题组成员进行全过程现场监督施工。

施工过程严格按规范和施工方案进行操作，特别强调按重量比例进行掺灰，场拌拌和均匀、保证闷料时间、分区倒土，松铺厚度的控制、碾压顺序、碾压遍数的正确进行以及含水率的抽检。

施工前参加施工的技术人员、作业人员必须进行技术和安全交底。

质量控制内容：

a. 路基填方段表面光洁，无明显的轮迹，无松软、松皮、弹簧等现象。

b. 取土区的土样试验数据必须经监理工程师检查，符合路基施工技术规范和土木试验规程，数据准确真实。

c. 填筑区的含水率和压实度等试验数据，经现场监理工程师全过程监督和试验监理工程师抽检审查，符合要求后才能进入下道工序施工。

d. 对三段试验路段采用的检测方法：压实度采用灌砂法和核子仪法对比检测；含水率采用施工现场酒精燃烧法（4 遍）和试验室烘干平行检测；石灰剂量采用 EDTA 滴定法检测。

10.2 膨胀土改良与处治技术及在潭邵高速公路中的应用

膨胀土的膨胀性发生在改变膨胀土的环境的时候。环境变化包括压力释放，由于温度增高而引起的干缩及由于水进入而引起的体积增大。然而，影响膨胀土的重要因素是水。一般来说，膨胀土的膨胀潜能通过几种方法是可以减小甚至完全消除的。第一种方法是预湿膨胀土以形成高含水率的土；第二种方法是在土的膨胀潜能为最小值时，要求干重度达到一定程度降低压缩控制；第三种方法是应用石灰、水泥、粉煤灰、氯化钠、氧化钙、磷酸盐、磨细矿渣等化学稳定方法来稳定膨胀土，化学稳定法一般比其他方法更为有效；第四种方法是隔离膨胀土，使含水率不发生变化；第五种方法是约束膨胀土的膨胀，如采用土工合成材料、锚杆技术等治理膨胀土。

10.2.1 复合土工布用于封闭路基膨胀土填土

在路面下铺一层复合土工布，如用两布一膜土工布。这种复合型土工布兼有土工膜的防渗和织物的横向排水的双向功能，力学强度指标高，且有保温、加固等作用。铺设在基床表层上，主要起隔离（隔水、隔浆、隔碴）、排水、反滤作用，也起着分散基床应力与提高基床刚度的作用。利用土工膜隔绝路基膨胀土填料和外界雨水的接触并保持路基填土的湿度，避免路基填土遇水膨胀、失水干缩给公路造成病害。这种方法若能在设计和施工上全面考虑，将是相当有效的。

为了达到防治膨胀病害的目的，“两布一膜”复合型土工布采用全断面铺设，两侧不能暴露于基床外，铺设时应使其平整无褶，连接时采用焊接或采用搭接方式，搭接宽度不小于 30cm，搭接时应使高端压在低端上。铺设完后对其进行一次铺设情况检查，铺设达到质量要求后，接着及时铺设一层厚 10cm 的中粗砂保护层，并设 4% 的横向排水坡度，经人工整平后碾压，达到地基系数、孔隙率要求后，再进行填筑上部基床材料，用压路机碾压。

10.2.2 封闭法（包盖法）

全封闭法是用非膨胀土包盖堤身，将封闭土与填料一道分层填筑并压实，包盖厚度应不小于 1.5m。

分区或混合法是将胀缩性强的土填在下层、内部，胀缩性弱的土填在上层、外部；或将膨胀土与非膨胀土交替分层摊铺并碾压。若混合后土体仍相当于弱膨胀土时还需设置包盖。

10.2.3 石灰处理膨胀土

膨胀土的石灰处理已得到了广泛的应用，石灰是适用于高塑性类土的最普及的稳定剂。石灰稳定包括：①改变膨胀土颗粒周围和内部的物理化学环境；②改变水流入流出孔隙的自然状态；③影响整个土体的特性变化。当膨胀土与二价的具有较低化合（亲和）力的水的离子发生交换时，就出现了膨胀土最有效的化学稳定。对各种阳离子而言，最为有效且最有用的是钙离子。石灰稳定的一般（反应）过程：阳离子的交换，凝聚与结块，碳化作用和胶凝作用。开头两个作用过程使土的可塑性增大，因而改变了膨胀土的电荷，后两个作用过程是黏结反应过程，使土的承载强度提高。因此，石灰稳定分为两个阶段：第一阶段包括膨胀土表面的阳离子交换与凝聚过程；第二阶段是从黏土矿物晶格中分离出的氧化硅。初期的离子交换与化学反应引起钙质硅酸盐的凝胶，使土发生了胶结，进而包裹成黏土团块并堵塞孔隙。钙质硅酸盐凝胶逐渐结晶，形成一种联锁结构。石灰稳定土体包括氧化钙（生石灰）或氢氧化钙（熟石灰）形式掺入土的石灰物质的混合物。

（1）膨胀土的矿物组成

膨胀土中硅、铝和钙的含量对石灰处理膨胀土的4个作用都会有影响，而膨胀土中铁、硫化物和有机质含量过多，将会破坏上述4种作用。我们认为当用石灰处理过的膨胀土比原膨胀土的无侧限抗压强度高3.5kg/cm^{2}以上时，可用石灰处理，否则将用别的物质处理。

（2）膨胀土团粒的大小

土的团粒越细，它同石灰的相互作用将越充分，否则要适当增加石灰的用量，一般要求团粒尺寸最好不要超过5cm。

（3）石灰的用量

当石灰用量不足时，一般不产生胶凝作用，这时只是大幅度降低了膨胀土的塑性，因而也降低了它的膨胀势和收缩势，但对其强度的影响不大，随着石灰含量增加，逐渐产生胶凝作用，逐渐增大了土的强度，直到最佳用量时，得到最大的强度和最小的强度损失。国外试验研究发现：石灰含量1%～2%能够最大限度地降低以高岭石为主、伊利石约占1%的膨胀土的膨胀率。当膨胀土用3%～4%的石灰处理后，其膨胀压力几乎等于未处理的膨胀压力；而用6%～8%的石灰处理膨胀压力要比未处理膨胀土的膨胀压力大。因此我们可以得出如下结论：用石灰处理膨胀土，并不是掺石灰越多越好，应该根据膨胀土的主要矿物成分、试验得出的最佳掺量、在实际中石灰搅拌不均匀应当适当提高掺量来决定石灰的掺量。不要一味提高石灰掺量，石灰掺量高，不仅浪费，而且不利于膨胀土的治理，起到相反的作用。

（4）时间

膨胀土与石灰掺和后，其强度是随时间而逐渐增加的。3个月内的强度是随时间而变化的，超过3个月后强度的变化趋缓。1个月内的强度变化较快，所以，一般工程实际用28d强度作为判断石灰处理效果的指标。

（5）温度

温度愈高，石灰与膨胀土的作用过程愈快，为了节约时间，一般可在室温49℃下处理30h，代替室温条件下28d的处理结果。

（6）冻融作用

石灰处理后的膨胀土，经过冻融循环后，强度将会降低，多数情况下，经过7个循环后，强度已基本稳定，工程实用多采用3个循环后的值。

（7）施工技术要求

掺灰拌和分两步进行。第一步，在取土坑附近取土掺灰，此时掺生石灰掺量为总掺量的40%左右，可用挖掘机对其翻拌后打堆闷料，闷料时间为48～72h；第二步，待石灰消解，土的塑性指数与含水率降低后将拌和料运至路基上摊铺、粗平，并达到松铺厚度，撒铺补足剩余石灰剂量。当含水率接近最佳含水率时，宜用消解石灰。按路拌法采用强制式稳定土拌和机进行，并根据拌和机的性能决定松铺厚度。松铺厚度不得大于拌和机有效拌和深度，且不得大于30cm。拌和后的含水率要均匀，最大土块应小于5cm，各施工层之间不得有素土夹层。

10.2.4 水泥、粉煤灰处理膨胀土

当由水泥和粉煤灰与膨胀填土混合后，会发生一系列的化学反应。当水泥遇水后，首先在颗粒表面形成一层胶体膜，膜层的形成减缓了外部水分向内渗透和水化物向外扩散的速度，随着时间的延续，水分的渗透压力作用，膜层进一步往内层推移，进入胶化阶级。当凝胶体的颗粒逐渐接近，胶体首先结晶为毛发状晶体，逐渐发育形成主要通过结晶接触点，以化学键相互作用的结晶结构具有高强度，它达到长期强度的龄期强度为28d。

粉煤灰的主要成分为 SiO_2 和 Al_2O_3，多呈多相聚集颗粒体，主要为粒状结构，含有少量片状和针状颗粒。以 SiO_2 和 Al_2O_3 为主要成分的颗粒主要为粒状球体，球体外壳光滑致密。粉煤灰与水泥以及黏结剂等按比例混合后，在有水的情况下发生一系列反应。铝硅质的粉煤灰本身不具有水硬性，但在有水条件下能被水泥中的硅酸三钙水化产生的 $Ca(OH)_2$ 激活而具有水硬性，即"火山灰效应"，化学反应如下：

$$SiO_2 + xCa(OH)_2 + mH_2O = xCaO \cdot SiO_2 \cdot (x+m)H_2O$$

$$Al_2O_3 + xCa(OH)_2 + nH_2O = xCaO \cdot Al_2O_3 \cdot (x+n)H_2O$$

生成的水化硅酸钙、水化铝酸凝胶和水泥水化物一起硬结，产生强度。

10.2.5 土工合成材料在处治膨胀土路基工程中的应用

土工布在膨胀土公路中具有排水作用，土工膜具有防渗保湿作用，土工网、土工格栅和土工格室具有约束膨胀土边坡侧向膨胀变形的作用，所以可充分发挥土工合成材料这一新型土工材料在处治膨胀土技术方面的作用。

受加筋土技术用于解决土体稳定、加固路基边坡的实践启示，基于对膨胀土填料的工程性质、膨胀土路基边坡表面风化作用特性的认识，尤其注意到膨胀土路基病害多为边坡表层失稳破坏的实际情况，在对路基作整体稳定性分析的基础上，充分利用土工网格的抗拉强度、土与网格的相互咬合摩擦作用，一方面，通过土中铺设网格吸收部分土体因干燥失水收缩产生的收缩应力，抑制边坡土体开裂的宽度和深度，防止坡面产生严重开裂而为外界环境水分入浸提供通道，另一方面，土中加网格又可抑制因水分进入坡面引起膨胀土体膨胀、松散，提高路基表面土体的整体性和抗剪强度，保证边坡表面土体雨季饱水后，不致于强度降低过多、自重过大而失稳。再辅以其他措施，保证路堤的有效封闭性。

根据铺网格的目的，参考国内外相关设计手册和大量研究结论（强风化层厚2m左右），以及南昆线用土工网处理膨胀土边坡已有经验，同时为方便施工，节约用料，边坡水平铺设网长采用2.5m，铺土工网间距为0.40~0.45m（两层压实土厚）。铺土工格栅间距为0.6~0.7m。

近几年来经过科研、设计、施工单位的共同努力，成功地采用土工网格加固膨胀土边坡技术，可按如下要求进行设计和施工。

第一步：坡面护坡

为了防止暴雨天水流对坡面形成冲刷，同时对膨胀土形成有效保护，采用土工格网反包护坡方法，反包网外加20cm耕作土层，植草绿化，既减少了大气对网和膨胀土的作用，又美化了道路景观。

第二步：铺网筋材

由理论分析可知，路堤坡面处理对材料要求不高，土工网建议采用CE131，其主要技术指标：幅宽2.5m，六边形网眼尺寸27mm×27mm；最小抗拉强度5.8kN/m；最大负荷延伸率为

16.5%。土工格栅建议采用 SDL—25 和 SDL—35,其最小抗拉强度分别为 25kN/m 和 35kN/m,最大延伸率为 8%。

第三步:按要求选择路堤填料

膨胀土填料粒径应小于 5cm,以利于水分蒸发和压实。严格控制压实含水率,新开挖的膨胀土体含水率一般较大,施工中采用现场晾晒的方法,直到比最佳含水率高 2~3 个百分点,再进行碾压。

第四步:路堤压实

按设计要求路堤填筑从下至上分层进行,碾压采用振动压路机,要求 0~80cm 压实度大于 95%;80~150cm 压实度为 93% 以上;150cm 以上压实度为 90% 以上。

第五步:土工网格的铺设

在压实经检验合格的路基上,沿横断面方向自路基边缘 2.5m 范围内,每两层填土上铺一层网格,按 3.6m 一段裁开网格,预留 1.1m 伸出用于反包。为了保证铺网格沿路纵向的整体性,每隔 2.4m 将幅宽 2.5m 的两块网格用铁丝捆扎搭接(搭接长 10cm)。为充分发挥网格与填土的相互作用,铺网格时,用一带排钩的钢筋拉住网格端部,沿路中线方向人工张紧至网格产生 1%~2% 的伸长,立即用 $\phi 6$ 钢筋制成的 U 形钉将网在路基面上固定。网格反包时,也用钩将网张紧,使其紧贴修整后的坡面,用 U 形钉将它与下层铺网格一起固定。这样网格与网及土构成一个整体。

10.2.6 路基防护措施

做防护的原则是保湿防渗,即尽可能使边坡土体保持其湿度不发生大幅度变化。因为膨胀土路基边坡发生破坏的重要原因是土体的干缩湿胀、表层风化,导致抗剪强度大大降低,所以对所有坡面需快速有效地封闭。此外,已有边坡整体稳定是做防护工程的前提。

1. 挖方路堑边坡防护

(1)一般要求

开挖路堑的同时在边坡顶 4~5m 处设置用水泥砂浆铺砌的天沟;坡面有地下水出现时,应在出水点位置布置边坡渗沟,其深度不小于 1m,沟底需做成阶梯形;路基顶面用 0.5m 厚黏土层封闭或掺石灰处置,经压实后保证路面水不渗入路基内部。

(2)防护措施

①坡面封闭

采用 3m×3m 石砌棱形骨架,骨架尺寸 0.35m×0.45m,骨架中间用三合土或二灰土封闭,封闭土厚度不小于 15cm,防水渗入。也可在格内铺草皮封面。

对土的膨胀性弱且小于 3m 高的边坡,放缓边坡(1∶2或1∶1.75),用种灌木、铺草皮或三合土封闭。此法价格便宜,但只适应土的膨胀性弱的矮路堑。

用厚 0.25~0.3m 的浆砌片石封面,其防护效果较好,但造价高。

用柔性卷材(维尼龙涂塑布)封闭。边坡开挖后立即铺上涂塑布,预留长度至天沟和边沟,并压于沟底,外侧用 0.5m 厚黏土按筑土墙的办法夯实。此法适应于边坡坡度大于 1∶1,坡高小于 4m,且坡面无地下水的情况,宜旱季施工,施工工序要紧凑,坡顶至天沟边也须用黏土封闭。这种防护措施施工简单,封闭效果好,造价比浆砌片石或骨架防护低。

②挡土墙防护

为防止坡脚处剪应力过大产生塑性破坏,将挡土墙做成墙体和排水沟连成一体的仰斜式。

这样可起到三个作用:防止路面水渗入墙底软化基础;提高挡土墙承载能力以及抗滑、抗倾覆稳定性;保护路基土不致因水渗入而引起膨胀。这种挡土墙在南宁膨胀土路段普遍采用,效果良好。

③应力锚杆框架护坡

预应力锚杆框架由框架梁、锚杆及锚具组成。它是“土钉”技术和骨架护坡方法的结合,能对坡面起“框箍”作用:一方面抵制土体膨胀力,抑制湿胀变形,使表土的含水率、干重度保持在一定范围内;另一方面可起补偿作用,即使反复干缩湿胀使土体抗剪强度有所下降,但通过张拉锚杆使框架梁对坡面施加附加应力,路堑边坡表土仍可稳定。此法适用高大边坡,其施工程序为自上而下,分层进行。下一层开挖时,上层已得到初步防护,所以很适合膨胀性(岩)土边坡的快速封闭。框架中间再铺草皮,其稳定效果好且比浆砌片石护坡经济。

2. 填方路堤边坡防护

(1)一般要求

路堤路堑交界处若有地下水渗入,需设横向盲沟排水;尽量选用胀缩性弱的土作填料;路堤填筑需严格分层,较大土块要认真打碎以破坏其原生结构;坡脚处有水流时需设置矮挡墙。

(2)防护措施

①坡面封闭:挖方边坡采用封闭措施,最好采用满铺。

②土工格栅护坡:在边坡处铺土工格栅,使填料由散粒变为加筋复合材料,增大土体抗剪强度;碾压时至路边缘,从而提高边坡处土体密实度;格栅与填料间摩阻力能抑制土体在两个方向的膨胀,可防止边坡溜坍和雨水冲沟扩大;边坡坡率可变陡,节约用地。

10.2.7 用土钉墙处理膨胀土路堑边坡

近年来,随着土钉在深基坑开挖和周围限界领域的广泛应用,在南昆线上采用了土钉墙进行膨胀土路堑边坡的加固。在土钉墙设计中必须同时满足外部和内部两种稳定性。外部稳定性检算,除了满足土钉挡墙的特殊条件,即必须检算边坡是否有深层破坏,其余与一般重力式挡墙的检算方法相同;而内部稳定性检算则要求:在设计推力作用下,土钉本身不应被拉断;土与钉之间的黏结力必须有足够的强度;面板与土钉连接为一个整体,共同工作。

当路堑边坡的高度小于5m时,可采用单级土钉墙处理膨胀土路堑边坡。钉长为3.5m,土钉材料采用聚丙烯工程带,设计抗拉强度为10kN/每根,最大应变小于2%,每孔放入4根。当膨胀土路堑边坡高度达到10m时,应采用两级挡墙,上墙与单级相同,下墙采用钉长为4.5m,土钉材料采用ϕ18的钢筋,设计能力为33kN,两级挡墙的坡面比可为1:0.2,在两级挡墙中应设有宽为1.5m的平台,土钉钉距在水平和垂直方向均为1.25m,土钉孔径为100mm,土钉的斜度为向下倾斜15°,灌孔砂浆强度等级为300,水灰比为0.45左右,砂的级配为粗砂,砂料中含土率不大于4%。面板的设计为先喷射10cm厚的混凝土→挂铁丝网→再喷射10cm厚的混凝土。采用的混凝土水泥标号为425号,砂为中粗砂,粒径为0.25~0.5cm,含土率不超过5%,粗颗粒最大粒径为1.1~1.5cm。

施工程序:自上而下分层开挖路堑边坡,开挖所用机具和施工工艺必须对堑坡土体的破坏程度最小,每层开挖深度为2m,但最下一层开挖深度可达3m,每层开挖后,修整坡面,打孔、灌浆、喷射第一层混凝土。为便于施工,在开挖两层后,就开始挂网,喷射第二层混凝土,再次喷射混凝土的总厚度为20cm。

10.2.8 十字形锚杆骨架护坡和梁形锚杆骨架护坡

设置十字形锚杆骨架护坡或梁形锚杆骨架护坡，锚杆长3.0～3.6m，锚杆采用ϕ16的钢筋。边坡坡度为1:1.75，骨架为预制，骨架内种草皮。具体的施工工艺如下：

(1)架预制：按设计立模预制，十字形骨架材料为C30钢筋混凝土，梁形骨架材料为C20钢筋混凝土。

(2)施工准备：工程防护措施应在旱季施工，施工前做好排水工作，保证施工质量。

(3)堑坡开挖：分段分层进行，分层高度2.0m。若防护不能及时跟上，边坡应预留10～20cm保护层，待防护时人工整平使坡面平顺。

(4)钻孔：由测量人员严格定出锚孔桩，采用潜孔钻钻孔。

(5)锚杆安装：锚杆必须顺直并除锈，在孔口附近锚杆涂上一层防锈漆，并用两层沥青玻璃布包扎后插入孔内。

(6)灌浆：灌浆采用普通水泥砂浆，灰砂比为1:1，水灰比为0.4～0.5，水泥标号为425号。整个灌浆过程中，应使压浆管充满锚孔，以保证灌注质量，在孔口处，待灌入砂浆初凝后，用稠浆人工封口。

(7)骨架安装：锚杆砂浆经养护达到设计强度后，在坡面挖0.1m深的槽安置骨架。

(8)灌注连接：骨架安装后，绑扎接头钢筋，固定锚杆，立模灌注连接。

(9)铺草籽布：在骨架养护一周后，开始铺草籽布。沿坡面满铺，与骨架边缘密贴，及时洒水，确保成活率。

10.3 膨胀土改良与处治技术及在常张高速公路中的应用

常德至张家界高速公路试验路段为弱膨胀土填筑路堤、石灰改良膨胀土路堤、加筋处治膨胀土路堤，通过对以上路堤进行现场试验研究，试验路段选在K85+850～K86+080段，全长共230m，含三个试验路段，一个涵洞。K85+960处为钢筋混凝土盖板涵，其一侧，即K85+900～K85+958为弱膨胀土填筑路堤试验段；其另一侧，即K85+962～K86+020为石灰改良膨胀土路堤试验段；K86+020～K86+080为膨胀土加筋处治路堤试验段；K85+850～K85+900作为填石路段与填膨胀土路段的过渡段。

在每个试验路段选取两个断面埋设沉降管和一个断面埋设土压力盒，进行路堤在施工过程中的沉降和竖向应力观测。

10.3.1 试验路段设计方案

10.3.1.1 K85+900～K85+958弱膨胀土填筑路段设计方案

K85+900～K85+958为弱膨胀土填筑路堤路段，设计长度58m，对90区采用不作任何改良处理的弱膨胀土填筑。在清除淤泥后的地面位置和90区顶面各铺一层土工膜，土工膜要求采用两布一膜复合土工膜，厚度≥3mm，断裂强度≥18kN/m，断裂伸长率40%～90%，撕破强力≥0.6kN，CBR顶破强力≥3kN，垂直数达到10^{-11}cm/s，幅宽采用6m。其铺设方法如下：先铺10cm的砂垫层，然后在其上铺两布一膜土工膜，采用全断面铺设，但两侧不能暴露于路基边坡外，铺设时应使其平整无褶，连接时采用布缝膜焊的连接方式，搭接时应使高端压在低端上,搭接宽度不小于 30cm,并保证土工膜横坡为 3% ~4%;然后在土工膜上铺一层 10cm 厚的砂保护层,如图 10-1 所示,经人工整平碾压后即可进行下一步路基填筑工序。

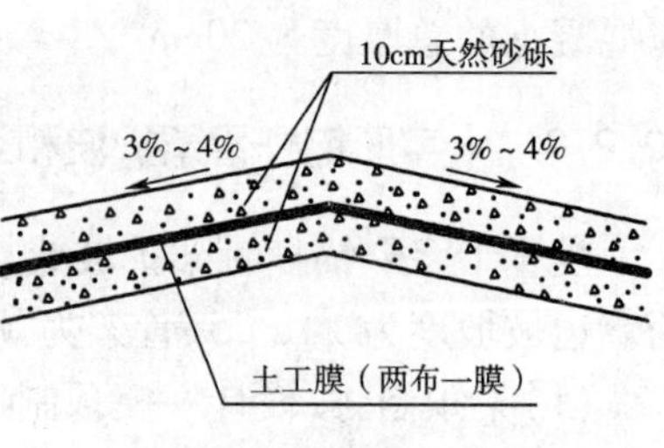

图 10-1 土工布铺设图

测试元件的埋设方案:

(1)在清除淤泥后的原地面至 90 区顶面的路基填土中,沿 K85 +930 横剖面右半幅等间距埋设 11 个土压力盒(图 10-2);

(2)在 K85 +920 和 K85 +940 两断面略高于原地面位置、原地面至 90 区顶面范围的路基填土中间及 90 区顶面沿路基横向全幅各埋设 1 根沉降管,共 6 根(图 10-3、图 10-4);

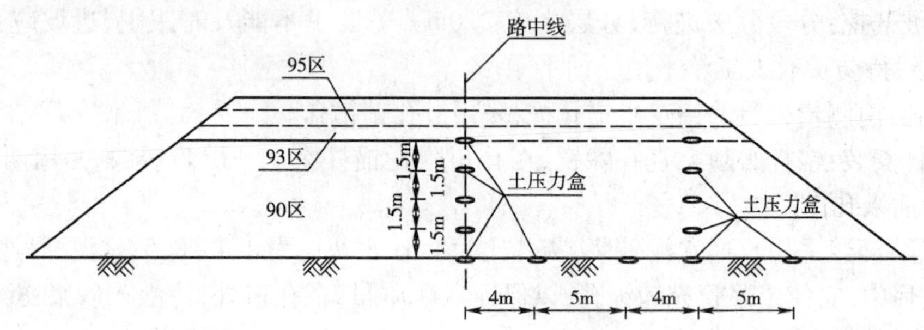

图 10-2 土压力盒布置图

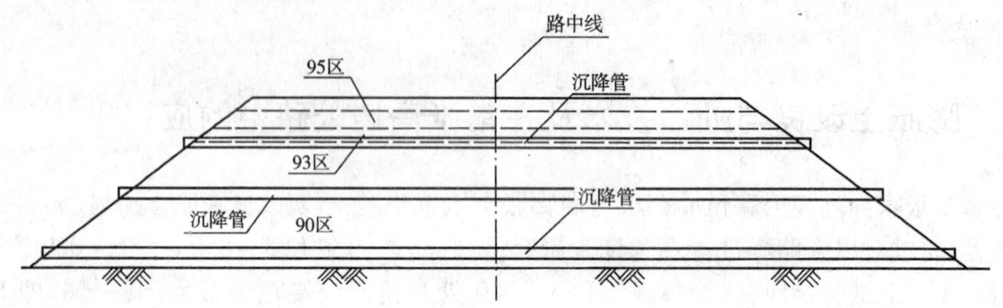

图 10-3 沉降管剖面布置图

(3)在 K85 +930 右侧远离坡脚 1 ~2m 位置处,埋设一个临时水准点,高程略低于原地面,并与沉降管高差不大于 1m;断面尺寸为 300mm×300mm,至少埋深 1.5m,用混凝土浇筑,中心露出 10 mm 的钢筋头(图 10-4)。

10.3.1.2 K85 +962 ~ K86 +020 石灰改良膨胀土路段设计方案

K85 +962 ~ K86 +020 为膨胀土改良处理路段,设计长度 58m。通过室内试验确定,对路基 90 区采用膨胀土外掺 4% 石灰改良填筑。土工膜铺设方法及要求与弱膨胀土填筑路段设计方案相同。

测试元件的埋设方案:

(1)在清除淤泥后的原地面至 90 区顶面的路基填土中,沿 K85 +990 横剖面右半幅等间距埋设 11 个土压力盒(图 10-2);

(2)在 K85 +980 和 K86 +000 两断面略高于原地面位置、原地面至 90 区顶面范围的路基填土中间及 90 区顶面沿路基横向全幅各埋设 1 根沉降管,共 6 根(图 10-3、图 10-4);

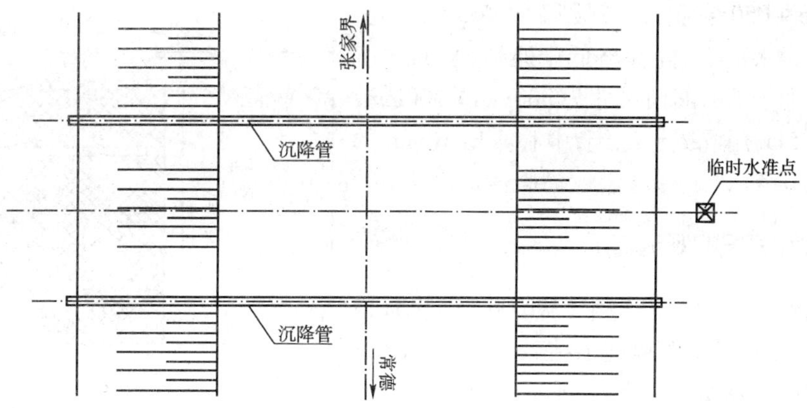

图 10-4　沉降管平面布置图

(3)在 K85 +990 右侧离坡脚 1 ~2m 位置处,埋设一个临时水准点,高程略低于原地面,并与沉降管高差不大于 1m;断面尺寸为 300mm ×300mm,至少埋深 1.5m,用混凝土浇筑,中心露出 10mm 的钢筋头(图 10-4)。

10.3.1.3　K86 +020 ~ K86 +080 膨胀土加筋处治路段设计方案

K86 +020 ~ K86 +080 为膨胀土加筋处理路段,设计长度 60m。路基 90 区采用膨胀土作路堤填料,同时采用土工格栅分层加固处理。土工格栅采用 TDGD/SDL—35,主要技术指标有:幅宽 2.5m,其最小抗拉强度为 35kN/m,最大延伸率为 8%。铺设方法如图 10-5、图 10-6 所示。为了防止暴雨天水流对坡面形成冲刷,同时形成对膨胀土的有效保护,采用格栅外加 20cm 耕作土层,植草绿化,既减少了大气对土工格栅和膨胀土的作用,又美化了道路景观;在压实度检验合格的路基上,沿横断面方向自路基边缘往中心线 5m 范围内,在 90 区每两层填土铺一层土工格栅;铺土工格栅时,用一排带钩的钢筋拉住格栅端部,沿路中线方向人工张紧至网格产生 1% ~2% 的伸长,立即用 $\phi6$ 钢筋制成的 U 形钉将格栅固定在路基上,U 形钉间距为 1m,呈梅花形布置;为了保证铺网格沿路纵向的整体性,两幅格栅搭接宽度为 10cm,并用 U 形钉固定在路基上(注意:机械设备不得直接在格栅上作业)。

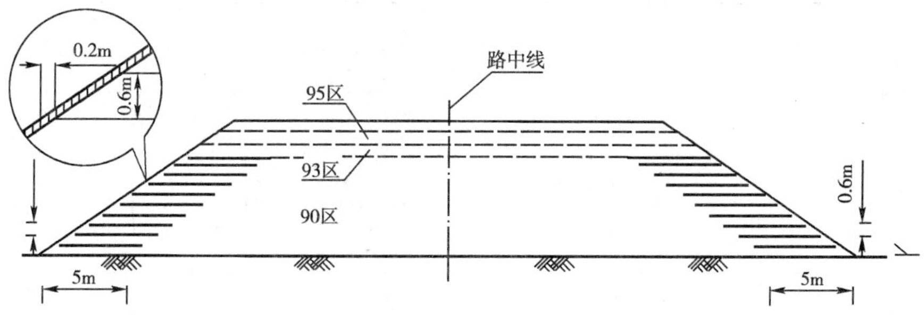

图 10-5　土工格栅铺设布置图

土工膜铺设方法及要求与膨胀土原状土填筑路段监测方案相同。

测试元件的埋设方案:

(1)清除淤泥后的原地面至 90 区顶面的路基填土中,沿 K86 +050 横剖面右半幅等间距埋设 11 个土压力盒(图 10-2);

(2)K86 +040 和 K86 +060 两断面略高于原地面位置、原地面至 90 区顶面范围的路基填土中间及 90 区顶面沿路基横向全幅各埋设 1 根沉降管,共 6 根(图 10-3、图 10-4);

(3)K86 +050 右侧,远离坡脚 1 ~2m 位置处,埋设一个临时水准点,高程略低于原地面,并与沉降管高差不大于 1m;断面尺寸为 300mm ×300mm,至少埋深 1.5m,用混凝土浇筑,中心露出 10mm 的钢筋头(图 10-4)。

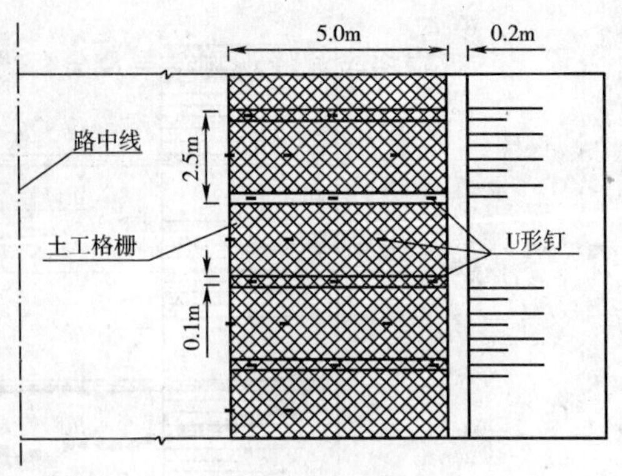

图 10-6　土工格栅铺设平面图

10.3.2　试验路段的观测情况

现场观测的时间为一年半,从 2003 年 4 月份开始到 2004 年 6 月份路堤施工结束,2004 年 12 月份进行了最后一次数据观测。观测经过雨季与旱季的干湿循环。沉降、竖向应力的观测情况统计见表 10-1、表 10-2。

沉降观测统计表　　　　表 10-1

断　面	层　数	测试起止时间	测试次数	断面	层数	测试起止时间	测试次数
K85 +920 断面	一	2003.07 ~2004.12	6	K85 +940 断面	一	2003.07 ~2004.12	6
	二	2003.12 ~2004.12	3		二	2003.12 ~2004.12	3
	三	2003.12 ~2004.12	3		三	2003.12 ~2004.12	3
K85 +980 断面	一	2003.07 ~2004.12	4	K86 +000 断面	一	2003.07 ~2004.12	6
	二	2003.09 ~2004.12	4		二	2003.09 ~2004.12	4
	三	2003.12 ~2004.12	3		三	2003.12 ~2004.12	3
K86 +040 断面	一	2003.07 ~2004.12	7	K86 +060 断面	一	2003.07 ~2004.12	7
	二	2003.08 ~2004.12	5		二	2003.08 ~2004.12	5
	三	2003.12 ~2004.12	3		三	2003.12 ~2004.12	3

竖向应力观测统计表　　　　表 10-2

断　面	层　数	测试起止时间	测试次数
K85 +930 断面	1	2003.06 ~2004.12	11
	2	2003.08 ~2004.12	8
	3	2003.09 ~2004.12	6
	4	2003.10 ~2004.12	6
K85 +990 断面	1	2003.06 ~2004.12	12
	2	2003.08 ~2004.12	8
	3	2003.09 ~2004.12	6
	4	2003.10 ~2004.12	6
K86 +050 断面	1	2003.06 ~2004.12	13
	2	2003.07 ~2004.12	10
	3	2003.08 ~2004.12	8
	4	2003.10 ~2004.12	5

10.3.3 试验路段沉降观测结果及分析

(1)弱膨胀土填筑路段沉降观测结果及分析

1)K82 +920 断面

①弱膨胀土路堤 K85 +920 断面第一层沉降管的沉降如图 10-7 所示。

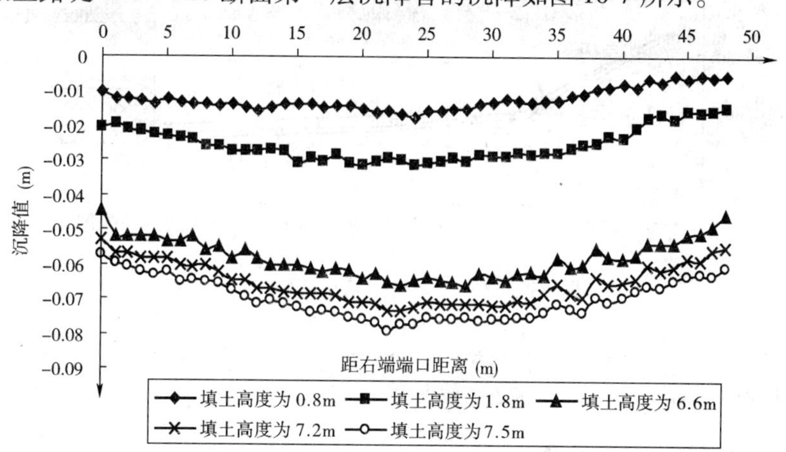

图 10-7 原状膨胀土 K85 +920 断面路基第一层沉降管沉降图

从图 10-7 中可以得到第一层沉降管在不同填土高度作用下的沉降变化情况:

第一次沉降:填土高度为 0.8m,沉降的平均值为 12mm,沉降最大值出现在路基轴线处,其值为 18mm,最小值出现在断面右侧管口,其值为 6mm;

第二次沉降:填土高度为 1.8m,沉降的平均值为 25mm,沉降最大值出现在路基轴线处,其值为 31mm,最小值出现在断面右侧管口,其值为 15mm;

第三次沉降:填土高度为 6.6m,沉降的平均值为 58mm,沉降最大值出现在路基轴线处,其值为 66mm,最小值出现在断面右侧管口,其值为 45mm;

第四次沉降:填土高度为 7.2m,沉降的平均值为 65mm,沉降最大值出现在路基轴线处,其值为 73mm,最小值出现在断面右侧管口,其值为 53mm;

第五次沉降:填土高度为 7.5m,沉降的平均值为 70mm,沉降最大值出现在路基轴线处,其值为 79mm,最小值出现在断面右侧管口,其值为 57mm。

从每次沉降来看路基轴线附近的沉降量最大,左侧的沉降量次之,右侧的沉降量最小,产生的原因是路基轴线处的填土高度比两侧较高,并且在碾压过程中中间的压实度比路堤两侧也较高,故最大值出现在路基轴线处。由于在该断面的左侧有施工便道,施工车辆及施工机械的碾压比右侧的沉降量要大些。

弱膨胀土填筑路堤 K85 +920 断面底层荷载—时间—沉降曲线如图 10-8 所示。

从图中我们可以看出:路基轴线处的沉降最大值为 78mm,右侧路肩的沉降最大值为 70mm,左侧路肩沉降最大值为 74;沉降曲线的斜率随着填土荷载的增加开始比较大,然后逐渐变得平缓,说明施工初期沉降增加比较快,到后来沉降的增加速率就变得缓慢,说明路基的沉降已经稳定。

②弱膨胀土填筑路堤 K85 +920 断面第二层沉降管的沉降如图 10-9 所示。

从图 10-9 中可以得到第二层沉降管在不同填土高度作用下的沉降变化情况:

第一次沉降:沉降管上部填土高度为 4.7m,沉降的平均值为 18mm,沉降最大值出现在路

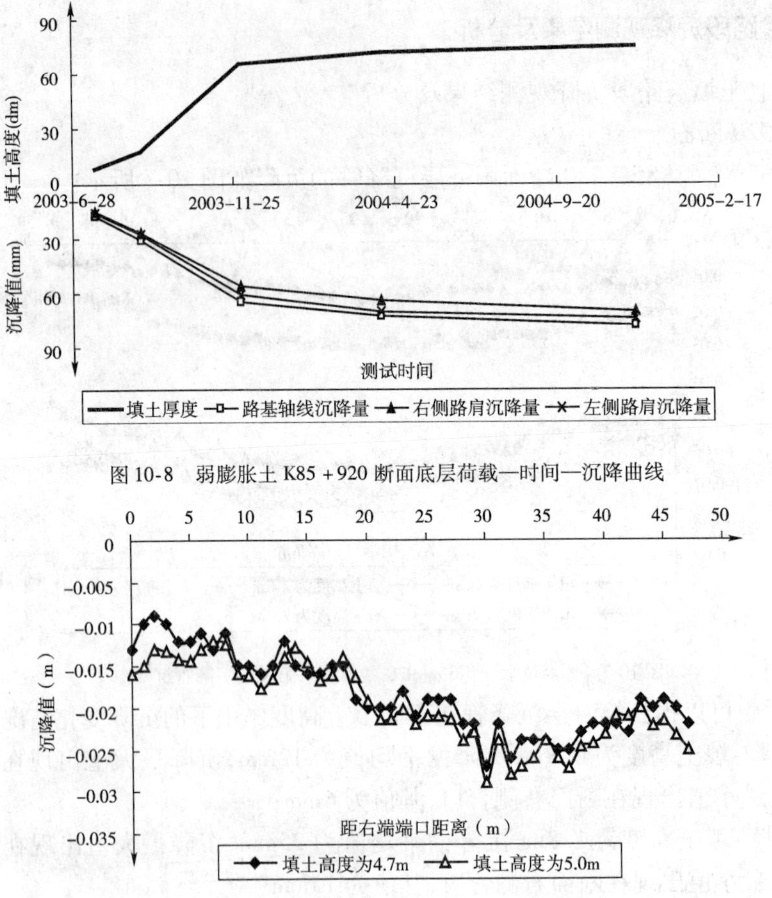

图 10-8　弱膨胀土 K85 +920 断面底层荷载—时间—沉降曲线

图 10-9　弱膨胀土 K85 +920 断面路基第二层沉降管沉降图

基轴线左侧 6.0m 处，其值为 27mm，最小值出现在断面右侧管口，其值为 10mm；

第二次沉降：沉降管上部填土高度为 5.0m，沉降的平均值为 20mm，沉降最大值出现在路基轴线左侧 6.0m 处，其值为 29mm，最小值出现在断面右侧管口，其值为 12mm。

从两次的沉降曲线还可以看出，沉降的最大值出现在路基轴线左侧 6.0m 至左侧管口处，主要原因是整个路堤的填土高度基本相同，但由于左侧碾压机械和施工车辆的作用使得左侧的压实度较大，故沉降量比路堤轴线和右侧路肩要大些。

③弱膨胀土填筑路堤 K85 +920 断面第三层沉降管的沉降如图 10-10 所示。

从图 10-10 中可以得到第三层沉降管在不同填土高度作用下的沉降变化情况：

第一次沉降：沉降管上部填土高度为 2.2m，沉降的平均值为 17mm，沉降最大值出现在路基轴线右侧 11m 处，其值为 20mm，最小值出现在断面右侧管口，其值为 15mm；

第二次沉降：沉降管上部填土高度为 2.5m，沉降的平均值为 16mm，沉降最大值出现在路基轴线右侧 11m 处，其值为 19mm，最小值出现在断面右侧管口，其值为 12mm。

从上面可以看出第二次沉降比第一次沉降平均上升了 1mm，主要是由于下雨天气的影响，膨胀土路基在吸水后膨胀，使得路堤发生一定上升。膨胀最大值出现在路堤轴线附近，其值为 3mm，主要是由于在路堤轴线附近较平整，雨水不容易排除，两侧的雨水比较容易排掉。因此施工过程应尽量避开雨季或者在雨季施工时应该做好排水措施。

2）K85 +940 断面

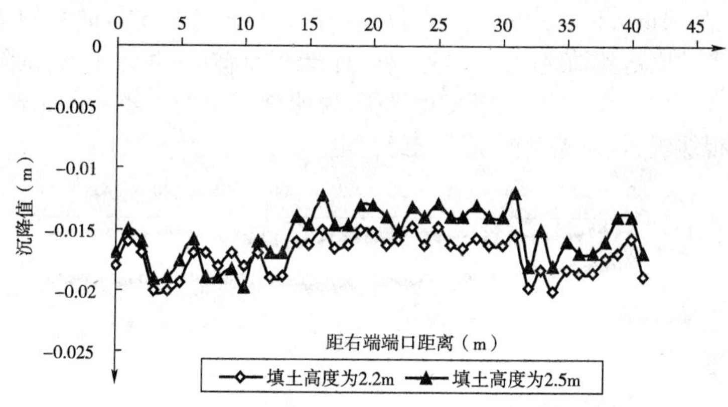

图 10-10　弱膨胀土 K85 +920 断面路基第三层沉降管沉降图

①弱膨胀土填筑路堤 K85 +940 断面路基第一层沉降管的沉降如图 10-11 所示。

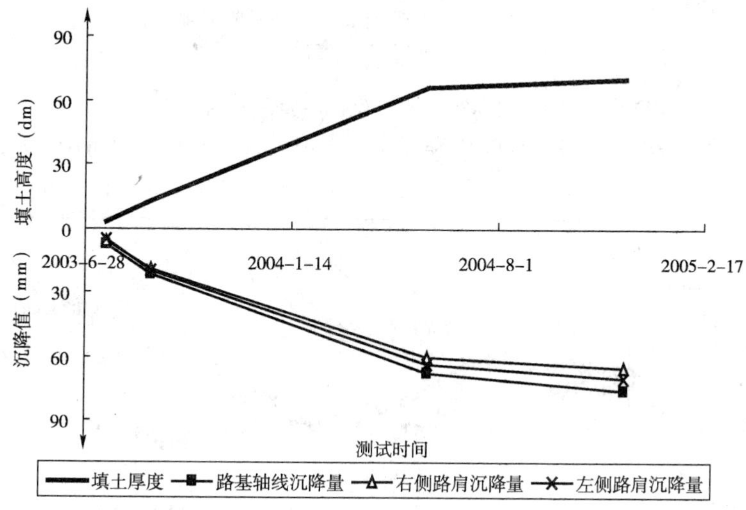

图 10-11　弱膨胀土 K85 +940 断面路基第一层沉降管沉降图

从图 10-11 中可以得到第一层沉降管在不同填土高度作用下的沉降变化情况：

第一次沉降：填土高度为 0.3m，沉降的平均值为 6mm，沉降最大值出现在路基轴线处，其值为 9mm，最小值出现在断面右侧管口，其值为 4mm；

第二次沉降：填土高度为 1.3m，沉降的平均值为 19mm，沉降最大值出现在路基轴线处，其值为 22mm，最小值出现在断面右侧管口，其值为 13mm；

第三次沉降：填土高度为 6.6m，沉降的平均值为 61mm，沉降最大值出现在路基轴线处，其值为 68mm，最小值出现在断面右侧管口，其值为 15mm；

第四次沉降：填土高度为 7.0m，沉降的平均值为 65mm，沉降最大值出现在路基轴线处，其值为 72mm，最小值出现在断面右侧管口，其值为 10mm。

从每次沉降来看路基轴线处的沉降量最大，左侧的沉降量次之，右侧的沉降量最小，产生的原因是路基轴线处的填土高度比两侧高，并且在碾压过程中中间的压实度比路堤两侧也高，故最大值出现在路基轴线处。由于在该断面的左侧有施工便道，施工车辆及施工机械的碾压使其比右侧的沉降量要大些。

弱膨胀土填筑路堤 K85 +940 断面底层荷载—时间—沉降曲线如图 10-12 所示。可以看出，路基轴线处沉降的最大值为70mm，右侧路肩的沉降最大值为67mm，左侧路肩沉降最大值69mm，路肩的沉降量比路基轴线的沉降量要小，两者的沉降速率相差不大；沉降曲线的斜率随着填土荷载增加开始比较大，然后逐渐变得平缓，说明施工初期沉降增加比较快，到后来沉降的增加速率就变得缓慢，这时路基的沉降已经稳定。

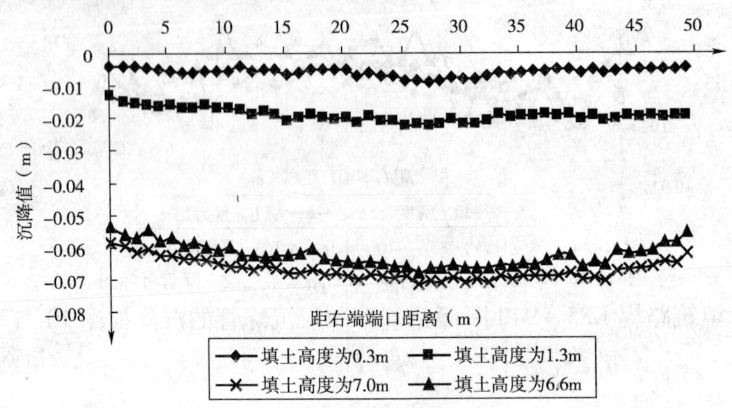

图 10-12 弱膨胀土 K85 +940 断面底层荷载—时间—沉降曲线

②弱膨胀土填筑路堤 K85 +940 断面路基第二层沉降管的沉降如图 10-13 所示。

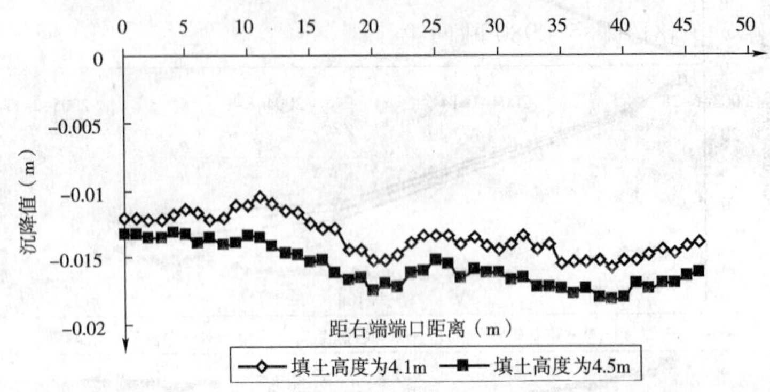

图 10-13 弱膨胀土 K85 +940 断面路基第二层沉降管沉降图

从图 10-13 中可以得到第二层沉降管在不同填土高度作用下的沉降变化情况：

第一次沉降：沉降管上部填土高度为 4.1m，沉降的平均值为 13mm，沉降最大值出现在距左侧端口 6m 处，其值为 16mm，最小值出现在右端端口处，其值为 11mm；

第二次沉降：沉降管上部填土高度为 4.5m，沉降的平均值为 16mm，沉降最大值出现在距左侧端口 6m 处，其值为 18mm，最小值出现在右端端口处，其值为 13mm。

从两次的沉降曲线还可以看出，沉降的最大值出现在距左侧端口 6.0m 附近，主要原因是整个路堤的填土高度基本相同，但由于左侧碾压机械和施工车辆的作用使得左侧的压实度较大，故沉降量比路堤轴线和右侧路肩要大些。

③弱膨胀土填筑路堤 K85 +940 断面路基第三层沉降管的沉降如图 10-14 所示。

从图 10-14 中可以得到第三层沉降管在不同填土高度作用下的沉降变化情况：

第一次沉降：沉降管上部填土高度为 1.6m，沉降的平均值为 24mm，沉降最大值出现在左侧端口，其值为 27mm，最小值出现在右侧路肩，其值为 19mm；

第二次沉降：沉降管上部填土高度为 2.0m，沉降的平均值为 22mm，沉降最大值出现在左侧端口，其值为 26mm，最小值出现在右侧路肩，其值为 17mm。

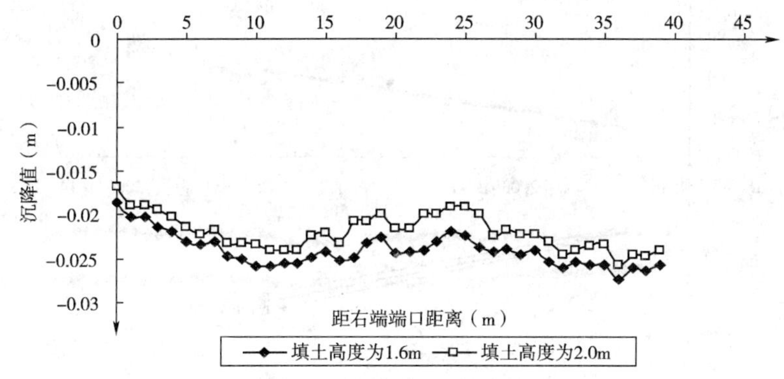

图 10-14　弱膨胀土 K85 +940 断面路基第三层沉降管沉降图

从上面可以看出第二次沉降比第一次沉降平均上升了 2mm，主要是由于下雨天气的影响，膨胀土路基在吸水后膨胀，使得路堤发生一定上升；膨胀最大值出现在路堤轴线附近，其值为 5mm，主要原因是在路堤轴线附近的雨水不容易排出，因此施工过程应尽量避开雨季，或者在雨季施工时应该做好排水措施。

（2）石灰改良膨胀土路段沉降观测结果及分析

1）K85 +980 断面

①石灰改良膨胀土路段 K85 +980 断面第一层沉降管的沉降如图 10-15 所示。

从图 10-15 中可以得到第一层沉降管在不同填土高度作用下的沉降变化情况：

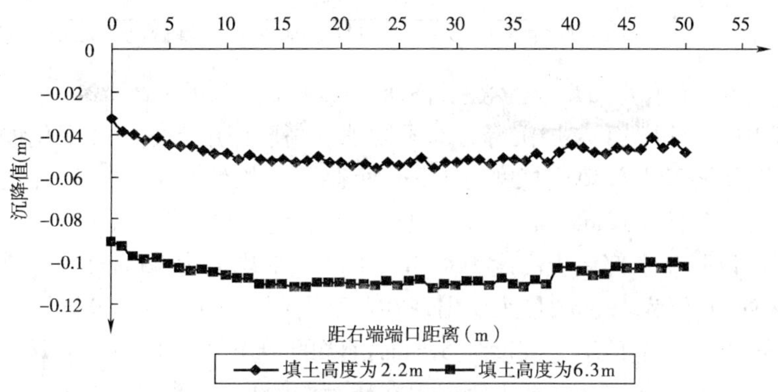

图 10-15　膨胀土用石灰改良路段 K85 +980 断面第一层沉降管沉降图

第一次沉降：填土高度为 2. 2m，沉降的平均值为 49mm，沉降最大值出现在路基轴线处，其值为 56mm，最小值出现在断面右侧管口，其值为 33mm；

第二次沉降：填土高度为 6. 3m，沉降的平均值为 107mm，沉降最大值出现在路基轴线处，其值为 113mm，最小值出现在断面右侧管口，其值为 91mm。

从沉降图可以看出沉降最大值出现在路基轴线附近，原因是路基轴线处的填土高度比两侧较高，并且在碾压过程中中间的压实度比路堤两侧也较高。由于施工便道的存在使得左侧的沉降要比右侧的稍大。

石灰改良膨胀土路段 K85 +980 断面荷载—时间—沉降曲线如图 10-16 所示。

路基轴线处沉降的最大值为 112mm，右侧路肩的沉降最大值为 108mm，左侧路肩沉降最大值 111mm，路肩的沉降量比路基轴线的沉降量要小。

②石灰改良膨胀土路段 K85 +980 断面第二层沉降管的沉降如图 10-17 所示。

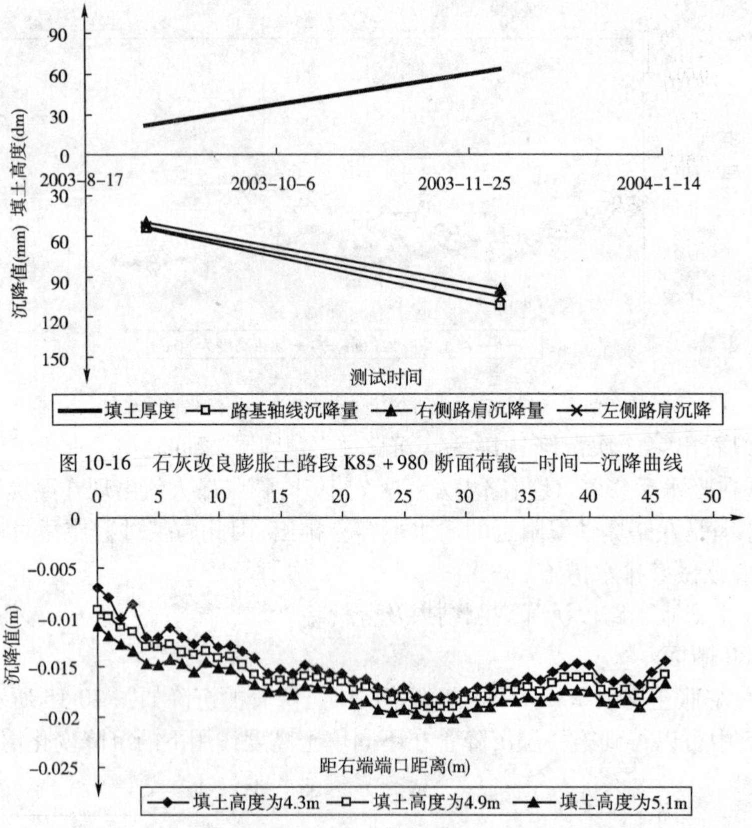

图 10-16 石灰改良膨胀土路段 K85 +980 断面荷载—时间—沉降曲线

图 10-17 石灰改良膨胀土路段 K85 +980 断面第二层沉降管沉降图

从图 10-17 中可以得到第二层沉降管在不同填土高度作用下的沉降变化情况：

第一次沉降：沉降管上部填土高度为 4.3m，沉降的平均值为 15mm，沉降最大值出现在路基轴线左侧 3m 处，其值为 18mm，最小值出现在断面右侧管口，其值为 7mm；

第二次沉降：沉降管上部填土高度为 4.9m，沉降的平均值为 16mm，沉降最大值出现在路基轴线左侧 3m 处，其值为 19mm，最小值出现在断面右侧管口，其值为 9mm；

第三次沉降：沉降管上部填土高度为 5.1m，沉降的平均值为 17mm，沉降最大值出现在路基轴线左侧 3m 处，其值为 20mm，最小值出现在断面右侧管口，其值为 11mm。

从每次沉降来看路基轴线附近的沉降量最大，左侧的沉降量次之，右侧的沉降量最小，产生的原因是路基轴线处的填土高度比两侧高，并且在碾压过程中中间的压实度比路堤两侧也高。由于在该断面的左侧有施工便道，施工车辆及施工机械的碾压使其比右侧的沉降量要大些。

③石灰改良膨胀土路段 K85 +980 断面第三层沉降管的沉降如图 10-18 所示。

从图 10-18 中可以得到第三层沉降管在不同填土高度作用下的沉降变化情况：

第一次沉降：沉降管上部填土高度为 2.4m，沉降的平均值为 19mm，沉降最大值出现在距左侧管口 6m 处，其值为 25mm，最小值出现在断面右侧管口，其值为 13mm；

第二次沉降：沉降管上部填土高度为 2.6m，沉降的平均值为 16mm，沉降最大值出现在距左侧管口 6m 处，其值为 22mm，最小值出现在断面右侧管口，其值为 12mm。

从沉降曲线来看路堤左侧的沉降量最大，轴线处的沉降量次之，右侧的沉降量最小，在距右侧管口 4 ~ 8m 的范围内有微小的膨胀，可能的原因是该处的掺灰并没有达到要求，但整个断面的膨胀量要比弱膨胀土填筑路段小得多，可以认为掺灰改良取得成功。

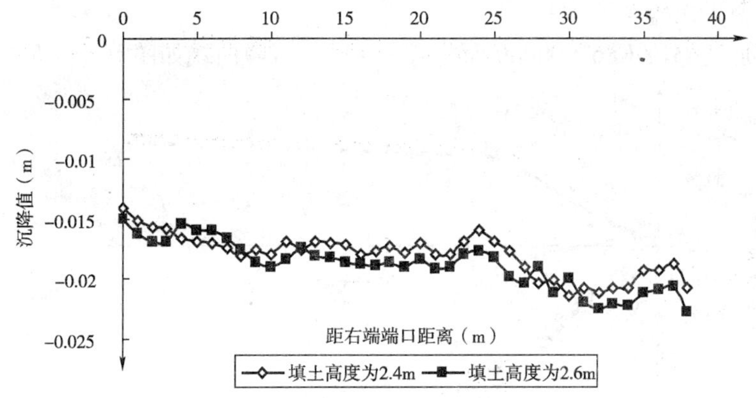

图 10-18　石灰改良膨胀土路段 K85 +980 断面第三层沉降管沉降图

2) K86 +000 断面

①石灰改良膨胀土路段 K86 +000 断面第一层沉降管的沉降如图 10-19 所示。

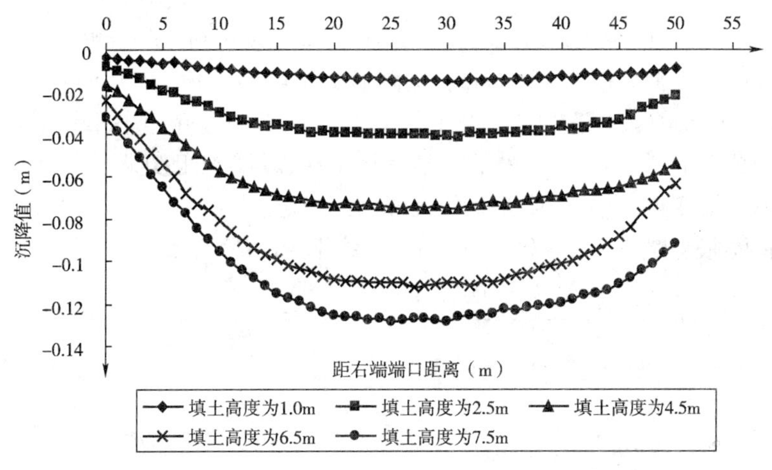

图 10-19　膨胀土用石灰改良路段 K86 +000 断面第一层沉降管沉降图

从图 10-19 中可以得到第一层沉降管在不同填土高度作用下的沉降变化情况：

第一次沉降：填土高度为 1.0m，沉降的平均值为 16mm，沉降最大值出现在路基轴线处，其值为 15mm，最小值出现在断面右侧管口，其值为 4mm；

第二次沉降：填土高度为 2.5m，沉降的平均值为 37mm，沉降最大值出现在路基轴线处，其值为 41mm，最小值出现在断面右侧管口，其值为 8mm；

第三次沉降：填土高度为 4.5m，沉降的平均值为 75mm，沉降最大值出现在路基轴线处，其值为 75mm，最小值出现在断面右侧管口，其值为 16mm；

第四次沉降：填土高度为 6.5m，沉降的平均值为 97mm，沉降最大值出现在路基轴线处，其值为 112mm，最小值出现在断面右侧管口，其值为 24mm；

第五次沉降：填土高度为 7.5m，沉降的平均值为 118mm，沉降最大值出现在路基轴线处，其值为 128mm，最小值出现在断面右侧管口，其值为 32mm。

从每次沉降来看路基轴线处的沉降量最大，左侧的沉降量次之，右侧的沉降量最小，产生的原因是路基轴线处的填土高度比两侧较高，并且在碾压过程中中间的压实度比路堤两侧也较高，故最大值出现在路基轴线附近。由于在该断面的左侧有施工便道，施工车辆及施工机械的碾压使其比右侧的沉降量要大些。

石灰改良膨胀土路段 K86 +000 断面荷载—时间—沉降曲线如图 10-20 所示。

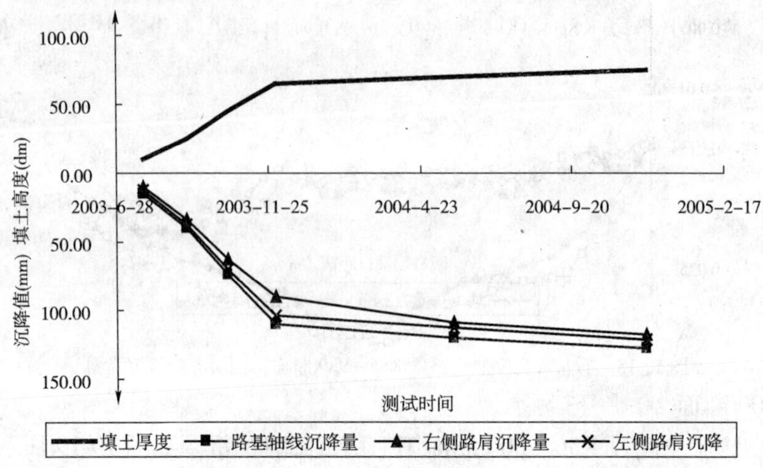

图 10-20 石灰改良膨胀土路段 K86 +000 断面荷载—时间—沉降曲线

路基轴线处沉降的最大值为 128mm，右侧路肩的沉降最大值为 117mm，左侧路肩沉降最大值 124mm，路肩的沉降量比路基轴线的沉降量要小，两者的沉降速率相差不大；沉降曲线的斜率随着填土荷载增加开始比较大，然后逐渐变得平缓，说明施工初期沉降增加比较快，到后来沉降的增加速率就变得缓慢，说明路基的沉降已经稳定。

②石灰改良膨胀土路段 K86 +000 断面第二层沉降管沉降如图 10-21 所示。

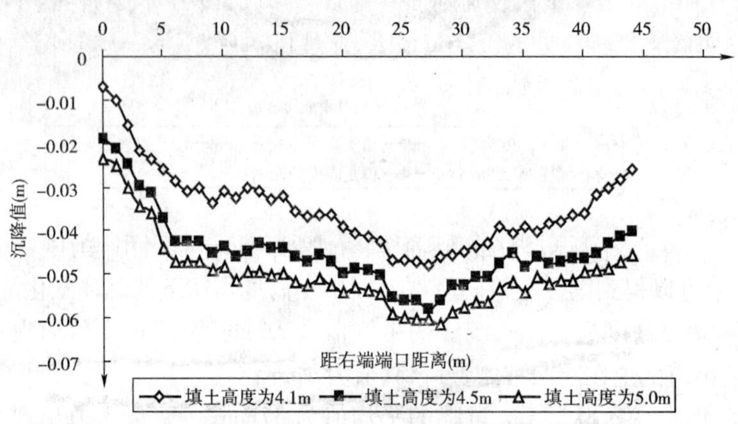

图 10-21 石灰改良膨胀土路段 K86 +000 断面第二层沉降管沉降图

从图 10-21 中可以得到第二层沉降管在不同填土高度作用下的沉降变化情况：

第一次沉降：沉降管上部填土高度为 4.1m，沉降的平均值为 35mm，沉降最大值出现在路基轴线左侧 5m 处，其值为 48mm，最小值出现在断面右侧管口，其值为 7mm；

第二次沉降：沉降管上部填土高度为 4.5m，沉降的平均值为 45mm，沉降最大值出现在路基轴线左侧 5m 处，其值为 58mm，最小值出现在断面右侧管口，其值为 19mm；

第三次沉降：沉降管上部填土高度为 5.0m，沉降的平均值为 50mm，沉降最大值出现在路基轴线左侧 5m 处，其值为 61mm，最小值出现在断面右侧管口，其值为 24mm。

从每次沉降来看路基轴线处的沉降量最大，左侧的沉降量次之，右侧的沉降量最小，产生的原因是路基轴线处的填土高度比两侧较高，并且在碾压过程中中间的压实度比路堤两侧也较高，故最

大值出现在路基轴线处。由于在该断面的左侧有施工便道,施工车辆及施工机械的碾压使得比右侧的沉降量要大些。本断面并没有出现膨胀现象,说明掺灰改良膨胀土取得成功。

③石灰改良膨胀土路段 K86 +000 断面第三层沉降管的沉降如图 10-22 所示。

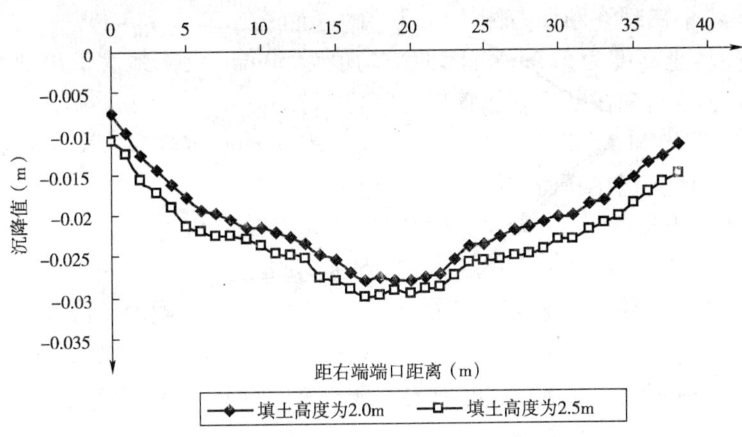

图 10-22　石灰改良膨胀土路段 K86 +000 断面第三层沉降管沉降图

从图 10-22 中可以得到第三层沉降管在不同填土高度作用下的沉降变化情况:

第一次沉降:沉降管上部填土高度为 2.0m,沉降的平均值为 21mm,沉降最大值出现在路基轴线处,其值为 28mm,最小值出现在断面左侧管口,其值为 6mm;

第二次沉降:沉降管上部填土高度为 2.5m,沉降的平均值为 23mm,沉降最大值出现在路基轴线处,其值为 30mm,最小值出现在断面左侧管口,其值为 9mm。

从每次沉降来看路基轴线处的沉降量最大,左侧的沉降量次之,右侧的沉降量最小,产生的原因是路基轴线处的填土高度比两侧较高,并且在碾压过程中中间的压实度比路堤两侧也较高,故最大值出现在路基轴线处。

(3)加筋处治膨胀土路段沉降观测结果及分析

1)K86 +040 断面

①加筋处治膨胀土路段 K86 +040 断面第一层沉降管的沉降如图 10-23 所示。

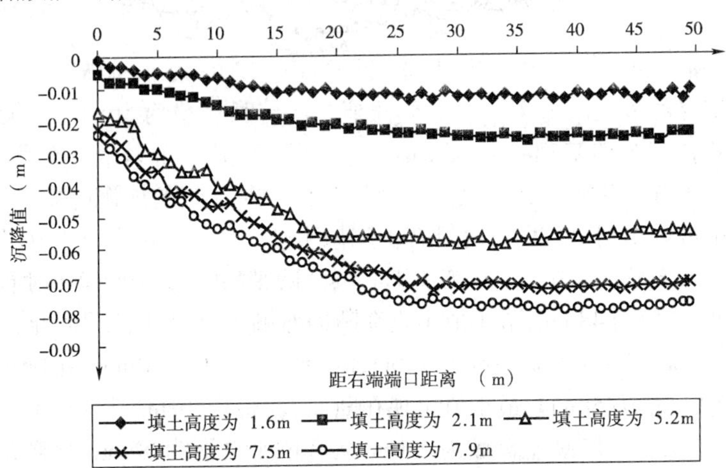

图 10-23　加筋处治膨胀土路段 K84 +040 断面第一层沉降管沉降图

从图 10-23 中可以得到第一层沉降管在不同填土高度作用下的沉降变化情况:

第一次沉降：填土高度为1.6m，沉降的平均值为10mm，沉降最大值出现在路基轴线处，其值为14mm，最小值出现在断面右侧管口，其值为1mm；

第二次沉降：填土高度为2.1m，沉降的平均值为21mm，沉降最大值出现在路基轴线处，其值为27mm，最小值出现在断面右侧管口，其值为6mm；

第三次沉降：填土高度为5.2m，沉降的平均值为50mm，沉降最大值出现在路基轴线处，其值为59mm，最小值出现在断面右侧管口，其值为17mm；

第四次沉降：填土高度为7.5m，沉降的平均值为61mm，沉降最大值出现在路基轴线处，其值为73mm，最小值出现在断面右侧管口，其值为22mm；

第五次沉降：填土高度为7.9m，沉降的平均值为67mm，沉降最大值出现在路基轴线处，其值为80mm，最小值出现在断面右侧管口，其值为24mm。

从沉降图可以看出路堤轴、路堤左侧的沉降量相差不大，右侧的沉降量较小，产生的原因是路基轴线处的填土高度比两侧较高，并且在碾压过程中中间的压实度比路堤两侧也较高，故最大值出现在路基轴线处。由于在该断面的左侧有施工便道，施工车辆及施工机械的碾压使其比右侧的沉降量要大些。

加筋处治膨胀土路段K86+040断面底层荷载—时间—沉降曲线如图10-24所示。

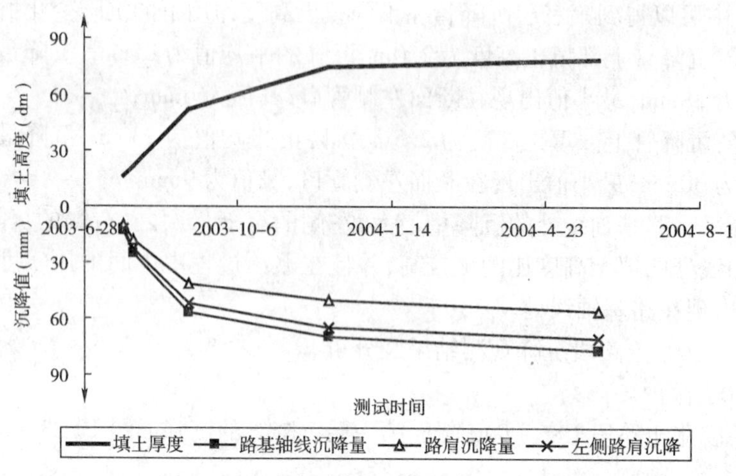

图10-24　加筋处治膨胀土路段K86+040断面底层荷载—时间—沉降曲线

路基轴线处沉降的最大值为77mm，右侧路肩的沉降最大值为56mm，左侧路肩沉降最大值79mm，路肩的沉降量比路基轴线的沉降量要小，两者的沉降速率相差不大；沉降曲线的斜率随着填土荷载增加开始比较大，然后逐渐变得平缓，说明施工初期沉降增加比较快，到后来沉降的增加速率就变得缓慢，说明路基的沉降已经稳定。

②加筋处治膨胀土路段K86+040断面第二层沉降管的沉降如图10-24所示。

从图10-25中可以得到第二层沉降管在不同填土高度作用下的沉降变化情况：

第一次沉降：沉降管上部填土高度为1.0m，沉降的平均值为8mm，沉降最大值出现在路基轴线处，其值为13mm，最小值出现在断面右侧管口，其值为2mm；

第二次沉降：沉降管上部填土高度为2.7m，沉降的平均值为19mm，沉降最大值出现在路基轴线处，其值为23mm，最小值出现在断面右侧管口，其值为6mm；

第三次沉降：沉降管上部填土高度为5.0m，沉降的平均值为27mm，沉降最大值出现在路基轴线处，其值为32mm，最小值出现在断面右侧管口，其值为14mm；

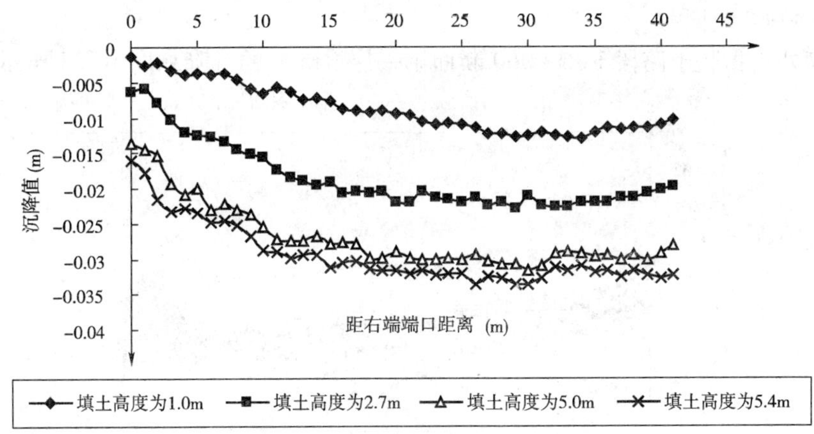

图 10-25 加筋处治膨胀土路段 K86 +040 断面第二层沉降管沉降

第四次沉降:沉降管上部填土高度为 5.4m,沉降的平均值为 29mm,沉降最大值出现在路基轴线处,其值为 34mm,最小值出现在断面右侧管口,其值为 16mm。

从沉降曲线可以看出路基轴线处的沉降量最大,左侧的沉降量和路堤轴线处相差不大,右侧的沉降量最小,产生的原因是路基轴线处的填土高度比两侧较高,并且在碾压过程中中间的压实度比路堤两侧也较高,故最大值出现在路基轴线处。由于在该断面的左侧有施工便道,施工车辆及施工机械的碾压使其比右侧的沉降量要大些。相比较于石灰改良膨胀土路段的沉降量要小,说明土工格栅可以降低路堤沉降。

③加筋处治膨胀土路段 K86 +040 断面第三层沉降管的沉降如图 10-26 所示。

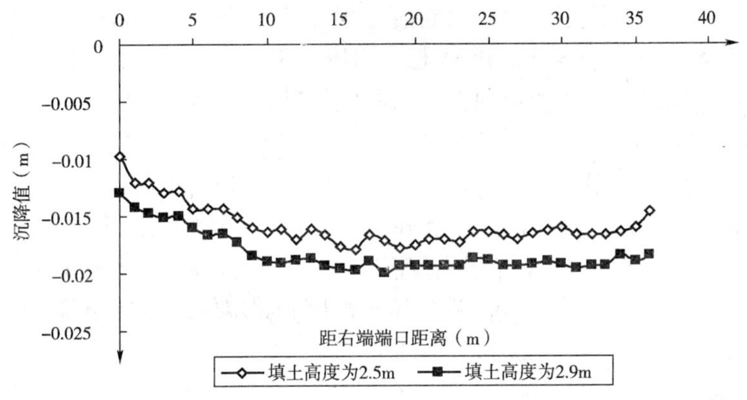

图 10-26 加筋处治膨胀土路段 K86 +040 断面第三层沉降管沉降

从图 10-26 中可以得到第三层沉降管在不同填土高度作用下的沉降变化情况:

第一次沉降:沉降管上部填土高度为 2.5m,沉降的平均值为 15mm,沉降最大值出现在路堤轴线处,其值为 18mm,最小值出现在断面右侧管口,其值为 10mm;

第二次沉降:沉降管上部填土高度为 2.9m,沉降的平均值为 18mm,沉降最大值出现在路堤轴线处,其值为 20mm,最小值出现在断面右侧管口,其值为 13mm。

从每次沉降来看路基轴线处的沉降量最大,左侧的沉降量次之,右侧的沉降量最小,产生的原因是路基轴线处的填土高度比两侧较高,并且在碾压过程中中间的压实度比路堤两侧也较高,故最大值出现在路基轴线处。由于在该断面的左侧有施工便道,施工车辆及施工机械的碾压使得比右侧的沉降量要大些。整个断面没有出现膨胀现象,说明格栅处治膨胀土取得成功。

2）K86 +060 断面

①加筋处治膨胀土路段 K86 +060 断面第一层沉降管的沉降如图 10-27 所示。

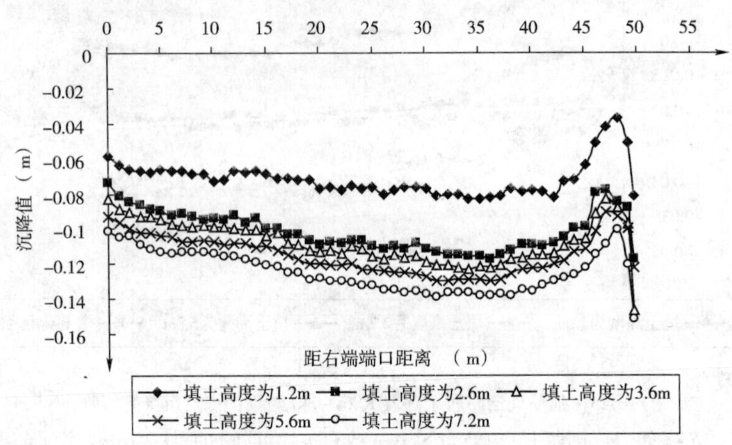

图 10-27 加筋处治膨胀土路段 K86 +060 断面第一层沉降管沉降图

从图 10-27 中可以得到第一层沉降管在不同填土高度作用下的沉降变化情况：

第一次沉降：填土高度为 1.2m，沉降的平均值为 71mm，沉降最大值出现在路堤轴线左侧 10m 处，其值为 83mm，最小值出现在断面右侧管口，其值为 37mm；

第二次沉降：填土高度为 2.6m，沉降的平均值为 101mm，沉降最大值出现路堤轴线左侧 10m 处，其值为 117mm，最小值出现在断面右侧管口，其值为 74mm；

第三次沉降：填土高度为 3.6m，沉降的平均值为 107mm，沉降最大值出现在路堤轴线左侧 10m 处，其值为 147mm，最小值出现在断面右侧管口，其值为 83mm；

第四次沉降：填土高度为 5.6m，沉降的平均值为 115mm，沉降最大值出现在路堤轴线左侧 10m 处，其值为 130mm，最小值出现在断面右侧管口，其值为 91mm；

第五次沉降：填土高度为 7.2m，沉降的平均值为 125mm，沉降最大值出现在路堤轴线左侧 10m 处，其值为 152mm，最小值出现在断面右侧管口，其值为 100mm。

从距右端端口 38m 到左侧管口出现沉降突变，主要原因是在修边坡时施工机械的破坏，使得沉降管翘起。从沉降曲线可以看出左侧路肩的沉降量最大，路基轴线附近沉降量次之，右侧的沉降量最小，产生的原因是左侧路肩的填土高度和路堤轴线附近相差不大，且施工车辆和碾压机械的作用使得其沉降量要比路堤轴线处的稍大。

加筋处治膨胀土路段 K86 +060 断面荷载—时间—沉降曲线如图 10-28 所示。

路基轴线处沉降的最大值为 132mm，右侧路肩的沉降最大值为 116mm，左侧路肩沉降最大值 138mm，左侧路肩的沉降量比路堤轴线和右侧路肩的沉降量要大；两者的沉降速率相差不大；沉降曲线的斜率随着填土荷载增加开始比较大，然后逐渐变得平缓，说明施工初期沉降增加比较快，到后来沉降的增加速率就变得缓慢，说明路基的沉降已经稳定。

②加筋处治膨胀土路段 K86 +060 断面第二层沉降管的沉降如图 10-29 所示。

从图 10-29 中可以得到第二层沉降管在不同填土高度作用下的沉降变化情况：

第一次沉降：沉降管上部填土高度为 0.5m，沉降的平均值为 16mm，沉降最大值出现在路基轴线右侧 4m 处，其值为 21mm，最小值出现在断面右侧管口，其值为 8mm；

第二次沉降：沉降管上部填土高度为 1.1m，沉降的平均值为 59mm，沉降最大值出现在路基轴线右侧 4m 处，其值为 68mm，最小值出现在断面右侧管口，其值为 33mm；

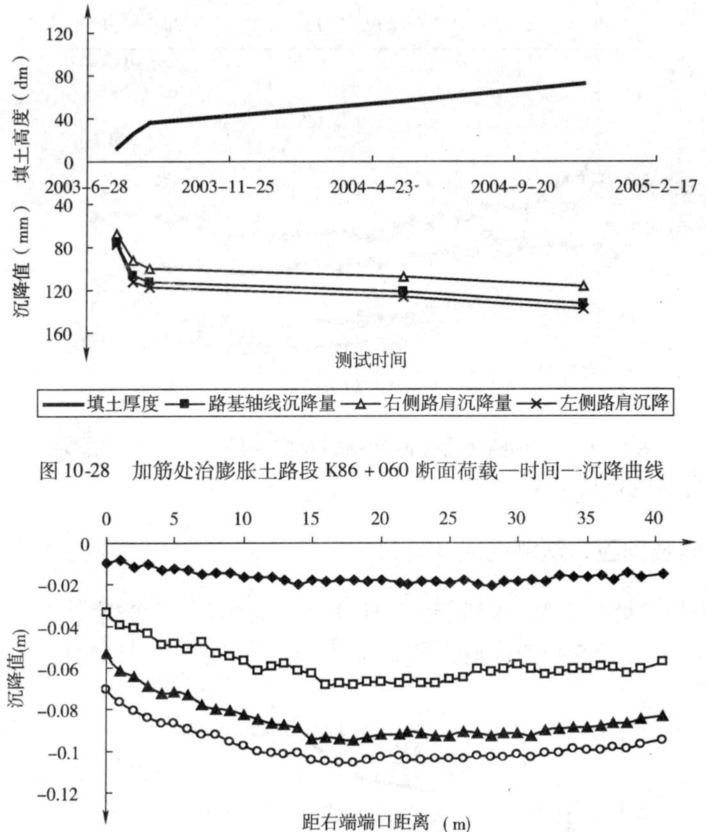

图 10-28　加筋处治膨胀土路段 K86 +060 断面荷载—时间—沉降曲线

图 10-29　加筋处治膨胀土路段 K86 +060 断面第二层沉降管沉降图

第三次沉降：沉降管上部填土高度为 3.1m，沉降的平均值为 85mm，沉降最大值出现在路基轴线右侧 4m 处，其值为 95mm，最小值出现在断面右侧管口，其值为 53mm；

第四次沉降：沉降管上部填土高度为 4.7m，沉降的平均值为 97mm，沉降最大值出现在路基轴线右侧 4m 处，其值为 106mm，最小值出现在断面右侧管口，其值为 70mm。

从每次沉降来看路堤轴线附近的沉降量最大，左侧的沉降量次之，右侧的沉降量最小，产生的原因是路基轴线处的填土高度比两侧较高，并且在碾压过程中中间的压实度比路堤两侧也较高，故最大值出现在路基轴线处。由于在该断面的左侧有施工便道，施工车辆及施工机械的碾压使其比右侧的沉降量要大些。

③加筋处治膨胀土路段 K86 +060 断面第三层沉降管的沉降如图 10-30 所示。

从图 10-30 中可以得到第三层沉降管在不同填土高度作用下的沉降变化情况：

第一次沉降：沉降管上部填土高度为 0.6m，沉降的平均值为 38mm，沉降最大值出现在左侧管口附近，其值为 44mm，最小值出现在断面右侧管口，其值为 20mm；

第二次沉降：沉降管上部填土高度为 2.2m，沉降的平均值为 46mm，沉降最大值出现在左侧管口附近，其值为 52mm，最小值出现在断面右侧管口，其值为 30mm。

从沉降曲线可以看出路堤轴线处的沉降量最大，左侧的沉降量次之，右侧的沉降量最小，产生的原因是路堤轴线处的填土高度比两侧较高，并且在碾压过程中中间的压实度比路堤两侧也较高，故最大值出现在路堤轴线处。由于在该断面的左侧有施工便道，施工车辆及施工机

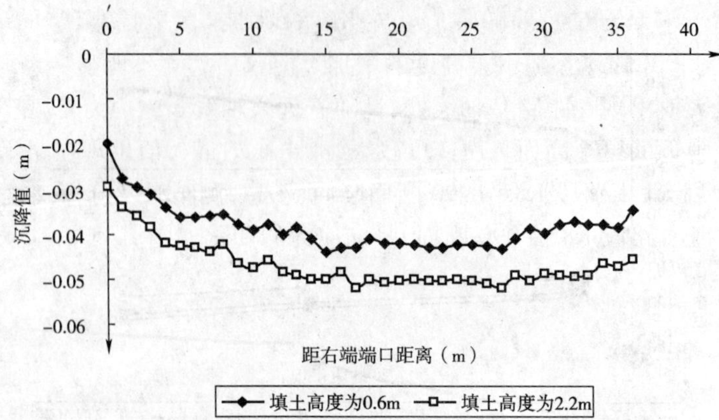

图 10-30　加筋处治膨胀土路段 K86 +060 断面第三层沉降管沉降图

械的碾压使其比右侧的沉降量要大些。

10.3.4　试验路段竖向应力观测结果及分析

(1)弱膨胀土填筑路段 K85 +930 断面竖向应力观测结果及分析

弱膨胀土填筑路段 K85 +930 断面,竖向应力的变化如图 10-31a)、b)所示。

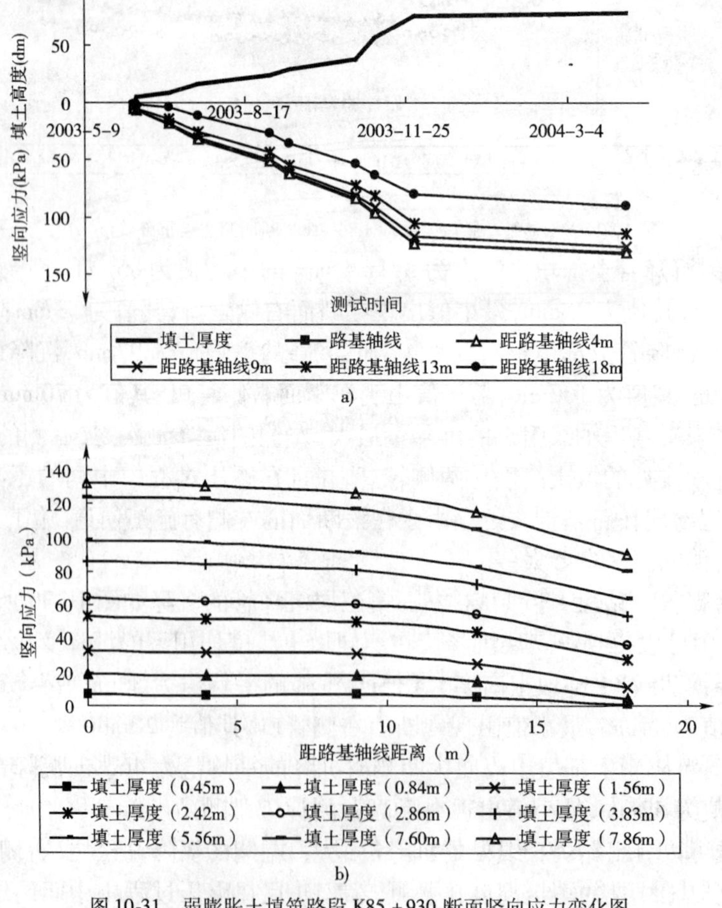

图 10-31　弱膨胀土填筑路段 K85 +930 断面竖向应力变化图

a)竖向应力随路堤填筑高度的变化图;b)竖向应力沿横向分布图

当填土高度小于5.5m时，弱膨胀土填筑路段随填土高度的增高，竖向应力基本呈线性增大；当填土高度大于5.5m后，随填土高度的增加竖向应力增大不明显。

竖向应力最大值出现在距路基轴线处，且随着远离轴线竖向应力是减小的，原因是在施工过程中路堤轴线附近的填土高而且压实度较大，故土压力最大值出现在路基轴线处。

(2)石灰改良膨胀土路段K85+990断面竖向应力观测结果及分析

石灰改良膨胀土路段K85+990断面，竖向应力的变化如图10-32a)、b)所示。

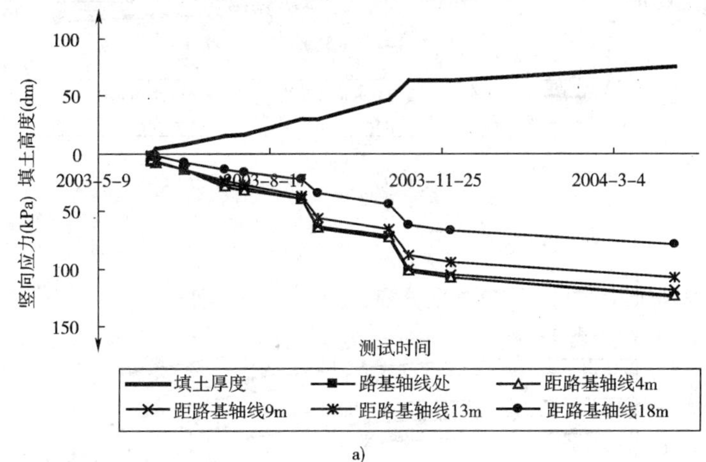

a)

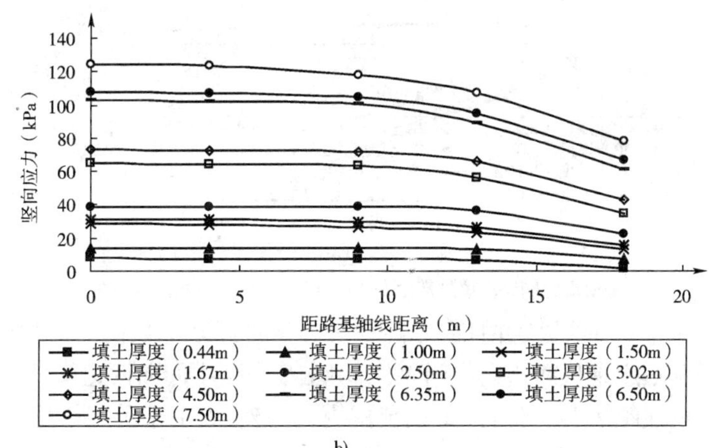

b)

图10-32 石灰改良膨胀土路段K85+990断面竖向应力变化图

a)竖向应力随路堤填筑高度的变化图；b)竖向应力沿横向分布图

当填土高度小于6.5m时，原状膨胀土路段随填土高度的增高，竖向应力基本呈线性增大；当填土高度大于6.5m后，随填土高度的增加竖向应力增大不明显。

从图10-32b)可以看出竖向应力最大值出现在路基轴线处，随着远离路基轴线土压力是逐渐减小的；产生这种分布的原因是在施工过程中路堤轴线附近的填土较高且碾压比较密实；并且路堤在填筑碾压顺序是由两边向中间碾压，使得路堤轴线处的竖向应力变大。

(3)加筋处治膨胀土路段K86+050断面竖向应力观测结果及分析

加筋处治膨胀土路段K86+050断面，竖向应力的变化如图10-33a)、b)所示。

当填土高度小于6.5m时，原状膨胀土路段随填土高度的增高，竖向应力基本呈线性增大；当填土高度大于6.5m后，随填土高度的增加竖向应力增大不明显。

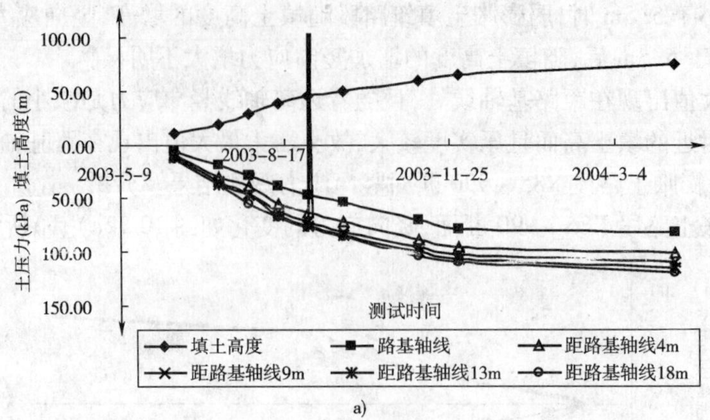

a)

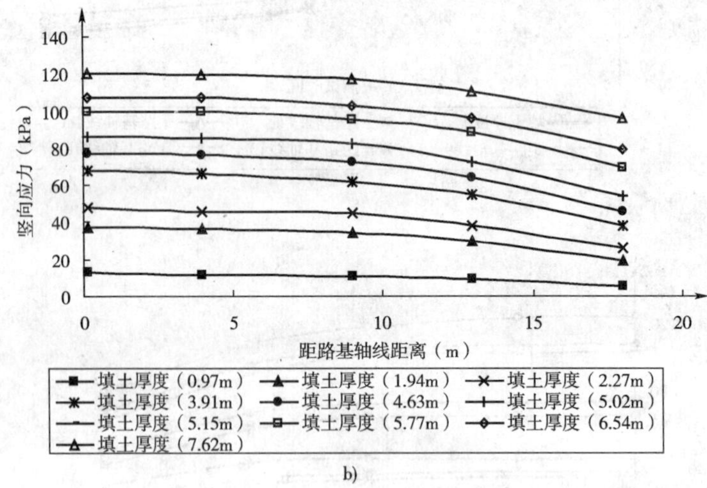

b)

图 10-33　加筋处治膨胀土路段 K86 +050 断面竖向应力变化图

a)竖向应力随路堤填筑高度变化图;b)竖向应力沿横向分布图

竖向应力极值在路基轴线处,并且向远离轴线方向是逐渐降低的。产生的原因是由于施工碾压的过程中碾压顺序是从两边向中间碾压,填土高度由中间向两边降低且压实度中间高。同时土工格栅是铺设在距离右侧路肩 5m 的范围内,在路肩处由于土工格栅的存在,可以传递竖向应力,使得竖向应力的分布比较均匀,故最小值出现在路肩处。

10.3.5　常张高速公路 K85 +960 涵洞构造物测试

从 2003 年 6 月 6 日到 2004 年 12 月 5 日,分别对涵洞基础底、侧墙土压力和基础、墙身、盖板应变进行测试,测试结果见表 10-3。

10.3.5.1　涵洞侧墙背土压力及分布

(1)涵洞后侧墙 K85 +958 基底土压力沿涵洞轴线分布

涵洞后侧墙 K85 +958 基底土压力沿涵洞轴线的分布如图 10-34 所示。

后侧墙身底板土压力沿轴线呈波浪形分布,最大值和最小值分别出现在距轴线 6.68m 和 20.04m 处(注:由于 10.02m 处的电缆线已断,根据现有数据涵洞后侧墙的分布图同前侧墙一样也应该是 W 形分布,且图形相似)。对 2004.4.9 的曲线进行拟合,得出其拟和多项式为:

测试情况表 表 10-3

测试位置	测试内容	测试时间	累计测试次数	测试位置	测试内容	测试时间	累计测试次数
基础底	土压力	2003.6.6	1	基础底	应变	2003.6.11	1
		2003.6.11	2			2003.6.28	2
		2003.6.28	3			2003.7.19	3
		2003.7.19	4			2003.8.17	4
		2003.8.17	5			2003.9.4	5
		2003.9.4	6			2003.10.25	6
		2003.10.25	7			2003.11.6	7
		2003.11.6	8			2004.4.9	8
		2003.11.30	9			2004.12.5	9
		2004.4.9	10				
		2004.12.5	11				
前后台墙身侧第一层	土压力	2003.8.13	1	墙身	应变	2003.7.16	1
		2003.9.14	2			2003.9.1	2
		2003.10.25	3			2003.10.25	3
		2003.11.6	4			2003.11.6	4
		2003.11.30	5			2003.11.30	5
		2004.4.9	6			2004.4.9	6
		2004.12.5	7			2004.12.5	7
前后台墙身侧第二、三、四、五层	土压力	2003.9.14	1	盖板	应变	2003.7.26	1
		2003.10.25	2			2003.8.4	2
		2003.11.6	3			2003.8.11	3
		2003.11.30	4			2003.9.1	4
		2004.4.9	5			2003.10.25	5
		2004.12.5	6			2003.11.6	6

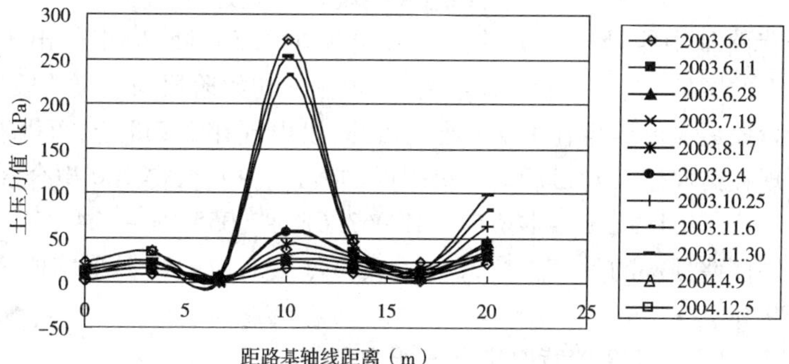

图 10-34 涵洞后侧墙 K85+958 基底土压力沿涵洞轴线分布图

$$\sigma = -0.0049x^6 + 0.299x^5 - 6.7839x^4 + 70.584x^3 - 327.34x^2 + 526.79x + 24$$

式中：x——距路基中线的距离，$x \in [0,20.04]$，对应的数据平均值为 62.8kPa，方差为 7 421.211。

(2)涵洞前侧墙 K85 +962 基底土压力沿涵洞轴线分布

涵洞前侧墙 K85 +962 基底土压力沿涵洞轴线分布如图 10-35 所示。

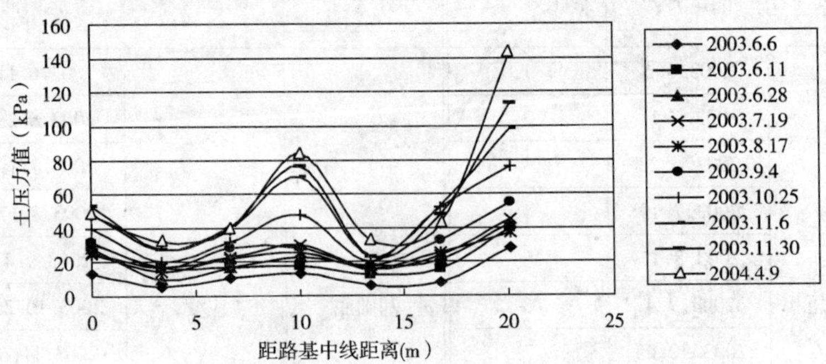

图 10-35　涵洞前侧墙 K85 +962 墙身基底土压力沿涵洞轴线的分布图

前侧墙基底土压力沿轴线的分布呈 W 形分布，极大值分别出现在距路基中线 20.04m 和 10m，极小值分别出现在距路基中线 3.34m 和 13.5m 处。随着填土高度的增加，土压力值逐渐增大。对最后一次测得的曲线进行拟合，得出其拟合多项式为：

$$\sigma = -0.0009x^6 + 0.0556x^5 - 1.241x^4 + 12.511x^3 - 54.662x^2 + 76.422x + 50x$$

式中：x——距路基中线的距离，$x \in [0, 20.04]$，对应的数据平均值为 59.429kPa，方差为1 484.816。

(3)涵洞后侧墙 K85 +958 墙背路基中线处土压力分布

涵洞后侧墙 K85 +962 墙背路基中线处土压力分布如图 10-36 所示。

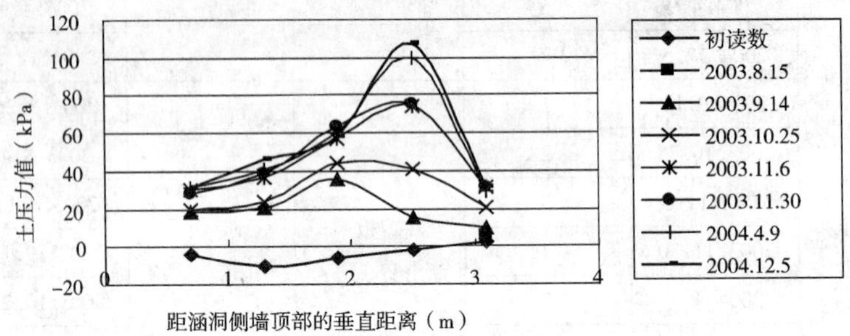

图 10-36　涵洞后侧墙 K85 +962 墙背路基中线处土压力分布

涵洞后侧墙背路基中线处土压力的最大值出现在 2.5m 处，极小值出现在 0.7m、3.1m 处。随着填土高度的增加，土压力值逐渐增大，在填土的初始阶段与后续阶段土压力分布图形有所不同。初始阶段最大值出现在 1.9m 处，后续阶段出现在 2.5m 处，可以看出涵洞土压力最大值并不是出现在最底层。对最后一次测得的曲线进行拟合，得出其拟合多项式为：

$$\sigma = -64.943x^4 + 446.5x^3 - 1063.6x^2 + 1055.7x - 324.37$$

式中：x——距涵洞侧墙顶部的垂直距离，$x \in [0.7, 3.1]$，对应的数据平均值为 54.6kPa，方差为 789.04。

(4)涵洞后侧墙 K85 +958 墙背路肩处土压力分布

涵洞后侧墙背路肩处土压力分布如图 10-37 所示。

涵洞后侧墙背路肩处土压力分布呈波浪形，极大值出现在 1.7m 和 3.1m 处，最小值出现在 2.5m 处。随着填土的增加，土压力值逐渐增大，土压力分布图形有向上“爬”的趋势，极大值点的位置由 1.9m 处转移到 1.3m 和 3.1m 处，对应极大值点处的土压力值逐渐增加。对最

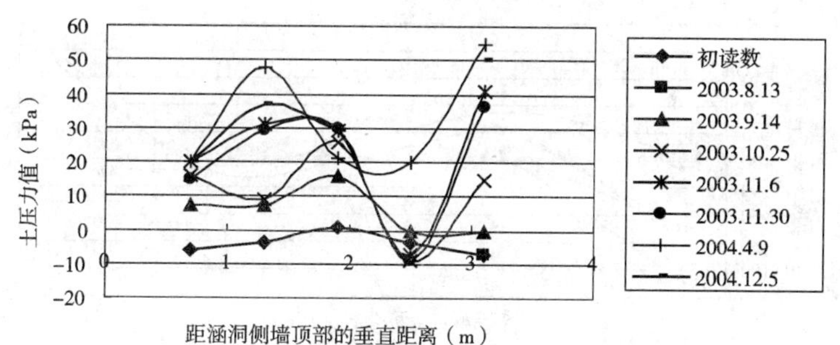

图 10-37 涵洞后侧墙背路肩处土压力分布

后一次测得的曲线进行拟合，得出其拟合多项式为：

$$\sigma = -22.827x^4 + 208.59x^3 - 650.21x^2 + 802.07x - 288.91$$

式中：x——距涵洞侧墙顶部的垂直距离，$x \in [0.7, 3.1]$，对应的数据平均值为 34kPa，方差为 121.5。

10.3.5.2 涵洞内部应变分布

(1)涵洞盖板路肩处应变分布

涵洞盖板路肩处应变分布如图 10-38 所示。

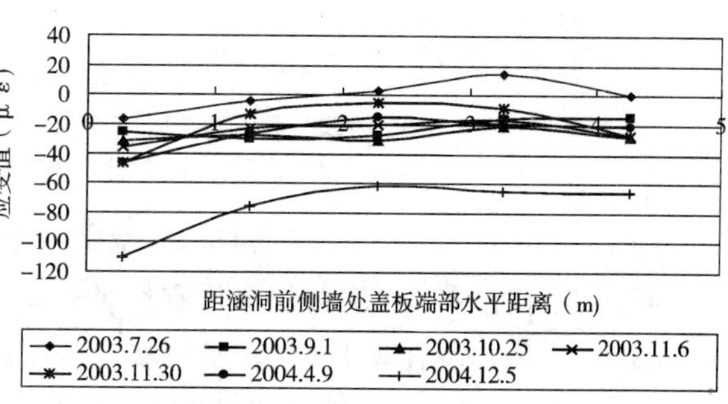

图 10-38 涵洞盖板路肩处应变分布

路肩位置盖板应变两边大，中间小，最大值出现在 0.275m 处，最小值出现在 2.275m处。随着填土高度的增加，盖板处应变总体上先增加后减少，最后又有较大幅度的增加；盖板应变的分布情况是：未填土时靠近前台附近应变为压应变，靠近后台附近应变为拉应变，随着填土高度的增加，靠近前台附近的盖板都为压应变，盖板中间也为压应变，最后一次测试时，整个盖板全部为压应变，且最后一次测得的压应变值增加最大。对最后一次测得的曲线进行拟合，得出其拟合多项式为：

$$\varepsilon = 0.6667x^4 - 4.2333x^3 - 0.9767x^2 + 42.442x - 121.51$$

式中：x——距涵洞前侧墙处盖板端部的水平距离，$x \in [0.275, 4.275]$，对应的数据平均值为 $-75.8\mu m$，方差为 207.76。

(2)涵洞盖板路基中线处应变分布

涵洞盖板路基中线处应变分布如图 10-39 所示。

路基中线盖板应变分布的测试数据只有前两次，此时涵洞上部还未填土，测试的结果只是在盖板自重作用下的应变。极大值出现在 3.275m 和 4.275m 处，最小值出现在 2.275m 处。对 2003.8.11 的测试曲线进行拟合，得出其拟合多项式为：

$$\varepsilon = 1.125x^4 + 2.5125x^3 - 48.208x^2 + 97.601x - 49.253$$

式中：x——距涵洞后侧墙处盖板端部的水平距离，$x \in [0.275, 4.275]$，对应的数据平均值为 $-1.6\mu m$，方差为 207.76。

(3)涵洞前台侧墙路肩处应变分布

涵洞前侧墙路肩处应变分布如图 10-40 所示。

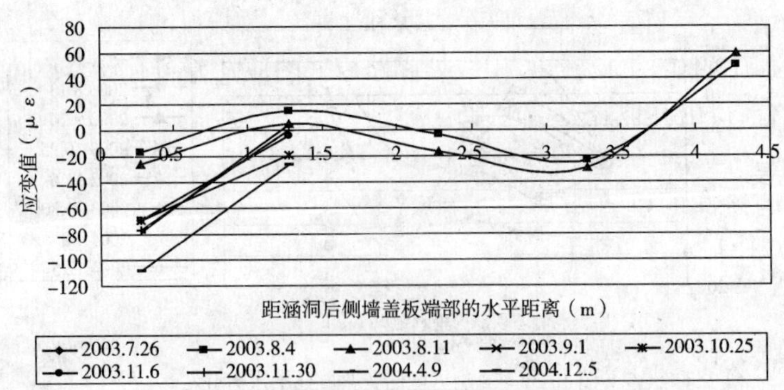

图 10-39 涵洞盖板路基中线处应变分布

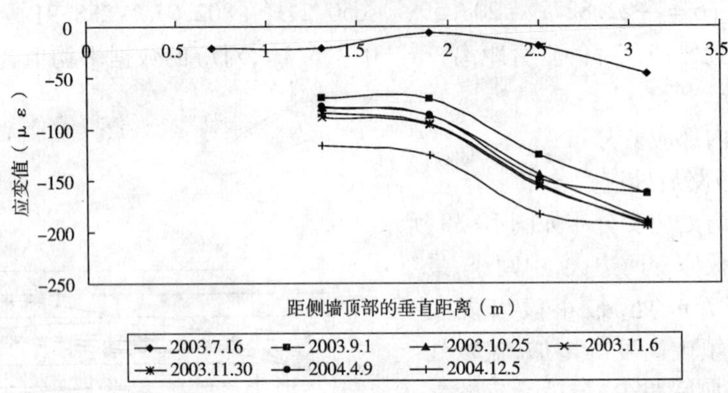

图 10-40 涵洞前侧墙路肩处应变分布

涵洞前侧墙路肩处应变分布具有线性性质，从上到下应变值逐渐增加，最大值出现在1.9m处，最小值出现在3.1m处。随着填土高度的增加，前侧墙各测点的应变逐渐增加，第二次和最后一次测得的应变值增加最大，侧墙应变均为压应变。对最后一次测得的曲线进行拟合，得出其拟合多项式为：

$$\varepsilon = 75.617x^3 - 500.46x^2 + 998.94x - 734.96$$

式中：x——距侧墙顶部的垂直距离，$x \in [0.7, 3.1]$，对应的数据平均值为 $-155\mu m$，方差为 76.56。

(4)涵洞前侧墙路基中线处应变分布

涵洞前侧墙路基中线处应变分布如图 10-41 所示。

涵洞前侧墙应变分布呈倒 V 形，最大值出现在 1.9m 处，最小值出现在 0.7 和 3.1m 处。

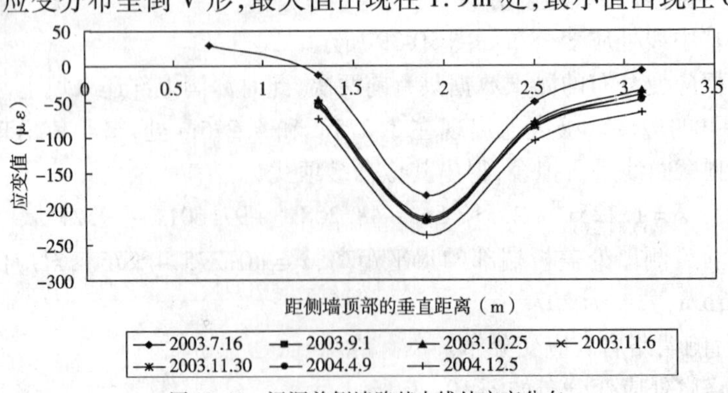

图 10-41 涵洞前侧墙路基中线处应变分布

随着填土高度的增加，应变值逐渐增加；第二次和最后一次测得的应变值增加最大，中间几次测得的应变值增加不明显，可以看出，中线处和路肩处的应变分布有较大不同。对最后一次测得的曲线进行拟合，得出其拟合多项式为：

$$\varepsilon = -300.93x^3 + 2\,126.4x^2 - 4\,737.9x + 3\,152.8$$

式中：x——距侧墙顶部的垂直距离，$x \in [0.7, 3.1]$，对应的数据平均值为 -120μm，方差为4 771.5。

(5)涵洞后侧墙路肩处应变分布

涵洞后侧墙路肩处应变分布如图 10-42 所示。

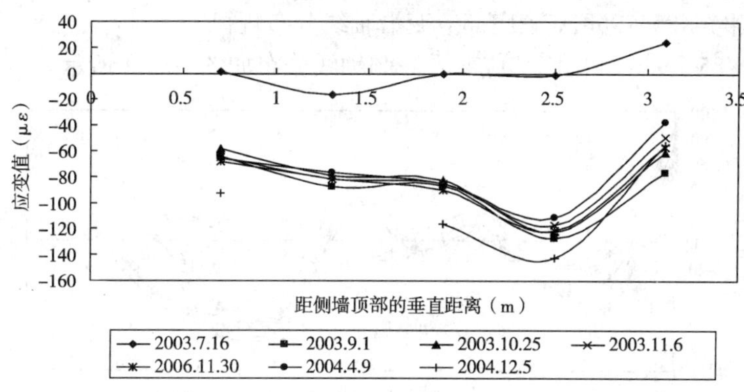

图 10-42　涵洞后侧墙路肩处应变分布

涵洞后侧墙身路肩边线处应变分布呈勺形，最大值出现在 2.5m 处，最小值出现在 0.7m 和 3.1m 处。随着填土高度的增加，各测点应变值经历一个增大、减小、再增大的变化过程，第二次和最后一次测得的应变值增加最大，前侧墙和后侧墙的应变分布图相比，相差较大的测点为最底层的测点，此点对应的测点应变值前台明显大于后台许多，其余各测点相差不大。对 2004.4.9 测得的曲线进行拟合，得出其拟合多项式为：

$$\varepsilon = 44.689x^4 - 302.21x^3 + 713.56x^2 - 706.46x + 171.81$$

式中：x——距侧墙顶部的垂直距离，$x \in [0.7, 3.1]$，对应的数据平均值为 -75.2μm，方差为584.96。

(6)涵洞后台侧墙路基中线处应变分布

涵洞后侧墙路基中线处应变分布如图 10-43 所示。

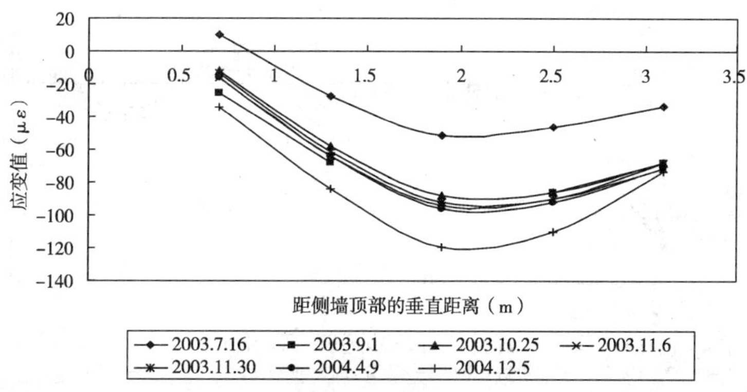

图 10-43　涵洞后侧墙路基中线处应变分布

涵洞后侧墙身路基中线处应变分布呈 V 形，最大值出现在 1.9 处，极小值出现在 0.7m 和 3.1m 处。后侧墙相对于中线处的各测点变化规律与后侧墙相对于路肩处一致，只是分布图形与前侧墙有所差别；前后侧墙相差较大处为侧墙中间处的测点应变值，前侧墙明显大于后侧墙许多。对最后一次测得的曲线进行拟合，得出其拟合多项式为：

$$\varepsilon=-14.468x^4+114.97x^3-275.64x^2+175.76x-57.934$$

式中：x——距侧墙顶部的垂直距离，$x\in[0.7,3.1]$，对应的数据平均值为 $-84\mu m$，方差为 904.4。

10.3.5.3 涵洞基础底部应变分布规律

(1)涵洞后侧墙 K85 +958 基础底部应变沿轴线分布规律

涵洞后侧墙 K85 +958 基础底部应变沿涵洞轴线分布如图 10-44 所示。

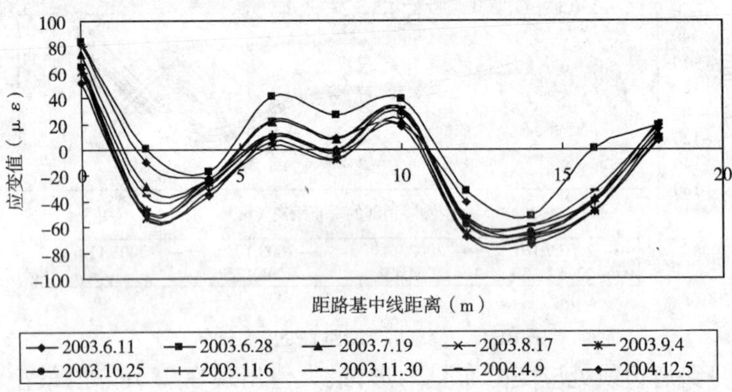

图 10-44 涵洞后侧墙 K85 +958 基础底部应变沿涵洞轴线分布图

涵洞后侧墙 K85 +958 基础底部应变沿中线拉应变极大值出现在距路基中心线 0m、6m 和 10m 处；压应变极大值出现在距路基中心线 2m、12m 和 14m 处。可以看出涵洞自身的施工对应变值变化影响较填土高度引起的变化更明显。对最后一次测得的曲线进行拟合，得出其拟合多项式为：

$$\varepsilon=-0.000\,3x^6+0.013\,4x^5-0.115\,6x^4-1.396\,6x^3+24.044x^2-91.893x+51.496$$

式中：x——距路基中线的距离，$x\in[0,18]$，对应的数据平均值为 $-19.3\mu m$，方差为 1 576.21。

(2)涵洞前侧墙 K85 +962 基础底部应变沿涵洞轴线分布规律

涵洞前侧墙 K85 +962 基础底部应变沿涵洞轴线分布如图 10-45 所示。

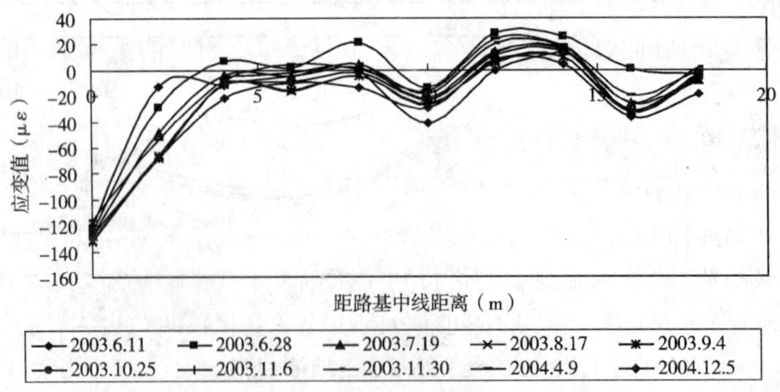

图 10-45 涵洞前侧墙 K85 +962 基础底部应变沿涵洞轴线分布图

涵洞前侧墙 K85 +962 基础底部沿涵洞轴线拉应变极大值出现在 12m 和 14m 处；压应变极大值出现在 0m、10m 和 16m 处；前后侧墙相比分布图不一样，而且数值上也有较大差距。如对应路基中线位置处，前侧墙测点为最大压应变，而后侧墙为最大拉应变；最大压应变的位置和数值大小，除 2m 和 16m 处相差不大外，其余各处都相差较大，如前侧墙 12m 和 14 处为拉应变极值点，而后侧墙对应位置处为压应变极值点；前侧墙 10m 处为压应变极值点，而后侧墙对应位置处却为拉应变极值点。对最后一次测得的曲线进行拟合，得出其拟合多项式为：

$$\varepsilon = 0.000\,9x^6 - 0.049\,8x^5 + 0.966x^4 - 8.326\,2x^3 + 28.322x^2 - 2.305\,5x - 127.35$$

式中：x——距路基中线的距离，$x \in [0,18]$，对应的数据平均值为 -31.6μm，方差为 1 451.24。

(3)涵洞基础底部纵向沿路基中线的应变分布

涵洞基础底部纵向沿路基中线的应变分布如图 10-46 所示。

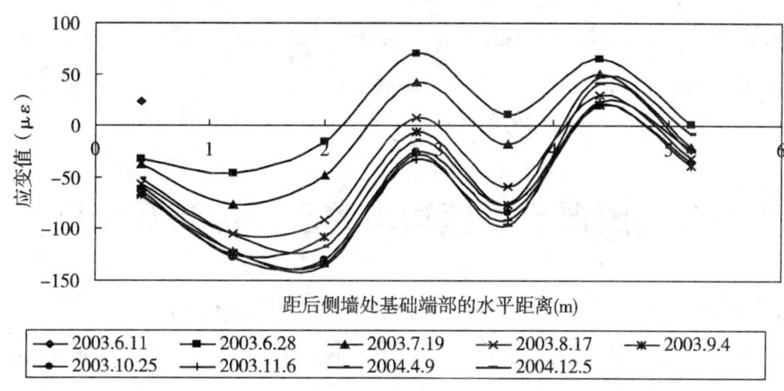

图 10-46　涵洞基础底部纵向沿路基中线的应变分布图

从第二次到第四次测试涵洞基础底部纵向沿路基中线的拉应变极大值出现在 2.8m 和4.4m 处，压应变极大值出现在 1.2m、3.6m 和 5.2m 处；从第五到第九次测试涵洞基础底部纵向沿路基中线的拉应变极大值出现在 4.4m 处，压应变极大值出现在 1.2m、2.0m、3.6m 和5.2m处。各次测试应变分布图形状几乎不变，但整体上有下移的趋势，从第二次到第四次测试，各测点有拉应变也有压应变，从第五次到第九次测试除个别测点为拉应变外，其余测点全部为压应变；随着填土高度的增加，压应变值逐渐增大，应变变化最大的为第四次测试，不仅原来的大多数受拉区变为受压区，而且测试值变化也较大；填土高度的变化对压应变值的影响不如涵洞自身施工因素对应变的影响大。对最后一次测得的曲线进行拟合，得出其拟合多项式为：

$$\varepsilon = -13.389x^6 + 219.73x^5 - 1\,389.8x^4 + 4\,247.1x^3 - 6\,394.8x^2 + 4\,257.3x - 986.2$$

式中：x——距后侧墙处基础端部的水平距离，$x \in [0.4,5.2]$，对应的数据平均值为 -62μm，方差为 3 343.143。

(4)涵洞基础底部纵向沿路肩的应变分布

涵洞基础底部纵向沿路肩的应变分布图如图 10-47 所示。

涵洞基础底部纵向沿路肩应变最大值出现在 2.0m 处；最小值出现在 0.4m 和 5.2m 处。应变分布图有下移趋势，随着涵洞施工的进行和填土高度的增加，压应变值逐渐增大，且变化较路基中线处更明显，尤其是基础底部中间部分的压应变变化较两边更大，路基中线处与路肩处相比，应变分布图也有所不同，除 2.0m、3.6m 和 5.2m 处相差不大外，其余各测点数值相差均较大，尤其在 2.8m 处，路肩边线处压应变明显大于路基中线处；且对应 4.4m 位置路基中线处为拉应变，而路肩处为压应变。对最后一次测得的曲线进行拟合，得出其拟合多项式为：

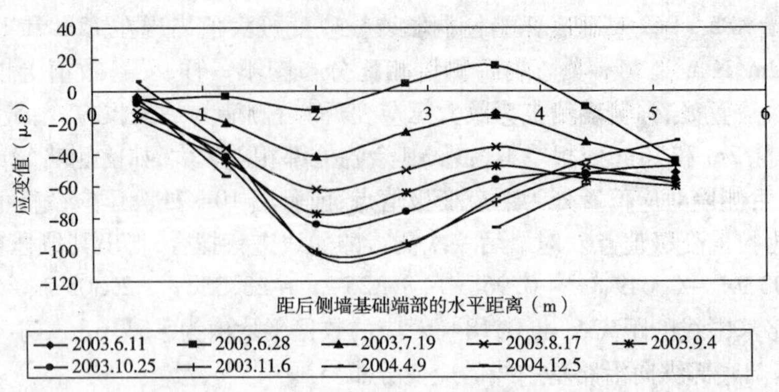

图 10-47 通道基础底部纵向沿路肩的应变分布图

$$\varepsilon = -0.6358x^6 + 12.97x^5 - 103.96x^4 + 406.01x^3 - 761.47x^2 + 549.71x - 115.5$$

式中：x——距后侧墙处基础端部的水平距离，$x \in [0.4, 5.2]$，对应的数据平均值为 $-53.143\mu m$，方差为 1 289.837。

10.4 南友高速公路膨胀土路堑边坡的现场监测及分析

南宁—友谊关高速公路是国道主干线衡阳—南宁—昆明公路(G275)的重要支线，直接与越南 1 号公路相连，全长 220km。该路于 K130 ~ K140 段穿越宁明县城边缘，沿线分布着大量的膨胀性岩土，给公路建设带来巨大的灾难。工程于 2003 年 3 月开工后，该路段几乎所有的堑坡均不同程度地反复滑坍，调查发现：滑坡多是发生在降雨期间和降雨过后，包括一些新开挖的坡度很缓的膨胀性土路堑，在降雨期间也同样发生了失稳破坏。因此，有必要采取一定的监测手段和施工措施，预防和处治膨胀土堑坡滑坍、保证南友高速公路能顺利建成通车。

国内不少学者开展了这方面的研究：如刘特洪[1]等通过对刁南灌区膨胀土开挖与滑坡过程的监测，发现边坡水平变形大部分发生在施工期，变形累计值达到临界值后变形加速直至发生滑坡；詹良通[2]等选取了一个非饱和膨胀土挖方边坡进行人工降雨条件下的原位综合监测，认为降雨对应力、孔隙水压力、变形的影响主要在坡面 2m 之内的土层中；刘观仕[3]等通过对襄荆高速公路膨胀土堑坡开挖及防护的变形监测分析，认为降雨引起的膨胀土强度的降低是影响边坡变形的重要因素。上述研究多是在边坡开挖的施工过程中进行的，而施工完成以后的监测尚属少见，本节则是对南友公路施工期间及完成后进行了长达半年多的现场监测，研究膨胀土边坡性状随时间变化的一些相关规律，旨在为膨胀土堑坡的设计和施工提供重要的依据和参考，是很有意义的。

10.4.1 试验路段综合监测系统的设计

观测现场选在十一合同段 K138 + 480 ~ K138 + 680 左侧和 K139 + 100 ~ K139 + 400 右侧两处挖方边坡，坡高 20m 左右，边坡坡比 1:2，前者采用树根桩和坡脚挡墙加固 + 防渗布隔水 + 截水型骨架防止坡面冲刷综合治理方案，主要采用树根桩稳定边坡，矮角挡墙稳定坡脚，挡墙墙踵设渗沟引排地下水，坡面和坡顶采用 DAH 液、种植土、两布一膜保湿防渗，现浇混凝土骨架护坡防止地表水冲刷边坡；后者采用支撑渗沟 + 坡脚挡墙综合治理方案，主要支撑渗沟稳定边坡和引排坡面下的地下水，矮角挡墙稳定坡脚，挡墙墙踵设渗沟引排地下水，坡面和坡顶采用两布一膜和种植土保湿防渗，浆砌片石护坡防止坡面地表水冲刷边坡。

为了全面分析降雨对边坡稳定的影响，监测区布置有测斜管、沉降标、土压力盒等常规观测仪器监测边坡的变形和应力变化，还设立了包括现场监测吸力变化内容的综合观测站。在观测站中设计了一个直径1.0m、深5.10m的观测井，并在井壁不同高程深入土20cm处埋设吸力传感器，同时相应地设置含水率探头，以及多个沉降测点和水平位移测点，以取得现场观测吸力变化的数据，探求吸力变化与不同的土层深度、变形、强度、环境和气候变化的依存关系。此外，在依托工程附近建立小型气象站一座，观测每天室外空气和地表的气温、湿度以及降雨量和蒸发量的气象观测。

1. 监测仪器的布置

(1) K138 +480 ~ K138 +680 左侧边坡(图10-48)

本边坡坡面及坡顶上共埋设竖向测斜管11根，每根打入地下约3 ~3.5m，并在第2-6、2-7、2-10、2-11号管上，从地面向下1.6 ~2.5m之间各附两个沉降环；在第2-1、2-2、2-8号管上，从地面1.8m左右位置附一个沉降环，共附沉降环11个。坡面设6个观测点，其中每个观测点埋设土压力盒、温度传感器各两个，共12个，深度分别为0.5m和1m，其中四个点各埋设含水率探头两个，深度分别为0.5m和1m，另外一个点埋设含水率探头一个，共埋设含水率探头9个。2005年4月在边坡现浇混凝土骨架上埋设应变计8个(在K137 +875 ~ K138 +110右边坡砖砌截水沟埋设表面应变计多个，因松动，观测失败)。

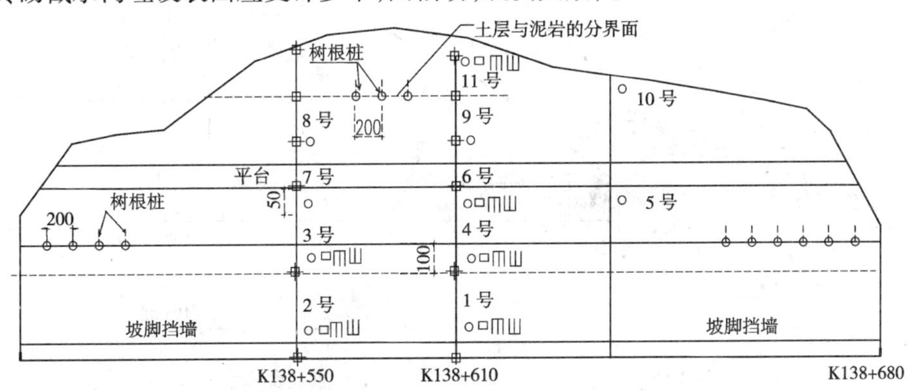

图10-48　K138 +480 ~ K138 +680 左侧边坡观测组件埋设布置示意图

(2) K139 +100 ~ K139 +420 右侧边坡(图10-49、图10-50)

本边坡坡面及坡顶上共埋设竖向测斜管9根，每根打入地下约3 ~3.5m，并在第3-2号管上，从地面向下1.7m左右位置附沉降环一个；其余各根管上，从地面向下1.6 ~2.5m左右位置之间各附两个沉降环，共附沉降环17个。坡面设8个观测点，其中四个观测点设在主支撑渗沟下0.5m处，每个观测点各埋设土压力盒、温度传感器、含水率探头各一个；两个观测点设在坡面下，每个观测点埋设土压力盒、温度计各两个，深度分别为0.5m和1m，含水率探头一个，深度为1.5m；坡顶下设观测点两个，每个观测点埋设土压力盒、温度传感器、含水率探头各三个，深度分别为0.5m、1.5m和2m。边坡共埋设土压力盒14个、温度传感器14个、含水率探头12个。

由于K138 +480 ~ K138 +680左侧边坡坡脚挡墙下渗沟向终点方向出水口附近的观测组件已损坏，故2005年4月，在K138 +100 ~ K138 +420右侧边坡坡脚挡墙下渗沟向起点方向

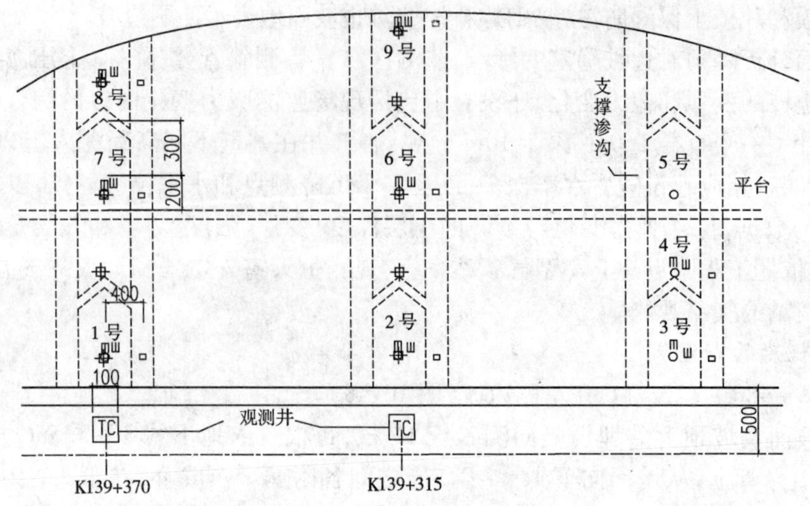

图 10-49 K139 +100 ~ K139 +420 右侧边坡观测组件埋设布置平面图

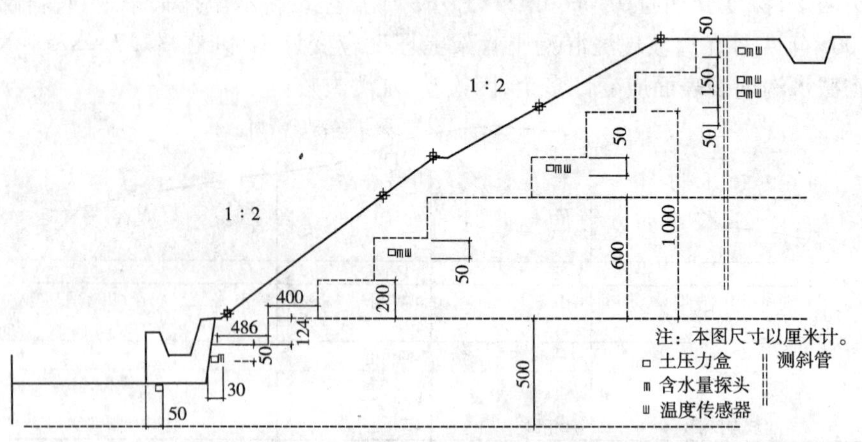

图 10-50 K139 +370 及 K139 +315 断面仪器埋设示意图

出水口附近，靠近渗沟侧壁位置，埋设土压力盒、温度计各两个，含水率探头一个。

(3)现场试验的仪器设备及元器件汇总(表 10-4)

监测仪器汇总 表 10-4

序号	监测项目	仪器类型	数量	测量范围
1	吸力	热传导探头	6	<90kPa
2	含水率	含水率探头	23	0% ~50%
3	水平应力	振弦式土压力盒	30	0 ~1 000kPa
4	温度	温度计	1	-35℃ ~ +45℃
5	湿度	湿度计	1	0% ~100%
6	水平位移	测斜管	20	±12°
7	竖向位移	分层沉降仪金属环	28	N/A
8	降雨强度	自动记录雨量计	1	0.2mm/下
9	蒸发量	蒸发仪	1	N/A

2. 跟踪监测的主要内容

为了更好地完成“膨胀土地区公路排水设计的研究”课题，结合采取的水损害防治措施（最佳坡比相应的排水设施、注化学防渗材料、支撑渗沟排水），对其进行现场验证性试验。为了研究雨水入渗与土体风化作用对边坡表层土体强度和稳定性的影响，采取现场试验观测膨胀土体中的水平、竖向位移和土压力、含水率。

为了研究干湿循环作用下水分的蒸发与入渗的基本规律，采取建小气象观测站的方法，同时观测膨胀土内含水率和温度变化，进行气象变化与不同深度膨胀土含水率和温度变化的研究。

为了研究排水设施在膨胀土地区的适用性，采取在现浇混凝土骨架构件表面贴应力片的方法，观测膨胀土对排水设施的应力作用。以此分析不同材料，或不同施工方法的排水结构物适用性研究。

(1)吸力和含水率的监测

现场的吸力是由热传导探头（吸力传感器）量测的，含水率是由 θ—probe 量测的。热传导吸力探头采用清华大学生产的 TS. I 型吸力热传导探头，其工作原理是基于土的导热性能比空气好，热传导率与土体含水率直接有关。该传感器由多孔陶瓷头、微型加热器和测温元件等组成。多孔陶瓷头的热量交换随陶瓷头的水量变化，而陶瓷头的水量又间接受到周围土体吸力的影响。因此，可以通过事先率定多孔陶瓷头的热传导率与基质吸力的关系，来测定土体的基质吸力。目前，热传导探头的吸力量测范围可达到 0 ~ 1 500kPa。

含水率监测系统采用 MS—2 土壤水分仪和含水率探头，土壤水分仪是便携式的，将探头放入探测孔后，待 2h 稳定后读数便是此时的饱和度，其误差为 3%。含水率探头是由英国 Delta—T 公司生产的 θ—probe。它是根据土的介电常数与土中的体积含水率的密切关系，利用驻波技术量测土的介电常数来间接得到土中的含水率。含水率探头的埋设及土壤水分测试仪如图 10-51 所示。

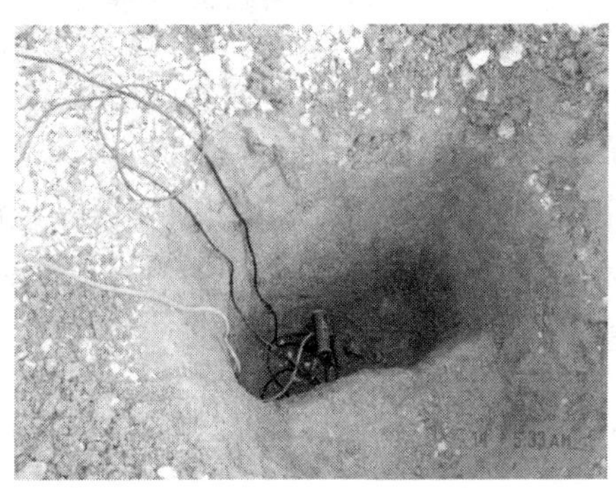

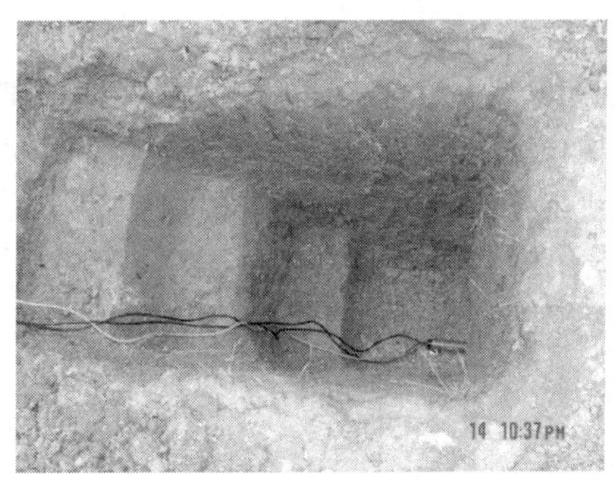

图 10-51　含水率探头及温度传感器的埋设

(2)边坡水平变形及垂直变形的监测

边坡的变形监测采用坡体内部测斜仪为主、坡体表面变形监测为辅的监测方案，坡体内部水平方向的变形采用航空航天部生产的 CX—01 测斜仪配合测斜管进行监测。钻孔测斜仪用作对坡体内部的水平位移进行监测。其监测结果为钻孔顶部相对于钻孔底部的相对位移，因此要求测量变形的钻孔沿监测断面的深度方向不间断，每一级监测钻孔的底部要低于下一级监测钻孔的顶部高程。工程钻机成孔后，用清水将孔底残渣清洗干净，然后将具有良好变形能力和足够强度的测斜管插入孔中，测斜管的下端管口用堵头加以封堵，测斜仪套管的十字内槽应与人工边坡的开挖面平行，十字内槽的方向是通过罗盘确定的。然后，通过灌浆泵向钻孔内灌黏土水泥浆，其重量配比是黏土: 水泥: 水 =1:1:6。灌浆须将下料管下入测斜管与钻孔壁间隙内，下料管底部距孔底约1m左右。下管时不能太快，防止碰坏测斜管接头。灌浆须自下而上进行，在测斜管内注入清水以防止在灌浆时测斜管浮起，当灌浆至距孔口20cm时，停止灌浆，利用钻机将护壁套管拔出，然后用混凝土墩对孔口加以保护，测斜管外露头应设防护顶盖，以防石块掉入管内。安装过程中发生的问题要做详细的记录。

竖向变形的监测是通过设置在测斜管中的沉降磁环来实现的，沉降磁环内安放有磁性材料形成磁力圈，磁力圈外安装三根弹簧片，弹簧片与土层接触，随土层移动而位移。这样当内装磁场感应器的探头每次通过磁力环时，连接着探头的地面接收系统会发出蜂鸣声或电压表指针指示，从而知道磁力圈的位置。

初始值测量在测斜管安装10d后进行，此后监测频率视边坡动态而定，从每天一次至每月一次不等，雨季加密，旱季监测时间间隔长。监测中采集测斜数据时按测斜仪的测量读数要求进行，对每次采集的数据进行初步整理。确保数据的有效性，将得到的测读数据转换为测斜管的水平位移量，再进一步处理，得到各监测孔相对于监测孔孔底的水平变形数据。

(3)应力监测

考虑到实际工程的概况，只对边坡土体中水平应力进行监测，采用的是TYJ—20型振弦式土压力盒，其规格：长200mm，宽100mm。振弦式土压力盒通常由两块不锈钢板焊接而成，钢板之间的微小孔隙用水利油填充，压力传感器与水利油连接。土压力的变化是通过作用于不锈钢板之间的油压间接测得。所有土压力盒在埋设以前均已标定，埋设位置在与测斜管同一高程的附近，埋深视不同需要为0.5~2m。

安装土压力盒时，首先，用水利钻机钻一个直径140的钻孔，钻孔深度为2m，钻孔结束后，用清水将孔底残渣清洗干净，然后，将第一个土压力盒放入孔底2m处，且要求土压力盒的平面和人工边坡的开挖面互相平行。土压力盒在钻孔中放置的方向是通过自制的小工具确定的，小工具顶端设有十字槽，其中十字槽的方向与孔底的土压力盒的平面方向一致，当土压力盒在孔底的方向确定以后，即刻回填200mm厚的细砂，接着将小工具从孔底拉出。最后回填并压实钻孔至1.5m处，回填压实的土取自现场相同的土层。其余土压力盒的安装与前两个土压力盒的安装相同，根据需要分别安装在不同深度处。

(4) 降雨强度、地表径流及蒸发量的监测

为了量测土体内部温度，在土体内部不同深度处，埋设了温度计，埋设位置在土压力盒附近，此外在依托工程附近建立小型气象站一座，观测每天室外空气和地表的气温、湿度以及降雨量和蒸发量的变化。

2004年6月~12月，依托工程现场气象站测得的当地每天19:00时的降雨量与蒸发量曲线如图10-52所示，“+”表示降雨量，“-”表示蒸发量。可知，6~9月降雨丰富，10~12月基本无降雨，干湿季节明显，膨胀土路堑边坡很容易发生滑坡等地质灾害。

(5)野外渗透系数量测

膨胀土在没有裂隙存在时，饱和渗透系数非常低，几乎不透水，而在实际情况中，表层膨胀土裂隙极为发育，含有裂隙的膨胀土的入渗能力远比没有裂隙的情况大得多。要清楚分析膨胀土降雨入渗问题，必须要比较准确地知道含裂隙膨胀土的饱和渗透系数，野外现场测试正好可以获得这方面的信息。

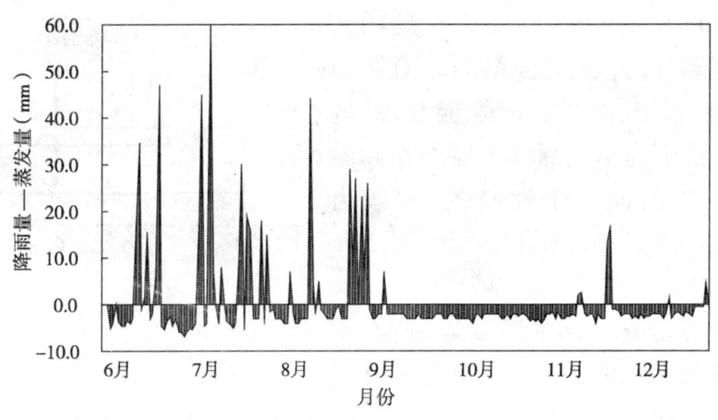

图 10-52 降雨量—蒸发量随时间变化曲线

①双环试验

双环试验通常用来现场测定土壤稳定入渗率，其测试装置由双环及水位电测针组成。其中，内环直径 26.2cm，高 30cm，外环直径 47cm，高 30cm。其他必需的设备包括秒表及量杯、水桶、铁铣及米尺等。

试验步骤：

第一，在选择好的试验点上，将内、外环打入土中 10～15cm，外环必须与内环保持同心。

第二，采用水位测针控制入渗水位时的试验步骤。

在进行野外测试时，由于事先对土壤入渗的特性不了解，当入渗强度较大时，马氏瓶须频繁替换，这样极易产生差错。采用测针定位方法可以克服这一缺陷且安装简单，其具体步骤为：

第一步：装好双套环后，将测针固定在内、外环里，调整好测针位置，使针尖离地面的高度为所要求的入渗作用水层厚度，一般可定为 5cm 左右。

第二步：计算好相应于入渗作用水层厚度的内环及外环的体积并准备好相当的水量。

第三步：盛 1 000ml 水于量筒内备用（若土壤透水性较差，则用小量筒如 500ml 或 200ml）。

第四步：试验开始时同时完成四个操作：掀动秒表；迅速向内、外环注水建立入渗水层（如果计算准确，此时建立的水层刚好为针尖所示的高度）；将盛于备用量筒的水同时灌注于内环内，此时水面应淹没针尖，若未能做到，应马上调整测针高度，使测针针尖没入水中 1～2mm；在向内环注水的同时向外环注水，尽可能地保持内、外环水位一致。

第五步：继续准备好 1 000ml 的水量。

第六步：入渗开始后，水面缓慢下降，当水面下降至针尖处时，记下秒表读数，同时将 1 000ml水注入内环中。

第七步：在整个试验过程中，随时要注意保持内、外环水位一致。为了计算方便，内环的入渗是采用定水量变时间的测量方法，外环不必严格按此要求，随时可以加水，且水量不必记录。

第八步：复重五、六、七步操作，直至试验结束。

第三，试验时间的长短视入渗状况而定，若均质土层有相当的厚度，且又希望测量饱和土壤渗透系数时，试验应在入渗速度达到稳定后终止。

②圭夫仪（Guelph permeameter）

圭夫仪(Guelph permeameter)是一种现场快速准确测量土体渗透性的仪器。其装置示意图如图 10-53 所示。它操作简单,一般能够测量 0.15~0.75m 深度范围内不同深度土层的饱和渗透系数,测量所需的时间与土性有关,一般为 0.5~2h。

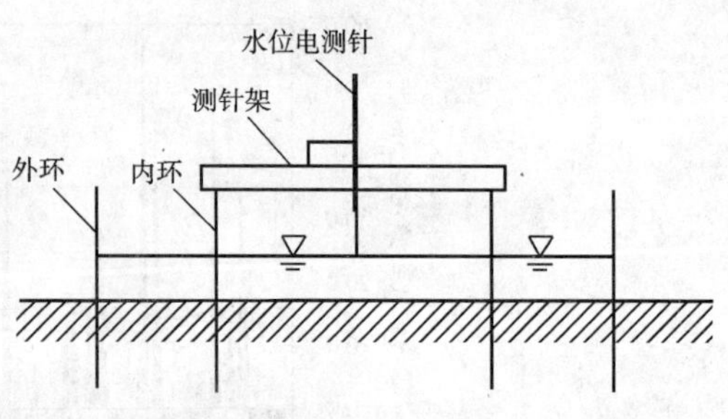

图 10-53　圭夫仪装置示意图

(6)表层裂隙发展研究

考虑到膨胀土裂隙对入渗的重要影响,在本次监测中还另外进行了对施工过程中膨胀土开裂现象的观测。对采用树根桩支护方案的试验边坡,全面监测其从开挖到施工完成后,膨胀土裂隙的发展情况。需要注意的是,在开挖试验坡的同时要将上述试验区表层已开裂的膨胀土挖走,使基本上没有裂隙的新鲜膨胀土暴露于大气中。然后让其自然蒸发,观察裂隙形成和发展的过程。

10.4.2　监测成果及分析

对采用"支撑渗沟+坡脚挡墙方案"和"树根桩综合支护方案"的两种膨胀土路堑边坡的现场监测数据进行分析,重点研究了大气温度变化和浅层土体内部温度之间的关系,降雨入渗下边坡水平变形和土体内部含水率变化的一些规律,以及现场膨胀土裂隙的发育情况。对于基质吸力问题,由于一些监测点已破坏,且现场数据较少,故此处不予分析。

1. 大气温度变化与地下浅层温度变化的关系分析(图 10-54~图 10-61)

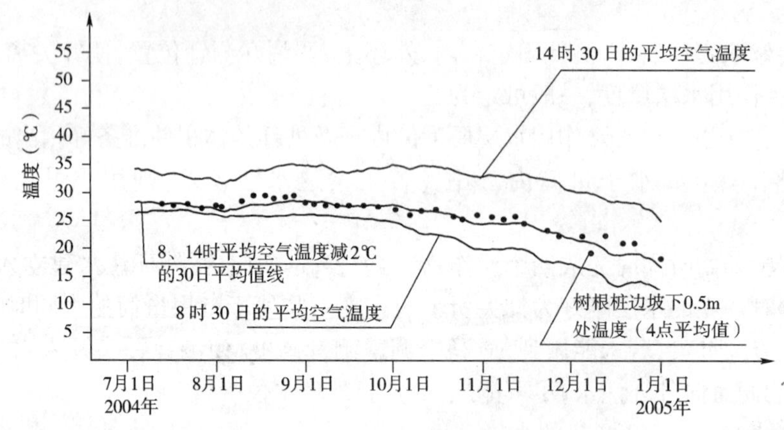

图 10-54　大气温度与地下温度关系图(树根桩边坡下 0.5m)

从图 10-54~图 10-61 可以看出:

(1)支撑渗沟下 0.5m 处温度变化小,4 个埋设点最高平均温度为 26.5℃,最低平均温度为 23.25℃,相差 3.25℃,平均温度 25.67℃,采用中误差方法计算温度变化差为 0.87℃,而此段时间,早 8 时地表最高气温为 30℃、最低气温为 4℃,相差 26℃;14 时地表最高气温为 51℃、最低气温为 12℃,相差 39℃。

(2)树根桩边坡坡面下 1.0m 处的 4 个埋设点最高平均温度为 29.5℃、最低为 19.25℃,相差 10.25℃,平均温度 26.89℃,采用中误差方法计算温度变化差为 2.84℃。树根桩边坡坡面下 0.5m 处的 4 个埋设点最高平均温度为 29.5℃、最低为 18.25℃,相差 11.25℃,平均温度

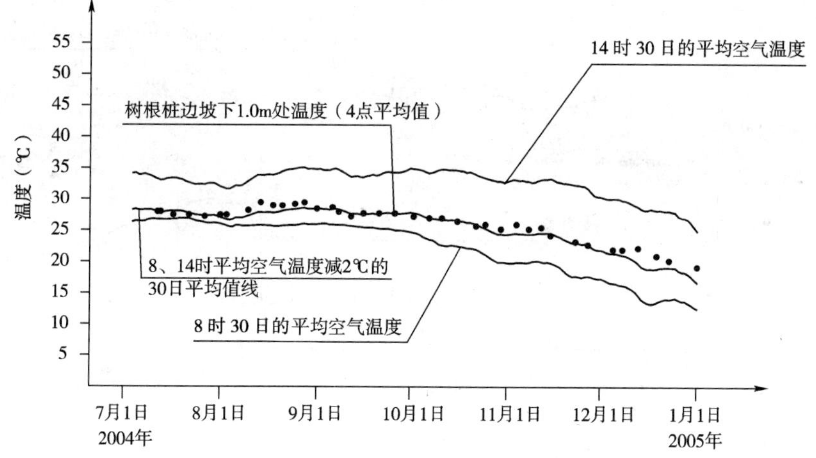

图 10-55　大气温度与地下温度关系图(树根桩边坡下 1m)

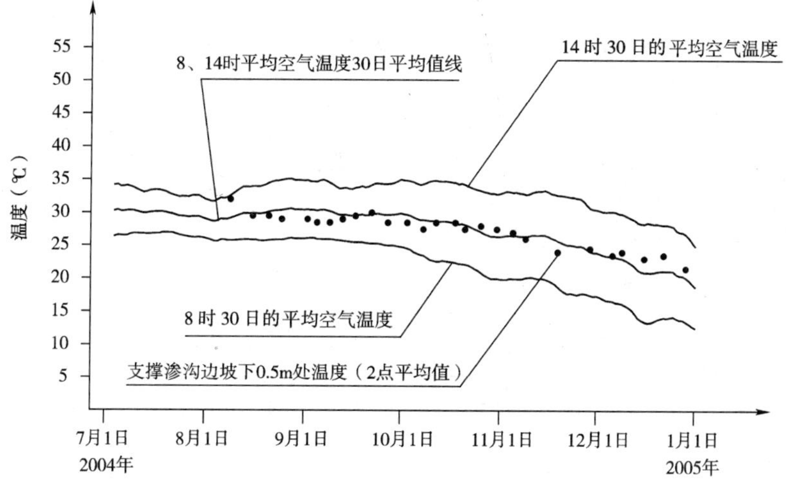

图 10-56　大气温度与地下温度关系图(支撑渗沟下 0.5m)

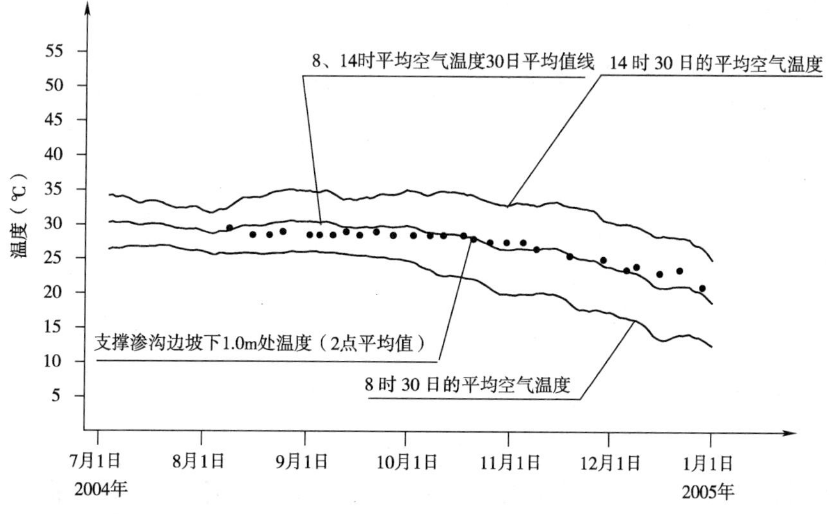

图 10-57　大气温度与地下温度关系图(支撑渗沟下 1.0m)

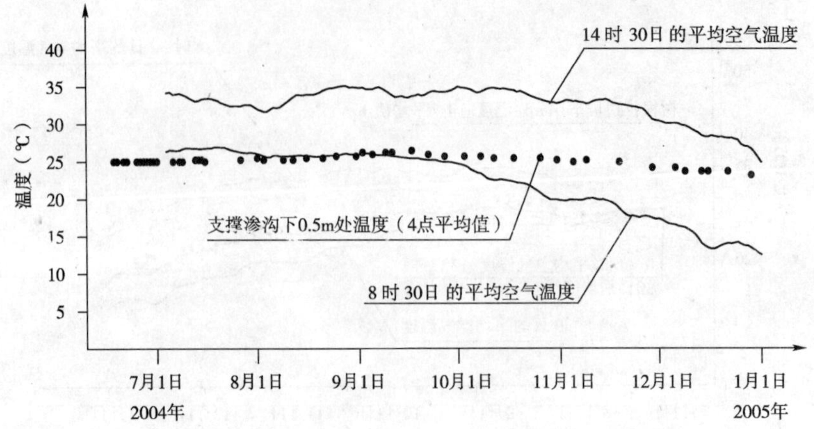

图 10-58　大气温度与地下温度关系图(支撑渗沟沟底以下 1.0m)

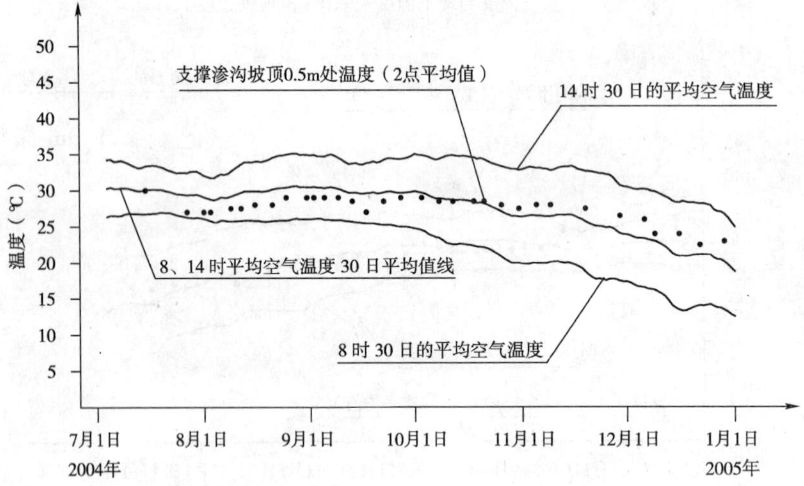

图 10-59　大气温度与地下温度关系图(支撑渗沟坡顶下 0.5m)

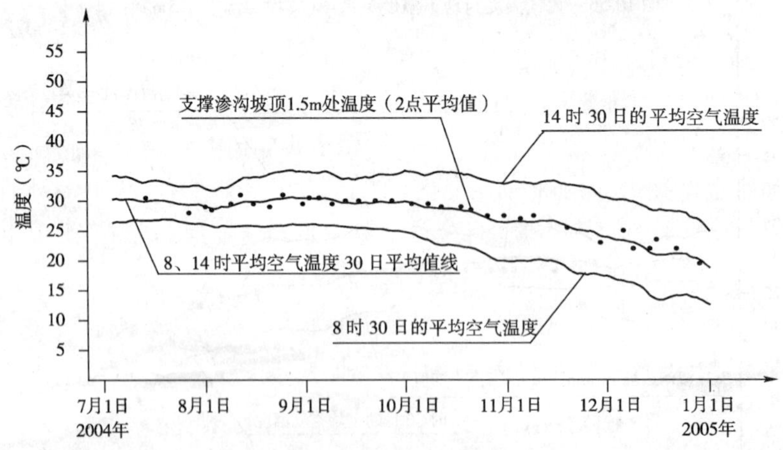

图 10-60　大气温度与地下温度关系图(支撑渗沟坡顶下 0.5m)

26.78℃,采用中误差方法计算温度变化差为 3.04℃。在 37 次记录中,1.0m 深与 0.5m 深温度差小于或等于 0.25℃的有 24 次,占总数的 65%,一次温差达到 2.75℃,两次温差达到 1℃。

(3)支撑渗沟边坡坡面下 1.0m 处的 2 个埋设点最高平均温度为 29.5℃、最低为 21℃,相

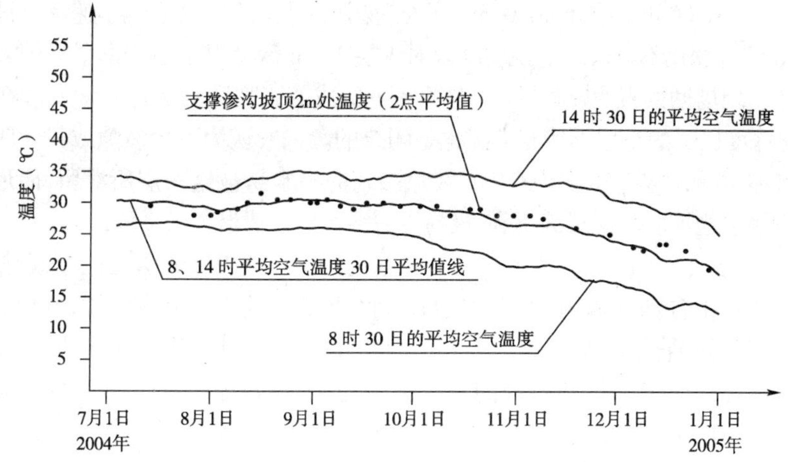

图 10-61　大气温度与地下温度关系图(支撑渗沟坡顶下 0.5m)

差 8.5℃,平均温度 28.17℃,采用中误差方法计算温度变化差为 2.57℃。支撑渗沟边坡坡面下 0.5m 处的 2 个埋设点最高平均温度为 32℃、最低为 21.5℃,相差 10.5℃,平均温度 28.31℃,采用中误差方法计算温度变化差为 2.86℃。在 26 次记录中,1.0m 深与 0.5m 深温度差为 0 的有 13 次,占总数的 50%,一次温差达到 2.5℃,五次温差达到 1℃。

(4)支撑渗沟坡顶下 2.0m 处的 2 个埋设点最高平均温度为 31.5℃、最低为 19.5℃,相差 12℃,平均温度 26.67℃,采用中误差方法计算温度变化差为 3.07℃。支撑渗沟坡顶下 1.5m 处的 2 个埋设点最高平均温度为 31℃、最低为 19.5℃,相差 11.5℃,平均温度 26.59℃,采用中误差方法计算温度变化差为 3.24℃。支撑渗沟坡顶下 0.5m 处的 2 个埋设点最高平均温度为 30℃、最低为 22.5℃,相差 7.5℃,平均温度 28.38℃,采用中误差方法计算温度变化差为2.03℃。

(5)两边坡坡面下 0.5m 和 1.0m 处温度与 8 时和 14 时平均值的 30 日平均之差一般在 2℃之内,个别值相差 3℃左右。7 月至 12 月开始,两边坡下温度基本在 8 时和 14 时平均值的 30 日平均线之下,12 月开始在该值之上。

2. 降雨对边坡土体含水率的影响分析

(1)K139 + 100 ~ K139 + 420 右侧边坡支撑渗沟 + 坡脚挡墙加固

图 10-62 ~ 图 10-65 是埋设在支撑渗沟坡面下观测点 1 号、7 号含水率随时间变化曲线,其中 1 号在坡底,7 号在坡中平台。由图 10-62 可以看出:在雨季,膨胀土路堑边坡土体含水率随着埋深的增加逐渐减小,而随时间的变化不大,说明对膨胀土有较好的保水性。随着雨季的结束,土体中的含水率逐渐降低,其中 0.5m 深处降低最快,分析其原因是由于浅层受日照影响水分蒸发以及内部水分向下入渗造成的。

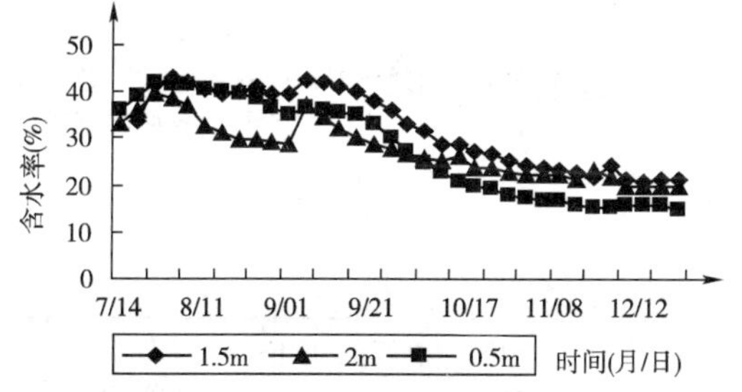

图 10-62　7 号不同深度处含水率随时间变化曲线

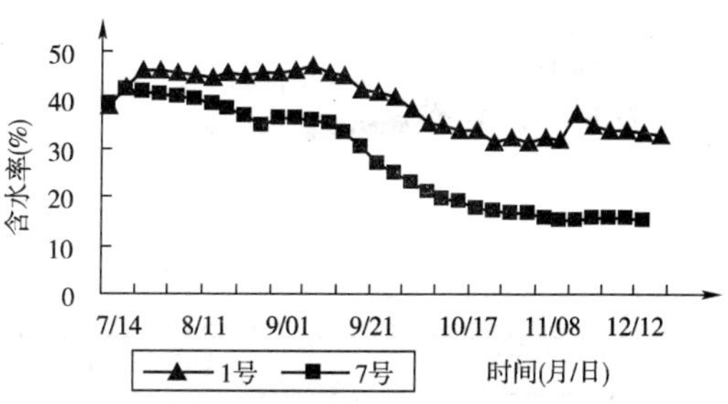

图 10-63　0.5m 深处含水率随时间变化曲线

由图 10-63、图 10-64 可以看出：在 0.5m 深处，坡中 7 号位的含水率减小速度比坡底 1 号位较明显，而 2m 深处两者变化不显著。这说明降雨对土层 1.5m 深处以上含水率影响较大，而 1.5m 以下土体变化很小。现场勘察表明：季节性干湿循环下造成的张裂隙的延伸深度一般在 1.5m 以内，也就是说，1.5m 深度以下的土层即使有裂隙也是闭合的。一般认为不含裂隙或只含闭合裂隙的膨胀土层的渗透性能很差，所以，沿表层张开的裂隙渗入的雨水易被这一层所滞留，而形成滞水。滞水层的存在对膨胀土边坡的稳定极为不利，极易沿着滞水层形成潜在滑动面。

图 10-65 为埋设在 10 号、11 号两条主支撑渗沟沟底以下 0.5m 深度四个观测点的含水率随时间变化曲线，图中含水率取值为 10 号、11 号两点的平均值。由图可以看出，两条支撑渗沟上部沟底以下 0.5m 深度处含水率大于下部沟底 0.5m 处，其原因是由于上部结构施工时遇到降雨造成的，由于当时下部结构渗沟的施工已经完成，较好地防止了雨水的渗入。整个结构施工完成后，渗沟沟底下部土体基本不受气候降雨和蒸发的影响，所以土体中的含水率与施工刚结束时几乎没有变化。

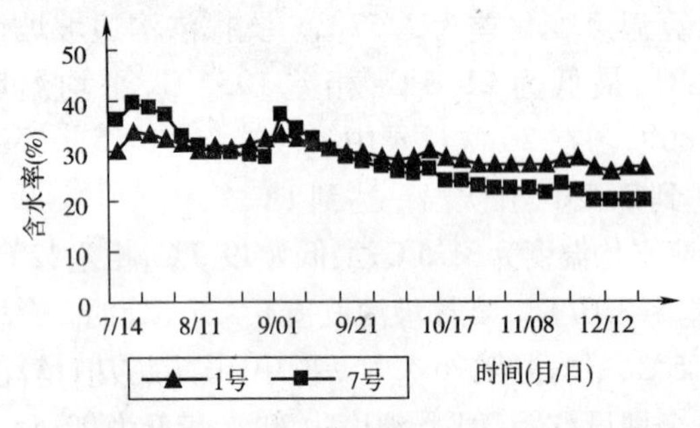

图 10-64　2m 深处含水率随时间变化曲线

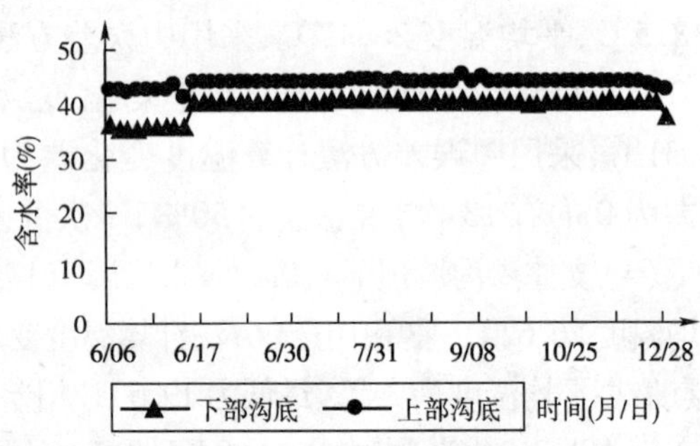

图 10-65　支撑渗沟沟底含水率随时间变化曲线

（2）K138 +480 ~ K138 +680 左侧边坡树根桩 + 坡脚挡墙加固（图 10-66 ~ 图 10-71）

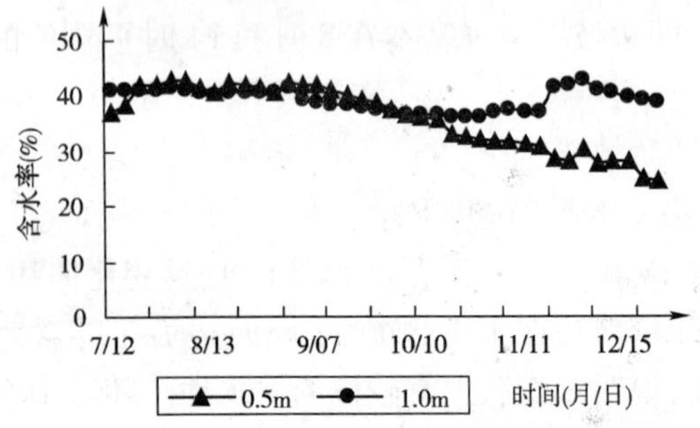

图 10-66　不同深度处含水率随时间变化曲线

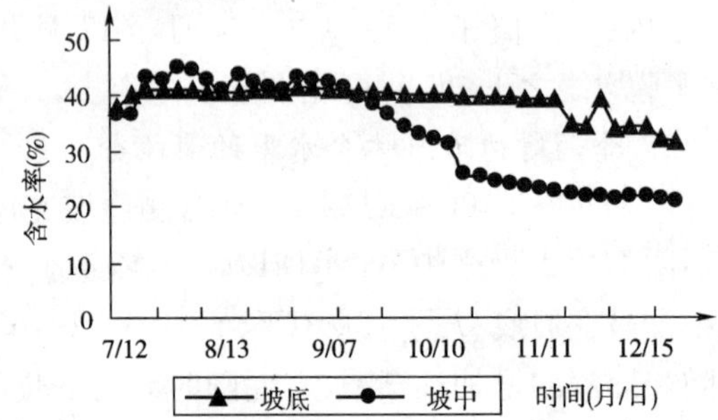

图 10-67　同一断面 0.5m 深处含水率随时间变化曲线

图 10-68　同一断面 1m 深处含水率随时间变化曲线

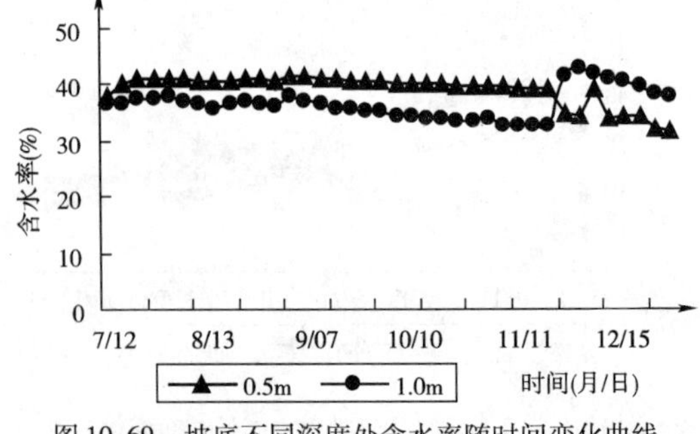

图 10-69　坡底不同深度处含水率随时间变化曲线

图 10-66 ~ 图 10-71 是树根桩 + 坡脚挡墙边坡各监测点含水率随时间变化曲线。由图 10-69可以看出：在整个观测期的前段时间(11 月之前)，树根桩边坡下 0.5m 深处含水率略大于1.0m深度处含水率，而在此之后，0.5m 深处含水率减小，1.0m 深处含水率增大，且 1.0m 深处含水率大于 0.5m 深处，其原因是由于在该试验路段，雨季是 6 ~ 10 月份，降雨期间，雨水可以快速地渗透到 0.5m 深处，随着深度的增加，入渗速度逐渐减小；而降雨结束后，受日照影响，边坡浅层土体水分逐渐蒸发，所以在旱季土体中的含水率埋深较深的地方较大。

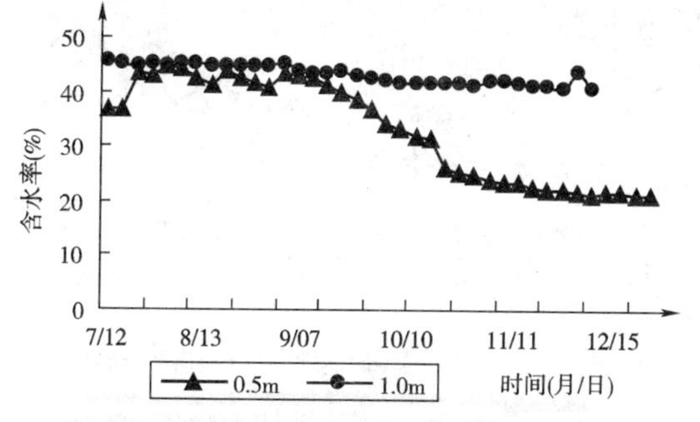

图 10-70 坡中不同深度处含水率随时间变化曲线

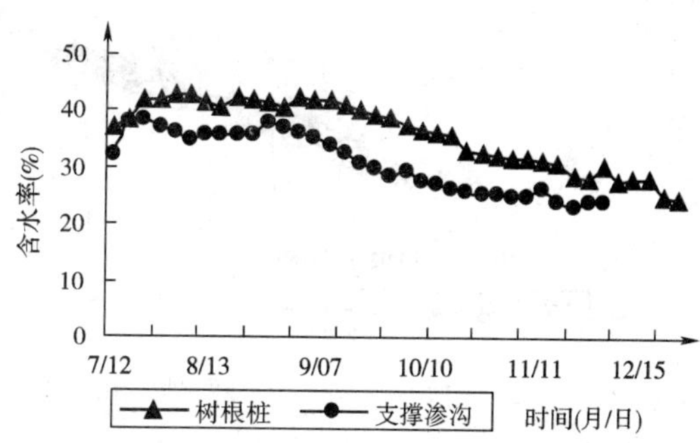

图 10-71 0.5m 深处含水率随时间变化曲线

由图 10-67 ~ 图 10-68 可以看出：坡中 0.5m 深度土体含水率变化幅度最大，而坡中 1.0m 深处及坡底 0.5m，1.0m 深度土体含水率变化幅度平缓。在 0.5m 深处，开始坡中土体含水率大于坡底，随着降雨期的结束，坡中 0.5m 深处含水率急剧减小，而坡底 0.5m 深处含水率变化幅度较平缓。在 1.0m 深处，坡中土体含水率和坡底变化趋势一致，且坡中大于坡底，但是在雨季结束后，由于边坡土体水分的向下入渗，坡底含水率逐渐增大至与坡中含水率大小相同。

此外，对比图 10-69 和图 10-70 发现，在坡底 0.5m 及 1.0m 深处土体含水率的变化规律与整个边坡不同深处土体含水率的变化规律一致(如图 10-66 所示)，而在坡中却呈现相反趋势，1.0m深处土体含水率大于 0.5m 深处土体含水率，其原因是由于，为研究整个边坡不同深处土体含水率随时间变化规律，将四个观测点的数据平均得到图 10-66 曲线，而图 10-70 是针对坡中将两个观测点的数据平均而来，这与边坡实际土体含水率变化规律并不违背。

图 10-71 是两种不同边坡支护方案下 0.5m 深处土体含水率随时间变化曲线，由图中可以看出，采用树根桩支护方案的边坡下土体含水率大于采用支撑渗沟综合治理方案，这说明采用浆砌片石护坡可以更好地防止雨水入渗，减小气候条件对边坡土体含水率的影响，有利于膨胀土路堑边坡的稳定。

3. 降雨对边坡水平变形的影响

(1) K139 + 100 ~ K139 + 420 右侧边坡支撑渗沟 + 坡脚挡墙加固(图 10-72 ~ 图 10-77)

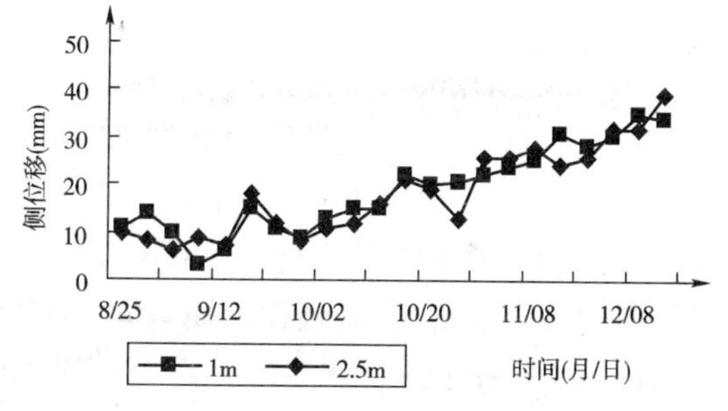

图 10-72 1 号侧向位移随时间变化曲线

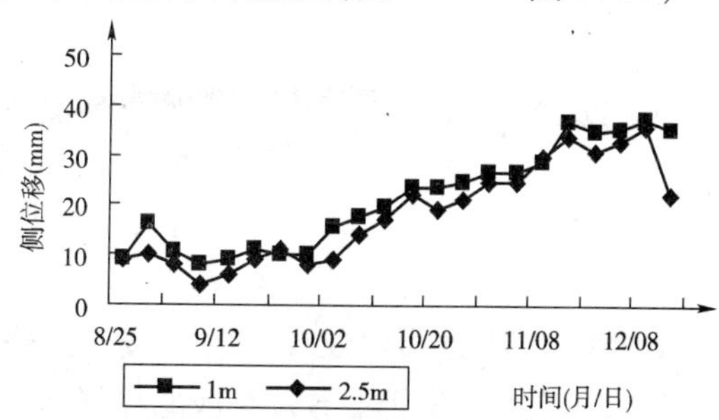

图 10-73 7 号侧向位移随时间变化曲线

图 10-72 ~ 图 10-77 是测得的 1 号、3 号、7 号和 8 号监测点侧向位移随时间变化曲线。由图 10-72 和图 10-73 可以看出，同一监测点处，不同深度侧向位移变化趋势基本一致，侧向位移随时间的增加逐渐增大，且浅层位移略大于深层位移。与该含水率的变化曲线对比还可以看出，在降雨期间，侧向位移变化幅度并不大，而降雨期刚刚结束的一段时间内，侧向位移变化幅度较大，其原因是由于膨胀土的特殊工程性质变形"滞后性"造成的。

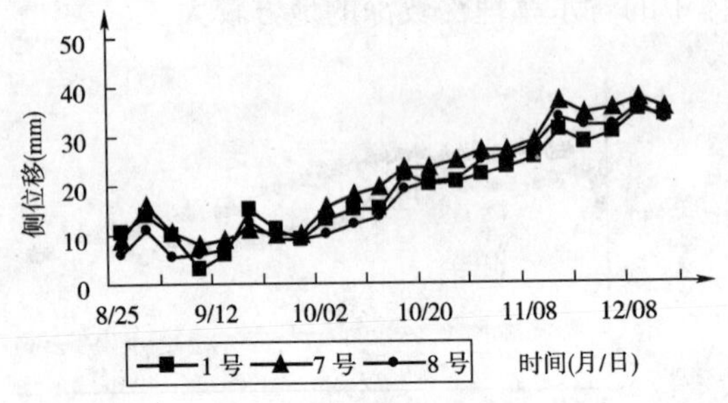

图 10-74　同一断面 1m 深处侧位移随时间变化曲线

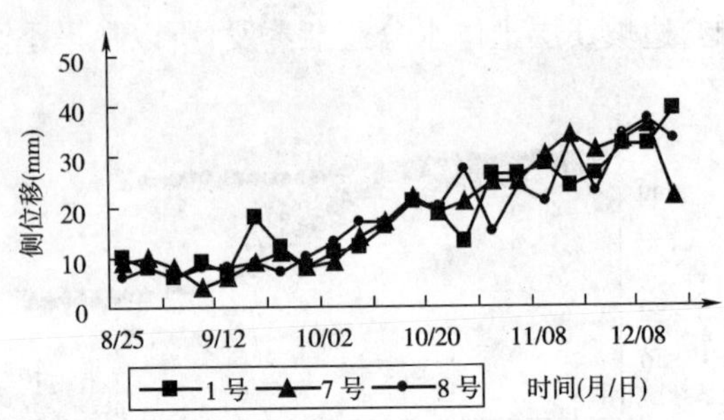

图 10-75　同一断面 2.5m 深处侧位移随时间变化曲线

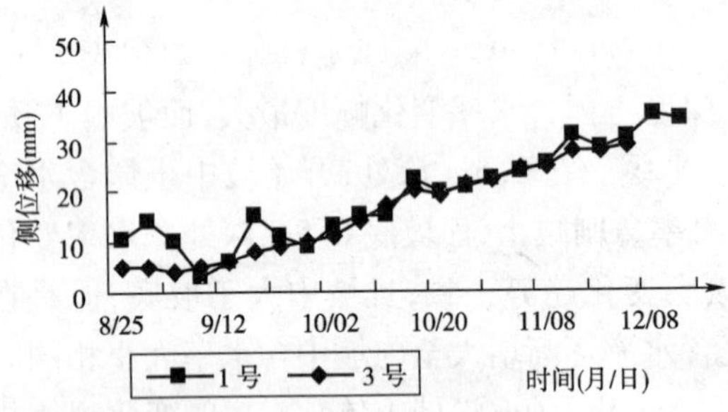

图 10-76　同一平台 1m 深处侧位移线随时间变化曲线

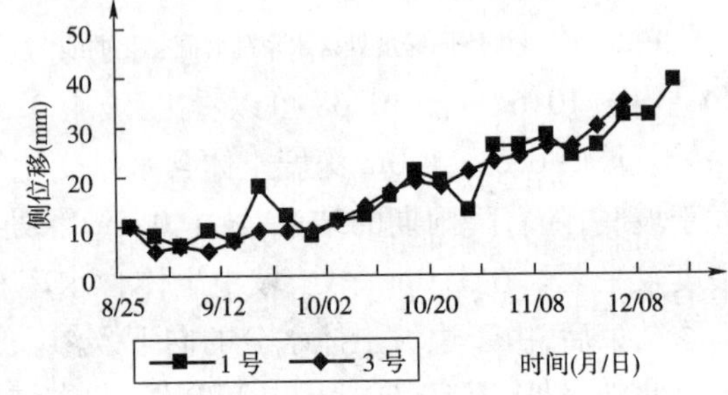

图 10-77　同一平台 2.5m 深处侧位移随时间变化曲线

由图 10-74 ~ 图 10-77 可以看出，同一平台 1 号、3 号监测点在 1m 和 2.5m 深处侧向位移随时间变化规律基本一致，而在同一断面内，坡中平台的侧向位移变形最大，坡顶次之，坡底最小；在干湿循环影响下，边坡的变形有明显的阶段性，这是由于降雨强度和持时的不同，雨水的入渗量和入渗深度也不同，从而引起堑体边坡变形与持续时间不一样。此外堑坡的变形还受现场施工情况的影响，研究发现，在边坡开挖后及时进行防护可以显著减小坡体变形。坡底 1 号和 3 号位穿过潜在滑动面，采用矮脚挡土墙支护则有效地约束了该处的变形。

此外，由图中还可以发现，该边坡侧向变形的幅度在 5 ~ 40mm 之间，在施工完成后半年多的时间内，并没有发生滑塌等事故，说明采用支撑渗沟支护方案可以有效地保证膨胀土路堑边坡的稳定性。

图 10-78 和图 10-79 为同一观测剖面上 1 号、7 号两个观测点膨胀土路堑边坡浅层土体的侧向位移随深度变化曲线。我们规定，向坡下方向为正值，坡上方向为负值。由图中可以看出：沉降标越浅，测得的侧向变形越大。雨季 9 月份，边坡变形变化速率较小，此后逐渐增大，这和前面侧向位移随时间变化规律一致，说明膨胀土边坡变形的"滞后性"。此外，对比图 10-78和图 10-79 还可以发现，1 号位侧向位移随深度变化具有反复性，而且在后期呈向上变化的趋势，其原因是由于 1 号位在坡底挡墙的附近，雨水入渗导致土体含水率增加产生膨胀，但是由于挡墙的约束作用，使得土体挤压测斜管沿坡上方向变形，但是除浅层 0.5m 深处变化较

大外，深层变形并不大，只有5mm左右。

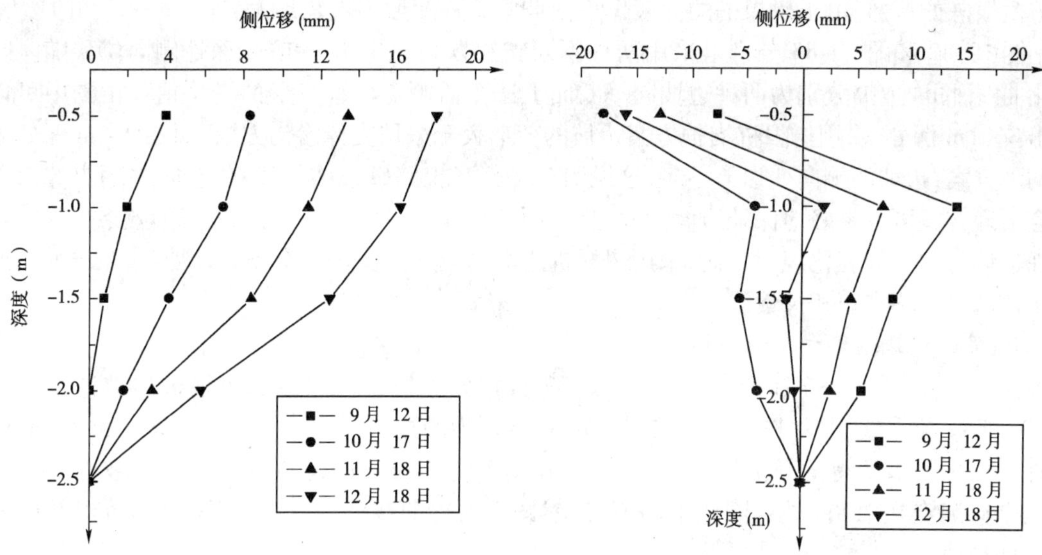

图10-78　坡中7号侧位移随深度变化曲线

图10-79　坡底1号侧位移随深度变化曲线

(2)K138+480~K138+680左侧边坡树根桩+坡脚挡墙加固(图10-80~图10-83)

图10-80是树根桩边坡同一断面1号、6号和9号三个监测点不同深处位移取平均值后侧向位移随时间变化曲线。从图中可以看出，1m深处侧向位移大于2.5m深处，且侧向变形的最大值在40mm左右，这与前面支撑渗沟边坡侧位移随时间变化的规律一致。

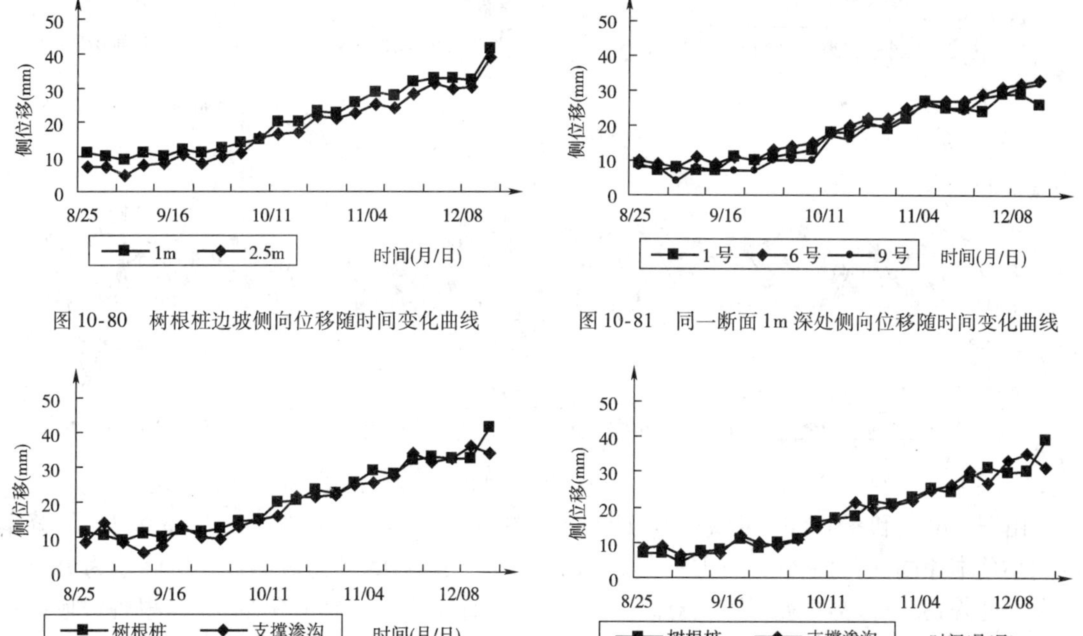

图10-80　树根桩边坡侧向位移随时间变化曲线

图10-81　同一断面1m深处侧向位移随时间变化曲线

图10-82　两边坡1m深处侧位移随时间变化曲线

图10-83　两边坡2.5m深处侧位移随时间变化曲线

图10-81是同一断面1号、6号和9号三个监测点1m深处侧向位移随时间变化曲线，其中1号在坡底，7号在坡中，9号在坡顶，由图中可以看出：1号和6号侧向变形大小差不多，6

号略大，但是它们都大于坡顶9号，这与前面支撑渗沟边坡不同，其原因是6号观测点在坡中一排树根桩的上部，由于树根桩的约束作用使坡中位移变形不再是最大。

图10-82和图10-83分别是采用两种不同支护方案的0.5m和1m深处侧向位移随时间变化曲线，图中数据分别为两种边坡同一断面上三个监测点位移变形的平均值。由图中可以看出：在1m深处，采用树根桩支护方案边坡的变形大于采用支撑渗沟方案，而在2.5m深处采用两种方案，边坡的侧向变形差不多，这说明对于膨胀土路堑边坡的浅层土体，采用支撑渗沟综合治理方案可以更好地保证边坡的稳定性，而对于深层土体，采用两种方案的效果一样。与前面边坡含水率的变化规律对比，采用树根桩边坡的浅层土体含水率较大，说明膨胀土的变形跟土体的含水率有正相关性。

4. 降雨对边坡竖向变形的影响

图10-84、图10-85和图10-86、图10-87分别为支撑渗沟边坡和树根桩边坡监测点沉降随时间变化曲线，其中图10-84和图10-86分别为两边坡所有监测点在1.8m和2.4m处沉降值取平均后所得的静沉降值，图10-85和图10-87为两边坡各自一个断面坡面上、中、下三个监测点在1.8m处沉降取平均值，虽然图中所得曲线波动较大，但是仍然可以从中发现一些规律。

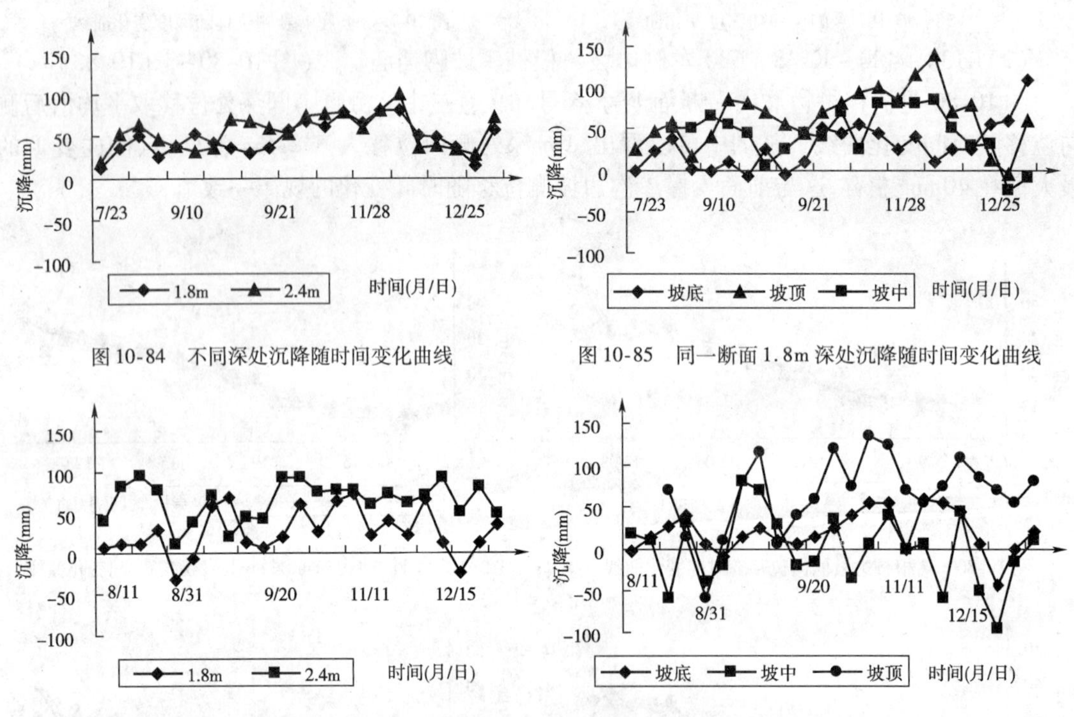

图10-84 不同深处沉降随时间变化曲线

图10-85 同一断面1.8m深处沉降随时间变化曲线

图10-86 不同深处沉降随时间变化曲线

图10-87 同一断面1.8m深处沉降随时间变化曲线

由图10-84和图10-86可以看出，对于支撑渗沟边坡，在1.8m深处和2.4m深处，沉降幅度大小基本相同，而树根桩边坡则是在2.4m处的沉降比较大，两边坡的最大沉降量为100mm左右。此外，支撑渗沟边坡沉降相对波动小一些，没有膨胀隆起现象出现，而树根桩边坡则在1.8m深处，随着时间的变化有膨胀隆起现象的发生，对比两边坡含水率的变化规律发现，树根桩边坡雨水入渗深度较大，已经达到1.8m深处。

由图10-85和图10-87发现，支撑渗沟和树根桩两边坡沉降都是坡顶最大，不同的是前者坡底处沉降最小，而后者坡中沉降最小，树根桩边坡坡中1.8m深处反复出现膨胀隆起和收缩沉降,说明此处最容易发生滑坡破坏。此外,由图 10-88 和图 10-89 看出:对于两种不同支护方案边坡,坡底 1.8m 深处的沉降大小基本相同,而坡中 1.8m 深处则是支撑渗沟边坡沉降值大一些,树根桩边坡在原位置附近反复沉降和隆起。

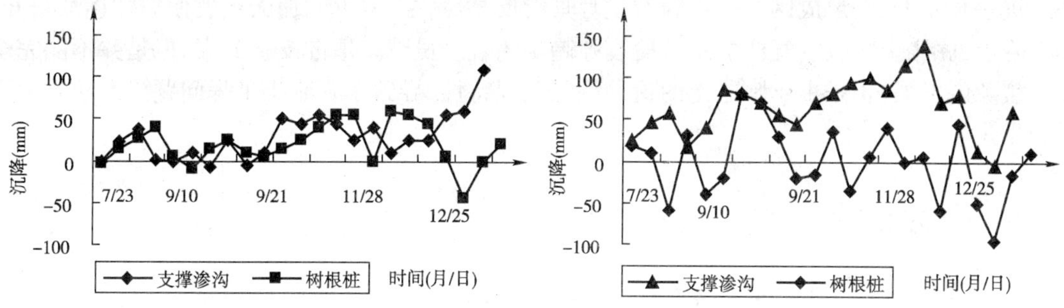

图 10-88　坡底 1.8m 深处沉降随时间变化曲线

图 10-89　坡中 1.8m 深处沉降随时间变化曲线

5. 表层渗透性量测结果

双环试验中,当入渗时间足够长,土壤达到饱和,入渗趋于稳定,所得的结果可以认为是其饱和渗透系数。本次试验取入渗 1 761min 后的入渗率作为其饱和渗透系数,其值为 2.32×10^{-8}m/s。由于膨胀土表面有裂隙,双环试验的初始入渗率比达到饱和时的稳定入渗率要高好几倍甚至 1 ~ 2 个数量级。本次试验测得初始入渗率为 1.85×10^{-7}m/s。

6. 表层裂隙发展观测结果(图 10-90 ~ 图 10-93)

图 10-90　树根桩边坡开裂宽度

图 10-91　树根桩边坡开裂深度

图 10-92　树根桩边坡坡顶开裂

图 10-93　树根桩边坡坡面开裂

图 10-90 到图 10-93 给出了树根桩边坡裂隙随时间发展的情况。从图中可以看出,在旱季,随着水分蒸发,膨胀土表层微裂隙广泛发育,其中一些逐渐贯通形成几条主要的裂隙,随着蒸发进一步加剧,裂隙无论是宽度还是深度都在增加。随后,微裂隙进一步发育和贯通,主裂隙也进一步张开,并形成网状。裂隙的发育具有反复性,在一天中,白天蒸发使裂隙逐渐张开,而在晚上,膨胀土吸收空气中的水分使裂隙趋于闭合。虽然采取的支护方案,但是并不能完全阻止裂隙的发展,正是由于膨胀土的这种特殊工程特性,导致了膨胀土工程问题以及地质灾害的频繁发生。

10.5 研究结论

1. *潭邵高速公路膨胀土处治实体工程试验研究*

膨胀土改良与处治技术在潭邵路的应用:土工合成材料用于封闭路基膨胀土填土、封闭法(包盖法)、石灰处理膨胀土、水泥、粉煤灰处理膨胀土、用土钉墙处理膨胀土路堑边坡、十字形锚杆骨架护坡和梁型锚杆骨架护坡。

2. *常张高速公路膨胀土处治实体工程试验研究*

(1)经过一年多的观测(经过雨季和旱季的干湿循环),三个试验路段没有发生滑坡、坍塌、溜塌、冲沟、纵裂等破坏形式,说明试验路段膨胀土的处理措施(铺设土工膜、掺生石灰、加筋)取得良好的效果。

(2)沉降量均小于规范规定的高速公路沉降量[4],说明在试验路段采取的土工膜隔水、掺石灰改良膨胀土、加筋处治膨胀土路堤等措施取得了较好的膨胀土处治效果。

(3)最大值通常出现在路基轴线附近。左侧路肩的沉降量比右侧路肩的沉降量要大,在施工过程中施工便道的存在使得填土厚度不一致,且施工车辆和碾压机械碾压等都可以影响到路基的沉降,使整个断面的沉降不一致。

(4)弱膨胀土填筑路堤在施工过程中存在反复胀缩变形的现象,主要是由于施工过程中天气的影响(如下雨和暴晒等)造成了膨胀土路堤的干湿循环,使得路堤存在反复胀缩变形的现象。故施工过程中应该尽量避开雨季施工,并做好路堤的排水工作。

(5)石灰改良膨胀土路段和加筋处治膨胀土路段路堤没有出现膨胀现象,说明这两种处治措施比较成功。

(6)沉降速率由大变小,路堤在施工初期的沉降量比较大,但是随着填土厚度的增加、施工机械的碾压,沉降量的增加速率开始变小,路基在施工期间沉降已基本稳定。

(7)在路基填筑的开始阶段(填土厚度达到 5.5 ~6.5m 之前),弱膨胀土、改良膨胀土、加筋膨胀土三个路段的竖向应力和填土高度基本上呈线性增加。

(8)当填土达到一定的厚度(如填土达到 5.5 ~6.5m)时填土厚度—时间—竖向应力曲线接近水平,说明竖向应力随填土厚度的增加基本上不发生变化或者变化比较小;这是由于经过机械碾压以及土的自密实,在路堤中形成"土拱",故而即使填土有增加而竖向应力的增加并不明显。

(9)三个试验路段的竖向应力沿路基横向分布,压力最大值在路基轴线处。这是由于在路基轴线处填土较高,另外也是受到施工因素的影响。施工便道的存在使得在路堤的填筑过程中,路基轴线处的膨胀土除了碾压机械的碾压以外,还受到施工机械的碾压,故压实度较高;同时铺设的每一层膨胀土的碾压顺序是由两边向中间,使得中间的土层比路肩的土层要厚些,且压实度较高，故竖向应力最大值通常出现在路基轴线附近。

(10)从上面的分析中可以看出：竖向应力的分布除了受土的性质(弱膨胀土、改良膨胀土、加筋膨胀土)的影响以外，受施工的影响也较大，如施工便道、填筑方案、碾压顺序等。

(11)对比三个断面的土压力分布可以看出，加筋处治膨胀土路段的土压力分布比石灰改良膨胀土路段和弱膨胀土填筑路段的土压力分布要均匀。主要原因是土工格栅可以传递应力，故加筋可以改善路基的受力性能，使得竖向应力的分布比较均匀；石灰改良膨胀土路段和弱膨胀土路段相差不大，说明石灰改良除了改善对膨胀土的胀缩性以外，对土压力的分布没有多大的影响。

(12)涵洞土压力：涵洞纵向底板两侧1/4跨度处和底板纵向两侧边缘为涵洞底板土压力极大值点，路基中线土压力最大值点在侧墙底部，路肩处土压力极大值点在侧墙上下端1/4墙高位置处；涵洞应变：涵洞底板纵向应变最大值发生在中间和两侧位置处，侧墙路基中线处应变最大值位置在侧墙中部，路肩处应变最大值位置在侧墙下部1/4墙高位置处。由上面分析可以看出：对应实测土压力大处涵洞内部实测应变小，对应实测土压力小处涵洞内部应变大；无论是压力分布还是应变分布都具有多峰(极)值现象；前侧墙和后侧墙的土压力和应变分布规律有所不同。

(13)无论前后墙，土压力和应变具体分布图形并非对称。用多项式对测试结果进行拟合得出：

涵洞后侧墙墙身基底土压力沿涵洞轴线的分布：

$$\sigma = -0.004\,9x^6 + 0.299x^5 - 6.783\,9x^4 + 70.584x^3 - 327.34x^2 + 526.79x + 24$$

涵洞前侧墙(K85 +962)墙身基底土压力沿涵洞轴线分布：

$$\sigma = -0.000\,9x^6 + 0.055\,6x^5 - 1.241x^4 + 12.511x^3 - 54.662x^2 + 76.422x + 50$$

涵洞后侧墙背(K85 +958)路基中线处土压力分布：

$$\sigma = -64.943x^4 + 446.5x^3 - 1\,063.6x^2 + 1\,055.7x - 324.37$$

涵洞后侧墙背路肩处土压力分布：

$$\sigma = -22.827x^4 + 208.59x^3 - 650.21x^2 + 802.07x - 288.91$$

对于应变分布，涵洞盖板路肩处应变分布：

$$\varepsilon = 0.666\,7x^4 - 4.233\,3x^3 - 0.976\,7x^2 + 42.442x - 121.51$$

涵洞盖板路基中线处应变分布：

$$\varepsilon = 1.125x^4 + 2.512\,5x^3 - 48.208x^2 + 97.601x - 49.253$$

涵洞前侧墙路肩处应变分布：

$$\varepsilon = 75.617x^3 - 500.46x^2 + 998.94x - 734.96$$

涵洞前侧墙路基中线处应变分布：

$$\varepsilon = -300.93x^3 + 2\,126.4x^2 - 4\,737.9x + 3\,152.8$$

涵洞后侧墙路肩处应变分布：

$$\varepsilon = 44.689x^4 - 302.21x^3 + 713.56x^2 - 706.46x + 171.81$$

涵洞后侧墙路基中线处应变分布：

$$\varepsilon = -14.468x^4 + 114.97x^3 - 275.64x^2 + 175.76x - 57.934$$

涵洞后侧墙基础底部应变沿涵洞轴线分布：

$$\varepsilon = -0.000\,3x^6 + 0.013\,4x^5 - 0.115\,6x^4 - 1.396\,6x^3 + 24.044x^2 - 91.893x + 51.496$$

涵洞前侧墙基础底部应变沿涵洞轴线分布：

$$\varepsilon=0.0009x^6-0.0498x^5+0.966x^4-8.3262x^3+28.322x^2-2.3055x-127.35$$

涵洞基础底部纵向沿路基中线的应变分布：

$$\varepsilon=-13.389x^6+219.73x^5-1389.8x^4+4247.1x^3-6394.8x^2+4257.3x-986.2$$

涵洞基础底部纵向沿路肩的应变分布：

$$\varepsilon=-0.6358x^6+12.97x^5-103.96x^4+406.01x^3-761.47x^2+549.71x-115.5$$

其值大都在一定的范围内波动，为同一量级，且有一些控制指标相同。如涵洞后侧墙和前侧墙的基础底部应变沿路基中线的分布图中最大值和最小值的位置相一致。

3. 南友高速公路膨胀土路堑边坡监测及分析

通过对膨胀土路堑边坡的现场监测分析，研究了降雨入渗条件下，边坡土体含水率和边坡变形的一些规律，得出了如下结论。

(1)降雨入渗对膨胀土边坡土体含水率和变形的影响在2m深(处)以内，这可以解释为什么膨胀土滑坡多具有浅层性的特征，此外，季节性的干湿循环变化使边坡极易产生裂缝，降雨时裂隙成为雨水入渗的通道，使土体含水率增加强度降低，这也是为什么大多数滑坡发生在降雨期间的原因。

(2)水平方向的位移随深度的增加逐渐减小，且坡中变形值最大，坡底处变形较小，可见采用矮角挡墙支护可以有效地约束深层土体变形，对于坡高在5~8m的堑坡，设置二级挡墙是有必要的。

(3)边坡浅层土体的竖向膨胀和隆起较小，但是对膨胀土，极易引起表面支撑骨架的破坏，因此可以采取回填种植土并用土工布包裹的办法防止雨水入渗。采用“树根桩和坡脚挡墙加固+防渗布隔水+截水型骨架”方案与“支撑渗沟+坡脚挡墙”综合治理方案相比，后者侧向变形较小，可以更有效地防治滑坡事故的发生。

参考文献

[1] 刘特洪，包承纲. 刁南灌区膨胀土滑坡的监测和分析. 土工基础，1994，1(8)：1-7.

[2] 詹良通，吴宏伟，等. 降雨入渗条件下非饱和膨胀土边坡原位监测. 岩土力学，2003，24(2)：151-158.

[3] 刘观仕，等. 襄荆高速公路膨胀土堑坡开挖及防护的变形监测与分析. 工程地质学报，2004，5(12)：223-227.

[4] 王晓谋，袁怀宇. 高等级公路软土地基路堤设计与施工技术. 北京：人民交通出版社，2001.